König Friedrich von Württemberg und seine Familie
Stammtafel der Könige von Württemberg

Friedrich Eugen
Herzog 1795–1797
* 1732, † 1797
⚭ 1753 mit
Friederike Dorothee Sophie
Prinzessin von
Brandenburg-Schwedt

Alexander
* 1733, † 1734

Auguste
* 1734, † 1787
⚭ 1753 mit Karl Anselm
Fürst von Thurn und Taxis

Henriette
* 1767, † 1817
⚭ 1796 mit Karl Joseph
Fürst von Hohenlohe-Bartenstein-Jagstberg

Ferdinand
* 1763, † 1834
⚭ (1. Ehe) 1795
mit Albertine
Prinzessin von
Schwarzburg-Sondershausen
⚭ (2. Ehe) 1817
mit Pauline
Prinzessin
von Metternich

Friederike
* 1765, † 1785
⚭ 1781 mit
Peter I.
Herzog von
Oldenburg

Elisabeth
* 1767, † 1790
⚭ 1788 mit
Franz Erzherzog
von Österreich
Großherzog
von Toskana
(1792 Kaiser)

Wilhelmine
* 1768,
† 1768

Karl
* 1770,
† 1791

Alexander
* 1771, † 1833
⚭ 1798 mit
Antoinette
Prinzessin
von Sachsen-Coburg-Saalfeld

Heinrich
* 1772, † 1833
⚭ 1798 mit
Karoline
Alexei –
bei der
Vermählung
zur Freiin von
Rothenburg,
später zur
Gräfin von
Urach erhoben

Charlotte
* 1807, † 1873
⚭ 1824 mit Michael
Großfürst
von Rußland

Friedrich
* 1808, † 1870
⚭ 1845 mit Katharina
Prinzessin von Württemberg
(Tochter König Wilhelms I.)

Karl
* 1809, † 1810

Pauline
* 1810, † 1856
⚭ 1829 mit Wilhelm
Herzog von Nassau

August
* 1813, † 1885
⚭ mit Marie Bethge
seit 1868
von Wardenberg

Wilhelm II.
König 1891–1918
* 1848, † 1921
⚭ (1. Ehe) 1877 mit Marie
Prinzessin von Waldeck
⚭ (2. Ehe) 1886 mit Charlotte
Prinzessin von Schaumburg-Lippe

1.
Pauline
* 1877, † 1965
⚭ 1898 mit Friedrich
Fürst zu Wied

1.
Ulrich
* 1880, † 1880

1.
Tochter
totgeboren 1882

Der schwäbische Zar

Paul Sauer

Der schwäbische Zar

Friedrich

Württembergs
erster König

Deutsche Verlags-Anstalt
Stuttgart

GEFÖRDERT DURCH DIE
ROBERT BOSCH STIFTUNG

Die Deutsche Bibliothek – CIP-Einheitsaufnahme

Sauer, Paul:
Der schwäbische Zar: Friedrich, Württembergs erster König / Paul Sauer. – 3. Aufl. –
Stuttgart : Deutsche Verlags-Anstalt, 1997.
ISBN 3-421-06179-3

Typographische Gestaltung: Brigitte Müller
Satz: Hieronymus Mühlberger, Augsburg
Druck und Bindung: Friedrich Pustet, Regensburg
Printed in Germany

Inhalt

V In Ludwigsburg 1790–1795

VI Erbprinz 1795–1797

VII Herzog 1797–1803

VIII Kurfürst 1803–1805

IX König von Napoleons Gnaden 1806–1813

Für Gerlinde

Vorwort

König Friedrich von Württemberg gehört zu den verketzerten Herrschergestalten der neueren deutschen Geschichte. Schon die Zeitgenossen taten sich schwer, der Persönlichkeit und dem Werk des ersten württembergischen Königs gerecht zu werden. Dennoch waren ihre Urteile im allgemeinen zutreffender und ausgewogener als die späterer Generationen. Schlecht ist Friedrich insbesondere bei den Historikern in der Ära des Bismarck-Reichs weggekommen. Sie haben an sein politisches Handeln die Elle der kleindeutschen Geschichtsschreibung gelegt und ihm dadurch eine völlig verzerrte Deutung gegeben. Freilich, alle diese Urteile finden sich in Werken, die das Zeitalter Napoleons zum Thema haben; Leben und politisches Wirken König Friedrichs bewertete die Geschichtsschreibung des 19. Jahrhunderts nicht hoch genug, um sie zum Gegenstand eigener Untersuchungen zu machen. Selbst das 1888 erschienene Buch von Albert Pfister »König Friedrich von Württemberg und seine Zeit« behandelt mehr die württembergische Geschichte in der Zeit der Französischen Revolution und Napoleons als die Persönlichkeit König Friedrichs. Pfister begnügte sich nämlich im wesentlichen mit der Schilderung des äußeren Lebenswegs des Königs, der Ereignisse und der Zeitumstände. Von einer kritischen Würdigung Friedrichs kann bei ihm keine Rede sein.

Mit der Forderung, König Friedrich aus seiner Zeit heraus zu begreifen, hat Erwin Hölzle im Jahr 1930 einer an objektiven Kriterien orientierten historischen Betrachtungsweise den Weg gewiesen. Leider hat er die von ihm damals in den Württembergischen Vierteljahrsheften für Landesgeschichte veröffentlichte biographische Skizze des Schöpfers des modernen württembergischen Staats nie zu einer umfassenden Lebensbeschreibung erweitert. Seine in den folgenden Jahren erschienenen Bücher »Das alte Recht und die Revolution. Eine politische Geschichte Württembergs in der Revolutionszeit 1789 bis 1805« (1931) sowie »Württemberg im Zeitalter Napoleons und der deutschen Erhebung. Eine deutsche Geschichte der Wendezeit im einzelstaatlichen Raum« (1937) behandelten die Regierungsgeschichte König Friedrichs, das biographische Moment trat in ihnen jedoch stark zurück. Im Sinne Hölzles habe ich in diesem Buch versucht, Leben und Werk König Friedrichs unvoreingenommen zu schildern, seine vielschichtige, schwierige Persönlichkeit zu erfassen und sie in ihrer Ausprägung durch die Zeitumstände verständlich zu machen. Ich bin mir bewußt, daß dabei zahlreiche Fragen offen geblieben, andere nur sehr unbefriedigend beantwortet worden sind. Doch hoffe ich, daß meiner Biographie des ersten württembergischen Königs das Bemühen um historische Wahrheit und Ausgewogenheit anzumerken ist. Es war mein Bestreben, eine bedeutende Herrscherpersönlichkeit mit ihrer ungewöhnlichen politischen Phantasie und Gestaltungskraft in ihrem geschichtlichen Handlungsraum darzustellen, ihre Erfolge wie ihre Mißerfolge aufzuzeigen und hierbei auch das Menschlich-Allzumenschliche, die charakterlich bedingten Eigenarten, ihre Fehler und Schwächen nachzuzeichnen.

Über Politik und Regierungsweise König Friedrichs in der Zeit Napoleons liegen auf Grund der Aktenbestände im Hauptstaatsarchiv Stuttgart und im Staatsarchiv Ludwigsburg eine Reihe fundierter Spezialuntersuchungen vor. Noch nie systematisch durchgearbeitet und wissenschaftlich ausgewertet wurden bislang hingegen die König Friedrich betreffenden Bestände des Archivs des württembergischen Regentenhauses, des Hausarchivs, im Hauptstaatsarchiv Stuttgart. Ich bin daher Seiner Königlichen Hoheit Karl Herzog von Württemberg zu großem Dank verpflichtet, daß er mir die Erlaubnis zur Benutzung dieses einzigartigen Quellenreservoirs erteilte. Eine Fülle von Informationen wurde mir dadurch zugänglich. Sie erhellte bisher dunkle Wegstrecken im Leben des Königs und ermöglichte, seine charakterliche Veranlagung sowie die Faktoren, die für sein Welt- und Menschenbild von wesentlicher Bedeutung waren, klarer zu erkennen, ebenso ein zutreffenderes Bild von den Menschen zu gewinnen, die ihm nahestanden oder viel bedeuteten. Friedrich war zeitlebens ein unermüdlicher Briefeschreiber. Eltern, die zweite Frau, die Tochter Katharina, Geschwister, Verwandte, Freunde, Bekannte und fürstliche Standesgenossen, unter ihnen vor allem der übermächtige Protektor des Rheinbunds, Napoleon, zählten zu seinen Korrespondenzpartnern. Mehrere tausend seiner großenteils in französischer Sprache abgefaßten Briefe sind als Konzepte, in Abschriften oder in Ausfertigungen erhalten. Die Zahl der überlieferten Briefe ist deshalb so groß, weil der König nach dem Tod von Korrespondenzpartnern, die ihm freundschaftlich verbunden waren, oft die Angehörigen um die Rückgabe seiner Briefe bat. Nicht minder aufschlußreich für die Biographie Friedrichs sind die an ihn gerichteten Briefe; sie befinden sich gleichfalls in großer Zahl im Hausarchiv. Die Korrespondenz des Königs beschränkt sich naturgemäß nicht auf das Persönliche, das Private. Lediglich in den Jugend- und frühen Mannesjahren ist dies zum Teil der Fall. Mit der Übernahme der Regierung des Herzogtums Württemberg Ende 1797 werden in seinen Briefen, selbst in denen an nahe Familienmitglieder, politische Anliegen und Probleme vorrangig. Private Angelegenheiten und die hohe Politik waren von da an nicht mehr voneinander zu trennen. Im Hinblick auf den kaum zu überschätzenden Dokumentationswert des Hausarchivs für die Lebensbeschreibung des ersten württembergischen Königs habe ich den Schwerpunkt der Materialsammlung auf diesen archivischen Bereich gelegt.

In meinem maschinenschriftlichen Manuskript hatte ich in einem umfangreichen wissenschaftlichen Anmerkungsapparat die Quellen und die Literatur, die ich benutzt habe, im einzelnen nachgewiesen. Um jedoch mit meiner Darstellung einen größeren Leserkreis anzusprechen, legte mir der Verlag den Verzicht auf Einzelnachweise nahe. Die Annahme dieses Vorschlags ist mir nicht leichtgefallen. Ich habe nur deshalb zugestimmt, weil ich mit meiner Arbeit gerne zur Verbreitung heimat- und landeskundlichen Wissens beitragen will. Ein Exemplar des maschinenschriftlichen Manuskripts habe ich im Hauptstaatsarchiv Stuttgart hinterlegt. Für das sorgsame Mitlesen der Korrekturen danke ich meinem Kollegen Günter Cordes und seiner Frau herzlich.

Die Beschäftigung mit dem Leben König Friedrichs von Württemberg hat mir reichen Gewinn gebracht und viel Freude bereitet. Insbesondere die Briefe und die sonstigen persönlichen Lebenszeugnisse des Schöpfers des modernen württembergischen Staats schlugen mich immer wieder in ihren Bann; ihre Lektüre war erregend und zugleich menschlich bewegend. Es würde mich freuen, wenn ich den Lesern meines Buches etwas von der Faszination vermitteln könnte, die dieses seltene menschliche Leben auf mich ausgeübt hat.

Tamm, 10. Februar 1984 *Paul Sauer*

I

Kindheit, Jugend und Studienjahre

Elternhaus

Die Aufzeichnungen über seine Jugendjahre leitete der zwanzigjährige Prinz Friedrich Wilhelm Karl von Württemberg, der spätere König Friedrich, im Jahre 1774 mit der Bemerkung ein: »Einer berühmten Familie entstammend, die einen hohen Rang in Europa einnimmt . . .« Diese Bemerkung ist kennzeichnend für das Selbstgefühl und den Stolz des mit der Geschichte seines Hauses vertrauten jungen Prinzen. In der Tat, Friedrich konnte sich einer Reihe von Vorfahren rühmen, die maßgeblich die politischen Geschicke des deutschen Südwestens mitbestimmt und hier ebenso beharrlich wie zielstrebig den größten geschlossenen Territorialstaat aufgebaut hatten.

Der Großvater, Herzog Karl Alexander, der Linie Württemberg-Winnental angehörend und ursprünglich nicht für den Thron bestimmt, erwarb sich in österreichischen Diensten im Spanischen Erbfolgekrieg und in den anschließenden Türkenkriegen als Freund und Waffengefährte des Prinzen Eugen hohen militärischen Ruhm. Der Kaiser ernannte ihn 1719 zum Statthalter in Serbien. 1733 fiel dem Neunundvierzigjährigen nach dem Tod seines Vetters Eberhard Ludwig (1677–1733) die Regierung im Herzogtum Württemberg zu. Doch schon 1737 wurde er durch einen Herzschlag hinweggerafft. Seine Söhne, Carl Eugen, Ludwig Eugen und Friedrich Eugen (der spätere Vater von König Friedrich) – er hatte ihnen allen als zweiten Vornamen den Namen seines Freundes Prinz Eugen gegeben – zählten damals neun, sechs und fünf Jahre. Der Witwe, Herzogin Maria Augusta von Württemberg, einer geborenen Prinzessin von Thurn und Taxis, war sehr daran gelegen, daß die drei Prinzen eine gute Erziehung erhielten. 1741 schickte sie sie zur weiteren Ausbildung an den Hof des Preußenkönigs Friedrich II., des Großen. Dieser nahm die württembergischen Prinzen gerne bei sich auf, konnte ihm doch ein persönliches Vertrauensverhältnis zu dem künftigen Herzog von Württemberg und dessen Brüdern politisch in Südwestdeutschland nützen. Indessen ging seine Rechnung nicht ganz auf. Erbprinz Carl Eugen suchte sich bald der Bevormundung durch den Preußenkönig zu entziehen. Er drängte nach Stuttgart zurück. Um sich dennoch das Vertrauen des selbstbewußten Erbprinzen zu bewahren, erwirkte Friedrich der Große Anfang 1744 beim Kaiser die Mündigsprechung Carl Eugens. In einem dem Stil der Zeit entsprechenden »Fürstenspiegel« gab er außerdem dem noch nicht sechzehnjährigen Herzog Anleitungen zur Führung seines Regentenamts. Er empfahl ihm, danach zu trachten, daß er die Herzen gewinne, Schmeichler fliehe, Sittlichkeit und Frömmigkeit schütze, an Kaiser und Reich festhalte, doch ohne Parteinahme für Österreich; auch solle er bedenken, daß Württemberg nicht für ihn da sei, sondern daß es ihm obliege, sein Volk glücklich zu machen. Solche Ermahnungen fielen freilich bei dem jungen Fürsten auf wenig fruchtbaren Boden. Carl Eugen, zu früh aus der erzieherischen Obhut entlassen, verlor sich rasch an sein noch ungezügeltes leidenschaftliches Temperament. Die erste Hälfte seiner beinahe fünfzigjährigen Regierung wurde für das Herzogtum Württemberg zu einer Zeit schlimmster herrschaftlicher Willkür. Erst nach mehr als zwei Jahrzehnten und nicht zuletzt unter dem Einfluß seiner Geliebten und späteren zweiten Gattin, Franziska von Hohenheim, wurde sein Regiment erträglicher, beherzigte er, wenigstens zu einem Teil, die Ratschläge, die ihm der große Preußenkönig erteilt hatte.

Mit dem sechzehnjährigen Herzog Carl Eugen kehrten 1744 auch seine beiden jüngeren Brüder nach Stuttgart zurück. Nach Studien- und Ausbildungsjahren in den Niederlanden, in Frankreich und England folgten sie der Familientradition und wählten den Offiziersberuf. Ludwig Eugen trat in französische Dienste, Friedrich Eugen entschied sich für Preußen.

Friedrich Eugen, wie seine Brüder katholisch getauft, war ursprünglich für den geistlichen Stand bestimmt. Die einer streng katholischen Familie entstammende Mutter setzte ihren Ehrgeiz darein, ihrem Jüngsten den Weg zu höchsten kirchlichen Ämtern zu ebnen. So erreichte sie, daß ihm bereits 1739, also im Alter von sieben Jahren, ein Kanonikat beim Erzstift Salzburg, zwei Jahre später ein solches beim Hochstift Konstanz übertragen wurde. Der

Herzog Friedrich Eugen von Württemberg,
der Vater Friedrichs

Preußenkönig Friedrich, nach wie vor an einem guten Verhältnis zum Haus Württemberg interessiert, bot dem Prinzen wohl Anfang 1749 die Koadjutorstelle beim Hochstift Breslau an und eröffnete ihm damit die Aussicht auf einen glanzvollen Aufstieg in der Hierarchie der römisch-katholischen Kirche. Doch Friedrich Eugen lehnte ab und gab dem König zu verstehen, daß sein Sinn nach einer militärischen Laufbahn stehe. König Friedrich kam dieser Wunsch nicht ungelegen. Er nahm den Prinzen in seinen Dienst, ernannte ihn zum Oberst der Reiterei und zum Chef des Dragoner-Regiments »Altwürttemberg«. Mit diesem Regiment, das jetzt die Bezeichnung »Herzog von Württemberg«, also den Namen seines neuen Chefs, erhielt, hatte es eine besondere Bewandtnis. Es war 1734 von Herzog Karl Alexander von Württemberg als württembergisches Kürassier-Regiment errichtet worden. Acht Jahre später hatte es die vormundschaftliche Regierung des Herzogtums wie zuvor schon das Infanterie-Regiment »Erb- oder Landprinz« durch einen förmlichen Vertrag an Preußen »abgetreten«, mit anderen Worten, sie hatte es verkauft. Aus württembergischen Offizieren und Soldaten waren ohne eigenes Zutun preußische geworden. 1749 lag das Regiment in Hinterpommern in Garnison, der Stab in Treptow an der Rega. Am 1. Mai 1750 traf der neunzehnjährige Oberst und Regimentschef Herzog Friedrich Eugen dort ein und bezog Wohnung im Schloß. Die Zeit vor Übernahme des Regiments hatte er offenbar dazu benutzt, um den Kriegsdienst von Grund auf zu erlernen und sich zugleich mit den Verhältnissen des preußischen Heerwesens vertraut zu machen. Er ließ es jedenfalls an Eifer für den militärischen Dienst nicht fehlen, und damit gewann er das besondere Wohlwollen des Königs.

1753 warb er um die Hand der siebzehnjährigen Prinzessin Friederike Dorothee Sophie von Brandenburg-Schwedt, der Nichte des preußischen Königs. Dieser tat alles, um die Schwierigkeiten, die der Heirat entgegenstanden, auszuräumen und dem jungen Paar ein standesgemäßes Auskommen zu sichern. Um konfessionellen Zwistigkeiten vorzubeugen, bewog er den Prinzen schon vor der Verlobung zu der Zusage, die aus der Ehe hervorgehenden Kinder evangelisch erziehen zu lassen. Diese Zusage erleichterte dem Vater der Braut, dem Markgrafen von Brandenburg-Schwedt, der sich gegen einen Übertritt seiner Tochter zum Katholizismus sperrte, die Zustimmung zu dem Ehebund. Vor allem aber begrüßten die Landstände des Herzogtums Württemberg die Entscheidung des Prinzen. Wenngleich damals kaum damit zu rechnen war, daß der regierende Herzog Carl Eugen und sein ihm im Alter folgender Bruder ohne männliche Nachkommen und damit ohne Thronerben blieben, sahen die Landstände dennoch in dieser Zusicherung des jüngsten der drei herzoglichen Brüder einen ersten bedeutsamen Schritt zur Rückkehr ihres Fürstenhauses zum Protestantismus, zumal die Bindungen Württembergs an Preußen, der Schutzmacht des Protestantismus, dadurch enger wurden.

Prinzessin Friederike hatte ihre Kindheit und Jugend teils in der Kleinresidenz Schwedt an der Oder, teils am Berliner Hof verbracht, wo sich ihre Eltern während des Winters aufhielten. Die Prinzessin hatte an dem reichen gesellschaftlichen und kulturellen Leben teilgenommen und sich in den höfischen Umgangsformen geübt, dabei auch manche bedeutende Persönlichkeit kennengelernt und eine Fülle von Kenntnissen erworben.

Am 29. November 1753 fand in Schwedt die Vermählung statt. Der König fehlte unter den Hochzeitsgästen, doch waren zwei seiner Brüder, die Prinzen August Wilhelm und Ferdinand, anwesend. Nicht leicht fiel der gesellschaftlich anspruchsvollen, geistig regen Prinzessin die Umstellung auf die Kleinstadt Treptow. Friedrich Eugen tat alles, um ihr das Eingewöhnen zu erleichtern. Er ließ das ihm vom König auf Lebenszeit überlassene Schloß mit erheblichem Kostenaufwand um- und ausbauen, den Schloßpark im französischen Geschmack der Zeit umgestalten und weitere Gartenanlagen schaffen. Seinen beinahe spartanischen Lebensstil gab er auf. Der Gattin zuliebe hielt er nun eine zahlreiche Dienerschaft. Durch Feste und andere Lustbarkeiten suchte er der Prinzessin, die als eine sehr attraktive junge Frau geschildert wird, etwas von der Atmosphäre einer Kleinresidenz zu vermitteln. Friederike fand Gefallen an der ländlichen Umgebung, zumal sie viel Sinn für die Schönheiten der Natur hatte. Durch ihre freundlich-liebenswerte Art, ihre Mildtätigkeit und ihr Verständnis für die Nöte der einfachen Menschen gewann sie rasch die Zuneigung der Einwohner des Städtchens. Alles deutet darauf hin, daß Friederike von Anfang an in ihrer Ehe glücklich war. Daß dies in den Fürstenhäusern der damaligen Zeit keine Selbstverständlichkeit war, zeigte das traurige Los ihrer Kusine und Schwägerin, der Prinzessin Elisabeth Friederike Sophie von Brandenburg-Bayreuth, die sich nach achtjähriger, zuletzt gänzlich zerrütteter Ehe von ihrem Gatten, Herzog Carl Eugen von Württemberg, trennte. Friederike Dorothee stand ihrem Mann stets zur Seite, so auch in den schweren Kriegsjahren von 1756 bis 1763, während der sie ein unstetes, vielen Gefahren ausgesetztes Leben führen mußte. Zwölf Kinder, acht Söhne und vier Töchter, gebar sie. Durch ihre Söhne bewahrte sie das württembergische Fürstenhaus vor dem Aussterben. Sie erlebte noch, daß ihr Mann 1795 und nach dessen Tod 1797 ihr ältester Sohn, Friedrich, die Regierung im Herzogtum übernahm. Dieser Sohn sollte dann, günstige politische Konstellationen nützend, als König und als Schöpfer des modernen württembergischen Staats in die Geschichte eingehen.

Frühe Kindheit

Am 6. November 1754, nachmittags gegen 3 Uhr, herrschte im Schloß Treptow große Freude: Soeben war Ihre Königliche Hoheit Herzogin Friederike von Württemberg von einem gesunden, kräftigen Jungen entbunden worden. Der glückliche Vater gab Befehl, neun vor dem Schloß aufgestellte Kanonen nicht weniger als zweihundertmal abzufeuern, damit auch die Einwohner des Städtchens an dem für sein Haus so wichtigen Ereignis Anteil nehmen konnten. Den Kammerjunker von Lattorf entsandte er sogleich als Kurier nach Stuttgart, um seinem Bruder Carl Eugen, dem regierenden Herzog, von der Geburt des Neffen Nachricht zu geben. Die Bevölkerung des Städtchens tat am folgenden Tag mit einstündigem Pauken- und Trompetenschall vom Stadtturm ihre Freude kund. Eine von Bürgermeister Castner angeführte Abordnung erschien auf dem Schloß und überbrachte dem Herzog die Glückwünsche des Magistrats und der Einwohnerschaft. Schon am 10. November, einem Sonntag, fand unter großem Gepränge die Taufe des kleinen Prinzen auf den Namen Friedrich Wilhelm Karl statt. Während der Taufhandlung schossen die Kanonen Salut, erschallte vom Turm der Stadtkirche Pauken- und Trompetenmusik. Die in der Taufurkunde verzeichneten 13 Paten oder Taufzeugen, unter ihnen der König und die Königin von Preußen, Herzog Carl Eugen von Württemberg und seine Frau sowie die Herzoglich Württembergischen Landstände, hatten sich bei der Taufhandlung allerdings alle vertreten lassen. Den ersten Kirchgang der Herzogin nach ihrer Niederkunft am 18. Dezember 1754 nahm Herzog Friedrich Eugen zum Anlaß, um ein mit viel Phantasie gestaltetes glanzvolles Fest zu geben, zu dem die Adelsfamilien der Umgegend und Offiziere mit »distinguierter Equipage« erschienen.

Nach der Geburt des Prinzen Friedrich folgten zwei Jahre unbeschwerten Familienlebens. Der Herzog erfüllte weiterhin mit Eifer seine Pflichten als Regimentschef. Daneben blieb viel Zeit für Frau und Sohn sowie für persönliche Liebhabereien wie die Jagd. Da das Herzogspaar die Geselligkeit liebte und gerne Gäste hatte, wurde das Treptower Schloß zu einem kleinen gesellschaftlichen Mittelpunkt. 1755 reiste Friedrich Eugen mit seiner Frau nach Württemberg, um ihr das Land seiner Väter zu zeigen und um sie seinem Bruder Carl Eugen und den Angehörigen seines Hauses vorzustellen. Ende August 1756 vergrößerte sich die Herzogsfamilie um einen zweiten Sohn: Ludwig, im November 1758 um einen dritten: Eugen.

Friedrich Eugen hatte im Mai 1756 vom König Urlaub zu einer Reise auf die Insel Menorca bekommen, wo sein Bruder Ludwig Eugen als französischer General an der Belagerung der Forts St. Philipp teilnahm. Er wollte dort den damals von den Franzosen mit neuen technischen Methoden betriebenen Belagerungskrieg kennenlernen. Kaum war er nach Hause zurückgekehrt, brach der Siebenjährige Krieg aus. Friedrich Eugen kam mit seinem Dragoner-Regiment bereits während der ersten Kriegswochen ins Feuer. Bei einem Scharmützel mit österreichischen Truppen in Sachsen tat er sich erstmals hervor. Der König ernannte ihn am 17. Oktober 1756 zum Generalmajor. Für sein Verhalten in dem Gefecht bei Reichenberg attestierte ihm der König eine geradezu wunderbare Tapferkeit. Stets in vorderster Linie entging er wiederholt nur um Haaresbreite dem Tod. In der Schlacht von Prag trug er mit seinen kühnen Reiterattacken nicht unwesentlich zum Sieg der Preußen bei. Unmittelbar vor der Schlacht bei Leuthen (5. Dezember 1757) beförderte König Friedrich den Fünfundzwanzigjährigen zum Generalleutnant und übertrug ihm in der Folgezeit wiederholt das Kommando über ein Korps. In der Schlacht bei Kunersdorf am 12. August 1759, in der die Preußen eine furchtbare Niederlage erlitten, wurde er schwer verwundet. Zur ärztlichen Behandlung brachte man ihn nach Stettin, wo seine Frau nach Kriegsbeginn mit ihren beiden Söhnen Zuflucht gefunden hatte. Im Oktober 1759 wurde dem Paar ein viertes Kind, die spätere Kaiserin Maria Feodorowna von Rußland, geboren. Leidlich wiederhergestellt, befand sich Friedrich Eugen Anfang 1760 mit seiner Familie im schwiegerelterlichen Schloß in Schwedt. Dort fiel er einem russischen Streifkorps in die Hände. Es gelang ihm jedoch, seine Freilassung durch eine schriftliche Erklärung zu erreichen, daß er sich zur Kriegsgefangenschaft stellte, sobald dies seine

Gesundheit erlaube. Ein Kommando der Stettiner Garnison schnitt dem Streifkorps indessen den Rückzug zum russischen Heer ab. Es befreite Friedrich Eugen, und er konnte wiederum aktiv als preußischer General am Krieg teilnehmen. In der Schlacht vor Torgau wurde er durch einen Säbelhieb erneut verwundet.

Nach Kriegsende kehrte Friedrich Eugen nach Treptow zurück. Der Herzog, durch die erlittenen Verwundungen und durch die Entbehrungen der Kriegsjahre gesundheitlich angeschlagen, konnte sich jetzt endlich wieder seiner Familie widmen. Das wechselvolle Kriegsgeschehen, die ständige Unruhe, die Sorge um den im Feld stehenden Vater, die mancherlei Nöte und Gefahren, denen die Familie ausgesetzt gewesen war, hatten auch den Alltag der Kinder geprägt. Namentlich Prinz Friedrich, der älteste, hatte den Krieg schon bewußt erlebt und sicherlich auch manches von den Kümmernissen der Mutter begriffen.

Wir kennen lediglich die äußeren Lebensumstände, die für die Kindheit Friedrichs bestimmend waren. Über ihn oder gar von ihm selbst haben wir aus diesem ersten Lebensabschnitt kaum Zeugnisse. In seinem im Alter von zwanzig Jahren verfaßten Rückblick auf seine Jugendjahre bemerkt er in geringschätzigem Ton: »Ich gehe rasch über diese ersten Jahre hinweg, in denen sich der Mensch vom Tier allenfalls durch seine Gestalt und durch die schwachen Anzeichen, die er ab und zu von seinem künftigen Verstand gibt, unterscheidet, und ich begnüge mich mit der Feststellung, daß ich mit sechs Jahren aus der Obhut der Frauen in die eines Gouverneurs gegeben wurde, der, weil sich mein Vater im Krieg befand, unglücklicherweise auf den Rat von Freunden hin ausgewählt wurde, die entweder wenig aufmerksam waren oder von dem Anliegen, um das es ging, wenig Ahnung hatten.« Mit diesem ersten Erzieher, Baron von Feilitsch, dem er bis zu seinem vierzehnten Lebensjahr anvertraut war, machte der junge Prinz schlimme Erfahrungen. Er war nach der Schilderung Friedrichs ein Mann in den Vierzigern, ausgezeichnet durch große Intelligenz und Welterfahrung, Eigenschaften, die er indessen nur dazu benutzte, um andere zu täuschen. Sonst soll er in einem geradezu unerträglichen Maß hochmütig, geizig, falsch wie ein Dämon, fanatisch und bigott gewesen sein. Gegenüber den ihm anvertrauten Kindern zeigte er unerbittliche Härte. Schon die geringste Widerrede betrachtete er als ein Verbrechen, das er niemals verzieh. In den letzten drei Jahren des Siebenjährigen Kriegs sorgte er dafür, daß der kleine Prinz Friedrich kaum mit jemand anderem in Berührung kam, also auch keinen Freund oder Gespielen hatte. Als der Vater sich nach Friedensschluß selbst um die Erziehung seines Ältesten kümmerte, wurde es etwas besser. Herzog Friedrich Eugens Erziehungsgrundsätze orientierten sich an militärischen Denkvorstellungen: striktem Gehorsam und unbedingter Pflichterfüllung. Eine strenge Erziehung erschien ihm unerläßlich, zumal sich der noch keine neun Jahre alte Friedrich nicht immer widerspruchslos den Anordnungen des Gouverneurs unterwarf, sich eigenwillig und rechthaberisch gebärdete und zu Zornausbrüchen neigte. Den ihm von der württembergischen Landschaft empfohlenen jungen Theologen Heinrich David Cleß, der bei Friedrich und seinen beiden ihm im Alter folgenden Brüdern einen Teil der Erziehungsaufgaben übernehmen sollte, wies der Herzog daher an, den Erstgeborenen zu strengstem Gehorsam anzuhalten, weil niemand nützlich und weise befehlen könne, wenn er nicht von frühester Jugend an selbst zu gehorchen gelernt habe. Doch auch Cleß scheint keine gute Wahl gewesen zu sein. Friedrich zeichnet von ihm ein ungünstiges Charakterbild: Gleichgestellte und Untergebene behandelte er mit kaum zu überbietender Überheblichkeit, während er sich Höhergestellten gegenüber äußerst servil verhielt. Er besaß reiche Kenntnisse, doch fehlten ihm Geschmack und Geist. Er war ein Pedant schlimmster Art. Mag auch das Urteil des einstigen Zöglings über seine beiden ersten Erzieher im Negativen überzeichnet sein, im Kern dürfte es zutreffen. Friedrich bezog sich in seine kritische Rückschau durchaus selbst mit ein. Er habe, so schreibt er, ein sehr empfindsames Gemüt – eine schwere Bürde für einen Mann, der bestimmt sei, in der Welt zu leben. Andererseits sei er äußerst lebhaft und neige zu Zornausbrüchen, beharre auf seiner Meinung und ändere sie nur ungern. Er verabscheue Falschheit und jede Art von Verstellung. Alle diese Eigenschaften waren schon bei dem Knaben ausgeprägt. Er wollte gegen andere unbedingt aufrichtig und verläßlich sein, erwartete solches umgekehrt aber auch von diesen. Daß Feilitsch und Cleß charakterlich so jämmerlich versagten, hat den empfindsamen, liebebedürftigen, aber auch früh selbstbewußten und urteilsreifen Knaben schwer getroffen und sicher dazu beigetragen, daß sich Mißtrauen und Menschenverachtung in seinem Innern so tief einwurzeln konnten. Mit mehr Sorgfalt ging man bei der Auswahl der späteren Lehrer Friedrichs zu Werke. Doch die Wirkungen der pädagogischen Fehler in der Kindheit auf die charakterliche Entwicklung des Prinzen ließen sich nicht mehr ungeschehen machen.

Nach dem Siebenjährigen Krieg blieben Herzog Friedrich Eugen und seine Familie noch sechs Jahre in Treptow. Außenstehenden erschien das Alltagsleben der herzoglichen Familie wie eine Idylle. Den Herzog und die Herzogin umgab ein ansehnlicher Hofstaat, der unter anderem aus einem Oberhofmeister, mehreren Hofkavalieren und -damen, Pagen, einem Pagenhofmeister, einem Stallmeister, einem Hofmedicus, zwei Sekretären, einem Kapellmeister und Musikanten bestand. Einer der Sekretäre Friedrich Eugens war damals übrigens Johann Georg Schlosser (1739–1799), der Jugendfreund und spätere Schwager Goethes. Der Herzog verstand es, durch Konzerte, durch gesellige Veranstaltungen und sonstige Kurzweil dem Leben in dem kleinen Landstädtchen die schönsten Seiten abzugewinnen. Das Herzogspaar lud zur Mittagstafel regelmäßig Gäste ein: die Offiziere der Garnison, benachbarte Gutsbesitzer, Angehörige des städtischen Magistrats und der angesehensten Treptower Familien. Häufig stellten sich Besucher ein, so der Markgraf von Brandenburg-Schwedt, der Vater der Herzogin. Geburtstage von Mitgliedern des preußischen Königshauses und der Herzogsfamilie wurden festlich begangen. Den herzoglichen Kindern waren solche festlichen Anlässe nicht unwillkommen, weil sie ihnen erlaubten, die strenge Etikette wenigstens vorübergehend zu durchbrechen, sich den Eltern ungezwungen zu nähern und auch mit Kindern von Gutsbesitzern oder städtischen Bürgerfamilien in Kontakt zu kommen. Die Behauptung eines späteren Chronisten, sie seien »möglichst frei von starrer Abschließung ohne Einzwängung in strenge Hofsitte nach kindlich froher Weise« herangewachsen, trifft sicher nicht zu. Von einem sehr engen, herzlichen Verhältnis von Eltern und Kindern, einer Erziehung, die der freien Entfaltung der Persönlichkeit Raum gab, kann schwerlich die Rede sein. Das Leben der herzoglichen Kinder war streng reglementiert; sie befanden sich unter ständiger Aufsicht ihres Gouverneurs oder ihrer Gouvernante, selbst bei Spaziergängen mit den Eltern. Einen solchen Spaziergang auf den Ackerhof bei dem Treptower Küstertor, der wie wahrscheinlich auch andere kleine Ausflüge in die nahe Umgebung einer Art feierlicher Prozession glich, hat uns ein Zeitgenosse anschaulich geschildert: »Voran ging die [spätere] Kaiserin Maria [Feodorowna von Rußland] (ein Kind von neunthalb Jahren), neben ihr zur Linken die Gouvernante von Borck und neben dieser ein Hoffräulein; dann folgte die Herzogin mit der Oberhofmeisterin und einem Hofkavalier; hinter ihr zwei Heiducken und mehrere männliche und weibliche Bedienung; weiter die drei Prinzen mit ihrem Gouverneur; endlich der Herzog mit einigen Offizieren; den Schluß machten mehrere Hausoffizianten und Livreebedienten.«

1769 nahm Herzog Friedrich Eugen seinen Abschied aus dem Dienst des großen Preußenkönigs und beschloß, sich in der württembergischen Grafschaft Mömpelgard in Burgund niederzulassen. In Treptow sah man die herzogliche Familie nur ungern scheiden. Friedrich Eugen und sein Hofstaat hatten dem Städtchen fürstlichen Glanz verliehen und dem örtlichen Gewerbe zu einem gewissen Aufschwung verholfen.

Studienjahre

1767 hatten Prinz Friedrich und seine drei ihm im Alter folgenden Brüder einen neuen Gouverneur bekommen: Friedrich von Maucler, Sproß einer aus der Champagne stammenden altadligen Hugenottenfamilie und Sohn eines französischen Predigers in Stettin, eine charakterlich gefestigte Persönlichkeit von tiefer Religiosität. Auch er hatte seine Schwierigkeiten mit dem dreizehnjährigen Prinzen. Doch mußte dieser, obschon widerwillig, anerkennen, daß der neue Gouverneur nicht nur eine gute Schulbildung besaß, sondern sich auch menschlich untadelig benahm und sich seinen Zöglingen gegenüber bei aller Strenge um Gerechtigkeit bemühte. Maucler berichtete Ende November 1767 dem Herzog, Friedrich verfalle weniger als früher in hochfahrenden Stolz und abweisende Gleichgültigkeit. Mit äußerster Strenge gehe er gegen die Launenhaftigkeit und die Verstellungskünste des Prinzen an, und er tue alles, um seinen Eigensinn zu brechen. Kummer bereite ihm das außerordentlich große, ebenso lächerliche wie verderbliche Wohlgefallen, das Friedrich für seinen eigenen Körper habe. 1769 trat an die Stelle von Cleß der aus Ensingen bei Vaihingen an der Enz stammende junge Theologe Emanuel Pfleiderer, der Prinz Friedrich und seine Brüder freundlich und verständnisvoll behandelte.

Den größten erzieherischen Einfluß auf Prinz Friedrich übte der Philosoph und Theologe Georg Jonathan Holland, geboren 1742 in Rosenfeld auf der Schwäbischen Alb, aus. Holland hatte seine Ausbildung am theologischen Seminar in Tübingen, dem berühmten Stift, erhalten und dort seine Liebe für die Mathematik und andere exakte Naturwissenschaften entdeckt. In den großen französischen

Aufklärern, so in Voltaire und Rousseau, sah er seine Lehrer. Für ihn kam es entscheidend darauf an, die Grundanliegen der Aufklärung gegen den unwissenschaftlichen, seichten und unchristlichen »Esprit« zu bewahren. Die Wissenschaft und die auf die Vernunft gegründete Religion hätten hier eine gemeinsame Aufgabe. Seine 1773 veröffentlichten »Réflexions philosophiques sur le système de la nature« erregten in ganz Europa, besonders aber in Frankreich, Aufsehen. Sie waren gegen das Hauptwerk des französischen Materialismus, das »Système de la nature« des Barons Holbach, gerichtet, dessen zum konsequenten Atheismus führende Lehre von der mechanischen Gesetzmäßigkeit der Natur Holland erbittert bekämpfte. Profunde Kenntnisse in Mathematik und Physik seien, so argumentierte der junge Denker, dem Philosophen »höchst nötig«. Die erste Wissenschaft schärfe seinen Verstand, die zweite »benimmt uns die dumme Bewunderung, welche die Tochter der Unwissenheit ist«, und »– das Vornehmste – sie lehrt uns unseren Schöpfer kennen und zeigt uns seine Weisheit, Macht und Güte in dem anbetungswürdigsten Lichte«. Herzog Friedrich Eugen hatte Georg Jonathan Holland 1765 als Untergouverneur seiner Söhne in seine Dienste genommen. Er gewann im Lauf der Jahre das besondere Vertrauen von Prinz Friedrich und stand bis zu seinem frühen Tod im Jahr 1784 mit dem Prinzen in freundschaftlichem Umgang.

1769 schickte Friedrich Eugen seine vier ältesten Söhne, Friedrich, Ludwig, Eugen und Wilhelm, damals zwischen dreizehn und acht Jahre alt, zur weiteren Ausbildung mit ihren Erziehern für drei Jahre nach Lausanne, einem bei deutschen und englischen Adelsfamilien sehr beliebten Erziehungsort. Dem Gouverneur von Maucler, dem die Lehrer Holland und Pfleiderer zur Seite standen, gab er eine Instruktion mit, die für seine Geisteshaltung, aber auch für die Ziele, die er sich bei der Erziehung seiner Söhne gesetzt hatte, aufschlußreich ist. Die Religion, schrieb er, sei die Grundlage des gesamten Erziehungsprogramms. Ohne sie bleibe alles übrige ein Gebäude ohne Fundament. Maucler, für den Friedrich Eugen inzwischen bei seinem Bruder Carl Eugen die Ernennung zum Major erwirkt hatte, solle daher als erstes für eine umfassende Unterweisung der Prinzen in der Religion sorgen. Wichtig erschien ihm sodann, daß seine Söhne Sicherheit in den höfischen Umgangsformen erlangten, daß sie sich im Reiten, Tanzen und im Gebrauch der Waffen übten. Detaillierte Anweisungen gab der Herzog für eine sparsame Haushaltsführung, die Ausgaben für Nahrung und Kleidung durften be-

Der junge Prinz Friedrich

stimmte Höchstsätze nicht überschreiten. Maucler hatte dem Herzog an allen Posttagen einen schriftlichen Bericht über das Ergehen und das Verhalten der Prinzen, über ihre Fortschritte in den Wissenschaften, aber auch über Haushalts- und Personalangelegenheiten zu übermitteln.

Die Prinzen erhielten Unterricht in Religion, Moral, Philosophie, Logik, Mathematik, Latein, Französisch und Italienisch. Ein Professor Dicat führte sie in das Naturrecht ein. Er stellte es ihnen entsprechend der Auffassung der Zeit als den Inbegriff der »natürlichen Gesetze« dar, »die den Willen des Schöpfers ausmachen und nach denen der Mensch seine Handlungen einzurichten berufen ist«, und baute auf ihm eine damals sehr ernst genommene Glückseligkeitslehre auf. »Seinen Stand glücklicher machen«, notierte sich Prinz Friedrich als Fazit dieses Unterrichts, »seine Handlungen so einrichten, daß sie miteinander übereinstimmen, den Willen Gottes befolgen und seine wahre Glückseligkeit zum Zweck haben, bedeutet alles das nämliche, nämlich seiner Bestimmung gemäß leben.«

Zu ähnlichen Einsichten kam der »Informator« Holland von der Mathematik und den Naturwissenschaften her, für die Friedrich eine besondere Vorliebe hatte. Das Weltbild Hollands basierte auf einem vernünftigen Christentum, das alles Leben, das der Völker in gleicher Weise wie das der einzelnen Menschen, durchdrang. Er betrachtete es als einen wesentlichen Teil seines Erzieherberufs, seinen fürstlichen Zöglingen die sittliche Natur des Staates nahezubringen. In Anlehnung an die Lehre Montesquieus vertrat er den Standpunkt, daß die Regenten nicht Eigentumsherren der Völker seien. Eine uneingeschränkte Verfügungsgewalt gebe es nur über Sachen, nicht jedoch über Menschen. Die Macht der Regenten gründe sich auf die Einwilligung der Völker. Ohne eine solche Einwilligung bestehe überhaupt keine oberherrliche Gewalt. Die Regenten hätten sich, wie es in »Der Christen Sittenlehre« heiße, als Gottes Kinder nach seinem Willen zu richten, ihre Pflicht sei es, die Untertanen zu schützen. Die Untertanen andererseits müßten der Obrigkeit mit aller Ehrfurcht und allem Gehorsam begegnen. Die höchste Gewalt und die Majestät, die den Regenten im Staat zukomme, erhielten ihre Legitimation aus dem Endzweck des Staates; der Sicherheit und der Wohlfahrt der Untertanen. Auch hier wird eine theokratische Allmacht der Regenten verneint. Holland und die anderen Lehrer des Prinzen standen damit in der Tradition der deutschen Staatsrechtstheoretiker des 17./18. Jahrhunderts, also des aufgeklärten fürstlichen Absolutismus. Wie diese betonten sie innerhalb des neuzeitlichen Naturrechts, das die Lehre vom Staatsvertrag ausbildete, nachdrücklich die ethischen Komponenten, die Pflichtenlehre, das heißt die wechselseitige Sorge- und Treuepflicht: Der Fürst hatte für das gemeine Beste der Untertanen zu sorgen, umgekehrt mußte jeder Untertan sich für die Gemeinschaft, für das Ganze, einsetzen.

Besonderen Rang im Studienplan von Prinz Friedrich hatte die Geschichte. Friedrich und seinen Brüdern wurden detaillierte Kenntnisse über die politische und militärische Geschichte Europas, namentlich die »Potentatengeschichte«, vermittelt. Auch die Geographie wurde nicht vernachlässigt. Sehr zustatten kam dem ungewöhnlich begabten Prinzen sein ausgezeichnetes Gedächtnis, vor allem in den Sprachen. Wie seine Mutter hatte er eine Vorliebe für die Umgangssprache der damaligen vornehmen Welt, das Französische. Er sprach und schrieb es bald »mit klassischer Korrektheit«. Doch auch in seiner deutschen Muttersprache brachte er es in Wort und Schrift zu beachtlicher Meisterschaft. Er erwarb sich fundierte Kenntnisse im Latein. Noch in seinen späteren Lebensjahren zitierte er mühelos aus dem Gedächtnis Stellen aus römischen Schriftstellern. Mit dem Italienischen beschäftigte er sich zumindest zeitweise.

Breiten Raum im Ausbildungsprogramm nahmen ferner die Kriegs- und Militärwissenschaften ein. Beinahe die Hälfte der von Friedrich hinterlassenen Kolleghefte enthält hierüber Ausarbeitungen. So liegt ein von dem Prinzen 1771 verfaßtes Manuskript über allgemeine Prinzipien der Taktik vor, ferner Notizen über die Belagerungskunst und die Artilleriewissenschaft. Auch auf militärtheoretischem Gebiet war Holland, der dieses Fach in enge Verbindung zur Mathematik und zu den Naturwissenschaften brachte, sein wichtigster Lehrer.

Die Lektionen nahmen in Lausanne durchschnittlich sechs Stunden am Tag in Anspruch. Die übrige Zeit war gesellschaftlichen Verpflichtungen vorbehalten oder wurde der Körperertüchtigung und der Erholung gewidmet. Im Sommer unternahmen die Prinzen häufig Spaziergänge in die herrliche Umgebung, oder sie besuchten benachbarte Landgüter. Die Erzieher hielten ihre Zöglinge dazu an, sich im »Auslaufen«, im Klettern und im Wettrennen zu üben. Wenn es das Wetter zuließ, erlaubten sie ihnen das Baden im See. Im Winter, wenn ein längeres Verweilen im Freien wegen strengen Frosts oder starken Schneefalls nicht möglich war, wurden die Mußestunden mit Picket-, Brett- oder Damespiel, mit Erzählen oder Rätselraten zugebracht. Den Eltern berichteten die Prinzen in Briefen, deren Ton von der höfischen Etikette bestimmt wurde. Sie hatten gegenüber den Eltern streng die in fürstlichen Familien üblichen Anredeformen zu wahren. Persönliche Vertraulichkeiten waren ihnen kaum gestattet. Sie begnügten sich daher in der Regel mit den Versicherungen der Verehrung, der Dankbarkeit und der Anhänglichkeit. In Lausanne hatte der Prinz übrigens auch Graf Franz von Erbach-Erbach kennengelernt, mit dem er bis zu seinem Tod im Herbst 1816 befreundet blieb.

1772 kehrten die Prinzen mit ihren Erziehern zu den Eltern nach Mömpelgard zurück. Friedrich bezeichnete rückblickend Lausanne als »schrecklich traurigen Ort«. Offensichtlich war ihm das vom Vater vorgeschriebene und von den Erziehern strikt eingehaltene Erziehungs- und Studienprogramm sowie die ständige Aufsicht über seinen persönlichen Lebensbereich in hohem Grad lästig gewesen.

Die Eltern erlaubten dem jetzt über Achtzehnjährigen eine Bildungsreise nach Italien, damit er die großen Werke der römischen und italienischen bildenden Kunst und Architektur kennenlernte und seinen geistigen Horizont erweiterte.

Staat und Gesellschaft in der Vorstellungswelt des jungen Prinzen

Vergegenwärtigen wir uns das Lebens- und Weltbild des Prinzen Friedrich am Ende seiner Lausanner Studienzeit, wie es sich nach den Wünschen seines Vaters und unter den Einflüssen seiner Erzieher von Maucler und Holland gebildet hat: Durchdrungen von den Grundwahrheiten des christlichen Glaubens in seiner aufklärerischen Ausprägung, wies Friedrich dem Menschen, insbesondere dem Fürsten, die Aufgabe zu, die Welt mit den ihm verliehenen intellektuellen Fähigkeiten entsprechend den von Gott gegebenen Gesetzmäßigkeiten in christlicher Verantwortung zu gestalten. Der aufgeklärte Fürstenstaat und eine ständisch gegliederte Gesellschaft waren dem jungen Prinzen eine Selbstverständlichkeit, ebenso das fürstliche Gottesgnadentum. Ähnlich wie Friedrich der Große sah er im Fürsten den ersten Diener seines Staats. Den Fürsten verpflichtete seine gottgewollte einzigartige Stellung, alle Kräfte und Fähigkeiten uneingeschränkt dem Staat, also dem Wohl der Untertanen, zu widmen. Die Untertanen hatten sich seinen Anordnungen zu beugen und ihrerseits dazu beizutragen, daß der Staatszweck erfüllt werde. Der Fürst sollte sich von den Grundsätzen der Gerechtigkeit leiten lassen und den Untertanen im Rahmen der bestehenden gesellschaftlichen Verhältnisse zu ihrem Recht verhelfen. Der Staat war vernünftig und damit straff zu organisieren. Da die Religion wesentlich dazu beitragen konnte, die Staats- und Gesellschaftsordnung zu festigen, verdiente sie die besondere Förderung durch den aufgeklärten Monarchen. Die religiöse Überzeugung des einzelnen Untertanen war zu respektieren, soweit sie die geistigen Grundlagen des absolutistischen Fürstenstaats nicht in Frage stellte. Politische Rechte kamen den Untertanen, abgesehen von gewissen Selbstverwaltungsbefugnissen im kommunalen Bereich, nicht zu. Die einzige politische Instanz im Staat war der Landesherr, der sich bei seinen Leitungsaufgaben allenfalls eines Beratergremiums bediente. Organ seines Herrscherwillens war eine leistungsfähige Verwaltung.

II

Offizier im Dienst Friedrichs des Großen
1774–1781

Militärische Lehrjahre in Potsdam am Hof des Preußenkönigs

Daß Friedrich in die Fußstapfen des Vaters treten sollte, darüber waren sich die Eltern einig. Die Mutter wandte sich Anfang 1774 an Friedrich den Großen, ihren Onkel, und bat ihn, den Sohn in seine Dienste zu nehmen. König Friedrich zeigte sich entgegenkommend. Er wollte Prinz Friedrich wegen seines jugendlichen Alters zwar noch kein Regimentskommando übertragen, wie dies die Mutter wünschte, er war aber bereit, sich persönlich um seine militärische Schulung zu kümmern, und setzte ihm dazuhin eine Pension aus, die den Einkünften eines Regimentskommandeurs entsprach. In Mömpelgard war man hocherfreut, vor allem Herzog Friedrich Eugen, der gegenüber dem Preußenkönig noch immer ein schlechtes Gewissen hatte, weil er ihm vor fünf Jahren den Militärdienst aufgekündigt hatte. Keinesfalls durfte ihm der Sohn Unehre oder gar Schande machen. In den Verhaltensmaßregeln, die er ihm mit auf den Weg gab, ermahnte er ihn zu einem gottwohlgefälligen Leben. Er solle, so schrieb er, nie vergessen, daß Gott alles sehe, daß der Allmächtige ein Gott des Erbarmens, gleichzeitig aber auch ein gerechter Gott sei, der schrecklich diejenigen zur Rechenschaft ziehe, die seine Gebote mißachteten und ihn zu beleidigen wagten. Er müsse sich stets dessen bewußt sein, daß ihn nur das inbrünstige Gebet im Zustand der Reinheit und der Unschuld erhalte. Aller Überheblichkeit, allen anmaßenden Stolzes und jeder Art von Eigenliebe solle er sich enthalten. Freunde könne er sich nur durch ein höfliches, zurückhaltendes und bescheidenes Benehmen erwerben. Nie dürfe er aus den Augen verlieren, welche Ehre und welches Glück es sei, dem großen König zu dienen. Daher müsse sein vornehmstes Benehmen darauf gerichtet sein, seine dienstlichen Obliegenheiten mit Eifer und Hingabe zu erfüllen. Um sich rasch militärische Kenntnisse und Fähigkeiten anzueignen, solle er sich den besten Exerziermeister nehmen und keiner Parade oder Übung fernbleiben. Ferner riet er ihm, gute militärische Bücher und hervorragende Geschichtswerke zu studieren, sich mit den alten Dichtern zu beschäftigen, seine Lateinkenntnisse zu vervollständigen, sich im Tanz, in der Musik und vor allem in den höfischen Umgangsformen zu üben, überhaupt seine Zeit in jeder Hinsicht sinnvoll zu nutzen. Die Musik im besonderen, ließ er den Sohn wissen, sei eine ebenso nützliche wie angenehme Kunst, die vor Langeweile schütze. Er ermahnte ihn, seine Diener gut zu behandeln und angemessen zu entlohnen, mit seinen Geldmitteln sparsam umzugehen, da seine Eltern ihm nicht mehr geben könnten.

Bereits im Alter von wenig mehr als vier Jahren, im Januar 1759, war Friedrich, wie damals in Fürstenhäusern üblich, von seinem Onkel Carl Eugen von Württemberg zum Oberst der Infanterie ernannt worden. Nach dem Siebenjährigen Krieg jedoch löste Carl Eugen das Infanterie-Regiment, das den Namen des Prinzen Friedrich führte, auf. 1769 errichtete er ein neues Dragoner-Regiment, zu dessen Chef er den Neffen unter gleichzeitiger Beförderung zum Generalmajor ernannte. Mit der Inhaberschaft eines Regiments waren Einkünfte verbunden, die den nicht gerade mit Reichtum gesegneten Eltern Friedrichs höchst willkommen sein mußten. Eine weitere Ehre wurde dem jugendlichen Prinzen 1769/71 mit der Aufnahme in den Johanniterorden und der Eröffnung der Anwartschaft auf die Komturei Lagow zuteil. Die Komturei selbst erhielt er allerdings erst 1793 mit der Erledigung der Stelle des Komturs übertragen.

Erfreut waren auch die württembergischen Landstände, die »Landschaft«, über den Eintritt des Prinzen in den Militärdienst Preußens, der Schutzmacht der protestantischen Reichsstände. Herzog Friedrich Eugen, so stellte der Engere Ausschuß der Landschaft fest, »hätte der Landschaft und dem lieben Vaterland kein größeres Zeichen höchstdero Attachement und gnädigster Zuneigung geben können«. Am 5. Mai 1774 bewilligte der Engere Ausschuß dem Prinzen einen Zuschuß von 400 Carolin oder 3800 fl »zur Einrichtung seiner Equipage«, zu seiner militärischen Erstausrüstung also, sowie einen jährlichen Unterstützungsbeitrag von 1500 fl, der ihm so lange gezahlt werden sollte, bis er durch die Inhaberschaft eines preußischen Regiments oder auf einem anderen Weg zu einem einträglichen Einkommen gelangt war.

Im Mai 1774 brach Friedrich von Mömpelgard auf. Seine Eltern begleiteten ihn bis nach Ludwigsburg, der Residenz Herzog Carl Eugens, wo er vierzehn Tage blieb. Weil er der Geliebten des Onkels, Franziska von Hohenheim, bei einem Besuch in Mömpelgard offen seine Mißachtung bekundet hatte, soll ihn dieser damals übel behandelt haben. Am 30. Juni 1774 traf er in Potsdam, am Hof des Preußenkönigs, ein. Dieser lud ihn gleich nach seiner Ankunft zum Diner auf Schloß Sanssouci ein. Bei Tisch erkundigte er sich nach dem Befinden von Herzog Carl Eugen. Durch sarkastische Bemerkungen und Witze, die er über den Herzog machte, aber auch durch »die schrecklichen Fragen«, brachte er den jungen Prinzen in nicht geringe Verlegenheit. Von seinem Spott blieb auch Franziska von Hohenheim nicht verschont. Er nannte sie boshafterweise stets nur Madame von Hosenheim. Trotzdem war Prinz Friedrich von der ersten Begegnung mit dem Großonkel tief beeindruckt. Der Mutter schrieb er: »Ich habe ihn immer hoch geachtet, aber [jetzt] beginne ich ihn zu lieben.« Am 2. Juli 1774 erfüllte Friedrich der Große das Versprechen, das er der Herzogin gegeben hatte: Er ernannte Prinz Friedrich zum Oberst der Kavallerie und gewährte ihm eine Jahrespension von 3000 Talern (écus).

Während der ersten Monate in Potsdam herrschte beinahe eitel Sonnenschein. Der König nahm sich sehr um den Großneffen an, zog ihn häufig zur Tafel und erwies ihm viel freundliche Aufmerksamkeit. Dem Vater berichtete Friedrich, daß sich der König fast täglich mit ihm unterhalte, guter Stimmung sei und ständig die lustigsten Geschichten zum besten gebe. Seinem früheren Erzieher Maucler schrieb er ein paar Tage darauf, er habe noch nie eine so fröhliche Tischgesellschaft erlebt wie die des Königs. Friedrich der Große stecke voll witziger Einfälle, doch wehe dem, der unter seine »Tatze« falle. Der Prinz spielte hier auf die bekannte und gefürchtete Spottlust des Königs, des »Spötters von Sanssouci«, an, vor dessen Witzen und spitzen Bemerkungen niemand sicher war. Gelegentlich lud Friedrich der Große den Großneffen zu Spaziergängen ein und verwickelte ihn bei dieser Gelegenheit in lebhafte Gespräche. Auch die Königin nahm Prinz Friedrich freundlich auf, als er sie in Schönhausen besuchte.

Friedrich der Große gewann an dem Großneffen offenbar zunehmend Gefallen. Dennoch verschonte er auch ihn nicht von witzigen, sarkastischen oder boshaften Bemerkungen. Des öfteren brachte er Friedrich durch abfällige Äußerungen über die Religion in Verlegenheit, und als der Prinz einmal nach einer solchen Äußerung betreten dreinschaute, belächelte er dessen »Rhabarbermiene«. Kaum hatte er die Vorliebe Friedrichs für Ananas entdeckt, fütterte er ihn auch schon buchstäblich mit diesen Früchten und befahl ihm noch obendrein, darüber den Eltern zu berichten. Freilich hinter seinem Spott verbarg sich stets auch väterliches Wohlwollen. Als sich Friedrich, wahrscheinlich bei einem Sturz vom Pferd, im Oktober 1774 den linken Arm brach, zeigte sich der König aufrichtig besorgt und beauftragte einen seiner Adjutanten, sofort dafür zu sorgen, daß der Verletzte zur Ader gelassen wurde, außerdem ließ er den Prinzen bis zu seiner Wiedergenesung aus der königlichen Küche verpflegen.

Der Umgang mit dem großen König war zweifellos nach dem Sinn Friedrichs. Der Alltag in Potsdam, der eintönige Dienst, die wenig begeisternde militärische Ausbildung und manches andere befriedigten ihn ungleich weniger. Schon kurz nach seiner Ankunft in der Soldatenstadt hatte ihn Maucler vor der Langeweile des Garnisonslebens gewarnt und ihm empfohlen, seine reichlich bemessenen Mußestunden zum Selbststudium und zu anderen sinnvollen Beschäftigungen zu nutzen. Anscheinend hatte aber die Ermahnung wenig gefruchtet. Gegen Ende des Jahres riet er ihm im Auftrag der Eltern eindringlich, mit aller Kraft gegen seine Hauptfeinde, den Stolz und die Langeweile, anzukämpfen und nicht länger ernsthafter und fleißiger Arbeit aus dem Wege zu gehen. Kurz darauf schrieb er ihm, die Eltern, die es doch gut mit ihm meinten, seien mit seinem Verhalten und seiner Lebensführung ganz und gar nicht einverstanden, er solle ihnen keinen Ärger mehr verursachen. Die Mutter tadelte in einem Brief vom 13. Januar 1775 ähnlich wie Maucler seinen hochfahrenden Stolz und seine Eigenliebe, sprach von der unverzeihlichen Unbelehrbarkeit seines Charakters und verlangte eine ins einzelne gehende Rechenschaft über sein Verhalten, die Gesellschaft, in der er verkehrte, die Beziehungen, die er unterhielt. Offensichtlich hatte die Mutter hier Liebesabenteuer im Auge, aber auch seine mangelnde Sparsamkeit. Sorge machte ihr zudem die »grausame Korpulenz« Friedrichs, wegen der ihn auch der König gelegentlich neckte. Der Prinz gab sich daraufhin redlich Mühe, gegen sein Übergewicht anzukämpfen. Er unternahm lange Spaziergänge und verschaffte sich durch den militärischen Drill Bewegung. Auch legte er sich den Tafelfreuden gegenüber mehr Zurückhaltung auf. Ob der Prinz die »Kur« lange durchhielt, wissen wir nicht. Gegen seine

Friedrich der Große

König Friedrich der Große von Preußen

Korpulenz kam er jedenfalls nicht an; sie machte ihm zeitlebens zu schaffen.

Der Großonkel blieb ihm weiterhin gut gesinnt. Im Februar 1775 schrieb Friedrich den Eltern, er speise jeden Tag beim König. Das Diner dauere meist dreieinhalb Stunden, oft sogar bis zu fünf Stunden. Anschließend gehe er nach Hause, um sich dort bis zum Abendessen mit Lesen und Schreiben zu beschäftigen. Der König habe ihn eingeladen, den Karneval in Berlin zu verbringen, der in der preußischen Hauptstadt damals den gesellschaftlichen Höhepunkt des winterlichen Gesellschaftslebens bildete. Die Tischgenossen des Königs ließen sich in drei Klassen einteilen: in diejenigen, mit denen er spreche, in die, über die er sich lustig mache, und in jene, die nie den Mund aufmachten. Man müsse unentwegt auf der Hut sein; vor allem dürfe man dem König keinen Stoff zum Spotten geben, denn man müsse damit rechnen, daß ihn der König unbarmherzig gegen den Urheber kehre. Er habe noch nie einen Menschen erlebt, der ein solches Spottalent habe. Freilich, oft erschienen dem Prinzen die derben Bilder, deren sich der Großonkel bediente, überzogen und unpassend, so habe er ein Fest, das Herzog Carl Eugen im Herbst 1775 zu Ehren der Mutter Friedrichs auf der Stuttgarter Solitude gegeben hatte, als ein »Fest im Schweinestall« bezeichnet.

Maucler begrüßte im April 1775, daß sich Friedrich mit der Leibnizschen Philosophie beschäftige. Er hoffte, so schrieb er dem Prinzen, daß ihm diese Philosophie über bedrückende, hypochondrische und griesgrämige Stimmungen hinweghelfe. Friedrich mußte immer wieder gegen solche Gemütslagen angehen. Er schrieb an Maucler, daß er sich an schönen Frühlingstagen in einen durch hohe Hecken von der Umwelt abgeschiedenen Winkel des Potsdamer Schloßparks zurückziehe, um dem Gesang einer Nachtigall zu lauschen. Dann fühle er sich glücklich und wolle nicht einmal mit dem König tauschen; ihm fehle eben ein Freund. Allein, die Tage, an denen er mit sich und der Welt zufrieden war, blieben offenbar Ausnahmen. Bald klagte er wieder über gräßliche Langeweile und düstere, melancholische Stimmungen. Etliche Wochen später nannte er Preußen das traurigste Land der Welt. Er sei fast immer allein, aber das sage ihm mehr und mehr zu. Dem gesellschaftlichen Leben könne er nur wenig abgewinnen, die meisten Gesprächsthemen seien ihm zuwider.

Die Eltern hatten auch weiterhin manches am Verhalten Friedrichs auszusetzen, über das sie wahrscheinlich durch Bekannte und Freunde unterrichtet wurden. In einem Brief vom 29. April 1775 wehrte sich der Prinz gegen Vorwürfe des Vaters und empfahl diesem, sich bei unverdächtigen Zeugen, so beim König, über ihn zu erkundigen. Und in der Tat, Friedrich der Große ließ nichts auf den Großneffen kommen. Er nahm ihn auf seinen Wunsch zu Truppenrevuen nach Berlin, Magdeburg, Pommern und Schlesien mit. Die Mutter und ihre Schwester, die Landgräfin von Hessen-Kassel, konnten sich bei einem Besuch im Juli 1775 in Potsdam und Berlin nicht genug über das hohe Maß an Wohlwollen und Vertrauen wundern, das der König dem Prinzen entgegenbrachte. Sie meinten, dies sei bei Friedrich dem Großen ohne Beispiel. Der einstige Erzieher Holland, der die Herzogin begleitete, schrieb an Maucler, er wisse nicht, bis zu welchem Punkt es für den Prinzen vorteilhaft oder nachteilig sei, daß er sich im Umgang mit dem König ungezwungener als alle anderen gebe, aber es könne kein Zweifel sein, daß ihn dieser mit Vergnügen ins Gespräch ziehe.

Mit seinem Bruder Ludwig, den der Preußenkönig auf Bitten der Eltern gleichfalls in seinen Dienst genommen und zum Oberstleutnant ernannt hatte, verstand sich Friedrich nicht sonderlich gut. Maucler hoffte, daß die beiden Brüder bei einer gemeinsamen Reise zu einer Truppenbesichtigung des Königs in Schlesien einander menschlich näher kämen. Als der König im Herbst 1775 einige Zeit krank war, fühlte sich der Prinz noch mehr als bisher von der Welt ausgeschlossen und war froh, daß Holland auf Veranlassung der Eltern bei ihm und seinem Bruder Ludwig geblieben war. In einem Brief an Maucler vom 21. November 1775 äußerte sich indessen Holland recht kritisch über den Charakter und die Lebensweise des Prinzen. »Unser Freund«, so schrieb er, »ist von Natur zu stolz, seine Leidenschaften sind selten gemäßigt. Mit den sehr vielen höchst schätzenswerten Eigenschaften, durch die er über den größten Teil der jungen Leute seines Alters hinausragt, verbindet sich bei ihm der Fehler, daß er seine Herkunft, seinen Rang und seine geistige Überlegenheit zu sehr zur Schau trägt . . . Der andere Punkt . . . ist, daß in den Anfängen die natürliche Unbesonnenheit eben solcher Charaktere, die Unerfahrenheit, die Gunst beim Meister [König!], oft auch die Macht des guten Gewissens über die Angelegenheiten, deren er sich angeklagt sah oder glaubte, ihn falsche Schritte tun ließen, die nicht verfehlten, einen ungünstigen Eindruck auf sehr viele Personen zu machen . . .« Holland sah freilich auch, daß sich der Prinz in mancher Hinsicht gebessert hatte und daß er ständig an sich arbeitete. Allein schon die Erfahrung, meinte er, würde ihm eine ausgezeichnete Lehrmeisterin sein, wären ihre Lektionen nicht so langwierig und so teuer. Ein Freund könnte sie abkürzen. Holland wollte Friedrich daher als ein solcher Freund zur Seite stehen und sich so verhalten, daß der Prinz ihm sein uneingeschränktes Vertrauen schenken konnte. Harte Worte fand der einstige Erzieher für die Tante Friedrichs – wahrscheinlich die Landgräfin von Hessen-Kassel –, die sich in schlimmer Falschheit darin gefalle, den Neffen bei seinen Eltern anzuschwärzen und zu verklagen, obwohl sie jede Woche die liebenswürdigsten und freundschaftlichsten Briefe an ihren Neffen schreibe, die dieser aufs respektvollste und entgegenkommendste beantworte. Holland war auch nicht verborgen geblieben, daß man Friedrich und seinem Bruder Ludwig an einem Ort wie Potsdam, wo sich so viele Interessen kreuzten, nicht gewogen war und ihnen deshalb gerne Fehler und Lächerlichkeiten vorhielt. Im übrigen führe Friedrich gegenwärtig ein geregeltes und tadelsfreies Leben. Seine dienstliche Betätigung entspreche in jeder Hinsicht der der Garden. Seine Freizeit verbringe er teils mit ihm (Holland), teils allein in seinem Kabinett oder auch mit den für seine Gesundheit unerläßlichen Spaziergängen. Holland hoffte, daß der König Prinz Friedrich bald eine ihn ausfüllende Aufgabe übertrage.

Mit seiner letzten Bemerkung spielte Holland auf den Wunsch Friedrichs nach einem Regimentskommando an, damit er sich mit den Details des praktischen militärischen Dienstes vertraut machen konnte. Freunde, die um seine wachsende Ungeduld wußten, hatten ihm allerdings geraten, in dieser Angelegenheit nicht an den König heranzutreten, zumal er nach wie vor dessen besondere Gunst besaß. Friedrich der Große kümmerte sich auch um die materielle Besserstellung von Prinz Friedrich und von Prinz Ludwig. Im März 1776 legte er in einem Schreiben Herzog Carl Eugen von Württemberg nahe, seinen beiden Neffen eine Apanage auszusetzen. Der Herzog reagierte darauf zunächst völlig ablehnend. Es gebe kein Hausgesetz, so ließ er den König wissen, das für die nachgeborenen Söhne von nichtregierenden Prinzen regelmäßige finanzielle Zuschüsse vorsehe. Im übrigen habe er die Apanage seines Bruders Friedrich Eugen vor einigen Jahren um ein »Ziemliches« vermehrt, so daß dieser durchaus imstande sei, seinen beiden ältesten Söhnen höhere Geldzuwendungen zu machen. Doch Friedrich der Große ließ nicht locker. Im September 1776 schließlich gestand Herzog

Carl Eugen Prinz Friedrich eine jährliche Apanage von 3000 fl, Prinz Ludwig eine solche von 2000 fl zu.

Die Stiftung von Ehen war in der Zeit des Ancien régime ein wichtiges Instrument der hohen Politik. Auch Friedrich der Große bediente sich dieses Mittels gerne. Seit Mitte der siebziger Jahre spielten in seinen heiratspolitischen Plänen die Kinder seiner Nichte Friederike eine bedeutsame Rolle. Am 26. April 1776 starb in St. Petersburg Großfürstin Natalie Alexejewna, die Frau des Großfürsten Paul, eines Sohns der Kaiserin Katharina II., der Großen, an einer Fehlgeburt. Die Schwester Natalie Alexejewnas war die Frau des preußischen Thronfolgers. Auf dem Totenbett noch hatte sich Natalie Alexejewna für eine Wiederverheiratung ihres Mannes mit einer Prinzessin aus dem Haus Preußen ausgesprochen. Kaiserin Katharina wandte sich deshalb sofort an den Preußenkönig, um eine neue Eheverbindung für ihren zweiundzwanzigjährigen Sohn zu knüpfen. Ihre Wahl war auf die noch nicht einmal siebzehn Jahre alte Prinzessin Sophie Dorothea von Württemberg gefallen. Friedrich der Große war von diesem Plan sehr angetan. Hierbei störte ihn nicht im mindesten, daß die Prinzessin seit kurzem die Braut des Prinzen Ludwig von Hessen-Darmstadt war, des Bruders der verstorbenen Großfürstin, der sich zur Zeit an seinem Hof aufhielt. Er legte ihm die Auflösung seiner Verlobung nahe. Seine Nichte Friederike in Mömpelgard bat er um ihr Einverständnis. Er denke, schrieb er ihr, daß sie und ihr Gemahl einer so vorteilhaften Heirat zustimmten, auch wenn ihre Tochter zur griechisch-orthodoxen Konfession übertreten müsse. In St. Petersburg erwarte man eine rasche Antwort. Sie solle ihm also, sobald sie sich entschieden habe, mitteilen, wann sie mit der Tochter in Berlin eintreffe. Der Großfürst komme selbst in die preußische Hauptstadt, um seine künftige Frau kennenzulernen und nach Rußland zu bringen. Sie könne die Tochter noch bis Memel begleiten. Die Kaiserin habe ihr für die Reise 60 000 Rubel in Aussicht gestellt, die sie und ihre Familie sicher gut gebrauchen könnten. Abgesehen von einigen Kleidern, die sie für die Tochter anschaffen müsse, würden ihr keine Ausgaben erwachsen. Der König schloß: »Ich verstehe, daß Sie das Ganze überrascht, aber ich hoffe gleichzeitig, daß Sie sich, weil Sie eine entschlußfreudige Frau sind, für die Vorteile entscheiden, die Ihnen geboten werden.«

Zwei Tage darauf, am 9. Mai 1776, schickte Friedrich der Große Herzogin Friederike durch einen Kurier einen zweiten Brief. In diesem teilte er ihr den Verzicht des Prinzen Ludwig von Hessen-

Darmstadt auf die Hand ihrer ältesten Tochter mit und zugleich dessen Absicht, demnächst um ihre dritte Tochter zu werben, auch wenn er hierbei einige Jahre Wartezeit in Kauf nehmen müsse, bis sie das heiratsfähige Alter erreicht habe. Der König beschwor die Herzogin erneut, die einzigartige Chance für ihre Tochter Sophie Dorothea wie für ihre Familie zu ergreifen, und er bot ihr, falls es dem Herzogspaar an Geld mangeln sollte, einen Wechselbrief von 10000 Talern an. Die Kaiserin und der Großfürst wünschten, so fügte er hinzu, die angestrebte Ehe »ardemment« (brennend), und er sei sicher, daß es für ihre Tochter in Europa keine glänzendere Partie gäbe.

Als das Herzogspaar zustimmte, zeigte sich der König »entzückt«, und er versprach wiederum finanzielle Hilfe. »Ihre traurige Lage ist mir bekannt, und diese Heirat wird mir die Mittel an die Hand geben, sie Ihnen ein wenig zu erleichtern.« Wie sehr dem König selbst an der Heiratsverbindung gelegen war, bewies er auch durch sein Angebot, den dritten Sohn der Nichte Friederike gleichfalls in seine Dienste zu übernehmen. Das auf Geldzuschüsse angewiesene Herzogspaar hätte sich, falls es dies im Interesse der jugendlichen Tochter überhaupt gewollt hätte, dem vereinten Verlangen zwei der damals mächtigsten Herrscher Europas kaum widersetzen können. Die siebzehnjährige Prinzessin, um die es ging, wurde nicht gefragt; sie hatte sich der Entscheidung der Eltern zu fügen.

Der König bat die Nichte, mit ihrer Tochter bis Ende Juli nach Berlin zu kommen, um mit ihr vor der Ankunft des Zarewitsch die mit der Heirat der Tochter zusammenhängenden Fragen und Wünsche zu erörtern. Zugleich sicherte er ihr die bestmögliche Wahrung der Interessen ihrer Familie gegenüber dem russischen Hof zu. Und er hielt Wort. Am 7. Juni schickte er ihr einen von der Kaiserin selbst ausgestellten Wechselbrief über 40000 Rubel. Einige Wochen darauf wies er seinen Bruder Heinrich an, der damals in diplomatischer Mission in St. Petersburg war, der Kaiserin zu bestätigen, daß »die junge Württembergerin sehr gut erzogen« sei, ihr aber auch die bedrängten wirtschaftlichen Verhältnisse der Familie von Herzog Friedrich Eugen darzulegen.

Als das Herzogspaar und seine Tochter Mitte Juli in der preußischen Hauptstadt eintrafen, empfing Friedrich der Große sie mit der größten Auszeichnung. Prinz Friedrich berichtete Maucler: »Mein Vater genießt den großartigsten Empfang der Welt ... meine bewundernswerte Schwester hat den alten König ganz für sich einge-

Großfürstin Maria Feodorowna von Rußland, die Schwester Friedrichs

nommen, er singt ihr Lob ohne Unterlaß.« Am 21. Juli traf auch Großfürst Paul in Berlin ein. Prinz Friedrich war vom ersten Augenblick an für den Zarensohn gewonnen. In Briefen an Maucler rühmte er ihn als einen durch und durch ehrenwerten und liebenswürdigen jungen Fürsten von untadeligem Charakter und edelster Gesinnung. Nichts sei wahr von den über ihn verbreiteten lächerlichen Geschichten. Er bezeichnete seine Schwester als die glücklichste der Sterblichen, zumal sie offenbar in jeder Hinsicht dem Großfürsten gefiel und sie andererseits sofort Zutrauen zu ihrem künftigen Mann gefaßt hatte. Friedrich der Große war erfreut über die so rasch und unproblematisch zustande gekommene Verbindung. Sie vertiefte die freundschaftlichen Beziehungen zwischen dem preußischen und dem russischen Hof und dehnte sie vor allem auf den Sohn und Thronerben Katharinas der Großen aus. Auch die Zarin zeigte sich zufrieden. Sie verlieh den Eltern Sophie Dorotheas und dieser selbst russische Orden und stellte sie mit schmeichelhaften Anschreiben zu. Der vorläufigen Verlobung gab der Preußenkönig einen glanzvollen Rahmen, danach reiste Großfürst Paul nach St. Petersburg zurück. Die Prinzessin, von ihren Eltern noch bis Memel begleitet, folgte ihm wenige Tage später. Am 11. September langte sie in der Zarenresidenz an. Die Kaiserin bereitete ihr einen grandiosen Empfang. Am 7. Oktober fand die Hochzeit statt. Sophie Dorothea trat zum orthodoxen Glauben über und erhielt den Namen Maria Feodorowna. Mit den Eltern und Geschwistern blieb sie auch in der Fremde eng verbunden. Durch regelmäßige Geldzuwendungen erleichterte sie deren finanzielle Lage. Ihren ältesten Bruder Friedrich hatte sie besonders ins Herz geschlossen. Sie half ihm nicht nur materiell, zu seinem 22. Geburtstag am 6. November 1776 schenkte sie ihm eine goldene Tabatière im Wert von 1000 fl. Sie wandte sich außerdem an den Großonkel in Berlin mit der Bitte, ihren beiden in seinem Dienst stehenden Brüdern doch endlich die in Aussicht gestellten Regimentskommandos zu geben. Friedrich der Große, der ihre Bitte wohl als Einmischung in seine militärischen Entscheidungsbefugnisse sah, wies sie jedoch ebenso brüsk wie ihren Vater ab, der etliche Wochen vorher mit einem entsprechenden Wunsch an ihn herangetreten war. Er war der Ansicht, daß die beiden Prinzen noch nicht über genügende Kenntnisse und Erfahrungen im Militärdienst verfügten.

Prinz Friedrich verfiel bald nach der Abreise der Schwester wiederum in eine düstere, melancholische Stimmung. Diese steigerte sich noch, als der König seinen zwei Jahre jüngeren Bruder Ludwig im Oktober 1776 dem Regiment von Moellendorff zuwies, ihn selbst aber über seine künftige dienstliche Verwendung im ungewissen ließ. Er argwöhnte, der Großonkel habe ihm seine Gunst entzogen. Nicht von ungefähr kam Holland in einem Brief an den Prinzen auf das traurige Geschick eines preußischen Fähnrichs zu sprechen, der sich nach der Lektüre von Goethes Werther eine Kugel durch den Kopf geschossen hatte. Er meinte, daß dieser Brief- und Tagebuchroman seelisch labilen jungen Menschen zum Verhängnis werden könnte. Auch Maucler riet dem Prinzen, sich mit mehr Gelassenheit in seine derzeit wenig befriedigenden Lebensverhältnisse zu schikken und sich nicht ständig in unkluger und unchristlicher Weise gegen sie aufzulehnen. Besorgt war er, daß Friedrich dem Wein zu sehr zusprach, weil sich seine finsteren Launen dadurch noch verstärkten. Umgekehrt empfand der Prinz bitter, daß er seit der Abreise Hollands aus Potsdam keinen Freund mehr um sich hatte. Als eine Art Erlösung aus dieser unerfreulichen Seelenverfassung erschien deshalb ihm und nicht minder seinen mit ihm in brieflicher Verbindung stehenden Freunden und früheren Erziehern die langerwartete Entscheidung Friedrichs des Großen, ihm endlich ein militärisches Kommando anzuvertrauen.

Garnisonsdienst in Belgard und Lüben, Teilnahme am Bayerischen Erbfolgekrieg

Am 7. Dezember 1776 übertrug König Friedrich Prinz Friedrich die Oberstenstelle im Regiment des Generals Lölhöfel in Belgard in Ostpommern. Unmittelbar vor Weihnachten traf der Prinz in seiner neuen Garnison ein, einer wenig gesellschaftliche Zerstreuung bietenden kleinen Stadt. Er sah sich jedoch nicht im »Exil«, wie Maucler befürchtet hatte. Im Gegenteil, er sei froh, beruhigte er den Freund in einem Brief vom 4. Februar 1777, entfernt von der Welt, die er hasse, zu leben und ebenso von der Gesellschaft, die ihm oft eine Last gewesen sei. So glücklich wie jetzt habe er sich seit vielen Jahren nicht mehr gefühlt. Im übrigen gebe es unter den Offizieren liebenswerte Menschen, die ihm die Gesellschaft ersetzen könnten. Wenn Friedrich ein zurückgezogenes Leben in ländlicher Umgebung dem Glanz der Hofgesellschaft vorzog, so war dies zu einem guten Teil auf den Einfluß von Jean-Jacques Rousseau zurückzuführen, den er glühend verehrte. Die Parole Rousseaus »Zurück zur Natur« hatte es dem jungen Prinzen angetan, ebenso seine Erziehungslehre, die dem jungen Menschen den Weg zu seiner naturgemäßen Bestimmung öffnen und alle seine Anlagen zur Entfaltung bringen sollte. Er war, wie er an Maucler schrieb, geradezu erziehungsbesessen und wollte eigene praktische Erfahrungen sammeln. Schon 1775 in Potsdam hatte er einen zwölfjährigen Jungen zu sich genommen, um ihm, seinem »Emile«, eine sorgsame Erziehung zuteil werden zu lassen. Zwei Jahre danach, bereits in Belgard, kündigte er Maucler für den Fall, daß sein Versuch erfolgreich sei, das Erscheinen eines

Lehrbuchs über die Erziehung an. Maucler verstand durchaus die Begeisterung Friedrichs für den großen französischen Philosophen und Pädagogen, auch wenn er sie nicht ganz zu teilen vermochte. Die Erziehung eines jungen Menschen, wie sie der Prinz auf sich genommen hatte, hielt er für eine gute Möglichkeit, Theorie und Praxis in Einklang zu bringen. Allerdings meinte er, daß es einer viel umfassenderen pädagogischen Erfahrung als der bei der Ausbildung eines einzigen Schülers gewonnenen Einsichten bedürfe, um ein Lehrbuch über die Erziehung zu verfassen oder eine neue Unterrichtsmethode zu entwickeln. Vorteilhaft erschien ihm indessen das leidenschaftliche erzieherische Bemühen Friedrichs für diesen selbst: er lerne auf solche Weise, sich in der Geduld zu üben. Den Jungen, dem er in seinem im April 1778 errichteten Testament im Fall seines Ablebens bis zur Vollendung des zwanzigsten Lebensjahres für Ausbildungszwecke monatlich 20 fl aussetzte, schickte Prinz Friedrich 1779 zur weiteren Erziehung nach Straßburg, und er kam auch für seinen dortigen Unterhalt auf.

Die Erfüllung der dienstlichen Obliegenheiten als Regimentskommandeur fiel Friedrich nicht schwer. General von Lölhöfel äußerte sich wiederholt zufrieden über den pflichteifrigen jungen Oberst. Bei der Revue des Regiments durch den König im Juni 1777 erntete Friedrich hohes Lob.

Die Ruhe und Abgeschiedenheit Belgards fand der Prinz weiterhin wohltuend. Im Juli 1777 waren fast alle Offiziere im Urlaub oder »im Grünen«. Friedrich genoß die Stille seines nahe beim Haus gelegenen Gartens, von dem er einen kleinen Teil nach englischer Art hatte anlegen und mit einem Vogelhaus hatte ausstatten lassen. Leider hatte er wenig Gelegenheit, sein über alles geliebtes Französisch zu pflegen. In einem Brief schrieb er, daß er seine Vorliebe für das Französische, für die Kultur und Lebensweise der Franzosen sorgsam verberge, weil sie in der Gegend, in der er jetzt lebe, nur Argwohn errege und die Bezeichnung Franzose hier ein Schimpfwort sei. In einem anderen Brief hieß es, er fühle sich keiner Nation zugehörig, und er beurteile auch niemals jemanden nach seiner Volkszugehörigkeit. Maucler gefiel nicht, daß sich Friedrich so sehr von der Welt abkapselte. Andere äußerten sich ähnlich. Als seine angeschlagene Gesundheit im Frühsommer 1777 einen Badeaufenthalt erforderlich machte, führte man dies auf seine zurückgezogene geradezu gesellschaftsfeindliche Lebensweise zurück. Man begrüßte, daß er nunmehr Zerstreuung in der Jagd suchte, weil man hoffte, daß er dadurch sein körperliches und seelisches Gleichgewicht zurückgewinne. Maucler ermunterte ihn Anfang September 1777 zu einer Reise nach Potsdam. Sie werde, schrieb er, eine angenehme Abwechslung sein. Friedrich fuhr nach Berlin und Potsdam und nahm mit Erlaubnis des Königs an den dort stattfindenden Manövern teil.

Mit Beginn der tristen Wintertage verstärkte sich die düstere Stimmung des Prinzen wieder. Am 24. November 1777 bezeichnete er in einem an Maucler gerichteten Brief Belgard als ein illustres Gefängnis. Er bewohnte damals ein Zimmer mit Blick auf die Stadtmauer in einem in der Vorstadt gelegenen Haus. Wegen des schlechten Wetters konnte er wochenlang die Wohnung kaum verlassen. Seine Hauptbeschäftigung bestand dann in der Lektüre von Büchern, die er schon einmal gelesen hatte. Die Eintönigkeit des Alltags wurde hin und wieder durch kurze, wenig anregende gesellschaftliche Veranstaltungen durchbrochen. Holland tröstete ihn, in Potsdam sei es nicht viel besser, und Maucler meinte, er werde sicher nicht lange in Belgard ausharren müssen, im übrigen könne er seine Zeit mit dem Lesen guter Bücher, die ihm die Berliner Buchhändler ohne Schwierigkeiten beschafften, sinnvoll zubringen. Wenn einmal der Ruf an ihn ergehe, zum Wohl, zur Festigung und zum Ruhm einer Monarchie oder gar unmittelbar zum Glück eines Volks beizutragen, dann werde er dankbar sein, daß er einige Jahre in der Einsamkeit habe zubringen dürfen, denn an einem solchen vergessenen und verlassenen Ort erwerbe man sich Tugenden und Talente, die ungleich höher zu veranschlagen seien als alles, was er am Hof und in der Hauptstadt gewinnen könne. Sicher nicht ohne Grund berichtete Maucler dem Prinzen am 27. Februar 1778 vom fünfzigsten Geburtstag Herzog Carl Eugens und von der an seine Untertanen gerichteten, aufsehenerregenden Ansprache, die er von allen Kanzeln Württembergs hatte verlesen lassen und in der er für die von ihm in der Vergangenheit begangenen Fehler und Versäumnisse um Entschuldigung gebeten und gelobt hatte, sich künftig für das Wohl seines Volkes einzusetzen. Dieses Eingeständnis seines Onkels, seine Untertanen bisher oft schlimm unterdrückt zu haben, und das abgegebene Versprechen, seine Regentenpflichten von jetzt an ernster zu nehmen, mußte Friedrich nachdenklich stimmen. Es paßte indessen zu dem nicht gerade günstigen Charakterbild, das er von dem ältesten Bruder seines Vaters hatte. Daß Carl Eugen die ihm von Friedrich dem Großen abgerungenen Apanagegelder für seine beiden ältesten Neffen nur sehr widerwillig und unregelmäßig auszahlen ließ, belastete das Verhältnis zwischen Onkel und Neffen noch zusätzlich.

Prinz Friedrich war ein strenger Vorgesetzter. Als Regimentskommandeur sah er auf Zucht und Ordnung. Die Offiziere hatten sich seinen Befehlen zu fügen. Er scheute hierbei vor harten Maßnahmen nicht zurück und brachte dadurch einen Teil seiner Untergebenen gegen sich auf. General von Lölhöfel, der Regimentsinhaber, bekam wiederholt Klagen über den jungen, forschen Regimentskommandeur zu hören. Anfang September 1778 maßregelte Friedrich den Leutnant von Stülpnagel wegen einer Privatangelegenheit »auf die unerhörteste Art« öffentlich, ohne sich dessen »Gegenentschuldigung« auch nur anzuhören, drohte ihm mit der Entlassung und erklärte ihm schließlich, daß er sich aus ihm so wenig wie aus seinen alten Stiefeln mache. General von Lölhöfel war empört. Er schrieb dem Prinzen, er halte es für richtig, wirkliche Fehltritte aufs schärfste zu ahnden, aber er werde nie zugeben, daß Friedrich mit anerkannt tüchtigen Offizieren des Regiments nach Gutdünken verfahre. Er ordnete an, daß der Fall Stülpnagel durch eine »Verhörskommission« untersucht werde, und er behielt sich vor, dem Prinzen Heinrich von Preußen wie auch dem König von der Begebenheit Bericht zu erstatten. Im Verhalten Friedrichs sah er einen nicht zu rechtfertigenden Eingriff in seine Rechte als Regimentsinhaber. Das Einstellen und das Wegschicken von Offizieren des Regiments sei ausschließlich seine Sache.

Der Fall Stülpnagel hätte für Friedrich recht unerfreuliche Konsequenzen haben können. Allein, er hatte Glück. Wenige Tage danach ernannte ihn der König zum Chef eines Dragoner-Regiments, das bislang ein Generalleutnant von Krokow innegehabt hatte. Da der König die Ernennung in einem »sehr gnädigen Schreiben« aussprach, ist wenig wahrscheinlich, daß ihm die Spannung zwischen Friedrich und General von Lölhöfel bekannt geworden war. Der Prinz hatte die Genugtuung, daß er nunmehr selbst Inhaber eines Regiments mit weitgehender Verfügungsgewalt über Mannschaften und Offiziere war. Maucler beglückwünschte Friedrich. »Ein Regiment«, schrieb er, »ist eine beinahe ebenso unauflösliche Bindung wie eine Ehe«, und er pries die Vorsehung, die auch hier alles zum Besten gewendet habe.

Im Juli 1778 war der Bayerische Erbfolgekrieg ausgebrochen. Friedrich wurde vom König zunächst der Armee des Prinzen Heinrich zugeteilt, so daß er erst im Spätherbst desselben Jahres sein Regiment übernehmen konnte. Sein erster militärischer Auftrag war die Sicherung der Grenze Schlesiens gegen das von der preußischen Armee geräumte Böhmen. Er bezog Quartier in einem unansehnlichen Dorf. Weil es zu keinen kriegerischen Zusammenstößen kam, also lediglich die vorgeschobenen Grenzwachen einzurichten waren, empfand Friedrich wie andere Offiziere das Feldlager als trist und schrecklich langweilig. Maucler riet ihm, sich intensiv mit religiösen und philosophischen Fragen zu beschäftigen, um das Gute in den jetzigen Lebensumständen zu erkennen und der Vorsehung zu vertrauen. Kummer machte Friedrich der in seinem Regiment herrschende schlechte Geist. Er stellte ein Übermaß an Unordnung und viele »Exzesse« fest. Nur durch hartes Durchgreifen ließ sich die von ihm verlangte strikte Disziplin und Subordination erreichen. Und er zögerte nicht, dies zu tun. Am 13. Dezember 1778 berichtete er seinem Vater, er habe einen Offizier wegen Feigheit, einen anderen wegen Fehlverhaltens und anderer schändlicher Handlungen davongejagt.

Friedrich dem Großen lag offensichtlich viel daran, dem Großneffen weiterhin sein Wohlwollen zu bezeugen. Mit freundlichen Worten dankte er ihm für seine Glückwünsche zum Jahreswechsel 1778/79, im Mai 1779 für die Mitteilung, daß seine Schwester, die Großfürstin Maria Feodorowna, einem Kind das Leben geschenkt habe; wobei er hinzufügte: »Ihre Nachricht ist wunderbar!« Bei einem kurzen Aufenthalt in Potsdam lud er ihn zur königlichen Tafel. Gerne bewilligte er ihm nach dem Einrücken des Regiments in die Garnison Lüben in Schlesien einen sechswöchigen Urlaub zum Besuch der Eltern, und er verlängerte diesen auch sofort, als Friedrich darum nachsuchte. Der Prinz hatte so Gelegenheit, seine Eltern nicht nur in Mömpelgard zu besuchen, sondern auch in Hochberg bei Ludwigsburg das neuerworbene Gut seines Vaters kennenzulernen. Den besonderen Beifall des Königs fand seine für den Spätsommer 1779 im unmittelbaren Anschluß an den Mömpelgard-Hochberger Urlaub geplante Reise nach St. Petersburg. Er freue sich, schrieb der König, wenn er ihn vor der Reise zu seiner »ebenso würdigen wie liebenswerten« Schwester noch an seinem Hof sehe. Er setzte nämlich große Erwartungen in den Besuch des Prinzen am Hof der russischen Kaiserin, weil er mit Sorge beobachtete, daß Katharina die Große seit dem Frieden von Teschen, der unter ihrer und Frankreichs Vermittlung im Mai 1779 zwischen Preußen und

Österreich zustande gekommen war, zunehmend von Preußen abrückte und sich vorsichtig dem österreichischen Kaiserhaus näherte. Über den Großfürsten Paul, der ihn, wie er wußte, sehr verehrte, hoffte er, sich am St. Petersburger Hof politischen Rückhalt zu bewahren. Am 2. September 1779 gab er Prinz Friedrich mit schmeichelhaften Worten zwei für Großfürst Paul und die Großfürstin Maria Feodorowna bestimmte Briefe. Er redete ihn dabei mit »Mein lieber Herr Neffe« und dem ehrenvollen Zusatz »und Vetter« an. »Mein Herr Vetter« war die Anrede, der er sich im schriftlichen Verkehr mit dem regierenden Herzog Carl Eugen von Württemberg bediente. Er gab hierbei der Hoffnung Ausdruck, Prinz Friedrich werde der treue Interpret seiner Gefühle für die Zarin und das Großfürstenpaar sein, und er wünschte ihm in diesem Sinn »jeden nur möglichen Erfolg«.

Am Zarenhof in St. Petersburg wurde Prinz Friedrich, der von seinem Freund und früheren Erzieher Holland begleitet wurde, höchst ehrenvoll empfangen. Nicht nur Großfürstin Maria Feodorowna freute sich auf den langersehnten Besuch des Bruders, auch der Großfürst und Katharina fanden Gefallen an dem württembergischen Prinzen. In einem Brief an den Preußenkönig rühmte die Zarin sein Benehmen und seine Gedankenreife. Um ihm ihr Wohlwollen zu bekunden, ernannte sie ihn zum Ritter des St. Andreas-Ordens. Auch machte sie ihm wertvolle Geschenke. Auf die Bitte der Großfürstin verlängerte Friedrich der Große den zunächst nur bis Jahresende befristeten Urlaub des Großneffen bis zum 12. Februar 1780, wobei er betonte, daß er mit Vergnügen Maria Feodorowna diesen Wunsch erfülle. Im übrigen, so führte der König in dem an den preußischen Gesandten am Hof Katharinas, den Grafen Görtz, gerichteten Schreiben aus, sei St. Petersburg die beste Schule, die Kunst des Regierens zu erlernen. Über den Aufenthalt Friedrichs in St. Petersburg ist wenig bekannt. Er verbrachte wohl einen großen Teil seiner Zeit in der Gesellschaft der Schwester und ihres Mannes. Doch sah er sich auch am Hof um und studierte die Verwaltungs- und Militäreinrichtungen.

Hochzeit mit Prinzessin Auguste Karoline Friederike Luise von Braunschweig und erste Ehejahre

Seit dem Sommer 1779 trug sich Prinz Friedrich mit Heiratsplänen. Sicher nicht unbeeinflußt von den Eltern und dem Großonkel Friedrich dem Großen richtete er sein Augenmerk auf eine evangelisch-lutherische Prinzessin, wobei er zunächst zwischen dem herzoglichen Haus Braunschweig und dem fürstlich nassau-weilburgischen Haus schwankte. Ende August 1779 entschied er sich. Er reiste mit Billigung seines Dienstherrn, des preußischen Königs, nach Braunschweig, um dort die erst fünfzehnjährige Auguste Karoline Friederike Luise, die Tochter des Erbprinzen Karl Wilhelm Ferdinand von Braunschweig und dessen Frau Auguste, einer Tochter des britischen Thronfolgers, des Prinzen von Wales, kennenzulernen. Das hübsche Mädchen gefiel dem Prinzen, so daß er sich entschloß, um seine Hand anzuhalten. Erbprinz Karl und seine Frau nahmen den Antrag Friedrichs günstig auf und versicherten in sorgsamer höfischer Wortwahl, daß sie ihm gerne ihre Tochter Auguste anvertrauten und daß sich diese selbst alle Mühe geben wolle, seine Freundschaft und Hochachtung zu gewinnen.

Am 16. November 1779 richtete Herzog Carl Eugen von Württemberg ein offizielles »Anwerbungsschreiben« an den regierenden Herzog Karl von Braunschweig-Wolfenbüttel, den Großvater Augustes. Sein Neffe, so schrieb Carl Eugen an den Herzog, habe eine »sonderbare Hochschätzung und solche vorzüglichen Gesinnungen von Zärtlichkeit gefaßt«, daß er nichts Sehnlicheres wünsche, als die Prinzessin zu seiner fürstlichen Ehegemahlin zu machen. Großvater und Vater Augustes gaben ihre Einwilligung zu dem Heiratsersuchen des Chefs des Hauses Württemberg. Am 3. Dezember 1779 wandte sich Erbprinz Karl, übrigens der Sohn einer Schwester des großen Preußenkönigs, direkt an Prinz Friedrich: »Es bleibt mir nur, meine Tochter Ihrer Güte zu empfehlen. Seien Sie ihr Lenker, ihr Schicksal liegt in Ihren Händen. Ich weiß, daß man mit Ihren religiösen Grundsätzen, Ihrer Moral nur glücklich sein kann, aber verzeihen Sie die Wünsche eines Vaters, der um die zarte Jugend seiner lieben Tochter besorgt ist. Das Glück des Rests meiner Tage wird von der Befriedigung abhängen, die Eure Herzogliche Durchlaucht findet. Es ist unmöglich, daß ich Ihnen die Wünsche beschreibe, die ich in dieser Hinsicht ausdenke, und wie sehr ich mir der Hoffnung schmeichle, daß sich meine Tochter der Wahl, die Sie getroffen haben, würdig erweist.«

Erbprinz Karl richtete diesen eindringlichen Appell nicht ohne Grund an seinen künftigen Schwiegersohn. Der hochgebildete, kunstsinnige Fürst, der sich als preußischer Offizier im Siebenjährigen Krieg ausgezeichnet hatte, ein schwerblütiger, bedächtiger, komplizierter Charakter, führte mit seiner zu zwanglosem Frohsinn und unbeschwertem Lebensgenuß neigenden Frau eine unglückliche Ehe. Die Ehegatten blieben sich zeitlebens fremd. Daß Angehörige fürstlicher Häuser beim Heiraten die Stimme ihres Herzens unterdrücken und sich oft den Konventionen beugen mußten, empfand er, wie er einmal äußerte, als schwere Last. Doch in seinem Fall kam noch Schlimmeres hinzu: Auf dem Leben seiner Kinder lag ein Verhängnis. Der 1766 geborene älteste Sohn war fast blind. Persönlich liebenswürdig und gutmütig, blieb er geistig unselbständig. Seine beiden ihm im Alter folgenden Brüder waren gleichfalls blind und schwachsinnig. Lediglich der jüngste Bruder war im Vollbesitz seiner geistigen Kräfte, doch ließ sich sein ungebärdiges Temperament kaum zügeln. Nur die beiden Töchter, Auguste und Karoline, schienen von krankhaften Erbanlagen verschont geblieben zu sein. Sie waren beide von aufblühender Schönheit und wirkten frisch und gesund. Doch ihr Leben stand gleichfalls unter einem unglücklichen Stern und sollte in Düsternis enden.

Auch die Verbindung des Großneffen Friedrich mit der braunschweigischen Prinzessin, »seiner lieben Nichte«, paßte in das politische Konzept des Preußenkönigs, versprach er sich doch von dieser Ehe eine Festigung der freundschaftlichen Bande zwischen dem preußischen Königshaus und den verschiedenen Linien des Welfenhauses, so auch der britischen Herrscherfamilie. Erbprinz Karl legte dem künftigen Schwiegersohn nach seiner Rückkehr aus Rußland nochmals die Sorge um das Wohl der Tochter ans Herz. Auguste befinde sich in einem Alter, in dem der Verstand noch nicht zur Reife gelangt sei. Unter der Obhut Friedrichs werde sie ihre Ausbildung zum Abschluß bringen. Von frühester Kindheit an nach den Grundsätzen der Religion und Moral erzogen, werde sie im Bewußtsein ihrer Pflichten seine Ratschläge gerne befolgen und ihr vornehmstes Glück darin sehen, seine Anerkennung zu finden. Die Mutter Augustes schrieb zwei Monate darauf an Prinz Friedrich, er möge nicht vergessen, daß seine Braut erst fünfzehn Jahre zähle und noch ein Kind sei.

Indessen lag es nicht allein am Lebensalter der Prinzessin, wenn ihre Ausbildung große Mängel aufwies; die wenig erfreulichen Verhältnisse am Braunschweigischen Hof kamen hinzu. Dort herrschte ein oberflächliches Gesellschaftsleben, das geistigen Interessen nicht förderlich war. Halbbildung gab den Ton an. Der Erziehung von Auguste und ihrer Schwester Karoline war nicht die erforderliche Aufmerksamkeit geschenkt worden, und die zwischen Vater und Mutter bestehenden Spannungen hatten die Charakterbildung der beiden Prinzessinnen nachteilig beeinflußt.

Ursprünglich hatte Friedrich an einen Hochzeitstermin im Frühjahr 1780 gedacht. Doch der Tod des Großvaters Augustes, des Herzogs Karl von Braunschweig und Lüneburg, am 26. März 1780 und die Aushandlung des Heiratsvertrags machten eine Terminverschiebung bis zum Herbst notwendig. Friedrich kam die Regierungsübernahme in Braunschweig durch seinen ihm wohlgesinnten Schwiegervater nicht ungelegen; denn zur Führung einer standesgemäßen Ehe war er auf erhebliche finanzielle Zuschüsse angewiesen. Seine Eltern konnten ihm nur wenig unter die Arme greifen. Einen Jahreszuschuß von 2000 fl stellten sie in Aussicht. Herzog Carl Eugen von Württemberg verweigerte zunächst jede Erhöhung seines Zuschusses, fand sich aber schließlich Ende Juni 1780 bereit, die Apanage auf 6000 fl zu verdoppeln, nachdem die württembergischen Landstände Friedrich einen Jahresbeitrag von 4000 fl bewilligt hatten. Der Versuch der Großfürstin Maria Feodorowna, die Landstände über die 4000 fl hinaus zu weiteren regelmäßigen Zuwendungen für den Bruder zu bewegen, war erfolglos. Die Großfürstin selbst setzte Prinz Friedrich vom Zeitpunkt seiner Vermählung an eine Jahrespension von 4000 fl aus.

Das Aushandeln der »Ehe-Pacta«, des Ehevertrags, zog sich viele Monate hin. Friedrich sorgte dafür, daß seinen Interessen Rechnung getragen wurde. Am 2. Oktober 1780 endlich konnte der Vertrag abgeschlossen werden. In Artikel 1 versprachen Auguste und Friedrich einander, »die ganze Zeit des Lebens, welches Gott ihnen in Gnaden verleihen wird, mit Liebe, Hoch- und Wertschätzung in ehelicher Treue sich, wie solches dergleichen hohen christfürstlichen Eheleuten eignet und gebühret, zu begegnen«. Die folgenden Artikel betrafen die wirtschaftliche Absicherung der Ehe. Herzog Karl von Braunschweig verpflichtete sich, seiner Tochter neben einer standesgemäßen Ausstattung nach »vollzogenem Beilager« ein Heiratsgut von 18 000 Reichstalern auszuzahlen. Andererseits sicherte

Friedrich seiner Gattin eine Morgengabe von 2000 fl sowie an »Spiel- und Handgeldern« einen Jahresbetrag von 3000 Talern zu. Der Prinzessin war ein ansehnlicher Hofstaat von zwei Hofdamen, zwei Kammerfrauen, einer Kammerjungfer, einem Kavalier, einem Läufer und drei Lakaien, einem Kammerdiener, einem Koch, einem Pagen, zwei Kammerfrauen für die beiden Hofdamen, einem Kutscher und einem Postillon zugestanden. Für den Fall, daß Friedrich vor ihr starb, hatte sie Anspruch auf einen jährlichen Wittumsunterhalt von 10 000 fl, die teils der regierende Herzog von Württemberg, teils die württembergische Landschaft aufzubringen hatten. Sie konnte ihren Witwenaufenthalt im Herzogtum Württemberg oder im Herzogtum Braunschweig nehmen. Die Erziehung der gemeinsamen Kinder war, solange Friedrich lebte, seine Sache. Mit seinem Tod ging dieses Recht auf sie über. Auguste besaß die niedere Gerichtsbarkeit über die Dienerschaft.

Nach seiner Rückkehr aus Rußland im Februar 1780 hatte sich Friedrich in Lüben, der Garnison seines Regiments, wieder dem militärischen Dienst gewidmet. Friedrich der Große beförderte ihn am 9. Juni 1780 zum preußischen Generalmajor der Kavallerie, und am folgenden Tag wurde er zum Generalmajor des Schwäbischen Kreises ernannt. Im August 1780 erwartete Friedrich den König zu Manövern in Lüben. Den Eltern schrieb er, er wolle dem Großonkel für die Dauer der Übung sein Haus zur Verfügung stellen, ein Angebot, von dem der Monarch offenbar Gebrauch gemacht hat. Voll Stolz berichtete der Prinz den Eltern am 7. September, die Inspektion seines Regiments sei »sehr glücklich« verlaufen, der König habe ihn mit der größten Auszeichnung behandelt. Im Anschluß an die Manöver bewilligte ihm Friedrich der Große den erbetenen Heiratsurlaub.

Prinz Friedrich hatte nach der Verlobung nur ein- oder zweimal seine Braut besucht. Als er sie jetzt kurz vor der Hochzeit in Braunschweig wieder sah, bemerkte er: »Ich werde endlich das höchste Glück erreichen, wenn ich die beste kleine Frau besitze.« Am 15. Oktober fand in glanzvollem Rahmen die Hochzeit statt. Seine Eltern nahmen, die weite und unbequeme Reise von Mömpelgard nach Braunschweig scheuend, nicht an ihr teil. Unter den vielen Glückwünschen, die das junge Paar erhielt, waren die des Königs Georg III. von Großbritannien, des Onkels Augustes, besonders bemerkenswert. Er schrieb: »Ich schmeichle mir, daß diese Verbindung der protestantischen Sache in Deutschland zum Vorteil gereichen wird und daß das Herzogtum Württemberg mit der Zeit eine ununterbrochene Erbfolge von Souveräns der Landesreligion haben wird.« Erstmals wurde hier die Hoffnung ausgesprochen, daß Friedrich oder seine Nachkommen einmal den württembergischen Herzogsthron bestiegen. Weil der regierende Herzog Carl Eugen und sein ihm im Alter folgender Bruder Ludwig Eugen bislang keine legitimen Söhne hatten, war dies kein reines Traumbild. Prinz Friedrich war klug genug, solche Gedanken nicht nach außen dringen zu lassen. Am Tag vor seiner Hochzeit gab er sich in einem Brief an die Eltern sehr glücklich. Sein Herz fühle sich im Himmel, schrieb er überschwenglich.

Am 17. Oktober reiste Friedrich mit seiner Frau von Braunschweig nach Berlin ab. Von der Grenze des Herzogtums Braunschweig bis nach Lüben bewilligte ihm König Friedrich Pferde für zwei Wagen. Am 20. Oktober empfing der König das Prinzenpaar, obgleich er stark an der Gicht litt und Fieber hatte, mit großer Liebenswürdigkeit.

Herzog Karl von Braunschweig machte sich nach den eigenen bitteren Erfahrungen keine Illusionen über die Schwierigkeiten, die aus den unterschiedlichen charakterlichen Veranlagungen, geistigen Interessen und Bildungsvoraussetzungen der beiden jungen Leute, aber auch aus dem jugendlichen Alter und den ihm wohlbekannten Schwächen der Tochter für ihre Ehe erwachsen konnten. In einem Brief vom 15. November 1780 »beschwor« er die Tochter, sich die Achtung, die Freundschaft und das Vertrauen ihres Gatten zu erwerben, der höchstes Ansehen genieße. Jedes andere Verhalten sei ihrem Wohlbefinden, ihrem Ruf und ihrer Ehe abträglich. Sie solle sich deshalb streng unter Kontrolle halten, niemals dem Prinzen grob widersprechen. Jedes unüberlegte oder böse Wort könne für ihr Zusammenleben verhängnisvolle Folgen haben. Sie solle Gott bitten, daß er ihr Herz lenke und sie lehre, ihre Zunge zu beherrschen. Er, der Vater, wünsche sich, daß er nie Böses von ihr höre.

Zunächst schien es, als seien die Befürchtungen des Herzogs von Braunschweig ungerechtfertigt. Am 5. November 1780 berichtete Friedrich den Eltern heiter-unbeschwert über seine Frau und ihren Alltag in Lüben: ». . . Sie beschäftigt sich tagsüber mit Lesen und Arbeiten, und am Abend unterhalten wir uns mit einem kleinen Spiel. Endlich sind wir glücklich, und wir möchten nicht in die große Welt zurückkehren, mag sie auch noch so verlockend sein.« Drei Wochen später versicherte er den Eltern im Blick auf das Glück und

Herzogin Auguste Karoline Friederike von Württemberg

die Annehmlichkeiten seines häuslichen Lebens, er hege kein Verlangen nach einer Stellung in der großen Welt. Der Freund Holland sah tiefer. Aus Lüben, wo er die Bekanntschaft der »sehr lebhaften, hübschen und geistreichen« Prinzessin Auguste gemacht hatte, schrieb er am 16. November an Maucler, er fürchte, daß sich die Gattin von Prinz Friedrich kaum der »großen Geißel der Menschheit und insbesondere der Großen« werde entziehen können, nämlich der Langeweile. Es sei eine wahrhaft schwierige Kunst, nicht nur die Einsamkeit zu ertragen, sondern ihr sogar noch Freude abzugewinnen. Ein auf die inneren Werte gegründetes Leben sei das Schönste, was es gebe, aber man müsse dafür geboren sein. Wenn man mit Hilfe der Vernunft zu einem solchen Leben finde, dann geschehe dies gewöhnlich erst sehr spät. Mit Erlaubnis des Königs verbrachten Prinz Friedrich und seine Frau vierzehn Tage während des Karnevals in Breslau, wo sie, wie der junge Ehemann den Eltern schrieb, mit großer Ehrerbietung behandelt wurden. Am 28. Januar 1781 setzte Friedrich ein Testament auf, in dem er seiner Frau »aus Zärtlichkeit und Zuneigung« unter seinen Erben den ersten Platz anwies.

Holland hatte leider recht: Das unbeschwerte Glück der ersten Ehemonate hielt der Langeweile eines Garnisonsstädtchens nicht lange stand. Namentlich Auguste, an das rege gesellschaftliche Leben einer fürstlichen Residenz gewöhnt, litt unter dem vergleichsweise eintönigen Alltag in Lüben. Der Hang Prinz Friedrichs zum Lehrhaften, Erzieherischen wurde der erst Sechzehnjährigen bald lästig.

Als nach dem Tod der Kaiserin Maria Theresia am 29. November 1780 in Preußen Befürchtungen laut wurden, es könne zu einem Konflikt mit Österreich kommen, schlug Herzog Karl von Braunschweig vor, Auguste solle für die Dauer des Kriegs ihren Aufenthalt in Braunschweig nehmen. Aber Friedrich wollte sie ohne Wissen ihrer Eltern nach Mömpelgard schicken, weil dort unter den Augen seiner Eltern, wie er meinte, das ihrem Alter entsprechende Asyl sei. Die Kriegsgerüchte verstummten indessen rasch, und Auguste konnte in Lüben bleiben.

Von Spannungen zwischen Auguste und Friedrich erfahren wir erstmals aus einem Brief der Gräfin Karoline Friederike von Görtz, der Frau des preußischen Gesandten am Hof in St. Petersburg, an den Prinzen. Die Gräfin, von 1780 bis 1782 Betreuerin von Prinzessin Auguste, besaß das besondere Vertrauen Friedrichs und unterhielt über viele Jahre hinweg einen freundschaftlichen Briefwechsel mit ihm. Sie schrieb am 8. März 1781, seine Frau bereue aufrichtig ihr Verhalten und bitte ihn um Vergebung. Der Prinz möge doch, so empfahl die Gräfin, schon wegen des gegenwärtigen Zustands der Prinzessin – Auguste war schwanger – Nachsicht üben. Am Tag darauf freilich bezweifelte die Gräfin in einem weiteren Brief an Friedrich, daß die Prinzessin, äußerst leichtsinnig wie sie sei, überhaupt ihr Verhalten gänzlich ändern könne. Sie hatte durchaus Verständnis dafür, daß Friedrich streng gegen seine Frau war, riet ihm aber eindringlich, doch zuweilen mit ihr zu sprechen, damit sie sich nicht schlechter als ihm völlig gleichgültige Menschen behandelt fühle und ihm mit Worten beweisen könne, daß sie ihm gegenüber ihre Heftigkeit abgelegt habe. Von der Gräfin erfuhr Friedrich auch, daß Auguste ihren Eltern geschrieben habe, ohne ihn auch nur zu erwähnen.

Aus der undatierten Kopie eines wahrscheinlich im April oder Anfang Mai geschriebenen Briefs erfahren wir, daß sich Prinz Friedrich »in der dornigsten Angelegenheit seines Lebens« an den Vertrauten seines Schwiegervaters, Herrn von Rothenkreuz, gewandt und bewegt Klage über seine Frau geführt hatte. Er habe gehofft, daß er bei der Tochter eines der größten Männer des Jahrhunderts, die unter dessen Augen wie auch unter denen einer höchst achtenswerten Mutter erzogen worden sei, das ersehnte eheliche Glück fände. Er habe keine Mühe, kein Opfer, keine Schwierigkeit gescheut, um diese Verbindung zu erreichen. Warnende Ratschläge, die es auch gegeben habe, habe er überhört. Gegen ungünstige Urteile habe er die Jugend und Unerfahrenheit seiner Braut ins Feld geführt. Doch wie sehr habe er sich getäuscht. Statt Gemütstiefe und Sanftmut besitze sie einen jähzornigen, aufbrausenden Charakter. Sie sei nicht von Liebe und Zuneigung erfüllt, sondern vom Haß beherrscht. Takt und Einfühlungsvermögen gingen ihr gänzlich ab. Schon während der Verlobungszeit habe er diese negative Wesensart bei ihr erkannt. Doch habe er sich mit der Illusion getröstet, daß sich der Charakter einer Sechzehnjährigen zum Guten hin verändern lasse. Jetzt allerdings müsse er feststellen, daß alle seine Bemühungen vergeblich gewesen seien. Sie habe auf sein von Festigkeit und liebevoller Zuneigung bestimmtes Verhalten mit Zornesausbrüchen und Beleidigungen, selbst in der Öffentlichkeit, reagiert. Dies könnten auch Personen bezeugen, die mit seiner Frau zu tun gehabt hatten, insbesondere die Gräfin Görtz. Sie alle seien leider Zeugen häßlicher Auftritte gewesen. Selbst die Prinzessin gebe in Augenblicken zu, wenn sie Herr ihrer Urteile sei, daß sie ihm nichts zur Last legen könne. Obwohl er versucht habe, alles zu vermeiden, was sie zu Zornesausbrüchen hätte reizen können, seien mit ihrer Schwangerschaft ihre Launen so unerträglich geworden, daß er den Wunsch hege, das allzu schwer gewordene Joch abzuwerfen. Er werde ihre Niederkunft noch abwarten, bevor er weitere Schritte unternehme. Denn eine Wende zum Besseren in seiner Ehe sehe er nicht mehr.

Dieser an den engsten Vertrauten des Herzogs gerichtete Brief tat seine Wirkung. Am 24. Mai 1781 machte Herzog Karl der Tochter die heftigsten Vorwürfe. »Sie sind«, schrieb er ihr, »nicht Meisterin Ihrer Launen geworden. Alles, was ich befürchtet habe, ist eingetreten. Sie machen mich zum unglücklichsten Vater.« Der Herzog forderte Auguste auf, sich ihrem Manne zu Füßen zu werfen und wegen ihrer Verirrungen um Verzeihung zu bitten. Der Prinz, setzte er hinzu, könne ihr gegenüber nie unrecht haben, Gott wolle, daß die Frau gehorche. Wenn sie je wieder fehle, dürfe sie von ihm nichts mehr erhoffen, wolle er sie auch nicht wieder sehen. Ganz Berlin spreche von den Vorkommnissen in Lüben und gebe ihr Unrecht. Wenn sie sich weiterhin so aufführe, könne sie nicht mehr bei Hof erscheinen.

Der Brief des Vaters traf die Prinzessin hart. Am 30. Mai berichtete die Gräfin Görtz dem auf einer Reise befindlichen Prinzen Friedrich, seiner Frau habe sich eine tiefe Niedergeschlagenheit bemächtigt. Sie sei gänzlich verändert und beschäftige sich ausschließlich mit dem Gedanken, wie sie ihren Mann wieder für sich gewinnen könne. Ihr Unrecht wie seine Güte seien ihr gleichermaßen bewußt. Eine Woche darauf teilte die Gräfin Friedrich mit, daß sich die Prinzessin auf dem rechten Weg befinde, weil sie, wie es scheine, in sich gegangen sei.

Erstaunlicherweise machte der Herzog von Braunschweig dem Schwiegersohn nicht die geringsten Vorwürfe wegen »der unangenehmen Affären«. Er zeigte sich niedergeschlagen, gab in allem der Tochter die Schuld. Von Friedrich erhoffte er sich die Wiederherstellung der gestörten Eheharmonie. Am 10. Juni 1781 schrieb er ihm, wenn sich seine Tochter so sehr verfehlt habe, daß Friedrich ihr nicht mehr vergeben könne, dann beklage er ihr Schicksal, aber nichts in der Welt könne ihn dazu bringen, daß er sie jemals wieder sehen wolle, er gebe sie auf, weil sie die Güte ihres Mannes mißachtet und dadurch gegen die erste ihrer Pflichten verstoßen habe. Einen Monat später schrieb der Herzog an Friedrich, er kenne seinen rechtlichen Sinn und schätze sein überlegtes, vernünftiges Verhalten und seine außerordentliche Geduld. Das unvernünftige Verhalten seiner Tochter schrieb er ihrer Schwangerschaft zu, die oft erstaunliche Veränderungen in der Geisteshaltung der Frauen bewirke. In einem an Auguste gerichteten Brief, den er dem an den Schwiegersohn beilegte, wiederholte er seine früheren Vorwürfe gegen sie. In düsteren Farben schilderte er ihr das Leben einer geschiedenen Frau: unauslöschbarer Schimpf, gesellschaftliche Ächtung, ein freudloses, von Gewissensbissen geplagtes, elendes und schmähliches Leben.

Daß seine Ehe ins öffentliche Gerede geriet, war nicht nur Prinz Friedrich peinlich. Seine Tante, Prinzessin Amalie von Preußen, beispielsweise machte daraus keinen Hehl. Sie meinte, daß man einen Charakter wie den Augustes nur durch große Freundlichkeit, unendliche Geduld, viel Liebe, Einfühlungsvermögen, vor allem aber durch Beharrlichkeit und Festigkeit zum Guten ändern könne. Mit Überheblichkeit, Grobheit, ständigem Widersprechen und Verweisen erreiche man das genaue Gegenteil: Verbitterung und Widerspenstigkeit. Prinzessin Amalie gab Friedrich unmißverständlich zu verstehen, daß er durch sein hartes und hochfahrendes schulmeisterliches Gebaren wesentlich zu der Verstocktheit seiner Frau beigetragen habe und daß es auch in seiner Hand liege, daß seine Ehe nicht länger den Klatsch herausfordere.

Die strengen Ermahnungen des Herzogs von Braunschweig an seine Tochter, aber auch deutliche Worte wie die der Prinzessin Amalie an den Neffen Friedrich blieben nicht ohne Wirkung. Um die Ehe des Prinzen Friedrich wurde es in der Öffentlichkeit still. Auguste bemühte sich, ihren Gemahl freundlich gegen sie zu stimmen, und dieser selbst zeigte jetzt mehr Verständnis für ihre Wesensart, aber auch für die Vorstellungen und Wünsche einer kaum dem Kindesalter entwachsenen jungen Frau. Am 17. August 1781 dankte Herzogin Auguste dem Schwiegersohn »vieltausendmal« (»mille et mille fois«) für die große Güte, die er ihrer Tochter entgegenbringe.

Daß seine Frau ein Kind erwartete, freute Friedrich. Sich insgeheim schon als württembergischer Thronerbe fühlend, beauftragte er den Stuttgarter Hofrat von Mögling, der seit einiger Zeit seine Geldangelegenheiten in Württemberg besorgte, dem evangelischen Konsistorium einen Brief zu überbringen, in dem er darum ersuchte, daß in den Kirchen des Landes für seine schwangere Frau Fürbittegebete gesprochen würden. Der Hofrat lehnte jedoch eine Weiterleitung des Schreibens mit der Begründung ab, der Wunsch des Prinzen werde von Herzog Carl Eugen höchst wahrscheinlich nicht bewilligt werden, zumal es solche Fürbitten weder bei seiner Mutter noch bei seiner Großmutter väterlicherseits gegeben habe. Am 27. September 1781 wurde Prinzessin Auguste in Lüben von einem gesunden Jungen entbunden. Die Eltern gaben ihrem ersten Sohn, dem späteren König Wilhelm I. von Württemberg (gestorben 1864), die Namen Friedrich Wilhelm Karl. Prinz Friedrich berichtete seinem Vater, Auguste habe bei der Niederkunft solch heldenhaften Mut gezeigt, daß der Geburtshelfer ihn unvergleichlich genannt habe. Auf die Bitte des Prinzen übernahm Friedrich der Große die Patenstelle bei dem Neugeborenen. Ebenso erklärte sich der Engere Ausschuß der Landschaft des Herzogtums Württemberg, wie übrigens auch bei den folgenden Kindern des Prinzen, zur Übernahme der »Gevatterschaft« bereit, wobei er der »Kindbetterin« eine »Kindbettverehrung« von 100, dem neugeborenen Prinzen ein »Gevatterschaftspräsent« von 200 Dukaten zuteil werden ließ. Überglücklich war Herzog Karl von Braunschweig über die Geburt des Enkels. Weil er fürchtete, die Wöchnerin zu »incommodieren«, wenn er ihr selbst jetzt schon schriebe, ließ er ihr durch den Prinzen seine Glückwünsche übermitteln. Er dankte Friedrich für die Güte, die er seiner Tochter entgegenbringe. Bereits einen Monat später besuchte die Prinzessin mit ihrem Kind die Eltern in Braunschweig.

Friedrichs Verhältnis zu Eltern und Geschwistern und seine Freunde

Seitdem Friedrich Ende 1776 das Kommando über ein Regiment übertragen worden war, hatte sich das Verhältnis zu seinen Eltern merklich entkrampft. Der Vater hielt sich mit Verhaltensmaßregeln für den Sohn zurück. Der Briefwechsel zwischen Sohn und Eltern blieb rege, diente jetzt aber vornehmlich der vertrauensvollen gegenseitigen Unterrichtung über die jeweiligen persönlichen Lebensumstände sowie über allgemein interessierende Begebenheiten und Begegnungen. Die Bindungen Friedrichs an seine Geschwister lokkerten sich spätestens mit seinem Eintritt in den preußischen Militärdienst im Jahr 1774. Mit dem ihm im Alter folgenden Bruder Ludwig verstand er sich schlecht. Das Verhältnis zwischen den beiden Brüdern wurde 1776 noch zusätzlich dadurch belastet, daß Ludwig früher als er selbst ein Regimentskommando erhielt. Auch das Verhältnis zu seinem vier Jahre jüngeren Bruder Eugen war ein recht distanziertes. Der gemeinsame dreijährige Aufenthalt in Lausanne hatte Friedrich, Ludwig und Eugen einander kaum näher gebracht. Lediglich zu seiner Schwester Sophie Dorothea, der nunmehrigen russischen Großfürstin Maria Feodorowna, fühlte sich Friedrich stärker hingezogen. Auch Maria Feodorowna hatte viel für ihn übrig. Sie unterstützte ihn finanziell großzügig und besserte seine nicht eben üppigen Einkünfte auf. Mit seinen zwischen 1761 und 1772 geborenen fünf Brüdern und drei Schwestern hatte Friedrich, solange er sich noch im Elternhaus befand, schon wegen des teilweise recht beträchtlichen Altersunterschieds nicht viel gemeinsam gehabt; sie waren ihm daher fremd geblieben.

Als Knabe und Jugendlicher hatte Friedrich, schon wegen der damals in Fürstenhäusern üblichen Erziehung, kaum engeren Kontakt zu Gleichaltrigen gehabt. Wir wissen, daß er unter dem Alleinsein, unter dem Mangel an freundschaftlicher Ansprache und Zuneigung litt. Seinen ersten Freund hatte er in Lausanne gefunden; Graf Franz von Erbach-Erbach. Auch zu seinen Erziehern Friedrich von Maucler und Jonathan Holland gewann er zunehmend Vertrauen, weil beide sich redlich Mühe gaben, ihm zu helfen, daß er mit sich und der Welt zurechtkam. Das Lehrer-Schüler-Verhältnis wandelte sich allmählich zum Freundschaftsverhältnis. Es spricht sehr für die beiden Männer, daß ihnen ihr einstiger Zögling zeitlebens zugetan blieb. Friedrich ließ sich von Maucler und Holland freimütig alles, selbst Kritisches zu seiner Person, sagen; er erwartete von ihnen sogar unverblümte Meinungsäußerungen. Am 3. Januar 1775 schrieb er beispielsweise an Maucler: »Wie haben Sie bloß argwöhnen können, Ihre Offenheit mißfalle mir, und ich nehme nicht gerne Ihre Ratschläge an! Lassen Sie mir, mein lieber Freund, mehr Gerechtigkeit widerfahren und glauben Sie mir, daß sie [die Ratschläge] von unschätzbarem Wert sind!« Einige Wochen darauf bezichtigte er Maucler der Grausamkeit, weil dieser glaubte, ein neuer Freund könne ihn aus dem Herzen des Prinzen reißen. Er sei, versicherte er ihm, und bleibe sein bester Freund. Maucler behielt immer eine Art direkten Draht zu Friedrich. Er stand ihm in vielen schwierigen Situationen mit Rat und Tat in der ihm eigenen feinfühligen, warmherzigen und taktvollen Art zur Seite und mißbrauchte sein Vertrauen nie. Er half Friedrich mannigfach. So versorgte er ihn während der Belgarder und Lübener Zeit mit französischer Literatur und teilte ihm interessante Neuigkeiten mit. Sein rechtlicher Sinn, sein christliches Lebens- und Weltbild wirkten stark auf den jungen Prinzen. Er blieb als Erzieher und Vertrauter im Haus der Eltern Friedrichs in Mömpelgard. 1791 übersiedelte er nach Ludwigsburg. Fünf Jahre später starb er sechzigjährig. Herzog Friedrich Eugen hatte ihm kurz zuvor den Rang eines Generalmajors verliehen. Seine Nachkommen erlangten hohe Stellungen im württembergischen Staatsdienst. Auch mit der Schwester Friedrich von Mauclers, Auguste, unterhielt Friedrich während vieler Jahre einen Briefwechsel.

Der Freund Jonathan Holland, der 1780 geadelt wurde, war auch nach dem Eintritt Friedrichs in den preußischen Militärdienst mehrmals für längere Zeit mit dem Prinzen zusammen. In Berlin wirkte er zeitweise auf Wunsch Friedrichs des Großen als Erzieher des späteren Königs Friedrich Wilhelm III. von Preußen. 1779/80 begleitete er Prinz Friedrich auf seiner Rußlandreise. Später wohnte er einige Zeit in Lüben. Auf welch vertrautem Fuß er mit Friedrich stand, zeigen die scherzhaften Briefe, die er mit ihm wechselte. Als er am 28. März 1778 zum Beispiel mitteilte, daß er beim Kleistschen Füsilier-Regiment »als Professor gesetzt« sei, redete er den Prinzen folgendermaßen an: »Durchlauchtigster Herzog! Gnädigster Fürst und Herr! Hoch zu respektierender Herr Räuber-Obrist!« Er schloß mit der Grußformel: »Da ich übrigens mit untertänigstem Respekt erstarre Ew. Durchlaucht untertänigster Holland!« In den Jahren 1778 bis 1782 besorgte er die finanziellen Angelegenheiten des Prinzen. Er starb 1784 im Alter von 42 Jahren in Stuttgart.

Einer der intimsten Freunde Friedrichs in den Jahren 1779 bis 1785 war Friedrich von Holstein, der wie er selbst als Offizier im preußischen Heer diente. Die beiden jungen Männer gebrauchten in ihren Briefen das vertraute »Du« und redeten sich mit »liebster Freund und Bruder«, auch »Brüderchen« an. 1781 nahm Holstein wegen Unstimmigkeiten mit dem König seinen Abschied. Er ging auf seine Güter nach Ostpreußen. Holstein und Prinz Friedrich übernahmen gegenseitig Patenstellen bei ihren Kindern.

Zum Freundeskreis Friedrichs gehörten auch einige Frauen. Sein besonderes Vertrauen besaß Gräfin Karoline Friederike von Görtz, geborene von Uechtritz (1749–1800), die Betreuerin seiner Frau während der ersten Ehejahre. Die Gräfin, die zeitweise von ihrem Mann, dem preußischen Gesandten am russischen Hof, getrennt lebte, konnte Friedrich alles sagen, ihn also auch auf Fehler und

Schwächen hinweisen, ohne daß er es ihr übelnahm. Sie hatte von dem Prinzen, den sie einmal ihren liebsten Freund (le plus cher de mes amis) nannte, eine sehr hohe Meinung. In einem Brief vom 19. Januar 1786 schrieb sie ihm: »Ich wünschte, die ganze Welt würde Sie kennen, Sie beurteilen wie ich, und Sie könnten unter die Klasse der glücklichsten Sterblichen zählen.« Seine Art zu denken, sein Charakter müßten, so meinte sie, jeden denkenden und urteilsfähigen Menschen für sich gewinnen. Ihr Verhältnis zu ihm umschrieb sie – und es gibt keinen Grund, dies zu bezweifeln – als das einer reinen, wahrhaften Freundschaft, die er in gleicher Weise erwidere. Ihr Herz sei ihm zugetan, sie freue sich und sie leide mit ihm, wie dies ja auch der Fall gewesen sei, als sie das Glück gehabt habe, in seiner Nähe zu sein. Friedrich verdankte dem stets selbstlosen Rat und dem liebevollen Einfühlungsvermögen dieser Frau viel, wie der bis 1797 reichende, menschlich-bewegende Briefwechsel eindringlich bezeugt. Obwohl sie den Charakter der Prinzessin Auguste kritisch beurteilte, war sie bemüht, ihr zu helfen, zumal sie erkannt hatte, wieviel bei der Erziehung der noch sehr jungen Frau versäumt oder falsch gemacht worden war.

Großes Vertrauen in persönlichen Angelegenheiten brachte Prinz Friedrich der Baronin Henriette von Oberkirch, einer geborenen Gräfin Waldner (1754–1803) entgegen. Er hatte die Baronin als junges Mädchen in Mömpelgard kennengelernt. Sie war die Freundin seiner ältesten Schwester, der Großfürstin Maria Feodorowna, der sie auch nach ihrer Heirat eng verbunden blieb. Friedrich schuldete ihr Dank, weil sie zeitweise die Ausbildung des jungen Mannes übernahm, für dessen Erziehung er sorgte. Sie hielt den Zögling des Prinzen allerdings nur in beschränktem Maß für bildungsfähig.

Zerwürfnis mit Friedrich dem Großen, Entlassung aus dem preußischen Militärdienst

Seit Anfang 1780 war nicht mehr zu bezweifeln, daß sich die beiden Kaisermächte Österreich und Rußland einander annäherten. Friedrich der Große war besorgt. Im Herbst 1780 erhielt er Kenntnis von einem Heiratsplan, der für Preußen nachteilig, um nicht zu sagen, gefährlich werden konnte. Der österreichische Hof wollte die erst dreizehnjährige Schwester von Prinz Friedrich und der Großfürstin Maria Feodorowna, Elisabeth, mit Franz, dem Sohn des Großherzogs Leopold von Toskana und Neffen des Kaisers Joseph II., vermählen. Weil Joseph II. keine Söhne hatte und seine beiden Töchter im Kindesalter gestorben waren, bestand für Franz die Aussicht, einmal den Kaiserthron in Wien zu besteigen. Friedrich der Große setzte alles daran, diesen Plan zu durchkreuzen. Um selbst im Hintergrund bleiben zu können, brauchte er Mittelsmänner. Eine wichtige Rolle hatte er vor allem Prinz Friedrich zugedacht, an den er während seines Hochzeitsurlaubs in Braunschweig eine entsprechende Anfrage richtete. Friedrich hatte jedoch von dem Projekt bis dahin keine Ahnung gehabt, was er sofort nach Berlin mitteilte. Als er kurz darauf, am 20. Oktober, auf der Rückreise nach Lüben Friedrich dem Großen seine junge Frau vorstellte, kam dieser auf die Sache zurück. Der König veranlaßte ihn, einen Kurier nach Mömpelgard zu schicken und seinen Eltern brieflich bestellen zu lassen, er, der König, rechne fest darauf, daß sie bei der verwandtschaftlichen Bindung der Herzogin und der treuen Anhänglichkeit des Herzogs an seine Person die Politik, die der Wiener Hof mit dem Heiratsplan verfolge, durchschauten und demgemäß reagierten. Da er aber befürchten müsse, daß sie aus Liebe zu ihrer Tochter und wegen der Vorteile, die ihnen Wien verspreche, den Plan nicht einfach von sich weisen könnten, schlage er ihnen eine Heirat Elisabeths mit dem Kronprinzen von Dänemark vor. Auch ihre Tochter, die Großfürstin Maria Feodorowna, werde sie darin bestärken. Kaiser Joseph habe sich nämlich seit seinem Besuch in St. Petersburg, insbesondere durch seine mangelnde Diskretion, in Rußland, viele Feinde gemacht. Prinz Friedrich beschwor die Eltern, »die gute Sache nicht aufzugeben und sich nicht auf die verfluchte Wiener Arglist zu verlassen«, auch wenn das Verhalten des Königs ihnen gegenüber nicht immer das eines liebevollen Verwandten gewesen sei. Ohne Zweifel würden sie sich für immer mit Friedrich dem Großen entzweien, wenn sie auf den Wiener Plan eingingen und damit auch die Stellung ihrer drei im preußischen Dienst befindlichen Söhne unhaltbar machten. Die Kosten für den nach Mömpelgard entsandten Kurier hatte übrigens der König übernommen.

Am 4. November 1780 erhielt Prinz Friedrich von den Eltern die Antwort. Er leitete sie durch einen reitenden Boten sofort dem König zu. Friedrich der Große war über sie wenig befriedigt. Herzog Friedrich Eugen hatte nämlich eine klare Aussage vermieden. Ärgerlich bemerkte Friedrich der Große, er habe sich stets für den Herzog und seine Familie eingesetzt, so bei den württembergischen Landständen in der Frage der Erbfolge. Aus zuverlässiger Quelle hatte er erfahren, daß Kaiser Joseph voraussichtlich im März des kommenden Jahres nach Stuttgart kommen werde, um dort mit Herzog Friedrich Eugen den Heiratsplan zu erörtern.

Friedrich blieb auch weiterhin der Vertraute des Königs bei dessen Kampf gegen das Heiratsprojekt. Der König sah in dem Prinzen namentlich seinen Fürsprecher beim russischen Großfürstenpaar. In einer Reihe von Briefen erläuterte er ihm seinen Standpunkt. Das außenpolitische Ziel Josephs II., so schrieb er ihm am 18. November 1780, sei die Isolierung Preußens durch einen Dreierbund von Österreich, Rußland und England. Von einem solchen Bündnis verspreche sich der Kaiser eine Ausdehnung des österreichischen Besitzes und Einflusses in Polen sowie schließlich die Herrschaft über Bosnien und Belgrad, zu deren Abtretung die Türkei gezwungen werden sollte. Der Wiener Hof wolle durch die geplante habsburgisch-württembergische Heiratsverbindung Rußland für die Allianz gewinnen. Seiner Ansicht nach aber sei das Heiratsprojekt weder für Herzog Friedrich Eugen und seine Familie noch für das Großfürstenpaar vorteilhaft. Kaiser Joseph sei noch jung, er könne jederzeit wieder heiraten. Wenn er es bisher nicht getan habe, dann wohl mit Rücksicht auf seine Mutter, die Kaiserin Maria Theresia, der er nicht zumuten wollte, nochmals mit einer zweiten Kaiserin unter einem Dach zu wohnen. Heirate aber der Kaiser wieder, dann seien die Aussichten von Prinz Franz auf den Thron gering. Andererseits habe Prinzessin Elisabeth konkrete Chancen, wenn ihre Eltern seinem Heiratsvorschlag zustimmten, Königin von Dänemark zu werden. Rußland sei an stabilen politischen Verhältnissen in Dänemark auch nach einem etwaigen Tod der Königin Julie interessiert.

In einem Brief vom 22. November 1780, der jedoch in Wirklichkeit an die Eltern Friedrichs gerichtet war, wiederholte Friedrich der Große seine Argumente. Kaiserin Maria Theresia sei ja am 28. November gestorben, und er halte es für möglich, daß Kaiser Joseph, ihr Sohn, um die Hand von Prinzessin Elisabeth von Württemberg anhalte. Am 3. Januar 1781 teilte er dem Prinzen mit, die Mutter des Prinzen Franz von Toskana, eine Spanierin, wolle keinesfalls ihre Zustimmung zu dem Heiratsprojekt mit der württembergischen Prinzessin geben. Deshalb habe man die weiteren Verhandlungen bis Mai ausgesetzt. Friedrich der Große legte dem Prinzen im Blick auf das russische Großfürstenpaar erneut das dänische Heiratsprojekt ans Herz. Daß er mit den Diensten Friedrichs, namentlich mit dessen Vermittlung zwischen ihm, dem König, und dem Großfürstenpaar zufrieden war, brachte er in einem herzlich gehaltenen Handschreiben eine Woche später zum Ausdruck. Er ließ durchblicken, daß er sich beim glücklichen Ausgang der Angelegenheit Friedrich gegenüber erkenntlich zeigen werde. Im umgekehrten Fall allerdings schloß er »Unannehmlichkeiten« für den Prinzen nicht aus.

Am 14. Februar 1781 äußerte er erneut seine Besorgnis über die für Preußen krisenhafte politische Entwicklung. Er sah sein Land durch eine österreichisch-russische Allianz isoliert; die Initiative dazu gehe nunmehr von Rußland, das heißt von Katharina der Großen, aus. Maria Theresia, die ihre Abneigung gegen die russische Kaiserin nie hatte überwinden können, war tot. Joseph II. hatte schon zu Lebzeiten der Mutter zielstrebig auf ein Bündnis mit Rußland hingearbeitet. Nun war ihm bei seinen außenpolitischen Ambitionen keine Zurückhaltung mehr auferlegt. Nach Meinung König Friedrichs ließen sich indessen im politischen Spiel der europäischen Mächte nur die Interessen von Preußen und Rußland miteinander vereinigen. Er hoffte deshalb, daß Katharina ihr Werben um Österreich aufgebe und sich wieder Preußen nähere.

Bis zum Sommer 1781 tat sich in der Heiratsangelegenheit der Prinzessin Elisabeth von Württemberg nichts Entscheidendes. Alarmiert wurde der preußische König durch die bevorstehende Italienreise des russischen Großfürstenpaars, die über Wien und Venedig nach Rom und Neapel führen sollte. In einem Brief an Prinz Friedrich vom 22. Juli 1781 äußerte er seine Enttäuschung darüber, daß das Großfürstenpaar erst unmittelbar vor seiner Heimkehr nach Rußland, nachdem es auf dem Rückweg Station in Mömpelgard, Stuttgart und Dresden gemacht hatte, allenfalls noch einige Tage an seinem Hof verweilen werde. Er befürchtete, daß Kaiser Joseph II., der die Reise angeregt hatte, die Gelegenheit nutzen werde, um den Großfürsten Paul und dessen Frau für seine politischen Ziele zu gewinnen. Er hatte erwartet, daß die erste Reisestation der beiden russischen Herrschaften Berlin gewesen wäre.

Das erneut aufgekommene Gerücht, der verwitwete Kaiser Joseph denke nun doch an eine Heirat mit der vierzehnjährigen Elisabeth von Württemberg, veranlaßte König Friedrich zu sarkastischen Bemerkungen. Indessen war dieses Gerücht völlig aus der Luft gegriffen. Hingegen schien der Plan einer Ehe zwischen Elisabeth und Prinz Franz von Toskana jetzt doch zu gelingen. Herzog Karl von Braunschweig bedrängte Ende Juli und Anfang August Prinz Friedrich, alles zu versuchen, daß das Großfürstenpaar sich nicht vom Wiener Hof umgarnen ließ. Doch die Würfel waren bereits gefallen. Kaiser Joseph hatte bei einem Besuch in Mömpelgard die Eltern der Prinzessin für das Heiratsprojekt gewinnen können, und diese hatten ihm zugesagt, mit ihrer Tochter nach Wien zu kommen. Zudem deutete alles darauf hin, daß das Großfürstenpaar nicht nur das Eheprojekt billigte, sondern daß es auch eine Annäherung Rußlands an Österreich befürwortete. Dies erbitterte König Friedrich. Am preußischen Hof war man bestürzt über die niedergedrückte, schlechte Stimmung des Königs. Sein Ärger entlud sich über Prinz Friedrich. Offenbar hatte er den Eindruck, daß der Prinz in seiner Mittlerrolle nicht nur versagt habe, sondern sogar mit der österreichischen Partei unter einer Decke stecke. Er ließ ihn seinen Unmut deutlich spüren. Er setzte ihn einem System von Schikanen aus, wie Holland berichtete. Holland ermunterte den Prinzen, sich nicht unterkriegen zu lassen und seine Eltern in Mömpelgard von der unwürdigen Behandlung durch den König in Kenntnis zu setzen; er solle ihnen schreiben, daß er es mit seiner Ehre und seinem Gewissen nicht vereinbaren könne, dem Großonkel länger zu dienen, wenn dieser sein Verhalten ihm gegenüber nicht ändere. Holland hielt das Vertrauensverhältnis zwischen Großonkel und Großneffen für immer zerstört. Den Entschluß des Königs, seine Fahrtroute durch Schlesien – er hielt sich dort wahrscheinlich während der üblichen Herbstmanöver auf – so zu ändern, daß er Lüben, den Wohnsitz Friedrichs, nicht berührte, wertete Holland als offene Kriegserklärung gegen das Haus Württemberg.

Der Herzog von Braunschweig war über die Absicht seines Schwiegersohns, den preußischen Dienst zu verlassen, zutiefst beunruhigt. Eine solche Entscheidung, ließ er ihn wissen, könne er keinesfalls billigen. Auch wenn ihm der siebzigjährige König unrecht tue und ihn grundlos demütige, so müsse er doch an die Verpflichtung denken, die er gegenüber dem preußischen Königshaus und dem preußischen Staat habe. Er gehöre Preußen durch Geburt und Religion an. Nur im Dienst dieses Staats erlange er Ruhm, könne er seine Talente voll zur Entfaltung bringen. In einem Brief vom 24. September wurde der Herzog noch deutlicher: »Eine bloße schlechte Laune veranlaßt Sie zur Auflehnung gegen ein Land, in dem Sie geboren sind. Sie sind im Begriff, Menschen, die Eurer Durchlaucht durch das Blut oder durch Bande der Freundschaft verbunden sind, aufzugeben, verführt durch einen Augenblick des Verdrusses und durch die Verlockungen eines Loses, das in einer Hinsicht glänzend ist, wenn Sie es haben wollen, doch wenig befriedigend für ein edelmütiges Herz wie das Ihrige ...« Einige Wochen später schlug der Herzog seinem Schwiegersohn vor, um einen längeren Urlaub statt um den Abschied einzukommen, damit ein endgültiger Bruch vermieden werde.

Am 23. September 1781 schilderte Friedrich dem Vater seine »bejammernswerte Situation«, beteuerte seine gänzliche Unschuld und bat diesen nochmals – Herzog Friedrich Eugen hatte sich bisher noch nicht dazu geäußert – um die Zustimmung zum Verlassen des preußischen Militärdienstes. Seine Schwester, die Großfürstin, teile seine Absicht. Er klagte, daß der König alle seine Anträge auf Beförderung, Urlaubserteilung usw., die er ihm in seiner Eigenschaft als Regimentsinhaber vorlege, ausnahmslos ablehne. In der Tat ließ sich der König kaum eine Gelegenheit entgehen, den Großneffen zu demütigen. Am 17. Oktober beispielsweise sandte er ihm einen Brief des »Geschäftsträgers« seines Vaters in Wien mit der Bemerkung zurück, der Brief gehe ihn nichts an, der Inhalt sei ihm gleichgültig. Es handelte sich um die Übermittlung einer Einladung Kaiser Josephs II. nach Wien. Friedrich hatte sie arglos dem König zugeleitet, weil er zu einem Urlaub wie zu einer Reise dessen Erlaubnis bedurfte. Nach der Reaktion des Großonkels, einer besonders demütigenden Form der Urlaubsverweigerung, hatte er nicht gewagt, dem Kaiser für seine Einladung zu danken, sondern er hatte lediglich eine Abschrift des Schreibens Friedrichs des Großen an den Bevollmächtigten des Vaters, Stockmayer, geschickt, um sich auf diese ungewöhnliche Weise zu entschuldigen.

Inzwischen hatte das Großfürstenpaar bereits österreichischen Boden betreten. Kaiser Joseph war ihm bis Troppau entgegengefahren. Kaiserin Katharina, die zusammen mit Kaiser Joseph den Plan der Ehe der Prinzessin Elisabeth mit Prinz Franz von Toskana betrieben hatte, schickte Prinzessin Elisabeth kostbaren Schmuck, Kaiser Joseph tat ein Gleiches. Anfang November fand in Wien ein frohes Wiedersehen des Herzogspaars mit ihrer Tochter Maria Feodorowna und deren Gemahl statt, wobei Kaiser Joseph sich als splendider Gastgeber zeigte. Im November wurde die Ehe zwischen Franz von Toskana und Elisabeth von Württemberg endgültig beschlossen. Weil jedoch Elisabeth erst vierzehneinhalb Jahre alt war, wurde die Hochzeit noch um einige Jahre aufgeschoben. Elisabeth blieb jedoch zur weiteren Erziehung und Ausbildung in Wien.

Holland, der das Großfürstenpaar seit dessen Eintreffen in Troppau begleitet hatte und von diesem wie auch von Kaiser Joseph mit Auszeichnung behandelt worden war, berichtete Friedrich am 17. November, daß seine schmähliche Behandlung durch Friedrich den Großen Tagesgespräch in Wien und an anderen Höfen sei. Am 12. Dezember 1781 bat Friedrich um seine Entlassung aus dem preußischen Militärdienst. In seinem Gesuch betonte er, daß er sich erst nach reiflicher Überlegung und mit der Zustimmung seiner Eltern sowie auf den Rat seiner Schwester und ihres Mannes zu dieser Entscheidung durchgerungen habe. Er begründete sie mit den wenig unzweideutigen Zeichen der Unzufriedenheit, die er, ohne sich irgendeiner Schuld bewußt zu sein, seit geraumer Zeit bei seinem obersten militärischen Dienstherrn wahrnehme. Am 15. Dezember bewilligte Friedrich der Große den erbetenen Abschied. Der Brief, in dem er dies tat, war beleidigend und verletzend – ein Beweis dafür, wie tief ihn das Zusammenspiel seiner Nichte Friederike und ihres Mannes mit Katharina von Rußland und Joseph II. in der Heiratsangelegenheit ihrer Tochter getroffen hatte. »Mein Herr Neffe, hätten Sie mir«, ließ er Prinz Friedrich wissen, »ohne erfundene Begründungen zu Hilfe zu nehmen, nur geschrieben, daß es Ihre Mutter für vorteilhafter hielte, in kaiserliche Dienste zu treten als in preußischen zu bleiben, hätte dies genügt, und Sie hätten Ihren Abschied genauso ohne Schwierigkeiten bekommen, wie ich ihn Ihnen jetzt unverzüglich erteile ... Ich bin in freundschaftlicher Verbundenheit, mein Herr Neffe, Eurer Durchlaucht guter Onkel Friedrich.« Noch ehe Friedrich den Brief des Königs in Händen hatte, erschien am 17. Dezember ein vom König abgesandter Oberst in Lüben, um das Regiment des Prinzen zu übernehmen. Der Prinz war von der Entscheidung des Monarchen zuvor nicht in Kenntnis gesetzt worden. Empört nannte er dies in einem Brief an den Vater den Gipfel der ihm zugefügten schimpflichen Behandlung. Es scheint indessen, daß der König diese letzte Kränkung nicht beabsichtigt hatte, sondern daß es durch eine Verzögerung bei der Zustellung des Briefs des Königs zu dieser Peinlichkeit gekommen war. Gegen die Unterstellung, seine Mutter habe ihn zum Verlassen des preußischen Dienstes veranlaßt, verwahrte sich Prinz Friedrich sofort. Es seien ausschließlich die Zeichen der unzweifelhaften Unzufriedenheit des Monarchen gewesen, die ihn zu seinem Schritt genötigt hätten. Im übrigen werde er sich an einen entlegenen Ort in seinem Vaterland zurückziehen, wo er in seinem Unglück Zuflucht finde. Dem Prinzen kam es vor allem darauf an, dem König zu sagen, daß er nicht in österreichische Dienste treten wolle. Tatsächlich hatten auch weder er noch seine Eltern jemals ernsthaft einen solchen Plan verfolgt. Friedrich der Große erwiderte am 23. Dezember 1781 grollend, des letzten Briefs des Prinzen hätte es nicht bedurft, ihm sei gleichgültig, wohin er sich zurückziehe. Den Vorwurf, er habe sich dem Prinzen gegenüber »angeblich« unzufrieden gezeigt, bezeichnete er als fragwürdig. Dieser Brief dokumentiert den endgültigen Bruch Friedrichs des Großen mit dem Großneffen. Für den leicht verletzbaren, sensiblen Prinzen, der sich dem König gegenüber bis zuletzt offen und vertrauensvoll verhalten hatte, war dies eine bittere Erfahrung. Nur schwer konnte er sich zu der Erkenntnis durchringen, daß er, lange eine Art politischer Handlanger des Preußenkönigs, nunmehr ein Opfer der großen Politik geworden war. Dem alternden, kränklichen und zutiefst mißtrauischen König, für den die Staatsräson die Richtschnur seines Verhaltens war, hatte die respektvolle Zuneigung und das Vertrauen des Großneffen nur wenig, zu wenig bedeutet. Prinz Friedrich Wilhelm von Preußen, der Thronfolger, bedauerte das Ausscheiden des Prinzen aus der preußischen Armee. Er freue sich, schrieb er ihm, daß er sich ein preußisches Herz bewahren wolle.

In Briefen mußte Prinz Friedrich dem Verdacht entgegentreten, er verlasse den Militärdienst leichtfertig, aus Ehrgeiz oder anderen wenig ehrenhaften Gründen. In einem nur in Kopie überlieferten Schreiben an eine Königliche Hoheit, wahrscheinlich an Prinz Ferdinand von Preußen, einen Großonkel, widerlegte er Punkt für Punkt die ihm gemachten Vorwürfe. So stellte er u. a. fest, der König habe ihn in dienstlichen Angelegenheiten nie auch nur im geringsten getadelt, er habe sich gegenüber den Offizieren und Soldaten seines Regiments stets korrekt verhalten, auch nicht wegen seiner Gläubiger die preußischen Staaten verlassen müssen. Es treffe ferner nicht zu, daß er durch sein hochmütiges Wesen jedermann von sich abgestoßen habe. Indessen vermochte Friedrich Prinz Ferdinand, falls dieser der Empfänger des Briefs war, nicht ganz von seiner Rechtfertigung zu überzeugen. Dieser sprach zwar nicht von einem unehrenhaften Verhalten, blieb jedoch bei der Ansicht, Friedrich habe jugendlich unüberlegt gehandelt und allzu sehr Gefühlsregungen nachgegeben.

Ende Dezember 1781 verließ Prinz Friedrich Lüben. Seine Frau und sein Sohn waren in Begleitung der Gräfin Görtz schon vorher nach Braunschweig abgereist. Dort am Hof seines Schwiegervaters sollten sie bleiben, bis er ihnen ein neues Zuhause bieten konnte. Er selbst wollte zunächst an der Italienreise des Großfürstenpaars teilnehmen und dann in den Dienst Katharinas der Großen treten. Herzog Friedrich Eugen und seine Frau hielten es für richtig, daß auch ihre Söhne Ludwig und Eugen den preußischen Militärdienst aufkündigten. Doch als Prinz Eugen ihnen schrieb, daß der König von dem Entlassungsgesuch Friedrichs überrascht worden war und diesen trotz allem, wie er meinte, gerne behalten hätte, wollten sie das gespannte Verhältnis zu dem mächtigen Onkel nicht noch mehr belasten und rückten von ihrem Vorsatz ab. Ludwig und Eugen durften im preußischen Heer bleiben.

III

Im Dienst der Kaiserin Katharina der Großen
1782–1786

Italienreise mit dem Großfürstenpaar

Anfang Januar 1782 traf Prinz Friedrich das Großfürstenpaar in Venedig. Nach einwöchigem gemeinsamen Aufenthalt in der Lagunenstadt setzte er mit der Schwester und dem Schwager die Reise durch Italien fort. Am 28. Januar kamen sie in Neapel an und besichtigten Anfang Februar die Ausgrabungen in Pompeji und Herculaneum. Fast einen Monat, vom 12. Februar bis 3. März, weilten sie in Rom. Die Papststadt mit ihren Sehenswürdigkeiten vermittelte ihnen viele tiefe Eindrücke. Von Rom aus reiste Friedrich über Turin in die Heimat zurück. In Straßburg traf er sich mit seiner Frau. Zusammen mit ihr fuhr er zu den Eltern nach Mömpelgard, um dort die für den Herbst geplante Übersiedlung nach Rußland vorzubereiten.

Schon im Dezember 1781, also während seines Bruchs mit dem Preußenkönig, hatte sich Friedrich auf Empfehlung des Großfürstenpaars an Kaiserin Katharina mit der Anfrage nach einer Verwendung im russischen Militär- oder Zivildienst gewandt. Katharina hatte überaus wohlwollend geantwortet. Sein Verdruß mit dem König von Preußen, so schrieb sie ihm, könne ihr Interesse an ihm nur erhöhen. Er dürfe sicher sein, daß es ihr ein wahres Vergnügen bereite, seine Schmerzen in diesem Fall wie in jedem anderen zu lindern. Sie hatte ihm zugesagt, die materiellen Verluste, die er in Lüben erlitten hatte, zu ersetzen. Schon Anfang 1782 lud sie ihn ein, möglichst bald nach St. Petersburg zu kommen.

Im April 1782 ernannte die Kaiserin den Prinzen zum Generalgouverneur von Finnland und zum Generalleutnant, wobei sie seine Gehaltsansprüche recht großzügig regelte. Friedrich bedauerte in seinem Dankesbrief, daß er seinen Dienst in Rußland nicht sogleich antreten könne. Aus familiären Gründen müßte er noch einige Monate in Mömpelgard bleiben. Der regierende Herzog Carl Eugen von Württemberg hatte nämlich die Familie seines Bruders Friedrich Eugen anläßlich des Besuchs des russischen Großfürstenpaars in Stuttgart zu sich eingeladen. Carl Eugen veranstaltete für die erlauchten Gäste eine Reihe glänzender Feste in Stuttgart, Ludwigsburg und auf der Solitude. Das Lichterfest auf der Solitude in der Nacht vom 22. auf den 23. September verschaffte übrigens Friedrich Schiller die ersehnte Gelegenheit zur Flucht aus dem Herzogtum. Prinz Friedrich reiste danach über Braunschweig nach Rußland. Gräfin Görtz schrieb ihm bei seiner Abreise bedenklich: »Ich fürchte, bei Ihrer neuen Karriere werden die Rosen mit Dornen vermischt sein.«

Herzog Karl von Braunschweig hatte sich nur schweren Herzens mit dem Abschied seines Schwiegersohns aus dem preußischen Militärdienst abgefunden. Er suchte das Beste aus der Situation zu machen und äußerte die Hoffnung, Friedrich könne zu einer politischen Klimaverbesserung zwischen Preußen und Rußland beitragen. Er riet ihm ferner, sich seinem Onkel wieder »zu nähern«. Über die Ernennung des Prinzen zum Generalgouverneur von Finnland war er hocherfreut. Er hoffte, daß Friedrich künftig mit seiner Tochter, die ihm aus Unerfahrenheit unrecht getan habe, eine glückliche Ehe führen könne. Nicht ohne Sorge dachte er an die Übersiedlung Friedrichs und seiner Familie nach St. Petersburg, so vor allem auch im Hinblick auf einen Krieg zwischen Rußland und der Türkei. Er erklärte sich bereit, im Notfall Frau und Kind Friedrichs in Braunschweig aufzunehmen.

Für ein standesgemäßes Leben in St. Petersburg bedurfte Friedrich eines kleinen Hofstaats. In den Monaten vor seiner Abreise war er daher bemüht, den Stab seiner Bedienten um einige verläßliche Personen zu erweitern. Man machte ihn auf den fünfzehnjährigen Johann Karl von Zeppelin aufmerksam, der am mecklenburgischen Hof in Schwerin Page gewesen war und gerne mit nach Rußland gehen wollte. Zeppelin erwarb sich in kurzer Zeit nicht nur das Wohlgefallen seines neuen Herrn, sondern sollte darüber hinaus dessen engster Vertrauter und unzertrennlicher Freund werden, was damals noch niemand ahnte.

In einem Brief vom 1. Oktober 1782 hatte Kaiserin Katharina dem Herzog Friedrich Eugen versichert, sie werde dafür sorgen, daß sich Prinz Friedrich und seine Familie an ihrem Hof wohlfühlten. Und sie hielt Wort. Mit ihrer Unterstützung ließ Großfürstin Maria Feodorowna dem Bruder ein Haus einrichten. Mitte Oktober 1782 langte Prinz Friedrich in St. Petersburg an. Die Kaiserin empfing ihn und seine Frau mit großen Ehren. Der Schwester teilte er mit, er könne ihr die Freude und Dankbarkeit nicht beschreiben, die ihn erfülle, seitdem er vor Augen habe, was sie in ihrer Güte für ihn getan habe. Das Haus sei wunderbar, die Möbel seien sehr schön, das Geschirr großartig, die Equipagen von erlesenem Geschmack, auch alles übrige von größter Kostbarkeit; er habe die Ehre gehabt, am Hof zu speisen, und solle regelmäßig an den Hofdiners an Sonn- und Festtagen sowie an Mittwochen, wenn Konzerte gegeben werden, und an Hermitage-Donnerstagen teilnehmen. Auch sonst könne er sich jederzeit einfinden. Er habe eine Loge im Theater. Vierzehn Tage später schilderte er in überschwenglichen Worten dem Vater die großzügige Fürsorge der Schwester und der Kaiserin.

Knapp zwei Monate nach der Ankunft Friedrichs in der Residenz der Zarin kehrte auch das Großfürstenpaar von seiner Reise durch Westeuropa zurück. Um diese Zeit gab Friedrich in seinem Haus den ersten Empfang, an dem hundert Personen teilnahmen. Prinzessin Auguste lebte sich in der neuen Umgebung nur schwer ein, obwohl die Kaiserin sich um ihre Zuneigung bemühte und sie durch wertvolle Geschenke verwöhnte. Die längere Trennung der Ehegatten während des Jahres 1782 hatte ihre gegenseitigen Bindungen offenbar gestärkt. Es schien, als hätten sie die Sturm- und Drangphase ihrer Ehe hinter sich. Im fernen Braunschweig jedoch machte sich der Vater Sorgen um die Tochter: »Ich bin sehr unruhig wegen Ihrer Gesundheit«, schrieb er im Februar 1782 der Hochschwangeren, »aber noch ungleich mehr über die Auswirkungen Ihrer mürrischen Stimmung, ich wünsche brennend, daß sie das Publikum in St. Petersburg in gleicher Weise übersieht, wie wir sie kennen.« Am 21. Februar 1783 gebar Auguste in Gegenwart ihrer Schwägerin Maria Feodorowna ihr zweites Kind: Katharina, die spätere Königin von Westfalen. Kaiserin Katharina verehrte dem Neugeborenen, das zunächst so schwach war, daß mit seinem Tod gerechnet wurde, dann aber bald zu Kräften kam, »eine Garnitur in Perlen und Diamanten«.

Zarin Katharina die Große von Rußland

Teilnahme am Feldzug in Südrußland und auf der Krim

Während des Winters 1782/83 nahm das gesellschaftliche Leben am Hof Katharinas Prinz Friedrich stark in Beschlag. Sein Hauptinteresse galt aber auch in der russischen Residenz dem Militär und der Staatsverwaltung. Ein von ihm damals erarbeitetes Manuskript über Taktik ist uns überliefert. Als ihm ein Leutnant, dessen Regimentskommandeur er in Belgard gewesen war, schrieb, er wünsche, daß er bald »Regierender Herr« werde, damit er in seine Dienste treten könne, erfüllte ihn das mit Genugtuung. Allein »der Regierende Herr« war immer noch nicht mehr als eine ferne Zukunftshoffnung. So gut es ging, suchte sich Friedrich über das Land seiner Väter auf dem laufenden zu halten. Er ließ sich regelmäßig aus Stuttgart das Württembergische Adreßbuch zuschicken. 1786 bat er um die Übersendung von Sattlers Topographischer Geschichte des Herzogtums Württemberg sowie Spittlers Geschichte Württembergs. Von Sattlers Geschichte Württembergs unter den Grafen und Herzögen riet Hofrat Mögling, der ihm die Bücher besorgte, allerdings ab. Dieses Werk, schrieb er, bestehe aus 17 Bänden im Quartformat, »worinnen Höchstdieselben nicht ein Blatt lesen würden, ohne äußerst zu ermüden«.

Die neue Aufgabe, die ihn im russischen Gouvernement Finnland erwartete, reizte ihn. Nach Ostern 1783 unternahm er seine erste Reise dorthin, um von der ihm anvertrauten Provinz eine eigene Vorstellung zu bekommen. Freilich, an einen längeren Aufenthalt war zunächst nicht zu denken. Im Süden des Zarenreichs drohten kriegerische Verwicklungen. Fürst Potemkin, der langjährige Günstling Katharinas, den Friedrich bereits einige Jahre vorher in Deutschland kennengelernt hatte, hielt die Gelegenheit für günstig, die Krim Rußland einzuverleiben. Auf Bitten Friedrichs, ihm die Teilnahme an dem Feldzug zu erlauben, hatte Katharina nach einigem Zögern ihre Zustimmung gegeben. Prinzessin Auguste, die in St. Petersburg noch immer wenig menschlichen Anschluß gefunden hatte, bedrückte die Aussicht, aufs neue monatelang von ihrem Mann getrennt zu sein. Ihr Vater regte erneut an, die Tochter solle für die Dauer des Feldzugs nach Braunschweig kommen. Doch Friedrich wollte Auguste der Obhut seiner Schwester anvertrauen. Auch die Kaiserin lud Prinzessin Auguste ein, mit ihren Kindern den Sommer über nach Zarskoje Selo, ihrem Landsitz, zu kommen. Sie werde dort Tür an Tür mit der Schwester ihres Mannes wohnen, und die Großfürstin und sie würden bemüht sein, ihren Kummer zu lindern. Katharina war Auguste nach wie vor sehr gewogen. Friedrich berichtete seinen Eltern, daß die Kaiserin seine Frau mit Güte geradezu überschütte. Freilich, leicht machte es die neunzehnjährige Prinzessin der Monarchin nicht. Sie blieb ihr wie auch der Schwägerin gegenüber verschlossen. Katharina klagte einmal, Auguste mache den Mund nicht auf, sie sei stets in Gedanken versunken.

Im Juni 1783 übernahm Friedrich das Kommando über ein Korps von 15 000 bis 20 000 Mann in Cherson. Der Oberbefehlshaber der russischen Streitkräfte, Fürst Potemkin, behandelte ihn ausgesprochen liebenswürdig und zuvorkommend. Er erteilte ihm wiederholt gute Ratschläge und unterrichtete ihn über die militärische Lage. Als eine Art Begrüßungspräsent übersandte er ihm am 11. Juni »eine kleine Menge Orangen und Zitronen«. Dank seines diplomatischen Geschicks und seiner Fähigkeit, günstige operative Möglichkeiten militärisch zu nutzen, gelang es dem Fürsten, die Krim mit den das Asowsche Meer im Osten und Westen umschließenden Gebieten des Krim-Chanats ohne nennenswerte Kämpfe der russischen Herrschaft zu unterwerfen. Am 12. Juli 1783 berichtete er Prinz Friedrich: »Die Häupter der Tataren haben Ihrer Majestät den Treueid geleistet, und alle Städte folgen ihrem Beispiel, sogar am Kuban. Die Pest tötet viele, aber gottseidank nur bei den Tataren.« Friedrich blieb wie schon 1778/79 im Bayerischen Erbfolgekrieg die kriegerische Bewährungsprobe erspart. Sein beträchtlich vermehrtes Observationskorps, das am 5. August 1783 16 Bataillone und 46 Schwadronen regulärer Truppen sowie drei Kosakenregimenter umfaßte, hatte nur Grenzsicherungsaufgaben. Der Truppendienst in Cherson entsprach sicher nicht den hohen Erwartungen, die Prinz Friedrich an den Feldzug in Südrußland geknüpft hatte. Der inzwischen an Malaria erkrankte Fürst Potemkin sah die Militärexpedition im Schwarzmeergebiet nach der Annexion der Krim als beendet an. Den nach größerer militärischer Aktivität drängenden Prinzen ließ er am 5. September wissen, eine Offensivbewegung sei, zumal sich die Türken ruhig verhielten, nicht beabsichtigt. Hinzu komme, daß die Jahreszeit für größere Unternehmen zu weit fortgeschritten sei. Friedrich könne den Winter ruhigen Gewissens in St. Petersburg verbringen. Einige Tage darauf teilte er ihm aus Krementschuk mit, seine Krankheit habe ihn so sehr geschwächt, daß er dringend Luftveränderung brauche. Er werde deshalb unverzüglich nach Weißrußland reisen. Prinz Friedrich könne ihn begleiten. Die gemeinsame Reise scheiterte indessen an dem schlechten Gesundheitszustand des Fürsten. Am 30. September schrieb er Friedrich, er ertrage allenfalls eine Reisedauer von sechs Werst je Tag.

Anfang Oktober 1783 war Friedrich wieder in St. Petersburg. Kaiserin Katharina empfing ihn gnädig. Auch wenn er keine Gelegenheit gehabt hatte, militärische Lorbeeren zu erlangen, so konnte sie doch an seinem Eifer nicht zweifeln, ihr nach besten Kräften zu dienen. Sein Flügeladjutant Johann Karl von Zeppelin, den die Kaiserin auf den Wunsch Friedrichs zum Leutnant ernannt hatte, war in Cherson schwer erkrankt. Prinz Friedrich, dem jungen Begleiter schon damals freundschaftlich verbunden, hatte sich des Schwerkranken in aufopfernder Weise angenommen und ihm eine sorgsame Pflege zuteil werden lassen. Zeppelin hat dem fürstlichen Freund den selbstlosen Dienst nicht vergessen, und er hat ihm seine Dankbarkeit durch vertrauensvolle Anhänglichkeit und stete Hilfsbereitschaft bezeugt.

Gouverneur der Provinz Finnland

Das Amt des Gouverneurs der Provinz Finnland war ohne Zweifel ehrenvoll, aber es besaß seine »Dornen«, wie sich Prinz Friedrich von Anfang an bewußt war. Es handelte sich um einen räumlich wenig ausgedehnten Bezirk am Nordostufer des Finnischen Meerbusens mit der Hauptstadt Wiborg. Schweden hatte es im Jahr 1743 an Rußland abtreten müssen. Das übrige finnische Territorium blieb bis Anfang des 19. Jahrhunderts Bestandteil der schwedischen Krone.

Kaiserin Katharina schenkte ihrem Generalgouverneur in Finnland die Güter Cronenburg, Terwus und Jakimwara. Die Jahreseinkünfte aus diesen Gütern wurden auf 3969 Rubel 53,5 Kopeken angeschlagen. Friedrich kaufte außerdem 1784 das Gut Charlottental bei Wiborg. Auf seinem neuen Besitz baute er sich ein Schloß, das er Monrepos nannte. Trotz der großzügigen Dotation der Kaiserin, der finanziellen Zuwendungen der Eltern, der Schwester, des regierenden Herzogs und der Landstände in Württemberg reichten die Einkünfte des Prinzen nicht aus, um den ihm notwendig erscheinenden standesgemäßen Aufwand betreiben zu können. Er war wie schon früher in ständiger Geldverlegenheit. Der Schwester in St. Petersburg klagte er wiederholt seine bedrängten wirtschaftlichen

Verhältnisse, und er bat sie um Fürsprache bei der Kaiserin. Den Eltern erklärte er in einem Brief, warum er und seine Familie sich nur einen Teil des Jahres in seinem Gouvernement aufhalten könnten: Die Ausgaben für die repräsentative Hofhaltung, zu der er in Finnland gezwungen sei, lägen ganzjährig zu hoch. Die Kaiserin habe ihm 3600 Bauern gegeben. Dies entspreche in Rußland, wo die Bauern leibeigen seien, einem Jahreseinkommen von 12 000 Rubeln, in Finnland jedoch, wo alle Bauern frei und deshalb nur zu einer geringen Abgabe gezwungen seien, lediglich 2000 Rubeln. Im Herbst 1784 verpachtete Friedrich »seine Güter bestehend in 3600 Bauern« an Hofrat Johann Norstaedt. Als »fixiertes Salarium« erhielt der Hofrat den zehnten Teil der derzeitigen »Revenuen und Gefälle« sowie alle durch Verbesserung zu erzielenden Einkünfte, ferner freie Wohnung, Holz und Futter für einige Pferde. Von der Verpachtung seines Grundbesitzes erhoffte sich Prinz Friedrich eine bessere Bewirtschaftung der Güter und gesicherte Einkünfte.

In der Regel hielt er sich nur während des Sommerhalbjahres in seinem Gouvernement auf, den Winter verbrachte er mit seiner Familie in St. Petersburg. Als Verwandtem der Herrscherfamilie blieb ihm keine andere Wahl als die rege Teilnahme am gesellschaftlichen Leben des Hofs während der Wintermonate. Allerdings sprachen auch politische Gründe dafür, daß er enge Kontakte zu den Spitzen der Staatsverwaltung und der Armee unterhielt. 1785 übertrug ihm die Kaiserin ein Kürassier-Regiment, das seinen Namen führen durfte. Ob allerdings sein Einfluß so weit reichte, daß er ernsthafte Pläne für eine Reform des russischen Heerwesens nach preußischem Vorbild verfolgte, wie behauptet wurde, erscheint zweifelhaft. Mit der ihm eigenen Tatkraft nahm er sich aber der Verwaltung des ihm anvertrauten Gouvernements an. Nachdem er sich einen Überblick über die wirtschaftlichen und politischen Verhältnisse der Provinz verschafft hatte, war er um eine effektive Organisation des Behördenapparats und der Verwaltung bemüht. Ungeachtet der damaligen starken Verbreitung der deutschen Sprache in Finnland hielt er es für unerläßlich, sich Grundkenntnisse in der Landessprache zu erwerben, sich mit Sitten und Gebräuchen der Bevölkerung vertraut zu machen. Beim Studium des Finnischen stellte er zu seinem Erstaunen fest, daß diese Sprache verschiedene griechische Wortformen und auffallend viele griechische Eigennamen enthielt.

Am 25. Dezember 1783 gebar Prinzessin Auguste ein drittes

Kind: Auguste Dorothee, die aber während ihres ersten Lebensjahrs starb. Am 19. Januar 1785 wurde dem Prinzenpaar ein zweiter Junge, Prinz Paul, geschenkt. Bei ihm übernahm der preußische Thronfolger Prinz Friedrich Wilhelm die Stelle eines Paten. Die Gräfin Görtz, deren Obhut offenbar in der ersten Zeit des Rußlandaufenthalts des Prinzenpaars dessen ältester Sohn Friedrich Wilhelm Karl anvertraut gewesen war, sorgte sich über die ewigen Schwangerschaften der »armen« Prinzessin Auguste, doch meinte sie, daß dies an sich ein gutes Zeichen für die Ehe Friedrichs sei und daß ansonsten die Prinzessinnen von Braunschweig Schwangerschaften besser ertrügen als andere. In den Briefen an die Eltern berichtete Friedrich, daß er völlig zurückgezogen lebe. So schrieb er am 1. Dezember 1784: »Ich lebe in diesem kleinen Kreis meiner Frau und meiner Kinder, wo ich mich einer Ruhe und eines Glücks erfreue, das nichts stören kann.« Ganz ähnlich äußerte er sich gegenüber seinem alten Freund Maucler am 12. März 1785. Doch kam er hier mit keinem Wort auf seine Frau zu sprechen. Er rühmte die Freundschaft seiner Schwester, die als einzige ihn nie verkenne, und er sprach davon, wie sehr er sich an der Liebe seiner Kinder freue. Etwas merkwürdig mutet seine weitere Bemerkung an: Er brauche sie, seine Kinder, nie an den Respekt zu erinnern, den sie ihm schuldeten; seine beiden ältesten waren viereinhalb und zwei Jahre alt, das jüngste eben erst zur Welt gekommen. Er schrieb dann weiter: Auf ihre Freundschaft, ihr Vertrauen werde er jeden Tag eifersüchtiger. Er wolle an ihrem Alltag Anteil haben, an ihren Schmerzen wie an ihren Freuden. Entsprechend ihrem Alter wolle er sie zunächst als seine Kinder, später als seine Freunde behandeln. Sollte ihm dies nicht gelingen, dann läge der Fehler bei ihm, denn seine Kinder besäßen eine zu gute Veranlagung, um ihren Vater zu verkennen. Er wolle vor allem auf ihr Gemüt wirken. Sein Ziel, das häusliche Glück, denke er mehr durch Liebe als durch Furcht zu erreichen. Maucler solle ihm sagen, ob er mit seinen Erziehungsmaximen auf dem richtigen Weg sei. In seiner Antwort betonte Freund Maucler, daß für die Erziehung die ersten sechs Jahre von entscheidender Bedeutung seien. Kleinen Kindern sollten Freude und Frohsinn vermittelt werden. Zwangsmittel wirkten sich ungünstig auf die Charakterbildung aus. Wichtig sei vor allem die liebende Fürsorge der Mutter.

Die Erziehung seiner Kinder lag Prinz Friedrich in der Tat sehr am Herzen. Sorgsam wählte er Lehrer und Betreuer aus. Erzieher, die das in sie gesetzte Vertrauen nicht rechtfertigten oder die gar versagten, fanden vor seinen Augen keine Gnade. Anfang 1786 übertrug er die Erziehung seines ältesten Sohns einem Mann, den er aus Preußen mitgebracht hatte und dessen Charakter wie Kenntnisse ihm untadelig erschienen. Seiner Frau gestand er nur ein geringes Mitspracherecht bei der Auswahl der Erzieher, aber auch der Angehörigen seines Hofstaates zu. Die hohen Anforderungen, die er stellte, vermutlich aber auch die Unzufriedenheit der Prinzessin Auguste mit manchen Personalentscheidungen ihres Mannes, ebenso ihr launischer Charakter dürften die Hauptursachen für den in den Jahren 1783 bis 1786 im Haus von Prinz Friedrich häufigen Wechsel von Erziehern, Pagen und Bedienten gewesen sein. Abgesehen vom einfachen Hauspersonal zog Prinz Friedrich nur Deutsche in seinen Dienst. Freunde wie Maucler waren ihm bei der Suche nach geeigneten Personen mehrfach behilflich.

Alte freundschaftliche Beziehungen durch rege Korrespondenz zu pflegen, empfand Friedrich während seiner russischen Zeit als besonderes Bedürfnis. Dies gilt insbesondere für seinen Briefwechsel mit der Gräfin Görtz, mit Jonathan von Holland und mit Friedrich von Maucler. Die Nachricht, daß Holland am 11. April 1784 in Stuttgart gestorben war, traf ihn hart. Er kümmerte sich sofort um die nicht mit irdischen Gütern gesegnete Witwe und lud sie ein, mit ihrem Kind nach Rußland zu kommen und hier bei seiner Familie zu leben. Karoline von Holland folgte seiner Einladung gerne. In St. Petersburg übernahm sie in seinem Haus vor allem erzieherische Aufgaben. Zwei Jahre später sah sie sich allerdings mit Rücksicht auf ihren kränklichen Sohn und ihre eigene angegriffene Gesundheit gezwungen, wieder in die Heimat zurückzukehren. Mit Friedrich von Maucler blieb Friedrich vor allem hinsichtlich geistig-religiöser Fragen im Gespräch.

Seine Freunde hielten Friedrich auch auf dem laufenden über das deutsche und französische Geistesleben. Er beschäftigte sich sicher nicht sehr intensiv mit den neuesten Werken der Literatur und der Philosophie, aber er erwies sich doch als gut unterrichtet. Daß er sich 1784 das vierbändige Werk von Johann Kaspar Lavater (1741 bis 1801) »Physiognomische Fragmente zur Beförderung der Menschenkenntnis und der Menschenliebe« beschaffte, dürfte insbesondere seinem Interesse für Pädagogik und praktische Menschenkenntnis entsprungen sein.

Der einzige in unmittelbarer Nähe befindliche Freund war Zeppelin. Kein anderer Mensch stand Friedrich so nahe. Er tat alles, um dem jungen Mann auch äußere Anerkennung zu verschaffen. 1784 setzte er durch, daß die Kaiserin den im Vorjahr zum Leutnant Ernannten zum Hauptmann und 1785, also mit achtzehn Jahren, zum Major beförderte. Als persönlicher Adjutant blieb Zeppelin stets Friedrich zugeteilt. Einige kleine Verstimmungen zwischen den beiden Freunden, die naturgemäß nicht ausblieben und zum Teil ihre Ursache in der Angst Zeppelins hatten, Friedrich könne ihm seine Freundschaft entziehen, ließen sich leicht wieder einrenken. In Wiborg verliebte sich der junge Major in die kaum dem Kindesalter entwachsene Katharina Ulrike Freiin von Delwig, Tochter des herzoglich schleswig-holsteinschen Kammerherrn, kaiserlich russischen Generalleutnants und Oberkommandanten sämtlicher finnländischen Festungen, Thure Karl Freiherr von Delwig. Friedrich erwirkte für den Freund die Heiratseinwilligung des Vaters. Anfang 1787 konnten die sechzehnjährige Freiin und der neunzehnjährige Major ihren Ehebund, der sich als ausgesprochen glücklich erweisen sollte, vor dem Traualtar besiegeln.

Zu seinen Eltern unterhielt Prinz Friedrich in den Jahren 1783 bis 1786 regen brieflichen Kontakt. Der Ton seiner Briefe war im allgemeinen herzlich, doch vermied er es geschickt, den Eltern tieferen Einblick in sein persönliches Leben und vor allem in seine Ehe zu geben. Zu einer vorübergehenden Spannung kam es 1784, als sein Bruder Ludwig, ohne die Erlaubnis seiner Eltern oder die Zustimmung der Kaiserin abzuwarten, sich mit der Prinzessin Marianne Czartorisky vermählt hatte; Friedrich störte die elterlichen Überlegungen durch die Mitteilung, daß die Zarin die Ehe Ludwigs mit der Tochter des Fürsten Adam Czartorisky, des Haupts der dem polnischen König Stanislaus feindlichen Partei, nicht gerne sah. Sie fürchtete, Fürst Czartorisky oder die Neuvermählten könnten nach der polnischen Königskrone streben. Die Mutter machte Friedrich heftige Vorwürfe und scheute vor Ausdrücken wie Falschheit, Doppelzüngigkeit, mangelnder Subordination und Arroganz nicht zurück. Friedrich fühlte sich zu Unrecht gemaßregelt und suchte seine Unschuld nachzuweisen. 1785 riß der Tod eine schmerzliche Lücke in den Geschwisterkreis von Prinz Friedrich: Am 24. November jenes Jahres starb die erst zwanzigjährige Schwester Friederike, die mit Herzog Peter von Oldenburg verheiratet war.

Die Ehe, die der regierende württembergische Herzog Carl Eugen 1785 mit seiner langjährigen Geliebten, der von Kaiser Joseph II. zur

Reichsgräfin von Hohenheim erhobenen Franziska, einging, trug eher zur Beruhigung als zur Beunruhigung von Prinz Friedrich bei. Diese unebenbürtige Ehe oder Ehe zur linken Hand, für die sich Carl Eugen der ausdrücklichen Zustimmung seines Bruders Friedrich Eugen versichert hatte, schmälerte die Erbfolgeaussichten Friedrichs und seiner Kinder nicht, wie dies bei einer zweiten standesgemäßen Ehe Carl Eugens der Fall gewesen wäre.

Am 17. August 1786 starb der seit längerem kränkliche Großonkel Friedrichs, König Friedrich II., der Große, von Preußen. Obwohl Prinz Friedrich knapp fünf Jahre zuvor im Unfrieden seinen Dienst verlassen hatte, gedachte er des einstigen politischen Mentors in rühmenden Worten. In einem Brief an die Eltern gab er seiner Bewunderung für den großen Mann Ausdruck. Den Nachfolger, König Friedrich Wilhelm II. von Preußen, den Paten zweier seiner Kinder, beglückwünschte er zur Thronbesteigung.

Ehezwist und Rückkehr in die Heimat

Ungeachtet wiederholter beruhigender Zusicherungen über das Verhalten der Prinzessin Auguste konnte Gräfin Görtz ihre Zweifel, daß die beiden Ehegatten zu einem harmonischen Leben zusammenfänden, nicht überwinden. Trotz ihres harten Urteils über die »Verfehlungen« der jungen Frau, sprach Gräfin Görtz sie nicht allein schuldig. Sie hatte Friedrich zur Selbstbeherrschung ermahnt. Wenn er sich bei einer Meinungsverschiedenheit zu heftigstem Zorn hinreißen lasse, setze er sich, auch wenn seine Empörung noch so berechtigt sei, ins Unrecht, und seiner Frau falle es dann nicht schwer, ihm die Schuld aufzubürden. Ein Mann müsse von seiner Frau geachtet werden. Dies sei aber am leichtesten zu erreichen, wenn er sie mit Güte behandle und auf sie eingehe. Er neige dazu, sich durch Furcht Respekt zu verschaffen, obwohl sein Herz sich mehr als nach allem anderen nach Liebe und Glück sehne. Die Gräfin riet dem Prinzen, sich in Geduld zu üben. Sollte sich seine Ehebindung als Unglück erweisen, dann ergäben sich Gelegenheiten, sie aufzulösen, doch solle er abwarten und keineswegs etwas überstürzen.

In St. Petersburg war schon bei der Ankunft des Prinzenpaars Anfang Oktober 1782 bekannt, daß die Ehe von Auguste und Friedrich nicht glücklich war. Kaiserin Katharina schrieb damals an Fürst Potemkin: »Die Prinzessin von Württemberg ist angekommen.

Donnerstag in der Ermitage waren ihre Augen so verschwollen und so verweint, daß es schrecklich war, sie anzusehen, man sagt, sie leben wie Hund und Katze.« Daß die verweinten Augen Augustes von einem Streit mit dem Gatten herrührten, konnte Katharina indessen nur vermuten, einen Beweis dafür besaß sie wohl kaum. Jedenfalls gaben sich die beiden Ehegatten in der ersten Zeit ihres St. Petersburger Aufenthalts Mühe, ihre Ehe am Hof nicht weiter ins Gerede zu bringen. Es scheint sogar, daß sie zunächst recht gut miteinander auskamen. Leider währte das harmonische Einvernehmen nicht lange. Gräfin Görtz hatte dies befürchtet. Im März 1783 schrieb sie Friedrich: »Sie lieben die Frauen nicht. Aber gibt es nicht unter den sehr vielen schlechten auch einige gute?« Da sie wußte, wie sehr er an seinen Kindern hing, fügte sie hinzu, er solle nicht vergessen, daß die gerade einen Monat alte Prinzessin Katharina gleichfalls eine Frau sei.

Kaiserin Katharina blieb Prinzessin Auguste, die sie Selmire nannte, trotz ihres verschlossenen Wesens zugetan. Sie verlieh ihr den Katharinenorden und gab ihr noch manch andere Beweise ihres Wohlwollens. Prinz Friedrich, der anfänglich in ihrer Gunst höher als seine Frau stand, soll nach und nach bei ihr in Mißkredit geraten sein. Der Grund dafür lag sehr wahrscheinlich weniger in dem übersteigerten Selbstbewußtsein des Prinzen als in dem engen freundschaftlichen Verhältnis zu seiner Schwester und zu seinem Schwager. Die immer offener zutage tretende Abneigung Katharinas gegen ihren Sohn, den Großfürsten Paul, übertrug sich auch auf seine Freunde. Die Kaiserin war in wachsendem Maß bemüht, das Großfürstenpaar zu isolieren und den Sohn von jeder politischen Einflußmöglichkeit fernzuhalten. Daß Großfürst Paul ein Verehrer Friedrichs des Großen war, in dem Katharina einen ihrer Hauptfeinde sah, hatte für Prinz Friedrich möglicherweise zusätzliche negative Auswirkungen. Einflüsterungen von Hofkreisen, der Prinz sei das »Werkzeug« des Preußenkönigs, mögen die Kaiserin in ihrem Mißtrauen gegen ihn noch bestärkt haben. Die anfänglich günstig erscheinenden politisch-militärischen Aufstiegschancen Friedrichs im russischen Dienst schwanden zusehends dahin.

Wie es um die Ehe des Prinzen wirklich stand, ließ sich nach außen auf Dauer nicht verbergen. Prinzessin Auguste widersetzte sich der ständigen Bevormundung durch den Gatten. Leider besaß sie an dem ränkereichen Hof Katharinas kaum jemand, der ihr mit Rat und Hilfe zur Seite stand. Schutzlos war sie Intrigen, Verleumdungen und infamen Zuträgereien ausgesetzt. Mit ihrer verschlossenen und mißtrauischen Wesensart machte sie sich auch keine Freunde. Auguste soll überaus hübsch, doch auch kokett gewesen sein. Friedrich hatte jedenfalls Grund zur Eifersucht. Es kam zu häßlichen Szenen. Der Prinz soll seine Frau geschlagen und an den Haaren gezogen haben. Ein undatierter, vermutlich aus dem Jahr 1784 stammender Briefentwurf Friedrichs an Auguste gibt in erschütternder Weise Zeugnis von dem Jammer dieser unglücklichen Ehe. »Glauben Sie nicht«, begann der Prinz, »daß ich die Feder ergreife, um Ihnen Vorwürfe zu machen; Ihr Verhalten macht Sie dafür unwürdig. Aufgebracht über Ihre Verfehlungen und fest entschlossen, mich nicht mit Ihrer unerträglichen Aufführung abzufinden, tue ich dies nur, um Ihnen meinen Willen für die Zukunft bekanntzugeben. Zu lange der Betrogene Ihrer Falschheit will ich den Wutausbrüchen einer ebenso bösen wie in ihren Worten zügellosen Frau entsprechend begegnen. Deshalb verbiete ich Ihnen, vor mir zu erscheinen, solange ich Ihnen nicht die Erlaubnis dazu gebe. Ihre Unpäßlichkeit kann Ihnen den Vorwand liefern, in Ihren Gemächern der Ruhe zu pflegen, und, falls Sie Bewegung nötig haben, ist der Garten in Charlottental groß genug, um mir dort aus dem Weg zu gehen. Es ist mir auch wichtig, daß meine Kinder nicht Zeugen Ihrer Verfehlungen und Ihres schlechten Verhaltens sind. Ich habe indessen dafür gesorgt, daß Sie die Kinder nur so oft sehen, als dies zu Ihrer Unterrichtung über deren Gesundheitszustand erforderlich ist . . .«

Dieser rigorose Eingriff in die mütterlichen Rechte war hart. Friedrich nahm für sich in Anspruch, daß ihre gemeinsamen Kinder »seine« Kinder waren, über deren täglichen Umgang, auch mit der Mutter, nur er zu bestimmen hatte. Im April 1785 kam es in St. Petersburg zwischen den beiden Ehegatten zu einer schweren Auseinandersetzung. In einem Anfall von Jähzorn schlug Friedrich seine Frau, riß sie an den Haaren und schloß sie zuletzt in ein Zimmer ein. In ihrer Not suchte die Prinzessin Hilfe bei der Kaiserin. Sie warf Briefe aus dem Fenster in der Hoffnung, daß sie aufgelesen und Katharina überbracht würden. Dies geschah dann auch durch Agenten der Stadtpolizei. Die Kaiserin fragte nicht lange nach den Ursachen des beschämenden Spektakels, sie schickte Prinz Friedrich nach Wiborg, Prinzessin Auguste aber behielt sie bei sich in Zarskoje Selo zurück.

Im September 1785 entschloß sich Prinzessin Auguste trotzdem zu dem Gatten nach Wiborg zu reisen. Die Trennung hatte das Gemüt Friedrichs besänftigt, und auch Auguste zeigte sich versöhnlich. Der Prinz lud Gräfin Görtz ein, zu ihnen nach Rußland zu kommen. Er hoffte, daß es ihrem menschlichen Geschick und Einfühlungsvermögen gelänge, das Verhältnis zwischen den beiden Ehegatten zu bessern. Doch die Gräfin lehnte die Einladung freundlich, aber bestimmt ab.

Mit dem Jahr 1786 strebte der Ehekonflikt des Prinzenpaares dem Höhepunkt zu. Wir wissen nicht, ob sich Prinzessin Auguste tatsächlich in Liebesabenteuer einließ oder ob es nur ihre Koketterie und ihr Eigensinn waren, die ihren eifersüchtigen Mann immer wieder zu maßlosen Wutausbrüchen hinrissen. Friedrich bezeichnete Auguste als »die Frau, die seit langem nur den Namen seiner Gattin trug«, und er sprach ihr jede mütterliche Regung ab. »Meine Kinder haben nie eine Mutter gehabt.« In seinem am 5. Mai des Jahres errichteten Testament enterbte er seine Gattin und schloß sie von jedem Einfluß auf die Erziehung ihrer gemeinsamen Kinder aus. »Im Fall die genannte Prinzessin«, so bestimmte er, »einige Schwierigkeiten machen sollte, so will und befehle ich, daß mein Tractor Testamenti von dem in dem versiegelten Paket befindlichen Handschreiben Gebrauch macht.« Als Testamentsvollstreckerin war, wenn er in Rußland starb, seine Schwester, die Großfürstin Maria Feodorowna, vorgesehen. Was in dem Handschreiben stand, ist nicht bekannt. Vermutlich hatte Friedrich dort die der Prinzessin zur Last gelegten Verfehlungen aufgeführt.

Ende 1786 rüstete die Kaiserin zu einer Reise in ihre neuerworbenen taurischen Provinzen. Prinzessin Auguste hatte Angst, längere Zeit hilflos der Willkür des Gatten ausgesetzt zu sein. Am 17. Dezember 1786, nach einer Schauspielaufführung in der Ermitage, flüchtete sie in die Gemächer der Kaiserin, warf sich ihr zu Füßen und bat sie um Schutz gegen ihren Gemahl. Sie könne die Beleidigungen und Gewalttätigkeiten des Prinzen nicht länger ertragen. In einem Brief an ihren Vater vom folgenden Tag behauptete sie sogar, um ein Haar sei sie das Opfer eines Komplotts geworden, an dem ihr Mann beteiligt gewesen sei. Die Kaiserin nahm sich der Hilfesuchenden an und gab ihr in der Ermitage eine Wohnung. Das Schicksal Augustes oder Selmires, wie sie sie nannte, rief wahrscheinlich die Erinnerung an ihre eigene unglückliche Ehe in ihr wach und erfüllte sie mit Mitleid. Sie hatte stets Frauen vor Männern den Vorzug gegeben und hatte an ihrem Hof ein ausgesprochenes Frauenregiment errichtet. In Friedrich sah sie den Schuldigen an dieser Ehetragödie. Sie schrieb ihm: »Mein Herr Neffe! Ich teile Eurer Durchlaucht mit, daß sich die Prinzessin bei mir befindet; mein Haus dient ihr als Asyl. Ich beabsichtige, sie zu ihren Eltern zurückzuschicken. Euer Durchlaucht können sich künftig an diese wenden.« Sie wolle, fuhr sie fort, keinesfalls Richterin in diesem Ehezwist sein. Aber da sie Grund zu der Annahme habe, daß der Prinz nach dem, was geschehen sei, nicht länger bleiben wolle, gewähre sie ihm einen einjährigen Urlaub und rate ihm, möglichst umgehend davon Gebrauch zu machen. Von einer persönlichen Verabschiedung von ihr entbinde sie ihn. Falls er es für richtig halte, ihren Dienst zu verlassen, solle er sie dies wissen lassen, damit sie ihm die Entlassungsurkunde schicken könne.

Das kaiserliche Handschreiben traf Prinz Friedrich wie ein Keulenschlag. Katharina verwies ihn des Landes, ohne ihm auch nur eine Frist einzuräumen, seine dienstlichen und privaten Angelegenheiten wenigstens notdürftig zu ordnen. In einem Brief an die Eltern vom 19./30. Dezember 1786 sprach er von dem unerhörtesten und unglücklichsten Ereignis seines Lebens. An dem Unglück des Bruders nahm auch Großfürstin Maria Feodorowna Anteil. Freilich, helfen konnte sie ihm jetzt nicht mehr. Ihr Mann, bisher mit Friedrich freundschaftlich verbunden, distanzierte sich von ihm, um der Mutter seinen Gehorsam zu beweisen.

IV

Unstete Jahre
1787–1790

Suche nach neuem Wirkungskreis

Zum zweiten Mal innerhalb von fünf Jahren stand Prinz Friedrich vor den Trümmern einer hoffnungsvollen Karriere. Aus Rußland vertrieben, mußte er wieder Boden unter den Füßen gewinnen. Zunächst hoffte er, in Preußen eine Verwendung zu finden, weil ihm der dort seit einem knappen halben Jahr regierende König Friedrich Wilhelm II. freundschaftlich gesonnen war. Sofort nach seiner Ankunft auf preußischem Boden, von Memel aus, schrieb er dem König, ohne allerdings den Wunsch nach einer Anstellung zu äußern. Friedrich Wilhelm antwortete postwendend, er sandte sein Antwortschreiben mittels Stafette nach Treptow, Friedrichs Geburtsort, wo der Prinz inzwischen angelangt war. Seine Anteilnahme an dem unglücklichen Geschick des Rußlandflüchtlings beschränkte sich auf die Beteuerung seines unwandelbaren Interesses an dem Ergehen des Prinzen. Mehr nicht: ein formales Schreiben also, nicht einmal eine Einladung an den königlichen Hof war damit verbunden. Die Gräfin Görtz entschädigte Friedrich, der inzwischen in Berlin angekommen war, mit ihren Willkommenszeilen ein wenig für den enttäuschenden Brief des Königs. »Ich speise mit der Königin«, schrieb sie. »Sicherlich werde ich um 4 Uhr zurück sein. Ich werde meine Tür jedermann verschließen und mich glücklich wähnen, einige Stunden mit Ihnen zu verbringen.« Die Aussprache mit der ihm freundschaftlich verbundenen Frau gab dem Prinzen neue Zuversicht und schärfte seinen Blick für die vor ihm liegenden Aufgaben.

Im Frühjahr 1787 reiste Friedrich zu den Eltern nach Mömpelgard. Auch in Genf und Lausanne hielt er sich auf. Er unternahm eine Bergreise, um sich abzulenken und die schwarze Melancholie, die ihn beherrschte, zu überwinden. Im Juni war Friedrich wieder in

Berlin. König Friedrich Wilhelm II. lud ihn zum Diner ein. Doch Aussichten auf eine Übernahme in seinen Dienst machte er ihm nicht. Im Juli/August weilte der Prinz erneut in Lausanne. Sein Onkel, der Fürst von Thurn und Taxis, bot ihm im August ein Quartier in seinem Frankfurter Palais an. Der Plan Friedrichs, sich in Frankfurt ein eigenes Haus zu kaufen, zerschlug sich. Friedrich, von Mißbehagen und Unruhe getrieben, war während des Jahres 1787 ständig unterwegs. Im Herbst fragte ihn Maucler besorgt: »Wo werden Sie in diesem Winter Ihren Wohnsitz nehmen?«

Prinz Friedrich hoffte, eines Tages wieder nach Rußland zurückkehren zu können, weil sich seine Erwartungen, in Deutschland beim Militär oder in der Verwaltung eine Verwendung zu finden, nicht erfüllten. Er blieb durch Vertraute in Kontakt mit St. Petersburg und hielt sich über die politischen, militärischen und gesellschaftlichen Verhältnisse Rußlands auf dem laufenden. Seine Schwester unterstützte ihn finanziell auch weiterhin. Ebenso behielt er seinen Grundbesitz im Gouvernement Finnland. Weil ihm Fürst Potemkin früher gewogen war, trat er im Sommer 1787 mit ihm über einen Mittelsmann in Verbindung. Potemkin versprach sein möglichstes zu tun, um die Anliegen Friedrichs am Hofe in St. Petersburg zur Sprache zu bringen. Allein, die Kaiserin war unerbittlich. Sie blieb gegenüber Friedrich taub. Nach dem Ausbruch des neuen russisch-türkischen Kriegs im September 1787 sah Prinz Friedrich eine letzte Chance, die Gunst der Kaiserin zurückzugewinnen. Er schrieb ihr und bat sie, ihm die Teilnahme an dem Feldzug zu erlauben. Sie antwortete kurz und barsch am 17. September 1787: Die unglücklichen Umstände, die zu seiner Entfernung aus Rußland geführt hätten, seien im wesentlichen noch immer dieselben: sie könne daher seinen Wünschen nicht entsprechen. Friedrich war über das kaiserliche Absageschreiben sehr enttäuscht. Er bat Maucler, künftig in der Anschrift der an ihn gerichteten Briefe den Titel »Kaiserlich Russischer Generalleutnant« wegzulassen, denn »ich habe die Eisenketten zerbrochen, die mich an dieses grausame Klima fesselten«. Unverzüglich reichte er in St. Petersburg seinen Abschied ein. Die Kaiserin gewährte ihn am 20. Oktober 1787, ungeachtet der Fürsprache seiner Schwester, in ungnädiger Form. Sie verweigerte unter dem Entlassungsukas die sonst übliche eigenhändige Unterschrift. Erst im Februar 1788 war sie bereit, in einer von ihr unterschriebenen Urkunde in russischer Sprache zu bestätigen, daß Friedrich vom 6. April 1782 bis 20. Oktober 1787 in ihrem

Dienst gestanden und »als ein treuer und guter Offizier gedient« habe. Über seinen ihm teils von Katharina geschenkten, teils selbst erworbenen Grundbesitz im Gouvernement Finnland konnte der Prinz auch nach seiner Ausweisung aus dem Zarenreich frei verfügen. Weil er dringend Geld brauchte, veräußerte er ihn im August 1788 um die Summe von 10 000 Rubeln.

Mit der förmlichen Entlassung aus dem kaiserlich russischen Dienst wurde er bei seinen Bewerbungen um einen neuen Wirkungskreis freier. Er wandte sich erneut an König Friedrich Wilhelm II. von Preußen. Sein Schwiegervater, Herzog Karl von Braunschweig, befürwortete sein Gesuch durch einen eigenhändigen Zusatz. Doch der König bedauerte in einem Schreiben vom 3. November 1787, mit Rücksicht auf Rußland seinem Anliegen nicht stattgeben zu können. Um ihm aber seinen »guten Willen« zu beweisen, bot er ihm das Patent eines Generalleutnants mit einem Jahreseinkommen von 3000 Talern an. Trotz dieser lukrativen finanziellen Unterstützung, einer Art Pension, die der zu einem standesgemäßen Leben verpflichtete Vater von drei Kindern dringend gebrauchen konnte, war der Bescheid König Friedrich Wilhelms II. für Prinz Friedrich enttäuschend. Seine Antwort ist nicht bekannt. Weil er den Titel eines königlich preußischen Generalleutnants jedoch nie führte, hat er vermutlich das Angebot nicht angenommen. Seine Situation wurde immer bedrückender. Die besten Lebensjahre mußte er, auf finanzielle Unterstützung angewiesen, privatisierend in Untätigkeit zubringen. Was dies für einen vielseitig begabten, nach Aktivität drängenden Mann bedeutete, läßt sich leicht vorstellen.

Die Last der Kindererziehung

Die Erziehung seiner mutterlosen Kinder nahm Prinz Friedrich, der Schüler Rousseaus, überaus ernst. Ein sprechendes Beispiel dafür ist der Brief, den er am 26. September 1787 an Hofrat Mögling in Stuttgart richtete. Er suche, schrieb er dem Hofrat, für seinen ältesten Sohn, den sechsjährigen Friedrich Wilhelm Karl, einen neuen Erzieher. »Ich könnte zwar hoffen, in unserem gemeinschaftlichen Vaterland [Württemberg] verschiedene Leute anzutreffen, welche in Schulwissenschaften es mehreren aus anderen Gegenden zuvortäten, allein Sie kennen den leider zu sehr herrschenden Geist der Pedanterie dieses lieben Landes zu gut, kennen mich vielleicht auch gut genug, um zu wissen, wie wenig ich und ein Mann zusammenpassen würde[n], der meinen Sohn nicht zum unterrichteten Weltmann, sondern zum spekulativen Gelehrten, nicht zum Christen, sondern zum scholastischen Theologen würde bilden wollen ...« Prinz Friedrich wünschte, daß der Erzieher über ausgezeichnete französische Sprachkenntnisse verfüge, zumal der kleine Prinz diese Sprache »beinahe mit mehrerer Leichtigkeit« als die »teutsche« spreche. Weil die Religion der beste, er möchte beinahe sagen, der einzige Leitfaden der Rechtschaffenheit sei, sollte der Mann, der seinem Sohn »diesen wichtigsten Teil menschlicher Kenntnisse« vermittle, »klare, reine, durch die Vernunft geläuterte Begriffe davon haben«. Er stelle sich als Erzieher einen fünfundzwanzig- bis dreißigjährigen Mann vor, kenntnisreich, »aber ja keinen sich selbst genügenden finsteren Gelehrten«. »Vielleicht würde ein nur wenig gelehrter [junger Mann] mit biederm Herzen der liebste sein. Kenntnisse erlangen sich durch sich selbst am besten, und da es meinem Sohn nicht an Fähigkeiten fehlt, so wird, glaube ich, die Notwendigkeit derselben ihm fühlbar zu machen, hinreichend sein.« Bei den Anstellungsbedingungen (Gehalt usw.) ließ Prinz Friedrich Hofrat Mögling freie Hand. Er wolle den größten Teil seiner geringen Mittel »für das Geschäft der Erziehung« seiner Kinder verwenden, denn diese seien alles, was ihm übriggeblieben sei.

Im April 1788 trat der von Hofrat Mögling besorgte neue Erzieher Gross seinen Dienst an. Friedrich berichtete darüber dem Freund Zeppelin: »Am Mittwoch ist der Herr Gross angekommen, er scheint ein vernünftiger Mann zu sein, nur etwas zu jung und ganz erschrecklich neu, denn er hat noch nie das Kloster zu Tübingen [das Tübinger Stift] verlassen. Ich werde nun nicht allein meinen Sohn, sondern auch den Gouverneur erziehen müssen ...«.

Die Erziehung der Prinzessin Katharina, der einzigen Tochter Friedrichs, übernahm die Großmutter, Herzogin Friederike Dorothee von Württemberg. Friedrich war dafür dankbar, hatte aber bald den Eindruck, seine Mutter wolle ihn von der Erziehung des Töchterleins ausschließen. Er schrieb der Mutter: Auch wenn er sich nicht in die Erziehung seiner Tochter einmischen wolle, so sei er doch der Vater, und er könne von seiner Tochter nie Liebe, Respekt und Gehorsam fordern, wenn er seinen Vaterpflichten nicht nachkomme. Er forderte die Mutter auf, das Kind strenger als bisher zu behandeln, denn er habe bei dem Kind Widersetzlichkeit, extremen Stolz und Eigenliebe festgestellt, ebenso Verstellung und kleine Schliche.

Scheidungsverhandlungen und Tod der Prinzessin Auguste

Kaiserin Katharina hatte die Absicht, Prinzessin Auguste zu ihren Eltern zurückzuschicken. Sie schrieb an den Herzog von Braunschweig schon am 18. Dezember 1786 und unterrichtete ihn über die traurige Lage seiner Tochter, die bei ihr Zuflucht gesucht und gefunden habe. Die unglückliche junge Frau, die viel gelitten habe, lebe ihrer Situation entsprechend zurückgezogen und erwarte unter kaiserlichem Schutz die Entscheidung über ihr persönliches Geschick. Katharina appellierte an den Gerechtigkeitssinn des »von ihr bewunderten«, aufgeklärten Herzogs und bat ihn, ihr seine Entschlüsse über die Zukunft seiner Tochter mitzuteilen. Auch Prinzessin Auguste wandte sich an ihren Vater, um ihm ihre unglückliche Lage zu schildern und um seine Hilfe zu bitten. Sie war beunruhigt, daß ihr Mann nach Braunschweig reisen könnte, um sie anzuklagen oder sich zu rechtfertigen. Ihr Gewissen sei rein, schrieb sie dem Vater. Sie habe keineswegs so viele Fehler, wie ihr Mann verbreite, und sie könne hierfür hinreichend Zeugen benennen: die Kaiserin, die Großfürstin, die Leute, die ständig um sie seien. Sie habe mit ihrer Ehe eine traurige Lehrzeit durchgemacht. »Will's Gott«, fügte sie an, »entspricht die Fortsetzung nicht dem Anfang.«

Drei Tage darauf schickte sie dem Vater eine Abschrift der Forderungen für eine Scheidung, die Friedrich an sie gestellt hatte und denen sie zustimmen sollte. Sie war verwundert, daß Prinz Friedrich bereit war, ihr seine halbe Apanage zu überlassen. Doch vermutete sie, daß er sie dadurch in ständiger Abhängigkeit von sich halten wollte. Sie wollte aber von einem Mann frei sein, der sie verachtete. Sie war ferner nicht damit einverstanden, daß ihr Friedrich nicht nur das Erziehungsrecht über ihre Söhne, sondern auch über ihre Tochter entziehen wollte. Wenn sie schon ihrer Söhne beraubt werde, erklärte sie, dann habe sie wenigstens ein Recht auf ihre Tochter. Der Prinz wünschte, daß sie künftig bei ihren Eltern lebe. Sie wollte aber vorläufig in Rußland bleiben und erst in ein, zwei Jahren, »wenn die unglückselige Geschichte ein wenig vergessen sein wird«, nach Braunschweig zurückkehren. Im übrigen »atme« Prinz Friedrich aus gekränkter Eigenliebe »nur Rache«. Er wolle die Skandalgeschichten, die er in St. Petersburg über sie kolportiert habe, auch in Braunschweig verbreiten, um den Herzog, ihren Vater, zu bestimmen, sie auf einem seiner Schlösser einzusperren, wo sie dann mit den Schafen weiden könne. Der Vater möge selbst über einen Gatten urteilen, der seine schlecht mit ihm lebende zweiundzwanzigjährige Frau durch ein schändliches Komplott zur Untreue zu verleiten gesucht habe, um sie zugrunde zu richten. Daß sie ihm nicht in die Falle gegangen sei, habe sie nur ihrem guten Engel zu verdanken. Die Kaiserin habe ihr angeboten, sie bei sich zu behalten, falls sie »die geringste Lust« dazu habe, und ihr versichert, daß sie alles tun werde, um ihr Los zu erleichtern.

Herzog Karl von Braunschweig dankte am 14. Januar 1787 der Kaiserin für den Schutz und die Hilfe, die sie seinem unglücklichen Kind habe angedeihen lassen. Die Rückkehr seiner Tochter in den Schoß ihrer Familie und »die Lösung der traurigen Bande, die ihr Unglück sind«, nannte er seinen »tiefsten Herzenswunsch«. In einem dem Brief beigelegten »Memoire« betonte er, daß es stets sein Bestreben gewesen sei, seinen Teil dazu beizutragen, daß seine Tochter und Prinz Friedrich glücklich würden. Er habe deshalb Auguste schriftlich und mündlich immer wieder ermahnt, ihrem Mann mit Geduld und Sanftmut zu begegnen, und sie habe sich, wie er jetzt wisse, bisher an diese Maßregel gehalten. Wenn es aber eines Tages dennoch dahin komme, daß sich beide Ehegatten für eine Scheidung aussprächen, dann bitte er die Kaiserin, »ihnen ein Los zu bereiten, das der Unzufriedenheit des Gatten und dem Kummer meiner Tochter ein Ende bereitet«. Der Herzog hatte seinem »Memoire« die ihm angemessen erscheinenden Bedingungen für eine Ehescheidung beigefügt. Der Tochter schrieb er: »Haben Sie keine Angst, bei einem Vater verleumdet zu werden, der Sie liebt, der Schutz, den Ihre Kaiserliche Majestät Ihnen im grausamsten Augenblick Ihres Lebens zu gewähren geruht, beruhigt mich völlig, was auch immer für Gerüchte über Ihre Person an mich gelangen werden.« Wenn »eine Trennung des traurigen Bands« ihrer Ehe unvermeidlich sei, dann werde er sie »mit aller nur möglichen Liebe« bei sich aufnehmen und bemüht sein, ihre Leiden zu lindern. Wenige Tage später lobte er, daß sie die ihr von Prinz Friedrich unterbreiteten Vorschläge nicht unterschrieben habe. Die Trennung, meinte er, müsse mit aller erdenklichen Vorsicht vollzogen werden.

Prinz Friedrich schrieb von Memel aus an seinen Schwiegervater. Den Brief ließ er durch den Erzieher seines ältesten Sohns, Schroeder überbringen, der nicht nur sein Vertrauen, sondern, wie er hervorhob, auch das von Prinzessin Auguste besaß. Schroeder sollte dem Herzog gewissenhaft Bericht erstatten und ihm Friedrichs Vorschläge für einen Ehescheidungsvertrag überbringen, die der Herzog ja inzwischen schon von seiner Tochter erhalten hatte. Er sei mit der Prinzessin darin einig, daß ihre eheliche Verbindung aufgelöst werden solle. Prinz Friedrich bat Herzog Karl von Braunschweig, ihm Gelegenheit zu geben, die traurige Angelegenheit mündlich mit ihm zu besprechen, wobei ihm aus verständlichen Gründen ein neutraler Ort angenehmer als Braunschweig sei. Der Herzog stimmte dem Prinzen zu, daß eine Ehescheidung unvermeidlich sei. Allerdings könne er weder dem Schwiegersohn Bedingungen vorschreiben, noch solche seiner Tochter diktieren, die als Mutter mehrerer Kinder ja nicht unter Vormundschaft stehe. Deshalb erscheine es ihm richtig, wenn der Prinz und seine Eltern »die ärgerliche Sache« mit seiner Tochter direkt ins reine brächten.

Am 31. Januar 1787 traf sich Herzog Karl von Braunschweig mit Prinz Friedrich in Köpenick bei Berlin. Der höflich-freundschaftliche Ton der folgenden Briefe des Herzogs läßt vermuten, daß Friedrich bei ihm ein gewisses Verständnis gefunden hatte. Freilich agierte der Herzog vorsichtig, weil er es nicht mit Kaiserin Katharina verderben wollte, die unter dem Einfluß der Prinzessin Auguste und anderer Personen ihres Hofs von dem Prinzen als von einem »bösen Taugenichts« und von einem »Helden in der Schlechtigkeit« sprach. Friedrich war besonders darüber empört, daß sie ihn des Landes verwiesen hatte, ohne ihm Gelegenheit zu geben, sie zu sprechen. Offensichtlich war zunächst sogar das Großfürstenpaar davon überzeugt gewesen, daß Friedrich durch seinen Jähzorn die Katastrophe bewirkt hatte, denn sonst wäre es kaum denkbar, daß Herzogin Friederike Dorothee in ihrem Brief vom 25. Januar 1787 dem Sohn die heftigsten Vorwürfe machte und ihn als den Urheber seines Unglücks bezeichnete. Vorwürfe in dieser Einseitigkeit waren sicher unberechtigt. Es tat Friedrich daher gut, daß ihm die Gräfin Görtz schrieb, alle denkenden Menschen sähen in ihm das Opfer der Intrige und der Perfidie.

Am 9. März 1787 teilte Herzog Karl von Braunschweig Prinz Friedrich mit, daß Kaiserin Katharina der Rückkehr seiner Tochter in ihre Heimat keine Schwierigkeiten in den Weg legen werde, sobald eine Vereinbarung über ihre Zukunft abgeschlossen sei. Der Herzog wollte so rasch wie möglich eine solche Regelung herbeiführen, und er kündigte dem Prinzen seine Vorschläge an. Bereits Anfang April 1787 hatten er und Prinz Friedrich in allen Punkten Einigung erzielt. Der Vertrag war unterschriftsreif. Erstmals seit seiner fluchtartigen

Abreise aus St. Petersburg wandte Friedrich sich an die Kaiserin. »Endlich, Gnädige Frau«, schrieb er, »sind Ihre Wünsche befolgt«, und er bat sie, ihm nunmehr Gerechtigkeit widerfahren zu lassen. Er habe sich stets bemüht, ihr treu zu dienen, und er sei auch weiterhin dazu bereit. Sie möge ganz über sein Schicksal entscheiden, und er sei sicher, daß, falls er das Unglück gehabt habe, ihr während eines Augenblicks zu mißfallen, ihr Scharfblick und ihr Gerechtigkeitssinn mit Leichtigkeit zwischen dem schuldigen Menschen und dem Menschen, der es nie habe sein wollen, unterschieden. Dieser Brief blieb, soweit wir feststellen können, ohne Antwort. Am 25. April 1787 unterrichtete Herzog Karl Prinz Friedrich, daß er bereit sei, die vertragliche Vereinbarung zu unterschreiben, und daß er den Wortlaut der Vereinbarung der Kaiserin übersandt habe. Er hoffe, auf diese Weise die Angelegenheit zu beschleunigen. Gräfin Görtz beglückwünschte Friedrich am 8. Mai 1787 zu der Übereinstimmung mit seinem Schwiegervater und riet ihm, noch ein wenig Geduld zu haben, es werde in Kürze alles zu einem guten Abschluß kommen. In Briefen an eine Bekannte habe sich Prinzessin Auguste zufrieden über ihre gegenwärtigen Lebensumstände geäußert. Doch, setzte die Gräfin hinzu, ob die Prinzessin wirklich an ihrem Zufluchtsort (retraite) und bei all den Vorwürfen, die sie sich zu machen habe, so glücklich sei, wie sie behaupte, erscheine ihr fraglich.

Kaiserin Katharina wollte Prinzessin Auguste während ihrer Abwesenheit nicht an ihrem Hof belassen, zumal »die kleine Frau«, wie sie sie nannte, dort kaum Freunde oder Vertraute besaß und in ihrer Lage allzu leicht Kränkungen, Sticheleien oder Intrigen auf sich zog. Sie bestimmte daher noch im Dezember 1786 das erst drei Jahre vorher in kaiserlichen Besitz übergegangene Schloß Lohde im Kirchspiel Goldenbeck in der Wieck in Estland zu ihrem vorläufigen Wohnsitz. Mit der Betreuung der Prinzessin und der Verwaltung des Schlosses einschließlich der Einkünfte des dazugehörenden Landguts, die zum Unterhalt der jungen Frau und ihres Hofstaats verwendet werden sollten, betraute sie den knapp sechzigjährigen ehemaligen Hofjägermeister und Generalleutnant Reinhold Wilhelm von Pohlmann, einst Oberverwalter von Zarskoje Selo. Der seit kurzem verwitwete Pohlmann besaß ihr volles Vertrauen. Außer ihm durften Auguste noch die Majorswitwe Wilde, ein Fräulein Sander, ein Franzose namens Romain sowie dessen Frau, ferner zwei Offiziere, die den Kurierdienst zu besorgen hatten, begleiten – ein verhältnismäßig stattliches Gefolge also. Die Prinzessin scheint sich nicht nur rasch mit dem Aufenthalt auf Schloß Lohde abgefunden, sondern sich dort zunächst auch wohlgefühlt zu haben. Die Kaiserin hatte sicherlich nie daran gedacht, »die kleine Frau« als Gefangene zu behandeln. Sie wollte ihr vielmehr, solange die Entscheidung über ihre Zukunft in der Schwebe war, ein relativ sorgenfreies Leben ermöglichen. Daß es dann anders kam, war nicht ihre Schuld.

Zu seinem Bevollmächtigten für die Verhandlungen mit seiner Frau bestimmte Prinz Friedrich den bisherigen Erzieher seiner Kinder, Schroeder. Dieser reiste im Mai 1787 zunächst nach Braunschweig, wo ihm Herzog Karl eine Art »Kreditiv« übergab, in dem er bestätigte, daß er Aufträge für seine Tochter in Rußland habe, außerdem einen Brief für sie. Schroeder war sich nicht sicher, ob die Prinzessin auf die Befehle ihrer Eltern hörte oder ob seine Vorstellungen bei ihr mehr bewirkten. »Wenn ich«, schrieb er Prinz Friedrich, »nur so glücklich wäre, daß sie aufrichtig mit mir spräche und Zutrauen zu mir faßte.« Besonders viel versprach sich Schroeder indessen von dem Brief, den der Herzog von Braunschweig über die Vereinbarungen an Kaiserin Katharina geschrieben hatte. Wenn Katharina, die zur Zeit Südrußland bereiste – die Vereinbarungen billigte, würde sie, meinte Schroeder, der Prinzessin dies mitteilen, und Auguste wäre sodann »schon viel biegsamer«. Käme er jedoch in Lohde an, ehe Prinzessin Auguste den Standpunkt der Kaiserin zu dem Arrangement kenne, werde sie vermutlich ihre Unterschrift mit der Begründung verweigern, sie müsse erst noch die Kaiserin fragen.

Ende Mai, Anfang Juni 1787 trat Schroeder von Lübeck aus die Seereise nach Estland an. Am 21. Juni war er in Lohde. Überraschenderweise erhielt er aber keine Gelegenheit, die Dokumente Prinzessin Auguste zu übergeben. General von Pohlmann erklärte ihm, er habe Befehl, niemand, er sei, wer er wolle, bei der hier in strengstem Incognito lebenden Prinzessin vorzulassen. Der General zeigte sich lediglich bereit, ihr die Schriftstücke, die Schroeder bei sich hatte, vorzulegen. Schroeder war dennoch von dem höflichen Benehmen von Pohlmanns angetan und bezeichnete den General in einem Brief an Prinz Friedrich als einen überaus würdigen und aufrichtigen Mann. Er reiste von Lohde ab, ohne sicher zu sein, daß Pohlmann die Schriftstücke an die Prinzessin weitergab. Am 3. Juli 1787 wurde er in St. Petersburg vom Großfürstenpaar empfangen. Großfürstin Maria Feodorowna und Großfürst Paul billigten die Art, in der Schroeder die Lösung der Angelegenheit betrieb. Eine Gelegenheit, die Prinzessin zu sehen und mit ihr zu sprechen, bot sich ihm auch nach dem Besuch in St. Petersburg nicht.

Prinz Friedrich war über den Fehlschlag der Mission Schroeders enttäuscht. Auch Herzog Karl von Braunschweig war überrascht, daß die Kaiserin seiner Tochter untersagt haben sollte, Besucher zu empfangen, und sie in Lohde »incognito« lebe. Er teilte Prinz Friedrich mit, daß Kaiserin Katharina mit einigen Punkten der Vereinbarung über die Ehescheidung Friedrichs und Augustes nicht einverstanden sei, er habe ihr seine Auffassung dazu übermittelt, und er hoffe, daß sie ihm mit dem nächsten Kurier ihr Einverständnis zustellen werde. Bezeichnend für die hochherzige Art des Herzogs war es, daß er am Schluß seines Briefs seinen jüngeren Sohn, den er für ein Jahr nach Lausanne schickte, der Güte des bisherigen Schwiegersohns empfahl.

Steck, einer der Bankiers Friedrichs, der mit dem Prinzen auf recht vertrautem Fuß stand, schrieb ihm, er verstehe nicht, warum die Kaiserin die Prinzessin zurückhalte. Er vermutete, daß der Herzog von Braunschweig die Gründe der Kaiserin kenne. Er riet deshalb dem Prinzen, alles Weitere dem Herzog zu überlassen. Dieses Rats ungeachtet, ergriff Prinz Friedrich kurz darauf nochmals die Initiative. In dem Schreiben vom 15. September 1787, in dem er der Kaiserin seine Dienste im Krieg gegen die Türkei anbot, bat er die Monarchin, die Prinzessin, wie es der Vater wünschte, nach Braunschweig zurückkehren zu lassen. Vermutlich erregten jedoch seine Bemerkungen, daß Auguste noch zu jung sei, um sie an einem so großen Hof wie dem St. Petersburger sich selbst zu überlassen, den Unwillen der Kaiserin erst recht. Die für ihn demütigende Zurückweisung seiner Dienste legt dies zumindest nahe. Indessen dürfte es nicht die Kaiserin gewesen sein, die eine Rückkehr Augustes nach Braunschweig verhinderte, sondern es war wohl die Prinzessin selbst. Hierbei mag ihr Argwohn gegen den Vater und den Gatten mitgespielt haben, die in der Frage der Ehescheidung sehr rasch eine gemeinsame Sprache gefunden hatten. Gräfin Görtz meinte Anfang Oktober 1787, sie komme nicht recht dahinter, warum sich Auguste an ihrem Zufluchtsort wohl fühle und wie sie, die jede Art von Vergnügen liebe, es dort aushalte. Sie fürchte zweifellos Braunschweig. Doch erfordere es der Anstand, daß sie dorthin zurückkehre. Allerdings sei es mehr die Sache der Eltern als die des bisherigen Ehemannes, dies zu verlangen. Daß die Gräfin die Gemütsverfassung der Prinzessin richtig einschätzte, ergibt sich aus einem Brief, den Kaiserin Katharina am 13. August 1787 an General von Pohlmann richtete. »Die kleine Frau«, schrieb Katharina, »hat, wie es scheint, keine große Lust, von hier wegzugehen, und sie hat auch nicht groß Unrecht, sie will ruhig leben, von Mann, von Verwandten hat sie keine oder wenig Ruhe zu hoffen, es gefällt ihr in Lohde des Sommers, im Winter wäre ihr Wunsch, in Reval zu sein . . . Warum sollte sie in Reval des Winters nicht Umgang haben mit Standes gemäßigte Leute . . . Und da die kleine Frau sich so gut aufführet und ihr Vertrauen in mir gesetzt hat, wird sie es nicht zu bereuen haben.« Die Kaiserin betrachtete sich also nach wie vor als die Beschützerin »Selmires«. Ob Auguste allerdings während des Winters in Reval war, ist fraglich. Denn ihr Betreuer, General von Pohlmann, wurde, wie sich später herausstellte, nach und nach ihr Kerkermeister. Davon freilich hatte die ferne Kaiserin keine Ahnung.

Im Herbst 1787 übertrug König Friedrich Wilhelm II. von Preußen dem Herzog Karl von Braunschweig den Oberbefehl über die preußische Armee, die den von der aristokratischen Partei vertriebenen Erbstatthalter der Niederlande, Wilhelm V. von Oranien, mit Waffenmacht in sein Land zurückführen und wieder in sein Amt einsetzen sollte. Der Herzog errang in Holland einen leichten Sieg. Seiner glanzvollen kriegerischen Laufbahn konnte er, der preußische Feldmarschall, damit ein neues Ruhmesblatt hinzufügen. Während der Militäraktion in den Niederlanden beschäftigten ihn andere Probleme mehr als die Ehescheidung seiner Tochter. Allerdings stets bestrebt, alles bedächtig abzuwägen, betrieb er, eine ausgesprochene Zauderernatur, auch diese Angelegenheit nicht energisch und zielstrebig genug, vor allem verließ er sich zu sehr auf die vagen Zusagen der Kaiserin. Maucler vermutete sogar, daß der Herzog von Katharina und seiner Tochter vorsätzlich hinters Licht geführt worden sei. Am 4. Februar 1788 teilte der Vertraute des Herzogs, Geheimrat Féronce von Rothenkreuz, Prinz Friedrich auf dessen Anfrage mit, daß man in Braunschweig seit mehreren Monaten ohne Nachricht aus Lohde sei. Die Kaiserin habe ein Schreiben des Herzogs unbeantwortet gelassen. Der letzte Brief der Prinzessin Auguste habe außer der Nachricht, daß es ihr gut gehe, nichts von Belang enthalten.

Prinz Friedrich war jetzt noch mehr als im vergangenen Sommer davon überzeugt, daß sein Bevollmächtigter Schroeder seinen Auftrag in Rußland nachlässig ausgeführt habe. Den Beweis hierfür sah er darin, daß dieser seine Aufforderung, zu ihm zu kommen und sich zu rechtfertigen, unter Hinweis auf seinen schlechten Gesundheitszustand abgelehnt hatte. Schroeder war über derartige Anschuldigungen sehr gekränkt. Er hielt in seinen Briefen Friedrich entgegen, daß er sich mit allem Eifer und unter Aufopferung seiner Gesundheit für die »Sache Eurer Durchlaucht« eingesetzt und, weil er für die Reise nur unzureichend mit Geldmitteln ausgestattet worden sei, seine eigenen Mittel verbraucht habe. Allein, Prinz Friedrich blieb bei seinen Vorwürfen. Er hörte auch nicht auf Vertraute und Freunde wie den Geheimrat Steck oder die Gräfin Görtz, die Schroeder attestierten, daß er mit allem nur denkbaren Geschick vorgegangen sei. Steck empfahl dem Prinzen, gegenüber dem kranken Mann Großmut zu üben und nicht in kleinliche Rachsucht zu verfallen. Schroeder blieb in Preußen und übernahm am Hof König Friedrich Wilhelms II. die Stelle eines Lehrers bei dessen Sohn Heinrich.

Die weiteren Bemühungen von Herzog Karl und Prinz Friedrich, über die Kaiserin oder auch durch direkte briefliche Kontakte zu Prinzessin Auguste eine Einigung über den Ehescheidungsvertrag zu erreichen, waren vergeblich. Die Nachrichten aus Lohde wurden immer spärlicher. Eltern und Ehemann mußten den Eindruck gewinnen, daß die Prinzessin an einer vertraglichen Regelung überhaupt nicht interessiert war oder daß sie nicht mehr Herr ihrer Entschlüsse war.

Wie ein Blitz aus heiterem Himmel traf in der zweiten Oktoberhälfte 1788 bei den Eltern, dem Gatten und den Schwiegereltern die Nachricht ein, Prinzessin Auguste sei am 27. September auf Schloß Lohde verstorben. Großfürstin Maria Feodorowna schrieb den Eltern, sie habe die bestürzende Neuigkeit zunächst nicht glauben wollen, bis ihr der Tod ihrer Schwägerin unzweifelhaft bestätigt worden sei. Auguste sei einem plötzlichen Blutsturz erlegen. Die Worte des Mitgefühls der Großfürstin waren Ausdruck einer tiefen Erschütterung. Die Mutter schrieb Friedrich, sie beweine das arme und unglückliche Kind. Die Schuld an dem tragischen Geschick der Schwiegertochter gab sie vor allem dem Herzog von Braunschweig, der seine Kinder schlecht erzogen habe. Friedrich selbst schrieb an Maucler Mitte November, er sei so außer Fassung gewesen, daß er ihm nicht habe schreiben können. Er sei zutiefst erschüttert über das Ende seiner unglücklichen Frau, die mit vierundzwanzig Jahren mutterseelenallein habe sterben müssen, sei ihr doch nicht einmal eine deutsche Kammerzofe geblieben. »Lange Zeit, sehr lange Zeit, werde ich diese grausame Katastrophe vor Augen haben.« Gräfin Görtz schrieb Friedrich: »Man muß die Entscheidungen der Vorsehung ehrfurchtsvoll anerkennen und glauben, daß alles gut ist. Die Frau Prinzessin war in diesem Leben unglücklich, es ist zu hoffen, daß sie es im anderen keinesfalls sein wird.« Fast alle Fürstenhäuser Mittel- und Westeuropas nahmen Anteil an dem Schicksal der Prinzessin und sprachen dem Witwer und seinen Kindern ihr Mitgefühl aus.

Der plötzliche Tod von Prinzessin Auguste war und blieb lange ein Rätsel, zumal aus Rußland keine näheren Angaben über die Ursachen und die Begleitumstände zu erlangen waren. Friedrich fand sich mit diesem Schweigen nicht ab. Er wandte sich allem Anschein nach im November 1788 mit der Bitte um eine klärende Auskunft an Kaiserin Katharina. Doch eine Antwort bekam er nicht. Gräfin Görtz äußerte in einem Brief vom 25. Dezember 1788 den furchtbaren Verdacht, daß es bei dem Tod Augustes nicht mit rechten Dingen zugegangen sei. Ihr sei mitgeteilt worden, daß die Prinzessin eindringlich gebeten habe, nach Braunschweig zurückkehren zu dürfen und daß die Reise für das Frühjahr 1789 vorgesehen war.

Daß Gräfin Görtz den sorgsam verschleierten Hintergründen des Todes von Prinzessin Auguste auf der Spur war, enthüllte sich erst viele Jahre später, als die Gräfin längst nicht mehr lebte. Was war 1787/88 auf Schloß Lohde geschehen? Die Ermittlungen und Untersuchungen, die im 19. Jahrhundert angestellt wurden, ergaben folgendes: Kaiserin Katharina hatte Prinzessin Auguste Schloß Lohde in der besten Absicht als vorläufigen Aufenthalt angewiesen, weil sie die junge Frau dem Klatsch und den Intrigen des St. Petersburger Hofs entziehen wollte. Doch die Wahl des Generals von Pohlmann als Betreuer der Prinzessin war eine Fehlentscheidung. Pohlmann entfernte nach und nach alle Personen, die die Kaiserin der Prinzessin Auguste als eine Art kleiner Hofstaat zugestanden hatte. Auch verweigerte er Besuchern den Zutritt zum Schloß. So war es auch dem Bevollmächtigten von Prinz Friedrich nicht möglich gewesen, Auguste zu sehen oder zu sprechen. Im Lauf der Zeit isolierte er die hilflose junge Frau gänzlich von der Umwelt. Sie war somit ausschließlich auf ihn angewiesen. Der Kaiserin gegenüber verschleierte Pohlmann geschickt seine Absichten. Wenige Monate vor dem Tod Augustes kam dem Staatssekretär Katharinas, Chrapowitzki, die Geschichte in Lohde nicht mehr ganz geheuer vor. Am 5. Juli 1788 vertraute er seinem Tagebuch an: »Man hat an Pohlmann und an die Prinzessin geschrieben und französische Bücher geschickt. Sie liebt die Lektüre und verbringt die Zeit mit Pohlmann und seiner Familie. Wenn er nicht 60 Jahre zählte, so könnte man ihn für ihren Liebhaber halten. Spricht man nicht davon? Ich habe nichts gehört.« In der Tat, Pohlmann, von der Jugend und der Schönheit der Prinzessin betört, hatte vermutlich von Anfang an den Plan, die ihm anvertraute junge Frau zu seiner Geliebten zu machen. Er wachte deshalb eifersüchtig über sie. Ob sie sich ihm zu widersetzen suchte oder ob sie seinen Verführungskünsten ohne größeres Widerstreben erlag, wissen wir nicht. Doch dies ist ohne Belang. Die Prinzessin war in ihrer Lage von ihrem Betreuer abhängig und ihm ausgeliefert. Er war skrupellos genug, seine Vertrauensstellung zu mißbrauchen, und der jungen Frau blieb auf die Dauer wohl keine andere Wahl, als seinem leidenschaftlichen Begehren nachzugeben. Daß die beherrschenden Charakterzüge Pohlmanns frevelhafte Selbstsucht und feiger Opportunismus waren, zeigt der tragische Ausgang der Affäre. Am 27. September 1788 ertönten aus dem Schloß durchdringende Schmerzensschreie, die sogar die auf den Feldern arbeitenden Bauern noch hörten. Ein gerade in der Nähe befindlicher Arzt eilte herbei, um zu helfen, fand aber alle Türen des Schlosses verriegelt. Er machte sich durch Pochen bemerkbar, doch niemand öffnete. Die Schreie wurden allmählich schwächer, verstummten schließlich. Kurz darauf wurde der Tod der Prinzessin bekanntgegeben. Sie sei einer Hämorrhagie erlegen, hieß es offiziell. Die Tote wurde zunächst in einer Kapelle der Kirche von Goldenbeck aufgebahrt und dann in der Kirche selbst ohne jede kirchliche Zeremonie beigesetzt. Pastor Dahl, dem Ortsgeistlichen, wurde die Öffnung des Sargs verweigert. Gerüchte kamen auf, Prinzessin Auguste habe bei der Geburt eines Kindes ihr Leben verloren oder sie sei unentbunden gestorben. General Pohlmann schwieg. Eine Frau Wilde, die bis zum Schluß im Dienst der Prinzessin gestanden hatte, war, vermutlich von dem General eingeschüchtert, gleichfalls nicht zum Sprechen zu bewegen. Der Kaiserin, die sich durch von ihr angeforderte Berichte Klarheit über den mysteriösen Tod ihres Schützlings zu verschaffen suchte, blieben möglicherweise die Ursachen und Hintergründe nicht verborgen. Doch auch sie hielt es für untunlich, an das düstere Geheimnis zu rühren. Pohlmann blieb unbehelligt. Er starb 1796. Erst 1819 und 1855 wurde bei Sargöffnungen das Verbrechen offenkundig: Die Prinzessin war, wie der Befund der Totengebeine ergab, an einer Fehlgeburt gestorben. Pohlmann hatte die Schwangere in strengstem Gewahrsam gehalten, hatte ihr das Verlassen des Schlosses verwehrt und rücksichtslos alle Besucher abgewiesen. Als am 27. September 1788 bei Auguste die Wehen einsetzten, verweigerte er ihr ärztlichen Beistand, um die für ihn peinliche Geschichte zu vertuschen. Er ließ sich dazu auch nicht bewegen, als sich die Prinzessin in Schmerzen wand und ihm nicht länger zweifelhaft sein konnte, daß sie in Lebensgefahr schwebte. Mitleidlos ließ er sie, wie es scheint, zugrunde gehen. Auch nach ihrem Tode war sein einziges Bestreben, von ihrer Schwangerschaft und ihrer Fehlgeburt nichts an die Öffentlichkeit dringen zu lassen. Verwunderlich ist, daß sich Kaiserin Katharina mit spärlichen Informationen begnügte, von einer Untersuchung absah und den General nicht zur Rechenschaft zog. Harald Baron von Toll, dem wir die beste Darstellung über das Leben von Prinzessin Auguste von Württemberg verdanken, vermutet, die Kaiserin sei Pohlmann vielleicht zur Dankbarkeit verpflichtet gewesen, weil er sie zusammen mit den Brüdern Orlow bei dem von ihr zur Übernahme der Regierungsgewalt unternommenen Staatsstreich unterstützt hatte.

Im Jahr 1819 traf König Wilhelm I. von Württemberg, der Sohn der Prinzessin Auguste, seinen Vetter Zar Alexander I. von Rußland in Warschau, um sich für den soeben abgeschlossenen württembergischen Verfassungsvertrag die Rückendeckung des mächtigen Verwandten gegenüber Österreich zu sichern. Die beiden Monarchen vereinbarten, daß Auguste 31 Jahre nach ihrem Tod endlich mit einer kirchlichen Zeremonie in Goldenbeck bestattet werden solle. Der vorher geöffnete Sarg gab preis, was mit der unglücklichen jungen Frau auf Schloß Lohde im September 1788 geschehen war.

Gut Bodenheim bei Mainz und die Freundschaft mit Zeppelin

Ende 1787 hatte Prinz Friedrich von dem Kaufmann Berna in Mainz das Gut Bodenheim um 20 000 fl gekauft. Den Kauf mußte er über ein Darlehen finanzieren, das ihm Hofrat Mögling in Stuttgart besorgt hatte. Friedrich besaß nun wieder einen festen Wohnsitz. Das kurfürstliche Mainz war damals ein Mittelpunkt des kulturellen und gesellschaftlichen Lebens. Der Prinz war öfters am kurfürstlichen Hof, nahm an musikalischen Veranstaltungen oder Theateraufführrungen teil, und Gäste aus Mainz besuchten ihn auf seinem Gut. Gräfin Görtz meinte, das Leben in Bodenheim müsse ihm vor allem im Sommerhalbjahr viel Freude bereiten, habe er doch eine Vorliebe für das Land und ein zurückgezogenes Leben. Hier werde er sich mit seinen Kindern wohlfühlen. Tatsächlich war es auch so. In einem Brief an Maucler schwärmte der Prinz von seiner menschenfernen Einsiedelei mit ihrer behaglichen Wohnlichkeit, ihrem herrlichen Ausblick, ihrer reinen Luft. Er habe seine Kinder und seine Bücher, könne im Garten arbeiten, Bäume pflanzen und die schöne Gegend durchstreifen. Das Wichtigste für ihn war auch hier die Erziehung seiner beiden Söhne.

Am nächsten stand ihm der Freund Zeppelin. Aus Dankbarkeit darüber, daß der neunzehnjährige Major ihm Ende 1786 nach Deutschland gefolgt war und das Opfer gebracht hatte, seine neuvermählte Frau in Rußland bei ihren Eltern zurückzulassen, setzte er ihm im Februar 1788 eine lebenslange Jahresrente von 1600 fl aus, zu deren Bezahlung er für den Fall seines vorzeitigen Todes auch seine Kinder verpflichtete. Starb Zeppelin, hatten dessen Witwe und Kinder gegenüber Prinz Friedrich und dessen Kindern Anspruch auf 800 fl im Jahr. Viele Monate bemühte sich Friedrich um die Ausreisegenehmigung für die junge Frau des Freundes aus Rußland. Dem Entschluß Zeppelins, selbst dorthin zu fahren und seine Frau zu holen, widersetzte er sich jedoch, weil ihm eine längere Trennung von dem Freund unerträglich erschien. Erst als Großfürstin Maria Feodorowna eingriff, gaben die Eltern Delwig im Herbst 1788 ihre Einwilligung zur Übersiedlung der Tochter nach Deutschland. In Bodenheim trafen die beiden Ehegatten nach fast zweijähriger Trennung wieder zusammen. Am 30. September 1789 schenkte Katharina Ulrike von Zeppelin ihrem Mann einen Sohn: Friedrich Johann Karl. Prinz Friedrich übernahm die Patenstelle und »hielt das Kind zur Taufe«. 1788 wurde Zeppelin auf Betreiben seines fürstlichen Freundes von Herzog Carl Eugen von Württemberg zum Wirklichen Kammerherrn ernannt.

Über die Freundschaft zwischen Prinz Friedrich und dem dreizehn Jahre jüngeren Johann Karl von Zeppelin gibt es viele schriftliche Zeugnisse. Der Prinz redete den Freund mit dem vertrauten »Du« an. Dieser blieb bei den durch den Standesunterschied gebotenen höfischen Anredeformen »Durchlauchtigster Prinz, gnädigster Herr« bzw. »Durchlauchtigster Herzog, gnädigster Herr« und dem »Sie«. Doch für beide war der andere gleichermaßen der beste, der liebste Freund. Zeppelin schrieb etwa: »Ich liebe Sie wie niemand sonst« oder: »Ich küsse Ihre Hände tausendmal.« 1788 beteuerte er, daß ihn die Trennung hart ankomme, und er bat den fürstlichen Freund, den herzlichen Ton in seinen Briefen etwas abzuschwächen, weil ihm sonst die Entfernung von ihm zu sehr auf der Seele laste. Prinz Friedrich, der Schüler Rousseaus, tat seinen Gefühlen erst recht keinen Zwang an. Am 23. Februar 1788 schrieb er beispielsweise: »Mein liebster Zeppelin, gestern bin ich spät und sehr traurig hier angekommen, und heute ist mein erstes Geschäft, an Dich zu schreiben, um Dir zu sagen, wie sehr ich Dich liebe und wie sehr ich durch Deine Abreise betrübt bin, mein ganzes Haus ist eine Einöde, und wenn ich an Deiner Tür vorbeigehe, muß ich mir immer Gewalt tun, Dich nicht zu suchen . . . Ich kann fast nicht schreiben, so sehr zittert mir die Hand. Deine Abreise hat mich so erschüttert, daß ich mich noch nicht beherrschen kann. Leb wohl, liebster, bester Zeppelin. Mein ganzes Herz ist Dein . . .« Vier Tage später: ». . . wenn Du wüßtest, was mich Deine Abwesenheit kostet, Du kämest gewiß bald zurück, denn ich bin gar nicht mehr zu gebrauchen, nichts ist mir recht, alles ist mir zuwider, denn der einzige Mensch, mit dem ich alles teilen will und mag, ist von mir abwesend, mein einziges Vergnügen ist, von Dir zu reden . . . Du bist mein erster Gedanke, wenn ich aufwache und mein letzter, wenn ich zu Bette gehe . . .« Am 1. März 1788: »Mein herzensliebster Zeppelin! Den ersten freudigen Augenblick, den ich gehabt, solange Du abwesend bist, habe ich Dir zu danken, und zwar wegen Deines Briefes aus Kassel . . . ich kann und werde Deine Abwesenheit nicht ertragen, jeder Tag wird mir zur Last, und ich zähle die Stunden . . .« Am 21. März 1788: »Du weißt es nicht, wie sehr ich an Dich gekettet bin, wie ich nur bloß durch Dich lebe . . .« Am 25. März 1788: ». . . wie unglücklich machst Du mich durch Dein Stillschweigen. Wenn Du mich vergessen hättest, das könnte ich nicht ertragen, ich habe ja schon alles verloren. Liebst Du mich nicht mehr? . . .«

Ein solcher Bund zwischen zwei Männern gründete sich im Zeitalter der Empfindsamkeit auf eine Gefühlsinnigkeit, ja einen Gefühlsüberschwang, wie wir uns dies heute nur noch schwer vorstellen können. Prinz Friedrich war unentwegt um das Wohl des Freundes besorgt. So entwarf er im März 1789 ein Haus in Stuttgart, das er für Zeppelin bauen und möblieren lassen wollte, wenn er später Herzog von Wüttemberg sei. Im Jahr zuvor hatte er sich monatelang mit der Einrichtung der Wohnung des Freundes beschäftigt, damit dessen junge Frau in Bodenheim ein freundliches Zuhause vorfände.

Zeppelin führte für Friedrich mancherlei Verhandlungen. 1788/89 unternahm er für ihn eine Reise nach Norddeutschland. Seit dem Tod der Prinzessin Auguste trug sich Friedrich mit dem Plan einer Wiederverheiratung. Er wollte jedoch nichts überstürzen. Ehe er sich entschied, wollte er über den Charakter und die Lebensart seiner künftigen Frau genau Bescheid wissen. Außer Frage stand für ihn, daß sie einer renommierten Fürstenfamilie entstammen mußte. Zeppelin hatte erste Sondierungen anzustellen. 1789 ließ ihn Friedrich am hessischen Hof in Kassel Erkundigungen über Prinzessin Friederike einziehen. Er wollte wissen, ob die Prinzessin mit seiner Werbung bei ihren Eltern einverstanden wäre. Da nur die »Instruktion« Friedrichs für Zeppelin bekannt ist, ist anzunehmen, daß die Erkundigung ein negatives Ergebnis hatte. Er dachte auch an eine englische Prinzessin. Doch verfolgte er diesen Plan damals offenbar nicht weiter.

Der Ausbruch der Französischen Revolution

Die für Anfang Mai 1789 vorgesehene Einberufung der Generalstände des Königreichs Frankreich erregte das lebhafte Interesse des Prinzen Friedrich. Er beschloß, »in strengstem incognito« unter dem Namen eines Grafen Justingen nach Paris zu reisen, um dem Ereignis beizuwohnen. Den Eltern schrieb er am 17. April 1789: »Der Umstand, daß sich eine große Nation eine neue Verfassung geben will, ist so bemerkenswert, daß er jeden Zuschauer interessieren muß.« Bald nach seiner Ankunft in Paris, Mitte Mai 1789, erkrankte der Prinz an einer Brustentzündung und heftigem Fieber. Er sprach später von einer Krankheit, die ihn an den Rand des Grabes gebracht habe. Die Volksaufläufe und Tumulte, deren Augenzeuge er wurde, sowie der Sturm auf die Bastille am 14. Juli, den er kurz vor seiner Heimreise noch miterlebte, bedrängten den kaum wieder Genesenen schwer. Den Eltern berichtete er am 26. Juli, einen Tag nach seiner Rückkehr nach Bodenheim: »Ich bin endlich und gottseidank wieder zu Hause nach der grausamsten Prüfung, die ich in meinem Leben mitgemacht habe ... Die Schreckensszenen, deren Zeuge ich war, werden sich niemals aus meinem Gedächtnis auslöschen lassen ...« Friedrich war, obwohl Ausländer, schweren Gefährdungen ausgesetzt gewesen. Er machte sich um die Eltern in Mömpelgard Sorgen und bot ihnen sein Gut Bodenheim als vorübergehenden Aufenthaltsort an, weil hier alles ruhig sei. Er meinte, sie müßten sich für einige Zeit aus der Nähe eines Landes entfernen, »das der himmlische Zorn allen Greueln und den Schrecken innerer Wirren preisgegeben zu haben scheint«. Mögling berichtete er, daß er, noch geschwächt von einer »tödlichen Krankheit«, die ihn wider Willen länger als beabsichtigt in Paris festgehalten habe, durch die »fürchterlichen Pariser Auftritte in die schrecklichste Gefahr des Lebens« geraten und nur »mit genauer Not« dieser schließlich entronnen sei.

In einem Brief an die Eltern vom 28. August 1789 zog er noch unter dem Eindruck seiner Erlebnisse ein erstes Resümee der politischen Entwicklung in Frankreich. Er schrieb, eine Verfassung, die viele Jahrhunderte Bestand gehabt habe, könne nur unter gewaltigen und schrecklichen Kämpfen umgestürzt werden, denen viele Menschen zum Opfer fallen würden. Alle regierenden Fürsten müßten die Sache Frankreichs zu der ihrigen machen. Sie müßten für Recht und Gerechtigkeit einstehen, weil sonst alles in Anarchie versinke, ein Volksdespotismus grausamer als alles andere die Menschlichkeit mit Füßen trete und den anständigen und achtbaren Teil einer Nation unterjoche. In den derzeitigen Zuständen in Frankreich, dem völligen Autoritätsverfall, sah er eine Frucht des Unglaubens und einer sogenannten Philosophie, die sich anmaßten, über geheiligte Rechte wie über die lächerlichen Ansichten von einer natürlichen Freiheit zu befinden, die mit der menschlichen Gemeinschaft nicht zu vereinbaren sei. Auch in der Heimat, in Württemberg, entdeckte der Prinz erste Anzeichen dafür, daß das Feuer der Französischen Revolution übergreifen könnte. Hart urteilte er über den Herzog Carl Eugen, weil dieser die Dinge treiben lasse.

Die Bemerkung Friedrichs, daß die Philosophie von der natürlichen Freiheit des Individuums neben dem Unglauben den Anstoß zu der revolutionären Bewegung in Frankreich gegeben habe, zeigt, welch grundlegende Wichtigkeit der Prinz der Religion und einer auf dem herkömmlichen monarchischen System beruhenden, geburtsständisch gegliederten Staats- und Gesellschaftsordnung beimaß. An den Regenten stellte er hohe menschliche Anforderungen. Er habe sein Amt verantwortungsbewußt zu führen, Recht und Gesetz zum Maßstab seines Handelns zu machen und das Wohl der Untertanen zu fördern. Das Lebens- und Weltbild des Prinzen hatte sich seit dem Ende seiner Studienjahre Mitte der siebziger Jahre des 18. Jahrhunderts kaum verändert. Er empfand anfänglich durchaus, was für einen großen geistigen und politischen Aufbruch die Französische Revolution bedeutete. Im Aufbegehren des Untertanen gegen die herrschende Gesellschaftsordnung und in den inneren Wirren in Frankreich jedoch sah er nur abgründige Gefahren, Zerstörung. Obwohl man in der Anfangsphase der Revolution noch kaum von Greueln sprechen konnte, überdeckten diese für ihn schon damals beinahe alles andere. Die Furcht vor der Revolution sollte für den späteren König von Württemberg ein Leitmotiv seines politischen Handelns werden. Über die Ereignisse in Paris, die er weiterhin mit regem Interesse und zugleich mit wachsender Besorgnis verfolgte, ließ er sich durch dort weilende Vertraute ausführlich Bericht erstatten.

V

In Ludwigsburg

1790–1795

Verhältnis zu Herzog Carl Eugen und dessen Nachfolger Herzog Ludwig Eugen

Nach dem Tod der Prinzessin Auguste wollte Friedrich sich im Herzogtum Württemberg niederlassen. Hofrat Mögling riet ihm zunächst, die Zustimmung des regierenden Herzogs Carl Eugen dazu einzuholen. Friedrich ging es in erster Linie um eine standesgemäße Erziehung und Ausbildung seiner beiden Söhne. Mögling nannte ihm als die dafür geeignetsten Orte Stuttgart und Tübingen. In der ersten Stadt kämen für eine Aufnahme der beiden jungen Prinzen das Fürstenhaus, in der zweiten das Collegium illustre in Betracht. Ferner schlug er ihm Göppingen wegen des geräumigen Schlosses und der Poststation vor, schließlich auch Neuenstadt am Kocher.

Anfang Mai 1789 erfuhr Prinz Friedrich in Paris, daß sein Onkel Carl Eugen, von England kommend, in der französischen Hauptstadt auf der Rückreise nach Württemberg Station machte. Er stattete ihm sofort einen Besuch ab. Weil er aber bei der wohl nur recht kurzen Begegnung dem Herzog seinen Wunsch nach einem Wohnsitz in Württemberg nicht vortragen wollte, tat er dies schriftlich. Es würde ihn, schrieb er ihm, sehr glücklich machen, wenn er ihm eines seiner Schlösser, das er nicht brauche, zur Wohnung einräume. Carl Eugen sagte zunächst zu, den Wunsch Friedrichs wohlwollend prüfen zu wollen. Die Antwort fiel aber dann doch enttäuschend aus. Er sei, schrieb der Herzog, nicht davon überzeugt, daß es für den Neffen gut sei, in seine Staaten zu übersiedeln. Noch jung und im Vollbesitz seiner Kräfte, würden Ruhe und Untätigkeit die Gesundheit des Prinzen untergraben. Er solle sich deshalb lieber einer seiner Geburt würdigen Laufbahn zuwenden. Er wolle ihm aber auch nicht verbergen, daß es zahllose Unannehmlichkeiten gebe, wenn er seine Regentenstellung mit den Exemtionen und Vorrechten in Einklang bringen müsse, die Friedrich als Prinz des regierenden Hauses beanspruche. Er habe zwar bislang keinen Grund, über sein Verhalten ihm und seiner Gemahlin gegenüber unzufrieden zu sein, doch habe er, wenn er in der Öffentlichkeit zu einer dritten Person von seiner Gemahlin gesprochen habe, dieser nie die Titel »Durchlaucht« oder »Herzogin« gegeben. Er wie auch seine Angehörigen hätten niemals schriftlich seine Gemahlin als Herzogin anerkannt. Er dürfe also nicht überrascht sein, wenn er auf seine Pläne nicht eingehe. Die letzte Bemerkung des Herzogs war die entscheidende. Carl Eugen setzte damals alles daran, daß Franziska von Hohenheim als seine legitime Gattin und damit auch als Herzogin von Württemberg anerkannt werde. Herzog Friedrich Eugen und seine Frau wie auch Prinz Friedrich waren aber dazu nicht bereit, weil sich nach ihrer Meinung ein solcher Anspruch aus einer Ehe zur linken Hand nicht ableiten lasse. Prinz Friedrich antwortete enttäuscht, daß sein Sinn nicht nach Vorrechten und Exemtionen stehe, er wünsche eine einfache Wohnung, und er habe geglaubt, daß er eine solche in einem der nichtbewohnten Schlösser finden könne, zumal ihm der Herzog 1781, nachdem er den Dienst des preußischen Königs verlassen habe, das Schloß in Neustadt (richtig wohl Neuenstadt) zum Aufenthalt für sich und seine Familie angeboten habe. Daß er sich dem Onkel und seiner »sehr lieben Tante« gegenüber stets untadelig verhalten habe, bestätige dieser ja selbst. Carl Eugen blieb jedoch bei seiner abweisenden Haltung, weil Friedrich die geforderte Ehrenerklärung für Herzogin Franziska nicht abgegeben hatte. Der Prinz antwortete am 15. August 1789: Eine solche Ehrenerklärung sei ihm, was der Herzog gerechterweise anerkennen müsse, nur in Übereinstimmung mit seinen Eltern möglich. Im übrigen hoffe er, daß der Onkel nichts dagegen einzuwenden habe, wenn er in Ludwigsburg ein eigenes Haus erwerbe, um sich in dem einzigen ihm genehmen Land niederzulassen. Herzog Carl Eugen war empört, daß der Neffe nicht nur die Stirn besaß, seine Wünsche wegen der Herzogin nicht zu erfüllen, sondern auch in Ludwigsburg, einer der herzoglichen Residenzen, seinen Wohnsitz nehmen zu wollen. Am 20. August 1789 untersagte er ihm bei Andeutung unangenehmer Folgen die Übersiedlung nach Ludwigsburg, ehe er ihm dazu schriftlich seine Erlaubnis gegeben habe.

Friedrich fand das Verhalten des Onkels unverständlich, ja beleidigend, weil er ihn eines Rechts beraube, das jedem Bürger der herzoglichen Staaten zustehe, und er ließ ihn wissen, daß er seinen Plan

Herzog Carl Eugen von Württemberg

eines Wohnsitzes in Ludwigsburg keinesfalls aufgebe. Bei einer Reise zu seinem in Weiltingen lebenden Onkel Ludwig Eugen im Herbst 1789, die er im Auftrag seiner Eltern unternahm, fuhr er durch württembergisches Gebiet, ohne Carl Eugen seine Aufwartung zu machen. Der Herzog nahm ihm dies übel und hüllte sich von jetzt an in der Wohnungsangelegenheit des Neffen in gänzliches Schweigen. Auf Drängen Friedrichs ließ er ihm mitteilen, solange der Neffe zur Abgabe der gewünschten Erklärung für Herzogin Franziska nicht bereit sei, könne er sein Einverständnis zu dessen Niederlassung in Ludwigsburg nicht erteilen. Friedrich glaubte nun an kein Entgegenkommen des Herzogs mehr und beauftragte deshalb seinen Freund Zeppelin, zusammen mit Hofrat Mögling ein Haus für ihn in Ludwigsburg zu kaufen. Im Februar 1790 war es soweit. Zum Preis von 3600 fl sowie zu einem Schlüsselgeld von 1 Karolin (= 11 fl) und 100 Dukaten (= 500 fl) konnte in der Poststraße das Dedelsche Haus (bislang von der Witwe des Oberst von Dedel bewohnt) erworben werden. Mögling stellte im Auftrag des Prinzen eine Köchin, eine Küchen- und eine Hausmagd ein. Friedrich teilte dem Herzog offiziell den Kauf mit. Carl Eugen reagierte sehr ungnädig. Er ließ den Neffen wissen, daß er von seinem Aufenthalt in Ludwigsburg keine Kenntnis nehme und daß er sich jeden Besuch verbitte. Erst wenn Friedrich ihm und seiner Gattin gegenüber eingelenkt habe, werde er ihn wieder mit offenen Armen empfangen und ihm seine Freundschaft und Verbundenheit beweisen.

Als Prinz Friedrich nach Ludwigsburg übergesiedelt war, drängte er wahrscheinlich die Eltern zu einem Arrangement mit Herzog Carl Eugen. Jedenfalls schlossen sein Vater und er im April 1790 mit dem regierenden Herzog einen Vergleich, in dem Carl Eugen seinen Bruder Friedrich Eugen in seinem Amt als Statthalter der Grafschaft Mömpelgard bestätigte. Friedrich Eugen, seine Frau und sein ältester Sohn verpflichteten sich hingegen, Franziska die Titel »Herzogin« und »Durchlaucht« zuzuerkennen. Außerdem sicherten sie ihr im Fall des Todes von Carl Eugen eine standesgemäße Witwenversorgung und einen entsprechenden Wohnsitz zu. Carl Eugen verzichtete ausdrücklich für alle noch aus seiner Ehe mit Franziska hervorgehenden Kinder – bislang war die Ehe kinderlos geblieben – auf den württembergischen Herzogsthron, die württembergischen Reichslehen sowie die zum Fideikommiß des herzoglichen Hauses gehörenden Allodialbesitzungen und versprach, daß seine Frau nie den Vorrang vor der Gemahlin Friedrich Eugens, einer Prinzessin

Die Herzöge Carl Eugen, Ludwig Eugen und Friedrich Eugen von Württemberg mit Prinz Friedrich und seinen beiden Söhnen Friedrich Wilhelm und Paul

königlichen Geblüts, beanspruche. Damit hatte Herzog Carl Eugen freilich noch immer nicht die allseitige Anerkennung der Legitimität seiner zweiten Ehe erreicht, denn sein anderer Bruder, Ludwig Eugen, verhielt sich weiterhin völlig ablehnend. Erst als sich die römische Kurie nach langen, von dem Oberstleutnant und herzoglichen Flügeladjutanten von Mylius mit großem diplomatischem Geschick geführten Verhandlungen zu einer Gültigkeitserklärung durchrang, erkannte auch Ludwig Eugen am 6. April 1791 Franziska als legitime Gattin seines Bruders und als Herzogin von Württemberg an. Auch der Wiener Hof gab nun seine ablehnende Haltung auf.

Im Gegensatz zu Herzog Carl Eugen begrüßten die Landstände die Niederlassung des Thronerben in seinem Stammland. Friedrich kannte Württemberg nur von kurzen Besuchen. Trotz intensiver Studien besaß er über das Land seiner Väter bloß ein recht lückenhaftes Wissen, er war mit den gesellschaftlichen, kulturellen, religiösen und wirtschaftlichen Verhältnissen des Herzogtums wenig vertraut. Sein ständiger Aufenthalt in Württemberg war deshalb sehr erwünscht.

Auch nach der Anerkennung Franziskas als rechtmäßiger Gattin Herzog Carl Eugens entkrampfte sich das Verhältnis von Onkel und Neffe nicht. Beide beobachteten einander mit Mißtrauen. Zwar durfte der Prinz jetzt bei Hof erscheinen, doch lud der Onkel ihn nur selten ein, andererseits legte Friedrich offensichtlich auch keinen besonderen Wert darauf. Für den regierenden Herzog war Prinz Friedrich ein lästiger Verwandter, den er überall lieber als in Württemberg gesehen hätte. Friedrich hatte an Lebensweise und Regierungsstil des Onkels viel auszusetzen. Herzog Carl Eugen reagierte empfindlich auf die Abneigung des Neffen. Anfang Januar 1792 zog er die Schildwachen vor dem Haus Friedrichs ab, die dort zu Ehren des Prinzen postiert waren. Friedrich protestierte. Dem General von Bouwinghausen, der unter Berufung auf einen herzoglichen Befehl Zeppelin nach dem Inhalt eines Schreibens des Prinzen an den Herzog, wahrscheinlich des Protestschreibens, fragte, gab er sein »äußerstes Mißvergnügen und Befremden« über ein derartiges anmaßendes Verhalten gegen »einen Prinzen des Hauses, dem Sie dienen«, zu erkennen. Auch Herzogin Friederike Dorothee war ungehalten, unter Hinweis auf ihre königliche Abkunft lehnte sie eine Einladung an den Hof Carl Eugens ab. Das Pochen auf ihre hohe Abkunft mußte für Carl Eugen besonders schmerzlich sein, weil die Schwägerin damit bewußt auf die Nichtebenbürtigkeit seiner Gattin Franziska anspielte.

Zu einer weiteren Auseinandersetzung mit Herzog Carl Eugen kam es, als Friedrich einen Erziehungsbeitrag für seine Söhne forderte. Seit seiner Rückkehr aus Rußland befand sich Friedrich in ungünstigen wirtschaftlichen Verhältnissen. Er mußte wiederholt größere Darlehen aufnehmen und verschuldete sich dadurch stark. Für die standesgemäße Erziehung seiner Söhne glaubte er als Thronerbe einen Anspruch auf eine Erziehungsbeihilfe durch die Landschaft zu haben. Doch der Engere Ausschuß lehnte Anfang 1792 das Gesuch des Prinzen auf eine Erhöhung seiner Apanage ab. Genauso erfolglos blieb sein Antrag beim Herzog, obwohl der Kirchenrat ein positives Votum abgegeben hatte. Am 22. Dezember 1792 wandte sich der durch die Ablehnung seiner früheren Gesuche »empfindlich Gekränkte« erneut an den Herzog. Nachdem seine Einkünfte durch »außer ihm liegende Ursachen« um ein Ansehnliches geschmälert seien, könne er nicht länger »leiden und schweigen«. Eine sorgsame

Erziehung seiner Söhne sei ihm heilig und für sein Vaterland wichtig. Er wisse zwar, daß er für seine Söhne die Stiftung des Collegium illustre in Tübingen in Anspruch nehmen könne, aber sie komme für ihn nicht in Betracht. Auch die Universität in Stuttgart – die Hohe Carlsschule – scheide aus, weil er seine Söhne nicht in einer öffentlichen Bildungsanstalt unterbringen wolle. Diese Bemerkung über die Hohe Carlsschule, die Schöpfung des Herzogs, klang diesem sicher nicht gerade angenehm in den Ohren. Eine gute Erziehung seiner Söhne sah der Prinz nur gewährleistet, wenn er sie selbst in der Hand behielt. Deshalb forderte er einen Jahresbeitrag von 8000 fl. Der Herzog ließ das Gesuch unbeantwortet. Erst auf die zweite Eingabe Friedrichs vom 1. Februar 1793 gab er, sichtlich verstimmt, einen Zwischenbescheid. Er müsse nach seinen Regentenpflichten über dergleichen Gegenstände die herzoglichen Kollegien gutachtlich hören. Dies sei jedoch wegen des starken Geschäftsanfalls bisher noch nicht möglich gewesen. Am 21. März antwortete er endgültig, wie zu erwarten war, negativ. Der Herzog stellte unter Bezugnahme auf das kirchenrätliche Gutachten fest, daß nachgeborene Herzöge von Württemberg eine unentgeltliche Aufnahme ihrer Söhne in das Tübinger Collegium illustre nicht beanspruchen könnten. Damit sei auch die von Prinz Friedrich gewünschte Beihilfe von 8000 fl hinfällig. Friedrich antwortete: »Bei diesem meinem Vaterherzen so schmerzhaft fallenden mißlungenen neuen Versuch, für das Wohl und die Erziehung meiner Söhne zu sorgen, heischt es die Pflicht von mir, Euer Durchlaucht sowohl als meinem gesamten Vaterland hiermit zu erklären, daß, nachdem ich meinerseits alles getan, was ich gesollt, um Vaterpflicht und Gewissen ein Genüge zu leisten, vor aller ferneren Verantwortung frei bin, nicht mir würde der Vorwurf der vernachlässigten Erziehung, nicht mir die getäuschte Hoffnung des Vaterlands zur Last fallen . . .«

Wie kritisch Friedrich dem Charakter, der Lebensweise und vor allem dem Regierungsstil seines Onkels gegenüberstand, zeigt eine Denkschrift vom Januar 1793, in der er dem Herzog vorwarf, während seiner fünfzigjährigen Regierung der Ungerechtigkeit und Gemeinheit Tür und Tor geöffnet, plan- und ziellos in den Tag hinein gelebt zu haben, ohne Maßnahmen zu treffen, die dem allgemeinen Wohl förderlich seien. Seine Diener schienen den Herzog für gottähnlich zu halten, sie seien in ihrem Urteil ganz von seinem Willen abhängig, schon die Idee eines Widerspruchs sähen sie als ein Verbrechen an, anders sei sonst ihr Schweigen oder ihre Mitarbeit an unerlaubten Handlungen nicht zu erklären, für die die Verantwortung eines Tages auf ihr Haupt falle.

Zwei Monate später prangerte Friedrich auch in einem Schreiben an seinen Vater die unwürdige Schwachheit des Herzogs und seines Ministeriums an. Er charakterisierte ihn als moralisch völlig unempfindlich und bar jeden Schamgefühls. Das Ministerium hielt er für schuldig an dem gänzlichen Ruin der Finanzen, an dem Verlust der staatlichen Gewalt und an der zur völligen Bedeutungslosigkeit abgesunkenen Militärmacht.

Erst im Angesicht des Todes überwand Herzog Carl Eugen Argwohn und Mißtrauen gegenüber dem selbstbewußten Neffen, und auch dessen Kritik an dem Onkel verstummte. Am 20. Oktober 1793 besuchte Prinz Friedrich den schwer Leidenden und bereits vom Tod Gezeichneten. Carl Eugen zeigte sich erfreut über den Besuch des Neffen, und Friedrich war beeindruckt von der gefaßten Haltung des Onkels, der nicht wollte, daß man vom Tod sprach. Mitgefühl hatte er für Herzogin Franziska, die nach zwölf schlaflosen Nächten und ständiger aufopfernder Pflege des Kranken am Ende ihrer Kräfte war.

Am 24. Oktober 1793 starb Herzog Carl Eugen. Die Regierung des Herzogtums übernahm sein Bruder Ludwig Eugen, der seit Juli 1792 im Schloß in Bönnigheim gewohnt hatte. Die beiden Brüder hatten sich schlecht verstanden; sie waren bis zum Tod Carl Eugens zerstritten gewesen. Ludwig Eugen war um ein gutes Verhältnis zu Prinz Friedrich bemüht, der seinem Vater berichtete: »Seine Herzogliche Durchlaucht überhäuft mich mit Güte und Vertrauen.« Der im dreiundsechzigsten Lebensjahr stehende neue Regent des Herzogtums Württemberg besaß in der Führung von Staatsgeschäften keinerlei Erfahrungen. Auch das ihm zur Regierung anvertraute Land und seine Bewohner waren ihm fremd. Seit langem als Privatmann einer geruhsam-beschaulichen Lebensweise huldigend, sah sich der einstige Offizier plötzlich einer Fülle ungewohnter Aufgaben und Pflichten gegenüber, die ihn verunsicherten und überforderten. Es fehlte ihm jeder zureichende Begriff von seinen Rechten, ihrer Ausdehnung wie ihrer Begrenzung. Die Folgen waren Mißtrauen und Unstetigkeit in seinen Handlungen. Sehr ungünstig beurteilte ein scharf beobachtender Zeitgenosse, der Theologe und politische Publizist Johann Gottfried Pahl den Herzog: »Bigott, frömmelnd, schwach, umgeben von einer Anzahl finsterer Mönche.« Dies war sicher kein ausgewogenes, objektives Urteil. Aber daß das

Charakterbild Ludwig Eugens unerfreuliche Züge aufwies, ist wohl kaum zu widerlegen.

Der Herzog war zunächst dankbar, daß ihm Prinz Friedrich mit seinem Rat zur Seite stand. Obwohl Friedrich seit 1787 ein berufliches Betätigungsfeld versperrt war, hatte er sich mit dem Dasein eines »privatisierenden Prinzen des Hauses« keineswegs abgefunden, sondern hatte die Zeit genutzt, um sich Kenntnisse über das Land anzueignen, dessen Regierung er, wie er mit Bestimmtheit hoffte und zugleich mit Ungeduld erwartete, einmal übernehmen sollte. Friedrich empfahl dem Onkel eine reichstreue Politik und gegenüber den Machtgelüsten der Landstände eine starke Hand. Die finanziellen Wünsche des Prinzen, denen sich Herzog Carl Eugen beharrlich versagt hatte, fanden bei Ludwig Eugen ein geneigtes Ohr. Am 31. Dezember 1793 stockte der neue Herzog die jährlichen Einkünfte Friedrichs, die bislang 11 000 fl betragen hatten, um nicht weniger als 12 000 fl auf. Zugleich beauftragte er den Geheimen Rat, er solle »einer ehrsamen Landschaft« nahelegen, für die Erziehung der Söhne von Prinz Friedrich eine angemessene Beihilfe zu gewähren. Daraufhin bewilligte der Engere Ausschuß einen jährlichen Erziehungsbeitrag von 6000 fl. Der Herzog schenkte seinem Neffen außerdem das Fürstliche Palais in Stuttgart, seinem Bruder Friedrich Eugen das Schloßgut Hohenheim.

Das gute Einvernehmen zwischen Onkel und Neffen hatte nur kurze Zeit Bestand. Ludwig Eugen besaß nicht die Willenskraft, eine konsequente politische Linie durchzuhalten. Die großen Erwartungen, die bei seinem Regierungsantritt an seinen Sinn für Recht und Gerechtigkeit geknüpft worden waren, erfüllten sich nur zum Teil. Anfänglich gab er sich redlich Mühe, Mißstände, die Herzog Carl Eugen und seine Regierung verschuldet hatten, zu beseitigen und Reformen durchzuführen. Er stoppte die Verschwendungssucht und bemühte sich in der Hof- und der Staatsverwaltung um Sparsamkeit. Doch sein Elan erlahmte rasch. Seine Geschäftigkeit vermochte nicht über seinen Mangel an Tatkraft und über seine Unselbständigkeit hinwegzutäuschen. Seiner Wesensart nach gutherzig und wohlwollend, war er vielen Einflüssen und Einflüsterungen zugänglich. Die Zeitgenossen, aber auch spätere Generationen haben hart getadelt, daß er die Hohe Carlsschule, die Lieblingsschöpfung seines Bruders, aufhob. Er erwarb sich durch diese von den Landständen mitgetragene Entscheidung den Ruf eines Feindes der Aufklärung. Daß Prinz Friedrich im Herbst 1793 dank des Entgegenkommens seines Onkels eine Chance sah, sich endlich aktiv an den Regierungsgeschäften im Herzogtum Württemberg zu beteiligen und daß er diese Möglichkeit gerne wahrnahm, ist nur zu begreiflich. Kaum zutreffen dürfte jedoch, daß Friedrich, wie der Geheime Sekretär des Herzogs, Johann Christoph Schwab, behauptet, mit seinen Eltern eine Art Komplott schmiedete, um den Onkel von sich abhängig zu machen und auf diese Weise seine politischen Zielvorstellungen durchzusetzen. Nach Schwab soll Ludwig Eugen rasch hellhörig geworden sein und den Plan »der Mömpelgarder«, ihn ausschließlich mit Leuten ihres Vertrauens zu umgeben, vereitelt haben. Man wird dem Urteil dieses Mannes, der sich selbst den entscheidenden Einfluß auf seinen herzoglichen Herrn zu sichern suchte und diesen eifersüchtig vor Einwirkungsmöglichkeiten Dritter abschirmte, nicht zu viel Gewicht beimessen. Nicht ganz von der Hand weisen läßt sich jedoch seine Bemerkung, Friedrich hätte bei »mehr Sanftmut und Geschmeidigkeit im Charakter« eher das Ohr seines Onkels behalten. Prinz Friedrich war sicher nicht der Mann, sich den Grundsätzen eines anderen anzupassen, vor allem wenn er sie nicht zu teilen vermochte. Man wird Schwab aber kaum glauben können, daß Herzog Ludwig Eugen seinem Neffen einen wesentlichen Teil der Regierungsgeschäfte übertragen und ihn zum Präsidenten des Geheimen Rats gemacht hätte, wenn er ihm mehr entgegengekommen wäre. Charakter und Lebensauffassung der beiden Männer waren zu unterschiedlich, um auf die Dauer zu harmonieren. Wie Schwab schreibt, habe Prinz Friedrich sein stolzes und trotziges Wesen nicht einmal gegenüber dem Onkel verleugnen können, so daß dieser ihm allmählich seine Zuneigung und sein Vertrauen entzogen habe, auch wenn er ihn nach außen weiterhin mit aller Achtung behandelte. Erbost über den Gesinnungswandel des Onkels habe der Prinz keine Gelegenheit ausgelassen, um öffentlich Partei gegen ihn zu ergreifen und ihn lächerlich zu machen. Namentlich die katholische Religiosität Ludwig Eugens habe er, sich als aufgeklärter Protestant ausgebend, bespöttelt. In vielen Fällen habe er das Gegenteil von dem getan, was der Herzog verfügt hatte. Als beispielsweise der Hof mit Rücksicht auf die Teuerung Festlichkeiten und Gastmähler einschränkte, habe er alle möglichen lauten und aufwendigen Lustbarkeiten veranstaltet. Er habe am Hof, im Militär und in den Regierungskollegien seine Anhänger gehabt und sei so zum Haupt einer Art Fronde gegen den Herzog geworden. Ludwig Eugen habe es bedrückt, daß Friedrich die Moral des Hofs verderbe und seine Autorität untergrabe. Als das anmaßende Auftreten Friedrichs immer schlimmer geworden sei, sei er entschlossen gewesen, ihn bei sich bietender »schicklicher Gelegenheit« vom Hof und möglichst auch von Stuttgart und Ludwigsburg zu entfernen. Sein Tod habe das jedoch verhindert.

Wie einseitig verzerrt, ja gehässig Schwab über Friedrich urteilte, zeigt besonders sein 1804, acht Jahre später, niedergeschriebener Nachtrag zu seinen Aufzeichnungen: »Stolz, Herrschsucht, Rachbegierde und Härte waren die Hauptfehler dieses Fürsten. Er beleidigte zwecklos, bloß um zu beleidigen. Er machte keinen Unterschied zwischen dem rechtschaffenen Mann und dem Schurken, sondern schätzte beide nur nach dem Gebrauch, den er zur Ausübung seiner Herrschsucht von ihnen machen konnte . . . Friedrich II. sagte öffentlich, daß er Schurken brauche.«

Wie groß die Enttäuschung Prinz Friedrichs darüber war, daß der Onkel anderen Ratgebern, so etwa Schwab, mehr Gehör schenkte als ihm, wissen wir aus Briefen an seinen Vater. Er bezeichnete den Herzog als »Spielzeug der Kabale« und klagte jetzt wieder wie zu Zeiten Herzog Carl Eugens über die desolaten Zustände in Württemberg, insbesondere über die Zerrüttung der Staatsfinanzen. Doch machte er dafür weniger den Landesherrn als seine Umgebung verantwortlich. Der Entwürdigung des Souveräns stellte er die Arroganz und die Dummheit der Minister gegenüber. Einige Wochen später schrieb Friedrich dem Vater: ». . . Der Herzog ist derart abgeschirmt, daß er nur noch das macht, was man ihm diktiert.« Scharf kritisierte Prinz Friedrich auch die Anweisung Ludwig Eugens, aus Anlaß des Todes des Ministers von Kniestedt für einen Tag das Theater zu schließen, um so der Trauer über den großen Verlust, den das Herzogtum erlitten hatte, Ausdruck zu verleihen. Eine solche Ehre, erklärte Friedrich, sei bislang den Souveränen und ihren Familien vorbehalten gewesen, lediglich Kaiserin Katharina habe sie dem Fürsten Potemkin widerfahren lassen.

Es war indessen nicht Prinz Friedrich allein, der zum Gegner Ludwig Eugens wurde, auch am Hof und im Militär wuchs die Opposition. Ebenso stieß seine Politik bei der Landschaft auf wachsenden Widerstand. Herzog Ludwig Eugen regierte jedoch nur wenig länger als anderthalb Jahre. Am 20. Mai 1795 starb er auf einem Spazierritt in Ludwigsburg an einem Herzschlag. Sein Nachfolger wurde sein Bruder Herzog Friedrich Eugen, der Vater des Prinzen Friedrich.

Bemühungen Friedrichs um Teilnahme am politischen und militärischen Geschehen

Um sich über das politische Geschehen in Württemberg, aber auch in anderen deutschen Ländern auf dem laufenden zu halten, unterhielt Prinz Friedrich eine rege Korrespondenz. Auch Zeitungen, so 1790 die »Gazette de Paris«, benützte er als Informationsquellen. Da Herzog Carl Eugen ihm keine Möglichkeit gab, in einer militärischen Position oder in der Staatsverwaltung Erfahrungen zu sammeln, mußte er sich mit der Rolle des Beobachters begnügen. Wichtig schien ihm, bedeutsame öffentliche Anlässe zu nutzen, um politische und persönliche Kontakte zu knüpfen und zu vertiefen. So nahm er 1790 an der Kaiserkrönung Leopolds II. in Frankfurt am Main teil. Wiederholt bewarb er sich um hohe militärische Ehrenstellen im Reichsdienst, 1790/92 beispielsweise um das Amt eines Reichsgeneralfeldmarschalleutnants. Obwohl seine Schwester Elisabeth, die Frau des Großherzogs Franz von Toskana und späteren Kaisers, im Februar 1790 im Wochenbett und ihr Kind kaum anderthalb Jahre darauf gestorben waren, besaß er auch weiterhin einen »direkten Draht« zu dem mächtigen Schwager. Als dieser 1792 zum deutschen König gewählt worden war, wurde er auf Anregung des Gewählten vom Kurfürstenkollegium mit der ehrenvollen Aufgabe betraut, dem neuen Reichsoberhaupt die Wahlurkunde zu überbringen. In wohlgesetzten Worten gratulierte Friedrich dem Schwager zu seiner Wahl und ersuchte ihn, »allergnädigst zu belieben, bald möglichst zu fernerer Kaiserkrönung die Stadt Frankfurt mit Allerhöchst Dero Gegenwart zu beehren«. Er vergaß auch nicht, sich und sein fürstliches Haus »alleruntertänigst zu höchsten Gnaden und Schutz« zu empfehlen. Nach langen Verhandlungen mit den einzelnen schwäbischen Reichsständen wurde Friedrich am 12. Oktober 1795, inzwischen Erbprinz, zum General der Kavallerie des Schwäbischen Kreises ernannt, »in dankbarer Anerkennung und Verehrung der hohen Verdienste des herzoglichen Hauses um den gesamten Schwäbischen Reichskreis als auch in gerechtem Vertrauen auf Höchst Dero vortreffliche Eigenschaften und militärische Einsichten«.

Bei der Kritik des Prinzen Friedrich an dem Regierungsstil der Herzöge Carl Eugen und Ludwig Eugen spielte sicherlich tiefe Sorge um die Zukunft des Herzogtums und um das Ansehen seiner Familie mit. Dies zeigt zum Beispiel ein Brief, den er am 7. Dezember 1790 an den Geheimrat von Rieger schrieb, der damals die Verhandlungen mit Frankreich über die Entschädigungen für die Abtretung der unter französischer Landeshoheit stehenden württembergischen Besitzungen im Elsaß und in Burgund führte. In der in Stuttgart erscheinenden Zeitschrift »Teutsche Staats-Litteratur« hatte nämlich Professor Cotta von der Hohen Carlsschule über die württembergischen Entschädigungsforderungen eine Reihe von Artikeln veröffentlicht, die sich gegen die Politik der württembergischen Regierung wandten. Unwillig erklärte Friedrich Rieger, er achte durchaus die Freiheit der Presse, aber es sei ihm unverständlich, wie sich ein herzoglicher »Diener« eine Meinung zu eigen machen könne, die zu dem württembergischen Rechtsstandpunkt im Widerspruch stünde. Er habe erst daran gedacht, sich an den Herzog, seinen Onkel, zu wenden, weil er aber nicht den Anlaß geben wolle für die gerechte Bestrafung des Verfassers wie der nachlässigen Zensoren, schreibe er jetzt an ihn, denn er glaube, daß er, Rieger, den geeigneten Weg finden werde, diese ungehörige Veröffentlichung zu unterdrücken. Indessen mißfiel Friedrich zunehmend die Art, wie Rieger die Verhandlungen in Paris führte. In einem Brief an Maucler vom 28. Mai 1791 nannte er sie schändlich, und er verhehlte seine Befriedigung über ihr Scheitern nicht. Für ihn war durch sie der Name Württemberg herabgewürdigt worden.

Mit wachsender Besorgnis verfolgte Prinz Friedrich den Gang der revolutionären Ereignisse in Paris. Im August 1791 warf er dem Reichstag in Regensburg Untätigkeit gegenüber Frankreich vor, das seine Truppen an den Rhein schicke. Harte Worte fand er nach dem Ausbruch des Kriegs in einem Brief an den Vater über den erbarmungswürdigen Zustand des württembergischen Militärs und die seit vielen Jahren vernachlässigten Verteidigungseinrichtungen im deutschen Südwesten, die diesen von der österreichischen Militärmacht gänzlich abhängig machten. Die württembergischen Truppen sähen aus wie abgerissene Bettelleute. Herzog Ludwig Eugen war sich bewußt, daß die Reichsstände im deutschen Südwesten und insbesondere auch Württemberg große Verteidigungsanstrengungen unternehmen mußten, wenn sie von den französischen Heeren nicht überflutet werden wollten. Angesichts der großen Gefahr schien ihm die kriegsmäßige Vervollständigung der von den Ständen des Schwäbischen Reichskreises zu unterhaltenden regulären Truppen unzureichend. Er forderte deshalb als ergänzende militärische Maßnahme die Aufstellung einer starken Landmiliz. In seinem eigenen

Land ging er noch weiter. Er traf Vorkehrungen, damit sich die gesamte waffenfähige männliche Bevölkerung im Alter zwischen siebzehn und fünfzig Jahren an der Verteidigung der Heimat beteiligte. Für seine eigene Person versprach er, sich bei einem Einbruch der Franzosen nach Württemberg an die Spitze des bewaffneten Volks zu stellen. Mit Generalreskript vom 10. Februar 1794 verfügte er im Einverständnis mit der Landschaft die organisatorischen Maßnahmen für eine umfassende Landesdefensionsanstalt. Er berief sich hierbei auf den seit uralten Zeiten in der Landesverfassung verankerten Grundsatz, wonach bei einem feindlichen Einfall alle tauglichen Männer zur Rettung und Befreiung des Vaterlandes verpflichtet seien. Aus der wehrfähigen Mannschaft ließ der Herzog einen Teil für die Landesdefension auswählen, als Landmiliz organisieren und ausbilden. Weil nicht genügend Berufsoffiziere zur Verfügung standen, griff man bei der Besetzung der Stellen von Kompanieführern auf Honoratioren zurück. Unteroffiziere suchte man aus dem Kreis der verabschiedeten Soldaten zu gewinnen. Bei der militärischen Ausbildung war auf die örtlichen Verhältnisse Rücksicht zu nehmen. Ebenso sollte die Berufstätigkeit der Landmilizmänner möglichst wenig gestört werden.

Prinz Friedrich hatte wenig Vertrauen zu der von seinem Onkel Ludwig Eugen so sehr propagierten Landmiliz. Er schätzte ihren militärischen Wert gering ein. Doch noch gefährlicher erschien ihm diese Wehrorganisation in politischer Hinsicht. Er bezeichnete sie als »den Tod der landesfürstlichen Autorität« und beschwor seinen Vater, keinesfalls seine Zustimmung zum Plan der Stände zu geben, diese Art Nationalgarde zu einer ständigen und damit verfassungsmäßigen Einrichtung zu machen. Zwar hatte sich der regierende Herzog bis jetzt für diesen Plan nicht gewinnen lassen, aber er sei unglücklicherweise zu schwach, um auf die Dauer dem Drängen der Landschaft widerstehen zu können. Friedrich ersuchte deshalb den Vater, durch eine unbeugsame Haltung das herzogliche Haus vor dem Verderben zu retten.

Privatleben: Erziehung der Söhne; Freunde und Bekannte; Erwerb des Landguts Schwieberdingen

1790 beschwerte sich der Erzieher der Söhne des Prinzen Friedrich, Gros, darüber, daß er durch seinen Dienst als »Sous-Gouverneur« überlastet sei. Der Prinz habe vor Jahr und Tag die Anstellung eines Gouverneurs versprochen, doch geschehen sei bislang nichts. Prinz Friedrich verlangte von dem jungen Erzieher sehr viel und hielt ihn unter strenger Aufsicht. Er schrieb ihm den Stundenplan bis ins einzelne vor und entschied über die anzuschaffenden Bücher. Daß er keinen Gouverneur einstellte, hing vielleicht mit seinen damaligen ungünstigen wirtschaftlichen Verhältnissen zusammen. Allerdings war es bei den hohen Ansprüchen, die Friedrich an einen Gouverneur stellte, auch alles andere als einfach, einen geeigneten Mann zu finden. Die von Prinz Friedrich am 10. Oktober 1792 für den »Sous-Gouverneur Gros« erlassene Vorschrift für den Unterricht und die Erziehung seiner Kinder vermittelt einen Eindruck von seinen spartanisch-strengen Erziehungsmethoden und von seinem pädagogischen Eifer. Im einzelnen legte er fest: Die jungen Prinzen haben täglich kurz nach 9 Uhr abends zu Bett zu gehen, sie stehen um ½7 Uhr auf. Der Erzieher steht eine halbe Stunde vor ihnen auf und ist anwesend, wenn sie sich anziehen. »Reinlichkeit des Anzugs« und rasches Ankleiden macht einen Teil »der einzuprägenden guten Sitten« aus. »Ich habe es zum Beispiel mit Mißvergnügen bemerkt, daß sie öfters mit schmutzigen Fingern, lange[n] Nägeln, ungewaschene[n] und nicht geputzte[n] Zähnen zu mir gekommen . . . Reinlichkeit des Körpers ist bei jedem Menschen, am meisten aber bei Personen von der Geburt meiner Kinder wesentlich und wird durch Aufsicht eine Gewohnheit; hierinnen ist aber viel versäumt worden.« Ordnung und Reinlichkeit muß auch in den Zimmern herrschen. Ebenso ist das Spielzeug in Ordnung zu halten. Im Anschluß an das Ankleiden folgt das Gebet, das laut zu sprechen ist. Nach dem Frühstück wird von ½8 bis 9 Uhr auswendig gelernt. Von 9 bis 10 Uhr geht der älteste Sohn seinen Beschäftigungen nach [welchen, wird nicht erwähnt]. Der jüngere liest während dieser Zeit laut, rechnet und lernt auswendig; er spielt nicht mehr wie bisher. Von 10 bis 11 Uhr unterrichtet der Pfarrer, von 11 bis 12 Uhr ist Schreibstunde. Von 12 bis 1 Uhr folgt bei jedem Wetter der Spaziergang. Lediglich wenn es regnet, bringen die Kinder diese Stunde im Eßsaal »mit

Laufen oder sonstigen unschädlichen Bewegungen« zu. Um 1 Uhr wird gespeist. Anschließend dürfen die Kinder bis 3 Uhr spazierengehen. Um 3 Uhr kommt der Schulmeister. Die folgenden drei Stunden sind teils dem Unterricht, teils der Selbstbeschäftigung (z. B. Lesen, Auswendiglernen) vorbehalten. Danach können die Kinder unter sich oder zusammen mit Herrn Gros ein kleines Spiel machen. Doch soll der älteste Sohn allmählich »den gar zu kindischen Spielen« entwöhnt werden. Bei den Spielen muß auf Sittlichkeit, Höflichkeit und Artigkeit des Benehmens besonders gesehen werden. Deshalb hat der Erzieher während dieser Zeit die Kinder im Auge zu behalten. Bei Abwesenheit des Vaters wird um 8 Uhr zu Nacht gegessen, wenn er zugegen ist, mit ihm zusammen. Bei der Tafel und auch zu anderer Zeit soll sorgfältig auf die Gespräche geachtet werden, damit die Kinder nicht Kenntnis von Dingen erhalten, die ihrem Alter noch nicht entsprechen, die für sie schädlich sind oder die »wenigstens kleinstädtische Bürgergeschichten zum Grund haben«. Herr Gros hat dem Vater über alles zu berichten, was dieser wissen will und muß. Nur der Vater allein kann bestimmen, was vergeben werden kann und was bestraft werden muß. Seine Befehle hat der Erzieher exakt auszuführen. Unerläßlich ist, daß sich junge Menschen im Urteil zurückhalten, daß sie sich nie zur »Eigenliebe, Liebhaberei zu Paradox[i]en, Begierde der Auszeichnung« verleiten lassen. »Gewiß ist meine Seele sowie mein äußeres Betragen von Heuchelei und Andächtelei sehr entfernt, ebenso ist Gewissens- und Gedankenszwang in meinen Augen gleich ungerecht und töricht, aber ich glaube mit Billigkeit und Recht von demjenigen, dem ich den Unterricht und die Aufsicht meiner Kinder (welche auch Kinder des Staats sind) anvertraut habe, fordern und erwarten zu können, daß er in meiner und ihrer Gegenwart nicht Meinungen zeige, die meine religiöse Denkungsart, so ich wünschen muß, auch dereinst als die ihrige zu wissen, durch Leichtsinn mehr als durch Ungleichheit[?] beleidigen.« Auch in politischen Fragen hat der Erzieher die Ansicht des Vaters zu vertreten, und dies nicht nur in den Lehrstunden, sondern auch bei Gesprächen und in der zwanglosen Unterhaltung. Daß die beiden jungen Prinzen in Anstand und allgemeiner Sittlichkeit noch sehr zurückgeblieben sind, ist Schuld des Erziehers, weil er dies zu sehr als Nebensache betrachtet und mit Gleichgültigkeit behandelt hat.

Gros empfand die Vorwürfe, die ihm Prinz Friedrich in seiner neuen Erziehungsvorschrift machte, in keiner Weise gerechtfertigt.

Er zog die Konsequenzen und kündigte sein Dienstverhältnis auf. Seit Jahren habe er, so schrieb er dem Prinzen, seine ganze Kraft und Zeit der ihm übertragenen Aufgabe gewidmet und dabei alles vermieden, was seinem Dienstherrn hätte mißfallen können. Doch seine Mühen und Opfer seien vergeblich gewesen. Er hoffe, daß sein Nachfolger über die physischen und moralischen Kräfte verfüge, um die Ansprüche zu erfüllen, die Prinz Friedrich an den Erzieher seiner Söhne stelle. Friedrich bestätigte umgehend die Kündigung. Das Schreiben freilich, mit dem er dies tat, war maßlos scharf und verletzend. Er verwies dem Erzieher seinen »lächerlich stolzen Ton« und erklärte, er ergreife mit Vergnügen die Gelegenheit, seine Kinder einem pflichtbewußteren Mann anzuvertrauen. Einen Monat später, als Gros endgültig seinen Dienst verließ, verweigerte er ihm ein letztes freundliches Abschiedswort. Indessen scheint der junge Mann den Tadel Friedrichs und den demütigenden Abschied rasch verwunden zu haben. Zweieinhalb Jahre nach seiner Abreise aus Ludwigsburg schickte er dem Prinzen von Göttingen aus eine juristische Schrift. In seinem Begleitschreiben sprach er von dem Glück, mehrere Jahre – es waren viereinhalb – im Dienst des Prinzen gestanden zu haben.

Mit dem Nachfolger von Gros, Pistorius, gleichfalls einem Tübinger Stiftler, war Friedrich zunächst sehr zufrieden. Er lobte seine Gewissenhaftigkeit und sein Verhalten. 1793 suchte er in der Schweiz nach einem Hofmeister (Gouverneur), der ein Edelmann aus einer hochangesehenen Familie sein sollte, ein Kriegsmann, der Deutsch sprach und eine ausgezeichnete Bildung besaß. Man empfahl ihm einen französischen Emigranten. Ob sich Friedrich jedoch um ihn bemüht hat, läßt sich nicht nachweisen. Bei der Erziehung seiner Kinder konnte es Friedrich kaum jemand recht machen.

Schroffheit bis zur Ungerechtigkeit, Härte, hochfahrender Stolz und anmaßende Selbstgerechtigkeit bildeten nur die eine Seite von Friedrichs Charakter. Hinter der »rauhen Schale« verbarg sich ein sensibler, liebebedürftiger Mensch, dem Offenheit, Vertrauen, freundschaftliche Zuneigung sehr viel bedeuteten. Er brauchte Menschen, die auf ihn eingingen, ihn verstanden, Sorgen und Nöte mit ihm teilten. Andererseits aber wollte er auch am Leben seiner Freunde Anteil nehmen, ihnen helfen, für sie da sein. Großmut und Edelsinn waren ihm keineswegs fremd, auch wenn sie durch Enttäuschungen, schlechte Erfahrungen und Friedrichs eigene zwiespältige Wesensart zurückgedrängt wurden. Den ersten Platz unter seinen

Freunden behauptete sein »herzenslieber Zippel«. Kein anderer Mensch stand ihm so nahe, keinen anderen behandelte er mit so viel Freundschaft. Kurz nach der Übersiedlung nach Ludwigsburg schrieb er ihm einmal, am Morgen wäre er zu ihm gekommen, hätte er nicht befürchten müssen, den Freund in seiner Ruhe zu stören, er hoffe aber, daß er gut geschlafen habe und sein Kopfweh verflogen sei. In vielen Briefen schrieb er: »Ich liebe Dich wie meine Seele.« Ständig war er bestrebt, Zeppelin zu fördern, ihm unter Ausnutzung seiner Beziehungen Ehrenämter zu verschaffen, seine wirtschaftlichen Verhältnisse zu verbessern. Im August 1793 erreichte er bei Kaiser Franz II., seinem Schwager, die Erhebung des Freundes in den Reichsgrafenstand. Das Grafendiplom – dies war ein zusätzliches Entgegenkommen des Kaisers – wurde auf September 1792 zurückdatiert.

Wohl Friedrich zuliebe, vielleicht sogar auf seine Bitte hin, ließ sich 1791 Oberst Friedrich von Maucler mit ausdrücklicher Genehmigung von Herzog Carl Eugen in Ludwigsburg nieder. Der Prinz stand mit dem Freund bis zu dessen frühem Tod 1796 in ständigem Gedankenaustausch. Oft lud er ihn zu sich ein. Ihm klagte er 1790, daß er vom Schicksal stets benachteiligt worden sei. Er spielte damit auf seine unglückliche Ehe an, sehr wahrscheinlich aber auch auf seine bisher gescheiterten Versuche, sich wieder zu verheiraten. Ende 1793 meinte allerdings die Gräfin Görtz, der Prinz habe die grausamsten Stürme hinter sich, sein weiteres Leben stehe unter erfreulicheren, glücklicheren Vorzeichen. Obwohl Friedrich im Geist der Aufklärung erzogen worden war, konnte er sich nicht ganz von abergläubischen Vorstellungen lösen, er scheint viel auf die von ihm konsultierten Horoskope gegeben zu haben.

Im Sommer 1794 trug sich Friedrich mit dem Plan, die badische Prinzessin Karoline, die spätere Königin von Bayern, zu heiraten. Der Mutter berichtete er am 30. August jenes Jahres, daß er die Prinzessin bei einem Besuch in Stuttgart kennengelernt habe. Zwar habe er noch nicht selbst mit ihr über seine Absichten gesprochen, doch rechne er mit der Unterstützung des badischen Erbprinzen, zu dem er ein gutes Verhältnis habe. Die achtzehnjährige Karoline war indessen über die Werbung des Prinzen Friedrich alles andere als erfreut. Obwohl Erbprinzessin Amalie von Baden eine Verbindung ihrer Tochter mit dem württembergischen Thronerben für vorteilhaft hielt, gelang es ihr nicht, Karoline davon zu überzeugen. Ihrer anderen Tochter, der Großfürstin Elisabeth von Rußland, schrieb Amalie. »Das arme Kind ist in Tränen aufgelöst, seitdem es von den Absichten des Prinzen weiß. Man hat ihr von seinem Jähzorn erzählt, der sie furchtbar erschreckt, dann findet sie ihn so dick, was er auch in ungewöhnlichem Maß ist. Schließlich sagt sie, daß es ihr unmöglich ist, sich zu entscheiden . . .« Auch der Großvater und der Vater Karolines, Markgraf Karl Friedrich und Erbprinz Karl, wünschten diese Ehe, weil sie sich von ihr eine enge Verbindung zwischen Baden und Württemberg versprachen. Erbprinzessin Amalie wollte jedoch die Tochter nicht zwingen. Mutter und Tochter setzten sich durch, und Friedrich erhielt eine Absage. Weil der badische Hof seit der Heirat des sechzehnjährigen Großfürsten Alexander, des Neffen Friedrichs, mit der vierzehnjährigen Prinzessin Luise von Baden (nunmehr Großfürstin Elisabeth) im Jahr 1793 in der besonderen Gunst der Kaiserin Katharina stand, vermutete der Prinz, daß der Haß der Kaiserin, seiner »grausamen und mächtigen Feindin«, sich gegen ihn noch nicht gelegt und sie seinen Heiratsplan vereitelt habe. Es ist jedoch wenig wahrscheinlich, daß sich Katharina eingemischt hatte. Die Abneigung der Prinzessin Karoline gegen den mehr als doppelt so alten Prinzen dürfte den Ausschlag gegeben haben.

Friedrich liebte es, sich den Sommer über wenigstens zeitweise in ländliche Abgeschiedenheit zurückzuziehen. Sein Gut Bodenheim war zu weit entfernt, um ohne große Umstände dorthin zu reisen und sich einige Tage oder Wochen dort aufzuhalten. Hinzu kam, daß er auch den Sommer über möglichst in der Nähe der herzoglichen Residenzen Stuttgart und Ludwigsburg bleiben wollte, um in seine Rolle als künftiger Landesherr hineinzuwachsen. Gerne ergriff er deshalb 1791 die Gelegenheit, das ehemalige Wallbrunnsche Gut in Schwieberdingen zu erwerben. Zu seinem Wohnsitz bestimmte er das in der Nähe der Kirche befindliche sogenannte Schlößchen. In Schwieberdingen fühlte er sich wohl. Bereits 1792 bezeichnete er sich einmal scherzhaft als Einsiedler von »Schwiverdingen«. Ein paar Jahre später schwärmte er dem Freund Zeppelin vor, dem er 1798 das Gut überließ: »Schwiferdingen ist so schön wie das Paradies.« Er holte seinen früheren Erzieher Pfleiderer als Prediger dorthin. Mit Pfleiderer, dessen Predigten er gerne hörte, konnte er anspruchsvolle Gespräche führen und sich so den Landaufenthalt noch angenehmer gestalten. Seit seiner Übersiedlung nach Ludwigsburg zählte übrigens die Jagd zu seinen Lieblingsbeschäftigungen.

Im März 1794 verkaufte er sein aus Wohnhaus mit Nebengebäude, einem Garten und einem Weinberg bestehendes Anwesen in

Bodenheim um 6000 fl an Oberstleutnant Johann Michael von Willich.

Anfang 1794 unterhielt Prinz Friedrich bereits einen mehr als 40 Personen umfassenden Hofstaat. Ihm gehörten u. a. an: erster Hofkavalier (Reichsgraf von Zeppelin), zweiter Hofkavalier und Stallmeister (Karl Ludwig von Hayn), Gouverneur und Sous-Gouverneur (von Mühlenfels und Pistorius), Geheimer Sekretär (Heinrich Menoth), 14 Offizianten (Intendant, Haushofmeister, Kastellan in Ludwigsburg, Konditor, drei Kammerdiener, Chirurg, Bereiter (Zureiter), Garderobier, Koch, Gärtner, Kastellanin und Leinwandverwalterin), neun Läufer und als weiteres Dienstpersonal je ein Kutscher, Vorreiter, Reitknecht, Jockei, zwei Hausknechte, mehrere Mägde, ein Eselsjunge usw.

VI

Erbprinz

1795–1797

Im politischen Spannungsfeld zwischen Herzog und Landständen

Mit dem dreiundsechzigjährigen Herzog Friedrich Eugen übernahm wiederum in Württemberg ein Fürst die Regierung, der das Land und seine Bevölkerung nur recht oberflächlich kannte. Bis 1769 als General im Dienst Friedrichs des Großen, hatte er sich nach seinem Abschied in die Grafschaft Mömpelgard zurückgezogen. Erst 1786 räumte ihm sein Bruder Carl Eugen die Statthalterschaft über die gefürstete Grafschaft ein. 1792 annektierte das revolutionäre Frankreich Mömpelgard. Friedrich Eugen mußte nach Deutschland fliehen. König Friedrich Wilhelm II. von Preußen, der ihm sehr gewogen war und ihn 1790 zum Feldmarschall ernannt hatte, verschaffte ihm durch die Bestellung zum Generalgouverneur von Ansbach und Bayreuth ein neues hohes Amt, das jedoch mehr ornamentalen Charakter hatte. Von seinem Bruder Ludwig Eugen erhielt er nach dessen Regierungsantritt das Schloßgut Hohenheim geschenkt, auf dem er sich von da an mit Vorliebe aufhielt.

Mit dem Regierungsantritt des Vaters erlangte Prinz Friedrich endlich den Einfluß, um den er sich schon zur Zeit Ludwig Eugens bemüht hatte. Unter den vielen Glückwünschen, die ihm übermittelt wurden, freute er sich vermutlich am meisten über das Schreiben von Kaiser Franz II., der dem Schwager zu seinem »glücklichen Avancement« gratulierte. Kurz zuvor hatte ihm der außerordentliche württembergische Gesandte in Wien, Kammerherr von Görlitz, schon berichtet, daß man am kaiserlichen Hof von der guten Gesinnung des Erbprinzen überzeugt sei. So jedenfalls habe sich Vizekanzler Colloredo geäußert. Daß Friedrich in Stuttgart das entscheidende Wort in politischen Fragen zukam, daran zweifelte man in Wien nicht, und man war daher bestrebt, den Erbprinzen günstig zu stimmen. Im Dezember 1795 verlieh Kaiser Franz dem Schwager die Inhaberschaft über ein österreichisches Dragoner-Regiment, die zuvor Herzog Ludwig Eugen besessen hatte.

Die Übernahme der Regierungsgewalt in Württemberg durch den Vater bedeutete eine weitere wirtschaftliche Besserstellung Friedrichs. Er erhielt zusätzlich zu seinem Landgut Schwieberdingen das Schloßgut Scharnhausen. Hier hatte Herzog Carl Eugen 1784 inmitten eines großen Parks von Reinhard Ferdinand Heinrich Fischer ein Lustschloß erbauen lassen. Friedrich vergaß auch seine alten Freunde nicht. Für seinen ehemaligen Erzieher Maucler erwirkte er beim Herzog eine Pension.

Im April 1795 hatte Preußen mit Frankreich den Frieden von Basel geschlossen. Die Folge war, daß ganz Mittel- und Norddeutschland aus dem Krieg gegen die Französische Republik ausschieden. Herzog Friedrich Eugen, der durch seine leutselige Art und seine aufgeklärte religiöse Einstellung im Volk rasch beliebt wurde, neigte dazu, die preußische Friedensregelung zu übernehmen, um seinem Land Drangsale zu ersparen. Doch das war kaum zu verwirklichen. Erbprinz Friedrich, der im Frühsommer 1795 zeitweise für den erkrankten Vater die Regierungsgeschäfte führte, plädierte für ein kompromißloses Festhalten am Kriegsbündnis mit Österreich, das direkt und vor allem auch indirekt über die Kaiserin Katharina und das russische Großfürstenpaar Druck auf Württemberg ausübte. Hinzu kam, daß die Franzosen im Jahr 1795 keine nennenswerten Erfolge gegenüber den Kaiserlichen errangen, sie also die militärische Initiative in Süddeutschland nicht an sich zu reißen vermochten. Zum Ausscheren des Herzogtums aus der Allianz mit der österreichischen Kaisermacht bestand deshalb kein Anlaß.

Im August 1795 übernahm Friedrich Eugen wieder die Regierung. Die von Konrad Abel und Karl Ludwig Georg von Wöllwarth angeführte Friedenspartei im Herzogtum nutzte ihre Chance. Sie verstand es geschickt, ihre Sicht der Dinge dem Herzog zu vermitteln. Ihr gegenüber verlor der Erbprinz stark an Einfluß. Damit hatte er nicht gerechnet. Seine Enttäuschung spürt man dem Brief an, den er am 30. Dezember 1795 an Legationsrat von Lang richtete. Er schrieb, daß er von der Zeit an, »da der Herzog für nötig erachtet, mich ganz aus den Geschäften zu entfernen, ich es mir zum unverbrüchlichen Gesetz gemacht habe, nicht allein selbst den Schein irgendeiner Einwirkung in dieselben, sondern auch den Umgang desjenigen zu meiden, durch den sie expediert werden«. Ferner erklärte er, er werde sich niemals so weit erniedrigen, daß er zwischen seinem Vater und sich einen Vermittler gestatte, am wenigsten aber daß er einen solchen unter Dienern und Untertanen suche. Der Erbprinz litt unter seiner politischen Entmachtung. Er beklagte Zeppelin gegenüber die Langeweile und Schläfrigkeit »ohnegleichen« am Stuttgarter Hof. Den württembergischen Gesandten in Wien, von Bühler, mit dem er in Verbindung blieb, bat er, ihm etliche Pfund Schokolade zu besorgen und andere Privatwünsche zu erfüllen.

Bereits im September 1795 nahmen die Ratgeber des Herzogs mit den Volksrepräsentanten bei der französischen Rheinarmee Verhandlungen auf. Sie wollten bei einem Vorstoß der Franzosen nach Südwestdeutschland die Schonung Württembergs erreichen. Die französischen Bevollmächtigten drängten ihnen jedoch einen einmonatigen geheimen Waffenstillstand auf, der den Franzosen den freien Durchzug durch das Herzogtum garantierte, während sich der Herzog verpflichten mußte, die Schwarzwald-, Enz- und Remspässe für nichtwürttembergische Truppen zu sperren und der französischen Armee große Getreidemengen zu liefern. Das Direktorium in Paris genehmigte jedoch den Waffenstillstand nicht, weil dieser die Bewegungen der französischen Armee behindert hätte. Auch die württembergische Regierung und Landschaft, die sich in ihrer frankreichfreundlichen Politik einig waren, hatten Bedenken wegen des Waffenstillstands bekommen. Sie tendierten jetzt dahin, die Zustimmung der Franzosen zu einer Neutralitätserklärung zu erlangen. Ihre Verhandlungsunterlagen fielen jedoch kaiserlichen Truppen in die Hände, und die durch die schwankende Politik Herzog Friedrich Eugens längst mißtrauisch gewordenen Österreicher säumten nicht, den »Sonderfrieden« des Herzogtums publizistisch anzuprangern. Die kaiserlichen Generale erhielten Befehl, militärische Vorsichtsmaßregeln für den Fall eines etwaigen Abfalls Württembergs zu den Franzosen zu treffen.

Die Erfolge der Österreicher im Krieg gegen Frankreich, mit denen man in Stuttgart nicht gerechnet hatte, bewogen den Herzog, sich gegenüber dem Kaiser und dem Reichsvizekanzler Colloredo von seinen politischen Ratgebern zu distanzieren und seine Bereitschaft zu bekunden, an der Seite der Kaisermacht auszuharren. Mit seiner Schaukelpolitik hatte sich Württemberg weitgehend isoliert. Das Wohlwollen Österreichs hatte es verspielt, von Frankreich, das rücksichtslos seine Machtinteressen verfolgte, konnte es keine Hilfe erwarten. Für eine eigenständige Politik war seine Machtbasis viel zu klein. Der Wunsch des Landes nach Frieden war nur zu verständlich, aber ihn gegen den Willen Österreichs, das Südwestdeutschland militärisch beherrschte, durchzusetzen, erschien illusorisch. Von Preußen, das allenfalls einen solchen Frieden hätte herbeiführen können, war keine Hilfe zu erwarten; es hatte sich politisch aus Südwestdeutschland zurückgezogen.

Die Einigkeit zwischen Herzog und Landständen in der Außenpolitik beruhte auf dem Übergewicht der Stände. Solange Friedrich Eugen den Vertretern der Landschaft entgegenkam und ihre politischen Ziele akzeptierte, blieb das gute Einvernehmen gewahrt. Bei einer gegensätzlichen Politik des Herzogs jedoch hatte dieser sofort harten ständischen Widerstand zu erwarten. Unter den Herzögen Carl Eugen und Ludwig Eugen hatte die Landschaft ihre Machtposition ausgebaut und sich schließlich sogar angewöhnt, ihre eigene Außenpolitik zu treiben. Welche Gefahren ein solcher aufs höchste gesteigerter politischer Dualismus bei kriegerischen Verwicklungen in sich barg, läßt sich leicht vorstellen.

Erbprinz Friedrich beobachtete mit Ingrimm das durch die Schwäche der Herzöge Carl Eugen und Ludwig Eugen begünstigte politische Machtstreben der Landschaft. Da er in einem dem Muster des friderizianischen Preußen entsprechend straff organisierten, absolutistisch regierten Staat sein Ideal sah, waren ihm die württembergischen Zustände ein Greuel. In seinem am Hof Herzog Ludwig Eugens verbreiteten satirischen Roman »Schach Baham« hatte er sich mit dessen Politik auseinandergesetzt und die gesellschaftlichen Verhältnisse Württembergs aufs Korn genommen. Die Bevölkerung des Landes hatte für ihn »viel Schlafmütziges an sich«, zumal sie willig den »Leithammeln« der »Braminen und Bonzen«, den Geistlichen und der bürgerlichen Oberschicht, der Ehrbarkeit, folge. Die Herzöge waren nach Friedrichs Ansicht häufig »üble Wirte« gewesen. Ihre Schwächen hätten bewirkt, daß aus »einer ehemals ganz unbedeutenden Versammlung von Oberbraminen [Prälaten] und Abgeordneten einiger Städte, die bloß proforma zu gewissen Zeiten zusammenkamen«, ein das Land beherrschendes Gremium geworden war. Die ins Groteske übersteigerte Macht der Landschaft aber habe dem Ansehen des Regenten des Herzogtums aufs schlimmste geschadet.

Friedrich trug sich wohl kaum mit dem Gedanken, die Landstände gänzlich zu beseitigen, wenn er einmal im Besitz der Regierungsgewalt war. Aber er war nicht bereit, die übermäßige Machtfülle, die sie insbesondere seit dem Erbvergleich von 1770 besaßen und die sie zum Mitregieren verleitete, zu tolerieren. Er wünschte, daß sie auf ihre frühere Funktion beschränkt würden, also vermutlich auf das ihnen zustehende Steuerbewilligungsrecht. Um den Kampf gegen die Revolution, die er auch im eigenen Land befürchtete, erfolgreich bestehen zu können, bedurfte es nach seiner Ansicht einer zweckmäßig organisierten, in der Person des Monarchen vereinigten Staatsgewalt. Ebenso lag es für ihn in der Natur der Dinge, daß das kleine Württemberg seinen Rückhalt nur bei den zum Widerstand entschlossenen konservativen Mächten, das heißt vor allem bei der österreichischen Kaisermacht, finden konnte. Das Streben nach einer Neutralisierung des Herzogtums im Krieg gegen das revolutionäre Frankreich erschien ihm, abgesehen davon, daß Württemberg seine Pflicht als Reichsstand verletzte, als verhängnisvolle Illusionspolitik. Eine Neutralisierung hätte zur Folge, daß das Land von Österreichern wie von Franzosen gleichermaßen bedrückt, ausgesogen und vergewaltigt würde. So klein Württemberg auch war, durch ein gut ausgebildetes, ausgerüstetes und geführtes Truppenkorps könne es bei Österreich eine gewisse Respektierung seiner Interessen erreichen. Gerade auf militärischem Gebiet aber hatten sich die Herzöge Carl Eugen und Ludwig Eugen die schlimmsten Versäumnisse zuschulden kommen lassen.

Die Landschaft hielt auch noch im Frühjahr 1796 an ihrem Sonderfriedenskonzept fest, taktierte jetzt aber vorsichtiger. Nach der Aufkündigung des Waffenstillstands regte ihr Wortführer Abel bei Herzog Friedrich Eugen ein Schreiben an Kaiser Franz an, das von Wöllwarth verfaßt war. Friedrich Eugen ließ es nach einigem Zögern abgehen. Er betonte darin nachdrücklich seine reichspatriotische Gesinnung, deutete aber an, daß Württemberg im Notfall Friedensschritte unternehmen werde. Der Kaiser verhehlte in seinem Antwortschreiben seinen Unwillen über die Sonderfriedensbestrebungen Württembergs nicht und bezeichnete sie als »schweren Ungehorsam«.

Am 24. Juni 1796 überschritten die Franzosen den Rhein bei Kehl. Gegen die friedenswilligen Stände und den eigenen Vater bestand Erbprinz Friedrich auf der Verteidigung der Schwarzwaldpässe. Doch bei ihrem Angriff auf die Kreistruppen, die die Schanzen auf dem Kniebis und dem Roßbühl bei Freudenstadt besetzt hielten, hatten die Franzosen leichtes Spiel. Sie bemächtigten sich der schlecht angelegten Schanzen und nahmen die Verteidiger teils gefangen, teils schlugen sie diese in die Flucht. Friedrich, der die Abwehr befehligte, geriet in große Bedrängnis. Er entzog sich dem Zugriff des vorstürmenden Feindes durch die Flucht über Freudenstadt nach Stuttgart. Im Herzogtum erlangte nunmehr die ständische Friedenspartei endgültig das Übergewicht. Herzog Friedrich Eugen floh nach Ansbach und beauftragte den Erbprinzen, von Schorndorf aus die Regierungsgeschäfte fortzuführen. Doch der Geheime Rat und die Landstände trafen einen guten Teil ihrer Entscheidungen ohne die Mitwirkung Friedrichs. Am 17. Juli 1796 schloß Württemberg mit den Franzosen einen Waffenstillstand. Das Land mußte eine Kontribution von 4 Millionen Livres und Naturallieferungen im Wert von 3 Millionen Livres leisten. Dafür sicherte ihm Frankreich zu, sich nicht in seine inneren Angelegenheiten einzumischen. Die Regierung sollte ihre Tätigkeit ungehindert fortsetzen, die württembergischen Gesetze sollten weiterhin angewendet werden können. Erbprinz Friedrich, dem von seinem Vater seit längerem wieder – der Franzoseneinbruch hatte den Anstoß gegeben – politische Mitverantwortung übertragen worden war, hatte sich dem Waffenstillstand widersetzt, sich aber dann doch gefügt, als nach der Niederlage der Österreicher am 10. Juli 1796 in Nordbaden feststand, daß diese sich bis zur Donau zurückziehen würden. Um sich seinen guten Ruf am Wiener Hof zu bewahren, hatte er aber gleichzeitig seine Haltung in einem Exposé erläutert, das er dem österreichischen Gesandten in Stuttgart, von Heckel, übergab. In diesem beklagte er die miserable Kriegführung der Kaisermacht, die beinahe ohne Schwertstreich das Herzogtum Württemberg den Franzosen überlasse. Daß eine stolze und zahlenmäßig starke Armee sich Tag für Tag zurückziehe, das Reich aufgebe und sein Vaterland einem grausamen und barbarischen Feind anheimfallen lasse, schmerze ihn zutiefst. Doch ein solches Verhalten sei mit Sicherheit auch gegen den Willen »des besten der Monarchen«, des Kaisers Franz. Er bedauerte, daß die Interessen wie der Ruf des Kaisers Schaden nähmen. Angesichts der unglücklichen Lage Württembergs sehe er sich gezwungen, den Friedensbemühungen seines Landes zuzustimmen. Er habe Verständnis, schrieb Friedrich, wenn Herr von Heckel nicht alles akzeptieren könne, was er ihm sage, aber er bat ihn: »Beklagen Sie das Schicksal eines Fürsten, der in diesem Augenblick das schönste Land des Reichs verliert.«

Eine Woche später, am 18. Juli, rechtfertigte Erbprinz Friedrich von Ansbach aus, wohin er inzwischen auf der Flucht vor den Franzosen gelangt war, sein Verhalten in einem an den österreichischen Vizekanzler Colloredo gerichteten Schreiben. Auch hier erhob er schwere Vorwürfe gegen die kaiserliche Armee, die sich überstürzt aus Südwestdeutschland zurückgezogen habe. Die Behauptung, die schlechte Verteidigung des Kniebis durch die von ihm befehligte Brigade der Schwäbischen Kreistruppen sei die eigentliche Ursache für den Rückzug der kaiserlichen Armee gewesen, wies er unter Hinweis auf die zahlenmäßige Schwäche und die isolierte Stellung der Brigade, abgeschnitten von jeder Verbindung zum Gros der Armee, mit Entschiedenheit zurück, wobei er allerdings das nicht tadelsfreie Verhalten seiner Truppen durchaus beim Namen nannte. Er rügte, daß die Bitten seines Vaters und seine eigenen, die Paßübergänge des Schwarzwalds gegen feindliche Vorstöße militärisch ausreichend zu sichern, mißachtet worden seien. Der Kaiser und Fürst Colloredo, fuhr er fort, wüßten schwerlich, was sich die österreichische Armee bei ihrem Rückzug an Verheerungen, Erpressungen und sonstigen Gewalttaten habe zuschulden kommen lassen, nicht einmal seine eigenen Besitzungen seien von solchen Übergriffen verschont geblieben. Inzwischen hätten die Österreicher zwei Drittel des Herzogtums preisgegeben, und die französischen Vorposten seien nur noch eine Meile von Stuttgart entfernt. Württemberg drohe nunmehr noch Schlimmeres. Es scheine, als wollten die beiden einander feindlich gegenüberstehenden Armeen das Land gleichermaßen ruinieren. Eindringlich bat der Erbprinz den österreichischen Vizekanzler, den Kaiser darüber aufzuklären, in welch gefährlicher Situation sich dieser selbst wie auch das Deutsche Reich befänden, und ihm zu raten, den Befehl über die kaiserliche Armee militärisch befähigten Personen zu übertragen.

Schon einige Tage vor seinem Schreiben an Fürst Colloredo hatte Friedrich bei Erzherzog Karl, dem österreichischen Oberbefehlshaber, gegen die »unbegreiflichen Exzesse« seiner Truppen protestiert und ihn ersucht, durch Sicherheitswachen die herzoglichen Schlösser in Stuttgart, Ludwigsburg, Hohenheim, auf der Solitude, in Schwieberdingen, Scharnhausen und Göppingen vor Plünderungen zu bewahren. Die den Österreichern nachdrängenden Franzosen behandelten das Herzogtum trotz Waffenstillstand nicht weniger hart. Besonders die Landorte hatten unter ihnen sehr zu leiden. Auf den beiden Gütern des Erbprinzen, Schwieberdingen und Scharnhausen, richteten sie durch Plünderungen und andere Übergriffe erheblichen Schaden an.

Am 7. August 1796 vereinbarten die württembergischen Bevollmächtigten Abel und Wöllwarth in Paris mit der französischen Regierung einen Sonderfrieden. Dieser sah territoriale Entschädigungen für die linksrheinischen Besitzungen vor: die im Besitz des Hochstifts Straßburg befindliche Herrschaft Oberkirch, die Fürstpropstei Ellwangen und das Kloster Zwiefalten. Württemberg hatte die Rheingrenze anzuerkennen, der allgemeinen Säkularisierung rechtsrheinischer geistlicher Gebiete zugunsten der weltlichen Herrschaften zuzustimmen, die linksrheinische Territorien verloren hatten, strengste Neutralität zu wahren und den Durchzug französischer Truppen zu gestatten. Friedrich war über diese Friedensbedingungen enttäuscht. Die geringen territorialen Entschädigungen, die die Franzosen dem Herzogtum zuerkannten, standen nach seiner Meinung in keinem Verhältnis zu den reichsverfassungswidrigen Bestimmungen, auf die sich Württemberg hatte festlegen lassen. Er setzte durch, daß Verhandlungen über eine Abänderung der Vertragsbedingungen aufgenommen wurden. Auch wenn, wie sich in Paris rasch herausstellte, kein Weg an der Ratifikation des Vertrags vorbeiführte, so erreichte doch der an die Stelle Wöllwarths getretene Unterhändler Ulrich Lebrecht von Mandelsloh, ein enger Vertrauter des Erbprinzen, zusammen mit Abel am 28. Oktober 1796 eine Zusatzkonvention, die Württemberg als weitere Entschädigungen die Abteien Marchtal, Neresheim und Rottenmünster in Aussicht stellte und die ihm auferlegten Kontributionen verminderte. In Stuttgart hatten die Vertreter der Landstände dem Herzog die Einberufung eines Landtags auf den 22. September mit dem Hinweis abgerungen, daß die Zahlung der Kriegsentschädigung ohne neue Steuern nicht möglich sei.

Fünf Tage zuvor hatte der Erbprinz in einer bei einem kaiserlichen Notar in Leipzig hinterlegten eidesstattlichen Rechtsverwahrung festgestellt: Er habe auf Geheiß seines Vaters nach Stuttgart kommen müssen. Der dort gegen seinen Willen versammelte Landtag stehe ganz unter französischem Einfluß. Alle Forderungen, Verträge, Veränderungen und Verabschiedungen, die ihm in dieser Situation abgenötigt würden, erkläre er von vornherein für null und nichtig. Dies gelte, bis die französische Macht zurückgedrängt sei und wieder normale Verhältnisse herrschten, in denen sein Vater und er frei entscheiden könnten. Inzwischen hatte sich jedoch das

Kriegsglück gewendet, und der Zusammentritt des Landtags wurde bis März 1797 aufgeschoben.

Im September 1796 war es Erzherzog Karl gelungen, die französische Armee des Generals Jourdan bei Amberg und Würzburg zu schlagen und aus Franken zu vertreiben. Durch die Niederlage Jourdans sah sich auch General Moreau gezwungen, Südwestdeutschland zu räumen und sich hinter den Rhein zurückzuziehen. Mitte Oktober 1796 war ganz Württemberg von französischen Truppen frei. Doch jetzt ergriffen die Österreicher wieder Besitz von dem ihnen wehrlos preisgegebenen Land und ließen es seine Friedenspolitik empfindlich spüren. Sie quartierten starke Truppenverbände in württembergischen Städten und Landorten ein, nahmen in großer Zahl Arbeitskräfte und Fuhrwerke für ihre Bedürfnisse in Anspruch und forderten hohe Kontributionen, die nach kurzem die der Franzosen beträchtlich überstiegen.

Erbprinz Friedrich hielt es für dringend geboten, das Vertrauen des Kaiserhofs in Wien zurückzugewinnen und wieder in engere politische Verbindung zu ihm zu treten. Eine Anlehnung an Österreich erschien ihm auch im Hinblick auf die Landschaft unerläßlich, deren Machtstreben dem Herzog die Regierungsgewalt zu entwinden drohte. Herzog Friedrich Eugen, in seiner Hilflosigkeit jetzt wieder mehr dem Sohn als den Ständen zuneigend, billigte die Absicht Friedrichs, nach Wien zu reisen. Für seine Verhandlungen dort erteilte er ihm Generalvollmacht.

Am kaiserlichen Hof stand Erbprinz Friedrich nach wie vor in großem Ansehen. Seine Loyalität gegen Kaiser und Reich war allgemein unbestritten. Man bemühte sich ihm gegenüber um einen freundschaftlich-verbindlichen Ton. Als Friedrich beispielsweise bei Erzherzog Karl gegen die Übergriffe der österreichischen Truppen in Württemberg protestierte, versicherte ihm dieser, solche Exzesse verstießen gänzlich gegen seine Absichten und seinen Willen. Allerdings, fügte er hinzu, wenn alle Reichsfürsten dieselbe loyale Einstellung hätten wie der Erbprinz, befände sich Deutschland jetzt nicht in einer so jämmerlichen Lage. Über die Hintergründe der Reise Friedrichs wurde mancherorts gerätselt. Am 25. Oktober 1796 berichtete die »Bamberger Zeitung« unter Berufung auf »zuverlässige Briefe«, daß der Erbprinz nach Wien gefahren sei, um seinen Vater »wegen Geistesschwäche« für regierungsunfähig erklären zu lassen, und daß seine Mutter hierüber »vom Schlag gerührt« worden sei. Friedrich beschwerte sich beim Fürstbischof von Bamberg über diesen verleumderischen Bericht in einem privilegierten Presseorgan, das in der Residenzstadt eines deutschen Reichsfürsten erschien, und verlangte die Bestrafung des »Zeitungsschreibers«. Der Fürstbischof erteilte dem Zensor einen Verweis. Außerdem mußte die Zeitung in einem Widerruf den Bericht als unwahr bezeichnen.

Obgleich Friedrich in Wien nicht unfreundlich aufgenommen wurde, erwiesen sich die Verhandlungen als nicht einfach. Der Kaiser und seine Minister waren verärgert über den mit der Reichsverfassung im Widerspruch stehenden Sonderfrieden Württembergs mit Frankreich. Kaiser Franz war außerdem über die württembergischen Landstände und deren unzulässige Einmischung in politische Angelegenheiten ungehalten. Das harte Urteil über die Landstände konnte Friedrich nutzen, um den Vater und auch sich selbst politisch zu entlasten. Er wollte ferner der vom Krieg und von der Rinderseuche aufs übelste heimgesuchten Bevölkerung Erleichterungen in der Frage der Requisitionen verschaffen, die Erzherzog Karl forderte. Diese wurden Friedrich zugesichert, und er konnte dem Vater berichten, daß Kaiser Franz das Verhalten seiner Armee in Württemberg mißbilligte und ihr weitere Übergriffe untersagt habe.

Mit Hilfe des englischen und des russischen Gesandten, namentlich aber durch das Angebot, daß Württemberg über das Reichskontingent hinaus Truppen stellen wolle, überwand der Erbprinz das anfängliche Mißtrauen des österreichischen Staatskanzlers Thugut. In den nun rasch vorankommenden Verhandlungen erreichte er, daß Österreich Württemberg anstelle einer Entschädigung für Mömpelgard – allerdings nur vage – die Kurwürde zusagte. Die Erfüllung weiterer württembergischer Entschädigungswünsche machte die Kaisermacht von der Stellung von 5000 Mann Hilfstruppen und von einer Handelssperre des Herzogtums gegen die Schweiz abhängig. Friedrich wollte ein enges Bündnis mit Österreich erreichen, das dem Herzog die Möglichkeit gab, die Landschaft auszumanövrieren. Über seinen Vertrauensmann beim Herzog, Gottlob Christian Lang, den Geheimen Legationsrat und Direktor der Geheimen Kabinettskanzlei, suchte er den Herzog auf seine politische Linie einzuschwören. Am 10. November 1796 schrieb er Lang: ». . . Ich setze aber das vollkommene Zutrauen in Ihre Fähigkeit, Rechtschaffenheit und Treue gegen den Herzog und mich, daß Sie in einer so wichtigen Angelegenheit nicht Anstand nehmen werden, ihn zu Rate zu bewegen, seinem eigenen Interesse nach zu handeln, den in Händen habenden Vorteil zu ergreifen und dadurch sich von dem unvermeidlichen Nachteil und Schaden zu retten, an der genauen Befolgung des . . . Plans . . . liegt Wohl und Wehe des Staats und des Hauses. Ergreift der Herzog die Partie, die einzige, die ich sehe . . ., so stehe ich für alles . . . im entgegengesetzten Fall ist mein Geschäft zu Ende. Die Folgen für den Herzog und sein Land sind unvermeidlich, ich meinerseits ziehe mich ganz zurück . . ., bis mein einziger Wille imstande sein wird, mein Vaterland zu retten und von einer Verbindung los zu machen, die ich verabscheue und zu der mich nichts je zwingen wird, beizustimmen . . .« Erbprinz Friedrich legte Lang nahe, seinen ganzen Einfluß geltend zu machen, notfalls sogar mit Rücktritt zu drohen, um den Herzog für den Plan zu gewinnen. Weil er fürchtete, die Herzogin werde ihren Mann unter Hinweis auf eine politische Unterstützung durch Preußen im Sinne der Landstände gegen Österreich einnehmen, beauftragte er Lang, ihr deutlich zu machen, daß jede Hoffnung auf Preußen »Chimären«, Wunschträume, seien.

Die Befürchtung Friedrichs, die preußenfreundliche, willensstarke Mutter könnte seinen Plan durchkreuzen, erwies sich als richtig. Herzogin Friederike Dorothee gab der Landschaft Kenntnis von den Absichten Friedrichs. In vereintem Bemühen fiel es ihr, dem Geheimen Rat und der Landschaft nicht schwer, den Herzog auf den Boden der landschaftlichen Politik zurückzuholen. Friedrich Eugen ließ den Sohn wissen, er lehne den die Unabhängigkeit seines Staats gefährdenden Plan ab. Daß er sich aber mit der Festlegung auf den Frieden mit Frankreich in die seinem Herrschaftsanspruch nicht minder abträgliche Abhängigkeit von der Landschaft begab, wurde ihm nicht bewußt. Für Erbprinz Friedrich war das erneute »Umfallen« des Vaters eine bittere Erfahrung. Er fühlte sich dem Kaiserhof gegenüber im Stich gelassen. Für seine Person war er indessen entschlossen, an dem mit Thugut ausgehandelten Plan festzuhalten und unzweideutige Beweise für seine politische Anlehnung an Österreich zu geben. In einem Vertragsentwurf, den er dem österreichischen Staatskanzler vorlegte, versprach er, sich nach Übernahme der Regierungsgewalt in Württemberg eng an Österreich anzuschließen, erwartete aber dafür, daß dieses ihn bei der Wahrnehmung seiner landesherrlichen Rechte unterstützte. Der Vertrag sollte allerdings erst mit seinem Regierungsantritt wirksam werden. Der immer noch gegenüber dem Erbprinzen mißtrauische Thugut ging nach einigem Zögern auf den Vertrag ein und bescheinigte Friedrich, daß bei ihren Verhandlungen nie von einer Beseitigung der würt-

*Herzogin Friederike Dorothee Sophie von Württemberg,
die Mutter Friedrichs*

tembergischen Verfassung gesprochen worden sei. Sehr zustatten gekommen war Friedrich während seines Wiener Aufenthalts, daß am 16. November 1796 sein Schwager Paul nach dem Tod von Kaiserin Katharina den russischen Zarenthron bestiegen hatte. Die enge Verbundenheit Friedrichs mit seiner Schwester, der jetzigen Zarin Maria Feodorowna, war am Kaiserhof in Wien bekannt. Gegen Ende des Jahres 1796 verließ Friedrich Wien und reiste, ohne nach Stuttgart zurückzukehren, über Prag nach Hamburg. Das Ziel seiner Reise war London, wo er sich mit Kronprinzessin Charlotte Auguste Mathilde von Großbritannien vermählen wollte.

Über die württembergische Politik wurde Friedrich in den ersten sechs Monaten des Jahres 1797, in denen er fern der Heimat weilte, von zahlreichen Vertrauten und Bekannten brieflich auf dem laufenden gehalten. Aktiven Anteil an ihr konnte er in dieser Zeit kaum nehmen, wollte er offenbar auch nicht, denn sogar nach seiner Rückkehr in die Heimat Anfang Juli 1797 hielt er sich auffallend zurück. Dabei bereiteten ihm Politik und Regierungsstil seines Vaters zunehmend Unbehagen. Am 23. Juli 1797 schrieb er an Zeppelin: »Serenissimus sind müßig, schwach, auch sonst von sehr schlechter Laune.« Erst im Herbst 1797 erlangte Friedrich auf seinen Vater wieder stärkeren Einfluß. Herzog Friedrich Eugen bedurfte angesichts des beinahe ins Groteske übersteigerten Machtanspruchs der Landschaft jetzt seines Rats und seiner Hilfe. Die Stände betrieben ihre eigene Außenpolitik, die der des Herzogs entgegengesetzt war. Im Kampf um die Erhaltung ihrer Rechte suchten sie jede Machtsteigerung des Landesherrn etwa durch die Übertragung der Kurwürde oder durch Landerwerbungen auf diplomatischem Weg zu verhindern. In einer Denkschrift vom 4. November 1797 legte der Erbprinz dar, wie dem landständischen Machtstreben durch Verhandlungen in Wien, St. Petersburg, London und auch in Paris ein Riegel vorgeschoben werden solle. Herzog Friedrich Eugen ging auf die Pläne des Sohns ein und entsandte Friedrichs Freund Zeppelin nach Wien. Dieser hatte offiziell den Auftrag, um Entschädigungen für die Requisitionen der österreichischen Armee nachzusuchen. In Wirklichkeit sollte er aber am Kaiserhof den Wunsch des Herzogs nach der Kurwürde und nach territorialen Vergrößerungen seines Landes vorbringen. Weil Zeppelin aber wenig Gehör fand, wurde er zu Bündnisverhandlungen auf der Grundlage des Vertragsentwurfs, den Friedrich im Vorjahr Thugut vorgelegt hatte, ermächtigt. Hiernach erklärte sich der Herzog zur Stellung von 2500 Mann und zur

Unterstützung des Kaisers im Reich bereit. Als Gegenleistung verlangte er die österreichische Grafschaft Hohenberg, Nellenburg sowie die in Württemberg oder an dessen Grenzen gelegenen Reichsstädte, zudem Schutz gegen die Stände. Auch der Pariser Gesandte wurde beauftragt, über die Kurwürde und weitere Entschädigungen zu verhandeln.

Im Oktober 1797 hatte auch Österreich mit Frankreich Frieden geschlossen, in Campo Formio, und dabei heimlich in die Abtretung des linken Rheinufers eingewilligt. Im folgenden Monat begann die Friedenskonferenz zwischen Frankreich und dem Reich in Rastatt. Der Vertreter der Französischen Republik, Bonaparte, der spätere Kaiser Napoleon, erreichte bei seinen Verhandlungen mit dem Bevollmächtigten des Kaisers eine Übereinkunft über die endgültige Abtretung der linksrheinischen Reichsgebiete an Frankreich. Eine Reichsfriedensdeputation zur Regelung der Entschädigungsansprüche der Reichsstände, die auf dem linken Rheinufer Territorien verloren hatten, nahm ihre Arbeit auf. Daneben verhandelte Frankreich auch noch mit einzelnen Reichsständen direkt und stellte ihnen Gebietsvergrößerungen durch die Säkularisierung geistlicher Herrschaften in Aussicht.

Württemberg entsandte den Geheimen Rat von Mandelsloh nach Rastatt. Erbprinz Friedrich verfolgte mit lebhaftem Interesse den Gang der Verhandlungen. Er empfahl dem ihm sehr ergebenen Mandelsloh, angesichts der zynischen Weise, in der »ein Bonaparte« von Fürsten und ihren Gesandten redete, bei aller Ehrerbietung gegenüber dem Mächtigen äußerste Vorsicht und Zurückhaltung, um keinesfalls als »Commilitone der Zerstörer« zu erscheinen. Seiner Ansicht nach hatten die Fürsten von der Französischen Republik nicht viel zu erwarten. Er mokierte sich über die Prahlsucht der Franzosen, ihren leichtfertigen Umgang mit Grundsätzen und Werten, und er wollte sich durch nichts von dem ihm angemessen erscheinenden »politischen System«, nämlich dem Rückhalt an Kaiser und Reich, abbringen lassen. Sein Wunsch war, daß sich Mandelsloh entsprechend verhielt. Daß die Landstände stärker denn je gegenzusteuern versuchten und hierbei vor allem auf Frankreich setzten, empörte den Erbprinzen. Die Schuld daran gab er zu einem guten Teil dem Vater. »Leider ist es«, schrieb er, »mit dem Herzog dahin gekommen, daß jeder tut, was er will ... Serenissimus sind schwach, toben ..., lassen sich, wenn man unverschämt ist, öfters von ihren Intentionen abbringen; daher ist es ein mißlicher Handel, hier Ratgeber zu sein. Heute versammelt sich die Konferenz bei mir zum ersten Mal, um die landschaftlichen Angelegenheiten zu beurteilen.« Er sah seine Hauptaufgabe in der aktiven landespolitischen Rolle, die ihm der Vater endlich eingeräumt hatte. In seinen letzten Lebenswochen schwenkte Herzog Friedrich Eugen ganz auf die politische Linie seines Sohnes ein, und dieser tat alles, um ihn von gegensätzlichen Einflüssen abzuschirmen.

Werbung um die Prinzessin Charlotte Auguste Mathilde von Großbritannien

Seit dem Tod seiner ersten Frau im September 1788 dachte Prinz Friedrich daran, sich wieder zu verheiraten. Doch er hatte lange wenig Glück. Seine Sondierungen an verschiedenen Fürstenhöfen, so am Karlsruher Hof, mußten ihm den Eindruck vermitteln, daß kaum eine Prinzessin bereit war, ihr Leben mit dem eines Mannes zu verbinden, dem man einen wesentlichen Teil der Schuld am Scheitern seiner ersten Ehe zuschob. Friedrich schien zu resignieren. Als er Erbprinz geworden war, stellte sich für den künftigen württembergischen Landesherrn die Frage einer zweiten Ehe neu. Herzog Karl von Braunschweig, der Vater seiner ersten Frau, der Friedrich stets sein Wohlwollen bewahrt hatte, legte ihm nahe, er solle sich um die Hand der Kronprinzessin von England bemühen. Sie vereinige in sich die Vorteile einer ausgezeichneten Bildung mit denen eines beträchtlichen Vermögens. Friedrich war von »diesen Träumen eines Großvaters«, wie sie Herzog Karl formuliert hatte, sehr angetan und sprach von einer »schmeichelhaften Perspektive«. Nach seinen bisherigen Informationen, erklärte er, habe er annehmen müssen, daß die Prinzessin ihr Vaterland nicht verlassen wolle. Er wisse, daß seine gegenwärtige Stellung eine zweite Ehe wünschenswert mache. Aber seine Stellung und sein Alter verlangten, daß er umsichtig und überlegt vorgehe. Er bat deshalb Herzog Karl, ihm zu raten, welche Schritte er unternehmen könne, ohne sich zu kompromittieren. Diesem war die Angelegenheit so wichtig, daß er umgehend erste Erkundigungen in Großbritannien einzog. Nach wenigen Wochen schon konnte er Friedrich mitteilen, daß die Kronprinzessin zu heiraten wünsche und inzwischen auch die Absichten Friedrichs kenne. Er versprach, die angeknüpften Kontakte zu verstärken und, sobald er Nachrichten aus England habe, dem Prinzen weitere Schritte anzuraten, wobei er versicherte: »Es wird mir außerordentlich schmeichelhaft sein, etwas zum Glück Eurer Durchlaucht beizutragen.«

Herzog Karl hielt Wort. Bis zum Spätherbst 1795 erlangte er das grundsätzliche Einverständnis des Königs und der Königin von Großbritannien wie das der Kronprinzessin für eine Werbung Friedrichs. Herzog Friedrich Eugen bat am 12. Dezember 1795 den englischen König um seine Zustimmung zu der Vermählung von Prinz Friedrich mit Kronprinzessin Charlotte Auguste Mathilde. Auch Friedrich selbst schrieb an das Königspaar. Seine Werbung, die er als eine hochpolitische Angelegenheit betrachtete, begründete er bezeichnenderweise so: ». . . Durchdrungen, wie ich es bin, von den Vorteilen, die eine so erlauchte Verbindung für mein persönliches Glück wie für den Ruhm meines Hauses haben wird . . .« Auf den Rat des Braunschweiger Herzogs beauftragte er seinen Freund Zeppelin mit der Brautwerbung und stattete ihn für die Reise mit einem entsprechenden »Zeugnis« aus. Als Reiseziel des Grafen Zeppelin wurde Mecklenburg angegeben, um seine Mission vor der Öffentlichkeit vorläufig geheimzuhalten. Sobald die Entscheidung des Königs gefallen war, wollte Friedrich selbst nach London kommen, um seine künftige Frau kennenzulernen. Am 28. Januar 1796 schrieb er dem Freund, er habe seine Wiederverheiratung zunächst bloß als politisches Arrangement betrachtet, doch jetzt erwarte er im Gefühl seiner Einsamkeit von ihr neues Lebensglück. Noch immer hatte er Angst, sich zu kompromittieren. Daher wollte er keinesfalls zu früh nach London aufbrechen.

Friedrich legte größten Wert darauf, daß sein Heiratsplan die Unterstützung, zumindest aber die Billigung der mächtigsten europäischen Herrscherhäuser fand. Auf seine Bitte wies schon Ende 1795 Kaiser Franz II. aus freundschaftlicher Zuneigung für den Schwager und gegen den sonst von ihm streng beobachteten Grundsatz, sich nicht in Familien- und insbesondere Heiratsangelegenheiten zu mischen, den österreichischen Gesandten in London, Graf Starhemberg, an, zum Erfolg der Verhandlungen des Grafen Zeppelin nach Kräften beizutragen. Friedrich war in Sorge, seine große Feindin, die Zarin Katharina, könnte in ihrem »unauslöschlichen Haß« seine Heiratspläne durchkreuzen. Der russische Gesandte in Wien, Graf Razoumowsky, meinte, es wäre ein leichtes, die Kaiserin zu gewinnen, er müßte sie nur in einem Schreiben gewissermaßen um Vergebung bitten. Dazu war aber Friedrich zunächst nicht bereit. Weil ihm die Kaiserin jedoch so oder so schaden konnte, überwand er schließlich seine Bedenken und legte ihr in einem Brief den für sein Haus wie für ihn im besonderen ebenso vorteilhaften wie ehrenvollen Heiratsplan, wie er sich ausdrückte, offen dar. Er unterrichtete Katharina davon, daß der Anstoß zu dieser Heirat von seinem Schwiegervater ausgegangen sei und daß sein Vater die erforderlichen Schritte zu ihrer Verwirklichung unternommen habe. Weil indessen, so schrieb Friedrich weiter, nichts so sehr den Erfolg dieses Plans verbürge wie eine gnädige Billigung der Kaiserin, wage er, sie um ihre machtvolle Unterstützung zu bitten. Eine Kopie des Schreibens ließ er dem österreichischen Vizekanzler Fürst Colloredo übergeben. Katharina antwortete am 14. März 1796 unerwartet freundlich: »Mein Herr Vetter! Da ich stets einen sehr lebhaften Anteil an allem nehme, was Euer Durchlaucht und Ihr Haus betrifft, habe ich mit Vergnügen von den Schritten gehört, die Sie unternommen haben, um die Hand der Kronprinzessin von Großbritannien zu erlangen. Um Sie von meiner uneingeschränkten Billigung dieses Heiratsplans zu überzeugen, habe ich meinem Gesandten in London befohlen, ihn mit allem Nachdruck zu fördern, es wird mir eine wahrhaftige Genugtuung bereiten, wenn diese Bemühungen zur Erfüllung der Wünsche Eurer Durchlaucht beitrügen ...« Prinz Friedrich war überglücklich. Er äußerte: »... das ist ein Denkmal, das ich sorgsam aufbewahren werde, und in meinen alten Tagen, wenn mich böse Erinnerungen quälen, werde ich es mir vornehmen und sagen: ›Ehrlich währt am längsten.‹«

Die Abwesenheit des Freundes Zeppelin ertrug Friedrich nur schwer. Am 2. Februar 1796 schrieb er ihm: »... daß ich Dich liebe, daß ich Dich unbeschreiblich über alles liebe, das weißt Du. Wie ist es denn von Unterschied der Geburt, des Standes etc. zu sprechen? ... Du sollst mich lieben, ich mag Prinz oder Kesselflicker sein ...« Vier Tage später forderte er Zeppelin auf: »... mache der Sache ein Ende, es müßte doch des Teufels sein, wenn von vier Prinzessinnen nicht eine heiraten und Herzogin von Württemberg sein wolle, welche ist mir wahrhaftig einerlei, um nur bald aus dieser Lage zu kommen ...«

Während der Prinz den Freund längst in England glaubte, konnte dieser wegen ungünstiger Witterungsverhältnisse erst gegen Ende des Monats Januar 1796 von Hamburg aus die Schiffsreise antreten. Doch auch während der Fahrt besserte sich das Wetter nicht. Ein grausamer Sturm warf das Segelschiff gegen die Küste von Norwegen. Erst 17 Tage nach seiner Abreise aus Hamburg konnte er endlich am 11. Februar 1796 seinen Fuß auf englischen Boden setzen. Am 15. März forderte Friedrich, des langen Wartens überdrüssig, den Freund auf, ihm freimütig zu sagen, wie er die Kronprinzessin finde. Sehr verärgert war er darüber, daß die Hamburger Zeitung am 11. März 1796 einen Bericht über seine Heiratspläne brachte. Er hatte gewünscht, daß die Angelegenheit bis zu ihrem glücklichen Abschluß der Öffentlichkeit verborgen blieb. Irgendeine indiskrete Äußerung hatte dies nun vereitelt.

Die langen Verhandlungen Zeppelins erbitterten den Erbprinzen in wachsendem Maß. Am 16. April 1796 schrieb er ihm: »Wenn er vorausgesehen hätte, daß diese Heiratsangelegenheit mit einem entwürdigenden und langwierigen Betteln und Antichambrieren verbunden sei, hätte er sich nicht um die Königstochter bemüht. Sein Ruf sei unbescholten, selbst der Hof der großen Monarchin habe seinem Charakter nichts anhängen können. Daß sein Verhalten in einer unglücklichen Ehe nicht zu tadeln sei, könnten seine Schwiegereltern bezeugen. Mit der Verhandlungsführung des Freundes war er trotzdem zufrieden. Er attestierte ihm bei seiner schwierigen Mission Klugheit, Eifer und Scharfsinn. Daher schlug er ihn auch für eine öffentliche Auszeichnung vor. Als sich allmählich ein glücklicher Ausgang der Verhandlungen abzeichnete, schrieb er freudig erregt an Zeppelin: »Dir allein, mein lieber, bester Freund, habe ich mein zukünftiges Glück zu danken.« Am 15. Juli 1796 stimmte König Georg von England einer Ehe seiner Tochter mit dem württembergischen Erbprinzen grundsätzlich zu. Zeppelin trat die Rückreise über Hamburg und Bayreuth nach Erlangen an. Friedrich erwartete ihn ungeduldig im »Walfisch«. Die Freunde waren beinahe acht Monate getrennt gewesen.

Am 20. August 1796 schrieb Friedrich seinen ersten Brief an die Braut. Er redete sie sehr höflich mit »Madame« und »Euer Königliche Hoheit« an. Unter Bezugnahme auf das Einverständnis »Ihrer Königlichen Majestäten« äußerte er sein Glück und seine Zufriedenheit darüber, daß er am Ziel seiner Wünsche angelangt sei. Gleichzeitig dankte Herzog Friedrich Eugen dem englischen Königspaar für das Ja zu der Ehe seines Sohnes mit der Kronprinzessin. In seinem Brief nannte er diese Ehe eine unendlich ruhmvolle Verbindung für sein Haus, und er versicherte, er werde die Kronprinzessin mit aller Liebe und Freundlichkeit bei sich aufnehmen. Er kündigte den »Majestäten« als seinen Bevollmächtigten den Geheimen Rat von Rieger an, der beauftragt sei, die Heiratsbedingungen mit dem königlichen Ministerium vollends zu regeln. Dem Reichsgrafen Johann Karl von Zeppelin verlieh er zusammen mit dem Großen Orden den Rang eines wirklichen Geheimen Rats.

Die Hochzeit in London

Am 10. Dezember 1796 schrieb Erbprinz Friedrich von Wien aus dem Freund Zeppelin: »Katharina ist tot . . . Komm ohne Verzug zu mir, ich muß nach England.« Es scheint, als habe Friedrich insgeheim noch immer gefürchtet, die russische Zarin könnte in ihrem Haß gegen ihn seiner zweiten Heirat Schwierigkeiten bereiten. Jedenfalls zeigte er sich über die Nachricht vom Tod der großen Kaiserin sichtlich erleichtert. Die Reise nach England unternahm er mit einem Gefolge von mindestens vierzehn Personen, darunter dem Großmeister Graf von Zeppelin, dem Kammerherrn Baron von Görlitz, seinem Privatsekretär Menoth und dem Arzt Hardegg. Schon am 28. Januar 1797 befand er sich in Hamburg. Dort mußte er wegen des für eine Überfahrt ungünstigen Winterwetters zwei Monate warten. Er nahm in dieser Zeit lebhaften Anteil am kulturellen Leben der Hansestadt. Am 6. Februar 1797 beispielsweise wohnte er einer Aufführung der »Zauberflöte« von Wolfgang Amadeus Mozart bei. Am 8. April war er in Cuxhaven, wo er den Heiratskontrakt erhielt, und am 14. April 1797 in Colchester. Die Überfahrt nach England dauerte bei ständig gutem Wind nur 44 Stunden. Dennoch blieb sie Friedrich in schlechter Erinnerung. Die Seekrankheit überfiel ihn und ließ ihn, solange er sich auf See befand, nicht mehr los. Er glaubte sterben zu müssen. Bei der Landung in England fühlte er sich so schwach, daß er eine mehrtägige Ruhepause einlegte, ehe er mit seinen Begleitern die Reise nach London fortsetzte. Von den Gefährten blieb übrigens nur Zeppelin von der Seekrankheit verschont.

Am 12. April hieß ihn König Georg III. in England herzlich willkommen. Am 15. April, abends 6 Uhr, ließ ihn der Herzog von York in seiner Karosse abholen und zum Queen House (Buckingham Palace) bringen. Er wurde zuerst zum König geführt, der sich aufs liebenswürdigste eine Dreiviertelstunde mit ihm unterhielt, bevor er ihn zur Königin geleitete, die ihn ebenso freundlich begrüßte. Nach einer Viertelstunde sagte der König, von dessen »Bonhomie« Friedrich sehr beeindruckt war, zu seiner Frau auf deutsch: »Es ist besser, daß sie sich zum ersten Mal allein sehen«, und er ließ die Kronprinzessin rufen. Der Erbprinz berichtete den Eltern: ». . . Ich habe allen Grund, mit diesem ersten Kennenlernen sehr zufrieden zu sein. Nach den ersten Augenblicken verlor sich die Verlegenheit fast ganz und man plauderte sehr natürlich.« Anschließend machte der Prinz auch die Bekanntschaft der fünf anderen Prinzessinnen, des Prinzen von Wales, der Herzöge von York und Clarence sowie des Prinzen Ernst. Der Mutter beschrieb Friedrich seine Braut als groß, gut gebaut und vollschlank. Sie habe einen frischen Teint, regelmäßige Gesichtszüge, und an ihr nicht ausgesprochen schönes Gesicht gewöhne man sich rasch. Über den Eindruck, den Friedrich umgekehrt auf seine Braut machte, ist uns nichts bekannt. Daß der Erbprinz schon recht korpulent war, wissen wir aus einer Schilderung Goethes. Da er dazuhin auch ungewöhnlich groß war, zog er vermutlich schon durch seine äußere Erscheinung die allgemeine Aufmerksamkeit auf sich.

Die am 29. September 1766 geborene Kronprinzessin Charlotte Auguste Mathilde war eine Kusine der ersten Frau Friedrichs. Sie hatte eine sehr sorgfältige Erziehung erhalten. Neben der englischen Landessprache beherrschte sie das Französische in Wort und Schrift, ebenso vermochte sie sich im Deutschen geläufig auszudrücken. Ihre Vorliebe galt der Geschichte. Im Zeichnen und Sticken hatte sie es nicht zuletzt dank ausgezeichneter Lehrer zu großer Fertigkeit gebracht. Ihr Welt- und Lebensbild war durch eine strenge Religiosität geprägt. Sie besaß einen ausgesprochen rechtlichen Sinn. Obwohl an einem der ersten Höfe Europas aufgewachsen, strebte sie nach keiner glänzenden gesellschaftlichen Rolle. Sie war eher scheu, hielt sich sehr zurück und fühlte sich in einem kleinen vertrauten Kreis am wohlsten. Politik war für sie Männersache. Im November 1809 äußerte sie zu ihrem Mann: »Ich finde, daß es das große Glück der Frauen ist, für ein häusliches Leben bestimmt zu sein, und ich kann nur diejenigen beklagen, die aus ihrem Lebenskreis heraustreten und sich in Angelegenheiten zu mischen suchen, von denen sie nichts verstehen . . .«

In England war es dem König damals untersagt, den Namen seines künftigen Schwiegersohns bekanntzugeben, bevor das Parlament seine Zustimmung zu der Ehe gegeben hatte. Weil jedoch das Parlament erst am 24. April 1797 wieder eröffnet wurde, schlug König Georg Prinz Friedrich vor, eine »Lustreise« durch das Land zu unternehmen. Bis zur Rückkehr Friedrichs sollten auch die Heiratskontrakte unterschriftsreif sein. Am 18. April 1797 trat der Erbprinz in Begleitung von Graf Zeppelin und Baron Görlitz die Reise an. Sie führte ihn durch mehrere südenglische Provinzen und Grafschaften, unter anderem durch Hampshire, Buckinghamshire, Berkshire. Er besuchte Portsmouth, die Insel Wright, Southampton, Salisbury, Milton Abbey, Burford, Blenheim und andere Orte. Überall wurde

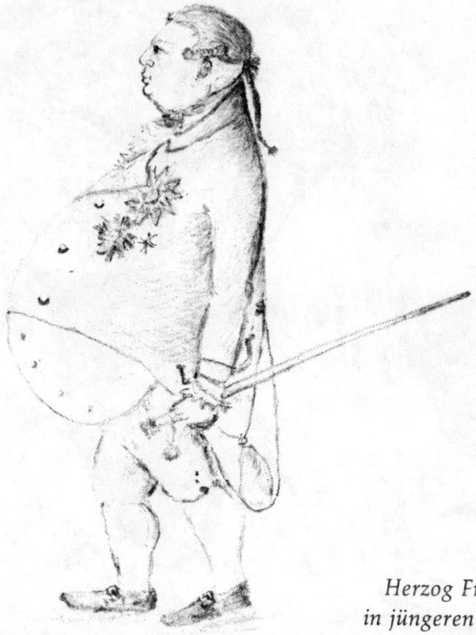

Herzog Friedrich in jüngeren Jahren

er feierlich mit vielen Ehren empfangen. So erhielt er das Ehrenbürgerrecht der Städte Bath, Newport, New Sarum, Oxford, Portsmouth und Windsor. Die Universität Oxford verlieh ihm, Zeppelin und Görlitz die Würde eines juristischen Ehrendoktors. Außerdem wurde er zum Mitglied des »Board of Agriculture« in London ernannt. Ähnliche Ehren hatte man zuvor lediglich dem König von Dänemark erwiesen. Nach einer Mitteilung von Lord Greenville an Graf Zeppelin vom 26. April 1797 wollte König Georg am Mittwoch, 2. Mai, dem Geheimen Rat die Hochzeit bekanntgeben und am

Karikatur auf die Brautwerbung des Prinzen Friedrich in London

gleichen Tag auch die beiden Häuser des Parlaments unterrichten. Das Appartement, das der König Prinz Friedrich im Palast von St. James zur Verfügung stellte, sollte ab 9. Mai bereitstehen. Da es üblich war, daß der König einem erlauchten Gast die Karossen bis zehn Meilen vor London entgegenschickte, bat Lord Greenville Zeppelin, ihm mitzuteilen, auf welchem Weg der Prinz in die britische Hauptstadt zurückkehre. Zeppelin antwortete Lord Greenville am 28. April 1797: Der Prinz treffe am 4. Mai in London ein, um einige private Angelegenheiten zu erledigen. Er werde sich vier Tage in strengstem Incognito in seiner alten Wohnung aufhalten und von dort am 8. Mai frühmorgens wieder aufs Land reisen. In Hounslow im Hotel zum Roten Löwen erwarte er sodann die königlichen Karossen.

Über den Einzug von Prinz Friedrich in London am Nachmittag des 9. Mai 1797 »als deklarierten königlichen Eidam« liegt ein überaus anschaulicher Bericht des Geheimen Rats von Rieger an Herzog Friedrich Eugen vor. Nach diesem Bericht war »der Zulauf und die Akklamation des Volks außerordentlich«. Der Prinz stieg im Königspalast von St. James ab, wo er das Appartement von Prinz Ernst bezog. Auf Verlangen der auf der Straße versammelten Menschenmenge zeigte er sich einige Male am Fenster. »Das Freudengeschrei darüber dauerte ohne Aufhören.« Im St. James Palais fanden sich sofort nach dem Eintreffen des Prinzen die ersten »Chargen des Hofs« zur Begrüßung im Namen ihrer Majestäten ein. Um die Mittagszeit des nächsten Tages versammelte sich das diplomatische Korps und viele der Großen des Hofes beim Prinzen und wurden »en cérémonial« eingeführt. Nachmittags gegen 3 Uhr empfingen der König und die Königin Prinz Friedrich in Privataudienz. Anschließend stattete dieser »der Frau Kronprinzessin« einen feierlichen Besuch ab. Am Abend begab sich Friedrich in das ausverkaufte Theater von Drurylane. Bei seinem Eintritt in die königliche Loge wurde die schon begonnene Schauspielaufführung durch Händeklatschen und Willkommensrufe der Besucher beinahe eine Viertelstunde unterbrochen. Das »God save the King« mußte nicht nur vom Orchester gespielt, sondern auch von der Schauspieltruppe gesungen werden. Am 11. Mai erschien Friedrich anläßlich des von der Königin gehaltenen »Drawing Room« erstmals öffentlich bei Hof. Kronprinzessin Charlotte Mathilde trug den ihr von der Zarin Maria Feodorowna verliehenen und wenige Tage zuvor übergebenen russischen St. Katharinen-Orden. Die Zahl der Gäste entsprach denen bei den größten Festen, und alle waren »in großer Gala«. Der »Cercle« dauerte von 2 bis 6 Uhr. Den Abend verbrachte der Prinz mit der königlichen Familie im »Hotel von Buckinghamhouse«. Sehr betroffen war Friedrich von der Begegnung mit der Schwester seiner ersten Frau, der Herzogin von Wales. Sie gleiche ihr, schrieb er dem Vater, »wie ein Ei dem anderen«: Figur, Gesicht, ihr Verhalten, ihre Art zu sprechen. Rieger berichtete ferner, daß vor der Rückkehr des Erbprinzen nach London beide Häuser des Parlaments den Ehekontrakt gebilligt und einstimmig die übliche Mitgift von 80 000 Pfund Sterling bewilligt hätten.

Zwischen Kronprinzessin Charlotte Mathilde und Prinz Friedrich wurden zwei Heiratsverträge geschlossen. Der erste vom 3. Mai 1797 bezog sich auf die Kronprinzessin von England, der zweite vom 16. Mai 1797 auf die Prinzessin von Braunschweig-Lüneburg. Lediglich über den ersten hatte das Parlament zu befinden. In ihm war festgelegt: Die Eheschließung erfolgt nach dem Ritus der anglikanischen Kirche. Die gemeinsamen Kinder sollen in Württemberg erzogen werden, dürfen sich aber nur mit Zustimmung des Königs von England oder seiner Nachfolger verheiraten. Stirbt die Prinzessin kinderlos, fällt die Hälfte ihrer Dotation an den Chef des Hauses Württemberg, über die andere Hälfte kann sie testamentarisch nach Gutdünken verfügen. Tut sie dies nicht, fällt diese Hälfte nach ihrem Tod an den König von England oder an dessen Nachfolger zurück. Der König setzt seiner Tochter eine lebenslange Pension von 5000 Pfund Sterling im Jahr von seinen Einkünften aus. Der regierende Herzog von Württemberg bestimmt der Prinzessin für den Fall des Todes ihres Mannes einen Witwensitz in seinem Land. Doch kann sie auch nach England zurückkehren. Den Gottesdienst darf sie einschließlich ihrer Dienerschaft nach anglikanischem Ritus feiern. Der zweite Ehevertrag traf folgende Vereinbarungen: König Georg übergibt seiner Tochter ein Heiratsgut bzw. eine Ehesteuer von 40 000 Reichstalern. Charlotte Mathilde leistet in Braunschweig und Großbritannien auf das Erbfolgerecht Verzicht. Als Wittum werden ihr neben einer angemessenen Menge Brennholz und Wildpret 20 000 fl im Jahr zugesichert. Diese Gelder sollen aus den herzoglichen Renten, Gefällen und sonstigen Nutznießungen des Amts Urach bestritten werden. Als Witwensitz wird ihr das Erbprinzenpalais in Stuttgart, im Sommer das herzogliche Schloß Stetten im Remstal eingeräumt. An ihrem Witwensitz übt sie über die Dienerschaft die niedere Gerichtsbarkeit aus. Stirbt die Prinzessin vor ihrem Mann, darf

Karikatur auf die erste Begegnung des Prinzen Friedrich mit seiner englischen Braut

dieser das Heiratsgut von 40 000 Reichstalern behalten. Stirbt umgekehrt der Prinz vor der Prinzessin, fallen die 40 000 Reichstaler an das herzogliche Haus. Sind jedoch gemeinsame Kinder vorhanden, bekommen diese das Geld.

Am 18. Mai 1797 fand in der Schloßkapelle von St. James unter großem Gepränge die Trauung statt. Die Feierlichkeiten waren ganz nach dem Geschmack Friedrichs. Mehr noch als siebzehn Jahre früher bei seiner ersten Heirat in Braunschweig stand er im Mittelpunkt eines glanzvollen Hofereignisses. Es läßt sich leicht vorstellen, was dies für einen Prinzen bedeutete, der so manche Enttäuschung und Zurücksetzung, mitunter durch eigenes Verschulden, oft aber auch einfach durch den Zwang der Verhältnisse bedingt, erfahren und viele Jahre in unfürstlicher Armut gelebt hatte. Die Trauung nahm der Erzbischof von Canterbury vor. Voll Freude und Stolz berichtete Friedrich unmittelbar nach der kirchlichen Feier dem Vater von der Vermählung. Vier Tage später kündigte er seiner Tochter Katharina ihre neue Mutter an. Er sei sicher, schrieb er, daß Prinzessin Charlotte Mathilde nicht nur ihn glücklich machen, sondern auch Katharina ihre Liebe und ihr Vertrauen schenken werde. Vor

CEREMONIAL

For the NUPTIALS *of*

FREDERICK-WILLIAM,

HEREDITARY PRINCE OF WURTEMBERG-STUTGARDT,

WITH

CHARLOTTA-AUGUSTA-MATILDA,

PRINCESS ROYAL OF GREAT BRITAIN,

LADY OF THE IMPERIAL ORDER OF RUSSIA OF St. CATHERINE,

AND

ELDEST DAUGHTER OF KING *GEORGE* III.

AT St. JAMES's.

PROCESSION OF THE BRIDEGROOM.

Drums and Trumpets.
Kettle Drums.
Serjeant Trumpeter.

To file off at the Door of the Chapel. To play only in the ſeveral Proceſſions to the Chapel, and on the laſt Return.

The Maſter of the Ceremonies, with one of the chief Officers of the Bridegroom.

The Bridegroom's Gentleman of Honour between the two Senior Heralds.

THE BRIDEGROOM

Conducted by the Lord Chamberlain and Vice Chamberlain, and ſupported by two Dukes.

On entering the Chapel, the Bridegroom to be conducted to the Seat prepared for him; and the two Dukes, with the Maſter of the Ceremonies, and the Gentleman of Honour, to retire to the places aſſigned them.

The Lord Chamberlain, Vice Chamberlain, the two Heralds, with the Drums and Trumpets, to return for the Bride's Proceſſion.

PROCESSION OF THE BRIDE.

Drums and Trumpets, as before.

The Bride's Gentleman of Honour between the two Provincial Kings of Arms.

THE BRIDE,

In her nuptial Habit, &c. &c. with a Coronet, conducted by the Lord Chamberlain and Vice Chamberlain, and ſupported by Their Royal Highneſſes the Duke of Clarence and Prince Erneſt Auguſtus. Her Train borne by four Daughters of Dukes and Earls, who are to ſtand near the Bride while the Marriage Ceremony is ſolemnizing.

dem Verlassen Englands bedachte Erbprinz Friedrich Lord Greenville und Baron von Lenthe, die an der Vorbereitung und Durchführung der Hochzeitsfeierlichkeiten sowie an der Abfassung der Heiratsverträge von englischer Seite maßgeblichen Anteil gehabt hatten, mit kostbaren Geschenken im Wert von zusammen rund 8000 fl. Weniger erfreulich war, daß sich der württembergische Unterhändler in London, von Rieger, gegen den Vorwurf verteidigen mußte, er habe sich in Geldangelegenheiten unredlich verhalten. Rieger hielt dem Prinzen entgegen, er habe wegen ungenügender finanzieller Ausstattung durch das herzogliche Haus sogar eigene Mittel in Anspruch nehmen müssen. Seine Rechtfertigung hat Friedrich, der trotz Aufstockung seiner Mittel durch den Vater vor der Hochzeit anscheinend wieder knapp bei Kasse war, gelten lassen. Zu einer längeren Verstimmung zwischen beiden Männern kam es nicht.

Ende Mai trat Friedrich mit seiner Frau die Rückreise nach Württemberg an. In den folgenden Monaten hielt sich das Prinzenpaar viel in Scharnhausen auf, wo sich Friedrich am 4. August 1797 beim Sturz vom Pferd den rechten Arm brach. Er brauchte einige Monate, bis er wieder voll genesen war. Prinzessin Charlotte Mathilde war um den Gemahl stets sehr besorgt. Bei aller Herzlichkeit und Zuneigung blieb der Ton in der Korrespondenz des Fürstenpaars von einer gewissen höflichen Förmlichkeit. Friedrich behandelte seine Frau stets mit großer Hochachtung, und er unterhielt mit ihr, wenn er sich auf Reisen oder auf der Jagd befand, eine lebhafte Korrespondenz. Doch war darin von persönlichen Gefühlen kaum die Rede. Die Prinzessin gab sich sehr viel warmherziger, doch auch sie wahrte dem Gatten gegenüber in der Wortwahl eine vornehme Distanz. Friedrich stellte ihr im Dezember 1797 das Zeugnis aus: »So gut ein Weib sein kann, ist gewiß diese. Jeden Tag zeigt sich ihr Charakter mehr als rechtschaffen und gut.« Den ersten Platz in seinem Herzen jedoch behielt Zeppelin, dem er damals schrieb, er sei glücklich, eine solche Frau zu besitzen, doch noch viel glücklicher mache ihn, einen Freund wie Zeppelin zu haben, »den ich mehr als alles liebe, der einzig mein ganzes Herz besitzt«. Für den Freundschaftsbund zwischen den beiden Männern hat Prinzessin Charlotte Mathilde von Anfang an nicht nur Verständnis gehabt, sondern sie hat auch Zeppelin und seiner Familie ihrerseits Freundschaft und Vertrauen entgegengebracht.

Programm der Trauungszeremonie am 18. Mai 1797 in London

VII

Herzog
1797–1803

Politische und militärische Ereignisse

Am 23. Dezember 1797 erlag Herzog Friedrich Eugen einem Herzschlag. Prinz Friedrich übernahm als Herzog Friedrich II. die Regierungsgewalt im Herzogtum Württemberg. Dreiundvierzigjährig war er am Ziel seiner Wünsche. Gräfin Görtz gab diesem Gefühl in ihrem Glückwunschschreiben Ausdruck, seit 17 Jahren habe sie diesen Tag herbeigesehnt. Ein Gratulant aus Lausanne schrieb dem neuen Regenten Württembergs, ein Fürst, der so viel Widerwärtiges wie er erlebt habe, sei ein Glück für sein Volk. Freilich, mit dem Regierungsantritt Friedrichs waren die ihm auferlegten Widerwärtigkeiten noch nicht zu Ende; neue, nicht minder große, kündigten sich an.

Der 1797 zwischen Frankreich und Österreich zustande gekommene Friede war nur von kurzer Dauer. Schon im folgenden Jahr schlossen sich England, Rußland, Österreich, Neapel und die Türkei zu einer militärischen Allianz zusammen, um der weit über Europa hinausgreifenden französischen Machtpolitik wirksam begegnen zu können. Der Zweite Koalitionskrieg entbrannte. Südwestdeutschland wurde erneut Aufmarsch- und Operationsgebiet der Armeen Frankreichs und Österreichs. Herzog Friedrich II. suchte sein Land zunächst aus dem Krieg herauszuhalten. Doch keine der beiden kriegführenden Mächte achtete die Neutralität des Herzogtums. Anfang März 1799 drangen die Franzosen von Westen her nach Württemberg ein und stießen rasch nach Osten und Südosten vor. Das Land hatte schwer unter ihnen zu leiden. Die Proteste des Herzogs bei den Befehlshabern der französischen Truppen wegen der Gewalttätigkeiten und Übergriffe ihrer Soldaten in Ebingen, Balingen und in der Freudenstädter Gegend fruchteten wenig. Den Österreichern unter Erzherzog Karl gelang es, die Franzosen in mehreren

Gefechten bis Ende des Monats wieder über die westlichen Landesgrenzen zurückzutreiben. Allein, auch die Österreicher traten anmaßend und fordernd auf. Die von ihnen beanspruchten Lieferungen an Nahrungsmitteln und Pferdefutter, die Vorspannen und Einquartierungen belasteten das Land in kurzer Zeit mit 16 Millionen Gulden. Die Kaisermacht nahm Württemberg seine Neutralität übel. Auf österreichischen Druck mußte der Herzog den französischen Gesandten aus Stuttgart ausweisen. Die Niederlagen, die die Franzosen jetzt auch in der Schweiz und in Italien erlitten, veranlaßten Herzog Friedrich, sich, ungeachtet des Widerstands der Stände, wieder Österreich anzunähern. Er schickte seinen Freund Zeppelin nach Wien, Hauptmann von Varnbüler nach St. Petersburg. Ebenso nahm er Kontakte mit seinem Schwiegervater in England auf, um Hilfsgelder zur Aufstellung eines Heeres gegen Frankreich zu erlangen. Zar Paul unterstützte die Bestrebungen seines Schwagers durch entsprechende Anweisungen an seine Gesandten in Wien und London. Am 2. Juli 1799 brachte Zeppelin in der österreichischen Hauptstadt einen Allianzvertrag zuwege. In diesem erklärte der Herzog von Württemberg den erzwungenen Frieden mit Frankreich vom Jahr 1796 für ungültig und verpflichtete sich als Verbündeter Österreichs ein Truppenkontingent von 5000 Mann Infanterie, 200 Mann Artillerie und 800 Mann Kavallerie ins Feld zu stellen. Soweit er die Gelder zur Aufstellung und Unterhaltung dieser Truppen nicht selbst aufbringen konnte, wollte er sie von England beschaffen. Trotz des Widerstands der Landschaft, die am Frieden mit Frankreich und an der württembergischen Neutralitätspolitik festhielt, ließ der Herzog nunmehr einen Teil seiner Truppen zu den Österreichern stoßen. Die Württemberger beteiligten sich Anfang September 1799 an mehreren Gefechten gegen die von Heilbronn her angreifenden Franzosen in der Gegend von Lauffen am Neckar und verwehrten ihnen ein weiteres Vordringen, bis es Erzherzog Karl mit seinen aus der Schweiz herbeigeeilten Truppen gelang, sie über den Rhein zurückzuwerfen. Im November 1799 vereitelten Württemberger und Österreicher bei Bietigheim und Löchgau den Vorstoß von General Ney nach Ludwigsburg und Stuttgart sowie die Inbesitznahme des österreichischen Magazins in Cannstatt durch die Franzosen. Einen neuen feindlichen Einfall verhinderte vierzehn Tage später der aus Tübingen und Hechingen mit einem starken Truppenkorps herbeieilende österreichische General Sztarray.

Am 20. April 1800 vereinbarte der an den Stuttgarter Hof entsandte englische Gesandte im Auftrag von König Georg III. ein Bündnis mit Herzog Friedrich II., das diesem eine eigenständige politisch-militärische Rolle in dem Koalitionskrieg gegen Frankreich ermöglichte. Friedrich verpflichtete sich, zusätzlich zu seinem Reichskontingent ein Truppenkorps von 5000 Mann aufzustellen, das nach einem geheimen Zusatzartikel zum Bündnisvertrag möglichst als geschlossene Einheit unter kaiserlichem Befehl nur in Schwaben und im Reich eingesetzt werden sollte. England übernahm die Ausrüstung, den Sold und die Kosten für die Unterhaltung des Korps. Dem Herzog oblag es, die Mannschaftsabgänge zu ersetzen. Friedrich versprach ferner, Frieden nur im Einvernehmen mit England zu schließen. Dieses garantierte umgekehrt alle herzoglichen Besitzungen und sicherte zu, sich für die Interessen Württembergs beim Friedensschluß einzusetzen.

Fünf Tage nach Abschluß des englisch-württembergischen Bündnisvertrags überschritt General Moreau mit starken Truppenverbänden bei Kehl, Breisach und Basel den Rhein. Das 2700 Mann zählende württembergische Reichskontingent, Teil des von dem österreichischen General Sztarray befehligten Korps, marschierte dem Feind bis Baden-Oos entgegen, zog sich aber dann zurück, ohne daß es zu einem Gefecht mit den Franzosen gekommen war. Der Angriffsschwerpunkt Moreaus zielte auf Oberschwaben. Am 1. Mai stand General Vandamme mit einem Korps von 10 000 Mann vor der württembergischen Bergfestung Hohentwiel im Hegau. An eine ernsthafte Belagerung oder gar Erstürmung dachte der General wohl kaum, zumal das Felsennest den Franzosen keinen nennenswerten Schaden zufügen konnte. Die Festung, seit langem vernachlässigt und als Staatsgefängnis benutzt, besaß einschließlich der Offiziere nur eine Besatzung von knapp 120 Mann. Von den 27 Geschützen sollen nur zwei in einwandfreiem Zustand gewesen sein. Hingegen verfügte die Festung über einen beträchtlichen Vorrat an Lebensmitteln und an Munition, sie hätte einer Belagerung einige Zeit durchaus standzuhalten vermocht. Auf die Aufforderung Vandammes, die Festung zu übergeben, ließ sich der stellvertretende Kommandant, Oberstleutnant von Wolff, der dem greisen Festungskommandanten, Generalmajor von Bilfinger, zur Unterstützung beigegeben war, in Verhandlungen ein. Vandamme drohte mit der Beschießung und Erstürmung des Bergs, sagte aber andererseits für den Fall der Übergabe der Festung zu, er werde sich bei seiner Regierung dafür verwenden, daß der Hohentwiel unversehrt nach Friedensschluß an

Die Festung Hohentwiel Ende des 18. Jahrhunderts

Württemberg zurückgegeben werde. Obwohl die Zusage für den französischen General nicht verpflichtend war, entschied sich ein Kriegsrat der Offiziere bei einer einzigen Gegenstimme für die Kapitulation zu den von dem wortgewandten General Vandamme eingeräumten ehrenvollen Bedingungen. Die Franzosen triumphierten. Mit einer kampflosen Übergabe der Festung hatten sie nicht gerechnet. Die französische Regierung weigerte sich, der Empfehlung Vandammes zu entsprechen, sie gab im Herbst 1800 die Anweisung, die Bergfeste zu demolieren. Das Zerstörungswerk wurde während des Winters 1800/01 durchgeführt.

Herzog Friedrich war erst im August des Vorjahres mit großem Gefolge auf dem Hohentwiel gewesen, um von dort aus dem Vorbeizug der russischen Truppen unter General Korsakow zuzuschauen. Von Kommandant Bilfinger war er offenbar über den desolaten Zustand der Festung, wenn überhaupt, dann nur unzulänglich, unterrichtet worden. Er setzte ein Kriegsgericht ein, das sämtliche Offiziere, die der Kapitulation zugestimmt hatten, zur »infamen Kassation«, das heißt zur ehrlosen Entlassung, verurteilte, über Bilfinger und Wolff aber erkannte es auf Tod durch Erschießen. Der Herzog wandelte beide Todesurteile in lebenslange Gefängnisstrafen um. Bilfinger verlor, weil er die Kosten des Gerichtsverfahrens zu tragen hatte, sein ganzes Vermögen. Der nicht mehr im Vollbesitz seiner geistigen Kräfte befindliche ehemalige Kommandant bekam deshalb nach einiger Zeit ein Unterstützungsgehalt sowie die Erlaubnis, sich in Ludwigsburg, später auch in Stuttgart, aufzuhalten. Er starb 97jährig im Jahr 1825. Den Hauptverantwortlichen für die schimpfliche Übergabe des Hohentwiel sah der Herzog in Oberstleutnant von Wolff. Der Unglückliche wurde zunächst in Rothenburg ob der Tauber, dann auf dem Hohenasperg eingekerkert. Herzog Friedrich wies jede Bitte der Tochter um Hafterleichterung für ihren Vater ab. 1812 unternahm Wolff einen Fluchtversuch, der jedoch scheiterte. Von jetzt an untersagte es der Monarch streng, ihm ein Gnadengesuch des ehemaligen Oberstleutnants vorzulegen. Da es Wolff bei einer Truppenbesichtigung durch den späteren König auf dem Hohenasperg in seiner Verzweiflung gewagt hatte, sich an den Eisengittern seines Kerkers festklammernd, um Gnade zu rufen, so laut er konnte, durfte sich von da an bei einem Besuch des Landesherrn auf der Festung kein Gefangener mehr am Fenster zeigen. Wolff kam erst nach dem Tod von König Friedrich durch einen Gnadenerweis König Wilhelms I. am 1. November 1816 frei, starb jedoch schon kurz darauf in Karlsruhe bei seiner Tochter.

Im Mai 1800 gelang es Moreau, die Österreicher bis zur Iller zurückzuwerfen. Die kaiserliche Armee sah sich gezwungen, die westlichen und nördlichen Gebiete des Herzogtums Württemberg zu räumen. Da die Franzosen, wie Kurfürst Max Josef von Bayern erfahren hatte, die deutschen Fürsten, insbesondere aber den Herzog von Württemberg, gefangennehmen und nach Paris bringen wollten, flüchtete Herzog Friedrich zunächst nach Weiltingen, dann nach Erlangen. Auch die öffentlichen Kassen wurden nach Franken in Sicherheit gebracht. Das württembergische Reichskontingent traf am 21. Mai in Günzburg ein. Kurz zuvor hatte sich dort bereits das im englischen Sold stehende Reichskontingentsergänzungskorps, das in aller Eile auf eine Stärke von 3000 Mann gebracht worden war, eingefunden. Den Befehl über beide württembergische Brigaden übernahm Generalleutnant von Hügel. Da inzwischen beinahe das ganze Herzogtum von den Franzosen besetzt war, mußten nunmehr sämtliche württembergischen Truppen mit englischem Geld unterhalten werden. Am 17. Juli 1800 vereinbarten die weit nach Bayern vorgedrungenen Franzosen mit den Österreichern und ihren Verbündeten einen Waffenstillstand, der bis November in Kraft blieb. Die württembergischen Truppen lagen während dieser Monate in Mühldorf und Wasserburg am Inn. Nach der Wiederaufnahme der Feindseligkeiten erzwangen die Franzosen durch ihren Sieg bei Hohenlinden den Übergang über den Inn. Die Württemberger bildeten die Nachhut der Österreicher und blieben bei ihrem Rückzug über Salzburg in Richtung Wien in ständiger Feindberührung. Sie mußten sich fortwährender Angriffe der Franzosen erwehren und erlitten dabei schwere Verluste. Nach Abschluß des Waffenstillstands von Steyr am 27. Dezember 1800 erhielten sie Marschbefehl nach Böhmen. Dort blieben sie bis zum Friedensschluß. Im Mai 1801 rückten sie wieder in ihre heimatlichen Garnisonen ein. Sie hatten während des Feldzugs acht Offiziere und 1076 Mann verloren. Erzherzog Karl lobte ihre militärischen Leistungen.

Das Herzogtum Württemberg hatte im Sommer 1800 unter Einquartierungen sowie Durchzügen größerer feindlicher Truppenverbände in zunehmendem Maß zu leiden. Moreau erlegte dem Land eine Kontribution von 6 Millionen Francs auf, die in drei zehntägigen Fristen bezahlt werden sollte. Gegen Jahresende erhöhte er seine Kontributionsforderungen noch. Da die Franzosen in Herzog Friedrich ihren Hauptfeind sahen, sollte ihn nach dem Willen Moreaus ein erheblicher Anteil treffen. Der Herzog war seinerseits erbittert über Österreich, das ihn gänzlich im Stich gelassen und zum Aufgeben seines Landes genötigt hatte. In Württemberg selbst herrschte eine dem Regenten ungünstige Stimmung, weil dieser das Herzogtum den Franzosen preisgegeben und die Bemühungen der Landschaft, die Lasten der Bevölkerung zu erleichtern, zu behindern schien. Erst am 13. Mai 1801 kehrte der Herzog mit dem Erbprinzen in sein Stammland zurück.

Die Auseinandersetzungen mit den Landständen

Die Landschaft hatte argwöhnisch die ständefeindliche, sich an Österreich anlehnende Politik des bisherigen Erbprinzen beobachtet, und sie hatte mit harten Auseinandersetzungen bei seinem Regierungsantritt gerechnet. Doch sie sah sich getäuscht. Herzog Friedrich II. bestätigte nach seiner Thronbesteigung vorbehaltlos die Landesverfassung und empfing bei dieser Gelegenheit das Plenum des seit Februar 1797 versammelten Reformlandtags. Erstmals seit Eberhard Ludwig, der 1733 gestorben war, besaß Württemberg wieder einen evangelischen Landesherrn. Die Bevölkerung war darüber zweifellos froh. Die Landschaft hatte in der unterschiedlichen Religionszugehörigkeit von Fürst und Untertanen nicht nur ein Negativum gesehen, waren für sie doch die Religionsreversalien gegenüber dem Regenten auch ein politisch vorteilhaftes Faustpfand gewesen. Friedrich, an einem raschen Fortgang der Entschädigungsverhandlungen in Rastatt und damit auch an einem guten Verhältnis mit Frankreich interessiert, hatte zunächst nichts gegen die außenpolitischen Aktivitäten der Landschaft einzuwenden. Er zeigte sich mit der Entsendung von ständischen Vertretern (Konsulent Regierungsrat Georgii, Landschaftsassessor Baz) nach Rastatt und Paris einverstanden. Durch eine Deputation von herzoglichen Räten und Landtagsmitgliedern sollte den im Land entstandenen »Irrungen« zu Leib gerückt werden. In einem Generalreskript vom 17. März 1798 trug Herzog Friedrich den dringendsten landschaftlichen Wünschen Rechnung. Er verfügte, daß bürgerliche Landeskinder bei der Besetzung der Beamten- und Offiziersstellen künftig den Vorrang haben, daß die Forst- und Jagdbeschwerden untersucht, die Kanzleitaxen vermindert, der Pferdehandel freigegeben und das Stuttgarter Biermonopol abgeschafft werden sollten.

Doch das gute Einvernehmen zwischen Herzog und Ständen war nicht von Dauer. Zu ersten Spannungen kam es in der Frage des herzoglichen Militärplans. Herzog Friedrich wollte ein stehendes Heer von 4000 Mann und 9000 Mann Miliz aufstellen. Die Stände hingegen wünschten, das traditionelle Landesaufgebot (Landmiliz) zu erneuern und dieses lediglich durch 1000 bis 1500 geworbene Soldaten zu ergänzen. Dies waren kaum zu vereinbarende Positionen. Andere Streitpunkte kamen hinzu. Die Reformpartei innerhalb der Landschaft verlangte ein ständisches Gesetzgebungsrecht. Ebenso erhob sie die Forderung nach einer Beseitigung der Leibeigenschaft. Nicht verborgen blieben dem Herzog die Kontakte zwischen den radikalen Vertretern der Reformpartei, so dem Landschaftsassessor und Ludwigsburger Abgeordneten Baz, und französischen Emissären. Freilich, den Plänen einer alemannischen Republik, wie sie von den Franzosen gefordert wurde, stand auch die Reformpartei fern. Bei dem übersteigerten Argwohn des Herzogs gegen alle revolutionären Regungen im Land – im Juli 1798 wurden ihm Nachrichten vorgelegt, nach denen »eine Revolution in Schwaben« bei der Unzufriedenheit des Volks mit der jetzigen Regierung »beinahe unvermeidlich« sei und besonders die Gegenden von Stuttgart und Ulm als anfällig für den aufrührerischen Geist galten – bedeutete dies eine zusätzliche Belastung des Verhältnisses von Landesherr und Ständen. Im September 1798 hob Herzog Friedrich die im Januar eingesetzte, gemeinschaftliche herrschaftlich-ständische Vergleichsdeputation unter Hinweis auf ihre Nutzlosigkeit auf. Auf dem im November 1798 nach achtmonatiger Pause wieder zusammengetretenen Reformlandtag war erneut die Verfassungsrevision Gegenstand der Beratungen, namentlich die Reorganisation der Ausschüsse und die seit langem strittige Kriegsschadenumlage. In einem landschaftlichen Promemoria hieß es: ». . . Ist es überdies gerecht, daß das unschuldige Land allein die Schuld der Vernachlässigung aller Verteidigungsanstalten trage, das Land, das viele Tonnen Goldes zu einem brauchbaren Militär hergegeben, das durch seine Repräsentanten auf zweckmäßige Organisierung einer Landmiliz so lange vergeblich gedrungen hatte? Hätte man diesem Institut, statt es durch Äußerungen von Verachtung und Gewalt zugrunde zu richten, zur rechten Zeit eine bessere Einrichtung gegeben, so hätte man es zur Besetzung der Schwarzwaldpässe brauchen und durch Ostentation wenigstens einen wohlfeileren Waffenstillstand erkaufen können.« Im Februar 1799 wies König Georg III. seine Tochter, die Herzogin, auf aufrührerische Umtriebe in Württemberg hin. Der König befürchtete, daß das Land vor einem offenen Ausbruch der Revolution stünde, und er sah seine Tochter in der größten Gefahr. Daß solche vor einem Umsturz warnenden Stimmen – die Warnung König Georgs war nicht die einzige – dem Mißtrauen des Herzogs gegenüber der Landschaft neue Nahrung gaben, verwundert kaum. Andererseits brachte er durch seine Weigerung, einen größeren Teil der Kriegskosten auf die Rentkammer zu übernehmen, nicht nur die Landschaft gegen sich auf, sondern auch im Volk verstärkte sich die ihm feindliche Stimmung. Am 26. Mai 1799 schrieb er seinem zu Bündnisverhandlungen in Wien weilenden Freund Zeppelin, wenn ihm der Landschaftsausschuß in der Militärfrage nicht entgegenkomme, werde er einseitig eine »Auswahl«, eine Rekrutenaushebung, vornehmen und notfalls 1000 Mann österreichische Truppen in Garnison legen lassen. Es erbitterte ihn, daß die Landschaft seine österreichorientierte Außenpolitik zu stören, ja zu durchkreuzen suchte. Im Juni 1799 erhielt er Kenntnis von einer Reise des mit Geldmitteln reichlich versehenen ehemaligen Hauptmanns und Flügeladjutanten Rieger im geheimen Auftrag der Landschaft nach Wien und von einer entsprechenden Mission des Stutt-

Das Ständehaus in Stuttgart

garter Kaufmanns Keller nach Straßburg. Am 2. Juli 1799 schloß Zeppelin den schon erwähnten Bündnisvertrag mit Österreich. In diesem Vertrag erlangte Friedrich vom Kaiser die Zusicherung, ihn gegen landständische Übergriffe, namentlich in Militärsachen zu schützen.

Die Landschaft machte sich über die Mission Zeppelins in Wien keine Illusionen. Nach Abschluß des Vertrags zwischen Herzog Friedrich und der Kaisermacht verwahrten sich »Gesamter Prälaten und Landschaft zum Engeren Ausschuß Verordnete« in einem Schreiben vom 1. August 1799 an Reichshofratsagent von Alt in Wien gegen die Politik des Herzogs. Sie stellten zunächst fest, daß die »Irrungen« zwischen Landschaft und Herzog seit einiger Zeit »eine ernsthafte Gestalt angenommen« hätten. Dann erklärten sie: »Nach öffentlichen Gerüchten und vielen Privatnachrichten« führe Graf Zeppelin am Kaiserhof geheime Verhandlungen, die für die politische Existenz der Landschaft und die württembergische Landesverfassung »nichts weniger als günstig« seien. Der Herzog rühme sich sogar öffentlich des Beistands des österreichischen und des russischen Kaiserhofs für den Fall, daß er sich zu verfassungswidrigen Schritten entschließe. Es sei ihnen indessen keineswegs gleichgültig, wenn durch herzogliche Agenten am Kaiserhof »die reichspatriotische Denkungsart der Landschaft und ihrer Mitglieder« in Zweifel gezogen werde. Die »Verordnete« gaben deshalb in einer »aktenmäßigen Darstellung« über ihr Verhalten gegenüber ihrem »Durchlauchtigsten Landesfürsten« Rechenschaft. Mit allem Nachdruck betonten sie, daß sie nie etwas anderes als die »ungekränkte Erhaltung ihrer verfassungsmäßigen Rechte« gewollt hätten. Eine gewaltsame Truppenaushebung, die ohne ihre Zustimmung geschehe, stelle jedoch eine eindeutige Verletzung der Verfassung dar, und sie seien davon überzeugt, daß Seine Kaiserliche Majestät einen solchen Eingriff in ihre Rechte niemals dulden werde. Im übrigen strebten sie ein gutes Einvernehmen mit ihrem Landesherrn an, dessen wahres Interesse nicht in der Herabwürdigung der Stände, der Vernichtung ihres verfassungsmäßigen Einflusses auf die Staatsverwaltung, der »Hinwälzung aller Kriegslasten auf ein ausgesogenes und erarmtes Land« läge, sondern in der Abschaffung der Mißbräuche und in »gemeinschaftlicher tätiger Beförderung des gemeinen Wohls«. Die »Verordnete« ersuchten den Reichshofratsagenten, ihr »Promemoria« auch dem Reichsvizekanzler Fürst Colloredo sowie dem Staatskanzler Baron von Thugut zu übergeben. Außerdem baten sie ihn, unter Beachtung größter Vertraulichkeit anzufragen, ob es ratsam sei, daß die Landschaft einen eigenen Deputierten an das kaiserliche Hoflager abordne. Herr von Alt, der sich durchaus aufgeschlossen zeigte, mußte jedoch feststellen, daß Fürst Colloredo wie Baron von Thugut die »reichspatriotische Denkungsart« der Landschaft bezweifelten. Fürst Colloredo gar kehrte den Spieß um und bezichtigte die württembergischen Stände des verfassungswidrigen Verhaltens, weil sie mit dem Reichsfeind verhandelt und sich bisher »notorisch viel zu strafbar« aufgeführt hätten. Die den Ständen ungünstige Stimmung am Kaiserhof in Wien besserte sich auch nicht, als die Landschaft ein zweites Promemoria vorlegte.

An ihrer eigenen Außenpolitik hielten die Landstände auch nach ihren schlechten Wiener Erfahrungen fest, um die Rechte und Freiheiten des Landes »ungekränkt« zu bewahren und um bei einer Wende des Kriegsglücks das Land vor dem Verderben zu retten, wie es Konsulent Kerner im Engeren Ausschuß formulierte. In gleicher Weise wie der Landesherr fühlte sich die Landschaft für das Wohl des Landes verantwortlich. Dies hieß für sie aber nicht nur aktive Beteiligung an der Innenpolitik, sondern auch an der Außenpolitik. Bei dem starken gegenseitigen Mißtrauen zwischen ihr und dem Inhaber der Regierungsgewalt bedeutete dies freilich ein hartes politisches Gegeneinander, das für das Land verhängnisvoll werden konnte.

Die Rückendeckung durch den Kaiser erlaubte es Friedrich, seit Juli 1799 gegenüber der Landschaft auf Konfrontationskurs zu gehen. Zunächst besetzte er den Geheimen Rat mit Männern seines Vertrauens. Zum Präsidenten des Gremiums berief er seinen Freund Zeppelin. Als der Landtag die Bewilligung eines außerordentlichen Militärbeitrags ablehnte, verfügte er einseitig die Aushebung von 4000 Mann. Daß die Landstände gegen das Bündnis mit Österreich protestierten und ihm den Bruch des Sonderfriedens mit Frankreich vorwarfen, kümmerte Friedrich nicht. Im Gegenteil, er ordnete an, daß die württembergischen Truppen innerhalb des Herzogtums an der Seite der Österreicher gegen die Franzosen kämpften. Am 31. Oktober 1799 untersagte er den Ständen die Entsendung von Gesandten an fremde Höfe, Hauptstädte und zu fremden Kongressen. Ebenso verwehrte er ihnen jede Einmischung in die Militärorganisation. Die Landschaft setzte sich jedoch über diese Verbote hinweg und schickte den bekannten Verleger Johann Friedrich Cotta nach Paris, um den ständischen Friedenswillen zu bekunden und sich um Schonung für Württemberg zu bemühen.

Die Befreiung Südwestdeutschlands von den Franzosen im Spätherbst 1799 ermöglichte dem Herzog, den wahrscheinlich längst geplanten Schlag gegen die Stände zu führen: Am 22. November löste er den Landtag auf. Damit waren alle landschaftlichen Versuche gescheitert, Reformen der Verfassung durchzusetzen. Noch vor seiner Auflösung hatte der Landtag den Ausschuß ermächtigt, vor dem Reichshofrat gegen Herzog Friedrich Klage zu erheben. Doch der Reichshofrat wies die landschaftliche Klage nicht nur ab, sondern er tadelte die württembergischen Landstände auch wegen sträflicher Mißachtung der Reichspflichten, und er forderte sie auf, sich den Militärplänen ihres Herzogs zu fügen. Die Landschaft wollte den Tadel nicht auf sich sitzen lassen. Um ihr Verhalten zu rechtfertigen, entsandte sie den Landschaftsassessor Baz nach Wien. Inzwischen hatte Erzherzog Karl Herzog Friedrich von einer angeblich weitverzweigten revolutionären Verschwörung Kenntnis gegeben, in die auch mehrere Württemberger verwickelt waren. Diese Nachricht kam Friedrich sehr gelegen. Er ließ die Angeschuldigten, unter ihnen den Landtagsabgeordneten Gerst aus Balingen, festnehmen und auf den Hohenasperg bringen. Gleichzeitig erwirkte er in Wien die Verhaftung und Auslieferung des ständischen Abgesandten Baz. Zudem verfügte er die Beschlagnahme der Bazschen Akten im Stuttgarter Landschaftshaus. Der Einspruch des Landschaftsausschusses gegen die Verhaftungen und seine Bemühungen um eine ordnungsgemäße gerichtliche Untersuchung waren erfolglos. Auch eine erneute Klage beim Reichshofrat nützte der Landschaft nichts. Im Gegenteil: Der Kaiser stellte sich vorbehaltlos hinter den Herzog und ermöglichte ihm die Auflösung der beiden ständischen Ausschüsse sowie die Einberufung eines neuen Landtags. Herzog Friedrich nutzte die für ihn vorteilhafte Situation zur massiven Wahlbeeinflussung, indem er eine anonyme, wahltaktisch sehr geschickt aufgemachte Flugschrift »Bemerkungen über den württembergischen Landtag von 1797 bis 1799« verfassen und verbreiten ließ. Die Schrift hatte im wesentlichen der Friedrich sehr ergebene Regierungsrat und Hofrichter Philipp Christian von Normann, ein pommerischer Adliger und ehemaliger Carlsschüler, verfaßt. In dem Generalreskript vom 2. April 1800 gab der Herzog seinen Entschluß bekannt, noch während des laufenden Monats einen neuen Landtag nach Stuttgart einzuberufen. Zugleich erhob er schwere Anschuldigungen gegen den aufgelösten Landtag sowie die Landschaftsausschüsse und rechtfertigte seine gegen die Stände und einzelne ihrer

Repräsentanten gerichteten Maßnahmen. Den beiden aufgelösten Ausschüssen warf Friedrich »unbefugte Anmaßungen«, fortgesetzte Verstöße gegen die »dem Regenten schuldige Ehrfurcht« sowie die Unterstützung »mehrerer der Landesverräterei verdächtigen Personen« vor. Höchst wahrscheinlich hätten die Ausschüsse gegen die Neigung und den Willen vieler Mitglieder, »jene nachteilige und verderbliche Stimmung des Landtags bewirkt, wovon so viele unverkennbare Beweise« vorlägen. Der Herzog unterstellte ihnen ferner, in eine geheime Verschwörung verwickelt gewesen zu sein, die mit französischer Hilfe »eine gewaltsame Staatsumwälzung« zum Ziel gehabt habe. Nur durch die Waffenerfolge der österreichischen Armee sei dem Land der geplante verderbliche Umsturz erspart geblieben. Darüber hinaus habe der Engere Ausschuß unter eklatanter Verletzung seiner Reichsbürger- und Untertanenpflichten im November 1799 um Frieden für Württemberg nachgesucht. Er habe dadurch »auf eine höchst strafbare Weise den Regenten und dessen wichtigste und unbestrittenste Hoheitsrechte in Absicht auf Krieg und Frieden gänzlich beiseite gesetzt«. So sehr auch ihm, dem Herzog, die Schonung des Landes am Herzen liege und so sehr er auch wünsche, jedes Kriegsungemach von seinen guten Untertanen fernzuhalten, so gebe es doch Fälle und Zeiten, in denen solide Ruhe und feste Aufrechterhaltung der vaterländischen Verfassung »für die Dauer der Zukunft nur durch gemeinschaftliche Anstrengung aller Kräfte und mittelst Erduldung vorübergehender geringerer Übel erreicht werden kann«. Bei der derzeitigen Lage sei »die größte Harmonie und Eintracht« zwischen dem Landesherrn und seinen Landständen unbedingt erforderlich. Er, der Herzog, hoffe, daß der Engere und der Größere Ausschuß, die der neue Landtag zu wählen habe, aus ehrbaren, verständigen und auf das Wohl des Landes bedachten Männern bestehen würden.

Das Generalreskript vom 2. April 1800 macht deutlich, daß Herzog Friedrich der Landschaft keine eigenständige politische Rolle mehr zugestehen wollte. Nach seiner Vorstellung bestimmte der Landesherr den politischen, insbesondere den außenpolitischen Kurs seines Landes. Die Stände hatten ihn dabei zu unterstützen, die finanziellen Voraussetzungen für seine Politik zu schaffen und sich mit ihm zusammen um das Wohl des Landes zu bemühen. Den bisherigen politischen Dualismus empfand Friedrich als unerträglich. Da indessen kaum zu erwarten war, daß sich die Stände mit der Rolle als Erfüllungsgehilfen der Politik des Landesherrn begnügen

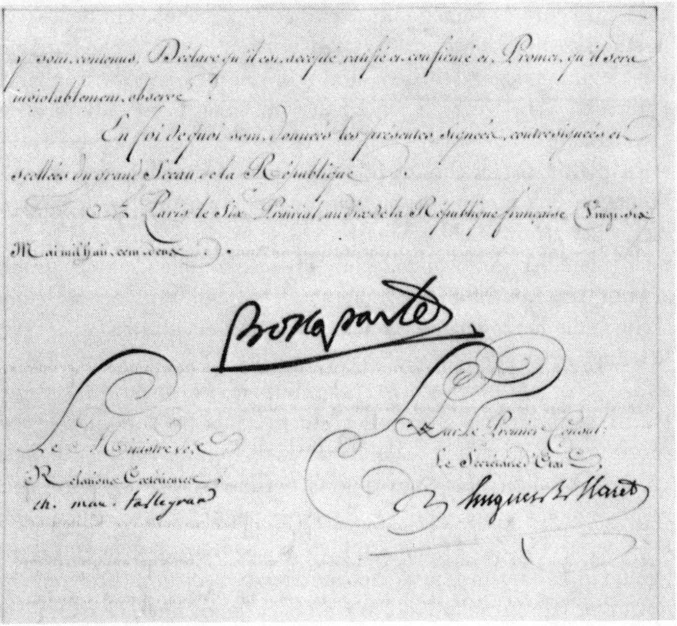

y sont contenus, Déclare qu'il est accepté ratifié et confirmé et Promet qu'il sera inviolablement observé.

En foi de quoi sont données les présentes signées, contresignées et scellées du grand Sceau de la République.

A Paris le Six Prairial an dix de la République française (Vingt six Mai mil huit cent deux).

Bonaparte

Le Ministre des Relations Extérieures
Ch. Mau. Talleyrand

Par le Premier Consul:
Le Secrétaire d'Etat
Hugues B. Maret

Friedensvertrag zwischen der Französischen Republik und dem Herzogtum Württemberg vom 20. Mai 1802. Unterschriftenseite

würden, waren neue Konflikte zwischen dem selbstbewußten Regenten und der Landschaft unvermeidlich.

Am 30. April 1800 versammelte sich der neue Landtag zu seiner konstituierenden Sitzung. Seine Zusammensetzung entsprach weitgehend den Wünschen des Herzogs. Die Mehrzahl der Abgeordneten kam aus landwirtschaftlichen und gewerblichen Erwerbszweigen. Allein, so gefügig, wie der Herzog es erwartet hatte, war der Landtag nicht. Schon die Wahl der Ausschüsse konnte nur unter Schwierigkeiten durchgeführt werden. Für den Herzog hatte der Landtag damit seine Aufgabe erfüllt, und er löste ihn sofort wieder auf. Doch konnte er nicht verhindern, daß die Ständevertreter vor ihrem Auseinandergehen die Ausschüsse mit geheimen Instruktionen zur Wiederherstellung der vom Landesherrn verletzten Verfassungsrechte versahen. Nach diesen Anweisungen hatten sie, notfalls mit Hilfe des Kaisers, auf die Wiederzulassung der beiden suspendierten Landschaftskonsulenten Abel und Kerner zu bestehen, zuvor aber auf kein »Ansinnen« des Herzogs einzugehen. Ein neuer Verfassungskampf drohte. Seinen Ausbruch verhinderte jedoch eine Wende im Kriegsgeschehen: Im Frühsommer 1800 brachten die Franzosen Württemberg erneut in ihre Gewalt und zwangen den Herzog zum Verlassen des Landes. Weil die Stände bisher bei Frankreich politische Anlehnung gesucht hatten, erhofften sie von der Besatzungsmacht eine schonende Behandlung, und sie wurden in dieser Erwartung nicht getäuscht. Die Franzosen verhielten sich ihnen gegenüber wohlwollend und entgegenkommend. So belasteten sie mit den Kontributionen, die sie dem Land auferlegten, hauptsächlich die herzoglichen Kassen. Für den kleinen Mann, der letztlich die Gelder aufzubringen hatte, machte dies zwar keinen Unterschied, aber die Landschaftsführer fühlten sich in ihrer bisherigen Politik bestätigt und setzten noch mehr als bisher auf die französische Karte. Weil sich der ständische Ausschuß jedoch über die endgültige Verteilung der Kontribution auf Herrschaft und Landschaft nicht einigen konnte, wollte er die Entscheidung einem neuen Landtag überlassen. Zur Einberufung eines Landtags in dem vom Feind besetzten Land war der vertriebene Herzog jedoch nicht bereit.

Um die Jahreswende 1800/01 warf der Herzog unter dem Eindruck des für Österreich und seine Verbündeten verlorenen Kriegs das politische Steuer herum und nahm entschlossen Verhandlungen mit der siegreichen Französischen Republik über einen Sonderfrieden auf. Hierbei kam es ihm besonders darauf an, möglichst reiche territoriale Entschädigungen für die von Frankreich annektierten linksrheinischen Gebiete herauszuschlagen. Die Stände befürchteten, der Herzog könne sie mit seinem Einschwenken auf ihren politischen Kurs ausmanövrieren. Um ihre Kontakte in Paris zu erhalten und um die politischen Aktivitäten des Herzogs überwachen zu können, sandte der Größere Ausschuß dem herzoglichen Unterhändler von Normann sofort einen eigenen ständischen Vertreter, den Konsulenten Abel, hinterdrein. Anderthalb Jahre bemühte sich Herzog Friedrich vergeblich, die Rückberufung des ständischen Gesandten zu erreichen.

Nach seiner Rückkehr nach Württemberg im Frühsommer 1801 beauftragte Friedrich eine Kommission mit der Untersuchung des Verhaltens der Landschaft gegenüber der französischen Besatzungsmacht. Doch die ständischen Ausschußmitglieder weigerten sich, vor der herzoglichen Kommission zu erscheinen. Wiederum klagten sich Herzog und Landschaft wechselseitig vor dem Reichshofrat an.

Auf Veranlassung der von Friedrich im Vorjahr abgesetzten Ausschußmitglieder und des noch immer auf dem Hohenasperg gefangengehaltenen Landschaftsassessors Baz setzten die Franzosen jetzt den Herzog unter Druck. Friedrich mußte sich zu einigen Zugeständnissen entschließen. Er verzichtete auf weitere Untersuchungen, stellte das Verfahren gegen Baz ein und gab diesen sowie andere ständische Gefangene frei. Beharrlich verweigerte er hingegen die Wiederherstellung der alten Ausschüsse oder die von der Landschaft mit Unterstützung der Franzosen und schließlich sogar des Reichshofrats ebenso massiv geforderte Einberufung eines neuen Landtags. Dank seines überaus geschickten Taktierens gelang es ihm, an seiner großen politischen Linie festzuhalten.

Der Regierungsstil und die außenpolitische Zielrichtung Herzog Friedrichs

Herzog Friedrich betrachtete den preußischen König Friedrich II., den Großen, nach wie vor als seinen politischen Lehrmeister und sein Vorbild. Daß er als württembergischer Herzog seinem Namen die römische Ziffer II. beifügen konnte, erschien ihm mehr als ein Zufall, er sah darin eine Verpflichtung, ein politisches Programm. In seinem Land strebte auch er nach uneingeschränkter Regierungsgewalt. Er wünschte einen in sich gefestigten Staat, dessen Politik ausschließlich vom Regenten bestimmt wurde. Das Mitregieren der Stände, insbesondere aber ihr Anspruch, eine eigene Außenpolitik zu betreiben, war ihm unerträglich. Daß das Herzogtum Württemberg nach Gebietsumfang und Bevölkerungszahl zu klein war, um seinen politischen Interessen Geltung verschaffen zu können, wußte er. Die Situation für eine Vergrößerung Württembergs war indessen nicht ungünstig. Zum einen stand ihm Ersatz für seine verlorenen linksrheinischen Besitzungen zu, zum anderen gab es eine Reihe von kleineren Herrschaften und von Reichsstädten im deutschen Südwesten, die ihre Eigenständigkeit nur noch mit Mühe aufrechterhalten konnten. Friedrich suchte aus dieser Situation für sein Land Kapital zu schlagen. Bezeichnend für sein politisches Konzept war die Instruktion, die er am 9. Februar 1798, also wenige Wochen nach seinem Regierungsantritt, dem herzoglichen Gesandten in Paris gab. In ihr legte der Herzog nieder, daß er »nach der Absicht des französischen Gouvernements« dem Herzogtum durch militärische und andere »Arrangements« mehr innere Konsistenz und mehr Kraft geben wolle, damit es ständig seine Neutralität behaupten könne. Als »Tauschobjekte« für Mömpelgard forderte er die vom Herzogtum umschlossenen ritterschaftlichen Gebiete, ferner die Reichsstädte Ulm, Schwäbisch Hall, Giengen, Aalen, Schwäbisch Gmünd, Wimpfen, Esslingen, Reutlingen, Weil der Stadt und Rottweil, die »großenteils mit dem herzoglichen Haus in uralten Schutz- und anderen Verhältnissen stehen und welche die Reunion mit dem Lande um ihrer eigenen künftigen Sicherheit willen wünschen und sich also freiwillig vereinigen«. Als Ersatz für die Requisitionen von nahezu 26 Millionen Livres (Pfund), die die »kaiserliche und Reichsarmee« von Württemberg nach dem Sonderfrieden mit Frankreich 1796 erpreßte, verlangte er im Einverständnis mit dem Kaiserhof in Wien, wie er erklärte, weitere territoriale Entschädigungen. Um die Neutralität zwischen Frankreich und Österreich behaupten zu können, sollte nach seiner Vorstellung Südwestdeutschland im wesentlichen zwischen Württemberg und Baden aufgeteilt werden, wobei naturgemäß der Löwenanteil Württemberg zufallen sollte. Im Hinblick auf das unbrauchbare Militär des Schwäbischen Kreises schlug er weiter vor, die »übrigen Fürsten Schwabens« sollten ihre Kontingente württembergischem Kommando unterstellen. Außerdem sollten sich Kaiser und Reich wie auch Frankreich vertraglich verpflichten, im Kriegsfall das Gebiet Schwabens nicht zu betreten. Andererseits sollte Schwaben das Recht zugestanden werden, seine Neutralität notfalls »mit gewaffneter Macht« verteidigen zu dürfen.

Für die Verwirklichung seines politischen Konzepts bedurfte Friedrich mächtiger Fürsprecher, und diese besaß er als Schwiegersohn des englischen Königs, als Schwager des russischen Zaren und des Kaisers Franz, des Oberhaupts des Deutschen Reichs. Nach dem Ausbruch des Zweiten Koalitionskriegs (1799) setzte er vor allem auf die russische Karte. Am 22. April 1799 ersuchte Zarin Maria Feodorowna Kaiser Franz, sich der Interessen ihres Bruders besonders anzunehmen und ihm seinen Schutz zu gewähren. Herzog Friedrich wolle sich, befreit vom drückenden französischen Joch, ganz auf die Seite der beiden Kaisermächte stellen, brauche dazu aber eine Sicherheitsgarantie durch Österreich. Gleichzeitig teilte sie dem Bruder mit, der Zar sei entschlossen, ihm zu helfen; wenn der Herzog es wünsche, würde er ihm Truppen schicken. Zar Paul versprach, Kaiser Franz von den innenpolitischen Plänen des Herzogs in Kenntnis zu setzen und ihn zur Entsendung von Truppen nach Württemberg zu veranlassen, damit der Herzog die beabsichtigte Verfassungsänderung durchführen könnte. Er schrieb an seinen Gesandten in Wien, Graf Razoumowsky, Herzog Friedrich sei jetzt nicht nur bereit, gänzlich mit den Franzosen zu brechen, sondern er wolle auch mit allen ihm zur Verfügung stehenden Mitteln zum endgültigen Sieg der alliierten Mächte beitragen. Zunächst müsse er aber die Landstände in ihre Grenzen weisen, und dazu bedürfe er des Kaisers in Wien. Herzog Friedrich könne, vor allem wenn er mit englischen Subsidien rechnen könne, eine ansehnliche Truppenmacht ins Feld stellen. Voll gerechtfertigt seien auch die von ihm geforderten Gebietsentschädigungen. Der Gesandte solle in Wien den politischen Standpunkt des Herzogs, wie er dort durch den Grafen Zeppelin vertreten werde, nachhaltig unterstützen, und er solle ferner darauf hinwirken, daß Erzherzog Karl seine militärischen Requisitionen im Herzogtum Württemberg auf ein Minimum beschränke.

Zar Paul trat auch in London für seinen württembergischen Schwager ein. Friedrich unterrichtete der Zar umgehend über seine Schritte. Er schrieb ihm unter anderem: »Wenn Sie sich mit Entschiedenheit gegen die Franzosen aussprechen, werden Sie Ihre Stände zum Schweigen bringen, und ich werde mich sehr freuen, wenn ich weiß, daß Sie wieder Herr im eigenen Haus und vollkommen zufrieden sind.«

Der bereits erwähnte Bündnisvertrag vom 2. Juli 1799 mit Österreich, in dem sich Herzog Friedrich zur Stellung eines ansehnlichen Truppenkontingents verpflichtete, lag auch im Interesse des Zaren. So konnte Friedrich den Zaren auch Anfang September 1799, als sich russische Truppen Württemberg näherten, um militärischen Schutz für sein noch immer von den Franzosen bedrohtes Land bitten. Indessen war ein Eingreifen der Russen nicht mehr erforderlich, weil die Österreicher kurz darauf die französischen Armeen, wenn auch nur vorübergehend, über den Rhein zurückwarfen. Der Subsidienvertrag mit England vom 20. April 1800 ermöglichte dem Herzog die Aufstellung einer eigenen, von der Geldbewilligung durch die Stände unabhängigen kleinen Streitmacht. Mit dieser Rückendeckung durch Österreich, Rußland und England konnte er Politik und Kriegführung auf eines seiner Hauptziele ausrichten: auf den Kampf für die herkömmliche Staats- und Gesellschaftsordnung gegen die Revolution. Allerdings hatte er wohl kaum in Rechnung gestellt, daß er schon wenige Wochen später von den Franzosen aus seinem Land vertrieben würde und die Subsidiengelder viele Monate lang seine einzigen finanziellen Hilfsquellen bildeten. Als Fürst ohne Land wandte er sich hilfe- und schutzsuchend an den Zaren. Er habe alles verloren, schrieb er ihm, die größten Opfer, die härtesten Anstrengungen seien umsonst gewesen. Jetzt sei seine Hoffnung auf ihn, den Zaren, gerichtet. Er allein könne ihm wieder zu Land und Thron verhelfen. In dem Schreiben klingt bereits die Enttäuschung über Kaiser Franz und Österreich an. Zwei Monate darauf machte er aus dieser Enttäuschung keinen Hehl mehr. In einem Brief sprach er von seiner Verzweiflung über den Gang der Ereignisse. Wien bezeichnete er als einen Platz, der ihm jetzt mehr als je verhaßt sei. Während seines Aufenthalts von August bis November 1800 in der österreichischen Hauptstadt litt er sehr unter persönlichen Demütigungen. Am Kaiserhof glaubte man offenbar, keine Rücksicht mehr auf den Fürsten ohne Land nehmen zu müssen. Diese unwürdige Behandlung trug sicher nicht unwesentlich zu dem Entschluß Friedrichs bei, Kontakte mit der Französischen Republik wegen eines Sonderfriedens aufzunehmen. Zar Paul stand dem württembergischen Schwager weiterhin zur Seite. Er wirkte mit Erfolg auf die französische Regierung ein, die Württemberg und insbesondere dem Herzog auferlegten Kontributionen zu ermäßigen. Einen Tag vor der Abreise seines Bevollmächtigten, von Normann, nach Paris, am 2. Januar 1801, erläuterte er dem Zaren die Gründe, die ihn zu seiner politischen Kehrtwendung bewogen hatten. Er wolle und müsse alles versuchen, um weiteres Unheil von seinem einem siegreichen Feind ausgelieferten Land abzuwenden. Normann sei jedoch angewiesen, die Verhandlungen dilatorisch zu führen, bis eine Meinungsäußerung aus St. Petersburg vorliege. Zar Paul sicherte dem Schwager postwendend uneingeschränkte politische Unterstützung zu. Um sich für die Anliegen seiner Verbündeten zu verwenden, habe er seinen Vizekanzler Kalitschew in außerordentlicher Mission nach Paris geschickt. Kalitschew werde die Schritte Normanns unterstützen und dafür Sorge tragen, daß die Angelegenheiten Württembergs erfolgreich abgeschlossen werden könnten. Am 31. Januar 1801 berichtete Friedrich dem Schwager in St. Petersburg, daß sein Sondergesandter Normann in Paris den für Württemberg günstigen Einfluß des russischen Kaisers habe feststellen können.

Nachdem am 9. März 1801 zwischen dem Reich und der Französischen Republik in Lunéville ein Friedensvertrag zustande gekommen war, der, wie Herzog Friedrich feststellte, nur sehr vage Bestimmungen über Württemberg enthielt, erhoffte Friedrich von Zar

Paul ein entschiedenes Eintreten für seine Wünsche, und er hatte dazu nach den Zusicherungen, die ihm der Schwager aus St. Petersburg schriftlich gegeben hatte, allen Grund. So bat er den Zaren um Intervention bei der noch in der Schwebe befindlichen Übertragung der Kurfürstenwürde an sein Haus.

In den ersten Monaten des Jahres 1801 wurden Pläne bekannt, nach denen Herzog Friedrich gegen den Verzicht auf sein angestammtes Herzogtum die Herrschaftsrechte über ein anderes Land eingeräumt werden sollten. Im Gespräch waren das Gebiet der vier westfälischen Bistümer Münster, Osnabrück, Paderborn und Hildesheim, das Kurfürstentum Hannover und die Cisalpinische Republik. Von welcher Seite diese Pläne ausgingen, läßt sich nicht mit Bestimmtheit ermitteln. Kaum von der Hand zu weisen ist, daß Frankreich ein gewisses Interesse daran hatte, den ihm wenig freundschaftlich gesinnten, reichstreuen, rußland- und österreichorientierten Fürsten aus Südwestdeutschland zu entfernen. Nach späteren Äußerungen des württembergischen Sondergesandten in Paris, von Normann, soll die französische Regierung den Plan gehabt haben, Württemberg zwischen Bayern und Baden aufzuteilen, so daß der Neckar die Grenze zwischen diesen beiden Ländern bildete, und Herzog Friedrich aber mit dem Kurfürstentum Hannover zu entschädigen. Mit seinem Plan habe Frankreich beim Zaren Gehör gefunden, der daraufhin seinem Schwager einen entsprechenden Vorschlag unterbreitet habe. Indessen scheint es, daß vor allem Pfalz-Bayern das Herzogtum Württemberg gerne der rechtsrheinischen Gebietsmasse zugeschlagen hätte, die den Fürsten als Entschädigungslande für ihre verlorenen linksrheinischen Herrschaften zur Verfügung stand. Bayern hätte nämlich, wenn es sich mit Baden in die württembergischen Gebiete hätte teilen können, eine Landbrücke zu seinen pfälzischen Gebietsteilen um Mannheim und Heidelberg gewonnen. Doch auch am preußischen Hof wurde über großangelegte Gebietsentschädigungsprojekte gesprochen. Für den württembergischen Herzog jedenfalls war es Bayern, das den Anstoß zu den Tauschplänen gegeben hatte, die nun sein Schwager, Zar Paul, aus ganz anderen Gründen aufgriff. Paul wollte Friedrich ein arrondiertes, wohlhabendes Land verschaffen, in dem sich dieser nicht länger mit widerspenstigen, einflußreichen Landständen herumschlagen mußte, über das er vielmehr als unumschränkter Herrscher gebieten konnte. Mit Entrüstung wies jedoch Friedrich alle derartigen Tauschpläne von sich. Nach Normann soll er gesagt haben, lieber wolle er gar nichts, das heißt gar keine territoriale Entschädigung, als auch nur ein einziges württembergisches Dorf abzutreten. Seinem Schwager Paul schrieb er, die Schwierigkeiten mit den Landständen seien kein Grund, sich von einem Land zu trennen, mit dem seine Familie seit 800 Jahren aufs engste verbunden sei. Der überwiegende Teil der Bevölkerung hänge an seinem Herrscherhaus. Niemals werde er seine Untertanen in ihrer Not und in ihrem Elend im Stich lassen.

Das am badischen Hof kursierende Gerücht, Friedrich habe seinem Schwager Paul selbst diesen Landtausch vorgeschlagen, war danach völlig aus der Luft gegriffen. Dasselbe galt für die Behauptung, die gleichfalls in Karlsruhe zu hören war, die württembergischen Stände seien über den Herzog und seinen Landtauschplan höchst aufgebracht und wünschten eine Vereinigung ihres Landes mit Baden. Daß solche Gerüchte gerade in Karlsruhe die Runde machten, ließ sich am ehesten mit gewissen Wunschvorstellungen badischer Hof- und Regierungskreise erklären.

Inzwischen war Zar Paul, der durch seine despotischen Launen seine Umgebung tyrannisiert und die russische Politik infolge seines zerrütteten Geisteszustands in zunehmendem Maß unberechenbar gemacht hatte, durch eine Offiziersverschwörung entthront und am 23. März 1801 ermordet worden. Die Nachfolge hatte sein dreiundzwanzigjähriger Sohn Alexander angetreten. Für Herzog Friedrich bedeutete der Tod des Schwagers einen schweren Schlag. Paul hatte sich unter dem Einfluß seiner Frau Maria Feodorowna, der Schwester Friedrichs, stets für die Belange des Hauses Württemberg eingesetzt. Der junge Zar Alexander zeigte sich Herzog Friedrich gleichfalls gewogen, doch als Gatte der badischen Prinzessin Luise Marie (Elisabeth Alexejewna), der Enkelin des Markgrafen Karl Friedrich, des späteren ersten Großherzogs von Baden, stand ihm Baden näher als Württemberg. Die Protektion der politisch weiterhin einflußreichen Zarenmutter Maria Feodorowna blieb Herzog Friedrich erhalten, aber er mußte fortan in seinem politischen Kalkül die starke Stellung, die das badische Fürstenhaus am Zarenhof in St. Petersburg besaß, berücksichtigen. Politische Vorteile gegenüber Baden in der Entschädigungsfrage für die verlorenen linksrheinischen Besitzungen waren jetzt mit Hilfe der mächtigen russischen Verwandten nicht mehr durchzusetzen. Das letzte von Friedrich an Zar Paul gerichtete Schreiben beantwortete Zar Alexander. Er versicherte dem Onkel, daß ihm in gleicher Weise wie seinem Vater an einem engen persönlichen Vertrauensverhältnis zu ihm gelegen sei und daß er nach besten Kräften für die Interessen des württembergischen Herzogshauses eintreten werde. Von dem Plan, Herzog Friedrich gegen den Verzicht auf Württemberg die Herrschaft über ein anderes deutsches Land zu übertragen, habe er bisher weder direkt noch indirekt etwas erfahren. Wenn man ihm jedoch ein solches Projekt vorschlage, werde er sich nachdrücklich dagegen aussprechen, einmal weil er nicht die Hand zu dieser verfassungswidrigen Zerstückelung des Deutschen Reichs bieten, zum anderen weil er Herzog Friedrich den Besitz des ihm von seinen Vorfahren überkommenen Erbes erhalten wolle. Andererseits werde er alles tun, damit der Herzog für seine Gebietsverluste angemessen entschädigt werde.

Noch schärfer als einen Ländertausch innerhalb Deutschlands wies Friedrich den Plan zurück, ihm die Herrschaft über die Cisalpinische Republik einzuräumen. Er werde sich nicht, erklärte er, von seinen »guten, treuen Untertanen« trennen und diese »einer fremden, vermutlich harten, wenigstens nicht gesetzmäßigen Regierung überlassen, um sie, Deutsche wie ich, mit Italienern zu vertauschen . . . Gewalt kann bei allgemeiner Umwälzung auch mich meines ererbten Eigentums berauben, aber mit meinem Willen trennt mich nichts von denselben« [Untertanen].

Während der langwierigen und zähen Verhandlungen in der Entschädigungsfrage wandte sich Herzog Friedrich wiederholt an seinen Neffen, den russischen Zaren. Er bat, ihn gegen unangemessene Forderungen der Französischen Republik in Schutz zu nehmen, namentlich sie daran zu hindern, daß sie sich zugunsten der Stände in die inneren Angelegenheiten seines Landes einmische. Im Juni 1802 sollte ihm der Zar helfen, daß die Abtei Marchtal, das Gebiet von Ulm bis zur Donau sowie drei vom württembergischen Gebiet gänzlich eingeschlossene Dörfer den Entschädigungslanden zugeschlagen würden. Alexander sagte dies bereitwillig zu und gab seinem Gesandten in Paris, dem Grafen Morkow, entsprechende Anweisungen.

Von England, auf das er bei der Einlösung seiner Entschädigungsforderungen große Hoffnung gesetzt hatte, wurde Herzog Friedrich enttäuscht. Im Oktober 1801, als die zwischen England und Frankreich ausgehandelten Friedensbedingungen bekannt wurden, klagte er, der Inselstaat habe anscheinend nicht an seine Verbündeten gedacht, er habe zwar ihre Verluste sanktioniert, sich aber nicht um ihre Entschädigungen gekümmert. Das resignierte Fazit des Herzogs: »Das ist fast immer das Schicksal ungleicher Bündnisse.«

Zu Österreich waren die Beziehungen Friedrichs schon seit Herbst 1800 abgekühlt, fühlte er sich doch durch die Kaisermacht gänzlich im Stich gelassen. Jetzt war er darüber verärgert, daß ihm Österreich keinen Aufschluß über die Verhandlungen gab, die es mit Frankreich über Württemberg führte. Zu zusätzlichen Spannungen kam es, weil der Herzog eine stärkere Stellung im Schwäbischen Kreis für sich beanspruchte und dies durch Zurückdrängung des österreichischen Einflusses zu erreichen hoffte.

In der Frage der Gebietsentschädigungen sah Herzog Friedrich die Chance, in den Kreis der ersten Fürsten des Reichs aufzurücken. Seine politische Position suchte er darüber hinaus durch den Ausbau der ihm zustehenden Direktorialgewalt im Schwäbischen Reichskreis zu verbessern. Die kleinen Fürsten und die Ritter sollten nach seiner Vorstellung der württembergischen Militärhoheit unterstellt und Baden sollte aus dem Schwäbischen Kreis hinausgedrängt werden. Er mußte indessen bald einsehen, daß dies wegen der mächtigen Fürsprecher dieses Landes nicht gelingen werde. Aber er wollte sich wenigstens eine Vorrangstellung sichern. In Karlsruhe war man beunruhigt. Am 15. Juni 1802 schrieb der badische Staatsminister von Edelsheim an Prinzessin Amalie von Baden, der russische Botschafter in Paris, Graf Morkow, begünstige als einzigen Reichsfürsten Herzog Friedrich von Württemberg, er habe ihm die Stadt Heilbronn mit ihrem Gebiet zugeschanzt, die Frankreich Baden versprochen habe. Auf der anderen Seite freilich verfocht der badische Gesandte in Paris, Sigismund von Reitzenstein, unermüdlich die Interessen Badens. Auch die Bevollmächtigten der anderen Reichsstände suchten in Verhandlungen mit dem Ersten Konsul und dem französischen Außenminister Talleyrand die jeweils vorteilhaftesten Bedingungen für ihre Landesherren zu erlangen. An großzügigen Geldgeschenken ließen sie es hierbei nicht fehlen.

Bei der im Frieden von Lunéville vorgesehenen Neuordnung Deutschlands wirkten der Erste Konsul der Französischen Republik, Napoleon Bonaparte, und Zar Alexander aufs engste zusammen. Napoleons Absicht, den deutschen Mittelstaaten durch territoriale Arrondierungen ein wesentlich größeres politisches Gewicht zu verschaffen, sie neben Österreich und Preußen als eine von Frankreich stark beeinflußte dritte Kraft in Deutschland zu etablieren, kam den Wünschen Alexanders entgegen, dem vor allem an einer Vergrößerung Badens und Württembergs lag. In einer Vereinbarung vom 3. Juni 1802 einigten sich Frankreich und Rußland über die territo-

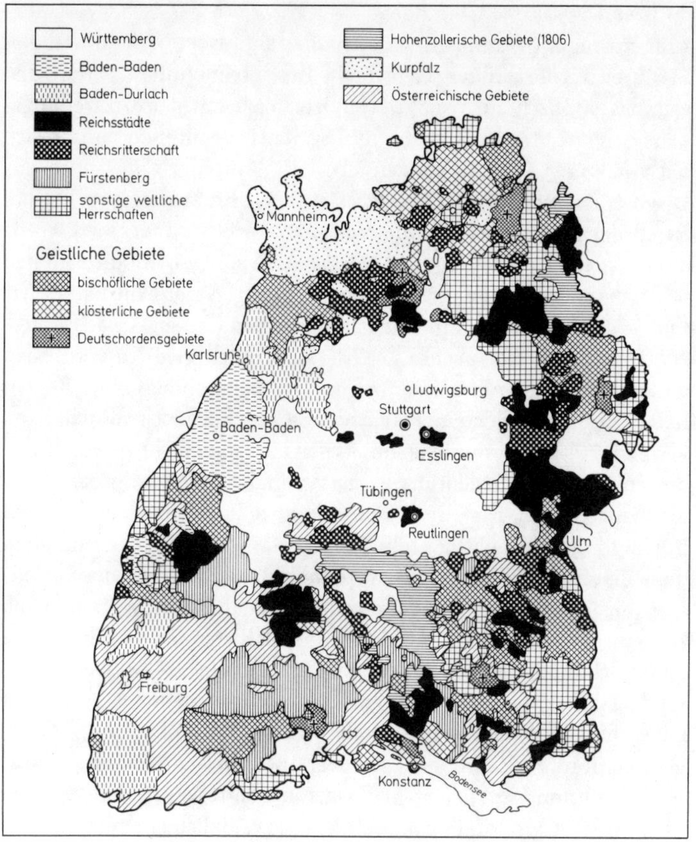

Südwestdeutschland am Ende des alten Reichs

riale Neugestaltung des auf das rechte Rheinufer zurückgedrängten Deutschen Reichs. Bereits am 2. Oktober 1801, ein Dreivierteljahr zuvor, hatte der Regensburger Reichstag vorgeschlagen, die Ausarbeitung eines Plans zur Entschädigung der Reichsfürsten, die auf dem linken Rheinufer Gebiete verloren hatten, einer Reichsdeputation zu übertragen. Dieser sollten Bevollmächtigte der Kurfürsten von Mainz, Sachsen, Brandenburg, Böhmen und Bayern, des Herzogtums Württemberg, des Landgrafen von Hessen-Kassel sowie des Hoch- und Deutschmeisters angehören. Die Deputation trat jedoch erst zusammen, nachdem die französisch-russische Vereinbarung zustande gekommen war, Preußen und Bayern die ihnen von Frankreich zuerkannten Gebiete in Besitz genommen hatten und sich das politisch ausmanövrierte Österreich mit dem Aufteilungsplan einverstanden erklärt hatte. Die Reichsdeputation einigte sich nach längeren Verhandlungen über die Aufteilung der noch zur Disposition stehenden Gebiete. Der von ihr zustande gebrachte Reichsdeputationshauptschluß, das letzte Reichsgrundgesetz, wurde am 25. Februar 1803 vom Reichstag nach einigen Modifikationen beschlossen und am 24. März 1803 endgültig verabschiedet. Württemberg erhielt durch ihn einen ansehnlichen Gebietszuwachs. Herzog Friedrich wurde ebenso wie Markgraf Karl Friedrich von Baden die Kurfürstenwürde zugesprochen. Der württembergische Regent hatte jedoch lediglich einen Teil seiner Gebietswünsche durchsetzen können. Als bitter mußte er empfinden, daß das Nachbarland Baden, dessen politische Bedeutung er hatte mindern wollen, großzügiger als Württemberg für seine Gebietsverluste entschädigt und diesem in jeder Hinsicht gleichgestellt worden war. Im einzelnen umfaßten die württembergischen Neuerwerbungen: die Fürstpropstei Ellwangen, die Reichsabtei Zwiefalten, die Frauenklöster Heiligkreuztal, Rottenmünster und Margrethausen, das Ritterstift Comburg, die Abtei Schöntal, die bisher dem Kloster Muri in der Schweiz gehörende Hälfte des Dorfs Dürrenmettstetten, das adlige Damenstift Oberstenfeld sowie die neun Reichsstädte Aalen, Esslingen, Giengen, Heilbronn, Reutlingen, Rottweil, Schwäbisch Gmünd, Schwäbisch Hall und Weil der Stadt. Insgesamt hatte Württemberg einen Zuwachs von 120 000 Einwohnern sowie zusätzliche Jahreseinkünfte in Höhe von 633 000 fl zu verzeichnen. Herzog Friedrich hatte die Verabschiedung des Reichsdeputationshauptschlusses nicht abgewartet, sondern schon im November 1802 von den Neuerwerbungen Besitz ergriffen. Als am 29. April 1803 in Stuttgart die Bestätigung über die Verleihung der Kurfürstenwürde an Herzog Friedrich eingetroffen war, ordnete er sogleich ein Fest für das gesamte Land an.

Außenpolitischen Fragen galt das besondere Interesse des Herzogs. Da er eine Fülle von Informationsquellen zu nutzen verstand, war er über das politische Geschehen in ganz Europa stets ausgezeichnet unterrichtet. Die Außenpolitik seines Landes bestimmte ausschließlich er selbst. Sein Minister der Auswärtigen Angelegenheiten hatte seinen Direktiven gemäß zu handeln, häufig allerdings auch nur seine Befehle gewissenhaft auszuführen. Nicht selten entwarf der Herzog die Instruktionen für seine Gesandten mit eigener Hand. Auch die Noten, die der Außenminister fremden Gesandten zu übermitteln hatte, formulierte er häufig selbst. Solange Zeppelin lebte, war dieser in allen außen- wie auch innenpolitischen Fragen sein wichtigster Berater. Eine Vertrauensstellung gewann der einem pommerschen Adelsgeschlecht entstammende Philipp Christian von Normann (1756–1817), der zeitweise als Dozent an der Hohen Carlsschule tätig gewesen war. Normann war Friedrich gänzlich ergeben. Er zeigte sich ihm stets unterwürfig, in seinem Dienst scheute er kein Opfer. Er war außerordentlich kenntnisreich und verfügte über großes diplomatisches Geschick. Dank und Anerkennung Friedrichs erwarb er sich bei den Entschädigungsverhandlungen mit Frankreich. Neben Normann trat als Berater Herzog Friedrichs in außenpolitischen Angelegenheiten seit 1802/03 in zunehmendem Maß Ernst Levin von Wintzingerode (1752–1834), Sohn eines früh verstorbenen hannoverschen Offiziers. Der Herzog hatte Wintzingerode, der viele Jahre am Hof von Hessen-Kassel Dienst geleistet hatte, 1801 an seinen Hof gezogen. Im Unterschied zu Normann besaß Wintzingerode lediglich eine sehr unvollkommene wissenschaftliche Bildung. Er war ein ausgesprochener Höfling. Politik betrieb er als ein höfisches und diplomatisch-raffiniertes Spiel. Dabei wußte er in der Regel die Interessen seines Herrn gewandt und zielsicher zu vertreten. Normann wie Wintzingerode waren Landfremde. Mit Württemberg verband sie zunächst nur ihr Dienstherr. Ihre Stellung verdankten sie seinem Wohlwollen. Sie hatten deshalb alles daran zu setzen, sich dieses Wohlwollen zu erhalten. Andererseits geizte Herzog Friedrich freilich nicht, sie wie andere Männer, die sich in seinem Dienst bewährten, durch Gunstbeweise auszuzeichnen und sie dadurch seiner Person noch mehr zu verpflichten.

Sorge um das Wohl des Landes und seiner Bevölkerung

Friedrich besaß eine hohe Auffassung von seinem Herrscherberuf, und er nahm deshalb eine Fülle von Vorrechten für seine Person in Anspruch. Er war sich aber der Fürsorgepflicht gegenüber seinen Untertanen stets bewußt. Dafür gibt es viele Zeugnisse. Die Bedrükkung und Ausbeutung des Herzogtums während des Zweiten Koalitionskriegs erfüllte ihn mit ohnmächtigem Zorn. In einem Schreiben an seine Brüder und an die Witwen der Herzöge Carl Eugen und Ludwig Eugen vom 4. Oktober 1800 sprach er von der traurigen Lage des von französischen Truppen besetzten Württemberg. Das Land sei auf unbestimmte Zeit den Übergriffen des Feindes preisgegeben. Geld- und Naturalrequisitionen in unerschwinglicher Höhe habe es aufzubringen. Alle seine Bemühungen, durch Vermittlung des österreichischen Kaiserhofs und des englischen Königshofs oder auch durch direkte Kontaktaufnahmen zum französischen Hauptquartier Erleichterungen zu erreichen, seien vergeblich gewesen. Der Herzogin ging das bittere Geschick der Bewohner des Herzogtums nicht weniger zu Herzen. Im September 1799 lehnte sie es ab, an der Aufführung einer Komödiantengruppe in Göppingen, wo sie vorübergehend Zuflucht gefunden hatte, teilzunehmen, solange Ludwigsburg und »seine lieben Einwohner« vom Feind bedroht seien. Sie beklagte die Not »unseres armen, lieben Landes«, das schutzlos dem Feind und tausenderlei Unglück ausgeliefert sei. Am 12. September 1800 bot sie Herzog Friedrich an, ihren Schmuck zugunsten der württembergischen Untertanen zu stiften. Friedrich war für das hochherzige Angebot dankbar, machte aber keinen Gebrauch davon.

Ungeheuchelt war die Freude des Herzogs, als er im Mai 1801 endlich wieder in sein Land zurückkehren konnte. In der Ansprache, die er an eine ihn in Ludwigsburg begrüßende, landständische Deputation richtete, umschrieb er mit warmherzigen Worten seine enge Bindung an das Land seiner Väter, ebenso bekannte er sich zu der ihm obliegenden Verantwortung für seine Untertanen. Friedrich erklärte, er freue sich, daß ihm die Untertanen über die erzwungene Trennung hinweg ihre »treuen Gesinnungen, ihre Anhänglichkeit« bewahrt hätten. Nie, betonte er, sei sein Herz von seinem Volk entfernt gewesen, und jetzt, da er wieder in dessen Mitte sei, werde er jeden Tag segnen, »wo ich die geschlagenen Wunden heilen, die bisher erlittenen Übel mildern, Wohlstand und Glück wieder herbeiführen kann«. Er rief die Untertanen auf, ihm als Landesvater zu vertrauen. Die »Repräsentanten des Landes« ermahnte er, »das Band der Einigung fester zu knüpfen, jeden Anlaß zum Gegenteil möglichst zu entfernen«. Er habe, schloß er seine Ansprache, nur den Wunsch, von seinen Untertanen »als liebender, wohltätiger Vater angesehen zu werden, der ihr Wohl, ihr Bestes und das Glück des Staats« im Auge habe. In einem am 18. Mai 1801 erlassenen Generalreskript, das auf allen Rathäusern und von allen Kanzeln des Herzogtums herab bekanntgegeben werden mußte, äußerte er die-

Herzog Friedrich II.

selben Wünsche und Hoffnungen. Er werde, versicherte er darin, alles in seinen Kräften Stehende tun, »den Wohlstand Unserer Untertanen aufs neue zu beleben und so schnell als möglich alle Spuren dieses unglücklichen Kriegs völlig zu tilgen«. Gleichermaßen sei er davon überzeugt, »daß Uns Unsere liebe und getreue Untertanen mit vollem Zutrauen entgegenkommen und auch ihrerseits durch pflichtmäßige Beförderung einer allgemeinen Eintracht alles dazu beitragen werden, damit Wir unter Gottes Segen die Früchte Unserer Bemühungen bald genießen mögen«. Daß seine Rückkehr mit gemischten Gefühlen registriert wurde, daß ihm nicht wenige seiner Untertanen vorwarfen, er habe 1800 das Land im Stich gelassen, war

Friedrich wohlbekannt. Er hatte deshalb allen Grund, den weitverbreiteten Unmut, auch wenn er ihn als ungerecht empfand, durch freundliche, versöhnliche Worte zu besänftigen. Gleichwohl kann es kaum einen Zweifel geben, daß seine Äußerungen aufrichtig gemeint waren und seinen wahren Intentionen entsprachen.

In seinen ersten Regierungsjahren bemühte sich Herzog Friedrich besonders, den unteren Volksschichten entgegenzukommen und ihre Anliegen ernst zu nehmen. So hatte er 1798 verfügt, daß die zehn Jahre zuvor in Kraft getretene Anordnung, die »Kindern gemeiner Bürger«, es sei denn, es handelte sich um vorzügliche Begabungen, das Studium der Theologie und den Eintritt in den Kirchendienst untersagte, mit sofortiger Wirkung aufgehoben wurde. Im Februar des folgenden Jahres führte er regelmäßige Samstagsaudienzen für alle Untertanen und für Landfremde ein. Abgesehen von Gesuchen um Übernahme in den öffentlichen Dienst, um Gratiale und Almosen, sowie von Bitten, in Rechtsstreitigkeiten zu entscheiden, durften dem Regenten in diesen Audienzen jedwede Art von Sorgen und Wünschen vorgetragen werden. Durch Maßnahmen auf medizinischem Gebiet, so durch die vielleicht auf Veranlassung von Herzogin Charlotte Mathilde Anfang 1803 eingeführte Kuhpockenimpfung, suchte der Herzog die Volksgesundheit zu verbessern. Im kirchlich-konfessionellen Bereich trat er für mehr Toleranz ein. Bereits kurz nach seinem Regierungsantritt ließ er in den beiden Residenzstädten Stuttgart und Ludwigsburg katholische Bethäuser errichten, in denen die dort ansässigen Katholiken ihre Gottesdienste feiern konnten. Allenthalben wollte er Gerechtigkeit üben und den Wohlstand des Landes fördern. Freilich, dies gelang nicht immer, und manchmal stand seinem Bemühen sogar seine eigene Person und ihre charakterliche Veranlagung im Weg.

Schaffung eines schlagkräftigen Heeres

Nach seiner Thronbesteigung nahm Friedrich mit der ihm eigenen Tatkraft die überfällige Reform des württembergischen Heerwesens in Angriff. Nach seinem Plan sollte das stehende Heer zweckmäßig organisiert und dem wirtschaftlichen Leistungsvermögen des Landes angepaßt werden. Eine schlagkräftige Armee gab, auch wenn sie nur klein war, dem Herzogtum mehr Sicherheit, vergrößerte sein politisches Gewicht und erhöhte seine Bündnisfähigkeit. Mit seinen Ideen geriet der Herzog rasch in Gegensatz zu den Landständen, die das vom Landesherrn unterhaltene Heer nur widerwillig toleriert hatten. Gerade jetzt wollten die Stände das alte Landesaufgebot zu neuem Leben erwecken und es an die Stelle des stehenden Heeres setzen. Im Unterschied zu seinem Onkel Ludwig Eugen, aber auch zu seinem Vater Friedrich Eugen gab sich Herzog Friedrich nie Illusionen über den geringen militärischen Wert des Landesaufgebots hin. Seine Mängel waren zu offenkundig. 1799 löste er die vier Jahre zuvor organisierte Landmiliz auf und übergab ihre Waffen trotz des Protests der Landschaft dem regulären Heer, dem fortan seine ganze Aufmerksamkeit galt. Der Soldat rangierte Ende des 18. Jahrhunderts auf einer der niedersten sozialen Stufen. Selbst der Offizier genoß nur geringes Ansehen. Die Gründe lagen auf der Hand. Die Soldaten kamen, gleichgültig ob es sich um Landeskinder oder um »Ausländer« handelte, aus den untersten Schichten der Bevölkerung. Das Heer mußte seinen Bedarf an Rekruten hauptsächlich durch Werbungen decken. Lediglich im Kriegsfall gestanden die Stände reguläre Aushebungen unter den diensttüchtigen Männern zu.

Die Aushebung, die der Herzog am 17. August 1799 anordnete, erfolgte noch durchaus im Einvernehmen mit den Landständen. Das herzogliche Heer brauchte, um seine Abgänge in Anbetracht der kriegerischen Zeit rasch ersetzen zu können, 1600 Rekruten mit einer körperlichen Mindestgröße. Die Gesamtzahl der Rekruten wurde entsprechend der Einwohnerzahl auf die einzelnen Orte des Herzogtums umgelegt. Die Entscheidung darüber, wer von den jungen Männern Soldat wurde, traf das Los. Allerdings konnte sich jeder Wehrpflichtige durch einen Ersatzmann, einen Einsteher, vertreten lassen, für den eine bestimmte Kaution zu leisten war. Ausgenommen waren von vornherein ganze Berufsgruppen: in öffentlichen Ämtern stehende Honoratioren, Akademiker, Schreiber, Studenten, Handwerksmeister, Lehrjungen, herrschaftliche und kommunale Beamte, Besitzer größerer Feldgüter, Gastwirte, Lehrer, die Ernährer alter oder kranker Eltern. Daß bei einem solchen Auswahlverfahren nur Arme und Ungebildete übrigblieben, ist klar. Dennoch war die Aushebung von 1799 ein Fortschritt gegenüber der bisherigen Rekrutierungspraxis. Den Gemeinden war es nämlich nicht mehr möglich, als Rekruten asoziale oder gar verbrecherische Elemente zu stellen, deren sie habhaft werden konnten oder die zufällig gerade in ihren Gefängnissen einsaßen.

Anfang 1800 lehnten die Landstände den außerordentlichen Militärbeitrag ab, den der Herzog forderte, um seinen Verpflichtungen als Reichsfürst im Krieg gegen Frankreich nachkommen zu können. Friedrich schrieb daraufhin die Aushebung von 4000 Rekruten einseitig aus. Das Auswahlverfahren entsprach im wesentlichen dem des Vorjahrs. Doch hatte der Herzog das Einstehen erheblich erschwert und zugleich Vorsorge getroffen, daß die Gelder, die für Ersatzmänner bezahlt wurden, vor allem dem Unteroffizierskorps zugute kamen. Tüchtigen Soldaten und Unteroffizieren sollte ein finanzieller Anreiz geboten werden, nach Ablauf ihrer Dienst- oder Kapitulationszeit als Einsteher neue Kapitulationen (Dienstverträge) abzuschließen. Statt vieler unzuverlässiger Elemente, die mit den ungedienten, zum Teil aus dem »Ausland« stammenden Einstehern bisher ins Heer gelangt waren, erhielt dieses nunmehr einen Stamm langdienender und diensterfahrener Berufssoldaten.

Friedrich vertrat den Grundsatz, daß der Soldat, der seinem Landesherrn treu diente, später auch Anspruch auf eine angemessene Versorgung habe. Er brach mit dem bisher in Württemberg üblichen Brauch, daß invalid gewordene Soldaten den einzelnen Ämtern zugewiesen wurden, die dann für ihren Lebensunterhalt aufzukommen hatten. Er ordnete an, daß alle unter seiner Regierung untauglich gewordenen Soldaten weiterhin Löhnung und Brot wie die aktiven Militärpersonen sowie eine vollständige Uniform wie die Angehörigen des Garnisonsbataillons bekommen sollten.

Nicht gut war es auch um den Offiziersnachwuchs bestellt gewesen. Die bürgerliche Ehrbarkeit hatte dem Offiziersberuf wenig Interesse entgegengebracht. Andererseits hatten die Herzöge wenig getan, um diesen Beruf im Volk populärer zu machen. Sie hatten sich mit fremden Adligen umgeben, denen sie die wichtigsten Hofämter und Offiziersstellen übertragen hatten. Dabei war im 18. Jahrhundert der Offiziersberuf in Württemberg kein Privileg des Adels gewesen. Einzelne Bürgerliche waren zu hohen und höchsten Kommandostellen aufgestiegen, so etwa der bedeutende Militärtheoretiker und Lehrer an der Hohen Carlsschule, Friedrich (von) Nicolai (1730–1814), Sohn des Bürgermeisters von Cannstatt. Herzog Friedrich erklärte sich kurz nach seinem Regierungsantritt auf Drängen der Stände bereit, künftig zwei Drittel aller Offiziersstellen mit bürgerlichen Landeseinwohnern zu besetzen. Er sicherte außerdem zu, daß die Herkunft beim Avancement keine Rolle mehr spielen solle. Freilich, das Interesse des Bürgertums am Offiziersberuf war auch weiterhin nicht groß.

Seit der Aufhebung der Hohen Carlsschule im Jahr 1794 gab es in Württemberg keine militärwissenschaftliche Bildungsanstalt mehr. Die Ausbildung des Offiziersnachwuchses hatte wie früher ausschließlich in den Regimentern zu erfolgen. Die Anwärter traten als Kadetten ein und avancierten, nachdem sie »den Dienst erlernt« hatten, zu Leutnanten. Ein Großteil der württembergischen Offiziere der napoleonischen Zeit erhielt diese praktische Ausbildung, die damals auch in der preußischen Armee üblich war. Am 6. November 1799, seinem 45. Geburtstag, stiftete Herzog Friedrich den Militärverdienstorden, der Offizieren vorbehalten war und in drei Klassen verliehen wurde: Großkreuze, Kommandeure (Kommenture, Komture) und Ritter. Ein Teil der Ordensträger erhielt Ordenspensionen.

Persönliche Verhältnisse und Familienangelegenheiten

Bei der Wahl seiner zweiten Frau war für Friedrich die Staatsräson bestimmend gewesen. Dies bedeutete jedoch nicht, daß der Herzog nur an äußere politische Vorteile dachte, die er durch seine Verbindung mit der Kronprinzessin von Großbritannien erlangte. Die Tragödie seiner ersten Ehe vor Augen, erhoffte er sich eine Frau, die ihm freundschaftlich zugetan war, ihr Leben mit dem seinen teilte, die auf ihn einging und ihn verstand, der er umgekehrt uneingeschränkt vertrauen, die er lieben und achten konnte. Und er wurde nicht enttäuscht. Herzogin Charlotte Mathilde hatte ihr Ja zu der Ehe mit Friedrich erst nach reiflicher Überlegung gegeben. Sie war kein junges Mädchen mehr, sie wußte, daß der württembergische Erbprinz in ihr eine glänzende Partie sah, aber sie erkannte wohl auch bald, daß es ihm nicht allein darum ging, sondern daß sie für ihn vor allem auch die Frau war, von der er glaubte, daß er mit ihr eine harmonische Ehe führen könne.

Nach außen schien es – und hierzu trug die strenge Hofetikette bei, deren Zwänge das Herzogspaar für selbstverständlich hielt –, daß die beiden Ehegatten einander zwar mit Achtung und Zuvorkommenheit behandelten, daß sie aber nie so recht zueinander fanden, sondern sich zeitlebens fremd blieben und jedes von ihnen sein eigenes, dem anderen kaum zugängliches Leben lebte. Dies mag in manchem nicht unrichtig sein, doch ist es schwer, auf Grund der schriftlichen Quellen zu einem ausgewogenen Urteil über die zweite

Ehe Friedrichs zu kommen. Die Menschen, die Herzogin Charlotte Mathilde näher kannten, stimmten darin überein, daß sie freundlich und gebildet war und ihre Pflichten sehr ernst nahm. Am 14. November 1798 schrieb etwa Frau von Hoven an Charlotte von Schiller, die Frau des Dichters: »Die Herzogin ist hier und im ganzen Land beliebt. Sie ist sehr klug und ohne alle Prätensionen. Sie liebt die Stille, die Simplizität und ist äußerst gutmütig. Sie arbeitet gerne, und des Vormittags unterrichtet sie ihre angetretene Tochter [Prinzessin Katharina] in der Geographie, Geschichte und im Zeichnen. Sie ist Fürstin, Gattin und Mutter im vollkommensten Sinn des Worts.« Zwei Jahre darauf schrieb Geheimrat von Normann in einem Brief an seine Frau über die Herzogin: »Du glaubst gar nicht, was sie brav und voll Kenntnisse ist. Im kleinen Zirkel ist sie äußerst unterhaltend ... Jetzt ist sie nicht mehr schüchtern gegen mich.« Charlotte Mathilde fühlte sich in einem kleinen, vertrauten Kreis am wohlsten. Hier war sie glücklich. Sie repräsentierte nicht gerne und stand auch nicht gerne im Rampenlicht der Öffentlichkeit. Ihre Schüchternheit machte ihr öfters zu schaffen. Dem Gemahl bekannte sie einmal (1805), daß sie ihrer Unsicherheit nur einigermaßen Herr werde, wenn er gegenwärtig sei.

Die Herzogin hielt sich viel im Schloß Ludwigsburg auf, dem auch ihr Mann zeitlebens den Vorzug vor Stuttgart gab. Sie liebte es, solange sie einigermaßen gut zu Fuß war, längere Wanderungen in die Nachbarorte zu unternehmen: nach Aldingen, Eglosheim, Nekkarweihingen oder hinauf in Richtung Kornwestheim zum »Salon«. An Regentagen bediente sie sich des Wagens. Ihre Korpulenz machte ihr Sorgen. Durch Fußmärsche suchte sie dagegen anzukämpfen. Sie freute sich an den reifen Kornfeldern, überhaupt am Reichtum der Natur, nahm Anteil an den Erntearbeiten, ging nicht selten auf die Felder, um den Bauern bei der Arbeit zuzuschauen. Gerne verweilte sie auch in Gärten und Parks. Viel übrig hatte sie für landschaftliche Schönheiten.

Im August 1798 hatte Charlotte Mathilde eine Fehlgeburt. Herzog Friedrich, der um das Leben seiner Frau bangte, ließ in allen Kirchen des Landes ein sechswöchiges Fürbittegebet anordnen, das mit einem Dankgebet für die Wiedergenesung der Fürstin endete. Die Herzogin gewann ihre Gesundheit zurück, sie blieb jedoch kinderlos. Zweifellos hat sie darunter gelitten, daß sie dem Gatten keine Kinder schenken konnte. Ob nach der Fehlgeburt eine gewisse Entfremdung zwischen den beiden Ehegatten eintrat, wie wiederholt behauptet worden ist, wissen wir nicht. Möglich wäre es. Der Briefwechsel der Herzogin mit ihrem Mann liefert dafür allerdings keinen Anhaltspunkt. Alle Briefe Charlotte Mathildes sind in einem überaus warmherzigen Ton gehalten und zeigen die enge menschliche Bindung an ihren »sehr lieben Herzog«. Im Juni 1798 schrieb sie ihm, sie nehme an allem seinem Ärger Anteil und würde am liebsten alles von ihm fernhalten, was ihn bedrücke. Und ein Vierteljahr später: »Von Ihrer Gesundheit und Ihrem Glück ist das meinige gänzlich abhängig, weil ich nur für Sie lebe.« Unter der kriegsbedingten Trennung von ihrem Mann im Sommer und Herbst 1800 litt die Herzogin sehr. Über das Unglück, das den Gemahl und sein Land getroffen hatte, war sie in großer Sorge. Der Herzog riet ihr auch in seinem Interesse zu mehr Ruhe und Gelassenheit. Der Grund ihrer Niedergeschlagenheit sei die Trennung von ihm, antwortete sie. Sie sei eine Fremde in Deutschland, und sie habe nur ihn. Sie wünsche einen sicheren Zufluchtsort während des Kriegs, am liebsten bei ihrer Familie oder doch sonstwo weit entfernt vom Kampfgeschehen. Der ständigen Unruhe sei ihre Gesundheit nicht gewachsen. Aus weiteren Briefen der Herzogin erfahren wir, wie sehr sie das Alleinsein quälte. Unter den Damen ihres kleinen Hofstaats war keine, mit der sie sich freundschaftlich aussprechen konnte, die ihr volles Vertrauen besaß.

Herzog Friedrich hatte sich in den Briefen an seine Frau bisher hauptsächlich mit militärischen und politischen Ereignissen beschäftigt. Er hatte ihr jeweils eingehend die augenblickliche politische Situation geschildert, von Gesprächen und Begegnungen berichtet. Über das Ergehen seiner Frau und seiner Kinder, das ihm sehr am Herzen lag, machte er im allgemeinen am Anfang oder Schluß seiner Briefe entsprechende Bemerkungen oder stellte Fragen. Das Persönliche war gegenüber dem Tagesgeschehen und den Pflichten, die Friedrich als Landesherr oblagen, stets zurückgetreten. Unter dem Eindruck der gedrückten Stimmung seiner Frau, ihrer Klagen und ihrer Mutlosigkeit schien ihm jetzt ein klärendes Wort angebracht. Er schrieb von den Opfern, die ihm der Platz auferlege, auf den ihn die Vorsehung berufen habe. Leider könne er ihr, so fuhr er fort, nicht den Zeitpunkt nennen, wann sie wieder beisammen sein könnten. Er selbst wünsche es sehnlichst. Aber in einem solchen entscheidenden Augenblick wie dem jetzigen könne er seinen Posten nicht verlassen, ohne die Chance für eine künftige erträgliche Existenz zu vertun. Einen seiner nächsten Briefe schloß er: »Gott befohlen, meine sehr Liebe, lieben Sie mich wie sich selbst. Ihr zärtlicher und treuer Gatte.« Solche und ähnliche Formulierungen kehrten in den Briefen Friedrichs nicht allzu oft wieder. Der Ton in seinen Briefen an die Gattin war stets ausgesucht höflich, doch distanziert. Die liebevolle Herzlichkeit, die Charlotte in ihre Briefe hineinlegte, vermochte er in gleicher Weise nicht zu erwidern. Es geschah auch sehr selten, daß er der Gattin persönliche Eindrücke oder Erlebnisse schilderte, die er auf seinen Reisen hatte. Dabei besaß auch er durchaus einen Blick für die Schönheiten der Natur. Von zauberhaftem Reiz fand er beispielsweise das Tal der Kinzig bei Gengenbach und die Umgebung des alten Schlosses Ortenburg. Er glaubte nie eine herrlichere Landschaft gesehen zu haben, berichtete er seiner Frau.

Lobend sprach sich die Herzogin wiederholt über das Verhalten und die schulischen Fortschritte ihrer Stieftochter Katharina aus, deren Erziehung sie übernommen hatte. Sie zeigte viel Verständnis für das heranwachsende Mädchen und nahm es auch dem Vater gegenüber in Schutz. Auch wenn sie selbst noch Kinder bekäme, würde »Trinette« doch ihre geliebte Tochter bleiben. Sie war stolz auf Katharina und fand, daß sie schön und liebenswürdig sei, daß sie bessere Manieren als andere Prinzessinnen besitze, nur in der Sanftmut müsse sie sich noch üben. Diese Äußerungen passen wenig zu dem gelegentlich gezeichneten Bild von der strengen Stiefmutter, die sich in die Psyche des ihr zur Erziehung anvertrauten Mädchens weder hineindenken wollte noch konnte. Streng und pflichtbewußt war die Herzogin gegenüber Katharina zweifellos, aber damit erfüllte sie nur den Wunsch ihres Mannes.

Sehr viel mehr Sorgen als die Tochter bereiteten dem Vater die beiden Söhne. Er ließ sich von ihren Erziehern regelmäßig Bericht erstatten. Im September 1798 zum Beispiel gab Hofrat Oberbibliothekar Schott, der den Erbprinzen in Weltgeschichte Europas, Statistik und württembergischer Staatsgeschichte unterrichtete, seinem Zögling das Zeugnis, er verfüge über eine leichte Auffassungsgabe, ein gutes Gedächtnis und eine richtige Urteilskraft. Der Herzog bestimmte für den Unterricht seines ältesten Sohns selbst die einzelnen Lehrfächer, die Unterrichtszeiten und die Lehrer. Hierbei ging es ihm vor allem um Reichsgeschichte, Staatsrecht, Religion, Italienisch und Französisch. Die Erziehungsmethoden, die er seinen Söhnen gegenüber anwandte, muteten mitunter fast barbarisch an. Sein jähzorniger Charakter spielte ihm hier manch argen Streich. Dabei wollte er seine Söhne weder quälen noch demütigen. Erbprinz Friedrich Wilhelm litt sehr unter der Härte des Vaters. Er reagierte mit Trotz und Abneigung und sann insgeheim auf Flucht, wie sein Jugendfreund Ernst von Phull-Rieppur in einem Brief aus dem Jahr 1798 berichtete. Um die Jahreswende 1798/99 muß es zu einem häßlichen Auftritt gekommen sein. Der Herzog soll dabei den siebzehnjährigen Sohn in Gegenwart der Dienerschaft angeschrien, ihn der Rebellion bezichtigt, ihm Festungshaft angekündigt und zudem gedroht haben, ihm niemals, solange er lebe, die Volljährigkeit zuzugestehen. Der Erbprinz sei über diese schimpfliche Behandlung aufs äußerste erbost gewesen. Er habe Phull-Rieppur gebeten, ihn später an diese und ähnliche Vorkommnisse zu erinnern, damit er seine Kinder niemals in ähnlicher Weise »maltraitiere«. Friedrich Wilhelm fürchtete auch, der Vater könne ihn an die häßliche Schwester des Kaisers Franz »par force verkuppeln«. Über dieses Eheprojekt war bereits Ende 1796 gesprochen worden, als Friedrich, damals noch Erbprinz, in Wien weilte. Im Sommer 1797 nach der Rückkehr aus England hatte Friedrich dem vierzehnjährigen Sohn davon Kenntnis gegeben, und dieser soll von der geplanten Verbindung zunächst sehr angetan gewesen sein. Der Tod der Erzherzogin am 25. Dezember 1798 vereitelte diesen ehrgeizigen Plan. Der Herzog suchte weiterhin eine Heiratsverbindung seines ältesten Sohns mit einer Prinzessin aus einem der ersten Fürstenhäuser Europas. In einem Brief vom 21. Mai 1799 setzte er seine Schwester Maria Feodorowna in St. Petersburg davon in Kenntnis, daß der Erbprinz an eine Verbindung mit ihrer Tochter, der Großfürstin Marie, denke. Eine solche Verbindung war durchaus im Sinn des Herzogs. Die enge Verwandtschaft der beiden jungen Leute störte ihn nicht, sie war bei Fürstenfamilien damals gang und gäbe. Indessen scheint auch dieser Plan nicht weiter verfolgt worden zu sein. Vielleicht winkte man in St. Petersburg unter Hinweis auf das jugendliche Alter von Großfürstin Marie und Erbprinz Friedrich Wilhelm ab. Herzogin Charlotte Mathilde war sehr erleichtert, daß der Herzog endlich mit seinem ältesten Sohn zufrieden war und daß dieser sich, seitdem er als Freiwilliger im österreichischen Heer gegen die Franzosen kämpfte, zu seinem Vorteil verändert hatte. Aber es kam zu neuen Spannungen zwischen Vater und Sohn. Es schien, als gäbe es zwischen beiden keine Verständigungsmöglichkeiten mehr. Die ganze Familie litt unter diesem Geist der Zwietracht und der Unversöhnlichkeit.

Der Tod des Freundes Johann Karl Reichsgraf von Zeppelin

Als eine seiner ersten Regierungsmaßnahmen hatte der Herzog den in Wien weilenden Freund zu seinem ersten Staats- und Kabinettsminister und zum Wirklichen Geheimen Rat ernannt. Nach der Rückkehr Zeppelins führte er ihn selbst in das Geheimratskollegium ein und übertrug ihm gleichzeitig die Oberaufsicht über sämtliche Hofdepartements und herzoglichen Schlösser. Er erlaubte ihm, die Kavallerieuniform eines Generals zu tragen.

Während der folgenden drei Jahre war Zeppelin nicht nur der wichtigste Berater des Herzogs in allen außenpolitischen Fragen, sondern auch sein uneigennütziger Sachwalter vor allem gegenüber Österreich. Er unterstützte Friedrich im Kampf gegen die Landstände und deren außenpolitische Aktivitäten. In Wien gelang es ihm, dem Herzog dafür die erforderliche Rückendeckung durch den Kaiser zu verschaffen. Kaiser Franz und Zar Paul schätzten seine Bemühungen um ein festes Einbinden Württembergs in die Allianz gegen die Französische Republik. Kaiser Franz ernannte ihn zum Wirklichen Geheimen Rat, und Zar Paul verlieh ihm das Großkreuz des Malteserordens. Auch der Herzog überhäufte ihn mit Ehren und Auszeichnungen. Er ernannte ihn zum Präsidenten des Geheimen Rats. Im April 1801 befiel Zeppelin in Erlangen, wo er sich damals mit dem Herzog aufhielt, ein typhöses Fieber, das sich zur besorgniserregenden Krankheit steigerte. Doch erholte er sich soweit wieder, daß er imstande war, dem Freund zu folgen, als dieser im Mai 1801 nach dem Abzug der letzten Franzosen in das Herzogtum zurückkehren konnte. Herzog Friedrich begrüßte den Freund in einem Brief – es sollte der letzte sein, den er ihm schrieb – bei dessen Ankunft auf württembergischem Boden mit großer Freude, zumal er durch den Leibmedicus Duvernoy erfahren hatte, daß es Zeppelin besser ging. Indessen hätte der keineswegs Genesene noch einige Zeit in Erlangen bleiben sollen. Die weite Reise überforderte seine Kräfte. Beim Einzug Friedrichs in Stuttgart am 25. Mai 1801, dessen Zeuge er sein wollte, mußte er wegen großer Schwäche im Lehnstuhl auf den Schloßplatz getragen werden. Kaum nach Ludwigsburg zurückgekehrt, überfiel ihn ein schweres Nervenleiden. Mehrere Ärzte bemühten sich um ihn. Herzog Friedrich erkannte, daß es für den Freund keine Rettung mehr gab. Er wich kaum vom Bett des Freundes. Als der Sterbende für kurze Augenblicke zu sich kam und Friedrich erkannte, sagte er zu ihm: »Gott Lob, daß ich Sie noch einmal wiedersehe, ich liebe Sie bis in den Tod. Bleiben Sie doch bei mir.« Dann sank er in den Schlummer der Bewußtlosigkeit zurück. Er starb am 14. Juni 1801.

Am 17. Juni 1801 fand unter großem militärischem Gepränge die Beisetzung Zeppelins in Ludwigsburg statt. Den Leichenzug eröffnete eine Schwadron Kavallerie, gefolgt von zwei Bataillonen Infanterie, einer Artillerieabteilung mit sechs Kanonen sowie ein Musikkorps. Sodann kam ein Trauerpferd. Dem von mehreren jüngeren Offizieren getragenen Sarg schritten mehrere Stabsoffiziere mit den Orden des Toten voran. Hinter dem Sarg ging der zwölfjährige Sohn Zeppelins und sein Vormund, der Geheime Rat von Mandelsloh. Ihnen folgte der Herzog mit den Prinzen seines Hauses, die Hofstäbe, die Generalität, die Vertreter der geistlichen und weltlichen Behörden. Den Abschluß bildete ein langer Zug von Leidtragenden. Zeppelin wurde zunächst in der Evangelischen Schloßkapelle, der späteren Ordenskapelle, beigesetzt. Auf dem Friedhof der Stadt, dem heutigen Alten Friedhof, ließ Herzog Friedrich dem Freund durch den Hofbaumeister Thouret ein Mausoleum errichten. Hofbildhauer Johann Heinrich von Dannecker schuf aus carrarischem Marmor eine Statue, »die trauernde Freundschaft«, eine sich auf

Grabmal des Grafen Zeppelin auf dem Alten Friedhof in Ludwigsburg

einen Prunksarg stützende weibliche Figur. Über dem Tor des Mausoleums ließ Friedrich die Inschrift anbringen: »Die der Tod getrennt, vereinigt das Grab.«

Herzog Friedrich nahm sich in vorbildlicher Weise der Familie des verstorbenen Freundes an. Der Gräfin Zeppelin, die schon ein knappes Jahr später ihrem Mann in den Tod folgte, ließ er auf dem Sterbebett versprechen, daß er »in allen Fällen ihren Kindern die Treue halten werde, die er ihrem Vater geschworen«. Er hielt Wort. Die von ihm an Kindesstatt angenommene Tochter erzog Herzogin Charlotte Mathilde wie ihr eigenes Kind und behielt sie bis zur Verheiratung mit dem Grafen von Taube bei sich. Dem Sohn, den der Herzog gleichfalls an seinen Hof nahm, übertrug er 1803 das Erbbanneramt sowie das Gut Aschhausen bei Künzelsau samt Schloß und Gut Buchhof als erbliches Lehen.

Der Tod des Reichsgrafen Johann Karl von Zeppelin veränderte das Leben des Herzogs und machte ihn einsam. Um über den ersten bitteren Schmerz hinwegzukommen, unternahm er eine längere Reise durch sein Land. Sie führte ihn nach Sulz, Hornberg, Schiltach, Freudenstadt, Nagold, Wildbad und Calw. Nicht wenige Männer seiner Umgebung bemühten sich um seine Gunst, seine freundschaftliche Zuwendung. Doch gelang es keinem, wie Zeppelin sein vorbehaltloses Vertrauen zu erwerben, sich ihm als Freund menschlich unentbehrlich zu machen. Selbst Graf von Dillen, der Günstling der späteren Jahre, hat dies nicht zuwege gebracht. Die Schattenseiten von Friedrichs Charakter traten zunehmend stärker hervor: Härte, Mißtrauen, menschenverachtender, hochfahrender Stolz, unnahbares selbstherrliches Gebaren. Diese äußere Verhärtung seiner Wesensart veränderte jedoch seine menschliche Grundeinstellung nicht. Sein Pflicht- und Verantwortungsbewußtsein gegenüber Land und Untertanen, sein ausgeprägter Sinn für Recht und Gerechtigkeit, sein im Religiösen wurzelndes Lebens- und Weltbild blieben davon unberührt.

Im Urteil der Zeitgenossen galt Zeppelin als der gute Geist Friedrichs. In einem 1803 veröffentlichten Nachruf, der wohl aus der Feder des bekannten Publizisten und Theologen Johann Gottfried Pahl stammt und in der »National-Chronik der Teutschen« erschienen ist, wurde er unter die »edelsten und besten Menschen« gerechnet und zugleich seine Verdienste, die er sich um seinen Fürsten und dessen Land erworben hatte, hochgerühmt. »Seine Uneigennützigkeit«, so hieß es hier, »verbunden mit dem pflichtmäßigen und weisen Gebrauche des Zutrauens, das ihm der Fürst schenkte, mußte ihm um so mehr allgemeine Verehrung erwerben, da sich in Württemberg noch jedermann an Männer und an Zeiten erinnert, durch welche und in welchen das Verdienst und ebenso oft auch das Nichtverdienst nur in Gold geltend gemacht werden konnte ...« Er habe einen günstigen Einfluß auf Herzog Friedrich ausgeübt, habe beruhigend, ausgleichend und mäßigend gewirkt, dabei aber seinen Einfluß nie mißbraucht. Immer habe er nur für Wahrheit und Recht, für Verdienst und Unschuld gewirkt, nie seinen eigenen Vorteil im Auge gehabt oder gegen seine Überzeugung gehandelt. Während seiner »ministeriellen Laufbahn« habe er »keinem einzigen der Untertanen seines Herrn auch nur eine seine Rechtschaffenheit anklagende Träne erpreßt«.

Dies war in der Tat ein hohes Lob. Es bekam noch besonderes Gewicht dadurch, daß es ein kritisch beobachtender Zeitgenosse aussprach, der über viele Informationsquellen verfügte und sehr gut über die politischen Akteure in Süddeutschland zu Beginn des 19. Jahrhunderts Bescheid wußte. Spätere Historiker waren der Auffassung, Leben und Wirken von Graf Zeppelin seien in dem Nachruf von 1803 idealisiert dargestellt worden. Als Landfremder habe der Graf den württembergischen Verhältnissen, so der altständischen Landesverfassung, kein Verständnis entgegengebracht. Er habe nur ein Ziel verfolgt: Stärkung der politischen Machtstellung seines Herrn zum Besten des Landes gegen Landstände und äußere Feinde. Dieses Urteil ist sicher berechtigt. Zeppelin war der zuverlässigste Ratgeber und Sachwalter seines fürstlichen Freundes, und er verzehrte sich in dessen Dienst. Er suchte nicht den eigenen Vorteil, wie dies beispielsweise in geradezu grotesker Weise einige herzogliche Günstlinge in der Zeit Carl Eugens getan hatten. Das Interesse des Landes und der in ihm lebenden Menschen war ihm, dem Landfremden, der mit Württemberg zunächst nur durch die Person des Regenten verbunden war, gleichbedeutend mit dem Interesse des fürstlichen Freundes, er blieb aber stets bemüht, beides miteinander in Einklang zu bringen. Man braucht Zeppelin daher keineswegs zu idealisieren, wenn man in ihm so etwas wie den guten Geist der ersten Regierungsjahre von Herzog Friedrich sieht.

VIII

Kurfürst
1803–1805

Die Annahme der Kurfürstenwürde

Mit der Zuerkennung der Kurfürstenwürde rückte Herzog Friedrich nach Rang und Stand in den Kreis der ersten Fürsten des Heiligen Römischen Reichs Deutscher Nation auf. Ein langerstrebtes Ziel der württembergischen Herzöge war endlich erreicht, auch wenn die Kurfürstenwürde angesichts des in Auflösung begriffenen Reichs nicht viel mehr als ein Ehrentitel sein konnte. Um dem denkwürdigen Ereignis einen feierlichen Rahmen zu geben, ordnete Friedrich ein dreitägiges glanzvolles Hoffest an. Am Morgen des 6. Mai 1803 kündigten das Geläut sämtlicher Kirchenglocken und 100 Kanonenschüsse den Bewohnern der Haupt- und Residenzstadt Stuttgart den Beginn des Festes an. Eine Stunde später wurde ein von einer Abteilung der Gardes du Corps begleiteter Herold ausgesandt, um unter Pauken- und Trompetenschall an den wichtigsten Plätzen der Stadt die Proklamation über die Annahme der Kurfürstenwürde zu verlesen.

Das Festprogramm war in allen Details festgelegt. Eine vergleichbare höfische Prachtentfaltung hatte Stuttgart seit vielen Jahren nicht mehr erlebt. Um 10 Uhr war feierlicher Kirchgang. Da die Schloßkirche für die illustre Gesellschaft nicht ausreichte, hatte man die Stiftskirche für den Festgottesdienst gewählt. In der Kirche war für den Kurfürsten ein Thronhimmel aufgeschlagen. Die Kurfürstin, die Prinzessinnen und das Diplomatische Korps nahmen rechts und links davon auf Tribünen ihre Plätze ein. Um 1 Uhr mittags war große Tafel, an der wie schon am Kirchgang auch die Witwen der Herzöge Carl Eugen und Ludwig Eugen teilnahmen. Abends um halb 7 Uhr folgte die Gratulationscour im Audienzzimmer des Residenzschlosses, wobei zuerst die fremden Gesandten »ihr Kompliment machten«, dann kamen die Damen, die von der »Frau Kurfürstin zum Handkuß zugelassen« wurden. Der Gratulationscour schloß sich ein Konzert und die Abendtafel mit 100 Gedecken an. Am 7. Mai war wiederum »große Gala« mit Wachparade. Den Höhepunkt bildete an diesem Tag ein Theaterabend im kurfürstlichen Opernhaus. Nach einem eigens für diesen Abend geschriebenen Vorspiel »Das Bundesfest« folgte die Aufführung des Schauspiels »Octavia« von Kotzebue. Am dritten Tag war nochmals Wachparade und am Abend »ein glänzend maskierter Freiball«, zu dem 1800 Billetts ausgegeben waren.

Bei dem dreitägigen Fest kam der Sinn von Kurfürst Friedrich für fürstliche Repräsentation erstmals voll zur Geltung. Freilich, der Glanz dieses Fests hätte allenfalls zu einem größeren und sehr viel reicheren Land gepaßt. In dem kleinen Herzogtum aber wirkte er deplaziert und überzogen. Friedrich hielt jedoch fürstlichen Prunk für ein unerläßliches Attribut seiner Herrschaft. Hierfür hatten auch die Untertanen Opfer zu bringen. An seiner Vorstellung vom Gottesgnadentum des Herrschers und den daraus von ihm abgeleiteten Vorrechten sollte Württemberg noch schwer zu tragen haben. Großen Wert legte der neue Kurfürst darauf, daß sein Hof keinem anderen vergleichbaren Fürstenhof in Deutschland nachstand. 1805 gehörten zu seinem Hofstaat nicht weniger als 120 Kammerherrn, 59 Kammerjunker, 14 Edelknaben und 4 Pagen. Hinzu kamen an eigentlichem Dienstpersonal gegen 300 Personen allein in Stuttgart, die Dienerschaft in Ludwigsburg, Hohenheim, auf der Solitude und auf dem Seegut Monrepos nicht gerechnet.

Die Organisation von Neuwürttemberg

Während der mehrjährigen Verhandlungen über die territoriale Entschädigung Württembergs für die verlorenen linksrheinischen Besitzungen hatte der landständische Ausschuß ebenso wie der Herzog mit allen ihm zu Gebot stehenden Mitteln versucht, einen Anteil an der zur Verteilung kommenden Länderkonkursmasse zu erhalten, um auf diese Weise seine Stellung gegenüber dem Landesherrn zu befestigen und mit Unterstützung Frankreichs eine Revision der landständischen Verfassung durchzusetzen. Zumindest aber hatte er eine Mitregierung in den Entschädigungsländern erreichen wollen. Dem landständischen Vertreter in Paris, Abel, waren zu diesem

Zweck beträchtliche Bestechungsgelder aus der Landschaftskasse zur Verfügung gestellt worden. Doch Herzog Friedrich hatte diese Pläne vereiteln können.

Daß Herzog Friedrich die neuerworbenen Gebiete dem Herzogtum nicht einverleibte, lag auf der Hand. Friedrich wünschte keinesfalls die Ausdehnung der altwürttembergischen Verfassung auf diese Territorien. Die Landstände konnten andererseits einen derartigen Anspruch auch nicht erheben, handelte es sich doch um Gebietsentschädigungen für herzogliche Besitzungen, die den württembergischen Stammlanden nicht inkorporiert gewesen waren. Unerläßlich in staatspolitischer Hinsicht war indessen eine verwaltungsmäßige Zusammenfassung der neun Reichsstädte und der ehemals geistlichen Herrschaften zu einem nach modernen Prinzipien organisierten einheitlichen Staat.

Schon im Herbst 1802 hatte Friedrich die Entschädigungslande zunächst militärisch besetzen und einige Wochen später durch Regierungskommissäre offiziell in Besitz nehmen lassen. Durch das Staatsmanifest vom 1. Januar 1803 teilte er die neuen Lande in drei Landvogteien ein. Die Landvogtei Ellwangen umfaßte mit der Fürstpropstei Ellwangen, dem Ritterstift Comburg, den Reichsstädten Aalen, Giengen, Schwäbisch Gmünd und Schwäbisch Hall sowie dem Stabsamt Adelmannsfelden das größte und geschlossenste Gebiet. Im Unterschied dazu bestand die bevölkerungsreiche Landvogtei Heilbronn aus weitverstreuten Gebietsteilen: den Städten Heilbronn, Esslingen, Reutlingen, Weil der Stadt sowie der Abtei Schöntal und dem Stift Oberstenfeld. Der Landvogtei Rottweil wurden die neuen Erwerbungen im Süden zugewiesen: Rottweil mit Margrethausen und Dürrenmettstetten, Rottenmünster, Zwiefalten, Mariaberg und Heiligkreuztal. Zur Hauptstadt von Neuwürttemberg und zum Sitz der Oberlandesregierung für Regierungs- und Justizsachen sowie der anderen Zentralbehörden bestimmte Kurfürst Friedrich Ellwangen. Eine Ausnahme bildete das evangelische Oberkonsistorium für Neuwürttemberg. Es erhielt seinen Sitz in Heilbronn. An die Spitze der neuwürttembergischen Verwaltung stellte der Kurfürst Philipp Christian Friedrich Freiherrn von Normann-Ehrenfels. Nach einer mehrmonatigen Übergangszeit nahm am 1. März 1803 die reguläre neuwürttembergische Verwaltung ihre Arbeit auf. Johann Gottfried Pahl berichtet, es sei damals in ganz Deutschland »die Rede umgelaufen«, daß unter allen Ländern, denen der Regensburger Kongreß neue Herren gegeben habe, die an Württemberg gefallenen das schlechteste Los gezogen hätten. Neben dem harten Regiment von Kurfürst Friedrich nannte er als Hauptgrund die Überflutung der neuen Gebiete durch die altwürttembergischen Schreiber. Diese hätten sich als Eroberer und Beherrscher gebärdet und dadurch die Bevölkerung gegen sich aufgebracht. In der Tat war in der neuwürttembergischen Verwaltung das altwürttembergische Beamtentum tonangebend. Allerdings, die Spitzenpositionen in Regierung und Verwaltung hatten nicht nur in Neu-, sondern auch in Altwürttemberg vornehmlich landfremde Adlige inne: Männer, die dem Kurfürsten unbedingt ergeben waren, nur sein Interesse im Auge hatten und die Verwaltungsgeschäfte in seinem Sinn führten.

Verhältnismäßig leicht ließen sich die vordem geistlichen Gebiete in einen größeren Verwaltungsorganismus eingliedern, waren sie doch auch bisher schon monarchisch regiert worden. Nicht so problemlos gelang dies bei den bisherigen Reichsstädten. Der Reichsdeputationshauptschluß hatte den Fürsten, denen Reichsstädte als Entschädigung zugewiesen wurden, auferlegt, sie möglichst rücksichtsvoll zu behandeln. Doch für Friedrich galt nur das landesherrliche Interesse. Er beschnitt das Selbstverwaltungsrecht in der von ihm eingeführten neuen Munizipalverfassung, beseitigte jedoch auch das Willkürregiment einzelner Familien oder das bestimmter Cliquen und glich die bislang sehr gedrückte Rechtsstellung der Untertanen auf dem flachen Land der der Stadtbewohner an.

Im Juli und August 1803 bereiste Kurfürst Friedrich die neuwürttembergischen Gebiete, um sich von den Untertanen huldigen zu lassen, zugleich aber auch um sich eine eigene Anschauung von Land und Leuten zu verschaffen. Überall erschien er in prunkvollem Aufzug und mit stattlichem Gefolge. Lediglich in Rottweil ließ er sich bei der Huldigung durch Herrn von Normann vertreten. Die Stadt sollte wegen der Unruhen, zu denen es dort gekommen war, einen Denkzettel bekommen. Die früheren Reichsstädte und die ehemaligen geistlichen Herrschaften wetteiferten miteinander, den neuen Herrn gebührend zu empfangen. In Ellwangen gaben die Stadt und das Land ihm zu Ehren ein großes Fest. Heilbronn, das auch die Kurfürstin besuchte, arrangierte eine »Illumination«. Nach Ansicht von Charlotte Mathilde übertraf diese Beleuchtung entsprechende Veranstaltungen in London. Die Vorbehalte, die die Bevölkerung gegenüber dem württembergischen Regenten hatte, gingen zunächst jedenfalls in Böllerschüssen, im Feuerwerk und in sonstigen Festlichkeiten unter.

Bei der staatlichen Organisation Neuwürttembergs nahm Friedrich keine Rücksicht auf historisch gewachsene Besonderheiten. Erzogen in der rationalistischen Staatslehre, strebte er überall Einheitlichkeit und Gleichförmigkeit an. Wichtig erschien ihm, daß diese staatliche Uniformität möglichst rasch verwirklicht wurde, sie war gegen alle Widerstände, mehr oder minder gewaltsam, durchzusetzen. Die oberste Leitung des Staats lag ausschließlich in der Hand des Kurfürsten, des Alleinherrschers. Ständische Einrichtungen oder Relikte, wie sie in den neuwürttembergischen Landen hie und da noch bestanden, schaffte er ab. Der machtpolitische Staatszweck hatte für ihn Vorrang. Das Land hatte zunächst einmal Rekruten für das kurfürstliche Heer zu stellen und in beträchtlicher Höhe Steuern an die Staatskassen abzuführen. Wirtschafts- und Wohlfahrtspolitik hatten ebenso wie die Kulturpolitik hinter den machtpolitischen Zielsetzungen zurückzutreten.

In Neuwürttemberg hatte Kurfürst Friedrich erstmals die Möglichkeit, ohne ständischen Einspruch Truppenaushebungen vorzunehmen. Da indessen die Abneigung gegen jede Art von Zwangsrekrutierung oder Konskription, wie der aus Frankreich übernommene Ausdruck lautete, in den neuerworbenen Landesteilen und namentlich in den mediatisierten Reichsstädten überaus stark war – die Kleinterritorien und Reichsstädte hatten nicht einmal ein Minimum der sehr mäßigen Forderungen der Reichskriegsverfassung erfüllt –, mußte der Kurfürst eine militärfeindliche Stimmung in Rechnung stellen. Das Rekrutierungsgesetz vom 21. Februar 1803 sprach ausdrücklich von der Schuldigkeit sämtlicher Untertanen, dem Landesherrn und dem Staat Kriegsdienste zu leisten, überließ jedoch als Beweis der besonderen kurfürstlichen Gnade die Art der Aushebung der Rekruten den Städten und Kommunen. Dennoch waren die Einzelbestimmungen hart genug. Friedrich verlangte, daß jeweils 80 Einwohner einen Rekruten stellten. Von fünf Rekruten waren jeweils vier für die Infanterie und einer für die Kavallerie vorgesehen. Die Gemeinden hatten für den Infanteristen eine Kaution von 50 fl, für den Kavalleristen eine solche von 120 fl zu leisten, die dem Staat anheimfiel, falls der Soldat desertierte. Weiterhin mußten die Gemeinden einen Einstehungspreis oder ein Handgeld von 100 fl für den Infanteristen und von 150 fl für den Kavalleristen aufbringen. Als Rekruten durften lediglich aus Neuwürttemberg stammende achtzehn- bis dreißigjährige ledige Männer von einer bestimmten Mindestgröße gestellt werden. Schon die finanzielle Belastung, die das Rekrutierungsgesetz den

Gemeinden auferlegte, war beträchtlich. Noch schwerer fiel die Stellung geeigneter Rekruten. Häufig überstieg die Zahl der Tauglichen nur unerheblich die der Auszuhebenden. Einsteher, die gegen finanzielle Entschädigung anstelle von regulären Wehrpflichtigen ins kurfürstliche Heer eintraten, zu den vorgeschriebenen Bedingungen zu finden, mißlang in vielen Fällen trotz der Wuchersummen, die für solche Männer bezahlt wurden. In einigen der früheren Reichsstädte mußte das Los unter den tauglichen Bürgersöhnen entscheiden. Der Widerstand gegen das Rekrutierungsgesetz steigerte sich mancherorts bis zur offenen Widersetzlichkeit. Kurfürst Friedrich machte kurzen Prozeß. Er verfügte gegen renitente Gemeinden den Einsatz von Militärkommandos. Seine Erwartung, daß sich die Bürgersöhne trotz ihrer Abneigung gegen den Militärstand als zuverlässige Soldaten erwiesen, die weit seltener desertierten als die angeworbenen oder »gekauften« armen und häufig heimatlosen Einsteher, täuschte ihn nicht. Er erschwerte deshalb auch in den neuwürttembergischen Landesteilen in zunehmendem Maß das Einstehen; im Herbst 1805 verbot er es ganz. Um möglichst über das gesamte Potential an wehrfähigen jungen Männern verfügen zu können, schränkte er das Auswandern, das Umherziehen der Handwerksburschen und das Heiraten von tauglichen Wehrpflichtigen ein. Fremde Werbungen untersagte er streng. Um Landeskinder, die in »ausländischen« Kriegsdiensten standen, zur Rückkehr in die Heimat und möglichst auch zum Eintritt in das kurfürstliche Heer zu bewegen, verbot er, Männern, die ihren Dienst im Heer eines anderen deutschen Landes oder eines sonstigen europäischen Staats nicht aufkündigten, ihr Vermögen »auszufolgen«.

Ganz neue Aufgaben erwuchsen Kurfürst Friedrich in den neuwürttembergischen Landen auf kirchlichem Gebiet. Die Bevölkerung Altwürttembergs war rein evangelisch. In den neuen Landesteilen gehörte jedoch die Mehrheit der Untertanen der römisch-katholischen Kirche an. Für Friedrich war es keine Frage, daß den Angehörigen beider Konfessionen in gleicher Weise die freie Religionsausübung gestattet werden mußte und daß sie auch sonst in jeder Hinsicht Gleichberechtigung beanspruchen konnten. Im Religionsedikt vom 14. Februar 1803, dessen Bestimmungen sich an die Vorschrift des Reichsdeputationshauptschlusses anlehnten, hob er für den Bereich der neuerworbenen Gebiete alle mit den Grundsätzen der Toleranz und der Parität nicht zu vereinbarenden Gesetze auf und gewährte den Mitgliedern der drei reichsgesetzlich anerkannten Konfessionen, den evangelisch-lutherischen, den römisch-katholischen Christen und den Reformierten (Calvinisten), volle Gleichberechtigung. Dies bedeutete indessen keineswegs die Freiheit und Unabhängigkeit der Kirchen gegenüber dem Staat. Ganz im Gegenteil: Friedrich sah in den Kirchen Staatsanstalten und beanspruchte uneingeschränkte landesherrliche Rechte. In der Praxis bedeutete dies die völlige Abhängigkeit vom Staat. Besonders empfindlich bekamen dies die Katholiken zu spüren. Sie gehörten nicht weniger als fünf Bistümern an, von denen nicht ein einziges sein geistliches Zentrum in Württemberg hatte: Konstanz, Augsburg, Würzburg, Speyer sowie dem kleinen Exemtionsordinariat Ellwangen, für das der bisherige Fürstpropst Klemens Wenzeslaus, zugleich Kurfürst von Trier, zuständig war. Friedrich strebte, um den ihm lästigen »ausländischen« kirchlichen Einfluß auszuschalten, die Schaffung eines katholischen Landesbistums an. Als Bischofssitz nahm er Ellwangen in Aussicht. Doch die sehr verwickelten politischen, kirchlichen und rechtlichen Fragen verhinderten viele Jahre eine definitive Regelung der Organisation der katholischen Kirche in Württemberg. Vorläufig nahm die Oberlandesregierung in Ellwangen die landesherrlichen Rechte gegenüber der katholischen Kirche wahr, wobei sie ihre Befugnisse ständig überschritt und immer wieder Verfügungen in rein kirchlichen Angelegenheiten traf. Selbst in Fragen der Kirchen- und Gottesdienstordnung mischte sie sich ein, ohne mit den zuständigen Ordinariaten auch nur Rücksprache zu nehmen. Die »ausländischen« Bischöfe konnten ihre auf die geistliche Gerichtsbarkeit und kirchliche Verwaltung beschränkte Zuständigkeit nur noch unter größten Schwierigkeiten geltend machen.

Einem beinahe noch strengeren staatlichen Regiment wurden die evangelischen Untertanen in den neuwürttembergischen Gebieten unterworfen. Insbesondere die Geistlichen hatten unter ihm zu leiden. So fanden offenbar manche aus dem Schreiberstand hervorgegangene weltliche Beamte Gefallen daran, sie zu bevormunden oder sie gar zu schikanieren.

Das Volksschulwesen in den evangelischen und katholischen Gebieten Neuwürttembergs war rückständig und schlecht geordnet. Die Ausbildung, aber auch die Besoldung der Lehrer lag im argen. Die Regierung bemühte sich um Verbesserungen, kam jedoch über Reformansätze nicht hinaus. Dies galt in gewissem Sinn auch für das höhere Schulwesen. Erkennbar war hier gleichfalls das Bestreben, den kirchlichen Einfluß zurückzudrängen.

Neuwürttemberg war ein überwiegend agrarisches Land. Die Oberlandesregierung in Ellwangen und die ihr nachgeordneten Behörden bemühten sich auf Anweisung des Kurfürsten, die Bauern zu einem rationelleren Wirtschaften zu bewegen. Namentlich wollten sie ihnen Kenntnis von den Neuerungen in der Landwirtschaft vermitteln und sie für eine Übernahme dieser Neuerungen gewinnen. Beispielsweise legten sie ihnen dringend nahe, zur ganzjährigen Stallfütterung überzugehen, damit das bisher für Weidezwecke benötigte Drittel der Feldflur während des sogenannten Brachjahrs gleichfalls für den Anbau von Feldfrüchten genutzt werden konnte. Ebenso rieten sie ihnen, dem Anbau von Klee, Kartoffeln und Rüben neben dem Getreidebau, aber auch dem vermehrten und verbesserten Obstbau und Fragen der Düngung besondere Aufmerksamkeit zu schenken. Kurfürst Friedrich zeigte großes Interesse an der Hebung des Gewerbes. Sehr angetan war er 1803 bei seinem Besuch in Schwäbisch Gmünd von dem dort blühenden Bijouteriegewerbe. Er suchte das Handwerk aus der Verkrustung der Zunftverfassung, deren entschiedener Gegner er war, zu befreien. Nachteilig war, daß die Zollschranken zwischen Alt- und Neuwürttemberg nicht niedergelegt werden konnten, weil an einer merkantilistischen Zollpolitik zum Schutz des einheimischen Gewerbes festgehalten wurde. Erst Ende 1805 mit der Beseitigung der altwürttembergischen Verfassung gelang es, Alt- und Neuwürttemberg, sehr zum Vorteil des Gesamtstaats, zu einem Wirtschaftsgebiet zusammenzufassen. Zustatten kam der Entwicklung von Handel und Gewerbe in den neuerworbenen Gebieten die Verbesserung der Verkehrsverhältnisse durch den von Kurfürst Friedrich nachhaltig geförderten Bau von Straßen, ebenso eine zweckmäßigere Organisation des Postwesens.

Die Auseinandersetzung mit den altwürttembergischen Landständen

Für die altwürttembergischen Landstände war es ein schwerer Schlag, daß Kurfürst Friedrich nunmehr in Neuwürttemberg über ansehnliche Gebiete verfügte, in denen er als absolutistischer Herrscher nach Gutdünken zu schalten und walten vermochte. Der ungeliebte Landesherr konnte sich jetzt militärische und wirtschaftliche Hilfsquellen zunutze machen, um die Macht der Stände in Altwürttemberg zu brechen. Die Landschaft sah indessen keinen Grund, von ihrem seit Jahren gesteuerten harten Konfrontationskurs abzugehen. Dank ihrer Pariser Verbindungen gelang es ihr Anfang 1804, den Ersten Konsul Napoleon Bonaparte und seinen Außenminister Talleyrand nochmals für sich zu gewinnen. Der französische Gesandte in Stuttgart, Didelot, erhielt die Anweisung, dem württembergischen Außenminister Wintzingerode den Wunsch Frankreichs auf Einberufung eines Landtags zu übermitteln. Er forderte außerdem für die Stände die Eingliederung der neuerworbenen Reichsstädte in den altwürttembergischen Staat sowie die Wiedereinsetzung des alten landschaftlichen Ausschusses. Friedrich, der zunächst lediglich mit dem Größeren Ausschuß über die Beilegung der Streitigkeiten hatte verhandeln wollen, blieb angesichts der unnachgiebigen Haltung der von Frankreich unterstützten Stände schließlich nichts anderes übrig, als den Landtag auf den 19. März 1804 einzuberufen. Wenn jedoch die Landschaft erwartet hatte, der Kurfürst werde sich in die Rolle des Gedemütigten hineindrängen lassen, so sah sie sich getäuscht. Friedrich gab sich der Ständeversammlung gegenüber so selbstbewußt wie bisher. Er verlangte in der Eröffnungssitzung von ihr, sich ausschließlich mit der Bezahlung der zur gewaltigen Höhe angewachsenen Kriegsschulden zu beschäftigen. Die Stände machten jedoch die Regelung der Kriegskostenfrage von einer Beilegung der seit 1799 andauernden Verfassungsstreitigkeiten abhängig. Weiterer Zündstoff sammelte sich rasch an. In der Ständeversammlung selbst gab es mehrere einander wenig freundlich gesinnte Gruppierungen, die gegenüber dem Landesherrn unterschiedliche Haltungen einnahmen. Das Spektrum reichte von den Verständigungsbereiten und Gemäßigten bis zu den unversöhnlich Oppositionellen. Die Stände setzten weiterhin auf Frankreich. Doch ihre Erwartungen erwiesen sich als trügerisch. Während der Landtag in Stuttgart versammelt war, erzielte Friedrich auf diplomatischem Weg einen großen Erfolg. Frankreich stand nicht nur von der Einverleibung der früheren Reichsstädte in das altwürttembergische Staatsgebiet ab, sondern es verzichtete auch für die Zukunft auf Einmischung in die inneren Streitigkeiten des Kurfürstentums. Am 1. Mai 1804 nahm Napoleon die erbliche Kaiserwürde an. Im politischen Kalkül des nunmehrigen französischen Selbstherrschers begannen Fürsten, die ihre Länder kraftvoll regierten und deren militärisches Kräftepotential zu mobilisieren vermochten, die entscheidende Rolle zu spielen. Hingegen konnten oppositionelle Landstände, die den Machtzweck des Staates negierten, den militärisch-politischen Interessen des neuen Kaisers der Franzosen kaum noch von Nutzen sein. Für die Umstellung der politischen Großwetterlage freilich gab es zunächst nur wenige Indizien, und so gingen in Stuttgart die Auseinandersetzungen zwischen Kurfürst Friedrich und den Ständen weiter. Als Friedrich davon Kenntnis erhielt, daß der Landtag in vertraulichen Beratungen dem im Ausland weilenden Kurprinzen, der sich offen auf die Seite der landständischen Opposition geschlagen hatte, auf Wunsch Frankreichs eine namhafte finanzielle Unterstützung bewilligt hatte, kannte seine Empörung kaum noch Grenzen. Er ließ einige Ausschußmitglieder und den Landschaftssekretär durch eine Untersuchungskommission des Regierungskollegiums vernehmen und nannte die Art und Weise, wie der Landtag über Landschaftsgelder verfügte, unverantwortlich und strafbar. Der Landtag erhob gegen diese verfassungswidrigen Maßnahmen des Kurfürsten umgehend Protest. Das Angebot Friedrichs, die Untersuchungskommission des Regierungskollegiums durch einige Landtagsmitglieder zu erweitern, wies das Gremium zurück. Es beharrte unter Hinweis auf die Verhandlungen mit dem von Napoleon dazu bevollmächtigten französischen Gesandten in Stuttgart darauf, daß die Unterstützung des Erbprinzen rechtens sei. Kurfürst Friedrich schien das Maß voll. Am 20. Juni 1804 löste er den Landtag auf. Zugleich erhob er beim kaiserlichen Reichshofrat Klage. Die Stände taten dasselbe. Der Erbprinz kritisierte in einem an den Geheimen Rat gerichteten aufsehenerregenden Schreiben aus Paris aufs entschiedenste das Verhalten des Vaters und erklärte seine »vollständige Übereinstimmung mit der patriotischen Denkungsart der Stände«. In radikalen Kreisen überlegte man bereits, den Erbprinzen mit ausländischer Hilfe auf den württembergischen Thron zu bringen. Die Auseinandersetzungen zwischen Kurfürst Friedrich und dem Größeren Ausschuß der Landschaft steigerten sich immer mehr, insgeheim spielte der Größere Ausschuß sogar mit dem Gedanken, seine Sitzungen in eine badische Stadt zu verlegen. Der Kurfürst hoffte, durch die Amtsenthebung einiger Mitglieder des Größeren und des Engeren Ausschusses beide Gremien sich gefügig zu machen. Doch er scheiterte. Der ständische Widerstand war nicht zu brechen, zumal er im Land Unterstützung fand. Auch der Plan Friedrichs, die landschaftlichen Kassen unter seine Kontrolle zu bringen, mißlang. Um zu verhindern, daß die von den Ständen geforderte kaiserliche Hofkommission in den Konflikt eingriff, lenkte er überraschend ein. Am 10. November 1804 schrieb er einen Landtag aus, und dieser trat am 27. November 1804 zusammen. Weit entfernt, von seinem Standpunkt abzurücken, bezeichnete es der Kurfürst als die vornehmste Aufgabe auch dieses Landtags, die Kriegsschuldenfrage zu regeln. Außerdem verlangte er, die Stände sollten ihr Administrations- und Kassenwesen ordnen, damit für die Zukunft eine zweckwidrige Verwendung der Landesgelder unterbunden werde. Ferner bestand er darauf, daß ihm der Landtag die verfassungsmäßige Oberaufsicht über die Verwaltung der Steuergelder einräume. Unmißverständlich gab er schließlich seiner Erwartung Ausdruck, daß bei der Neuwahl der Ausschüsse nur solche Männer berücksichtigt würden, die gleichermaßen das Vertrauen des Fürsten wie das des Landes besäßen. Der Landtag ließ sich durch den Befehlston des Landesherrn nicht einschüchtern. Im Gegenteil: Er besetzte seine Führungsorgane durchweg mit Männern, die in den zurückliegenden Monaten seine Interessen gegenüber dem Kurfürsten kraftvoll und zuverlässig verfochten hatten. Den Männern aber, die sich zu konzessionsbereit oder gar unzuverlässig gezeigt hatten, entzog er sein Vertrauen; sie verloren jeden Einfluß auf die landschaftlichen Angelegenheiten. Daß der Kurfürst mit der von den Ständen gewünschten Bestätigung der neugewählten Ausschußmitglieder zögerte, nimmt nicht wunder, zählten doch einige der jetzt wiederum tonangebenden landschaftlichen Repräsentanten wie der Landschaftsassessor Baz und der Stuttgarter Bürgermeister Klüpfel zu seinen aufsässigsten Widersachern. Allein, der Landtag blieb hart. Er stellte die Ratenzahlungen des ordentlichen Militärbeitrags mit der anfechtbaren Begründung ein, die Bestätigung der Ausschußmitglieder sei die Voraussetzung für diese Zahlungen. Der Kurfürst widersprach entrüstet und erklärte, vor der Wiederaufnahme der Zahlungen des ordentlichen Militärbeitrags werde er weder die von ihm verlangte Bestätigung erteilen noch sich mit irgendwelchen anderen Eingaben des Landtags befassen. Die Konfrontation war vollkommen. Um den Landtag zum Einlenken zu bewegen, verweigerte der Kurfürst den Ständemitgliedern den bei Tagungen sonst üblichen Urlaub über Weihnachten, er beharrte vielmehr darauf, daß das Gremium fortwährend versammelt blieb. Am 23. Januar 1805 schrieb er die Steuer einseitig aus und ließ in den Kassen der Amtskorporationen das Bargeld beschlagnahmen. Die Ständeversammlung protestierte. Friedrich kümmerte dies wenig, auch wenn er jetzt scheinbar Konzessionsbereitschaft zeigte. Er erlaubte die Heimreise der Abgeordneten von vierzehn kleineren Städten und bestätigte im wesentlichen die Ausschußwahlen, wobei er seine Hauptwidersacher allerdings ausnahm. Der Landtag stellte zwar fest, daß er mit dem vom Kurfürsten geübten Bestätigungsverfahren nicht einverstanden war, betrachtete jedoch seine wesentlichen Forderungen als erfüllt. Am 15. Februar 1805 bewilligte er den Militärbeitrag.

Eine neue Lage schuf der tags darauf in Stuttgart eintreffende Reichshofratsbescheid vom 1. Februar 1805 zu der von der Landschaft erhobenen Klage. Der Bescheid fiel für die Stände viel günstiger aus als für den Kurfürsten. Der Kaiser befahl zwar den Ständen die sofortige Bezahlung des Militärbeitrags, bezeichnete aber die im Herbst 1804 von Kurfürst Friedrich angeordnete Untersuchung der Landschaftskasse als rechtswidrig. Er verlangte ferner einen Bericht vom Kurfürsten über die weiteren Streitpunkte und nahm die als Kläger der Stände nach Wien gereisten Abgeordneten Baz und Klüpfel gegen kurfürstliche Strafmaßnahmen in Schutz. Die Stände triumphierten. Sie sahen dank der kaiserlichen Entscheidung einen Vergleich mit dem Landesherrn in greifbare Nähe gerückt. Am 5. März 1805 wurde der Landtag vertagt. Noch ahnte niemand, daß mit dieser Vertagung die lange Tradition der altwürttembergischen Landtage endete. In den letzten Sitzungswochen hatten sich Kurfürst wie Landstände um eine erträgliche Atmosphäre bemüht. Jetzt endlich hatten sich die Stände der schwierigen Regelung der Kriegskosten und der Beratung anderer strittiger Punkte zuwenden können. Eine Reihe von Angelegenheiten war beim Auseinandergehen des Landtags noch unerledigt. Mit ihnen mußte sich nach alter Gewohnheit der verstärkte Große Ausschuß (sieben Prälaten und 21 weltliche Mitglieder) befassen.

Kurfürst Friedrich ruhte nicht, den noch in Wien befindlichen führenden Vertreter der extremen landschaftlichen »Patriotenpartei«, Baz, in seine Gewalt zu bekommen. Die Beschuldigung, Baz habe sich an einer Verschwörung gegen das Leben des Kurfürsten beteiligt, gab ihm den Vorwand, die Auslieferung des verhaßten Ständevertreters zu betreiben und durchzusetzen. Obwohl die Anschuldigung schon bald als völlig haltlos in sich zusammenfiel, blieb Baz bis zur Aufhebung der altwürttembergischen Verfassung in Haft. In dem das ganze restliche Jahr 1805 tagenden verstärkten Großen Ausschuß war kaum noch etwas von dem kämpferischen Elan der letzten Jahre zu spüren. Der Ausschuß bemühte sich um Ausgleich und Verständigung, vermied deshalb auch energische Schritte beim Reichshofrat, um eine Freilassung von Baz zu erreichen, er begnügte sich vielmehr mit wirkungslosen Protesten bei der Regierung und suchte vergeblich um Hilfe bei der preußischen Garantiemacht nach. Freilich verschlechterte sich die Situation der Landschaft zunehmend. Politisch geriet sie mehr und mehr ins Hintertreffen, und dies vor allem auch deshalb, weil sie in Paris keinen Rückhalt mehr besaß. Im Sommer 1805 schickte sich Frankreich an, einen neuen Krieg, den Dritten Koalitionskrieg, zu entfesseln. Hierbei sollte ihm auch der Kurfürst von Württemberg militärische Gefolgschaft leisten. Napoleon ließ bei den Bündnisverhandlungen keinen Zweifel, daß Friedrich bei einer Weigerung der Landstände, die erforderlichen Geldmittel zu bewilligen und der Aushebung von Soldaten zuzustimmen, mit französischer Unterstützung rechnen könne.

Der landflüchtige Kurprinz

Bei dem 1804 einem Höhepunkt zustrebenden Konflikt des Kurfürsten mit den Landständen spielte Kurprinz Friedrich Wilhelm eine wichtige, wenn auch keine gerade erfreuliche Rolle. Die Landstände hatten seit Jahren das sich zunehmend verschlechternde Verhältnis von Vater und Sohn mit einer gewissen Genugtuung betrachtet. 1804 hatte ihnen dann die Geldverlegenheit des in Paris weilenden Prinzen Gelegenheit gegeben, sich nicht nur die Dankbarkeit des ohnehin mit ihnen sympathisierenden Thronerben zu sichern, sondern auch den Wünschen des Ersten Konsuls der Französischen Republik Napoleon Bonaparte und des französischen Außenministers Talleyrand zu entsprechen. Für den Kurfürsten war es zweifellos eine der bittersten Demütigungen seines Lebens, daß der Zwist mit dem Sohn, an dem er selbst ein gerüttelt Maß von Mitschuld trug, von seinen inneren und äußeren Feinden gegen ihn ausgenutzt werden konnte. Dabei hatte er schon in der Zeit, als der Zwist noch keine hochpolitischen Dimensionen angenommen hatte, sondern sich auf die Familie und den Hof beschränkte, unter diesem unguten Verhältnis gelitten, zumal er meinte, dem Sohn gegenüber stets die besten Absichten verfolgt und alles in seinen Kräften Stehende getan zu haben, um diesen auf seinen späteren Regentenberuf vorzubereiten. Unverständlich war ihm stets, daß Friedrich Wilhelm dies nicht erkannte und anerkannte, sondern sich widerspenstig und aufsässig zeigte.

Anfang 1803 floh der Kurprinz aus Württemberg. Anders als fünf

Jahre zuvor, als ein erster Versuch gescheitert war, glückte ihm diesmal die Flucht. Der Kurfürst wollte die peinliche Angelegenheit, die rasch an die Öffentlichkeit drang und sich zu Gerüchten verdichtete, möglichst verharmlosen und verschleiern. Minister Wintzingerode erklärte in seinem Auftrag dem Stuttgarter Stadtoberamtmann, das Gerücht, der Kurprinz sei entflohen, müsse von übel gesinnten Leuten herrühren, der Prinz sei vielmehr mit Genehmigung des Kurfürsten verreist. Insgeheim aber war Friedrich fieberhaft bemüht, den Sohn »zur Räson zu bringen«. Am 5. April 1803 befahl er seinem Flügeladjutanten Major von Varnbüler, dem Kurprinzen zu folgen, ihn »auf seiner widergesetzlich unternommenen Flucht« einzuholen und ihm den ernstlichen Befehl seines Vaters zu überbringen, daß er sogleich »von seinen verkehrten Wegen zu seiner Pflicht, schuldigem, kindlichem Gehorsam zurückkehre«, nach Württemberg zurückkomme und dort an der Grenze weitere Weisungen abwarte, weil nach dem Vorgefallenen sein Vater ihn weder in seiner Nähe noch unter seinen Augen dulden könne. Sollte jedoch der Erbprinz in seinem sträflichen Ungehorsam verharren, habe ihn Varnbüler nachdrücklich auf die »unausbleiblichen Folgen« hinzuweisen, »welche die gekränkten Rechte des Vaters und des Regenten unausbleiblich über ihn herbeiführen« müßten. Dem Hauptmann und Flügeladjutanten von Gültlingen, der den Prinzen begleitete, hatte von Varnbüler lediglich zu erklären, daß er wisse, welche Strafe die Kriegsgesetze für die Desertion eines Offiziers vorsähen, und daß der Kurfürst entschlossen sei, dem Kriegsrecht gegen ihn seinen Lauf zu lassen. Harte Strafen verhängte Kurfürst Friedrich über die Männer, die dem Erbprinzen bei der Flucht behilflich gewesen waren oder sie zumindest nicht verhindert hatten. Der vermutlich beim Palais des Kurprinzen wachhabende Unteroffizier erhielt 100 Stockhiebe und wurde auf die Festung gebracht. Auch der Sekretär des Kurprinzen mußte mit Gefangenschaft büßen.

Prinz Fritz ließ sich von den Warnungen und Drohungen des Vaters nicht beeindrucken. Er reiste nach Wien in der Hoffnung, am Kaiserhof Verständnis zu finden und Unterstützung gegenüber dem Vater zu bekommen. Seine Erwartungen trogen nicht. Am Kaiserhof nahm man sich seiner an. Der Kaiser ernannte ihn zum Generalmajor. Es scheint, daß sich vor allem sein Onkel Ferdinand, der als General in kaiserlich österreichischen Diensten stand, um ihn gekümmert und sich auch für ihn bei seinem Vater verwendet hat. Anfang August 1803 verließ er die Kaiserstadt an der Donau wieder.

Vor der Abreise schrieb er seinem Vater und unterbreitete ihm Forderungen für eine Rückkehr in die Heimat. Wir wissen nicht, welches die Forderungen im einzelnen waren, doch scheinen sie recht anmaßend gewesen zu sein, denn der Kurfürst war über sie sehr aufgebracht. Er nannte ihn einen Narren und Verbrecher und wies alle Forderungen des Prinzen zurück. Er hatte erwartet, daß der Sohn in sich gegangen wäre, seine Verirrungen bereut und ihn um Gnade, Nachsicht und Verzeihung gebeten hätte, und er wäre bereit gewesen, ihm all dies zu gewähren. Auch seinen Mitgenossen hätte er Straffreiheit zugesichert. Daß sich aber der Sohn »der tiefverletzten Vater- und Regentenwürde frech zur Seite« stelle, werde er nie hinnehmen. Die Kurfürstin meinte, die schlechte Gesellschaft, in der sich der Prinz befinde, verführe ihn zu unüberlegten Handlungen, die er später bereuen werde.

Den Kurfürsten erbitterte vor allem, daß der Kurprinz seit Jahren ein Liebesverhältnis mit der hübschen und ehrgeizigen Tochter Therese des Landschaftskonsulenten Abel hatte, zumal es sich von seiten des Prinzen anscheinend um keine Liebelei, sondern um eine ernsthafte Bindung handelte. Der Vater des Mädchens war nicht nur ein Bürgerlicher, sondern dem Kurfürsten als Exponent der Landschaft besonders verhaßt. Friedrich argwöhnte nicht ohne Grund, daß Therese dem jungen Prinzen durchaus nicht so selbstlos zugetan war, wie dieser wähnte, und daß möglicherweise auch noch ihr Vater aus politischen Erwägungen die Hände mit im Spiel hatte. Im Jahr 1800 waren die Beziehungen, die der Erbprinz und sein Bruder Paul zu den Abelschen Töchtern unterhielten, erstmals aufgedeckt worden. Kurfürst Friedrich hatte in der Folgezeit alles getan, seine Söhne vom Umgang mit den beiden Mädchen abzubringen. Bei Paul war ihm dies offenbar gelungen. Nicht so beim Erbprinzen. Als der Kurfürst im Frühjahr 1803 erneut den Beziehungen des Sohns auf die Spur kam, reagierte er überscharf. Er wollte dem Sohn einen neuen Hofmeister beigeben, der sein Vertrauen hatte. Dies war der Grund für die Flucht des Kurprinzen. Trotz der Drohungen des Vaters und der beschwörenden Appelle der nächsten Verwandten war Kurprinz Friedrich Wilhelm entschlossen, Therese Abel zu heiraten. Auch seine engsten Freunde wie Ernst von Phull-Rieppur, der ihn auf der Flucht begleitete, versuchten ihn davon abzubringen. Phull-Rieppur charakterisierte Therese Abel als kalt, berechnend und ehrgeizig. Der Heiratsplan ging wahrscheinlich von ihr aus. Ihr nüchtern denkender Vater hatte kaum Anteil an ihm. Therese war im Frühjahr 1803 von dem Kurprinzen schwanger. Da dieser nicht damit rechnen konnte, daß der Vater einer Ehe mit ihr zustimmte, sah er keinen anderen Ausweg als die Flucht. Vermutlich begleitete ihn Therese nach Wien, im August nach Schaffhausen und später nach Saarburg. Dort, in Saarburg, gebar sie Zwillinge, einen Jungen und ein Mädchen, die jedoch bald nach der Geburt starben. Kurfürst Friedrich ließ dem Sohn um diese Zeit Vergleichsvorschläge unterbreiten. Sicherlich hatte ihn dieses Entgegenkommen schwere Überwindung gekostet, doch allem Anschein nach war der Wunsch, die skandalöse Geschichte aus der Welt zu schaffen, in ihm so mächtig, daß er seine Bedenken überwand. Wenn er nicht bereits vorher über die Niederkunft der Therese Abel und den Tod ihrer Kinder unterrichtet war, so erfuhr er es jetzt. Daß Friedrich, der stets über ein gut organisiertes Informationssystem verfügte, den ungehorsamen Sohn beschatten ließ, liegt nahe. Er hoffte wohl auch, Friedrich Wilhelm sei Verhandlungen jetzt eher geneigt. Doch er hatte sich getäuscht. Der Kurprinz lehnte die im einzelnen nicht bekannten Vergleichsvorschläge ab und brach wenige Tage darauf mit seiner Geliebten und seinen Freunden nach Paris auf. Dort bezog er in der Rue St. Honoré ein luxuriöses Quartier. Phull-Rieppur war erstaunt, daß der Prinz plötzlich über reiche finanzielle Mittel verfügte. Dieser nannte seinen Geldgeber nicht, ließ den Freund lediglich wissen, daß ihm das Geld in der Form eines Darlehens mit dem niedrigen Zinssatz von fünf Prozent angetragen worden sei.

In Paris suchte der Kurprinz sofort Verbindung zu dem allmächtigen Ersten Konsul Napoleon Bonaparte, von dessen Hilfe und Fürsprache er Entscheidendes für seine Zukunft erwartete. Am 13. Oktober 1803 wurde er in St. Cloud von Napoleon zu einer ersten Audienz empfangen. Sie dauerte eine halbe Stunde. Am Tag darauf folgte ein Besuch bei Madame Bonaparte und bei den beiden anderen Konsuln. Napoleon war dem Prinzen offensichtlich gewogen. Phull-Rieppur schrieb an seine Frau, daß »das hiesige Gouvernement den Prinzen durch alle Teile aufs lebhafteste unterstützt«. Napoleon billige die Heiratspläne des Kurprinzen, und er habe auch den Vater Thereses dafür günstig gestimmt. Ernst von Phull-Rieppur sah es als Freundespflicht an, die Heirat zumindest vorläufig zu verhindern. »Aber ich kann nicht vierzehn Tage dafür bürgen, was er tun wird, weil sie ihn im Sacke hat und Bonaparte ihm den Kopf schwindlig gemacht hat«, meinte er. Kurfürst Friedrich wurde mitgeteilt, daß der Kurprinz an dem Heiratsversprechen festhalte und er erklärt habe, er schiebe seine Vermählung nur auf, um zu beweisen, daß er nicht in Leidenschaft, sondern mit kühlem Verstand seine Entscheidung treffe. Er konnte auch in Erfahrung bringen, daß der Vater Abel die Heirat seiner Tochter mit dem Kurprinzen mehr und mehr für notwendig halte, daß andererseits die Ausgaben des Prinzen in Paris enorm seien, er beispielsweise einen Platz in der Oper gemietet habe. Die Nachricht allerdings, der Prinz habe am 1. November die Abel geheiratet, erwies sich als nicht zutreffend. Denn der Wind in Paris hatte umgeschlagen. Nach Phull-Rieppur wollte »das hiesige Gouvernement nicht weiter kuppeln«; es erkenne, welche »Sottise« der Kurprinz zu begehen im Begriff sei.

Kurfürst Friedrich hatte auf diplomatischem Weg wesentlich zu der Gesinnungsänderung Napoleons beigetragen. Sofort nach der Übersiedlung des Kurprinzen nach Paris hatte er den württembergischen Gesandten von Steube angewiesen, durch Kontaktaufnahme mit Außenminister Talleyrand sowie mit den Gesandten Österreichs, Rußlands und Preußens alles zu tun, um die Heiratspläne von Prinz Friedrich Wilhelm Karl zu vereiteln. Talleyrand mißbilligte diese Pläne zwar, wollte ihnen aber nur ungern entgegentreten. Hingegen unterstützten vor allem der russische und der preußische diplomatische Vertreter mit Nachdruck das württembergische Anliegen. Sie hielten mit ihrem Standpunkt weder gegenüber dem französischen Außenminister noch gegenüber dem Kurprinzen zurück. Eine unmißverständliche Sprache führte der russische Gesandte in Paris, Morkow. Er war empört, daß Napoleon mit Auszeichnung einen Sohn empfange, der offen gegen seinen Vater rebelliere und sich so weit vergesse, daß er der Tochter eines seiner »Diener« [in der Vorlage: serviteur] folge, der »er ein Kind gemacht« habe. Er betrachtete das Verhalten Napoleons als einen Affront gegen Rußland, das heißt gegen das mit dem württembergischen Kurfürsten eng verwandte Zarenhaus, und er nahm es dem österreichischen Gesandten, Graf Cobenzl, übel, daß er sich gegenüber dem Kurprinzen zu nachgiebig zeigte und damit seiner Ansicht nach gegen alle Rücksichten verstieß, die er dem Kurfürsten als einem nahen Verwandten des österreichischen Kaiserhauses schuldete. Kaiserin-Mutter Maria Feodorowna selbst wandte sich in einem Brief mit der eindringlichen Bitte an den Neffen, zu seiner Pflicht zurückzukehren. Zugleich versuchte sie, zwischen ihm und seinem Vater zu vermitteln. Kurfürst Friedrich stellte den weiteren Gang der Ereignisse so dar: Kurprinz Friedrich Wilhelm, assistiert von Legationsrat

Abel, wollte erreichen, daß der Kaplan der schwedischen Gesandtschaft oder aber die protestantischen Geistlichen in Paris seine Trauung mit Therese Abel vollzogen. Die schwedische Gesandtschaft wies ihn jedoch ab, und die protestantischen Geistlichen verlangten für die Trauung eine höhere Legitimation, sie legten die Angelegenheit dem Ersten Konsul zur Entscheidung vor. Der russische und der preußische Gesandte, die dem Kurfürsten gefällig sein wollten, drohten dem Legationsrat Abel, sie würden die Hansestädte veranlassen, ihn seines Gesandtenpostens zu entheben, falls er in die Heirat seiner Tochter einwillige. Schließlich untersagte Napoleon den Geistlichen der Protestanten eine Einsegnung der Ehe. Trotzdem beharrte der Kurprinz auf seinem Heiratsplan. Dem Gesandten von Steube, der ihn im Auftrag seines Vaters auf das Schändliche und Gesetzwidrige einer solchen Ehe hinwies, erklärte er, seine Ehre und sein häusliches Glück erlaubten ihm keine andere Handlungsweise. Er lebe seit vier Jahren mit der Mademoiselle Abel in der innigsten Verbindung. Sie habe ihm alles aufgeopfert, was ein Mädchen opfern könne. Er liebe sie zärtlichst und werde sicherlich mit ihr ein glückliches Leben führen. Natürlich sehe er ein, daß seine Heirat in politischer Hinsicht unglückliche Folgen für ihn haben könnte. Allein, wenn sein Glück und seine Ehre ins Spiel kämen, so habe er Gefühle genug, ersteres letzterem aufzuopfern. Übrigens mißbilligten nicht alle »Gouvernements« seine Entscheidung. Bonaparte, an dessen Urteil ihm am meisten gelegen sein müßte, finde sie billig, und dies habe ihn in seinem Entschluß noch mehr bestärkt. Er entsage allen Ansprüchen und Würden. Da die Reichsverfassung bei nichtebenbürtigen Ehen die »Sukzession«, die Erbfolge, nicht gestatte, fordere er sie auch nicht. Seinem Land schade er nicht, er bleibe nach wie vor Fürst. Im übrigen habe er sich alles reiflich überlegt. Der Gesandte wies den Prinzen auf die Ablehnung durch die größten Höfe und auf ihr Bemühen hin, den Plan zu vereiteln. Ebenso erklärte er ihm, daß Napoleon aus politischen Gründen seine Einwilligung zu einer kirchlichen Eheschließung nicht geben könne und daß alles, was dem Willen seines Vaters zuwiderlaufe, null und nichtig sei. Alle diese Argumente ließen den Kurprinzen unbeeindruckt. Nicht einmal eine Aufschiebung seines Heiratsentschlusses gestand er zu.

Im Dezember 1803 reiste Kurfürst Friedrich nach München, wo er mit großen Ehren empfangen wurde. Dort lernte er die älteste Tochter des Kurfürsten von Bayern, Auguste Amalie, kennen, die später Eugen Beauharnais, den Stiefsohn Napoleons, heiraten sollte. Er war von dem jungen Mädchen überaus angetan und äußerte in einem Brief an seine Frau, die Prinzessin wäre eine ihm zusagende Schwiegertochter geworden, wenn sich der Kurprinz nicht so übel verhalten hätte. Nicht ahnen konnte er, daß sein Sohn wenige Jahre später die Schwester Auguste Amalies, Prinzessin Charlotte, heiraten, sich allerdings wiederum einige Jahre darauf von ihr scheiden lassen sollte. Am 2. Januar 1804 übergab Kurfürst Friedrich mit einem sehr förmlich gehaltenen Begleitschreiben seiner Frau eine beglaubigte Abschrift einer »Familienakte«, in der er »aus väterlicher Macht und Gewalt« auf Grund der in seinem »Kurhause sich ereignenden sehr unangenehmen Vorfälle« für seine Nachkommen rechtlich bindende Verfügungen erlassen hatte. Vermutlich hatte er hier Bestimmungen für die Erbnachfolge im Kurfürstentum Württemberg für den Fall getroffen, daß der Kurprinz auch weiterhin auf seinem Vorsatz beharrte, Therese Abel zu heiraten.

Kurprinz Friedrich Wilhelm blieb in Paris. Um seine Heiratspläne wurde es jedoch überraschend still. Rückhalt in Württemberg fand er bei den Landständen, die in ihm den natürlichen Verbündeten gegen den Kurfürsten sahen, und er, vom landschaftlichen Ausschuß finanziell unterstützt, kargte andererseits nicht mit Sympathiebekundungen für die ständische Opposition, ja stand ihr im Kampf gegen seinen Vater zur Seite. Obwohl Napoleon dem Kurprinzen seine Huld nicht entzog, konnte dieser dem großen Usurpator nicht mehr die Zustimmung zu seiner Heirat mit Therese Abel abringen. Napoleon, im Begriff, sich die Kaiserkrone aufs Haupt zu setzen, war bemüht, mit den großen europäischen Höfen in ein gutes Einvernehmen zu kommen; er konnte es sich jetzt nicht leisten, seine schützende Hand über die Ehe eines fürstlichen Thronfolgers mit einem Mädchen aus dem Bürgerstand zu halten. Er war deshalb bemüht, dem württembergischen Kurprinzen auf andere Weise zu helfen. Dies war bei den ungünstigen wirtschaftlichen Verhältnissen des Prinzen nicht schwierig. Deshalb veranlaßten er und Talleyrand unter Einschaltung des französischen Gesandten in Stuttgart, Didelot, die württembergischen Landstände im Juni 1804 zur Bewilligung eines verzinslichen Darlehens von 200 000 fl sowie einer jährlichen Apanage von 20 000 fl. Die Schritte, die Kurfürst Friedrich dagegen unternahm, hielt der Kurprinz für verfassungswidrig. In einem an den Geheimen Rat gerichteten Schreiben stellte er sich hinter die Landstände und lobte deren patriotische Denkungsart. Er wies die kurfürstlichen Kollegien auf ihren Verfassungseid hin und drohte, bei seinem Regierungsantritt »boshafte und pflichtvergessene Ratgeber« zur Rechenschaft zu ziehen. Das Schreiben wurde der Presse zugespielt und im »Hamburger unparteiischen Korrespondenten«, allerdings zusammen mit der Antwort des Geheimen Rats vom 10. August 1804, veröffentlicht. In seinem wohlabgewogenen Erwiderungsschreiben verteidigte der Geheime Rat, die dem Landesherren wie der Landschaft verpflichtete oberste Landesbehörde, die Maßnahmen des Kurfürsten. Zudem forderte er den Kurprinzen auf, in die Heimat zurückzukehren und seine Pflichten wahrzunehmen. Der Briefwechsel erregte weit über Württemberg hinaus Aufsehen.

Im Juli 1804 erkrankte der Kurprinz. So groß die Entfremdung zwischen Vater und Sohn auch war, Kurfürst Friedrich blieb keineswegs gleichgültig, als ihn beunruhigende Nachrichten aus der französischen Hauptstadt über die Krankheit des Sohns erreichten. Er veranlaßte umgehend, daß als weiterer Arzt Dr. Plouquet, der das besondere Vertrauen des Prinzen besaß, zugezogen wurde. Friedrich Wilhelm genas jedoch rasch wieder. Napoleon und namentlich Talleyrand sahen es offenbar gerne, daß der württembergische Thronfolger Paris als Aufenthaltsort beibehielt. Er spielte, wie sich bald zeigen sollte, in ihren politischen Plänen eine nicht unwichtige Rolle. Kurfürst Friedrich galt in den Augen Napoleons als reichstreu und wenig frankreichfreundlich. Der Sohn hingegen schien Frankreich mehr zuzuneigen und für seine politische Zukunft auf den Kaiser der Franzosen zu setzen. Friedrich mußte also auf der Hut sein, damit nicht Napoleon mit Hilfe der württembergischen Landstände den Sohn an seiner Stelle auf den Kurfürstenthron in Stuttgart setzte. Vorläufig konnte der Kaiser der Franzosen allerdings nicht über die Reichsverfassung hinweggehen, die den Reichsständen noch immer einen gewissen Schutz gab, und in die inneren Verhältnisse deutscher Fürstenhäuser direkt eingreifen. Im Oktober 1804 unternahm Napoleon eine Kaiserfahrt nach Aachen, Köln und Mainz. Er wollte mit ihr seinen Anspruch auf die Nachfolge Karls des Großen sinnfällig demonstrieren. In Mainz machten ihm verschiedene deutsche Fürsten ihre Aufwartung. Kurfürst Friedrich war nicht dabei. Der neue Kaiser der Franzosen griff jetzt nochmals den Plan auf, den unbequemen württembergischen Kurfürsten nach Hannover zu bringen, um über Württemberg anderweitig verfügen zu können. Doch auch diesmal blieb es bei der bloßen Willensbekundung. Die württembergischen Landstände mußten erkennen, daß sie im politischen Kalkül Napoleons keine Bedeutung mehr hatten. Der Kaiser der Franzosen setzte bei seiner expansiven Politik nunmehr auf die Fürsten. Der Zwist zwischen Kurfürst Friedrich und seinem Sohn Friedrich Wilhelm, der ihm zeitweise nicht unwillkommen gewesen war, weil er dadurch auf die württembergischen Verhältnisse hatte Einfluß nehmen können, paßte nicht mehr in sein Konzept. Im Oktober 1804 äußerte er in Mainz gegenüber den württembergischen Gesandten in Paris und Karlsruhe, wenn der innere Krieg zwischen Kurfürst Friedrich und seinem Sohn nicht bald ende, müsse man ihm ein Ziel setzen. Auch der Kurprinz mußte allmählich einsehen, daß er vergeblich seine Hoffnungen auf Napoleon gerichtet hatte. Hinzu kam, daß sich sein Verhältnis zu Therese Abel abkühlte. Von seinen Heiratsplänen kam er mehr und mehr ab. Ende 1804 verließ er sie. Als auf diese Weise das Haupthindernis einer Aussöhnung mit dem Vater weggeräumt war, kehrte er im Herbst des folgenden Jahrs nach Württemberg zurück. Vor seiner Rückkehr hatte er sich mit dem Kurfürsten auf ihr künftiges Verhältnis geeinigt. Es scheint, daß Ferdinand von Württemberg, der Bruder Friedrichs, an der Einigung zwischen Vater und Sohn starken Anteil hatte.

Bei ihrem in den Gemächern der Kurfürstin vorgesehenen ersten Zusammentreffen seit der Flucht des Kurprinzen Anfang 1803 wollte es der Kurfürst vermeiden, auf das Vergangene zu sprechen zu kommen. Ob er dieses Zugeständnis gemacht hatte, um dem Sohn seinen unvoreingenommenen guten Willen zu zeigen und um diesem den Neuanfang in der Heimat zu erleichtern, oder ob ihm der Sohn für die erste Begegnung einen entsprechenden Wunsch übermittelt hatte, ist nicht bekannt. Kurfürst Friedrich war allerdings nicht bereit, über das Vergangene einfach hinwegzusehen. Der Sohn sollte spüren, welche Überwindung es den Vater gekostet hatte, ihm sein Verhalten während der letzten beiden Jahre zu verzeihen, und er sollte ihm erst noch beweisen, daß sein Versöhnungs- und Verständigungswille ernsthafter Natur war. Nach Aufzeichnungen des Generalmajors und Generaladjutanten von Varnbüler vom 20. August 1805 erhielt der Kurprinz die Möglichkeit, zur Regelung seiner Angelegenheiten einige Tage in Ludwigsburg zu bleiben. Danach war ihm der Aufenthalt dort wie in der kurfürstlichen Hauptresidenz Stuttgart nicht mehr gestattet. Er durfte jedoch nach freiem Ermessen sonst überall in den kurfürstlichen Staaten einen Wohnsitz wählen. Auch war der Kurfürst damit einverstanden, daß der Sohn für einige Zeit auf Reisen ging. Den jungen Offizieren, die den

Kurprinzen auf seiner Flucht begleitet und zu ihm gehalten hatten, warf der Kurfürst vor, den Sohn in unverantwortlicher Weise beeinflußt und in seinen leichtfertigen Plänen unterstützt zu haben. Da sich aber Friedrich Wilhelm für seine Freunde eingesetzt und offensichtlich seine Rückkehr von einer fairen Behandlung dieser Männer durch den Kurfürsten abhängig gemacht hatte, mußte Friedrich, so schwer es ihm auch fiel, hier gleichfalls Nachsicht üben. Hauptmann von Gültlingen bekam seinen Abschied aus württembergischen Diensten, auch hatte er zugleich den persönlichen Dienst des Kurprinzen zu verlassen, wobei es Friedrich Wilhelm freistand, ihm eine Pension auszusetzen. Ernst von Phull-Rieppur durfte ungehindert zu seiner Familie nach Mönsheim zurückkehren. Es wurde ihm aber auferlegt, keinerlei persönlichen oder schriftlichen Kontakt mit dem Kurprinzen mehr zu pflegen. Nicht ganz leicht fiel es dem Kurfürsten, dem Sohn die freie Wahl eines Oberhofmeisters zuzugestehen. Er tat dies jetzt, verlangte aber, daß dies ein »Kavalier« sein solle, der sein Vertrauen besitze.

Diese grundsätzliche Übereinkunft befriedigte Friedrich Wilhelm nicht. Es gelang ihm, im Laufe der folgenden Wochen noch günstigere Bedingungen zu erreichen. Am 11. September 1805 verließ er nach zweijährigem Aufenthalt Paris, um sich zunächst nach Braunschweig zu seinen Großeltern zu begeben und von da in die Heimat weiterzureisen. Als er Ende Oktober nach Stuttgart zurückkehrte, erhielt der Kurfürst das Hofverbot für ihn nicht mehr aufrecht, wohl aber für seinen Freund Ernst von Phull-Rieppur. Das Hofverbot für Phull-Rieppur schloß übrigens ein Aufenthaltsverbot für Stuttgart nicht ein. Dem Herrn von Gültlingen wollte der Kurfürst die Rückkehr nach Stuttgart nur gestatten, wenn dieser »um Pardon schreibe« und dann »ohne Uniform wieder erscheine«, sich aber sonst bei Hof und »in der höchsten Gegenwart«, das heißt in Gegenwart des Landesherrn, nicht zeige. Zu einer Aussprache zwischen Vater und Sohn – und wahrscheinlich auch zu ihrem ersten persönlichen Zusammentreffen seit der Flucht des Kronprinzen – kam es Anfang November 1805. Kurfürstin Charlotte Mathilde, der sehr an der Versöhnung zwischen ihrem Mann und ihrem Stiefsohn gelegen war, bat Friedrich bei der Aussprache Ruhe zu bewahren und seine verständlichen Emotionen zu mäßigen. Sie wußte aus leidigen Erfahrungen nur zu gut, wie schwer es dem Gatten bei seiner cholerischen Wesensart fiel, dem Sohn, der ihm so viel zugemutet hatte, gelassen und verständigungsbereit gegenüberzutreten.

Schon im Mai 1803 war erneut Krieg zwischen England und Frankreich ausgebrochen. Hierzu hatte entscheidend die unvermindert starke französische Expansionspolitik in Europa, aber auch in Übersee beigetragen, die die englische Regierung in wachsendem Maß beunruhigt hatte. Im April 1805 gelang es England, Rußland für ein Kriegsbündnis gegen Frankreich zu gewinnen, und im August jenes Jahres, nachdem Napoleon die Ligurische Republik seinem Reich einverleibt hatte, auch Österreich. Der Kaiser der Franzosen, mit den Vorbereitungen für eine großangelegte Landung in England beschäftigt, brach diese sofort ab und setzte sein Heer nach Osten in Marsch, um der Frankreich von dort drohenden Gefahr rasch zu begegnen. Österreich und ebenso die beiden anderen Koalitionspartner sahen keine Veranlassung, die südwestdeutschen Länder über ihre militärischen Pläne zu unterrichten, und sie versuchten auch kaum, diese durch Bündnisangebote zu sich herüberzuziehen. Kurfürst Friedrich, infolge der österreichischen Arrondierungspolitik in Oberschwaben ohnehin mit der Kaisermacht in keinem allzu guten Einvernehmen, tendierte zur Neutralität. Doch hierfür gab es kaum eine Chance. Franzosen und Österreicher betrachteten Südwestdeutschland gleichermaßen als ihr Aufmarschgebiet. Ein wirksamer militärischer Schutz Südwestdeutschlands durch Österreich und Rußland war indessen mehr als zweifelhaft. Eine diesbezügliche Anfrage des württembergischen Kurfürsten in St. Petersburg blieb wochenlang unbeantwortet. Schließlich erteilte man ihm wie seinem badischen Standesgenossen den Rat, mit ihren Truppen auf neutralem (das heißt auf preußischem) Gebiet Zuflucht zu suchen, um so ihr militärisches Potential dem französischen Zugriff zu entziehen. Kurfürst Friedrich war jedoch nicht bereit, sich wiederum wie im Jahr 1800 mit seinem Truppenkorps aus Württemberg zurückzuziehen und dieses den Franzosen zu überlassen. Nur zu gut wußte er, welche verheerenden psychologischen Folgen – abgesehen von den materiellen Schäden für das preisgegebene Land – eine solche Entscheidung für seine Stellung als Landesherr hatte. Er entfaltete daher eine rege diplomatische Aktivität, um angesichts der drohenden Überflutung seines Landes durch die Heere der kriegführenden Mächte Süddeutschland eine bewaffnete Neutralität unter preußischem Schutz zu sichern. Allein, die preußische Regierung winkte ab. Sie erklärte, Preußen sei bei der ausgedehnten Lage seiner Provinzen außerstande, das Kurfürstentum militärisch wirksam vor einer Invasion durch fremde Armeen zu schützen, es könne sich im Kriegsfall bei der französischen Regierung lediglich für die möglichste Schonung eines neutralen Württemberg einsetzen.

Auf der anderen Seite bedrängte Napoleon die süddeutschen Staaten, sich ihm politisch und militärisch anzuschließen. Der Durchbruch gelang ihm mit Bayern. Am 24. August 1805 kam ein bayerisch-französisches Bündnis zustande. Kurfürst Friedrich geriet in eine schwierige Situation. Die Bündnisabsprache zwischen Paris und München blieb zunächst streng geheim, doch Friedrichs Minister von Normann war sich bald darüber klar, wohin Bayern steuerte. Württemberg vermochte sich dem zunehmenden französischen Druck nicht lange zu widersetzen. Napoleon wußte, daß Kurfürst Friedrich reichstreu war und sich nur zögernd auf ein Bündnis mit ihm einlassen würde. Ihm kam es jedoch auf eine umgehende Entscheidung an. Daher fuhr er zweigleisig. Am 27. August forderte der französische Gesandte in Stuttgart, Didelot, den württembergischen Kurfürsten zu einer unmißverständlichen Stellungnahme für oder wider Frankreich auf. Weil aber Napoleon damit rechnen mußte, daß der halsstarrige Kurfürst seinem Verlangen nicht oder erst nach schweren Pressionen nachgab, kam er auf den Gedanken, ihn abzusetzen. Am 19. August schrieb er seinem Außenminister: »Was den Kurfürsten von Württemberg betrifft, so scheint es mir, falls der Vater sich gegen uns entscheidet, das Einfachste, ihn davonzujagen [chasser] und seinen Sohn an seinen Platz zu setzen.« Man müsse bei dem jungen Prinzen sondieren, ob er für Frankreich Partei nehme, man könnte ihm ja ein Regiment geben. Am 25. August verlieh ihm Napoleon den Rang eines Generalmajors und das große Band der Ehrenlegion. Zugleich stellte er ihm für den Fall, daß er an die Stelle seines Vaters trete, die österreichischen Besitzungen in Schwaben und weitere Gebietsvergrößerungen in Aussicht. Zwei Tage darauf empfing Talleyrand den Kurprinzen. Über den Inhalt des Gesprächs, das die beiden Männer miteinander führten, ist nichts bekannt. Sicher wiederholte der französische Außenminister dem Prinzen das Angebot Napoleons, mit französischer Hilfe den Vater vom Thron zu stoßen und die Regierungsgewalt in Württemberg an sich zu reißen. Der Kurprinz hat dieser Versuchung widerstanden, er hat es also abgelehnt, als Thronusurpator in die Heimat zurückzukehren, um dann als Regent von Anfang an gänzlich von der Gnade Napoleons abhängig zu sein, sich gleichzeitig aber den

Vater zum Todfeind zu machen. Friedrich Wilhelm hat später zu den unversöhnlichsten Feinden des Kaisers der Franzosen gezählt. Wahrscheinlich wurde damals der Grund für diese Feindschaft gelegt. Den einstigen Bewunderer Napoleons hatte offenbar der zweijährige Aufenthalt in Paris über die Maßen ernüchtert. Er hatte erkennen müssen, daß der große Emporkömmling ihn lediglich für seine politischen Zwecke mißbrauchen wollte. Paris war in der Tat eine harte, aber nicht fruchtlose Lehrzeit für den württembergischen Kurprinzen und späteren König Wilhelm I. Deutschland blieb dank dieser herben Erfahrungen das makabre Schauspiel erspart, daß ein junger Prinz, Angehöriger eines der ältesten deutschen Fürstenhäuser, den Vater vom Thron stieß, um seinem Ehrgeiz zu frönen und schlimmer noch, um einem fremden Eroberer zu Willen zu sein.

Im Spätsommer 1805, als Napoleon in Paris Kurprinz Friedrich Wilhelm für sein politisches Spiel gewinnen wollte, stand Kurfürst Friedrich vor einer der schwersten Entscheidungen seines Lebens. Er war sich bewußt, daß er sich dem Verlangen Napoleons auf Anschluß seines Landes nicht widersetzen konnte, ohne die Existenz seines Hauses und seines Kurfürstentums zu gefährden. Daß Österreich und Rußland keine auf eine Verkleinerung oder gar Vernichtung des Kurfürstentums Württemberg gerichteten Pläne verfolgten, selbst wenn es eigene Wege ging, war sicher. Frankreich hingegen war das Kurfürstentum, wenn es sich ihm entgegenstellte, vielleicht schon wenn es sich seinem Willen nicht beugte, auf Gedeih und Verderben ausgeliefert. Napoleon konnte mit ihm nach Gutdünken verfahren. Durch seinen Stuttgarter Gesandten Didelot hatte allerdings der Kaiser der Franzosen Kurfürst Friedrich für den Fall, daß er sich ihm anschloß, nicht nur den Bestand seines Landes und seiner Herrschaft zugesichert, sondern ihm auch territoriale Vergrößerungen in Aussicht gestellt. Friedrich taktierte sehr vorsichtig. Er bekundete sein Interesse an dem Angebot Napoleons, ging aber mit Frankreich zunächst keine feste Abmachung ein. Didelot war dennoch seines Erfolgs in Stuttgart sicher. Er eilte mit der Erklärung Friedrichs, auf die Seite Frankreichs treten zu wollen, sobald sein Land vor der Rache Österreichs hinlänglich gesichert sei, nach Karlsruhe, um dem Karlsruher Hof eine ähnliche Zusage abzuringen. Doch Napoleon, bereits in Anmarschvorbereitungen gegen Österreich begriffen, genügte eine solche Zusage im Fall des Kurfürstentums Baden nicht mehr. Er wies einen seiner diplomatisch versierten Kammerherrn an, raschestens mit dem badischen Kurfürsten zu einer festen Bündnisvereinbarung zu kommen. Didelot mußte das Feld in Karlsruhe dem neuen Unterhändler überlassen, und diesem gelang es, allerdings unter der Vorspiegelung, daß sich Württemberg bereits vertraglich an Frankreich angeschlossen habe, am 5. September 1805 die Unterschrift von Kurfürst Karl Friedrich von Baden zu einem Bündnisvertrag zu erlangen. Erst nach Vertragsabschluß erfuhr der leitende badische Minister, Georg Ludwig Freiherr von Edelsheim, daß er von dem französischen Unterhändler getäuscht worden war; von einem förmlichen Bündnisvertrag war man in Stuttgart noch weit entfernt.

In einem Brief an seine Schwester Maria Feodorowna, die Kaiserin-Mutter von Rußland, nannte Kurfürst Friedrich seine derzeitige Situation den kritischsten Augenblick seines Lebens. Er sei davon überzeugt, daß sich jetzt das Schicksal seines Landes und seiner Familie entscheide. Es scheine, als seien alle seine Anstrengungen auf dem Feld der Politik während der vergangenen vier Jahre nutzlos gewesen. Der englisch-französische Krieg habe auf den Kontinent übergegriffen, er werde gegen seinen Willen in ihn hineingezogen. Das einzig Sinnvolle wäre, wenn Schwaben, Bayern und Franken in diesem Krieg, dessen Motive ihm fremd seien, neutral bleiben könnten. Er habe den Kurfürsten von Baden und Bayern, dem Landgrafen von Hessen und dem König von Preußen entsprechende Vorschläge unterbreitet. Der Kaiser von Österreich hätte dem Plan einer bewaffneten Neutralität der süddeutschen Staaten zugestimmt, wenn dieser auch seine vorderösterreichischen Territorien berücksichtigt hätte. Frankreich hingegen habe ihn abgelehnt. Württemberg müsse nun damit rechnen, wie 1796 die Beute der beiden kriegführenden Mächte zu werden. Habe er sich gegen Frankreich zu entscheiden, werde sein Land drei bis vier Tage nach der Kriegserklärung von französischen Truppen überschwemmt. Müsse er sich aber Frankreich anschließen, stehe er gegen den Kaiser, den Chef des Reichs, der ihm keinen Anlaß zur Klage oder zur Unzufriedenheit gegeben habe, verstoße außerdem gegen alle Reichsgesetze, die heiligsten Pflichten, aber auch gegen sein einziges und wahres Interesse. Gleichgültig welche Wahl er treffe, der erste in Italien oder sonstwo abgefeuerte Kanonenschuß werde sein Land einer feindlichen Armee ausliefern, die aufs neue verwüste oder zerstöre, was seit dem letzten unglücklichen Krieg wieder aufgebaut worden sei. Friedrich bat die Schwester dringend, ihren ganzen Einfluß geltend zu machen, damit sich ihr Sohn, der Zar, mit dem Gewicht seines mächtigen Reichs für Württemberg beim König von Preußen einsetze, um ihn zu veranlassen, sich den süddeutschen Staaten zur Seite zu stellen und auf diese Weise Frankreich zu veranlassen, ihre Neutralität zu respektieren.

Gleichzeitig richtete Friedrich auch einen direkten Appell an Zar Alexander. Er beschwor den Neffen, dem Fürstenhaus Württemberg, das ihm durch verwandtschaftliche Bande eng verbunden sei, seinen Schutz und seine Hilfe zu gewähren. Nur er, der Zar, so schrieb der Kurfürst, könne der Retter dieses Hauses sein.

Friedrich, dessen Nerven in den dramatischen Wochen am Beginn des Dritten Koalitionskriegs bis zum Zerreißen angespannt waren, ahnte bereits Ende August 1805, daß sein Plan der bewaffneten Neutralität der süddeutschen Staaten unter preußischer Protektion ein Wunschtraum war. München und Karlsruhe hüllten sich in ein verdächtiges Schweigen. Wenige Tage später erfuhr der Kurfürst, daß sich Bayern wie Baden vertraglich Frankreich angeschlossen hätten. Er stand allein. Wie zu erwarten war, versagte sich jetzt auch Preußen. Kurfürst Friedrich mußte der Realität ins Auge sehen. Ein Bündnis mit Frankreich war kaum noch zu umgehen, wollte er Württemberg das Schicksal eines eroberten, dem Feind ohnmächtig preisgegebenen Landes ersparen. Anders als der bayerische Kurfürst, der sich offensichtlich leicht über seine Pflichten als Reichsfürst hinweggesetzt hatte, bereitete Friedrich der Reichspatriotismus, den er sich bewahrt hatte, schwere Skrupel. Ihm widerstrebte zutiefst, Erfüllungsgehilfe des großen französischen Eroberers bei der Zerstörung des Reichs zu werden.

Kaiserin-Mutter Maria Feodorowna zeigte in ihrem Antwortschreiben vom 10. September 1805 Verständnis für die prekäre Lage, in der sich der Bruder befand. Sie hielt es für ausgeschlossen, daß Württemberg und die anderen süddeutschen Staaten in dem bevorstehenden Krieg neutral blieben. Sie empfahl Friedrich, er solle zunächst versuchen, Zeit zu gewinnen. Im übrigen könne er jederzeit mit ihrer Freundschaft rechnen.

Am 11. September 1805 schrieb Friedrich der Gattin, er habe den Eindruck, daß sich die Ereignisse überstürzten, man dürfe den Mut nicht verlieren und seine Pflicht nicht vernachlässigen. Charlotte Mathilde bestärkte ihn in seiner Haltung, sie machte sich allerdings Sorgen, daß seine labile Gesundheit dieser schweren seelischen Belastung auf die Dauer nicht gewachsen sei. Nach wie vor war Friedrich fest entschlossen, im Kriegsfall sein Land nicht zu verlassen, denn nur so, glaubte er, könnten die Lasten, die seinen Untertanen auferlegt würden, vermindert werden. Durch seinen Außenminister, Graf Wintzingerode, ließ er dem Zaren mitteilen, daß er, wenn irgend möglich, in dem bevorstehenden Krieg neutral bleiben wolle, zumal der Chef des Deutschen Reichs, Kaiser Franz, die Reichsstände nicht den Gefahren eines Kriegs aussetzen könne, bei dem es sich lediglich um einen Konflikt Österreichs und seiner Verbündeten mit Frankreich handle.

Seit Mitte September 1805 vollzog sich der österreichische Aufmarsch in Südwestdeutschland. Die kaiserlichen Truppen respektierten keine Ländergrenzen, sie forderten von Württemberg umfangreiche Naturallieferungen, bezahlten diese aber nicht oder allenfalls mit schlechtem Papiergeld. Kurfürst Friedrich beobachtete das Verhalten der Österreicher mit ohnmächtiger Wut. »So wird durch Deutschlands Oberhaupt der Krieg mit Gewalt auf Württemberg gewälzt«, klagte er. Österreichische Reiter drangen bis nach Freudenstadt, Nagold, Balingen und Sulz vor. Am 29. September passierten Streifkorps Cannstatt und Waiblingen. Wiederholt protestierte der württembergische Außenminister beim österreichischen Gesandten in Stuttgart, von Schraut, gegen die Einquartierungen, Requisitionen, Erpressungen und sonstigen Übergriffe der kaiserlichen Armee in verschiedenen Teilen des Landes. Die Österreicher behandelten Württemberg geradezu als erobertes Land, stellte der Außenminister fest, und er wandte sich hilfesuchend auch an den russischen Gesandten mit der Bitte, gegenüber den Österreichern die württembergischen Interessen wahrzunehmen. Erst am 25. September, also zu einem Zeitpunkt, als die kaiserlichen Truppen einen Großteil Württembergs unter ihrer Kontrolle hatten, gab der österreichische Gesandte der kurfürstlichen Regierung offiziell Kenntnis von dem österreichischen und russischen Truppenaufmarsch. Der mit dem Herzen noch immer auf der Seite Österreichs stehende reichstreue Kurfürst empfand die Art und Weise, wie die Kaisermacht einen kleinen Fürsten wie ihn behandelte, als demütigend und schändlich. Seine Hoffnung, Württemberg aus dem Krieg heraushalten zu können, sank auf den Nullpunkt. Die Übergriffe der österreichischen Truppen, denen von der kaiserlichen Regierung kein Einhalt geboten wurde, erleichterten ihm die kaum noch zu umgehende Entscheidung für Napoleon.

Am 25. September überschritten die Franzosen den Rhein und stießen rasch auf Württemberg vor. Zwei Tage später erreichten ihre

Vortruppen bereits Mühlacker und Freudenstadt, am 29. September Herrenalb, Liebenzell, Leonberg und Heilbronn. Zahlenmäßig den Österreichern weit überlegen, riß die französische Kriegsmacht das Gesetz des Handelns an sich. Friedrich durfte jetzt keine Zeit mehr verlieren. Am 29. September erteilte er seinem Außenminister eine Instruktion für die Verhandlungen mit dem französischen Gesandten in Stuttgart über einen zwischen dem Kurfürstentum und Frankreich zu schließenden Allianz- und Subsidienvertrag. In dieser Instruktion kam Friedrich einleitend nochmals auf seine Pläne für eine durch Preußen zu garantierende Neutralität der Staaten des Schwäbischen Kreises zu sprechen. Diese Pläne, stellte er bitter fest, seien am Desinteresse des preußischen Hofs gescheitert. Auf der anderen Seite habe Frankreich Württemberg nach massiven Drohungen aufgefordert, sich ihm anzuschließen. Er, der Kurfürst, habe daraufhin mit Rücksicht auf die exponierte Lage seines Landes eine Erklärung abgegeben, daß er im Kriegsfall für den Kaiser von Frankreich sein werde, falls ihn dieser vor möglichen nachteiligen Folgen seiner Entscheidung bewahre. Inzwischen sei Württemberg von Truppen beider kriegführender Mächte teilweise besetzt worden, und die Österreicher hätten sich viele gewaltsame Übergriffe erlaubt. Deshalb und weil der französische Gesandte auf »eine nähere Erfüllung« der Erklärung des württembergischen Kurfürsten dringe, sehe er sich genötigt, Verhandlungen über eine vertragliche Vereinbarung aufzunehmen. Kurfürst Friedrich erklärte sich zur Stellung eines württembergischen Truppenkontingents von 500 Mann Kavallerie, 4800 Mann Infanterie sowie 250 Mann Artillerie bereit, machte aber zur Bedingung, daß diese Truppen erst dann an den Operationen des französischen Heeres teilnehmen sollten, wenn dieses so weit vorgedrungen sei, daß Württemberg als gänzlich abhängig von Frankreich anzusehen sei. Ferner sollte das württembergische Korps möglichst nicht zum Angriff bei der Hauptarmee, sondern für andere militärische Zwecke, zum Beispiel Sicherung der Nachschubwege, Besetzung der Plätze und Garnisonen innerhalb Württembergs oder in seiner Nachbarschaft usw., verwendet werden. Schließlich sollte es als ein besonderes Korps unter dem Befehl eines vom Kurfürsten zu ernennenden Generals stehen, der allein vom französischen Obergeneral und von sonst niemand Befehle anzunehmen habe. Für seine Truppen verlangte Friedrich »die herkömmlichen Subsidien«. Er wünschte eine Zusicherung des französischen Hofs, daß das Kurfürstentum von Kriegsbeschwerden möglichst verschont, daß die für die französische Armee erforderlichen Lieferungen »nach billiger Übereinkunft« bar bezahlt und daß die beiden kurfürstlichen Residenzen Stuttgart und Ludwigsburg bei Truppendurchmärschen umgangen und von Einquartierungen ausgenommen würden. In einem geheimen Anhang zu der Verhandlungsinstruktion für seinen Außenminister erwartete Friedrich eine Garantie Frankreichs, daß Württemberg aus dem Allianzvertrag keine nachteiligen Folgen erwüchsen, sodann eine verbindliche Zusage, daß das Kurfürstentum eine beträchtliche Gebietsvergrößerung erhielt, die es instand setzte, seine Militärmacht auf 30000 Mann zu erhöhen. Schließlich wünschte er eine Zusicherung, daß Württemberg die volle Souveränität, soweit sie im Einklang mit der jeweiligen Reichsverfassung stand, beanspruchen und sich die innerhalb seines Gebiets und an seinen Grenzen gelegenen reichsritterschaftlichen Territorien einverleiben dürfe.

Nach dem Willen des Kurfürsten Friedrich sollten keine französischen Truppen in seine Residenzstädte Stuttgart und Ludwigsburg einrücken und dort Quartiere beziehen. Er ordnete deshalb an, die Tore der beiden Städte vor den herannahenden Franzosen geschlossen zu halten. Im Fall von Ludwigsburg, wo er sich mit seinem Hofstaat gerade aufhielt und die Hochzeit seines Sohnes Paul mit Prinzessin Charlotte von Sachsen-Hildburghausen feierte, beachtete der französische Befehlshaber seinen Wunsch. Nicht so in Stuttgart. Hier ließ Marschall Ney vor dem verschlossenen Ludwigsburger Tor (später Königstor) Kanonen auffahren und erzwang durch die Drohung, die Stadt plündern zu lassen, den Einmarsch seiner Truppen. Der Kurfürst war empört. Napoleon kam der Gewaltakt Neys nicht ungelegen, hoffte er doch dadurch, »den Kurfürsten Verhandlungen geneigter zu machen«. Allerdings wußte er nicht, daß dieser inzwischen seinem Gesandten Didelot präzise Vorschläge für ein Bündnis unterbreitet hatte. Kurfürst Friedrich forderte umgehend, daß ihm der Kaiser der Franzosen für den Gewaltstreich Neys Satisfaktion leiste. Er pochte auf seine Rechte als Souverän und als deutscher Kurfürst. Auch sprach er die Erwartung aus, daß sich Napoleon von dem Übergriff Neys distanziere und ihn, den Kurfürsten, wie einen seiner Freunde und Verbündeten behandle. Graf Wintzingerode verlangte von Didelot zudem, alles in seiner Macht Stehende zu tun, um die Sicherheit und den Schutz der am Stuttgarter Hof akkreditierten Gesandten der europäischen Mächte zu gewährleisten. Der Graf dachte hierbei besonders an die Gesandten Österreichs, Rußlands und Englands. Daß Kurfürst Friedrich und sein Land auf Gnade und Barmherzigkeit dem Kaiser der Franzosen ausgeliefert waren, macht die Antwort von Marschall Berthier auf die Beschwerde Friedrichs deutlich. Berthier stellte fest, Ney habe den Befehl gehabt, Stuttgart zu besetzen, und er habe nur diesen Befehl ausgeführt. Zwischen Frankreich und Württemberg bestehe bisher kein Vertrag. Andererseits müsse Württemberg als ein von Österreich besetztes Land betrachtet werden. Dem französischen Generalstab, der die Besetzung Stuttgarts angeordnet habe, ohne zuvor mit dem Kurfürsten zu verhandeln, sei kein Vorwurf zu machen. Auch die Besetzung Ludwigsburgs sei vorgesehen gewesen, doch habe Kaiser Napoleon dem Marschall Lannes ausdrücklich befohlen, die Residenz des württembergischen Kurfürsten zu umgehen. Daher habe Lannes sein Hauptquartier in Cannstatt aufgeschlagen. Sehr verärgert war Kurfürst Friedrich darüber, daß der österreichische und der russische Gesandte auf Veranlassung des französischen Gesandten Didelot durch das französische Militär unter Hausarrest gestellt wurden. Didelot, der in Stuttgart sehr anmaßend auftrat und im Verkehr mit dem Kurfürsten häufig die diplomatischen Höflichkeitsregeln außer acht ließ, begründete dies mit einem Befehl seines Kaisers. Friedrich setzte durch, daß der Arrest aufgehoben wurde und daß die beiden Diplomaten ordnungsgemäß aus Württemberg ausreisen durften.

Noch bevor Marschall Berthier auf eine für den Kurfürsten zutiefst demütigende und verletzende Weise den württembergischen Protest zurückwies, hatte sich Friedrich an Kaiser Franz von Österreich gewandt und ihm freimütig seine Lage geschildert. Ein gewisser Vorwurf lag in der einleitenden Bemerkung seines Schreibens: Die seit Wochen vorhersehbare Lage sei jetzt Wirklichkeit geworden. 80 000 Franzosen hätten sein Land besetzt. Morgen treffe Napoleon in seiner Residenz Ludwigsburg ein. Marschall Ney habe die Öffnung der Stadt Stuttgart für seine Truppen erzwungen. Kurfürst Friedrich versicherte dem Kaiser – und dies war bestimmt keine unpersönliche diplomatische Formel –, wie sehr er ihm verbunden sei. Auf der anderen Seite appellierte er an den Schwager, ihm angesichts der schwierigen Lage, in der er sich befinde, Gerechtigkeit widerfahren zu lassen. Heilige Pflichten, unauflösliche Bande fesselten ihn an sein Land, an die Untertanen, die ihm die Vorsehung gegeben habe. »Ich schulde ihnen«, so erklärte er, »ohne Zweifel das schwere Opfer, ihr Schicksal zu teilen und ihnen durch meine Ge-

Empfang Napoleons durch Kurfürst Friedrich

genwart, die außerordentliche Bürde, die auf ihnen lastet, zu vermindern.« Dies war ein Abschiedsbrief. Friedrich versuchte ein letztes Mal dem Kaiser zu erklären, daß er sich, um sein Land vor dem Schlimmsten zu bewahren, Napoleon anzuschließen habe. Man wird ihm glauben dürfen, daß ihm diese Entscheidung sehr schwerfiel und daß die in seinem Brief zum Ausdruck kommende tiefe Sorge um sein Land und seine Untertanen alles andere als eine leere Phrase war.

Napoleon ließ die stolze Haltung eines kleinen Fürsten, der wehrlos gegen die sein Land überflutenden fremden Truppen war, gegenüber ihm und seinen Heerführern nicht unbeeindruckt. Er wünschte, den eigenwilligen Mann kennenzulernen, der sich nicht beugte, sondern für sich und sein Land Gerechtigkeit verlangte, einen Allianzvertrag nicht diktiert bekommen, sondern als gleichberechtigter Partner mit ihm, dem übermächtigen Kaiser, aushandeln wollte. Am 2. Oktober 1805 erschien er mit großem Gefolge in Ludwigsburg. Kurfürst Friedrich empfing ihn mit allen Ehren, und Napoleon verstand es, sich die Sympathien des ganzen Hofs, der mitten in den Hochzeitsfeierlichkeiten für den Prinzen Paul steckte, zu erwerben. Kurfürstin Charlotte Mathilde war von dem ungebetenen Gast, der sich galant zu benehmen wußte, sehr angetan, und auch der Kurfürst, der bislang den großen Eroberer charakterlich ungünstig beurteilt hatte, überwand rasch seine Abneigung. Am folgenden Tag fand die schicksalhafte Unterredung der beiden Männer statt. Napoleon sah schnell, daß er den württembergischen Kurfürsten unterschätzt hatte. Friedrich war, wie ihm jetzt bewußt wurde, ein hochintelligenter, selbstbewußter Fürst, der, um Argumente nie verlegen, mit leidenschaftlichem Feuer und politischem Geschick für die Interessen seines Landes eintrat, nicht aber ein skurriler Duodezfürst. Seinem Außenminister Talleyrand schrieb er: »Ich bin mit seinem Geist sehr zufrieden gewesen, er hat viel davon.« Kurfürst Friedrich seinerseits erkannte, daß der Kaiser der Franzosen keineswegs bloß ein vom Glück begünstigter Emporkömmling, sondern eine geniale Persönlichkeit war, die nicht nur ein überragendes militärisches Talent besaß, sondern auch auf politischem Gebiet über umfassende Kenntnisse und ein sicheres Urteil verfügte. Seit Friedrich dem Großen, äußerte er nachher, sei ihm niemand von solcher Beredsamkeit vorgekommen. Auch besitze Napoleon ungefähr dieselbe Geisteshaltung (tournure d'esprit) wie der große Preußenkönig. Anderthalb Stunden saßen sich die beiden Männer Aug in Aug gegenüber.

Zweier Generale Napoleons bemächtigte sich gegen Schluß der langen Unterredung eine zunehmende Nervosität; sie waren in Sorge, ihrem Herrn und Gebieter könnte etwas zugestoßen sein.

Friedrich hat anscheinend zunächst auch Napoleon gegenüber versucht, an seinem bisherigen Neutralitätskurs festzuhalten, obwohl ihm kaum zweifelhaft sein konnte, daß der Kaiser der Franzosen hierauf schroff ablehnend reagieren würde. Aber er nahm dies bewußt in Kauf, um sich nachher nicht vorwerfen zu müssen, er habe versäumt, auch die letzte Möglichkeit auszuschöpfen, sich aus einem Krieg der Großmächte mit unabsehbaren Folgen für sein Land herauszuhalten. Napoleon ließ in der Tat nur die Entscheidung für oder gegen ihn gelten. Eine Ablehnung seines Bündnisangebots und er sprach dies sehr hart aus – bedeutete die gänzliche Entmachtung des Kurfürsten und die Behandlung Württembergs als erobertes Land. Er drohte, dem Kurfürsten sofort eine Kontribution von 8 Millionen Francs aufzuerlegen, 2000 Pferde zu requirieren sowie eine große Zahl von Fuhrleuten zur Dienstleistung für die französische Armee heranzuziehen. Indessen setzte er auf den Realpolitiker Friedrich. Er eröffnete ihm verlockende Aussichten, stellte ihm, wie dieser später berichtete, ein »schmeichelhaftes Gemälde« (tableau flatteur) vor Augen. Ganz den Intentionen von Kurfürst Friedrich entsprach sein Angebot, Württemberg durch die Aufteilung der schwäbischen Zwergterritorien wesentlich zu vergrößern und den Kurfürsten zum Herrn Schwabens zu machen. Sehr wahrscheinlich entwickelte er Friedrich auch erste Pläne für eine Neuorganisation Deutschlands, den ihm vorschwebenden Rheinbund. Kurfürst Friedrich hat sich zu diesen auf eine Zerstörung des alten Reichs hinauslaufenden Plänen sicher nur vorsichtig und zurückhaltend geäußert. Ihm lag daran, daß er endlich Herr im eigenen Haus wurde, daß er den übermächtigen politischen Einfluß der Landstände beseitigen, daß er Alt- und Neuwürttemberg zu einem einheitlich organisierten modernen Staat zusammenfügen konnte, in dem allein sein Herrscherwille galt. Kaiser Franz von Österreich, zugleich Oberhaupt des Reichs, hatte ihm bei diesen Bestrebungen nur in begrenztem Umfang helfen können. Ihm waren durch die Reichsverfassung Schranken gesetzt. Anders Napoleon. Er brauchte keine reichsverfassungsrechtlichen Rücksichten zu nehmen. Er konnte daher Friedrich ermuntern, die ihm bisher durch den dualistischen altwürttembergischen Ständestaat angelegten Fesseln zu zerbrechen und sein absolutistisches Regiment auf ganz Württemberg auszudehnen. Als der

Kurfürst – bestimmt nicht ohne Hintergedanken – Napoleon die Schwierigkeiten andeutete, die er mit seinen Landständen bei der Rekrutierung der Truppen haben werde, die an der Seite der Franzosen am Krieg gegen Österreich teilnehmen sollten, setzte ihm dieser das später viel zitierte und kommentierte Wort entgegen: »Chassez les bougres!« – »Jagen Sie die Schufte davon.« Friedrich wußte, daß er diese innere Souveränität durch die äußere Abhängigkeit von einer nichtdeutschen Großmacht erkaufte. Es war ihm nicht zweifelhaft, daß die Reichsverfassung, so mangelhaft sie auch war, ihm doch einen gewissen Schutz gegen das gänzliche Ausgeliefertsein an ausländische Mächte verliehen hatte. Friedrich wünschte deshalb, daß das Reich als verbindende Klammer der Reichsstände erhalten blieb. Neben seiner kaum in Frage zu stellenden reichspatriotischen Gesinnung waren es vor allem außenpolitische Beweggründe, die ihn zu dieser Haltung bestimmten. Allein, die aktuelle Situation zwang ihn, sich dem Willen des großen französischen Eroberers zu fügen, dem er ausgeliefert war. Es spricht für ihn, daß er auch in dieser Lage den Kopf oben behielt, mit Würde und Besonnenheit seine Interessen verteidigte und sich keineswegs mit fliegenden Fahnen der napoleonischen Kriegsmacht anschloß. Ob er bei mehr Unterwürfigkeit größere Vorteile für sein Haus und sein Land erreicht hätte, als er sie mit dem stolzen Selbstbewußtsein eines geborenen Fürsten zu ertrotzen vermochte, läßt sich nicht sagen. Er hatte sich jedenfalls die Selbstachtung bewahrt, war kein rückgratloser Satellit geworden, und er hatte sich mit seiner Haltung bei Napoleon Respekt verschafft.

Bei ihrem Gespräch im Ludwigsburger Schloß einigten sich Kurfürst Friedrich und der französische Kaiser auf die Grundbestimmungen des Bündnisvertrags zwischen Württemberg und Frankreich. Die beiden Unterhändler, Graf Wintzingerode und Didelot, kamen jetzt rasch voran. Unter der starken Einflußnahme Napoleons, der die drei wichtigsten Artikel selbst diktierte, gaben sie dem Entwurf seine endgültige Fassung. Am 5. Oktober 1805, dem Tag, an dem der Kaiser der Franzosen Ludwigsburg verließ, um sich zu seinem Heer zu begeben, konnte das Bündnis unter Dach und Fach gebracht werden. Im einzelnen bestimmte der Allianzvertrag: Württemberg stellt Truppen in Stärke von 8000 bis 10000 Mann (darunter 1000 Mann Kavallerie) gegen Österreich. Dem Kurfürsten wird sein gegenwärtiger territorialer Besitzstand garantiert sowie die »volle und gänzliche Souveränität« zugesichert. Diese Garantien sollen auch in einen mit dem Kaiser von Österreich bzw. dem Chef des Deutschen Reichs abzuschließenden Friedensvertrag aufgenommen werden. Dem Kurfürsten werden neue Gebietserwerbungen in Aussicht gestellt. Napoleon verspricht, ihn mit allen Mitteln für den Fall zu unterstützen, daß die Stände bei der Aushebung der Truppen und bei der Aufbringung der Kosten für ihren Unterhalt Schwierigkeiten machen. Das württembergische Hilfskorps soll zwar einen von Kurfürst Friedrich ernannten General als Kommandeur haben, aber unter dem Befehl des kommandierenden Generals der französischen Armee stehen und vor allem in Schwaben eingesetzt werden. Darüber hinaus verspricht der Kaiser der Franzosen den Schutz der kurfürstlichen Staaten. Falls dennoch irgendein Teil des Kurfürstentums vom Feind angegriffen wird, verpflichtet sich Napoleon zu einer angemessenen Ersatzleistung für den erlittenen Schaden. Die beiden kurfürstlichen Residenzen Stuttgart und Ludwigsburg bleiben frei von fremden Truppen.

Napoleon residierte während seines dreitägigen Aufenthalts in Ludwigsburg im Schloß. Kurfürst Friedrich erwies ihm jede nur denkbare Auszeichnung, und der Kaiser war von dem ihm hier gebotenen höfischen Glanz sehr beeindruckt. Am Abend des 3. Oktober wurde ihm zu Ehren im Hoftheater die deutsche Oper »Don Juan« gegeben. Seinem Bruder Joseph gegenüber meinte Napoleon, das Ludwigsburger Opernensemble könne es in musikalischer Hinsicht durchaus mit der Pariser Oper aufnehmen. Weniger erfreut hat ihn vermutlich, daß für den 8. Oktober 1805 im Stuttgarter Hoftheater die erste Aufführung des Freiheitsdramas von Friedrich Schiller »Wilhelm Tell« angekündigt war. Um die in der Stadt einquartierten Franzosen nicht zu provozieren, wurde allerdings die Aufführung abgesetzt und bis zum Abzug der französischen Truppen verschoben. Am 4. Oktober besichtigte Kaiser Napoleon in Begleitung von Prinz Paul den Hohenasperg und die Höhen von Fellbach, auf denen die österreichische Armee 1796 Stellung bezogen hatte. Außerdem stattete er Stuttgart einen kurzen Besuch ab.

Nach der Abreise Napoleons rief Kurfürst Friedrich sofort den Geheimen Rat und den verstärkten landschaftlichen Ausschuß zusammen, um sie über den Bündnisvertrag mit Napoleon zu unterrichten. Vom Ausschuß forderte er die Zustimmung zur »Auswahl« von 2000 Mann Rekruten und die Bewilligung von 500 000 fl für militärische Zwecke. Er habe, so legte er den Ständevertretern dar, alles getan, um Württemberg aus dem Krieg der Großmächte her-

Napoleon und Kurfürst Friedrich in Ludwigsburg

auszuhalten. Er habe sich deshalb bemüht, für sein Land Neutralität zu erreichen, sei jedoch damit gescheitert. Die Franzosen hätten Württemberg überschwemmt, und der französische Kaiser habe ihm keine Wahl gelassen, als sich ihm anzuschließen. Der Allianzvertrag erlege Württemberg die Stellung eines Truppenkorps von 10 000 Mann und 1000 Pferden auf. Allein, zur Aufstellung und zur Unterhaltung eines solchen Truppenkorps fehlten ihm die Mittel. Napoleon habe ihm aber erklärt: »Was Sie nicht können, kann Ihr Land«, und er habe zugesichert, ihm den nötigen Rückhalt zu geben, falls sich die Landstände seinen Militärforderungen widersetzten. Es sei ihm also mit Unterstützung des französischen Kaisers ohne weiteres möglich, die militärischen Bedingungen des Allianzvertrags ohne Befragung der Stände zu erfüllen. Dies wolle er jedoch nicht. Deshalb appelliere er an sie, die Repräsentanten des Landes, das Vaterland nicht unglücklich zu machen, und er fuhr fort: »Bedenken Sie es wohl, ich spreche zu Ihnen als Vater. Mißkennen Sie mich nicht – und ich sage es zum dritten Mal – mißkennen Sie mich nicht! Ich bitte Sie, es wohl zu überlegen und ruhig zu erwägen, welch schwere Verantwortung vor Gott, Ihrem Gewissen und der Nachwelt Sie sich zuziehen werden, wenn Sie in dieser gefahrvollen Lage des Vaterlandes alles auf die Spitze stellen und es auf die Zerstückelung desselben ankommen lassen wollen. Ich werde das Meinige tun. Ich schwöre es, ich werde es nicht zugeben, daß mein Haus, meine Familie ins Elend gerate.« Nach seiner Ansprache forderte der Kurfürst die Ständevertreter auf, sich zur Beratung zurückzuziehen. Er hatte ihnen zu diesem Zweck ein Zimmer im Schloß einräumen lassen. Sobald sie ihren Entschluß gefaßt hatten, sollten sie wieder vor ihm und dem Geheimen Rat erscheinen. Die Mitglieder des verstärkten landschaftlichen Ausschusses waren sich rasch darüber einig, daß sie dem Kurfürsten angesichts der gefahrvollen Lage Württembergs zu Willen sein mußten. Sie stimmten daher seinen Forderungen zu. Wegen der »tiefen Erschöpfung des Landes« wollten sie die erforderlichen Geldmittel »auf gemeinschaftlichen Kredit zur Schuldenzahlungskasse« aufnehmen. Weil sie argwöhnten, daß in den Vertrag eine den Grundsätzen der Reichsverfassung entgegenstehende Bestimmung aufgenommen worden war, verwahrten sie sich vorsorglich gegen eine solche Bestimmung. Außerdem ersuchten sie den Kurfürsten um eine Zusicherung, daß die Landesverfassung unverändert aufrechterhalten werde. Friedrich hielt es indessen lediglich für angezeigt, ihnen anzudeuten, daß Napoleon ihm eine gewisse

Beschränkung der landständischen Befugnisse unterschriftlich zugesichert hätte, wenn er es gewünscht hätte.

Kurfürst Friedrich betrachtete sich als gleichberechtigten, wenn auch minder mächtigen Verbündeten des Kaisers der Franzosen. Der Allianzvertrag hatte ihm dies zugestanden, und er war entschlossen, uneingeschränkt an diesem Anspruch festzuhalten. Am 5. Oktober 1805 ordnete er General von Geismar in das französische Hauptquartier ab. Er sollte dafür sorgen, daß die württembergischen Truppen weder bei der Verpflegung noch sonstwie gegenüber den französischen benachteiligt und vornehmlich zu Dienstleistungen innerhalb oder an den Grenzen des Schwäbischen Kreises zum Schutz der kurfürstlichen Staaten und zu Besatzungszwecken verwendet würden. Dem französischen Oberkommando gegenüber setzte Friedrich durch, daß die Franzosen beim Durchmarsch durch Württemberg bestimmte Straßen benutzten: die von Speyer über Eppingen nach Heilbronn führende Route, die sich von dort nach Öhringen, Schwäbisch Hall, Gaildorf, Ellwangen, Bopfingen und Nördlingen fortsetzte.

Innerhalb weniger Wochen entschied Napoleon den Krieg zu seinen Gunsten. Am 17. Oktober kapitulierte der mit der Leitung der Operationen in Süddeutschland beauftragte österreichische General Mack mit drei Korps in Ulm. In ungehemmtem Siegeszug stießen die Franzosen donauabwärts auf Wien vor, das sie am 13. November einnahmen. Erzherzog Karl kam mit seinem Heer nicht mehr rechtzeitig aus Italien heran, um die Hauptstadt zu decken. Am 2. Dezember 1805 erfocht Napoleon in der Dreikaiserschlacht von Austerlitz einen glänzenden Sieg über die vereinigten österreichischen und russischen Armeen. Zar Alexander, über die Niederlage bestürzt, zog seine Truppen zurück. Kaiser Franz mußte um Waffenstillstand bitten. Die von Kurfürst Friedrich ins Feld gestellten württembergischen Truppen, insgesamt etwa 6300 Mann mit 800 Pferden und sechs Geschützen, zogen in mehreren Kolonnen den voranstürmenden Franzosen hinterdrein, vereinigten sich am 9. Dezember bei Linz und rückten dann, mit dem Schutz der Donaubrücke bei Krems beauftragt, weiter flußabwärts vor. Abgesehen von einer leichten Plänkelei hatten sie keine Feindberührung. In der zweiten Januarhälfte 1806 kehrten sie in die Heimat zurück.

Als Mitte November 1805 am Sieg der französischen Waffen kaum noch zu zweifeln war, ordnete Kurfürst Friedrich die vorläufige Besitzergreifung der reichsritterschaftlichen Territorien, der Gebiete des Deutschordens und des Johanniterordens sowie sämtlicher bislang noch nicht säkularisierter auswärtiger geistlicher Korporationen an, soweit diese in und an den württembergischen Grenzen gelegen waren. Lediglich die Besitzungen pfalzbayerischer und badischer Korporationen nahm er aus. Seinen Minister von Normann-Ehrenfels entsandte er ins Hauptquartier Napoleons, um bei der Verteilung der Gebiete, die Österreich bei Friedensschluß abzutreten hatte, zur Stelle zu sein und um durch die Pflege von Kontakten zum französischen Außenminister Talleyrand zu verhindern, daß die beiden Nachbarländer Baden und Bayern gegenüber Württemberg bevorzugt wurden. Um sich Talleyrand geneigt zu machen, ließ ihm Friedrich, wie er dies auch schon früher getan hatte und wie dies übrigens auch Baden und Bayern taten, große Geldsummen zustekken – es soll sich um eine Million Gulden gehandelt haben. Napoleon selbst schien dem Kurfürsten wohlgesinnt. Er übersandte ihm das große Band der Ehrenlegion. Friedrich revanchierte sich mit der Dekoration seines großen Ordens.

Bei der ersten Begegnung zwischen Normann und Talleyrand wurde über die von Napoleon in Aussicht gestellte Vergrößerung Württembergs gesprochen. Hierbei entwickelte Talleyrand auch seine Vorstellungen über die künftige Organisation Deutschlands: Die drei süddeutschen Kurfürsten sollten unter dem Schutz Frankreichs einen dauernden Bund schließen und die volle Souveränität eingeräumt bekommen. Zur Gewährleistung der Souveränität schlug Normann vor, wie er dem Kurfürsten berichtete, den Regenten von Baden, Bayern und Württemberg die Königswürde zu übertragen. Talleyrand war damit einverstanden, verlangte aber nach der Darstellung Normanns, daß die drei Fürsten zuvor ihrer Kurfürstenwürde entsagen sollten. Ob der Königsgedanke nun tatsächlich eine Idee Normanns war oder ob ihn Napoleon oder Talleyrand schon früher hatten, sei dahingestellt. Immerhin hatte Napoleon schon im Frühjahr 1805 erwogen, dem Kurfürsten von Bayern ganz Süddeutschland als Königreich zuzuweisen. Normann jedenfalls war sehr stolz auf seinen Vorschlag und gratulierte seinem Herrn bereits in seinem am 20. November 1805 datierten ersten Schreiben aus Wien zur Königswürde. Unwahrscheinlich ist indessen, daß Kurfürst Friedrich seit längerem mit der Königswürde liebäugelte und jetzt diesen Wunsch Normann suggeriert hatte, damit dieser Napoleon für eine solche Standeserhöhung gewann. Für Friedrich kam vielmehr die Idee der Königswürde überraschend. Hätte er schon zuvor mit ihr gespielt, wäre er sicher über die »Gratulation« Normanns hocherfreut gewesen. Indessen ließ seine erste Reaktion wenig von großer Freude und Genugtuung erkennen. Wenn er sich dennoch rasch mit dem Königsgedanken anfreundete, dann vor allem deshalb, weil er in jeder Hinsicht mit Bayern gleichziehen wollte.

Der Brief, mit dem er Normann gegenüber zur Königswürde Stellung nahm, ist sehr aufschlußreich für die Denkweise und für die politische Zielrichtung Friedrichs. Wenn er einen höheren Titel erstrebe, schrieb er, geschehe dies nicht aus Eitelkeit, sondern einzig aus der Überlegung heraus, daß sein Haus an Macht, Ansehen und Gebietszuwachs keinesfalls hinter anderen zurückstehen dürfe. Die Reichsverfassung, so unzulänglich ihr Schutz zuletzt auch gewesen sei, habe trotzdem den kleineren Fürsten einen Halt gegeben. Wer stark genug sei, bedürfe ihrer sicher nicht. Allein, er fürchte nicht nur die eigene Schwäche, sondern auch die des Nachbarn. Wie solle sich aber ein König mit höchstens 600 000 Untertanen, und mehr könne man Baden nicht verschaffen, als selbständige Macht behaupten? Die große Sorge von Kurfürst Friedrich kam hier deutlich zum Ausdruck: Baden und vielleicht auch Württemberg konnten nicht so stark vergrößert werden, daß sie eine eigenständige politische Rolle im Konzert der europäischen Mächte spielten. Für Württemberg hatte Friedrich die Hoffnung noch nicht aufgegeben, daß er mit Hilfe Napoleons die seiner Ansicht nach für eine selbständige politische Stellung des Landes unerläßliche Mindestgröße von zwei bis zweieinhalb Millionen Einwohnern erlangen könne. Dies hieß für ihn, daß der künftige württembergische Staat auch die frühere Reichsstadt Ulm mit ihrem Gebiet, die Markgrafschaft Burgau und die ehemalige Reichsstadt Augsburg, ebenso die fränkischen Besitzungen, vermutlich Preußens, umfaßte, also vom Lech bis an die jetzige badische Grenze und vom Bodensee bis an das Würzburgische reichte. Friedrich wünschte, daß Frankreich die Anerkennung des württembergischen Königtums bei Österreich, Rußland und Preußen erwirkte. Zur Festigung seiner politischen Macht dachte er an eine Vermählung seiner Tochter Katharina mit dem Kurprinzen von Baden oder mit dem bayerischen Erbprinzen. Normann teilte die »Bedenklichkeiten« seines Kurfürsten hinsichtlich der alten »teutschen Verfassung« nicht. Er machte geltend, daß mit ihrem Wegfall »auch die hieran geknüpften inneren Einrichtungen der einzelnen teutschen Länder alle Haltbarkeit verlieren« würden. Im

Hinblick auf die bereits erworbenen oder jetzt neu hinzukommenden Gebiete habe dies den Vorteil, daß an die Stelle der »durch ein Heer von Mißbräuchen verunstalteten Einrichtungen eine auf die ganz veränderten Zeitbedürfnisse, auf Einheit, gleich durchgehende schleunige Gerechtigkeit, auf kräftigen, sicheren Schutz für Höchstdero Untertanen jeder Klasse um ihre Rechte und wohlerworbenen Freiheiten berechnete Staatskonstitution und unabänderliche Regierungsnorm als freies Geschenk von Höchstdenselben« trete, »um solches mit den dankbarsten Erinnerungen an den großen Stifter der württembergischen Monarchie auf die Nachkommen künftiger Jahrhunderte übertragen zu können«.

Im Hauptquartier Napoleons machte man sich Gedanken über die Namen der neuen Königreiche. Daß Bayern seinen Namen behielt, stand außer Frage. Hingegen wurde bei Württemberg erwogen, ihm die Bezeichnung Alemannien oder Schwaben zu geben. Allein, Alemannien besaß eine zu große Ähnlichkeit mit »Allemagne«, dem französischen Wort für Deutschland, und an Schwaben hatten auch Baden und Bayern Anteil. Deshalb sah man schließlich keine andere Möglichkeit als die, am herkömmlichen Namen festzuhalten. Kurfürst Friedrich hatte hiergegen keine Einwände, auch wenn er weiterhin mit der Bezeichnung Alemannien liebäugelte. Talleyrand empfahl Normann, dem russischen Zarenhaus schon jetzt die Standeserhöhung des württembergischen Kurfürstenhauses anzukündigen, damit sich die Anerkennung der neuen Würde durch den Zarenhof nicht verzögere. Auch Napoleon äußerte sich in diesem Sinn. Anfang Dezember beauftragte der Kurfürst den Geheimen Rat Graf Truchseß von Waldburg mit einer entsprechenden Sondermission nach St. Petersburg.

Am Abend des 30. November 1806 traf die Gemahlin Napoleons, Kaiserin Josephine, auf der Reise zu ihrem Gatten am Kurfürstenhof in Stuttgart ein. Friedrich empfand den Besuch als eine hohe Ehre, zugleich aber auch als eine große Chance, sich in noch höherem Maß das Wohlwollen des Kaisers zu erwerben. Er bereitete der Kaiserin einen glanzvollen Empfang. Am 1. Dezember wohnte sie einer Aufführung der Oper »Achilles« von Ferdinando Paër im Großen Opernhaus bei und anschließend einem auf dem Großen Schloßplatz veranstalteten Feuerwerk. Am folgenden Tag besuchte sie Ludwigsburg und Schloß Monrepos. Abends fand in der Oper die Erstaufführung der Oper »Romeo und Julia« von Nicola Antonio Zingarelli statt. Bei der Abreise Josephines am Morgen des 3. Dezember nach

München hatte das Militär Paradeaufstellung genommen, die Kanonen schossen Salut und sämtliche Kirchenglocken der Stadt läuteten. Zur Kurfürstin hatte die Kaiserin beim Anblick der damals noch recht kleinen Residenzstadt Stuttgart gesagt, sie hoffe, sie in einer Residenz wieder zu sehen, die größer sei und mehr den Absichten entspreche, die der Kaiser für den Kurfürsten hege. Friedrich kommentierte diese Bemerkung in einem Schreiben an seinen Minister Normann: »Seie es auch nur Weibergeschwätz, dieses Weib ist mächtig und einflußreich« sie weiß viel, beinahe alles von den Projekten des Kaisers«.

Am 3. Dezember wiederholte Friedrich gegenüber Normann im Hinblick auf den nun beschlossenen »Tod des deutschen Staatskörpers« in eindringlichen Worten seine Vorstellung, daß für sein künftiges Königreich eine Bevölkerung von zwei bis zweieinhalb Millionen unerläßlich sei, was eine Militärmacht von 25 000 bis 30 000 Mann bedeutete. Württemberg sollte deshalb bis an den Lech, die Donau und den Rhein ausgedehnt werden. Auf einer Karte hatte Friedrich die seiner Meinung nach erforderlichen künftigen Grenzen eingezeichnet. Er wies Normann an, bei Napoleon die Wünsche Württembergs mit Nachdruck zu vertreten. Hierbei berief er sich auf die Kaiserin Josephine, die ihm gesagt habe, Napoleon wolle alles für Kurfürst Friedrich und sein Haus tun, er könne deshalb dem Kaiser mit Festigkeit seine Anliegen vorbringen. Gegenüber Talleyrand sollte sich Normann stets auf die Zusagen Napoleons beziehen. Daß der bayerische Kurfürst bei der Größe seines Landes das erste Anrecht auf die Königswürde habe, bezweifelte Friedrich nicht. Er wollte jedoch nicht hinter Bayern zurückstehen. Hingegen hielt er es für grotesk, wenn der badische Kurfürst bei allenfalls 600 000 Untertanen zum König erhoben würde. Man sollte den Badener, meinte er, mit dem Titel Groß- oder Erzherzog »abspeisen«. Den Sieg Napoleons in der Schlacht bei Austerlitz am 2. Dezember 1805 nannte Friedrich die triumphalste Waffentat seit dem Siebenjährigen Krieg. Er sah den Frieden jetzt nahegerückt, weil er damit rechnete, daß sich der russische Kaiser verhandlungsbereit zeigte. Den bald darauf abgeschlossenen Waffenstillstand gab er den Stuttgartern durch Kanonenschüsse und Glockengeläut bekannt. Außerdem ordnete er kirchliche Dankgottesdienste an.

Talleyrand plante in der Tat die Erhebung aller drei süddeutschen Kurfürsten zu Königen, die Loslösung ihrer Staaten vom Reich und ein ewiges Bündnis dieser neuen Königreiche unter Einbeziehung der Schweiz mit Frankreich. Doch hier traf er sich nicht mit den Intentionen Napoleons. Der Kaiser der Franzosen war für eine weit weniger radikale Lösung. Er wollte nur Bayern zum Königreich erheben. Nicht für opportun hielt er es wohl mit Rücksicht auf Preußen und Rußland, den Reichsverband aufzulösen. Aus denselben Gründen widerstrebte ihm auch, Österreich überhart anzufassen und zu sehr zu demütigen. Normann setzte alles daran, die gefährdete Königskrone für Kurfürst Friedrich zu sichern, und Talleyrand stand ihm hierbei zur Seite. Für den württembergischen Kurfürsten war die Königskrone jetzt eine Prestigefrage. Er wehrte sich gegen das bayerische Übergewicht in Süddeutschland. Selbst wenn er mit seinen Gebietswünschen nur zum Teil Erfolg hatte und Württemberg nicht die von ihm geforderte Mindestgröße für ein Königreich erlangte, durfte es im Rang keinesfalls gegenüber dem bayerischen Nachbarn benachteiligt werden. Dank des guten Drahts, den Normann zu Talleyrand hatte, und dank seines Verhandlungsgeschicks, aber auch dank der von Friedrich für Bestechungszwecke zur Verfügung gestellten Geldmittel, kamen die Verhandlungen flott voran. Am 12. Dezember 1805 brachten Talleyrand und Normann in Brünn den Sondervertrag zwischen Frankreich und Württemberg zum Abschluß. Kurfürst Friedrich wurde in diesem Vertrag die Königswürde zugesprochen, doch gehörte sein Land weiterhin dem Reichsverband an. Österreich hatte an Württemberg abzutreten: die fünf Donaustädte Ehingen, Munderkingen, Riedlingen, Mengen und Saulgau, die obere und die niedere Grafschaft Hohenberg, die Landgrafschaft Nellenburg, die Landvogtei Altdorf, das breisgauische Amt Triberg, die Städte Villingen und Bräunlingen. Auch mußte es der Einverleibung der Grafschaft Bonndorf in das neue Königreich zustimmen, ferner hatte es auf alle Anrechte an Württemberg, also die Anwartschaft auf das Land für den Fall des Aussterbens der württembergischen Regentenfamilie im Mannesstamm, und auf einige ihm bisher zustehende Lehensrechte zu verzichten. Dem König von Württemberg stand die uneingeschränkte Souveränität über sein Land zu. Das von ihm mit dem Kaiser der Franzosen geschlossene Bündnis garantierte ihm seinen Besitzstand, es verpflichtete ihn aber auch, bei einem auf dem Kontinent ausbrechenden Krieg, in den Frankreich verwickelt wurde, militärische Gefolgschaft zu leisten.

Daß der Gebietszuwachs erheblich geringer ausfiel als erwartet und angestrebt, mußte für Kurfürst Friedrich enttäuschend sein. Normann traf keine Schuld. Friedrich erkannte dies auch uneingeschränkt an. »Sie haben vieles, alles getan, was unter den gegenwärtigen ganz veränderten Umständen möglich war. Ich bin vollkommen zufrieden«, schrieb er ihm. Talleyrand hatte zunächst große Hoffnungen geweckt, war dann aber auf Weisung Napoleons zunehmend zurückhaltender geworden. Am Schluß hatte er nur einen Teil der württembergischen Gebietswünsche erfüllen können. Er tröstete Normann: Auch die bayerischen Gebietsgewinne seien erheblich geringer als ursprünglich geplant ausgefallen. Schlimmer wäre gewesen, wenn nur der bayerische Kurfürst die Chance bekommen hätte, sich den Königstitel beizulegen. »Ich konnte«, schrieb Normann am 16. Dezember seinem Kurfürsten, »unmöglich zugeben, daß Euer Kurfürstliche Durchlaucht und Ihr hohes Kurhaus dem Hause Bayern nachgesetzt werden.« Durch die Behauptung der Gleichrangigkeit habe Württemberg auch den bayerischen Plan vereitelt, mit der Annahme der Königswürde in Süddeutschland eine ähnliche Rolle spielen zu können, wie dies Preußen in Norddeutschland tue. Im Hinblick auf die Zukunft gab sich Normann zuversichtlich: Entscheidend werde sein, wie man die Zeitumstände nütze. Ein kleineres, aber »gut administriertes Reich« habe schon oft die Oberhand über ein größeres, übel verwaltetes Land erlangt. Die Königswürde sei von einzigartiger Qualität, sie »allein drückt der vollen Souveränität, selbst im Reichsverband, das Siegel auf«.

Kurfürst Friedrich stimmte mit seinem Minister überein. Er schrieb ihm: Solange Bayern weder Tirol noch Salzburg erhalte, bescheide er sich gerne, zumal sich die Position Württembergs gegenüber der Bayerns durch die zugeteilten Gebiete verbessert habe. »Unter diesen Umständen, und da Baden sie nicht erhält, fühle ich mich durch die Königskrone geehrt und zufriedengestellt . . . Was meine Zufriedenheit am meisten erhöht, ist, daß unbeschadet meiner vollen Souveränität der Reichsverband besteht und ich nicht aufhöre, Kurfürst zu sein. Nie habe ich so sehr gefühlt, daß ich ein Teutscher bin. Ich hätte mein Vaterland Teutschland gar ungern verlassen, so aber ehre ich es und bleibe ihm treu. Sie können sich wirklich von meiner Freude keinen Begriff machen.« Zwei Tage später schrieb er Normann: ». . . Sie sind mein Zeuge, daß ich diese durch Ihre treuen Dienste und Geschicklichkeit erhaltene Würde nicht aus Eitelkeit gesucht und ihr nachgejagt habe, sondern daß ich sie deshalb als unentbehrlich ansehe, um der bayerischen Preponderance Einhalt zu tun und gegenstellen zu können.«

In seinem Schönbrunner Tagesbefehl vom 19. Dezember 1805

billigte Napoleon öffentlich die von den drei süddeutschen Kurfürsten durchgeführte Annexion der reichsritterschaftlichen Territorien. Ebenso erklärte er sich mit der Übernahme der bisher von den Fürsten von Thurn und Taxis ausgeübten Posthoheit durch die Kurfürsten für den Bereich ihrer Länder einverstanden. Er wies seine Offiziere an, Bayern und Württemberg bei der Inbesitznahme der reichsritterschaftlichen Güter zu unterstützen, weil diese beiden Staaten künftig dieselben Souveränitätsrechte wie Österreich und Preußen hätten und weil die Reichsritter Erfüllungsgehilfen der österreichischen Politik in Süddeutschland gewesen seien. Freilich, bei der Besetzung der reichsritterschaftlichen Güter kam es zwischen Württemberg und Baden und auch zwischen Württemberg und Bayern zu »fortgesetzten Irrungen«. Kurfürst Friedrich wies deshalb Normann an, bei Talleyrand darauf hinzuwirken, daß Frankreich bestimmte Demarkationslinien festlege. Außerdem wünschte er die baldige Rückkehr wenigstens eines Teils der Feldtruppen, damit die angefallenen vorderösterreichischen Gebiete in Besitz genommen werden könnten, die Bevölkerung unterwerfe sich nur ungern den neuen Herren.

Der Wettlauf bei der Annexion der an den jeweiligen Grenzen gelegenen reichsritterschaftlichen Gebiete, der Besitzungen des Deutschritter- und des Johanniterordens führte zu starken Spannungen zwischen Bayern, Baden und Württemberg. Eine gemeinsame Sprache gegenüber dem übermächtigen Schutzherrn Napoleon war dadurch von vornherein ausgeschlossen. Jeder der drei Staaten regelte seine Angelegenheiten mit dem Kaiser der Franzosen direkt und suchte bei ihm gegenüber dem Nachbarn Vorteile durchzusetzen. Dies verstärkte die Abhängigkeit des Einzelstaats von Frankreich. Friedrich vertrat die Interessen seines Landes nicht minder skrupellos, als dies Graf Montgelas für Bayern tat. Auch Baden, das bei den Verhandlungen mit Napoleon nicht in gleicher Weise wie Bayern und Württemberg fordernd aufgetreten war und sich vielleicht dadurch die Königswürde verscherzt hatte, lernte seine Lektion sehr rasch und sicherte sich zwischen 1803 und 1810 eindeutig den relativ größten Gebietszuwachs. Hierbei kam ihm die enge Verwandtschaft seines Regentenhauses mit der Zarenfamilie in besonderer Weise zustatten.

IX

König von Napoleons Gnaden
1806–1813

Die Annahme der Königswürde

Am 16. Dezember 1805 redete die Kurfürstin ihren Mann erstmals mit »mon très cher Roi«, »mein sehr lieber König«, an. Der neue Titel, schrieb sie, könne ihrer Zuneigung nichts hinzufügen, denn ihr Herz gehöre dem Menschen und nicht dem Souverän. Friedrich hatte keine rechte Vorstellung, wann und wie die Königswürde anzunehmen sei. Er wußte nur, daß er den Königstitel selbst annehmen und die Annahme in einer Erklärung öffentlich bekanntgeben müsse. Normann erhielt daher die Anweisung, Erkundigungen bei Napoleon und Talleyrand einzuziehen. In seiner Antwort vom 23. Dezember 1805 gebrauchte Normann erstmals die Anrede »Euer Königliche Majestät«. Die Annahme der neuen Würde, teilte er mit, sei ganz in das Belieben »Allerhöchstdesselben« gestellt, solle aber »schicklich nach der Ratifikation des Traktats«, das heißt des französisch-württembergischen Vertrags, geschehen. Napoleon werde Friedrich als König anerkennen, sobald er ihm von der öffentlichen Annahme dieser Würde Kenntnis gebe. Vom 24. Dezember 1805 an wählte Friedrich in seinen Briefen an den Kaiser der Franzosen die zwischen souveränen Herrschern, Kaisern und Königen übliche Anrede »mein Bruder«, und er unterschrieb mit »der gute Bruder« oder »Ihr guter Bruder«. Bis dahin hatte er ihn mit »Sire« angeredet, und für Napoleon war er »mein Vetter« gewesen. Am 27. Dezember 1805 übermittelte Napoleon »meinem Herrn Bruder«, also dem König Friedrich, die Württemberg betreffenden Artikel des am Vortag zwischen Frankreich und Österreich abgeschlossenen Friedensvertrags, und er fügte hinzu: »Ich bin glücklich, Ihrem Haus neuen Glanz verschafft zu haben und Ihnen auf diese Weise all das Interesse und die Freundschaft zu bekunden, die ich für Sie hege.«

Im Frieden von Preßburg vom 26. Dezember 1805 hatte Österreich in die im Brünner Vertrag vierzehn Tage vorher von Talleyrand und Normann vereinbarten Gebietsabtretungen an Württemberg einwilligen und die Annahme der Königswürde durch den bayerischen und württembergischen Kurfürsten sowie die Übertragung der uneingeschränkten Souveränität an die beiden neuen Könige bestätigen müssen. Der Brünner Vertrag war damit als integrierender Bestandteil dem Preßburger Friedensvertrag eingefügt worden.

Daß die Tage der altwürttembergischen Verfassung gezählt waren, konnte seit der Bündnisabsprache zwischen Kaiser Napoleon und Kurfürst Friedrich im Oktober 1805 in Ludwigsburg kaum noch zweifelhaft sein. Nicht nur Friedrich hatte übrigens ein Interesse daran, die Fesseln, die die landständische Verfassung seinem absolutistischen Herrscherwillen anlegte, abzustreifen, sondern auch der große französische Verbündete, kam es doch diesem wesentlich darauf an, daß jeder der drei süddeutschen Staaten alle seine Machtmittel ungehindert, rasch und uneingeschränkt einsetzen konnte, wenn das der von Frankreich bestimmte Bündniszweck erforderte. Als Normann Mitte November 1805 ins französische Hauptquartier kam, riet ihm Talleyrand, möglichst ohne Verzug die Verfassung aufzuheben, und der württembergische Bevollmächtigte wurde sich schnell darüber klar, daß Napoleon wie sein Außenminister die Aufrechterhaltung der Verfassung in Altwürttemberg als Schwäche des Regenten betrachteten. Außerdem sah Normann eine andere Gefahr, auf die er seinen Kurfürsten aufmerksam machte: Die rührigen Stände der vorderösterreichischen Lande könnten sich nach dem Anschluß an Württemberg mit den altwürttembergischen Ständen zusammentun und der Regierung zusätzliche Schwierigkeiten bereiten. Wenn sich der Kurfürst die ständischen Kassen in Stuttgart sichern wollte, was für ihn sehr wichtig war, mußte er sich nach Meinung Normanns zu einem Überraschungsschlag entschließen, einem Staatsstreich also. Doch Friedrich war, so folgerichtig ihm auch die Vorschläge seines Ministers erscheinen mußten, zunächst nicht geneigt, jetzt schon und damit vorschnell, wie ihm schien, vollendete Tatsachen zu schaffen. Im Gegensatz zu seinem Kurfürsten stellte Normann nämlich nicht in Rechnung, daß die Stände in der Bevölkerung einen starken Rückhalt besaßen und daß das im derzeitigen Krieg neutrale Preußen ein Garant der württembergischen Verfassung war, an das sich die Stände schon einmal um Schutz für die gefährdete Verfassung gewandt hatten.

Trotz seiner sich verschlechternden Position war der verstärkte landschaftliche Ausschuß nicht bereit, dem Landesherrn zu Willen zu sein. Er wehrte sich, in eine rechtswidrige Stellung hineingedrängt und zum Erfüllungsgehilfen der landesherrlichen Politik erniedrigt zu werden. Anfang November 1805 verlangte der Kurfürst von den Ständen eine »Auswahl« von 1500 Rekruten und zwei Jahressteuern (360 000 fl), um seine militärischen Bündnisverpflichtungen erfüllen zu können. Der Ausschuß zögerte und verlangte, daß er wenigstens von den Städten und Ämtern Vollmachten einholen dürfe. Friedrich lehnte dies unter Hinweis auf die Notlage, in der sich das Land befinde, ab. Er drohte mit dem Eingreifen Napoleons. Der Ausschuß ließ sich nicht einschüchtern. Der Kurfürst schrieb nunmehr die Rekrutenwahl einseitig aus. Am 11. Dezember bat der Ausschuß, nachdem er die fällige Steuer, die gewöhnliche Winteranlage, bewilligt hatte, um seine Entlassung über die Weihnachtsferien. Der Kurfürst genehmigte die Bitte, behielt sich aber den Zeitpunkt der Wiedereinberufung vor. Der Preßburger Friede vom 26. Dezember gab Friedrich gegenüber den Ständen endlich freie Hand. Noch ehe der Friedensschluß in Stuttgart bekannt wurde, eröffnete der Kurfürst am 27. Dezember dem Geheimen Rat die Annahme der Königswürde und ließ die Mitglieder den unbedingten Eid auf seine Person ablegen. Drei Tage später erschien Geheimrat von Ende im Auftrag des nunmehrigen Königs im Landschaftsgebäude, um den wenigen dort anwesenden landständischen Vertretern mitzuteilen, daß die ständische Repräsentation aufgehoben sei. Sofort nahm Ende den landschaftlichen Beamten den Eid auf den König ab und versiegelte Akten und Kassen. Die Mitglieder des verstärkten Ausschusses wurden von der Aufhebung der Verfassung in Kenntnis gesetzt. Es gab einzelne Proteste, jedoch keinen nennenswerten Widerstand. Der nächtliche Schutz der Landschaftsgebäude durch Militär, den der König vorsorglich angeordnet hatte, wäre nicht erforderlich gewesen. Am 31. Dezember wurden den Amtsversammlungen ihr politischer Charakter als Landstände und Wahlkollegien aberkannt, am 2. Januar 1806 mittels Generalreskript alle Volksversammlungen und »darauf gegründete Abordnungen« verboten.

Die altwürttembergische Verfassung ist fast sang- und klanglos untergegangen. Der königliche Staatsstreich wirkte auf die Ständevertreter lähmend. Ihr Verhalten mutete recht kläglich an. Von dem Kampfgeist früherer Zeiten war kaum mehr etwas zu spüren. Ob-

Kronprinzessin Charlotte Auguste Mathilde von Großbritannien, die spätere Königin von Württemberg, bei ihrer Hochzeit 1797

gleich das Reich noch acht Monate fortbestand, kam es zu keiner Klage in Wien oder bei den Garantiemächten des Erbvergleichs von 1770. Keine Amtsversammlung verweigerte die ihr vom König vorgeschriebene Huldigung, obwohl dies kraft des alten Widerstandsrechts durchaus möglich gewesen wäre. Die ständischen Beamten legten nach einigem Zögern in überwiegender Mehrheit den Eid auf den Monarchen ab. König Friedrich bot ihnen in großzügiger Weise Stellen im Staatsdienst an, und er hatte damit großen Erfolg. Selbst ein so aufrechter Mann wie der frühere Landschaftskonsulent Georgii, der zunächst mehrmals den ihm abverlangten Eid verweigert hatte, gab schließlich nach, als ihm eine hohe Richterstelle in Aussicht gestellt wurde. Freilich, auch energischer Widerstand der Landstände hätte Ende 1805 die Verfassung nicht retten oder gar den König veranlassen können, auf dem Vertragsweg mit den Ständen zu einer zeitgemäßen Lösung der Verfassungsfrage zu kommen. Der von Frankreich ausgehende äußere politische Zwang, der das kleine Königreich schwer belastete, aber auch die bedrängenden innenpolitischen Probleme eines aus vielen heterogenen Bestandteilen zusammengestückelten Staates ließen ein langes Ringen von König und Volk um ein neues Staatsgrundgesetz von vornherein aussichtslos, ja selbstzerstörerisch erscheinen. Friedrich eröffnete sich mit seinem Staatsstreich die große Möglichkeit, einen straff organisierten modernen Staat aufzubauen. Ein solcher Staat konnte dann vielleicht bei einem grundlegenden Wandel der Zeitumstände die Basis für eine neue Form der Volksrepräsentation bilden, die aktiv-mitverantwortlich an der Gestaltung der öffentlichen Belange Anteil hatte. Friedrich hat 1815, als er seinem Land eine Verfassung aufoktroyieren wollte, behauptet, dies sei von jeher seine Absicht gewesen. Wir wissen nicht, ob es tatsächlich so war. Einiges spricht dafür, daß er 1805 nicht unbedingt die radikale Lösung anstrebte. Zweifelhaft erscheint jedoch, daß es damals möglich gewesen wäre, die altwürttembergische Verfassung so umzugestalten, daß sie sich mit dem Machtwillen eines tatkräftigen Regenten hätte in Einklang bringen und zugleich auf die neuen Landesteile hätte ausdehnen lassen.

Am Neujahrstag 1806 ließ Friedrich die Annahme der Königswürde öffentlich verkündigen. In seiner Proklamation erklärte er: »Wir finden in diesem für jeden treuen Württemberger auf die denkwürdigste Art sich auszeichnenden Ereignis einen neuen Beweis der über Unserem Königlichen Haus wachenden göttlichen Vorsehung und können Uns versichert halten, daß auch Unsere sämtliche Diener und Untertanen bei dieser großen und unerwartet glücklichen Entwicklung des damit so innig verbundenen Wohls des Vaterlandes von ebendenselben Empfindungen der Freude und des Danks durchdrungen sein werden. Die neuen hienach eintretenden Verhältnisse eröffnen Uns zugleich die frohe Aussicht, den Wohlstand Unserer sämtlichen sowohl angestammten als erworbenen Lande und das Unserem Herzen so naheliegende Glück Unserer sämtlichen Untertanen immer mehr erhöhen und befestigen zu können. Unser hierauf restlos gerichtetes Bestreben wird aber auch durch die Hoffnung belebt, in dem Danke, der aufrichtigen Treue und unerschütterlichen Anhänglichkeit Unserer gesamten Untertanen eine stete Belehrung zu finden, und bleiben Wir denselben mit Königlicher Huld und Gnade zugetan«.

Um 9 Uhr morgens kündigten in Stuttgart 100 Kanonenschüsse das denkwürdige Ereignis an. Eine Stunde später gab ein Herold bekannt, daß Friedrich die Königswürde angenommen habe. In der Schloßkirche wohnte der König einem feierlichen Tedeum bei. Festliche Veranstaltungen am Hof und in der Stadt schlossen sich an. Dem Kaiser der Franzosen, dem er seine neue Würde zu verdanken hatte, teilte Friedrich offiziell die Annahme des Königstitels mit. In seinem Notifikationsschreiben verband er den Dank gegen den mächtigen Verbündeten mit der Versicherung seiner unauflösbaren Verbundenheit. Napoleon antwortete postwendend und in freundschaftlichem Ton: Friedrich könne davon überzeugt sein, daß er niemals zögern werde, alle seine Machtmittel einzusetzen, um den württembergischen Königsthron zu stützen. Nicht nur höfische Courtoisie war es, wenn König Friedrich sofort auch seiner Schwester, der Kaiserin-Mutter Maria Feodorowna, Nachricht von seiner Standeserhebung gab. In seinem Schreiben berichtete er, freilich ohne jedes Einfühlungsvermögen in die Psyche der Schwester, der unversöhnlichen Feindin Napoleons, vom Preßburger Frieden und von den Vorteilen, den dieser für sein Haus und Land gebracht hatte: ein Friedensvertrag, der seine Staaten beträchtlich vermehrt und seinem Haus den höchsten Grad des Ruhmesglanzes beschert habe. Doch der Zarenhof erteilte ihm eine kalte Abfuhr. Dem Abgesandten Friedrichs, der die Nachricht und Briefe an die Kaiserin-Mutter, den Zaren und die Zarin, überbringen sollte, wurde die Einreise nach Rußland verweigert. Für zweieinhalb Jahre verlor Friedrich beinahe jeden Rückhalt in St. Petersburg. Erst mit dem

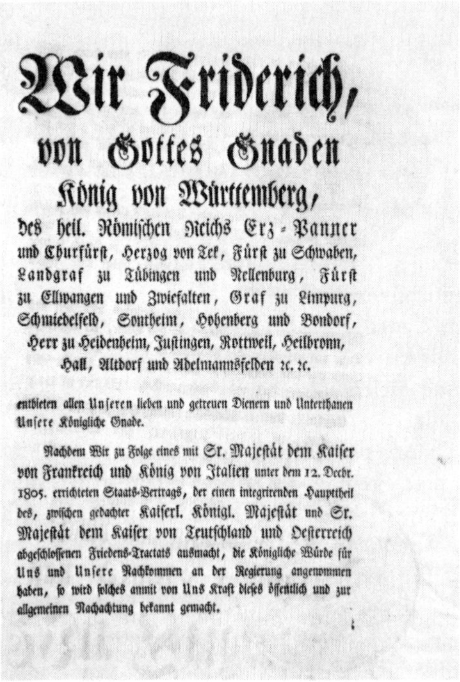

Wir Friderich,
von Gottes Gnaden
König von Württemberg,
des heil. Römischen Reichs Erz-Panner und Churfürst, Herzog von Tek, Fürst zu Schwaben, Landgraf zu Tübingen und Nellenburg, Fürst zu Ellwangen und Zwiefalten, Graf zu Limpurg, Schmiedelfeld, Sontheim, Hohenberg und Bondorf, Herr zu Heidenheim, Justingen, Rottweil, Heilbronn, Hall, Altdorf und Adelmannsfelden ꝛc. ꝛc.

entbieten allen Unseren lieben und getreuen Dienern und Unterthanen Unsere Königliche Gnade.

Nachdem Wir zu Folge eines mit Sr. Majestät dem Kaiser von Frankreich und König von Italien unter dem 12. Decbr. 1805. errichteten Staats-Vertrags, der einen integrirenden Hauptheil des, zwischen gedachter Kaiserl. Königl. Majestät und Sr. Majestät dem Kaiser von Teutschland und Oesterreich abgeschlossenen Friedens-Tractats ausmacht, die Königliche Würde für Uns und Unsere Nachkommen an der Regierung angenommen haben, so wird solches anmit von Uns Kraft dieses öffentlich und zur allgemeinen Nachachtung bekannt gemacht.

Proklamation über die Annahme der Königswürde am 1. Januar 1806

Erfurter Fürstenkongreß im September/Oktober 1808 besserte sich das Verhältnis zwischen dem Zaren und seinem Onkel wieder. Maria Feodorowna ließ den Bruder in einem kurzen, ungnädig gehaltenen Schreiben wissen, wie tief sie sich durch die Teilnahme württembergischer Truppen am Krieg gegen Rußland gekränkt fühlte. Württembergische Einheiten waren jedoch während des Feldzugs im Spätherbst 1805 niemals in ein Gefecht mit russischen Truppen verwickelt gewesen und auch sonst nicht mit diesen zusammengetroffen. Der eigentliche Grund für die Verärgerung des Zaren und seiner Mutter war vermutlich der überschwengliche Beifall, den Friedrich Napoleon nach dessen Sieg in der Schlacht von Austerlitz gezollt hatte. »Welchen Erfolg«, hatte der württembergische Kurfürst damals dem Kaiser der Franzosen geschrieben, »können Euer Kaiserliche Majestät noch Ihrem Ruhm zufügen! Ihre überragenden Talente haben das Schicksal bezwungen, und es scheint Euer Kaiserlichen

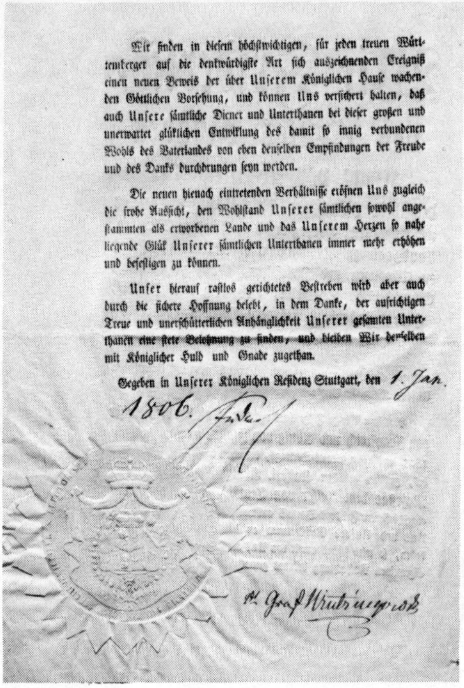

Wir finden in diesem höchstwichtigen, für jeden treuen Würtemberger auf die denkwürdigste Art sich auszeichnenden Ereigniß einen neuen Beweis der über Unserem Königlichen Hause wachenden Göttlichen Vorsehung, und können Uns versichert halten, daß auch Unsere sämtliche Diener und Unterthanen bei dieser großen und unerwartet glüklichen Entwiklung des damit so innig verbundenen Wohls des Vaterlandes von eben denselben Empfindungen der Freude und des Danks durchdrungen seyn werden.

Die neuen hienach eintretenden Verhältnisse eröfnen Uns zugleich die frohe Aussicht, den Wohlstand Unserer sämtlichen sowohl angestammten als erworbenen Lande und das Unserem Herzen so nahe liegende Glük Unserer sämtlichen Unterthanen immer mehr erhöhen und befestigen zu können.

Unser hierauf rastlos gerichtetes Bestreben wird aber auch durch die sichere Hoffnung belebt, in dem Danke, der aufrichtigen Treue und unerschütterlichen Anhänglichkeit Unserer gesamten Unterthanen eine stete Belohnung zu finden, und bleiben Wir denselben mit Königlicher Huld und Gnade zugethan.

Gegeben in Unserer Königlichen Residenz Stuttgart, den 1. Jan. 1806.

Majestät vorbehalten zu sein, das Wirklichkeit werden zu lassen, wofür es in der Geschichte kein Beispiel gibt. Sie haben in Person zwei Kaiser besiegt, diese letzte Armee vernichtet, die einzige Hoffnung, die Österreich blieb. Könnte doch endlich die wiederholte Erfahrung die Augen der beiden Kaiser erleuchten, sie unter den vorwaltenden Umständen ihre Interessen klar erkennen lassen, und die Illusionen zerstören, in denen man sie wiegte, damit sie den ihnen vom Sieger fortwährend angebotenen Frieden ablehnten.«

Die Annahme der Königswürde, der alljährlich am 1. Januar festlich gedacht wurde – 1810 ordnete der König ein viertelstündiges Glockengeläut an –, begründete Friedrich nach außen mit der »bedeutenden Vergrößerung« seines Landes und mit der derzeitigen politischen Lage, die die Konzentration der Staatskräfte und ein selbständiges Handlungsvermögen zu einer außerordentlich wichtigen und beinahe unerläßlichen Voraussetzung für die »sichere, glückli-

Feier des Königsfests in der Stiftskirche in Stuttgart

che Leitung meiner Staaten« machten. Im Kreis der »altwürttembergischen Patrioten« war man, wie Pahl berichtet, über die Königswürde nicht beglückt, und dies nicht allein deshalb, weil Friedrich die ständische Verfassung beseitigt hatte. Man empfand die Königskrone angesichts des Umfangs und der Hilfsquellen des Landes als einen »viel zu üppigen Schmuck«, und man konnte sich zudem nicht der Besorgnis erwehren, daß sie bei der ausgeprägten Neigung ihres Trägers, Würde in äußerem Prunk zur Geltung zu bringen, den Anstoß zu einem übertriebenen, die Untertanen bedrückenden Aufwand gebe. Und in der Tat veranlaßte die neue Würde Friedrich, sich nicht nur mit einem königlichen Nimbus zu umgeben, sondern auch am Hof, in der Verwaltung und beim Militär Einrichtungen, Formen und Titel zu schaffen, die bislang lediglich in den großen europäischen Monarchien üblich gewesen waren. In den Regierungsverlautbarungen und -verordnungen war vom Reich Württemberg und seinen Provinzen die Rede, ebenso von der »Sacra Majestas regia«, »der heiligen königlichen Majestät«. Um den Glanz seines Hofs zu vermehren, zeichnete Friedrich seine bewährten Diener durch Standeserhöhungen aus. Eine ganze Reihe von ihnen wurde in den erblichen Grafenstand des Königreichs erhoben, so schon im Januar 1806 Minister von Normann-Ehrenfels und der Reisemarschall von Zeppelin.

Am 12. April brachte ein österreichischer Geheimagent, der sich in Stuttgart aufhielt, die Verhältnisse in Württemberg auf die Formel: »Der erste Taumel der Königswürde hat sich gelegt, und nur das drückende Gefühl dieser Würde ist geblieben«. Er beobachtete, daß die Hof- und Ministerstellen, die durch die Königserhebung notwendig wurden, das ohnehin schon belastete Land noch mehr beschwerten. Besonders stark spüre die Bevölkerung den von oben ausgeübten Druck auch deshalb, weil diese Stellen mit »Ausländern« besetzt würden. Württemberg sei die Zuflucht für die jüngeren Söhne des mecklenburgischen und des niedersächsischen Adels. Die Verschwendungssucht des Hofs, die strengen Jagdgesetze, die Vernichtung der Landstände und mit ihnen des letzten Schattens von Freiheit hätten das allgemeine Mißvergnügen sehr gesteigert. Der Haß gegen die Franzosen, die man für die Verteidiger des Despotismus halte, sei unbeschreiblich groß. Auch der Hof teile diesen Haß, und selbst der Kronprinz, der lange auf französischer Seite gestanden habe, gebe jetzt offen seiner franzosenfeindlichen Gesinnung Ausdruck. Württemberg sehe sich, abgesehen von der Königswürde, die ihm freilich mehr Nachteile als Vorteile verschaffe, in allen seinen Erwartungen getäuscht. Baden und Bayern vergrößerten sich auf seine Kosten. Das Interesse Talleyrands an dem kleinen Königreich habe sich infolge der leeren Kassen stark vermindert.

Der absolutistische Herrscher: Souveränität nach innen, Abhängigkeit von außen

In der Souveränität seines Landes sah Friedrich ein kostbares Gut. Er war sich bewußt, daß die Vergrößerung, die Württemberg im Preßburger Frieden erlangt hatte, nicht ausreichte, um einen Staat zu schaffen, der seine Eigenständigkeit gegenüber auswärtigen Mächten behaupten konnte. Dennoch wollte er keinesfalls der mehr oder minder gefügsame Vasall Napoleons sein. Der Preßburger Frieden hatte ihn vom Reichshofrat befreit, der immer wieder in die inneren Angelegenheiten seines Landes eingegriffen und die Rechte der Stände gegenüber seinem Herrschaftsanspruch verteidigt hatte. Eifersüchtig wachte er nun darüber, sich seine uneingeschränkte

Handlungsfreiheit im Inneren zu bewahren und seine äußere Unabhängigkeit möglichst wenig beschneiden zu lassen. Der französische Gesandte in Stuttgart, Didelot, bestimmt kein besonderer Freund des württembergischen Hofs, stellte fest, daß Friedrich von allen Verbündeten Frankreichs derjenige sei, der seinen Vorteil am folgerichtigsten und zielstrebigsten wahrnehme.

Daß Friedrich den Plan Napoleons, eine »confédération germanique« ins Leben zu rufen, im Oktober 1805 nicht zurückweisen konnte, ist verständlich. Sicher scheint jedoch, daß er sich darüber sehr zurückhaltend äußerte. Zunächst lenkte der Krieg die Aktivitäten Napoleons in andere Richtung. Nach Friedensschluß aber griff er sein Projekt eines Zusammenschlusses der süddeutschen Staaten unter seiner Leitung wieder auf. Um offen gegen den mächtigen Alliierten zu opponieren, war Friedrich allein zu schwach. Zudem konnte er kaum damit rechnen, daß sich die Souveräne Badens und Bayerns mit ihm in eine gemeinsame Abwehrfront einreihten. Er tat jedoch alles, um die Institutionalisierung der französischen Vorherrschaft zu vereiteln. Im Januar 1806 schlug Frankreich den süddeutschen Staaten einen Vertrag vor, der vorsah, daß Baden, Bayern, Württemberg und die Schweiz sich in einem Bund zusammenschließen und gegenseitigen Ansprüchen entsagen sollten. Streitigkeiten waren durch eine Mediationskommission unter französischem Vorsitz in Paris zu entscheiden. Eine förmliche Lossagung vom Reich verlangte der Vertrag nicht, doch bedeuteten einige Bestimmungen den offenen Bruch mit der Reichsverfassung, so die Vorschriften, daß keine Zwistigkeiten mehr vor den Reichstag gebracht und daß die Bundesstaaten an keinem Reichskrieg mehr teilnehmen dürften. Der Vertrag wollte auch Baden, Bayern und Württemberg das Gebiet zwischen Inn und Rhein als ihnen ausschließlich zustehendes Rekrutierungsgebiet einräumen. Durch die Maßnahme wären die Machtbefugnisse der Könige von Bayern und Württemberg sowie des Kurfürsten von Baden wesentlich erweitert und zugleich der erste Schritt zur Mediatisierung der kleinen Fürsten in Süddeutschland getan worden. Baden und Bayern traten ohne Zögern und ohne größere Bedenken dem Vertrag bei. Allein Württemberg lehnte ihn ab, oder richtiger, König Friedrich machte seine Zustimmung von einer unerfüllbaren Forderung abhängig: das Gesamtgebiet zwischen Inn und Rhein sollte lediglich seinem Land als Rekrutierungsgebiet überlassen werden.

Zunächst kam es Friedrich darauf an, von Napoleon als gleichrangiger, wenn auch minder mächtiger Alliierter anerkannt und respektiert zu werden. Als Napoleon und Kaiserin Josephine am 18. Januar 1806 Stuttgart ihren zweiten Besuch abstatteten, empfing er sie mit großem Pomp. Er und seine Gemahlin stellten dem Kaiserpaar für die Dauer ihres Aufenthalts in der Haupt- und Residenzstadt Württembergs ihre eigenen Gemächer zur Verfügung. Kronprinz Friedrich Wilhelm und Prinz Paul waren dem Kaiser und der Kaiserin mit einer Abteilung Chevauxlegers bis Göppingen entgegengeritten und hatten sie feierlich nach Stuttgart geleitet. Am 19. Januar arrangierte König Friedrich zu Ehren des Kaiserpaars eine festliche Opernaufführung und einen Ball, am folgenden Tag eine große Wildschweinjagd auf der Schlotwiese bei Stuttgart. Bei der Abreise gaben württembergische Leibjäger und die Garde du Corps Napoleon und seiner Gattin das Geleit bis zur Landesgrenze. Napoleon war sehr daran gelegen, das Vertrauen Friedrichs zu gewinnen und zu bewahren. Er schätzte seine hohen intellektuellen Fähigkeiten und sein sicheres politisches Urteil. Von seinen verwandtschaftlichen Beziehungen zu den ersten Höfen Europas versprach er sich Vorteile für seine politisch-militärischen Ziele. Im Unterschied zu den anderen von Frankreich abhängigen deutschen Fürsten verschonte er ihn vor Eingriffen in seine inneren Angelegenheiten. In dem Briefwechsel, den er seit Herbst 1805 mit ihm unterhielt, behandelte er ihn zuvorkommend, unterrichtete ihn über die politische Entwicklung und fragte ihn nach seiner Meinung, gelegentlich um seinen Rat. In den ersten Jahren ihrer Korrespondenz begründete er ihm seine Maßnahmen, seine Entscheidungen. Friedrich bediente sich Napoleon gegenüber stets einer freimütigen, offenen Sprache. Er scheute sich nicht, unangenehme Dinge beim Namen zu nennen und Kritik zu üben, wenn ihm dies beispielsweise hinsichtlich des Verhaltens französischer Gesandter und Diplomaten angebracht erschien. Solange Europa Napoleon zu Füßen lag und es ihm mit leichter Hand gelang, selbst gegenüber den mächtigsten Fürsten des Kontinents seinen Willen durchzusetzen, nahm er an den kritischen Anmerkungen und nicht immer erfreulichen Beobachtungen des geistreichen, politisch vielseitig unterrichteten Korrespondenzpartners aus Württemberg kaum Anstoß. Er bemühte sich, ihm seinen Standpunkt darzulegen, Mißverständnisse aufzuklären und auszuräumen, offenkundige Mißstände abzustellen.

Außerordentlich empfindlich reagierte König Friedrich auf jeden Eingriff in seine landesherrlichen Rechte. Gegen französische Offiziere, die in Württemberg anmaßend und fordernd auftraten, ging er unnachsichtig vor. Selbst Generale nahm er nicht aus. Vermutlich Anfang 1806 befahl er, sämtliche französischen Offiziere, Kriegskommissare und sonstigen Militärpersonen, die sich gegenüber der Bevölkerung Übergriffe zuschulden kommen ließen, sofort zu »arretieren«. Unter Hinweis darauf, daß ein solches Verhalten des französischen Namens unwürdig sei und den Absichten Napoleons direkt zuwiderlaufe, stellte er tadelnd fest: »Unsere Untertanen haben ihr letztes Stück Brot mit den französischen Truppen geteilt. Diese aber haben sie nicht nur ausgeplündert, ihrer kärglichen Habe beraubt, ihnen die Kleider abgenommen und das Vieh weggetrieben, sondern auch mißhandelt und tödlich verletzt. Kriegskommissare und Fourier-Offiziere haben sich gegen Unsere Untertanen Gewalttätigkeiten und Exzesse schreiendster Art erlaubt, sie machen ganz überflüssige Requisitionen und füllen sich dabei die Taschen mit Geld . . .«

Auch in den folgenden Jahren schritt König Friedrich gegen jedes anmaßende Auftreten französischer Militärangehöriger unnachsichtig ein. Als ein französischer Oberst einmal einen Bürger unter dem Verdacht, eine goldene Uhr gestohlen zu haben, festnehmen ließ, drohte er dem Offizier durch den zuständigen Oberamtmann die sofortige Verhaftung an, falls er den Mann nicht umgehend auf freien Fuß setze. Der Offizier fügte sich widerspruchslos und entschuldigte sich für seine Handlung. Der Mann war übrigens unschuldig. Die Uhr wurde später gefunden.

Im April 1806 wunderte sich ein österreichischer Geheimagent auf einer Erkundigungsreise durch Süddeutschland darüber, wie rücksichtsvoll und schonend sich die Franzosen in Württemberg im Gegensatz zu Bayern verhielten, wo sie sich alles erlaubten. Dabei erschien ihm Württemberg im Vergleich zu Bayern ein recht unbedeutendes Staatsgebilde. Er führte die unterschiedliche Behandlung der beiden Länder durch die Franzosen auf den »Kontrast der Charaktere« ihrer Regenten zurück.

Am 27. Mai 1806 beschwerte sich König Friedrich in einem Brief an Napoleon über Marschall Ney, der ihm seit seinem gewaltsamen Handstreich auf Stuttgart ohnehin verhaßt war. Ney habe, so schrieb er, unter Berufung auf die Befehle des Kriegsministers Marschall Berthier durch seine Staaten 6000 ausgelöste österreichische Kriegsgefangene durchziehen lassen wollen, aber er habe den Durchmarsch dieser Österreicher verweigern müssen, weil Württemberg mit Station machenden Kriegsgefangenen und vor allem mit französischen Truppen überbelegt sei. Ein solches Übermaß von Militäreinquartierungen ruiniere seine ohnehin schon wirtschaftlich arg bedrängten Untertanen. Ungeachtet seiner Reklamation habe Ney 3000 Gefangenen, begleitet von zwei Kompanien französischer Infanterie, unter Drohung, gegen den württembergischen Grenzkordon das Feuer zu eröffnen, gewaltsam Eintritt nach Württemberg verschafft und sie dort einquartiert. Nunmehr errichte er Lazarette für die ausgetauschten Österreicher. König Friedrich ersuchte Napoleon, Ney in seine Schranken zu weisen und derartige Exzesse zu unterbinden. Der Kaiser, sichtlich verärgert über Friedrich, suchte in seinem Antwortschreiben den Marschall zu decken. Das Verhalten Neys, erklärte er, sei »eine natürliche Folge der Umstände«. Dennoch ist zu vermuten, daß er seinen Marschall zu mehr Rücksichtnahme gegenüber dem württembergischen König ermahnte. Verständlicherweise war umgekehrt auch Ney auf König Friedrich schlecht zu sprechen. Er nannte ihn einmal (Herbst 1805) gewalttätig und anmaßend. Ferner behauptete er, Friedrich sei gewohnt, daß sich alles vor seinem harten Willen beuge. Anfang Juli 1806 forderte Ney das Oberforstamt Zwiefalten auf, eine große Jagd für ihn zu veranstalten. Als das Oberforstamt dies dem König berichtete, lehnte dieser das Verlangen des Marschalls mit der Begründung ab, Ney habe nicht um Erlaubnis direkt bei ihm, dem König, nachgesucht, zudem sei gegenwärtig nicht die Zeit zum Jagen.

König Friedrich hielt Ende Mai 1806 die Zahl der in Württemberg einquartierten französischen Soldaten für zu hoch. Die durch sie verursachten Kosten überstiegen die finanziellen Kräfte des kleinen Königreichs. »Unsere Mittel sind erschöpft«, schrieb er Napoleon. Er bat im Interesse seiner unglücklichen Untertanen dringend, einen Teil der Truppen abzuziehen, und er fügte hinzu, dies sei unerläßlich, »falls Sie sich in mir einen Verbündeten erhalten wollen, der Ihnen nützlich sein kann«. Äußerst ungehalten war er, als ihn der Oberforstmeister in Neuenstadt am Kocher davon in Kenntnis setzte, daß ihm der französische Divisionsgeneral Guidin im Auftrag des Kriegsministers Berthier durch seinen Adjutanten befohlen habe, sechs bis acht Hirsche einfangen und auf Kosten des französischen Kaisers nach Straßburg liefern zu lassen. Der Oberforstmeister, dem es wegen der guten Manneszucht der Truppen des Generals Guidin in Öhringen durchaus angebracht schien, dem Befehl zu willfahren, bekam den Unwillen seines Königs empfindlich zu spüren. Friedrich schrieb ihm, sein Verhalten sei albern und unbesonnen. Er hätte niemals auf »das naseweise Gewäsch« eines französischen Adjutanten Gewicht legen und sich nicht einmal »von weitem« auf ein solches Ansinnen einlassen dürfen. Wenn Kaiser Napoleon tatsächlich Wildbret von ihm wünsche, würde er keineswegs einen solchen Weg einschlagen. Falls General Guidin auf sein Verlangen zurückkomme, sei es ihm ohne Entschuldigung oder einen Vorwand rund und entschlossen abzuschlagen. König Friedrich beschwerte sich auch sofort durch seinen Gesandten in München bei Marschall Berthier. Kaum hatte er sich mit Berthier in Verbindung gesetzt, erfuhr er, daß ein anderer französischer General an das Oberforstamt Heidenheim ein entsprechendes Ansinnen auf Abgabe von Hirschen an den kaiserlichen Wildpark gerichtet hatte, daß dieses aber ohne königliche Anweisung zunächst nicht darauf eingegangen war. Berthier, durch die Rückfrage König Friedrichs in die Enge getrieben, schob die Schuld an dem Vorfall General Guidin zu. Hierbei stellte sich heraus, daß Berthier die Hirsche für seinen eigenen Wildpark gewünscht und den Namen des Kaisers nur vorgeschützt hatte. Daß dies für ihn sehr peinlich sein mußte, wenn der Vorfall Napoleon bekannt wurde, lag auf der Hand. König Friedrich unterrichtete den Neuenstadter Oberforstmeister von dem Sachverhalt und empfahl ihm in kränkenden Worten, künftig mehr Würde und Besonnenheit zu zeigen.

Daß König Friedrich keine Eingriffe Napoleons in die inneren Angelegenheiten seines Landes duldete, wird an einem eklatanten Beispiel deutlich. Am 14. August 1806 wurde der aus Schorndorf stammende Nürnberger Buchhändler Johann Philipp Palm auf Befehl Napoleons verhaftet, weil er die franzosenfeindliche anonyme Schrift »Deutschland in seiner tiefsten Erniedrigung« verlegt hatte. Er wurde nach Braunau am Inn gebracht, dort vor ein französisches Militärgericht gestellt, von diesem, als er sich weigerte, den Namen des Verfassers preiszugeben, gemäß der Anordnung des Kaisers der Franzosen zum Tod verurteilt und am 26. August 1806 standrechtlich erschossen. Die Nachricht von der Hinrichtung Palms verbreitete sich wie ein Lauffeuer in ganz Deutschland und rief Zorn und ohnmächtige Empörung hervor. Auch an den Höfen der mit Napoleon verbündeten süddeutschen Fürsten war das Entsetzen über diese Bluttat groß. Ein württembergischer Untertan, der Gastwirt zum Goldenen Löwen in Neckarsulm, Peter Heinrich Merckle, geriet damals gleichfalls in Gefahr, ein Opfer französischer Rachejustiz zu werden. Er hatte ein Exemplar der gleichen Flugschrift an den Handelsmann Schoderer in Donauwörth in Abschrift weitergegeben. Von Schoderer war dann die Schrift in Donauwörth verbreitet worden. So bekamen auch die Franzosen Wind von der Sache. Sie machten wenig Federlesens, verhafteten Merckle trotz des energischen Protests des zuständigen Amtmanns Kleiner und brachten ihn nach Braunau, wo sie ihn ebenfalls zum Tod verurteilten. Kleiner tat alles in seiner Macht Stehende, Merckle zu helfen. Er berichtete den Vorfall sofort nach Stuttgart. König Friedrich erschien es unerhört, einen seiner Untertanen ohne weiteres festzunehmen, ihn unter flagranter Verletzung seiner landesherrlichen Souveränitätsrechte außer Landes zu schaffen und vor ein französisches Militärtribunal zu stellen. Er wandte sich an Napoleon und setzte die Auslieferung Merckles an die württembergische Justiz durch. Bereits nach vierwöchiger Haft auf dem Hohenasperg kam Merckle wieder frei. Kaufmann Gottlieb Link in Heilbronn, der mit Merckle in geschäftlicher Verbindung stand, diesem die napoleonfeindliche Flugschrift zugänglich gemacht hatte, zusammen mit dem Neckarsulmer Gastgeber nach Braunau abgeführt und dort zum Tod verurteilt worden war, hatte bereits zwei Tage nach seiner Einlieferung in Braunau seine Freiheit wieder erlangt, da sein Vergehen in einem milderen Licht erschien. Allerdings ließ ihn König Friedrich nach seiner Überstellung nach Württemberg gleichfalls vier Wochen auf der Festung Hohenasperg festhalten. Zwei Stuttgarter Kaufleute, die die Flugschrift unbedachterweise einem ihnen bekannten französischen Offizier zum Lesen gegeben hatten, ließ der König, ehe die Franzosen eingreifen konnten, zu ihrer eigenen Sicherheit auf den Hohenasperg bringen und in Gewahrsam halten, bis die ihnen drohende Gefahr abgewendet war.

Napoleon wollte die von ihm abhängigen deutschen Staaten nicht nur möglichst eng an sich binden, sondern seine politische Konzeption richtete sich vielmehr auf die Vernichtung der bisherigen staatlichen Organisation in Deutschland, insbesondere auf die Zerstörung des altehrwürdigen Reichsverbands. Gleichzeitig wollte er eine neue Ordnung schaffen, die auf seine Machtbedürfnisse zugeschnitten war. Baden, Bayern, Württemberg sowie eine Anzahl kleiner deutscher Länder sollten zu einem von ihm beherrschten Staatenbund zusammengefaßt werden und auf diesen einen nicht unerheblichen Teil der ihnen im Frieden von Preßburg zugestandenen Souveränitätsrechte übertragen. Nachdem Anfang 1806 der von ihm zunächst beabsichtigte Bund an der ablehnenden Haltung des württembergischen Königs gescheitert war, entschloß er sich, seinen Plan in abgeänderter Form zu verwirklichen. Am 28. Juni 1806 teilte der französische Außenminister Talleyrand dem in Paris weilenden württembergischen Minister Graf von Wintzingerode mündlich mit, Frankreich strebe die Bildung einer »Konföderation der Souveräns am Rhein« an. Die Mitglieder des Bunds sollten sich vom Deutschen Reich lossagen und den Kaiser der Franzosen als Protektor anerkennen. Der Bund werde in Frankfurt am Main einen Bundestag (diète) erhalten, der aus zwei Kollegien bestehe, aus dem Kollegium der Könige, in dem Bayern, Württemberg, Baden, Berg und Hessen-Darmstadt Sitz und Stimme hätten und das der bisherige Kurerzkanzler des Deutschen Reichs als Primas leite, und aus dem zweiten Kollegium, dem die Fürsten von Nassau, Hohenzollern, Isenburg, Salm, Arenberg und Löwenstein sowie die Grafen von Leyen angehörten und das der Senior des Hauses Nassau »dirigiere«. Innerhalb des Bunds seien verschiedene Gebietsveränderungen vorgesehen. So solle beispielsweise Württemberg die Stadt Tuttlingen mit einem Teil ihres Oberamts an Baden abtreten. Die Bitte von Graf Wintzingerode, ihm den Plan in schriftlicher Form zugänglich zu machen, damit er ihn seinem König vorlegen könne, lehnte Talleyrand ab. König Friedrich fühlte sich »überfahren«. Schon aus den »mündlich mitgeteilten Fragmenten« sei zu erkennen, wie stark durch die vorgeschlagene Föderation die von Frankreich öffentlich garantierte Souveränität der süddeutschen Staaten untergraben werde. Verärgert war der König auch darüber, daß ihm, nachdem er bisher alles darangesetzt hatte, im Reichsverband zu verbleiben, jetzt mitten im Frieden zugemutet werden sollte, sich vom Reich loszusagen. Er wies den Minister an, falls zu stark in ihn gedrungen werde, »unter einem schicklichen Vorwand« aus Paris abzureisen. Sofort nahm Friedrich Kontakt zum König von Bayern auf, um sich mit ihm auf eine gemeinsame Marschroute zu einigen. Zu seiner Verwunderung erfuhr er, daß der bayerische König willens war, sich vom Reich zu trennen und die Kurfürstenwürde abzulegen. Die Verhandlungen seien zu weit fortgeschritten, so daß es sich nicht empfehle, durch einen förmlichen Widerspruch sichere Vorteile für höchst ungewisse Hoffnungen aufs Spiel zu setzen. Allerdings wollte der König von Bayern seine Entscheidungen in der Frage des geplanten Bundes mit Friedrich abstimmen. Talleyrand versuchte durch Drohungen Württemberg gefügig zu machen. Ungeachtet der Absprache zwischen dem Münchener und dem Stuttgarter Hof unterschrieben der bayerische, der kurerzkanzlerische, der badische und der darmstädtische Gesandte sowie die Bevollmächtigten der übrigen Staaten schon am 12. Juli 1806 die Konföderationsakte. Württemberg war isoliert. Außerdem mußte nach den Äußerungen Talleyrands damit gerechnet werden, daß dem schon stark mit französischen Truppen belegten kleinen Königreich eine noch weit höhere Einquartierungslast aufgebürdet wurde. Neueste Nachrichten ließen den Schluß zu, daß über den Rhein gegangene französische Streitkräfte nach Württemberg in Marsch gesetzt wurden. König Friedrich blieb keine Wahl, als dem Vertrag rasch beizutreten. Am 20. Juli 1806 leistete Graf Wintzingerode in seinem Namen die geforderte Unterschrift. Ein öffentlicher Protest gegen diese politische Vergewaltigung war dem König nicht möglich. Doch in einem dem königlichen Archiv übergebenen Dokument legte er feierlich Verwahrung ein gegen die ihm zugemutete Abtretung der Stadt Tuttlingen und eines Teils ihres Oberamts, insbesondere aber stellte er in diesem Dokument fest, »daß die von Uns abgenötigte Trennung vom Deutschen Reich und die Aufhebung der Unserem Königlichen Hause zustehenden Kurfürstlichen Würde nie mit Unserem freien und guten Willen geschehen ist und niemals hat geschehen können«.

Napoleon drängte nach der Unterzeichnung der Rheinbundakte auf eine möglichst rasche Ratifikation des Vertrags. Bereits am 1. August 1806 lag die Bundesakte dem Reichstag in Regensburg vor. Zugleich erklärte Napoleon, daß er das Reich nicht mehr anerkenne. Kaiser Franz zog die Konsequenzen: Am 6. August 1806 legte er die Krone des Heiligen Römischen Reichs Deutscher Nation nieder. Der Widerstand König Friedrichs gegen den Rheinbund war nicht ganz umsonst, denn die altwürttembergische Stadt Tuttlingen mit ihren Baden zugedachten Amtsorten blieb bei Württemberg. Napoleon wußte den Unmut des württembergischen Königs ferner durch eine neue territoriale Vergrößerung seines Landes zu besänftigen. Von Bayern erhielt Friedrich die Herrschaft Wiesensteig, von Baden die Stadt Biberach, aus österreichischem Besitz Waldsee und Schelklingen. Ferner wurden ihm die Deutschordenskommenden Kapfenburg und Altshausen sowie die von Bayern aufgehobene Abtei Wiblingen zugesprochen. Unter württembergische Landeshoheit kam eine größere Zahl von Fürstentümern, Herrschaften und Reichsstiften: Hohenlohe, Waldburg, Buchau, Marchtal, Ochsenhausen, Warthausen, Weingarten, Schussenried, Weissenau, Isny

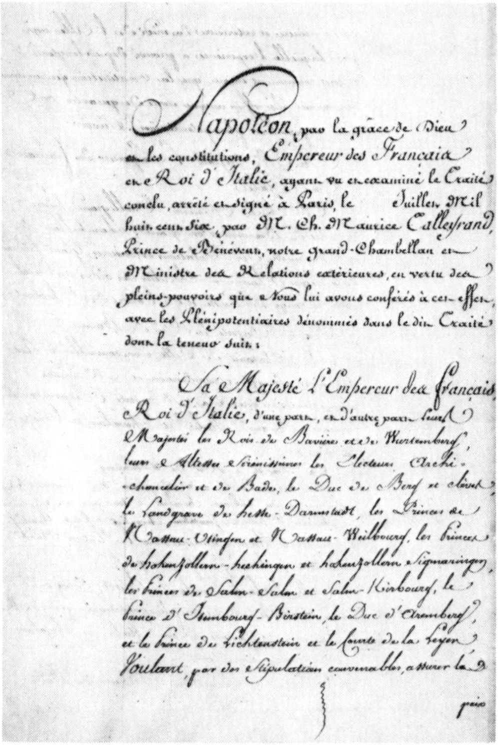

Napoleon, par la grâce de Dieu et les constitutions, Empereur des Français et Roi d'Italie, ayant vu et examiné le Traité conclu, arrêté et signé à Paris, le Juillet mil huit cent six, par M. Ch. Maurice Talleyrand, Prince de Bénévent, notre grand-Chambellan et Ministre des Relations extérieures, en vertu des pleins-pouvoirs que nous lui avons conférés à cet effet, avec les Plénipotentiaires dénommés dans le dit Traité dont la teneur suit:

Sa Majesté l'Empereur des Français, Roi d'Italie, d'une part, et d'autre part leurs Majestés les Rois de Bavière et de Wurtemberg, leurs Altesses Sérénissimes les Electeurs Archi-chancelier et de Bade, le Duc de Berg et Clèves, le Landgrave de Hesse-Darmstadt, les Princes de Nassau-Usingen et Nassau-Weilbourg, les Princes de Hohenzollern-Hechingen et Hohenzollern-Sigmaringen, les Princes de Salm-Salm et Salm-Kirbourg, le Prince d'Isenbourg-Birstein, le Duc d'Aremberg, et le Prince de Lichtenstein et le Comte de la Leyen voulant, par des stipulations convenables, assurer la paix

Beitritt Württembergs zum Rheinbund.
Ratifikation Frankreichs vom 19. Juli 1806

usw. Dagegen hatte das Königreich die im Preßburger Frieden erlangten Gebiete von Bonndorf, Villingen und Bräunlingen abzutreten. Durch Staatsverträge mit Bayern und Baden erwarb es zahlreiche von württembergischen Gebieten umschlossene auswärtige Besitzungen vor allem in der Gegend von Heilbronn, Geislingen, Plochingen und Tuttlingen.

Friedrich gab auch nach seiner erzwungenen Unterschrift unter die Rheinbundakte, die er einmal als das »Todesurteil seiner politischen Existenz« bezeichnete, den Kampf um eine möglichst ungeschmälerte Erhaltung seiner Souveränitätsrechte nicht auf. Er wußte sich hier mit den größeren Rheinbundfürsten einig, die sich gleichfalls nicht gerne »mediatisieren« lassen wollten, auch wenn sie gegenüber Napoleon sehr viel nachgiebiger und furchtsamer als er

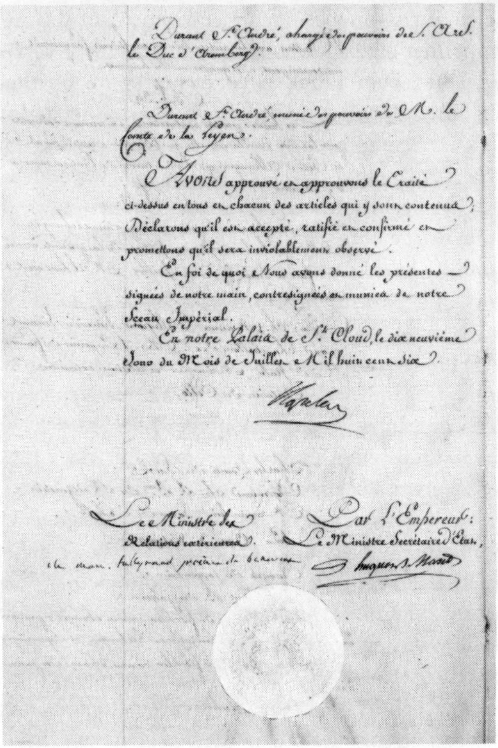
Durant St André, chargé des pouvoirs de S. A. S. le Duc d'Aremberg.

Durant St André, muni des pouvoirs de M. le Comte de la Leyen.

Avons approuvé et approuvons le Traité ci-dessus en tous et chacun des articles qui y sont contenus; Déclarons qu'il est accepté, ratifié et confirmé et promettons qu'il sera inviolablement observé.

En foi de quoi Nous avons donné les présentes signées de notre main, contresignées et munies de notre Sceau Impérial.

En notre Palais de St Cloud, le dix neuvième jour du Mois de Juillet Mil huit cent six.

Napoleon

Le Ministre des Relations extérieures.
le min. Talleyrand prince de Benevent

Par l'Empereur:
Le Ministre Secrétaire d'Etat,
Hugues B. Maret

waren und, wie ihre ständigen Gebietsstreitigkeiten zeigten, untereinander keineswegs in Frieden und Eintracht lebten. Zu einem gemeinsamen politischen Vorgehen in den Rheinbundangelegenheiten fanden sie sich zwar nicht zusammen, doch gab es immerhin Ansätze dazu. So boykottierten Bayern und Württemberg den einberufenen Bundestag, der sich dann wegen der »kriegerischen Zeiten« wieder auflöste. Die zurückhaltende, teilweise sogar abweisende Haltung der süddeutschen Staaten blieb insgesamt nicht ohne Wirkung. Napoleon erkannte, daß er bei der Durchsetzung seiner Rheinbundziele behutsam zu Werke gehen mußte, wenn er sich die uneingeschränkte militärische und politische Gefolgschaftstreue der Süddeutschen weiterhin erhalten wollte. Zunächst freilich veranlaßte ihn der bevorstehende Krieg gegen Preußen, den Ausbau seines

Staatssystems aufzuschieben, denn er konnte auf das militärische Kräftepotential der süddeutschen Staaten jetzt nicht verzichten.

Nach dem Sieg über Preußen versuchte er im Spätherbst 1807 erneut, den Rheinbund, den er durch das Großherzogtum Würzburg, das Königreich Sachsen sowie verschiedene andere mittel- und norddeutsche Länder und das neue Königreich Westfalen erweitert hatte, durch die Schaffung zentraler Institutionen zu organisieren. Da er bei Württemberg mit keinem Entgegenkommen rechnen konnte, bemühte er sich zunächst um Bayern. Als am dringendsten bezeichnete er die Vereinheitlichung des Post- und Handelswesens innerhalb des Bundes, die Angleichung und exakte Festlegung der Rechte der Stände und Mediatisierten sowie die Einführung des seinen Namen tragenden Gesetzwerks, des Code Napoléon. Der leitende bayerische Minister, Graf Montgelas, beeilte sich, um die bedrohte Souveränität seines Landes zu retten, Entwürfe für eine Verfassung des Rheinbunds auszuarbeiten, die die einzelstaatliche politische Selbständigkeit nur geringfügig beeinträchtigten. Um weiteren Forderungen Napoleons zu entgehen, setzte er außerdem bei König Max Josef – überhastig – die Verkündung einer Staatsverfassung für sein Land durch. Der Kaiser der Franzosen scheint von den bayerischen Entwürfen wenig angetan gewesen zu sein. Jedenfalls äußerte er sich nie zu ihnen. Das Widerstreben gegen den Rheinbund war selbst bei einem verhältnismäßig gefügigen Gefolgsstaat wie Bayern allzu offenkundig. Unterdessen standen Frankreich neue außenpolitische Verwicklungen ins Haus. Napoleon griff im Frühjahr 1808 in den in Spanien ausgebrochenen Familienzwist im bourbonischen Königshaus ein, beraubte die Bourbonen ihrer Regentenrechte und nahm das Land für seinen Bruder Josef in Besitz. Dieser Gewaltakt war das Fanal zu einem Volksaufstand gegen die französische Fremdherrschaft. Da Großbritannien den Aufstand unterstützte, gelang es Napoleon trotz des Einsatzes starker Truppenverbände nicht, in Spanien Ruhe und Ordnung wiederherzustellen. Erneut mußte er auf das militärische Kräftepotential der Rheinbundstaaten zurückgreifen. Um sich ihren guten Willen zu sichern, blieb ihm nichts anderes übrig, als seine Organisationspläne auf Eis zu legen. Während des glanzvollen Fürstenkongresses in Erfurt im September/Oktober 1808, zu dem sich die meisten Rheinbundfürsten eingefunden hatten, um ihrem Protektor wie auch dem Zaren Alexander von Rußland die »Honneurs« zu erweisen, versuchte er ein letztes Mal, die Verbündeten für einen verfassungsmäßigen Ausbau des Bundes zu gewinnen. König Friedrich behauptete später, er habe Napoleon davon abgebracht. Ob er freilich den französischen Kaiser zu einem derart weitgehenden Zugeständnis bewegen konnte, ist zweifelhaft. Graf Montgelas bewertete die Situation sicher zutreffend, wenn er feststellte, daß Napoleon angesichts eines sich abzeichnenden neuen Waffengangs mit Österreich seinen Plan in Erfurt nur recht vorsichtig lancierte, um die Verbündeten nicht vor den Kopf zu stoßen.

Warum Kaiser Napoleon nach der siegreichen Beendigung des Kriegs von 1809 gegen die habsburgische Kaisermacht nicht mehr ernsthaft auf das Projekt zurückkam, ist nicht bekannt. Der zu erwartende Widerstand der Rheinbundfürsten war wahrscheinlich kaum der einzige Grund. Vielleicht befürchtete er, daß ein innerer Ausbau des Rheinbunds, der eine verfassungsmäßig abgesicherte Einordnung der deutschen Länder in das französische Machtsystem bedeutet hätte, die Stellung der Fürsten schwächen und den Ausbruch innerer Unruhe begünstigen würde. – Die Aufstände in Tirol, Vorarlberg und anderen Gebieten im Herrschaftsbereich der süddeutschen Rheinbundstaaten während des Kriegs gegen Österreich im Jahr 1809 hatten die Gefahr von Volkserhebungen für den Bestand der nach außen wie nach innen gleichermaßen ungefestigten napoleonischen Vasallenländer deutlich gezeigt.

Indessen begnügte sich Napoleon nicht damit, über einen verfassungsmäßigen Ausbau des Rheinbunds die Souveränitätsrechte der Einzelstaaten zu beschränken, er nahm auch sonst auf ihre innere Organisation starken Einfluß. So drängte er im Spätherbst 1807 auf die Einführung des Code Napoléon. Hierbei nahm er von vornherein das Königreich Sachsen aus, dessen ständische Verfassung eine Übernahme des fremden Rechts erschwerte, ebenso Württemberg, weil er wußte, daß König Friedrich dies kategorisch zurückweisen würde. In Baden setzte er sich durch. Bayern erwog wenigstens die Einführung dieses bürgerlichen Gesetzwerkes. In Baden und in Bayern scheute sich Napoleon auch bei später sich bietenden Gelegenheiten nicht, sich in ihre inneren Angelegenheiten einzumischen, ihre Verfassung und ihre Verwaltungsorganisation kritisch unter die Lupe zu nehmen und ihnen seine Vorstellungen aufzudrängen. Nicht so bei Württemberg. Die innere Souveränität dieses kleinen Staats respektierte er weitgehend. König Friedrich konnte daher Verwaltung und Verfassung seines Landes eigenständig gestalten, und er tat dies auch. Erst nachdem sein Staat ein festes Organisationsgefüge erlangt hatte, begann er sich stärker an französischen

Einrichtungen zu orientieren und diese teilweise auch zu übernehmen. Friedrich hatte einen durchaus vorurteilsfreien Blick für die Vorzüge des napoleonischen Staatssystems. Als Vertreter des aufgeklärten Absolutismus in vielem die Auffassungen des Kaisers der Franzosen teilend, erschien es ihm durchaus zweckmäßig, sich diesem System anzupassen. Doch wollte er seine Entscheidungen eigenverantwortlich treffen und sich keinesfalls die innere Organisation seines Staats von außen vorschreiben lassen. Königin Charlotte Mathilde schrieb ihm im Juli 1809, er habe Napoleon gegenüber als einziger Rheinbundfürst »ein Verhalten fest und würdig eines Souveräns bewahrt«. Dieses Lob der Königin war berechtigt. Es brachte das Verhältnis Friedrichs zu dem übermächtigen französischen Kaiser auf eine knappe und treffende Formel. Ihrer vorausgehenden Feststellung, der württembergische König sei der treueste Verbündete Napoleons, kann man nicht so uneingeschränkt zustimmen. Einige andere Rheinbundfürsten hatten ihre politische Existenz stärker als Friedrich mit der ihres Protektors verknüpft.

Württembergische Truppen im Feldzug Napoleons gegen Preußen

Die Beseitigung der altständischen Verfassung gab König Friedrich die Möglichkeit, das Militärwesen seines Staates auf eine neue Grundlage zu stellen und es zu einem seiner Befehlsgewalt unterstehenden gefügigen Machtinstrument zu machen. Am 6. August 1806 erließ er eine Militärkonskriptionsordnung. Diese bestimmte in ihren ersten Paragraphen, daß jeder Untertan verpflichtet sei, dem Vaterland Kriegsdienste zu leisten. Der König behielt sich die Verfügungsgewalt über alle Militärpflichtigen vor. Keiner von ihnen durfte ohne ausdrückliche königliche Erlaubnis das Königreich verlassen. Die Rekruten mußten mindestens achtzehn Jahre alt und fünf Fuß sieben Zoll (= 163,3 cm) groß sein. Von der bei der Infanterie auf acht, bei der Kavallerie auf zehn Jahre festgesetzten Dienstzeit war im Frieden nur ein geringer Teil bei den Fahnen abzuleisten. Nach der Grundausbildung wurde der Soldat beurlaubt und, abgesehen vom Kriegsfall, lediglich noch zu kürzeren Übungen einberufen. Dem Grundsatz der allgemeinen Wehrpflicht entsprach das Konskriptionsgesetz von 1806 jedoch nur mit Einschränkungen. Ganze Bevölkerungsklassen und Berufsgruppen konnten eine Befreiung vom Militärdienst in Anspruch nehmen. Unbedingt befreit blieben der Adel sowie die Söhne von Staats- und Hofbediensteten bis einschließlich der 13. Rangklasse, das heißt der Buchhalter. Bedingt befreit waren die beiden Residenzstädte Stuttgart und Ludwigsburg, die sich lediglich zur Stellung von fünf bzw. einem Rekruten verpflichten mußten. Bedingte Befreiung erhielten auch die Söhne der königlichen Diener, außerdem Studenten sowie Substitute und Rechnungsprobatoren aus dem Schreiberstand, Künstler, Lehrer, Beschäftigte im Bergbau, in Schmelzhütten und Salinen, Angestellte im herrschaftlichen oder kommunalen Dienst, Handwerksmeister, Lehrjungen während der Dauer ihrer Ausbildung, ledige Landwirte mit mehr als 60 Morgen Feld, unverheiratete Gastwirte, die ihr Gewerbe hauptberuflich und mit herrschaftlicher Konzession ausübten, einzige Söhne von 65jährigen und älteren Vätern oder von Witwen. Von der Aushebung waren ferner ausgenommen förmlich Verlobte sowie Männer, die bereits im königlichen Heer gedient oder bei den bisher üblich gewesenen Auswahlen einen Mann für sich gestellt hatten. Der Brüdergemeinde auf dem Hörnlishof bei Hornberg im Schwarzwald räumte der König aus religiösen Gründen Exemtion von der Wehrpflicht ein. Sie hatte aber für jeden auf sie entfallenden Rekruten den Wert von 40 Scheffeln Dinkel an die Kriegskasse abzuliefern. Den Juden blieb die Wahl, entweder persönlich zu dienen oder aber im Verhältnis zu ihrer Zahl ein noch zu bestimmendes »Redemtionsquantum«, wohl Getreide, zu entrichten. Die Handels- und Gewerbetreibenden mit einem 10 000 fl übersteigenden Vermögen durften für sich und ihre Söhne um die Stellung von Ersatzmännern nachsuchen. In allen anderen Fällen war das Einstehen verboten.

Mit der neuen Konskriptionsordnung, die sich in ihren Grundzügen an das seit 1804/05 in Bayern geübte Rekrutierungsverfahren anlehnte, wollte König Friedrich der Willkür vorbeugen, der in Württemberg bisher bei der »Erhaltung und Ergänzung des Militärs« ein zu großer Spielraum zugestanden gewesen war. Die Militärpflicht sollte nach seiner Vorstellung für die betroffenen Untertanen so schonend wie möglich sein, auf die Landeskultur keinen schädlichen Einfluß haben und »für die wirkliche Verbindlichkeit zu Kriegsdiensten ein der allgemeinen Wohlfahrt entsprechendes Ebenmaß einführen«. Wenn man freilich die bedingten und unbedingten Befreiungen vom Wehrdienst auf einen Nenner brachte, dann hieß dies, daß für den Militärdienst nur diejenigen jungen Männer übrigblieben, die auf Grund ihrer persönlichen, beruflichen oder wirtschaftlichen Verhältnisse für den Staat ohne besonderen Nutzen waren, also die Armen, die Ungebildeten und die beruflich wenig Qualifizierten. Da sich die Zahl der Rekrutierungspflichtigen durch vorzeitiges Heiraten noch weiter verminderte, wurde im Juli 1807 verfügt, daß sich künftig kein Untertan mehr, der in die Konskriptionsliste eingetragen war, ohne besondere Erlaubnis verheiraten durfte. Über die Anträge von Untertanen unter fünfundzwanzig Jahren entschied der König selbst, über ältere die Rekrutierungskommission. Außerdem war die Heiratserlaubnis für Militärpflichtige unter fünfundzwanzig Jahren nur gegen eine Gebühr zu erlangen.

Eine Neuerung für Württemberg war 1806 die Organisation einer Heeresreserve im Kriegsfall: Die Soldaten des stehenden Heers blieben nach ihrer Verabschiedung zum Dienst in den Landbataillonen verpflichtet. Die vornehmlich zur Verwendung innerhalb des Königreichs bestimmten Landbataillone bestanden jeweils aus zwei Aufgeboten. Das erste Aufgebot, das zunächst unter die Waffen trat, umfaßte die jüngeren Veteranen, das zweite Aufgebot, das nur in der äußersten Notlage zusammengezogen wurde, die älteren. Der Infanterist hatte nach seiner aktiven Militärdienstzeit jeweils vier Jahre im ersten und zweiten Aufgebot zu dienen, der Kavallerist und der Artillerist in Anbetracht seiner längeren aktiven Dienstzeit jeweils drei Jahre. Die Angehörigen der Landbataillone waren in ihren bürgerlichen Verhältnissen nicht beschränkt. Sie durften heiraten und ein Gewerbe treiben. Als Veteranen erhielten sie Ehrenplätze in der Kirche und den Rang nach Magistrats- und Gerichtspersonen.

Neue Wege beschritt König Friedrich auch im Bereich des Militärversorgungswesens, das in Württemberg völlig im argen gelegen hatte. Ein Teil der Verachtung, die die Bevölkerung bisher dem Militär entgegengebracht hatte, hatte seinen Grund in der mangelhaften Fürsorge für altgediente Soldaten und Invaliden, die unter unwürdigen Bedingungen ihr Leben fristen mußten. Bereits 1801 hatte Friedrich verfügt, daß die unter seiner Regierung dienstuntauglich gewordenen Soldaten die gleichen Löhnungs- und Verpflegungssätze wie die aktiven Militärpersonen und eine vollständige Uniform wie die Angehörigen des Garnisonsbataillons beanspruchen konnten. Die Konskriptionsordnung von 1806 sicherte Soldaten, die fünfundzwanzig Jahre vorwurfsfrei gedient hatten, eine Anstellung im »Militär- oder niederen Zivildienst« zu. Die geringen Kommundienste sollten ausschließlich altgedienten Soldaten vorbehalten bleiben. Invaliden fanden künftig im Garnisonsbataillon oder in einer Invalidenkompanie Aufnahme. Im Dezember 1806 ordnete der König den Bau eines Invalidenhauses in Stuttgart und die Errichtung eines Ehreninvalidenkorps an. Mit diesem Gebäude, in das sechs Offiziere, zwölf Unteroffiziere und bis zu 200 Invaliden aufgenommen werden konnten, wollte er seinem Heer ein bleibendes Merkmal seiner allerhöchsten Zufriedenheit mit dessen Verhalten im Geld geben. Das Ehreninvalidenkorps trug die Uniform der Generalität. Seine Angehörigen erhielten das »Traktament« der Garde zu Fuß. Unteroffiziere und Soldaten durften nebenbei ein Gewerbe treiben, jedoch nicht auf offener Straße. Das Ehreninvalidenkorps galt rangmäßig als das erste Korps der Armee, es hatte nur dem Königspaar und dem Kronprinzen die »Honneurs« zu erweisen. Die feierliche Jahresversammlung der Mitglieder des Militärverdienstordens unter Vorsitz des Königs sollte alljährlich im Invalidenhaus stattfinden. Das Gebäude wurde 1810 fertiggestellt und bezogen. Auch die Versorgung der Hinterbliebenen von Unteroffizieren und Soldaten, die im aktiven Militärdienst ihr Leben verloren, war dem König ein Anliegen. 1807 setzte er die Versorgungsbezüge der Witwen gefallener oder im Dienst gestorbener Militärangehöriger fest, 1812 bezog er auch die Versorgung von Kriegswaisen ein.

Seit der Aufhebung der Hohen Carlsschule im Jahr 1794 gab es in Württemberg keine Anstalt für die militärwissenschaftliche Ausbildung des Offiziersnachwuchses mehr. Wie in früheren Zeiten wurden die Offiziere ausschließlich in den Regimentern herangebildet. 1805 entschloß sich Kurfürst Friedrich, nach dem Plan des Obersten Ferdinand von Varnbüler ein Militär- oder Kadetteninstitut in Ludwigsburg zu errichten, um wenigstens einem Teil der jungen Offiziere eine militärwissenschaftliche Schulung zu geben. In den folgenden Jahren ermunterte der König die Stabsoffiziere und Hauptleute, ebenso die Zivilbeamten in gehobenen Positionen, Gesuche um Aufnahme ihrer Söhne in das Kadetteninstitut zu stellen. Die Kapazität der Anstalt, zunächst 40 Militärzöglinge und 16 Edelknaben, seit 1809 76 Militärkadetten, 16 Edelknaben, 8 Forst- und Bergkadetten, reichte freilich nicht aus, um den großen Bedarf an Offizieren zu decken. Deshalb mußte weiterhin ein erheblicher Teil des Offiziersnachwuchses in den Regimentern ausgebildet werden.

Das Offizierskorps betrachtete der König als seine persönliche Gefolgschaft. Er erwartete von ihm unbedingten Gehorsam, vorbildliches Verhalten, Diensteifer, im Krieg Mut und Einsatzbereitschaft.

Ende 1806 verlieh er den Generalen und Offizieren bis herab zum Stabshauptmann den persönlichen Adel. Sie durften, »gleichgültig welcher Herkunft« sie waren, ihrem Familiennamen das Prädikat »von« vorsetzen und alle Rechte und Vorzüge des Adels in Anspruch nehmen. Ebenso führten künftig die Ritter des Militärverdienstordens, der ausschließlich an Offiziere verliehen wurde, das Adelsprädikat »von«. Hauptleute und Stabsoffiziere bei der Garde, Oberste und Generale der Linie sowie Träger des Ritterkreuzes des Militärverdienstordens vom Rang eines Hauptmanns oder Rittmeisters aufwärts durften für sich und ihre Erben um die Erteilung des erblichen Adels nachsuchen. Entsprechende Adelsvorrechte gewährte König Friedrich Geheimen Räten, Direktoren und Vizedirektoren der Kollegien und Departements sowie den Inhabern des Zivilverdienstordens. Es ist nicht bekannt, welche Beweggründe den Monarchen zu diesen Maßnahmen veranlaßten. Sicher hoffte er, durch die Erteilung von Adelsvorrechten die sozialen Gegensätze in dem so heterogenen Offizierskorps zu verwischen und den Offizieren ein höheres Ansehen in der Öffentlichkeit zu verschaffen. Andererseits wollte er wahrscheinlich auch durch die Begründung eines Dienstadels den früheren reichsständischen Adel demütigen, der in der Mehrheit dem württembergischen Staat wegen der ihm zugemuteten Untertanenrolle abweisend gegenüberstand.

Der neue europäische Konflikt, der sich seit dem Frühsommer 1806 abzeichnete, ging vom Berliner Hof aus, an dem Männer maßgeblichen Einfluß gewannen, die den bisherigen preußischen Friedenskurs mißbilligten und sich für eine Politik aussprachen, die dem ungestümen Machtstreben Napoleons Einhalt gebot. Preußen und Rußland begannen, eine gemeinsame Abwehrfront zu bilden. Zwischenfälle mit den Franzosen in den preußischen Westterritorien sowie ein angeblich England unterbreitetes Angebot Napoleons, das von preußischen Truppen besetzte Hannover zurückzugeben, steigerten die Spannungen. Anfang August befahl König Friedrich Wilhelm III. die Mobilisierung des größten Teils der preußischen Armee. Dies veranlaßte Napoleon zu Gegenmaßnahmen. Im September war der Krieg unvermeidlich geworden. Kursachsen sowie einige andere nord- und mitteldeutsche Staaten schlossen sich Preußen an. Das von Herzog Karl von Braunschweig geführte preußische Heer sammelte sich in Thüringen, um nach Süden vorzustoßen und die Streitkräfte der Rheinbundstaaten zu zerschlagen, ehe die Franzosen ihre volle militärische Macht zu entfalten vermochten. Doch der preußische Vormarsch kam bald ins Stocken. Napoleon, der ungleich rascher, als die Preußen annahmen, ein starkes Heer zu seiner Verfügung hatte, nutzte mit seiner beweglichen Kriegführung alle sich ihm bietenden Vorteile. Am 10. Oktober besiegte er die vorgeschobenen preußischen Kräfte bei Saalfeld, und vier Tage später brachte er den Preußen in der Doppelschlacht von Jena und Auerstedt eine vernichtende Niederlage bei. Herzog Karl von Braunschweig, den unglücklichen preußischen Feldherrn, traf schon zu Beginn der Schlacht eine Kugel am Kopf und beraubte ihn des Augenlichts. Das Ende des einst vom Kriegsruhm Begünstigten, freilich auch von vielen familiären Schicksalsschlägen Heimgesuchten war tragisch. Der Einundsiebzigjährige, der sich nur auf Bitten von Königin Luise von Preußen zur Übernahme des Oberbefehls über das preußische Heer bereit gefunden hatte, starb auf der Flucht vor den nachrückenden Franzosen nach knapp vierwöchigem Siechtum am 10. November 1806 in Ottensen bei Hamburg. König Friedrich von Württemberg war von dem schweren Schicksal des Herzogs, seines früheren Schwiegervaters, tief betroffen.

Kaum zwei Wochen nach dem Sieg von Jena und Auerstedt, am 27. Oktober, zog Napoleon in Berlin ein. Das geschlagene preußische Heer flutete nach Norden und Osten zurück. Am 28. Oktober fügte ihm Murat bei Prenzlau eine neue Niederlage zu. Stettin, Küstrin und die anderen Hauptfestungen des Königreichs kapitulierten. Mitte November 1806 befand sich das gesamte preußische Staatsgebiet westlich der Elbe in den Händen Napoleons. Am 2. Januar 1807 marschierten die Franzosen in Warschau ein. In Ostpreußen setzten die Überreste der preußischen Armee zusammen mit den Russen den Widerstand noch bis zum Frühsommer 1807 fort. Auch trotzte eine Anzahl Festungen in Schlesien und anderen Teilen der preußischen Monarchie den Belagerern monatelang. Einige feste Plätze hielten sich sogar noch bis zum Friedensschluß von Tilsit am 9. Juli 1807.

Seit dem Krieg gegen Österreich im Herbst 1805 hatte König Friedrich sein Heer nicht nur wesentlich vergrößert, sondern es auch neu und zweckmäßig organisiert. Durch Manöver suchte er seine Kriegstüchtigkeit zu erhöhen. Er richtete, um im Kriegsfall beim Ausmarsch der Truppen eine rasche Ausbildung von Rekruten und einen reibungslosen Mannschaftsersatz zu gewährleisten, bei den einzelnen Regimentern Depots ein. Nach dem Ausbruch des Kriegs gegen Preußen stellte Württemberg 8000 Mann ins Feld, denen bereits nach sechs Wochen 3500 Mann als Verstärkung und Ersatz nachgesandt wurden. Im Herbst 1805 hatte Napoleon erklärt, das württembergische Heer sei zu klein, um selbständig operieren zu können, deshalb solle es im Verband der französischen Armee kämpfen. Auch 1806 bestand er auf Unterstellung der württembergischen Division unter einen französischen General. Daß dies General Vandamme war, der 1800 die Zerstörung des Hohentwiel veranlaßt hatte, ärgerte König Friedrich. Vandamme galt als tüchtig, aber auch als roh und rücksichtslos.

Am 14. Oktober 1806, dem Tag von Jena und Auerstedt, rückte die württembergische Division ins Feld. König Friedrich musterte den größten Teil der Truppen vor dem Ausmarsch und verabschiedete sich von seinen Soldaten in einem Aufruf, in dem er sie ermahnte, ihm, ihrem König, und dem Vaterland durch Tapferkeit Ehre zu bereiten. Er stellte ihnen vor Augen, daß sie mit und neben dem Heer kämpften, das seit zwölf Jahren unüberwunden unter dem geschicktesten und größten Feldherrn der Gegenwart Sieg auf Sieg an seine Fahnen heftete. Allerdings sagte er ihnen auch, daß sie gegen ein Heer anzutreten hätten, »das ehedem unter dem größten der Könige dem ganzen bewaffneten Europa unbesiegt Trotz bot«. Er bedauerte, daß ihn die Umstände daran hinderten, die bevorstehenden Gefahren und Beschwerlichkeiten sowie den zu erwerbenden Ruhm mit ihnen zu teilen. »Lebt wohl und gedenkt der Ehre Württembergs.«

Ob freilich die jungen Männer, von denen ein guter Teil aus den neuerworbenen Landesteilen kam und noch kaum ein Verhältnis zu König Friedrich und seinem Staat hatte, sich als Vaterlandsverteidiger fühlten und bereit waren, für die Ehre Württembergs zu streiten, mag dahingestellt bleiben.

Um die Interessen der württembergischen Truppen angemessen wahrzunehmen, ordnete der König einen Militärbevollmächtigten in das Hauptquartier Napoleons ab. Er entsandte außerdem seinen Außenminister, Graf Levin von Wintzingerode, dorthin mit dem Auftrag, »sich die möglichst genaueste(n) Kenntnisse von dem Gang allenfalls eintretender Friedensunterhandlungen zu verschaffen«. Wintzingerode hatte »sich angelegen sein zu lassen, in dem Falle wenn Vergrößerungen der größeren Alliierten Frankreichs stattfinden sollten, diese auch verhältnismäßig für Uns unter Beziehung auf die Uns hierunter geschehenen Versprechen nach der ihm mündlich erteilten Instruktion zu bewirken«.

Unter dem Kommando des jüngsten Bruders Napoleons, Jérôme, war der württembergischen Division zusammen mit zwei bayerischen Divisionen die Aufgabe übertragen, die im Rücken des preußischen Heers befindlichen preußischen Festungen zu belagern und zur Übergabe zu zwingen: Glogau, Breslau, Schweidnitz, Neisse, Glatz und Silberberg. Die Festungen befanden sich meist in schlechtem Zustand und konnten im allgemeinen nach kürzerer oder längerer Belagerung zur Kapitulation gezwungen werden. Die Württemberger zeigten sich den an sie gestellten Anforderungen gewachsen. Prinz Jérôme lobte sie. Sie stünden, erklärte er, an Tüchtigkeit den Franzosen nicht nach. Als schmeichelhaft empfand es der König, daß ihm Marschall Berthier im Auftrag Napoleons die bei der Einnahme der Festung Schweidnitz erbeuteten Fahnen übergeben ließ. Sonst fiel für das kleine Königreich bei der Einnahme der Festungen, an deren Belagerung Württemberger beteiligt gewesen waren, wenig ab. Das meiste beanspruchten die Franzosen für sich. Mit der Disziplin der württembergischen Truppen war es nicht zum besten bestellt. Die Bevölkerung hatte unter ihnen manches zu erdulden. Zum Mißfallen des Königs wurden mehrfach einzelne Regimenter aus dem Divisionsverband herausgelöst und für Sonderaufgaben verwendet. So hatten im Frühjahr 1807 zwei Infanterieregimenter die Belagerungstruppen vor der unbezwungenen preußischen Festung Kolberg in Hinterpommern zu verstärken. Mit dem Befehlshaber der württembergischen Truppen, General Vandamme, war König Friedrich wenig zufrieden. Wiederholt bat er Prinz Jérôme, dafür zu sorgen, daß Vandamme nicht ständig in die Befugnisse des württembergischen Divisionskommandeurs eingreife und diese in unzulässiger Weise beschneide. Doch gegen den ebenso intelligenten wie hinterhältigen General war nicht viel auszurichten. Dem König blieb schließlich nichts anderes übrig, als den nachgiebigen General von Seckendorff durch Generalleutnant von Camerer als Divisionskommandeur auszutauschen. Camerer griff hart durch, um die stark gelockerte Disziplin bei den württembergischen Feldtruppen wieder herzustellen.

Die lange Dauer des Kriegs und vor allem der Unterhalt der weit von der Heimat entfernt im Einsatz befindlichen Division zehrten erheblich an den finanziellen Kräften des kleinen Königreichs. Bereits im April 1807 klagte König Friedrich bei Napoleon über die Kriegslasten. Unter anderem wies er darauf hin, daß nicht nur die angemessene Versorgung der im Feld stehenden Truppen, sondern auch der Ersatz an fähigen, gut ausgebildeten Offizieren zunehmend Schwierigkeiten bereite.

Nach Friedensschluß blieb die württembergische Division zunächst in Schlesien (Hauptquartier Reichenbach), später wurde sie in die Mittelmark (Hauptquartier Fürstenwalde) verlegt. Erst kurz vor Jahresende setzte Friedrich bei Napoleon durch, daß das Gros seiner Truppen, die während des neunmonatigen Feldzugs 1191 Mann vor dem Feind und durch Krankheiten verloren hatten, in die Heimat zurückkehren durfte. Der König begrüßte die Heimkehrer in Ellwangen.

Zweifellos war Friedrich verärgert über Napoleon, der beim Friedensschluß von Tilsit keine Rücksicht auf seine süddeutschen Verbündeten genommen hatte. Ohne sie zu fragen, hatte er Sachsen, das Herzogtum Würzburg, die thüringischen und mecklenburgischen Länder sowie verschiedene andere nord- und mitteldeutsche Kleinstaaten in den Rheinbund aufgenommen. Andererseits hatte er den Kurfürsten von Hessen-Kassel, den Herzog von Braunschweig sowie das Haus Nassau-Oranien ihrer Regentenrechte beraubt und aus preußischen, hessischen, hannoverschen und braunschweigischen Gebieten das Königreich Westfalen gebildet, das er seinem Bruder Jérôme übergab. Außerdem hatte er das Großherzogtum Berg, das sein Schwager Murat regierte, erheblich vergrößert. Im Widerspruch zu seinen früheren Versicherungen, den Rhein nicht zu überschreiten, hatte er die Festungen Wesel, Kehl, Kastel und Kostheim seinem Reich einverleibt. Noch bitterer empfand König Friedrich, daß Württemberg keine neuen Gebiete zugesprochen erhielt und damit als Teilhaber des Siegs über Preußen leer ausging. Wenn er schon seine Soldaten für Napoleons Interessen ins Feuer schickte, dann wollte er wenigstens dafür entschädigt werden. Nach dem Tilsiter Frieden wandelte sich das Verhalten Napoleons gegenüber seinen Verbündeten. Er war jetzt nicht mehr bereit, mit ihnen über politische Angelegenheiten zu diskutieren. Widerspruch nahm er kaum noch hin. Er allein bestimmte die politische Richtung. Alles hatte sich ihm unterzuordnen und seine Befehle zu befolgen. Sein autokratisches Regiment schützte er durch eine strenge Etikette.

Nach der Rückkehr der Feldtruppen widmete König Friedrich dem weiteren Ausbau seines Heeres besondere Aufmerksamkeit. Noch immer fehlte es an befähigten jungen Offizieren. Die Niederlage Preußens hatte die Vorliebe Friedrichs für das preußische Militär und seine Einrichtungen nur wenig vermindert. Unbedenklich ergriff er die Gelegenheit, junge Offiziere, die wegen der drastischen Verkleinerung des preußischen Heeres ihren Abschied hatten nehmen müssen, für die württembergische Armee anzuwerben. Nicht wenige Adlige aus Preußen und anderen norddeutschen Ländern kamen damals nach Württemberg und begründeten Offiziers- und Beamtenfamilien, die ihrer neuen Heimat treue Dienste leisteten. Berufliche Eignung war für König Friedrich bei der Anstellung und Beförderung von Offizieren der Maßstab, an dem er sich orientierte. Wer sich seinen strengen Weisungen unterwarf, den Dienst mit Eifer wahrnahm und sich tadelsfrei verhielt, hatte nichts zu befürchten. Der aus dem preußischen Dienst übergetretene junge Leutnant von Suckow, der Jahrzehnte später als königlich württembergischer Oberst in den Ruhestand trat, war 1807 sehr erstaunt, daß ihn der als hart und unnahbar geschilderte König nicht nur empfing, sondern ihm auch zusagte, daß er seinem einzigen Bruder einen Posten im württembergischen Heer verschaffen wolle. Da König Friedrich das Offizierskorps als seine ganz persönliche Gefolgschaft betrachtete, unterstand auch das Privatleben der Offiziere strenger Aufsicht. Heiraten beispielsweise durften »Militärpersonen« nur mit Zustimmung des Königs. Ehen, die ohne eine solche »allerhöchste Erlaubnis« geschlossen wurden, waren ungültig. Der Geistliche, der die Trauung vorgenommen hatte, wurde streng bestraft. Insubordination, Feigheit oder ehrenrühriges Verhalten galten in den Augen König Friedrichs als schwerste Vergehen, die er unnachsichtig ahndete. Den späteren preußischen General Karl von François ließ er 1808 wegen Majestätsbeleidigung und Subordinationsvergehen vor ein Kriegsgericht stellen, das den heißblütigen jungen Leutnant zum Tod durch Erschießen verurteilte. »Nach Erstehen der Todesangst« begnadigte ihn der König. Der ihm zugedachten lebenslangen Haft auf dem Hohenasperg konnte sich Karl von François durch eine sorgsam vorbereitete und raffiniert durchgeführte Flucht entziehen. In dem Buch, das er später über seine Erlebnisse im württembergischen Dienst schrieb, hat er verständlicherweise ein einseitiges, verzerrtes Bild von der Persönlichkeit König Friedrichs gezeichnet. Dieser war kein so erbarmungsloser Tyrann, wie er hier geschildert wird. Aber wenn es um »die Ehre« des königlichen Dienstes ging, kannte Friedrich kein Pardon. Sie mußte unter allen Umständen gewahrt werden. Nicht selten »kassierte« er junge Offiziere, die seinen Erwartungen nicht entsprachen. Mitunter ließ er sie auch einfach von der Truppe »wegjagen«. Ein Hauptmann erhielt seine

Entlassung wegen hoher Schulden: »Seine Königliche Majestät sind nicht gesonnen, ein solch unerhörtes Beispiel von Vermögensverfall an einem ihrer Offiziere zu tolerieren«. Ein Sekondeleutnant wurde »wegen Trunkenheit im Dienst und in derselben begangenen Exzessen« zu einem sechswöchigen Festungsarrest verurteilt und nach Verbüßung seiner Strafe entlassen.

Krieg gegen Österreich 1809, Aufstände in Mergentheim und im Nellenburgischen, die Tiroler und Vorarlberger »Insurgenten«

König Friedrich war alles andere als ein Kriegstreiber. Namentlich nach dem Krieg gegen Preußen, der Württemberg hohe Opfer abverlangt hatte, wünschte er Frieden. Er brauchte Zeit, um das Königreich nach seinem Willen organisieren zu können. In seiner Korrespondenz mit Napoleon brachte er seinen Friedenswunsch wiederholt offen zur Sprache. Am 12. Januar 1808 beglückwünschte er den Kaiser der Franzosen, daß dank seiner Politik in ganz Europa Ruhe herrsche. Dies, so meinte er, ermögliche es, die durch die Kriege verursachten Schäden zu beseitigen und die staatlichen Finanzen wieder ins Gleichgewicht zu bringen.

Napoleon war sichtlich verstimmt, daß sich der württembergische König weigerte, Truppen nach Spanien zu entsenden. Auf dem Erfurter Fürstenkongreß im September/Oktober 1808 soll ihn König Friedrich davon überzeugt haben, daß in Anbetracht der undurchsichtigen Politik Österreichs die württembergischen Truppen ebenso wie die sächsischen und die bayerischen zu Hause bleiben müßten. Dies klingt durchaus überzeugend, denn am 25. Juli 1808 hatte Napoleon auf die österreichischen Rüstungen hingewiesen und von einer neuen Kriegsgefahr gesprochen. Friedrich hatte in seinem Antwortschreiben eine solche Gefahr bezweifelt, aber zugesagt, bis zum 20. August 1808 ein Truppenkorps in Stärke von 10 000 Mann im Raum Schwäbisch Hall – Ellwangen zusammenzuziehen. Im übrigen hatte er auf die Erschöpfung seiner finanziellen Hilfsquellen durch den letzten Krieg hingewiesen und auch daran erinnert, daß Napoleon bislang keines seiner formellen Versprechen bezüglich der territorialen Entschädigungen für die von Württemberg gebrachten Opfer eingelöst habe. Der Kaiser hatte daraufhin am 5. September geantwortet, er wolle nur vor Überraschungen sicher sein, zumal er einen Teil seiner Truppen nach Spanien habe werfen müssen und er dem Rheinbund das Übel eines Kriegs im eigenen Land ersparen wolle. Die glanzvolle Zusammenkunft Napoleons im Kreis der Rheinbundfürsten mit Zar Alexander von Rußland in Erfurt vermittelte zunächst durchaus nicht den Eindruck, als drohe Europa ein neuer bewaffneter Konflikt. Napoleon sah sich auf dem Höhepunkt seiner Macht. Von einer großen Schar abhängiger deutscher Fürsten umgeben und mit dem russischen Kaiser freundschaftlich verbunden, mußte er sich als der Herr des Kontinents fühlen. Daß sich freilich der Kaiser von Österreich lediglich durch einen General vertreten ließ, empfand er als Herausforderung. Ein solches Verhalten konnte er nicht hinnehmen. Wer dem großen Eroberer nicht zu Willen war, den betrachtete er als seinen Feind.

König Friedrich war nach Erfurt gekommen, um an dem großen Spektakel teilzunehmen, aber auch um Napoleon mündlich seine Unzufriedenheit darüber zum Ausdruck zu bringen, daß seine Gebietswünsche noch immer nicht erfüllt waren. Da Bayern keine ernsthaften Anstalten machte, über die in Aussicht genommenen Gebietsabtretungen an Württemberg zu verhandeln, richtete er seine Hoffnungen nunmehr auf das Fürstentum Fulda, die Grafschaft Hanau oder auf eine andere größere Herrschaft, über deren politische Zukunft noch nicht verfügt war. Napoleon hielt sich jedoch weiterhin mit Zusagen zurück, obwohl er Friedrich mit großer Auszeichnung behandelte. Bei der Aufführung des »Mahomet« am 9. Oktober gab er ihm den Platz zu seiner Linken, während zu seiner Rechten Zar Alexander saß. Am 6. Oktober war König Friedrich mit zahlreichen anderen Souveränen in Weimar gewesen, hatte dort an einer Jagd teilgenommen, einer Schauspielaufführung und einem Ball beigewohnt. Ob er auch mit Goethe zusammengetroffen war, wissen wir nicht. Daß er ihn zumindest gesehen hat, dürfte sicher sein, denn Napoleon, der Goethe schon einige Tage zuvor in Erfurt zu einem Gespräch empfangen und ihm große Aufmerksamkeit erwiesen hatte, unterhielt sich auf dem Ball angeregt mit dem großen Dichter und ebenso längere Zeit mit Christoph Martin Wieland. Der Politiker Friedrich war weniger an Begegnungen mit Persönlichkeiten des Geisteslebens interessiert als an Unterredungen mit den Männern, die an den Schalthebeln der Macht saßen. Neben einem guten Einvernehmen mit Napoleon lag ihm vor allem an einer Bereinigung seines seit Anfang 1806 stark gestörten Verhältnisses zu seinem Neffen, Zar Alexander. Wider Erwarten ließ der Zar den

Onkel nicht das geringste von seiner einstigen Verstimmung spüren. Er empfing ihn mit der einem nahen Verwandten geziemenden Zuvorkommenheit und Liebenswürdigkeit. Friedrich war von der gewinnenden Freundlichkeit des Neffen außerordentlich angetan. Indessen konnte er sich in einem Brief an seine Frau die Bemerkung nicht verkneifen, die Zarin sei weniger liebenswürdig als ihr Mann. Für König Friedrich war die Aussöhnung mit dem russischen Zarenhaus von großer Wichtigkeit. Der Schutz der mächtigen Verwandten in St. Petersburg ließ ihm das Ausgeliefertsein an den Kaiser der Franzosen weniger drückend erscheinen. Außerdem erweiterte sich dank des russischen Rückhalts sein politischer Handlungsspielraum.

Der Fürstenkongreß in Erfurt, insbesondere aber die Erneuerung des Tilsiter Schutz- und Trutzbündnisses vom Vorjahr mit dem Zaren, sollte für Napoleon Frieden und Ruhe in Mitteleuropa gewährleisten, wenn er jetzt mit großer Macht den Volksaufstand in Spanien zu ersticken suchte. Alexander aber, und daran konnte kein Zweifel sein, verhielt sich gegenüber Napoleon distanzierter als im Vorjahr. Das Übermaß an Ehren, das ihm dieser erwies, ließ er sich gerne gefallen. Doch gerade dieses Übermaß mußte ihn mißtrauisch machen. Er wollte unbeirrt seine eigene Politik verfolgen und mit Napoleon nur insoweit zusammengehen, als ihm dies für seine eigenen politischen Ziele erfolgversprechend erschien.

Napoleon beurteilte die politische Entwicklung in Mitteleuropa richtig. Daß sich der Widerstandswille in Österreich gegen sein Herrschaftssystem regte und am Hof vor allem durch die Erzherzöge Karl und Johann sowie in der von dem reformfreudigen Grafen Philipp Stadion geleiteten Regierung an Einfluß gewann, war unübersehbar. Seit 1808 verstärkte der habsburgische Kaiserstaat seine Rüstungen. In der optimistischen Erwartung, daß sich in einem Krieg die deutschen Volksstämme wie die Spanier erhoben und im Verein mit anderen europäischen Völkern das französische Joch abschüttelten, vernachlässigte Österreich ganz gegen seine sonstige Gepflogenheit die diplomatische Seite. Im Frühjahr 1809 stand es gerüstet und kriegsbereit, jedoch ohne Verbündete, sah man von England ab, das jedoch kein Heer besaß, das auf dem Kontinent wirksam eingreifen konnte.

König Friedrich hoffte Anfang Februar 1809, ein bewaffneter Konflikt lasse sich vermeiden oder doch wenigstens einige Zeit aufschieben. Allein, er täuschte sich. Am 14. Februar verlangte der bereits fest zum Krieg entschlossene französische Kaiser von ihm exakte Angaben über die Stärke der württembergischen Truppen, ihre Gliederung, ihre Ausrüstung, ihren Anteil an Artillerie usw. Die Mobilisierung des württembergischen Truppenkorps ließ sich nicht länger umgehen. Am 9. März 1809 forderte die Oberregierung alle sich außerhalb der Rheinbundstaaten aufhaltenden Untertanen auf, in die Heimat zurückzukehren. Diese Aufforderung richtete sich vor allem an die in österreichischen Diensten stehenden Württemberger, denn in Österreich befanden sich zahlreiche Adlige aus Württemberg in hohen Staats- und Militärstellen. Die Drohung König Friedrichs an die Adresse der Ungehorsamen, ihr Vermögen einzuziehen, hatte eine harte Reaktion Wiens zur Folge: den Abbruch der diplomatischen Beziehungen zwischen Wien und Stuttgart.

Daß Napoleon erneut General Vandamme mit dem Oberbefehl über die württembergischen Truppen betraute, erregte in höchstem Maß den Unwillen König Friedrichs. Um ihm die Entscheidung einigermaßen mundgerecht zu machen, hatte Napoleon ihm mitgeteilt, daß die württembergische Armee ein Reservekorps bilden werde, daß General Vandamme der einzige Franzose sei, der ihm beigegeben werde und daß dieser seine Befehle unmittelbar vom Generalstab erhalte. Friedrich warf Vandamme vor, er habe während des Feldzugs von 1806/07 in Schlesien die württembergischen Generale äußerst grob behandelt. Der Korpskommandant Feldzeugmeister von Camerer wolle seinen Abschied nehmen, falls Vandamme wiederum die Befehlsgewalt über die württembergischen Truppen bekomme, die anderen Generale würden seinem Beispiel folgen. Napoleon war jedoch nicht bereit, von seiner Entscheidung abzugehen. Er bestritt nicht, daß Vandamme charakterliche Schwächen habe, aber er behauptete, wenn er den Württembergern einen anderen Befehlshaber als diesen tapferen Haudegen gebe, wären sie nur halb so viel wert. Noch ehe König Friedrich diesen Brief erhielt, meldete sich Vandamme bei ihm, um das Kommando über die württembergischen Feldtruppen zu übernehmen. Dem König blieb nichts anderes übrig, als sich mit den Tatsachen abzufinden. Die Leitung des württembergischen Truppenkorps unter Vandamme übertrug er Generalleutnant von Neubronn. Generalen und Offizieren machte er zur Pflicht, sich gegenüber General Vandamme höflich, respektvoll und zuvorkommend zu benehmen. Hingegen verbot er ihnen unter Androhung strenger Bestrafung jede Kriecherei und Schmeichelei. Offiziere, die Vandamme in unwürdiger Weise zu Willen waren und dadurch General von Neubronn bei der Erfüllung seiner Dienstobliegenheiten in den Rücken fielen, sollten ohne weiteres arretiert und nach Stuttgart gebracht werden. Den Offizieren, die als Ordonnanzen zu Vandamme kommandiert wurden, schärfte der König ein, sich auf nichts einzulassen, was der Ehre ihrer Uniform und ihres Dienstes zuwiderlief. General von Neubronn hatte Vandamme jede Einmischung in die inneren Angelegenheiten des Korps strikt zu verwehren. Zu seiner Unterstützung gab er ihm Generalmajor von Theobald bei, der ausschließlich der königlichen Befehlsgewalt unterstellt war. In das französische Hauptquartier ordnete er als Militärbevollmächtigte zwei Stabsoffiziere, Oberst von Hügel und Oberstleutnant Graf von Beroldingen, ab. Sie mußten die Befehle für die württembergischen Truppen entgegennehmen und dem König über den Gang der militärischen Operationen berichten.

Erbittert stellte Friedrich in einem Brief vom 1. April 1809 an seine Tochter Katharina fest, daß die Extravaganz Österreichs Deutschland aufs neue ins Kriegsunglück stürze. Während er für den habsburgischen Kaiserstaat eine Katastrophe voraussagte, erschienen ihm die Aussichten für sein Land günstig: »Wir sind mit Cäsar, und alles wird gut gehen.«

Völlig überrascht waren die Bayern von dem Aufstand, der in dem ihrem Staat einverleibten Tirol ausbrach und mit dem der Krieg begann. Die Tiroler Bauern siegten in mehreren Gefechten und zogen schon am 12. April in Innsbruck ein. Erzherzog Karl, der Befehlshaber des österreichischen Heers, nutzte die günstige Situation nicht, um rasch nach Westen vorzustoßen, ehe die Rheinbundstaaten ihre Truppen vollständig mobilisiert hatten und ihnen die Franzosen mit starken Kräften zu Hilfe kommen konnten. Statt dessen wartete er mehr oder minder tatenlos in Bayern, bis Napoleon aus Spanien herbeigeeilt war und die Initiative an sich riß. In einer Reihe von Gefechten gewann der Kaiser der Franzosen die Oberhand über das österreichische Heer und drängte es nach Böhmen zurück. Bereits am 13. Mai 1809 besetzte er Wien. Erzherzog Karl rückte von Norden her gegen die Hauptstadt vor und fügte Napoleon in der zweitägigen Schlacht bei Aspern am 21./22. Mai die erste Niederlage zu. Gleichzeitig waren die Tiroler Bauern siegreich. Sie vertrieben ein zweites Mal die Bayern aus Innsbruck. Doch die Österreicher vermochten sich bei aller Anstrengung gegen Napoleon nicht zu behaupten. In der Schlacht von Wagram unterlagen sie und mußten um Waffenstillstand bitten. Am 14. Oktober 1809 wurde der Frieden geschlossen. Die Tiroler, die sich auch nach dem Sieg Napoleons nicht mit der bayerischen Herrschaft abfinden wollten, setzten den Kampf fort, wurden aber schließlich auch bezwungen, ihr Führer Andreas Hofer wurde von den Franzosen erschossen.

Anfang April 1809 war König Max Josef von Bayern vor den herannahenden Österreichern aus München geflohen. König Friedrich bot ihm als Zufluchtsort das Schloß in Göppingen an. Der bayerische König machte jedoch von dem Angebot keinen Gebrauch. Er wählte, bis die Gefahr vorüber war und er in seine Residenz zurückkehren konnte, die Stadt Dillingen nahe der Westgrenze seines Landes als vorübergehenden Aufenthalt.

Erzherzog Karl hatte in einer Proklamation die Deutschen aufgerufen, sich gegen die napoleonische Fremdherrschaft zu erheben. König Friedrich bezeichnete den Aufruf als infam, wußte er doch nur zu gut, wie ungefestigt auch sein mit Hilfe des Kaisers der Franzosen geschaffener Staat war, wieviel Unzufriedenheit in den neuwürttembergischen Gebieten gegen sein strenges Regiment herrschte. Er beglückwünschte Napoleon zu seiner überaus erfolgreichen Kriegführung, die die feindlichen Horden überall, wo sie sich zeigten, zum Rückzug gezwungen habe. Zugleich beklagte er aber das Gift, das die Österreicher verbreitet hätten, um Napoleon und seine Verbündeten zu vernichten. In Meersburg, in dessen Besitz sie vorübergehend gewesen seien, hätten sie die niederträchtige Proklamation von Erzherzog Karl und noch übleres Machwerk drukken und in ganz Süddeutschland verteilen lassen. In diesen Flugschriften hätten sie die Völker und Soldaten der Rheinbundstaaten offen zur Rebellion aufgerufen und ihnen unter dem mächtigen Schutz Österreichs die gänzliche Unabhängigkeit in Aussicht gestellt. Auf seine altwürttembergischen Untertanen hätte dies keinen Eindruck gemacht, auch die vormals österreichischen Untertanen hätten sie kaum beachtet, wohl aber die Hohenloher, durch ihre einstigen Fürsten heimlich ermutigt, und Einwohner von ehemaligen Territorien des Ritterordens. Diese hätten das Vordringen der Österreicher begrüßt und deshalb die Leistungen verweigert, die die derzeitige Situation von ihnen verlange. Es sei ihm nichts anderes übriggeblieben, als ein 1400 Mann starkes Regiment dorthin zu verlegen, so daß ihm jetzt, abgesehen von einem Garderegiment, nur noch ein Regiment verbleibe, das er auf Wunsch Napoleons morgen in Richtung Bodensee zum Schutz gegen die Aufrührer in Tirol und Vorarlberg in Marsch setzen werde.

Die Situation Württembergs war Ende April 1809 in der Tat sehr prekär. Seine Feldtruppen standen im Dienst Napoleons außerhalb des Landes, im Süden hatte es mit Einfällen der aufständischen Tiroler und Vorarlberger sowie mit Unruhen in verschiedenen neuerworbenen Gebieten zu rechnen. Um der Lage Herr zu werden, unternahm König Friedrich große Anstrengungen. Seine Hoffnung auf Unterstützung durch die Bayern und die Franzosen erwies sich als trügerisch. Seine Bitte, eine in Ulm befindliche bayerische Kavallerieeinheit mit 400 Pferden für die Grenzsicherung gegen Vorarlberg zur Verfügung zu stellen, lehnte König Max Josef mit dem Hinweis auf die um sich greifende Rebellion ab. Alle Streitkräfte, die ihm noch zur Verfügung stünden, seien entweder als Besatzungen der festen Plätze und als Ersatzmannschaften für die Armee oder aber zur Verteidigung der Gebiete zwischen der bayerischen Hauptstadt und der Tiroler Grenze notwendig. Enttäuscht schrieb Friedrich an Max Josef, er habe alles tun wollen, um den in Tirol und Vorarlberg ausgebrochenen Unruhen »möglichst ein Ziel zu setzen«. Dabei sei er bereit gewesen, die bayerischen Südprovinzen in gleicher Weise wie seine eigenen vor der Ausbreitung des aufrührerischen Geistes zu schützen. Zu diesem Zweck habe er ein 1400 Mann starkes Infanterie-Regiment in Richtung Bodensee in Marsch gesetzt. Allein, wenn Bayern ihm die unerläßliche Kavallerieunterstützung vorenthalte – er selbst verfüge derzeit über keine Kavallerie –, könne er gegen die Aufständischen, die bereits die Gegend bis Feldkirch, Bregenz und Immenstadt unter ihre Kontrolle gebracht hätten und »in starken Haufen« bis Kempten und Lindau Streifzüge durchführten, nicht offensiv werden, sondern müsse sich damit begnügen, die Grenzen seines »Reichs« zu sichern. Bayern setzte indessen in erster Linie auf die Franzosen. Am 8. Mai ließ König Max Josef seinen »Vetter und Bruder« in Stuttgart wissen, daß eine »bedeutende Reservedivision« unter dem Kommando des französischen Generals Beaumont in Bildung begriffen sei. Diese ungefähr 10 000 Mann starke Division, der auch ein Jägerkorps sowie drei starke Abteilungen Gebirgsschützen angehören sollten, werde in der Lage sein, den Aufruhr wirksam zu bekämpfen. König Friedrich hatte jedoch angesichts der bedrohlichen militärisch-politischen Entwicklung im Allgäu und am Bodensee kein Zutrauen zu einer solchen noch wenig konkreten Verteidigungsmaßnahme. Er beschwerte sich in einem Brief an Napoleon, daß er mit seinen Truppen dem König von Bayern helfe, dessen Land zurückzuerobern, er dagegen sei gezwungen, sein eigenes Land den Übergriffen der Aufständischen preiszugeben. Einige Tage später machte er seinem Unwillen in einem Brief an die Tochter Katharina Luft: »Der König von Bayern tut nichts«, die wenigen bayerischen Truppen, die in den von den Tirolern und Vorarlbergern bedrohten Gebieten im Einsatz seien, taugten nichts. Abgesehen von zwei französischen Dragoner-Regimentern hätten württembergische Truppen die ganze Last des Kampfes zu tragen. Sie könnten jedoch nicht ohne jede Unterstützung überall Widerstand leisten. Er habe dem Kaiser geschrieben, denn es könne nicht dessen Absicht sein, daß er in äußerste Bedrängnis gerate und sein Land den Plünderungen der Aufständischen überlasse.

König Friedrich unternahm die größten Anstrengungen zur Verteidigung seines Landes. Er befahl die Mobilisierung aller militärischen Reserven, so der Landbataillone. Insgesamt rief er 25 000 Mann unter die Waffen. Dies war mehr als das doppelte Kontingent, zu dem er durch den Rheinbundvertrag verpflichtet war. Er schuf sogar eine kleine »Kriegsflotte«, die auf dem Bodensee recht erfolgreich gegen die Vorarlberger Insurgenten operierte. Über die Truppen im Süden, Osten und im Norden des Königreichs führte er selbst den Oberbefehl. Später übertrug er ihn dem Kronprinzen. Am 18. Juni 1809 appellierte er an die von der Wehrpflicht befreiten jungen Adligen, sich kriegsfreiwillig zu melden. Unter Hinweis auf zahlreiche »schöne Beispiele wahrer Vaterlandsliebe« aus dem Bürger- und Bauernstand ließ er verlauten: »So hegen seine Königliche Majestät die Überzeugung, daß auch der Adel Ihres Reichs diesen Edlen nicht nachstehen und sich beeifern werde, dem Vaterlande seine Dienste in einem Augenblick zu widmen, wo dasselbe ihrer bedarf, um die Offiziere zu ersetzen, welche im mutigen Kampf für das Vaterland fielen, auf dem Bett der Ehre als Helden starben, und um die Braven anzuführen, welche nach dem Willen ihres Königs herbeieilen, neue Regimenter bilden und zur Verteidigung des Vaterlandes bereitstehen.« Unmißverständlich forderte König Friedrich auch frühere Offiziere auf, sich zur militärischen Dienstleistung zur Verfügung zu stellen. Im Regierungsblatt ließ er die Namen von solchen Offizieren veröffentlichen. Mit dem Appell an den Adel des Königreichs ließ er es nicht bewenden. Am 26. Juni gab er bekannt, daß alle Edelleute, welche sich »von der Befolgung des ergangenen Aufrufs dispensierten«, rückwirkend ab 10. April 1809 für Kriegsdauer den vierten Teil ihrer jährlichen Einnahmen als Extrasteuer zu entrichten hatten.

Die Aushebung der für den Kriegsdienst erforderlichen Mannschaft verfügte der König mit harter Hand. In einem Teil der neuwürttembergischen Gebiete, namentlich wo das österreichische Kaiserhaus ehedem direkt oder indirekt die landesherrlichen Rechte ausgeübt hatte, so in Oberschwaben, im Hegau und in der Deutschordensstadt Mergentheim mit ihrem Landgebiet, regte sich der Widerstand gegen die Zwangsrekrutierungen, zumal sich diese gegen die frühere Landesherrschaft richteten. Die Bevölkerung wünschte in ihrer Mehrheit die Rückkehr unter das mildere Regiment Österreichs. Die Häupter der antiwürttembergischen Fronde nahmen Verbindung zu den Tiroler und Vorarlberger Aufständischen auf.

Der gefährlichste Aufruhr brach Ende Juni 1809 in Mergentheim aus. Das Hoch- und Deutschmeisterterritorium Mergentheim, seit dem Preßburger Frieden vom 26. Dezember 1805 als Sekundogenitur dem Haus Österreich zugesprochen, hatte König Friedrich am 20. April 1809 mit Zustimmung Napoleons in Besitz genommen. Freiherr von Maucler, der württembergische Regierungskommissär, war bemüht, den neuen Untertanen durch rücksichtsvolle Behandlung und schonende Maßnahmen den Herrschaftswechsel erträglich zu machen. Doch gelang es ihm nicht, die wachsende Unzufriedenheit der Bevölkerung zu beschwichtigen. Nachrichten über militärische Erfolge der Österreicher und ihren Vorstoß von Böhmen nach Franken erregten die Gemüter. Heimlich verbreitete Proklamationen und Aufrufe aus dem österreichischen Lager taten ein übriges, die Gärung zu steigern. Zum zündenden Funken wurden schließlich die württembergischen Rekrutenaushebungen. Am 26. Juni 1809 drangen vereinzelt mit Gewehren, größtenteils aber mit Stöcken, Sensen und Säbeln bewaffnete Bauernscharen aus der Umgebung in die Stadt ein. Sie überrumpelten die kleine württembergische Besatzung und nahmen sie gefangen. Ihre Erwartung, dem König durch die in ihrer Hand befindlichen Geiseln weitgehende politische Zugeständnisse abzuringen, erwies sich als illusorisch. König Friedrich zog rasch einen Teil der mit Grenzsicherungsaufgaben am Bodensee betrauten Truppen ab, setzte die Landbataillone Stuttgart und Ludwigsburg in Marsch, ebenso zwei Schwadronen seiner Garde zu Pferd. Das aus diesen Truppen gebildete Detachement unter dem Befehl des Generals von Scheler erschien schon am 29. Juni vor Mergentheim. Da die Aufständischen die Aufforderung des Generals nach kampfloser Übergabe zurückwiesen, kam es zu einem kurzen blutigen Gefecht. Das Militär hatte gegen die kriegsungewohnten Bauern leichtes Spiel. Es verwundete und tötete eine größere Zahl von ihnen und nahm viele gefangen. Staats- und Kabinettsminister Graf von Taube, vom König mit umfassenden Vollmachten ausgestattet, hielt strenges Gericht. Die Führer des Aufruhrs waren geflohen. Der Minister hielt sich deshalb an die Männer des sogenannten zweiten Glieds. Sechs der angeblichen Rädelsführer wurden zum Tod verurteilt und durch Erhängen oder durch Erschießen hingerichtet, zahlreiche andere Aufständische mit Festungshaft bestraft. Maucler fiel wegen seiner konzilianten Art, die nach Meinung des Königs den Aufstand mitverschuldet hatte, in Ungnade. In Mergentheim und Umgebung breitete sich wegen dieser drakonischen Kriegsjustiz lähmendes Entsetzen aus. Aber auch in anderen Gegenden des Königreichs und selbst in den Nachbarländern waren der Schrecken und die Erbitterung groß. Das ohnehin ungünstige Charakterbild von König Friedrich in der Öffentlichkeit verdüsterte sich noch mehr. Fast allgemein empfand man, daß der König mit maßloser Strenge gehandelt und dadurch seinen politischen Zielen mehr geschadet als genützt habe. Friedrich selbst kam sich keineswegs als Triumphator vor. König Max Josef schrieb er unmittelbar nach dem Ersticken des Mergentheimer Aufstands: »Es ist immer grausam, gegen seine eigenen Untertanen mit Härte vorgehen zu müssen.« Die Schuld dafür, daß es dazu gekommen sei, lastete er der österreichischen Politik an. Im übrigen sei ihm keine andere Wahl geblieben, als die ersten Regungen des Aufruhrs zu unterdrücken, um ein Übergreifen auf Würzburg und Baden zu verhindern. Napoleon lobte sein überstrenges Durchgreifen, aber auch Bayern, dem er mit seinem Strafgericht zweifellos genützt hatte. Königin Charlotte Mathilde, stets bestrebt, die Maßnahmen ihres Mannes ins beste Licht zu rücken, meinte, die feste Haltung, die Friedrich bei dieser Gelegenheit gezeigt habe, sollte anderen Souveränen zum Muster dienen und sie veranlassen, mit mehr Tatkraft als bisher gegen den revolutionären Geist vorzugehen.

Schon wenige Tage nach der Niederwerfung des Mergentheimer Aufstands konnte König Friedrich Teile des Detachements abziehen und sie mit anderen Streitkräften an der Grenze bei Ellwangen konzentrieren. Napoleon hatte ihm erlaubt, alle Württemberg auf dem Weg zur Großen Armee passierenden Truppen anzuhalten und sie zur Abwehr eines etwaigen österreichischen Angriffs an der württembergischen Ostgrenze zu verwenden. Indessen schwand die Gefahr, daß die Österreicher, die von Böhmen aus Nürnberg besetzt hatten, nach Württemberg vorstießen. König Friedrich konnte sich wiederum mit ganzer Kraft dem unruhigen Bodenseeraum zuwenden.

In Nellenburg kam es damals gleichfalls zu Widersetzlichkeiten gegen die Rekrutenaushebungen und die Errichtung der Landbataillone, besonders in Stockach. König Friedrich griff auch hier rigoros durch. Glücklicherweise wurden aber keine Todesurteile gefällt. Gegenüber Napoleon erklärte Friedrich, die verworrenen Territorialverhältnisse im Nellenburgischen begünstigten die Rebellen. Das Großherzogtum Baden, zu dem ein Teil des Gebiets gehöre, lasse die Aufständischen mehr oder minder gewähren, ihm selbst seien dadurch die Hände gebunden.

Anfang Juli sahen sich die schwachen württembergischen und badischen Kräfte im Allgäu und am Bodensee wachsendem Druck der Vorarlberger und der Tiroler ausgesetzt. König Friedrich dirigierte nun alle in Württemberg verfügbaren Truppen, auch seine Gardeeinheiten, sowie die Land- und Depotbataillone an die Südgrenze des Landes. Von seinem Hauptquartier Weingarten aus leitete er die militärischen Aktionen seines Korps, dem übrigens auch das 17. französische Dragoner-Regiment, ein badisches Gardebataillon sowie eine halbe Schwadron badischer Husaren angegliedert waren. Die Vorarlberger lieferten den Truppen Friedrichs eine Reihe von Gefechten. Hierbei verloren mehrere württembergische Offiziere durch Vorarlberger Scharfschützen ihr Leben. König Friedrich gelang es, alle Angriffe abzuweisen und die bezogenen Verteidigungsstellungen zu behaupten. Nach Bekanntwerden des am 13. Juli zwischen Napoleon und dem Kaiser von Österreich geschlossenen Waffenstillstands stellten die Vorarlberger ihre Kampftätigkeit im wesentlichen ein. König Friedrich kehrte nach Stuttgart zurück. Dem Kronprinzen, dem er das Oberkommando über das Korps übertrug, schärfte er ein, die Taktik der Grenzsicherung beizubehalten, keinesfalls sich aber zu einer Offensive, wie dies die Franzosen und Bayern wünschten, verleiten zu lassen. Französische Ansinnen, sich an der Besetzung Vorarlbergs zu beteiligen, wies König Friedrich zurück. Betrachtet man die Kriegführung Friedrichs in Oberschwaben und am Bodensee, so wird man ihren rein defensiven Charakter kaum in Zweifel ziehen können. Daß der württembergische König 1809 mit seinem ungewöhnlich starken militärischen Engagement expansive politische Ziele verfolgt habe, trifft nur sehr bedingt zu. Gewiß wünschte er eine Vergrößerung seines Königreichs, die den großen

Opfern angemessen war, die er in den Kriegen von 1806/07 und 1809 gebracht hatte. Unwahrscheinlich ist es aber, daß er hierbei in erster Linie an eine Annexion Vorarlbergs dachte. Ihm ging es während des Feldzugs von 1809 hauptsächlich darum, sein Land gegen Einfälle der aufständischen Tiroler und Vorarlberger zu schützen. Daß er dabei zunächst eine Offensivstrategie im Auge hatte, dürfte richtig sein. Weil ihm aber die Bayern die militärische Unterstützung verweigerten und ihm Napoleon nicht helfen konnte, blieb nur die Grenzsicherung. So hart Friedrich übrigens gegen aufrührerische Untertanen vorging, wie das abschreckende Beispiel Mergentheim zeigt, so großzügig verhielt er sich gegenüber besiegten Feinden. Den Führer der Vorarlberger Insurgenten, Dr. Schneider, der sich den Württembergern ergab, schützte er vor dem Auslieferungsverlangen der Bayern und der Franzosen und ließ ihn bald wieder frei. Höchstwahrscheinlich hat er ihm dadurch das Leben gerettet.

Zufrieden war König Friedrich mit dem Verhalten der Feldtruppen, die im Verband des französischen Heers am Krieg gegen Österreich teilgenommen hatten. Sie hatten zusammen mit den Bayern bereits Mitte April Napoleon zur Verfügung gestanden, als das Gros der französischen Armee noch im Anmarsch war. Napoleon hatte sie am 20. April vor der Schlacht von Abensberg in einer Ansprache ermuntert, sich des Vorzugs würdig zu erweisen, an der Seite der Großen Armee zu kämpfen, und er hatte ihnen als besondere Ehre vor Augen gestellt, daß er sich ganz allein in ihrer Mitte befinde. Den württembergischen Truppenteilen und Soldaten, die sich bei Abensberg, Eggmühl und schließlich bei Linz ausgezeichnet hatten, erteilte König Friedrich Lob und Anerkennung. Dem Jäger-Regiment zu Pferd Herzog Louis verlieh er eine Ehrenstandarte mit dem Stern und Kreuz des Militärverdienstordens. Die Generale, zahlreiche Offiziere, aber auch viele Unteroffiziere und Soldaten bedachte er mit Orden und Ehrenzeichen. Den Generalen von Hügel und von Theobald ließ er goldene Ehrensäbel überreichen. Auch Napoleon verschwieg er nicht, wie stolz er auf seine Soldaten war. Zu peinlichen disziplinarischen Schwierigkeiten, zu Gewalttätigkeiten gegen die einheimische Bevölkerung und zu Plünderungen wie im Krieg gegen Preußen 1806/07 kam es nicht. Die Offiziere hatten ihre Mannschaften dieses Mal besser in der Hand. Napoleon lobte am Ende des Feldzugs gegen Österreich das militärische Engagement König Friedrichs vor allem im Kampf gegen die Vorarlberger und Tiroler: »Wenn ich gedacht hätte, daß Sie selbst Krieg führen wollten, hätte ich alle Truppen, die ich in Reserve hatte, Ihrem Befehl unterstellt, und ich bin sicher, daß sie nicht tatkräftiger, entschlossener und zweckentsprechender hätten eingesetzt werden können.«

Vermutlich waren es die Kriege gegen Preußen und gegen Österreich, die die Mängel des Rekrutierungsgesetzes von 1806 offenkundig machten. Am 20. August 1809 erließ König Friedrich eine neue Militärkonskriptionsordnung. In der Einleitung zu dieser »Ordnung« bekannte er freimütig, daß die Exemtion einzelner Untertanenklassen von der Verbindlichkeit zum Kriegsdienst nicht zu vereinbaren sei mit dem hohen Zweck dieses Dienstes, der nicht nur jedem Staatsbürger Sicherheit der Person und des Eigentums gewähre, sondern der in gleicher Weise von jedem eine tätige Mitwirkung fordere. Die Beschränkung auf einen Teil der Wehrpflichtigen habe zu »einer dem Gemeinwohl schädlichen Abneigung gegen den Militärstand als eine nur den geringeren Volksklassen auferlegte Last« geführt. Dies widerspreche aber seinen landesväterlichen Absichten, die auf eine vollkommen gleiche Behandlung der Untertanen ohne Unterschied der Geburt gerichtet seien.

Künftig war jeder Württemberger wehrpflichtig. Befreit vom Militärdienst blieben nur die ehemaligen reichsunmittelbaren Fürsten und Grafen, denen aber als den Ersten und Edelsten des Königreichs nahegelegt wurde, sich freiwillig an die Verteidigung des Vaterlands anzuschließen und dadurch »eine der ehrenvollsten Staatsbürgerpflichten« zu erfüllen. Hohe Staatsbeamte durften für ihre Söhne um die Aufnahme in das 1805 errichtete und nunmehr beträchtlich erweiterte Militärinstitut nachsuchen. Die ersten 54 Zöglinge des Instituts sollten auf Staatskosten zu Offizieren ausgebildet, für jeden darüber hinaus aufgenommenen Zögling mußten dagegen jährlich 350 fl als Beitrag zu den Ausbildungskosten geleistet werden. Bei der Beförderung zum Offizier sollten weder Rang noch Stand, sondern allein Kenntnisse und Fähigkeiten, vorzügliche Erfüllung der dem Soldaten obliegenden Pflichten und ausgezeichnete Tapferkeit vor dem Feind berücksichtigt werden. Staatsdiener wurden nicht in die Konskriptionslisten eingetragen. Für die Brüdergemeinde auf dem Hörnlishof galt die 1806 getroffene Sonderregelung weiter. Die Wehrpflicht erstreckte sich vom vollendeten 18. bis zum vollendeten 40. Lebensjahr. Die Militärpflichtigen wurden in drei Klassen eingeteilt. Die erste Klasse umfaßte die Wehrpflichtigen im Alter von 21 bis 24 Jahren, die zweite die 18- bis 20jährigen und die dritte die 25- bis 40jährigen. Bei den Aushebungen entschied allein die militärische Diensttüchtigkeit, das Los blieb grundsätzlich verboten. Studierenden, die mit der Erlaubnis der Studienkommission studierten und die Absicht hatten, später in den Staatsdienst zu treten, wurde während der Dauer ihres Studiums eine bedingte Exemtion gewährt. Juden durften sich vom persönlichen Kriegsdienst mit 400 fl loskaufen. Die Kantonseinteilung wurde aufgehoben. Wie bisher hatte der Infanterist acht Jahre, der Kavallerist und Artillerist zehn Jahre zu dienen. Kein Untertan, der seine Dienstpflicht erfüllt hatte, durfte zu einer zweiten Kapitulation gezwungen werden. Die Strafandrohungen gegen Konskriptionspflichtige, die sich der Aushebung entzogen, und gegen Deserteure wurden verschärft.

Das Militärkonskriptionsgesetz von 1809 hatte in Deutschland kein Vorbild. Es war allenfalls mit dem französischen Wehrgesetz vom 5. September 1798 zu vergleichen, das erstmals in der Neuzeit die allgemeine Wehrpflicht ohne Stellvertretung institutionell für ein stehendes Heer einführte. In durchaus eigenständiger und origineller Weise packte König Friedrich das Problem der Heeresergänzung an und suchte es in einem zeitgemäßen Sinne zu lösen. Mit diesem Gesetz konnte der König während der folgenden fünf Jahre das Reservoir an Wehrpflichtigen in seinem Land in einem bis dahin unvorstellbaren Maß ausschöpfen. Wie vorteilhaft diese vorausschauende gesetzliche Regelung des Heeresersatzes für den württembergischen Staat war, sollte die Katastrophe des Rußlandfeldzugs von 1812 zeigen.

Die in Altwürttemberg, aber auch in neuwürttembergischen Gebieten noch immer bestehende Volksbewaffnung war dem König schon lange ein Dorn im Auge. Er hielt sie nicht nur für überflüssig, sondern sogar für gefährlich. Allzu leicht könne sie unruhige Elemente zu ungesetzlichen Exzessen, ja zum revolutionären Aufbegehren gegen die staatliche Obrigkeit verleiten. In seinem straff organisierten Polizeistaat hatte das Selbstverteidigungsrecht der Untertanen keinen Platz mehr. Anfang 1809, also bereits vor Ausbruch des Kriegs gegen Österreich, verfügte Friedrich die Aufhebung der »für die gegenwärtigen Staatsbedürfnisse ohnehin nicht mehr brauchbaren Bewaffnung des Landvolks«. Die gesetzlichen Bestimmungen des württembergischen Landrechts und der württembergischen Landesordnung, nach denen jeder junge Ehemann und neuangenommene Bürger im Besitz von Wehr und Harnisch sein mußte, setzte er außer Kraft. Die Schützengesellschaften verloren ihren öffentlichen Charakter. Beiträge, die die Gemeinden und die öffentlichen Kassen bis dahin für sie geleistet hatten, wurden gestrichen. Der König meinte, zum Wohl der Untertanen eine überalterte und völlig unnütze Einrichtung beseitigt zu haben. Seine altwürttembergischen Untertanen sahen es anders. Für sie war das Recht, Waffen zu besitzen und zu tragen, ein jahrhundertealtes Grundrecht. Daß König Friedrich es ihnen nahm, mußten sie zwar hinnehmen, aber sie empfanden es als einen Gewaltakt, gegen den sie machtlos waren. Der König begnügte sich indessen nicht mit der Entwaffnung des Landvolks. Am 19. Juni 1809, also fünf Monate später, ordnete er die gänzliche Entwaffnung der Bevölkerung an. Offensichtlich gab den letzten Anstoß für diesen Entschluß die Überlegung, daß sich unzufriedene Elemente, besonders in den neuwürttembergischen Gebieten, mit den Tiroler und Vorarlberger Aufständischen zu gemeinsamen bewaffneten Aktionen verbinden könnten. Das königliche Dekret verschleierte jedoch die eigentlichen Beweggründe des Monarchen, es wurde durch einen relativ belanglosen Wildereiexzeß in der Gegend von Ludwigsburg ausgelöst. Im Zusammenhang damit hatte der mißtrauische König durch seine zur äußersten Wachsamkeit angehaltene Polizei festgestellt, daß »dem ausdrücklichen Befehl zuwider« fast alle Einwohner der Dörfer noch bewaffnet waren, etliche sogar zwei bis drei Gewehre oder Büchsen besaßen. Die Behörden hatten jetzt raschestens dafür zu sorgen, daß alle Bürger und Bauern die in ihrem Besitz befindlichen Feuerwaffen ablieferten. Lediglich die Adligen und Gutsbesitzer, denen das Jagdrecht zustand, sowie ein Teil der Beamten in gehobenen Stellungen durften ihre Gewehre behalten. Das strenge Waffenverbot für die Untertanen betrachtete der König als eine Dauereinrichtung. Deshalb ließ er auch nach dem Friedensschluß mit Österreich keine Milderung zu. Im Gegenteil, er verschärfte die Bestimmungen über die Volksentwaffnung noch. Wer den Besitz von Gewehren verheimlichte, hatte mit drakonischen Strafen zu rechnen. Als besonders demütigend empfanden es die Untertanen, daß der König auch die Auflösung der in den alt- wie in den neuwürttembergischen Landesteilen bestehenden traditionsreichen Schützengesellschaften angeordnet hatte. In der Stadt Ulm, die erst 1810 württembergisch wurde, sah die Einwohnerschaft in der sofort befohlenen Auflösung ihres Schützenkorps »das kränkendste Mißtrauen« des neuen Landesherrn.

Der Vertrag von Compiègne und die endgültige Festlegung der württembergischen Staatsgrenzen

Im Juli 1809 schrieb Königin Charlotte Mathilde in einem Brief, es liege im Interesse Napoleons, Württemberg ebenso stark zu machen wie Bayern und Westfalen, weil es in einem Krieg den ersten Ansturm abwehren und es infolge seiner geographischen Lage immer mit Frankreich verbündet sein müsse. Friedrich konnte jetzt gegenüber Napoleon sehr selbstbewußt auftreten. Er hatte, was der Kaiser der Franzosen uneingeschränkt anerkannte, von allen Rheinbundfürsten im Krieg gegen Österreich die größte militärische Aktivität entfaltet, und er hatte ihm durch den Einsatz starker Streitkräfte gegen die Tiroler und Vorarlberger den Rücken freigehalten und dadurch die Siege in Österreich mit ermöglicht. Am 18. Juli 1809, wenige Tage nach dem französisch-österreichischen Waffenstillstand, schrieb Friedrich unter Hinweis auf sein großes militärisches Engagement an Napoleon: »Jetzt ist der Zeitpunkt gekommen, zu dem das Schicksal Württembergs zum zweiten Mal in Ihren Händen liegt, in dem es von Eurer Majestät abhängt, daß Sie diesem Staat einen Umfang geben, der ihn befähigt, Ihnen von größerem Nutzen als bisher bei seinen beschränkten Kräften zu sein . . .«

Zwischen den süddeutschen Staaten herrschte ein nicht zu überwindendes gegenseitiges Mißtrauen. Der Wettstreit beim Ländererwerb nahm häßliche, abstoßende Formen an. Anfang 1806 war es zwischen Baden, Württemberg und Bayern zu Schießereien und anderen gewaltsamen Auseinandersetzungen bei der Besetzung der ihnen von Frankreich zugewiesenen Gebiete gekommen. In Wiblingen bei Ulm verloren bei solchen Schießereien zwei württembergische Soldaten ihr Leben. Französische Truppen mußten vorübergehend die Grenzen besetzen, um weitere Zusammenstöße der verbündeten süddeutschen Staaten zu verhindern. Treffend charakterisierte der letzte Abt von St. Peter im Schwarzwald den gewaltsamen Länderschacher im deutschen Südwesten: »Jeder greift zu, die Sache scheint einem kleinen Kriege gleich und die Zeit des Faustrechts wieder gekommen.« Unvereinbar waren die politischen Interessengegensätze: König Friedrich drängte ungestüm nach Westen. Er hätte es am liebsten gesehen, wenn der badische Großherzog sein Land an ihn abgetreten hätte und anderwärtig entschädigt worden wäre. Baden umgekehrt war an einer starken Ausdehnung nach Osten interessiert. Es wünschte zur Sicherung seiner Besitzungen am Bodensee die Landgrafschaft Nellenburg, die Ämter Fischbach und Hofen, ebenso die Stadt Tuttlingen, ferner eine Verbindungslinie Offenburg – Hornberg – Villingen-Schaffhausen. 1809 liebäugelte der badische Minister Sigismund Freiherr von Reitzenstein nicht nur mit einem großen Teil der Schweiz, einer alten Wunschvorstellung von Großherzog Karl Friedrich, sondern er wollte auch unter Einbeziehung der württembergischen Ämter Freudenstadt, Neuenbürg, Herrenalb und Maulbronn die Grenze Badens bis nahe an Heilbronn heranschieben. Außerdem beanspruchte er das Fürstentum Mergentheim für seinen Großherzog. Baden war dank seiner weitgespannten dynastischen Beziehungen gegenüber Württemberg auf politisch-diplomatischem Feld im Vorteil. Vor allem schlug zu seinen Gunsten zu Buch, daß die russische Zarin die Enkeltochter des Großherzogs Karl Friedrich war und daß der badische Thronfolger Karl seit 1806 mit Stephanie Beauharnais, der Adoptivtochter Napoleons, verheiratet war. Im Oktober 1807 klagte König Friedrich, daß der badische Hof eine Intrige angezettelt habe, um ihm die Landgrafschaft Nellenburg wegzunehmen, deren Besitz für die ungestörte Entwicklung des württembergischen Handels auf dem Bodensee und mit der Schweiz von größter Wichtigkeit sei. Noch weiter als Reitzenstein ging die badische Erbprinzessin Stephanie, die vorschlug, Baden mit seiner »herrlichen Taille etwas Embonpoint« zu verschaffen und um Württemberg zu vergrößern. König Friedrich sollte anderwärts entschädigt werden. Königin Charlotte Mathilde machte sich Sorgen wegen des Einflusses der Erbprinzessin Stephanie auf Napoleon. Sie charakterisierte sie als eine Frau, die sich recht leichtfertig gebe, aber einen starken Ehrgeiz besitze und ihr Verhältnis zum Kaiser der Franzosen wohl zu nutzen wisse. Es sei deshalb doppelt wünschenswert, daß die württembergische Regentenfamilie endlich von der Nachbarschaft der badischen befreit würde und daß man diese in der Gegend von Hanau oder in Sachsen entschädige. Sachsen erschien ihr deshalb besonders günstig, weil der sächsische König nach dem Riesengebiet, das ihm in Polen zufalle, ohne weiteres in Deutschland zu großen Landabtretungen veranlaßt werden könnte und weil er sich zudem während des letzten Kriegs gegen Österreich wenig vorbildlich verhalten habe.

Bezeichnend für das Mißtrauen der süddeutschen Höfe gegeneinander war auch die Aufregung, die im Januar 1807 in München und Karlsruhe die Annahme des Titels eines souveränen Herzogs in

Schwaben und Herzogs zu Hohenlohe durch König Friedrich auslöste. Dieser Titel, beanstandete man in München, sei »präjudizierlich«, weil auch Bayern, Baden sowie einige andere souveräne Fürsten Besitzungen in Schwaben hätten und weil die Ansprüche des habsburgischen Erzhauses auf den mit der österreichischen Landvogtei verbundenen Titel eines Fürsten von Schwaben durch den Preßburger Frieden und die Rheinbundakte ihre Gültigkeit verloren hätten. Mit dem Besitz der hohenlohischen Lande sei ferner nie die herzogliche Würde verbunden gewesen, und die Souveränität über diese Lande sei zwischen Württemberg und Bayern geteilt. Die württembergische Regierung wies die Einwände Münchens mit der Begründung zurück, daß die Annahme von Titeln Ausfluß der Souveränitätsrechte des württembergischen Monarchen sei und daß sich im übrigen König Friedrich nicht Herzog von Schwaben, sondern Herzog in Schwaben nenne.

Wie schon beim Tilsiter Friedensschluß beteiligte Napoleon auch bei den Friedensverhandlungen mit Österreich 1809 die Rheinbundstaaten nicht. Der allmächtige Protektor des Rheinbunds behielt sich vor, über die Gebiete, die Österreich hatte abtreten müssen, nach Gutdünken zu verfügen. Am 23. Oktober 1809 machte er auf der Rückreise nach Paris in Stuttgart Station. Es scheint, daß er bei der dreistündigen Unterredung, die er mit König Friedrich hatte, mit Versprechungen nicht gerade geizte. Jedenfalls stellte er ihm in Aussicht, Württemberg und Bayern bevorzugt zu behandeln. Friedrich sollte 300 000 neue Untertanen zugesprochen bekommen. Napoleon zeigte auch Verständnis für den Wunsch Friedrichs, Baden seinem Land anzugliedern, äußerte allerdings Bedenken, ob eine Verpflanzung des badischen Großherzogshauses nach Hannover möglich sei. Schützend hielt er seine Hand wie bisher über den beiden hohenzollerischen Fürstentümern. Daß sich der französische Kaiser gegenüber dem württembergischen König so entgegenkommend zeigte, hatte nach Erwin Hölzle einen bestimmten Grund: Er wollte die engen verwandtschaftlichen Verbindungen von König Friedrich und dessen Gemahlin zum englischen Königshaus zu einer Friedensinitiative gegenüber Großbritannien nutzen. Friedrich war zu einer solchen Vermittlerrolle bereit, verlangte aber dafür einen hohen Preis: Baden. Um keine Zeit zu verlieren, sandte er den Grafen Taube nach Paris. Diesem erteilte er die Anweisung, angesichts des großen Landzuwachses Bayerns zu Lasten Österreichs weite, an die jetzige Ostgrenze des Königreichs Württemberg anschließende Gebiete zu verlangen, keinesfalls aber Gebietsabtretungen an Baden zuzustimmen, hingegen vorsichtig die Eingliederung Hohenzollerns und Badens in den württembergischen Staat zu betreiben. Friedrich war bereit, sich bei einem entsprechenden Entgegenkommen Napoleons zur Stellung eines höheren Truppenkontingents im Kriegsfall zu verpflichten. Graf Taube scheute kein Mittel, um den Wünschen seines Herrn Nachdruck zu verleihen. Nach bewährtem Muster früherer Jahre ließ er es bei einflußreichen Hofkreisen an Bestechungsgeldern nicht fehlen.

Friedrich brach Ende November 1809, ungeachtet seines damaligen schlechten Gesundheitszustandes, selbst nach Paris auf, einer Einladung Napoleons, ebensosehr aber dem Drängen seiner Tochter Katharina, die seit 1807 mit Jérôme, dem jüngsten Bruder Napoleons, verheiratet war, und den Vorstellungen des Grafen Taube folgend. Er glaubte, dieses Opfer »den Interessen des Augenblicks« und seines Hauses bringen zu müssen, denn er wollte verhindern, daß andere Fürsten aus seinem Fernbleiben Vorteile erlangten. In Paris wurde er mit allen Ehren empfangen. Für die letzte Etappe seines Reisewegs hatte ihm der Kaiser Equipagen und als Eskorte eine Abteilung seiner Garde entgegengesandt. Kaum in Paris angelangt und in dem ihm zur Wohnung ausersehenen Palais Luxembourg abgestiegen, machte ihm Napoleon seine Aufwartung. Gleichzeitig mit Friedrich hielten sich die Könige von Bayern und Sachsen in der französischen Hauptstadt auf. Einen erheblichen Teil seiner Zeit mußte er deshalb gesellschaftlichen Verpflichtungen widmen. Wiederholt traf er auch mit seiner Tochter Katharina, der Königin von Westfalen, zusammen. In seinen Erwartungen auf große Gebietserwerbungen sah er sich getäuscht. Napoleon gab Bayern den Vorzug vor Württemberg. Von dem Plan einer Friedensinitiative gegenüber England war nicht mehr die Rede. Damit brauchte der Kaiser der Franzosen auch auf den württembergischen König keine politischen Rücksichten mehr zu nehmen. König Friedrich brach Anfang 1810 verstimmt seinen Aufenthalt in Paris ab und kehrte nach Stuttgart zurück. Unmittelbar nach seiner Rückkehr begrüßte er in Göppingen das königliche Truppenkorps, das am Krieg gegen Österreich teilgenommen hatte und erst jetzt die Erlaubnis zum Rückmarsch in die Heimat bekommen hatte.

Graf Taube versuchte in Paris, sich in direkten Verhandlungen mit Graf Montgelas über den Gebietszuwachs für Bayern und für Württemberg zu einigen. Die Verhandlungen liefen sich jedoch rasch fest.

Napoleon im Kreise seiner Familie
mit König Friedrich
am 4. Dezember 1809 in Paris

Frankreich arrangierte sich zuerst mit Bayern. Anfang März 1810 wurde Taube von den Württemberg zugedachten Erwerbungen Mitteilung gemacht: Gebiete mit insgesamt 110 000 Einwohnern. Bayern war der doppelte Gewinn zugesprochen worden. Graf Montgelas nannte für das schlechte Abschneiden Württembergs bei dem Gebietsschacher in Paris zwei Ursachen: einmal die Ablehnung Frankreichs, sich hinter die württembergischen Forderungen zu stellen, und zweitens die Stadt Ulm, die König Friedrich bei der Aufrechnung seiner territorialen Erwerbungen sehr hoch bewertet worden war. König Friedrich war von den Verhandlungsergebnissen zutiefst enttäuscht. Am 13. März 1810 schrieb er der Tochter: »Das also ist das Ergebnis von fünf Jahren Opfer, das Ergebnis von zwei Kriegen, in denen ich glaubte, der gemeinsamen Sache wesentliche Dienste geleistet zu haben, und günstigster Versprechungen. Ich weiß sehr gut, daß Klagen lächerlich ist . . . ich schweige, aber ich werde den stärksten und unerschütterlichsten Widerstand gegen jeden Vorschlag einer Abtretung leisten, der sich gegen meine Grundsätze und die Interessen meines Landes richtet. Wenn der Kaiser zufällig mit

Ihnen über mich spricht, antworten Sie bitte auf das ›Na gut, was sagt Ihr Vater?‹ ›Er ist tieftraurig, aber er schweigt, weil er zu klug ist, um merken zu lassen, wie groß seine Verärgerung darüber ist, sich in seinen berechtigten Hoffnungen so enttäuscht zu sehen‹. Ich werde sicher nichts Unkluges tun, aber es liegt mir daran, daß der Kaiser weiß, was ich denke . . .« Taube gab sich im März und April 1810 die größte Mühe, den Anteil Württembergs an den zur Verteilung stehenden Gebieten zu erhöhen. Allein, er erreichte wenig. Am 24. April 1810 schloß Württemberg in Compiègne seinen Vertrag mit Frankreich: Es erhielt von Bayern 155 000 Einwohner, konnte also seine Grenzen nicht unbeträchtlich nach Osten verschieben. Andererseits aber hatte es 45 000 Untertanen an Baden abzutreten. Zudem mußte es sich zur Übernahme der alten Schulden der früher württembergischen Grafschaft Mömpelgard und zur Entschädigung der dort eingezogenen Lehengüter verpflichten. Der Vertrag von Compiègne gab die Rahmenbedingungen für den Gebietsaustausch zwischen Württemberg und seinen Nachbarn. Die endgültige Festlegung der neuen Landesgrenzen hatte in Einzelverträgen zwischen den beteiligten Staaten zu erfolgen. Daß Frankreich auch auf die diesen Staatsverträgen vorausgehenden Verhandlungen, die gleichfalls in Paris stattfanden, bestimmenden Einfluß nahm, liegt auf der Hand.

Verhältnismäßig einfach gestalteten sich die Verhandlungen mit Bayern. Weder für Württemberg noch für Bayern standen, von der alten württembergischen Herrschaft Weiltingen als Ausnahme abgesehen, der Verzicht von Stammlanden oder die Aufgabe von wirtschaftlich und verkehrsmäßig besonders wichtigen Territorien auf dem Spiel. An das Hin- und Herschieben säkularisierter, mediatisierter sowie Preußen und Österreich nach den beiden letzten Kriegen weggenommener Gebietsteile hatte man sich gewöhnt. Im Staatsvertrag vom 18. Mai 1810 trat Bayern an Württemberg folgende Gebiete ab: die vormals österreichischen Graf- und Herrschaften Tettnang und Argen, das Amt Gebrazhofen, die Freien auf der Leutkircher Heide, Teile der früheren preußischen Fürstentümer Ansbach und Bayreuth (vor allem die Oberämter Crailsheim und Creglingen), das Fürstentum Hohenlohe-Kirchberg, Teile der Fürstentümer Öttingen-Spielberg und Öttingen-Wallerstein, der Herrschaften Eglingen und Neresheim des Fürsten von Thurn und Taxis, die Grafschaft Kirchberg und die Herrschaft Dietenheim der Grafen Fugger, die ehemalige Abtei Söflingen, das Amt Ausnang der früheren Abtei Weingarten, die seit 1803 bayerische Herrschaft Oeffingen bei Stuttgart des Augsburger Domkapitels, Gebietsteile der aufgehobenen Abteien Elchingen und Kaisheim, einige Orte und Ortsteile des deutschordischen Oberamts Ellingen, die einstigen Reichsstädte Bopfingen, Buchhorn, Leutkirch, Ravensburg, Ulm und Wangen sowie Teile des reichsstädtischen Gebiets von Dinkelsbühl, Lindau, Nördlingen und Rothenburg. Die Grenze zwischen Bayern und Württemberg bildete künftig eine westlich von Waldmannshofen bei Mergentheim zum Bodensee gezogene Linie.

Württemberg überließ dem Nachbarstaat die von bayerischem Gebiet umschlossene altwürttembergische Herrschaft Weiltingen.

Lange schleppten sich die Verhandlungen mit Baden hin. Württemberg hatte seinem westlichen Nachbarstaat Gebiete zu überlassen, die seit Jahrhunderten Bestandteile des Landes bildeten oder an denen ihm aus anderen Gründen sehr gelegen war. Hinzu kam, daß sich König Friedrich nur schwer an den Gedanken gewöhnen konnte, an Baden, das er am liebsten seinem Königreich einverleibt hätte, um die Grenzen seines Staats an den Rhein vorzuschieben, Land abzutreten. Er rechnete damit, daß der badische Großherzog die Landgrafschaft Nellenburg von Württemberg fordern würde. Er beauftragte deshalb seinen Unterhändler in Paris, Graf Taube, einem solchen Ansinnen aufs entschiedenste entgegenzutreten. Jedoch ermächtigte er ihn, Baden jede Erleichterung hinsichtlich der Transitwege durch Nellenburg anzubieten, so eine freie Handels- und Verkehrsstraße durch die Landgrafschaft. Ebenso hatte Taube alle badischen Wünsche abzulehnen, die sich auf württembergische Stammesgebiete richteten, weil König Friedrich beim Regierungsantritt seinen Untertanen versprochen hatte, daß er keinen von seinen Vorfahren ererbten Landesteil aufgeben werde.

Auch nach dem Abschluß des Staatsvertrags mit Bayern hielt König Friedrich an seiner schroffen Ablehnung einer Abtretung Nellenburgs fest. Frankreich legte sich ins Mittel und drohte, die Gebiete, die Bayern an Württemberg abzutreten hatte, erst freizugeben, wenn die badisch-württembergischen Grenzverhältnisse vertraglich geregelt seien. Napoleon war über die Unnachgiebigkeit des württembergischen Königs sichtlich verärgert. Er sah ein, daß Baden die Landgrafschaft Nellenburg benötigte, um eine Landverbindung zu seinen Gebietsteilen am Bodensee zu haben. Über seinen Außenminister legte er König Friedrich den Verzicht mit dem Hinweis nahe, daß der Handel Württembergs mit der Schweiz nicht beeinträchtigt werde, wenn Baden dem Nachbarland vertragliche Garantien einräume, über deren Einhaltung Frankreich wache. König Friedrich gab nicht nach. Er hoffte, daß Napoleon in Wirklichkeit für seine Position Verständnis habe und daß es sich nur um einen Schreckschuß des französischen Außenministers gehandelt habe. Doch er mußte sich belehren lassen. Napoleon stellte gegenüber Graf Taube klar, daß er die Abtretung Nellenburgs an Baden wünschte, zumindest aber die umgehende Einigung zwischen Württemberg und Baden in ihren beiderseitigen Gebietsangelegenheiten erwarte. Friedrich wechselte seinen Unterhändler in Paris. An die Stelle des Grafen Taube trat der nicht weniger schroff die Sache seines Herrn vertretende Graf Wintzingerode der Jüngere. Auch direkte Verhandlungen mit Baden nahm der König auf. Hierbei deutete er eine gewisse Kompromißbereitschaft an. Angesichts der probadischen Einstellung des französischen Außenministers, des Herzogs von Champagny, zu der wesentlich der französische Gesandte Bignon in Karlsruhe beigetragen hatte, sah König Friedrich schließlich keine andere Möglichkeit mehr, als in die Abtretung Nellenburgs zu willigen und einige andere Grenzkorrekturen zugunsten Badens zu akzeptieren. Er vermutete, hinter der einseitigen Parteinahme Champagnys für Baden stehe der Plan Frankreichs, sich Baden in absehbarer Zeit einzugliedern. Diese Vermutung war freilich völlig aus der Luft gegriffen. Ein entsprechender französischer Plan ließ sich nie nachweisen. Nach dem Einlenken des Königs kam eine Einigung rasch zustande. Der Staatsvertrag vom 2. Oktober 1810 räumte den württembergischen Untertanen bei ihrem Handelsverkehr durch das Oberamt Stockach gleiche Rechte wie den Badenern ein. Außerdem verpflichtete sich der badische Staat, die auf den Straßen von Tuttlingen über Engen nach Schaffhausen und ebenso von Riedlingen, Mengen über Meßkirch, Stockach nach Radolfzell bestehenden Zölle nur im Einvernehmen mit Württemberg zu erhöhen und die württembergischen Staatsangehörigen auf diesen Verbindungsstraßen in ihrer Handelstätigkeit nicht zu behindern. Baden dehnte seine landeshoheitlichen Rechte nunmehr auf die Landgrafschaft Nellenburg, die Herrschaften Gutenstein, Stetten am kalten Markt, Teile der Herrschaften Schramberg, Kallenberg und Werenwag, den größten Teil der altwürttembergischen Oberämter Hornberg und St. Georgen, Teile der Oberämter Tuttlingen, Maulbronn und Güglingen sowie Teile des Gebiets der ehemaligen Reichsstadt Rottweil aus.

Damit war nach monatelangem unwürdigem Feilschen unter französischem Druck die endgültige Landesgrenze zwischen Baden und Württemberg festgelegt worden. Zurück blieb in beiden Ländern ein wechselseitiges Mißtrauen. Besonders ausgeprägt war das Mißtrauen in Baden, wo man Württemberg vorwarf, stets seinen Vorteil auf Kosten des kleineren Nachbarstaats gesucht zu haben.

Die Ehe der Prinzessin Katharina mit Jérôme, dem Bruder Napoleons

Am 24. November 1806 hatte König Friedrich an Napoleon geschrieben: »Ihre Freundschaft ist ein Schutz, der nicht nur vor Unglück bewahrt, sondern der für diejenigen, welche ihn genießen, die günstigsten Ergebnisse hervorbringt.« Der Feldherrnruhm Napoleons überstrahlte Europa, und König Friedrich, der wenige Monate zuvor gegenüber dem französischen Gesandten in Stuttgart, Didelot, geäußert hatte, daß für ihn die Machterweiterung und die Größe seines Hauses sowie seines Königreichs bestimmend für sein Handeln seien, hatte längst erkannt, daß das militärische Genie des französischen Imperators ihm und seinem Land hohen Gewinn bringen konnte und auch schon gebracht hatte. Auf der anderen Seite war er sich bewußt, daß die hochgesteckten Ziele, die er mit Hilfe des übermächtigen Schutzherrn erreichen wollte, erhebliche Opfer forderten, die er seiner Familie wie seinem Land auferlegen mußte.

Der große französische Usurpator strebte Eheverbindungen zwischen seiner Familie und den vornehmsten europäischen Fürstengeschlechtern in der Absicht an, sie an sich zu ketten und zum anderen sich und seiner Familie die fehlende geschichtliche Legitimität durch blutmäßige Verknüpfung mit den bedeutendsten Geschlechtern Europas und ihrer jahrhundertealten glanzvollen fürstlichen Tradition zu verschaffen. Zu diesen unter sich vielfach versippten erlauchten Geschlechtern zählte das Haus Württemberg wie die Wittelsbacher in Bayern und die Zähringer in Baden. Kein Wunder also, wenn Napoleon schon bald, nachdem er König Friedrich von Württemberg in eine Satellitenrolle gedrängt hatte, Pläne entwickelte, in verwandtschaftliche Beziehungen zu dessen Familie zu treten.

Schon im November 1805 sprach der bayerische Geschäftsträger in Stuttgart gerüchteweise von der Absicht Napoleons, seinen jüngsten Bruder Jérôme mit der Tochter Friedrichs, Katharina, zu vermählen. Friedrich war einer solchen Verbindung wenig geneigt. Seine Intentionen gingen in eine andere Richtung: Er dachte an eine Ehe der zweiundzwanzigjährigen Tochter mit dem badischen oder bayerischen Kurprinzen. Die Situation änderte sich für ihn grundlegend, als Ende 1805 bekannt wurde, daß der König von Bayern mit Napoleon die Heirat seiner Tochter Auguste mit dessen Stiefsohn Eugen Beauharnais verabredet hatte und desgleichen der badische Kurfürst seines Enkels Karl mit der Adoptivtochter des Kaisers, Stephanie Beauharnais, der Nichte Josephines. König Friedrich mußte befürchten, daß er politisch gegenüber den beiden Nachbarhöfen ins Hintertreffen geraten würde, wenn er nicht »nachzog«. Hinzu kam, daß er sich nur dann mit Aussicht auf Erfolg den Rheinbundplänen Napoleons widersetzen konnte, wenn er dem Kaiser der Franzosen anderweitig entgegenkam. Das Opfer, das er von der Tochter verlangte, fiel ihm bestimmt nicht leicht. Katharina stand ihm von seinen Kindern am nächsten. Wenn er ihr am 7. November 1805 schrieb, daß er ihr in Zärtlichkeit zugetan sei und es immer bleibe, so war dies nicht übertrieben.

Vom 18. bis 20. Januar 1806 war Napoleon in Stuttgart, um König Friedrich für sein Rheinbundprojekt zu gewinnen. Dabei kamen auch seine Heiratspläne zur Sprache. König Friedrich gab zu erkennen, daß er über eine Eheverbindung von Jérôme und Katharina durchaus mit sich reden lasse. Er bedang sich lediglich aus, daß Katharina selbst entscheide und daß Jérôme zum selbständigen Fürsten erhoben werde. Napoleon hätte indessen der Verbindung des württembergischen Kronprinzen mit einer seiner Verwandten den Vorzug gegeben, zumal er davon ausging, der Prinz sei noch immer frankreichfreundlich eingestellt. Dies war jedoch nicht mehr der Fall. Kronprinz Friedrich Wilhelm hatte sich vom Verehrer des französischen Imperators zum schroffen Gegner gewandelt. Dennoch nahm er gegenüber dem napoleonischen Heiratsprojekt eine recht zweideutige Haltung ein. Einmal dürfte es seiner Eitelkeit geschmeichelt haben, in nahe verwandtschaftliche Beziehungen zu dem mächtigsten Mann Europas zu treten, zum andern befriedigte es seinen jugendlichen Trotz, etwaige Heiratspläne seines Vaters zu durchkreuzen. Jedenfalls gab er zu verstehen, daß er nicht uninteressiert sei. Um sich durch den Sohn nicht länger brüskieren zu lassen und um ihm zugleich deutlich zu machen, daß er für ihn keine Ehe mit einer Verwandten Napoleons wünsche, entschied sich König Friedrich im Februar 1806 endgültig für die Heirat der Tochter Katharina mit Jérôme und ließ dies durch Graf Wintzingerode nach Paris mitteilen.

Offensichtlich verfolgte aber Napoleon seine Heiratspläne mit Kronprinz Friedrich Wilhelm weiter. Im Mai 1806 übermittelte der französische Gesandte in Stuttgart, Didelot, den Wunsch seines Herrn nicht nur nach einer Ehe zwischen Katharina und Jérôme, sondern auch des Kronprinzen mit seiner angeheirateten Nichte Tascher de la Pagerie. König Friedrich besprach sich mit seinen Kindern. Katharina gab ihre Einwilligung, und auch der Kronprinz zeigte sich, für den Vater überraschend, dem Vorschlag Napoleons nicht abgeneigt. Friedrich ließ daraufhin den französischen Gesandten wissen, daß er beiden Verbindungen zustimme, in die angeregte Eheallianz des Sohns aber nur, falls ihm Napoleon neben weiteren süddeutschen Gebieten auch die Souveränität über die Schweiz zuerkenne. Sicherlich schraubte er seine Forderungen so hoch, um die Verwirklichung des Projekts aufs äußerste zu erschweren, wenn nicht gar zu verhindern. An einer solchen Verbindung mit der Familie Napoleons konnte ihm aus staatspolitischen Gründen nämlich kaum gelegen sein. Denn eine Ehe des Sohnes mit einer Nichte des französischen Kaisers mußte sein Verhältnis zum österreichischen und zum russischen Kaiserhaus wie zum englischen und preußischen Königshaus, die ihm alle verwandtschaftlich eng verbunden waren, über die Maßen belasten. Die Ehe der nichtthronfolgeberechtigten Tochter mit einem Bruder Napoleons mochte noch hingenommen werden, kaum jedoch eine entsprechende Eheverbindung des Kronprinzen.

Friedrich hatte richtig kalkuliert. Napoleon erschien der Preis zu hoch. Unterdessen kamen auch die Verhandlungen über die Heirat der Tochter mit Jérôme nicht voran, denn hier versuchte der König gleichfalls ansehnliche Gebietsvergrößerungen für Württemberg herauszuschlagen. Napoleon andererseits war nicht bereit, Friedrich mehr territoriale Zugeständnisse als den anderen süddeutschen Staaten zu machen. Zudem kam er erneut auf sein Rheinbundprojekt zurück. Der politische Handlungsspielraum König Friedrichs schrumpfte. Er mußte jetzt in der Heiratsangelegenheit seiner Tochter entgegenkommen. Doch jetzt zögerte Napoleon. Erst im August 1806 war er wegen des drohenden Kriegs mit Preußen wiederum zu Zugeständnissen gegenüber seinen Verbündeten bereit. Er vertagte den Rheinbund, und die Heirat Katharinas mit Jérôme fand nunmehr seine Billigung. Am 9. September 1806 wur-

Prinzessin Katharina von Württemberg

de der Ehekontrakt in Paris unterzeichnet. Bei einer Begegnung mit Napoleon unmittelbar vor Ausbruch des Kriegs gegen Preußen lernte Friedrich seinen künftigen Schwiegersohn kennen. Die Gewandtheit und Höflichkeit, die Jérôme an den Tag legte, verminderte die Abneigung, die er noch immer gegen diese Verbindung aus Staatsräson empfand. Napoleon hatte es mit der Hochzeit des Bruders nicht eilig. Nach seinem großen Sieg bei Jena liebäugelte er sogar noch mit einer Eheverbindung zwischen Jérôme und der Tochter des weit gefügigeren sächsischen Königs. Der Plan scheiterte jedoch vor allem an der katholischen Konfession der Prinzessin: Die erste Ehe Jérômes war nach kanonischem Recht nicht aufgelöst. Endlich am 23. August 1807 fand die Trauung Katharinas mit Jérôme statt.

Kronprinz Friedrich Wilhelm heiratete, um sich weiteren französischen Eheprojekten zu entziehen, am 5. Juni 1808 Prinzessin Charlotte Auguste von Bayern. Die Ehe Katharinas mit Jérôme gewährte König Friedrich Schutz; er konnte gegenüber dem Kaiser der Franzosen leichter eine gewisse Selbständigkeit behaupten und Übergriffe abwehren, ohne daß er sich allzu großen Risiken aussetzte.

Nach dem Frieden von Tilsit erhob Napoleon seinen Bruder Jérôme zum König von Westfalen. Der neue König wählte die nordhessische Stadt Kassel zu seiner Residenz. Über seinen leichtlebigen, verschwenderischen Hof drangen bald Gerüchte nach Stuttgart. Königin Charlotte Mathilde fragte sich in einem Brief an ihren Mann, ob Jérôme bloß von »schlechten Subjekten« umgeben sei oder ob er sich in einem derartigen Zustand von Abhängigkeit befinde, daß er seiner selbst nicht Meister sei. Sie meinte, er müsse sich in seinem Verhalten um mehr Klugheit bemühen, denn sonst könne es geschehen, daß er von einem Tag zum anderen gezwungen sei, sein Land zu verlassen, um für die Fehler, die er in seiner Verwaltung begehe, zu büßen. Die Tochter Katharina sah die Königin in einer solchen Hofgesellschaft fortwährenden Intrigen ausgesetzt. Sorge machte der Königin im Herbst 1808 die angeschlagene Gesundheit Katharinas. Sie vermutete, die Krämpfe, unter denen die junge Königin seit einiger Zeit litt, seien von zu starken seelischen Belastungen verursacht. König Friedrich, ebenfalls um die geliebte Tochter sehr besorgt, schickte ihr seinen Leibarzt Hardegg, und er war beruhigt, als dieser zu der Diagnose kam, die Gesundheit der jungen Königin werde sich wieder festigen.

Katharina enttäuschte es, daß Napoleon seinen Bruder zu sehr gängelte und daß er zunehmend auf die Regierung des Königreichs Westfalen Einfluß nahm. Sie schrieb dies auch ihrem Vater, mit dem sie seit ihrer Hochzeit einen regen Briefwechsel unterhielt. Sie ließ aber zudem keinen Zweifel, daß sie sich ihrem Gatten viel stärker verbunden fühlte, als dies bei einer von der Staatsräson diktierten Heirat zu erwarten gewesen war. Über Napoleon äußerte sie sich kritisch in einem Brief vom 31. August 1809. Der Kaiser betrachte selbst seine fähigsten Generale als Instrumente, deren er sich nach Gutdünken bedienen könne. Einen eigenen Handlungsspielraum gestehe er ihnen nicht zu. König Friedrich mißtraute der Politik Napoleons ebenfalls in wachsendem Maß. Bei einem Besuch auf der Durchreise nach Frankreich am 23. Oktober 1809 verstand es der Kaiser der Franzosen noch einmal, Friedrich zu beschwichtigen. Der

Tochter berichtete der König wenige Tage später, der Kaiser habe ihn in einem dreistündigen Gespräch über den Friedensschluß mit Österreich unterrichtet und mit ihm politische Fragen in einer Atmosphäre größten Vertrauens erörtert. Daß es Friedrich bei diesem letzten Besuch Napoleons in Württemberg ebensowenig an einem glanzvollen Empfang fehlen ließ wie ein halbes Jahr zuvor, als der Kaiser in Ludwigsburg auf der Fahrt zu seinem Heer Station gemacht und der König mit ihm zusammen die Feste Hohenasperg besucht hatte, versteht sich von selbst. Unter dem Donner der Kanonen und dem Geläut der Kirchenglocken war Napoleon in Stuttgart eingezogen. Der König hatte ihn vor dem Residenzschloß mit seinem ganzen Hofstaat begrüßt. Galadiner und Sondervorstellung der Oper hatten den weiteren festlichen Rahmen abgegeben. Unterdessen hielt die Zufriedenheit Friedrichs mit dem Protektor des Rheinbunds nicht lange an. Hierzu trug vermutlich auch das sich zunehmend verschlechternde Verhältnis Napoleons zu seinem Bruder Jérôme bei. König Friedrich und Königin Charlotte Mathilde blickten mit Sorge nach Kassel. Im Königreich Westfalen war es während des Kriegs gegen Österreich zu Aufständen gekommen. Sie hatten zwar alle unterdrückt werden können, doch die Stellung Jérômes war angeschlagen. Königin Charlotte Mathilde war nicht gut auf ihn zu sprechen. Sie gab seiner Unfähigkeit die Schuld, wenn Napoleon in Kassel nach dem Rechten sehe. Ihr tat vor allem Katharina leid, die ihren Mann stets in Schutz nahm.

Die Trennung Napoleons von seiner Gattin Josephine im Spätherbst 1809 war an den europäischen Höfen seit langem erwartet worden. Josephine hatte dem Gatten den Thronerben nicht geschenkt, den er so sehnlichst wünschte, um seine Herrschaft auf eine gefestigte und dauerhafte Grundlage zu stellen. Charlotte Mathilde bedauerte zwar die Kaiserin, hielt aber die Trennung aus dem gleichen Grund für unerläßlich. Sie vermutete, daß der Kaiser die vierzehnjährige russische Großfürstin Anna, die Schwester Kaiser Alexanders und Nichte König Friedrichs, zu seiner zweiten Gattin wählen werde. Sie versprach sich von dieser Eheverbindung für Friedrich große Vorteile, da durch sie zum zweiten Mal zwischen dem Haus Württemberg und dem französischen Kaiser enge verwandtschaftliche Beziehungen geknüpft würden. Der württembergische König wäre dann nicht nur der Schwiegervater von Napoleons jüngstem Bruder, sondern er wäre zugleich auch noch der Onkel der zweiten Gemahlin des Kaisers. Weniger rosig erschienen der Königin die persönlichen Lebensverhältnisse der neuen Kaiserin. Ihr Schicksal, meinte sie, werde beklagenswerter sein als das der alten Kaiserin. Sie werde es nämlich schwer haben, den Beifall der gegenüber allen Ausländern mißtrauischen Franzosen zu finden. Auch werde Napoleon, der an die liebenswürdige und geistreiche Josephine gewöhnt sei, mit ihrer Wesensart nicht leicht zurechtkommen. Sie hielt es deshalb auch für möglich, daß die achtzehnjährige österreichische Erzherzogin Marie Luise, die Tochter von Kaiser Franz, die zweite Frau Napoleons werde.

In der Tat hielt der Kaiser der Franzosen schon seit geraumer Zeit nach einer zweiten Gattin Ausschau, und er dachte auch zunächst an eine der beiden russischen Großfürstinnen Katharina und Anna. Für den mächtigsten Herrscher Europas kam nur eine Frau aus einer ihm ebenbürtig erscheinenden Familie kaiserlichen Geblüts in Betracht. Schon bald nach dem Frieden von Tilsit begann er deshalb bei dem ihm damals freundschaftlich verbundenen Zar Alexander wegen einer seiner Schwestern zu sondieren. Doch Alexander verstand es geschickt, ihn hinzuhalten. Die Kaiserin-Mutter, ließ er Napoleon wissen, mache fortgesetzt Schwierigkeiten, und diese Feststellung war nicht einmal unwahr. Freilich, auch Alexander selbst war es bei dem Gedanken nicht wohl, in enge verwandtschaftliche Beziehungen zu dem französischen Usurpator zu treten. In Erfurt, im Oktober 1808, machte er Napoleon nochmals Hoffnungen auf die Hand Katharinas. Doch kaum nach St. Petersburg zurückgekehrt, stimmte er einer Heirat seiner ältesten Schwester mit Prinz Georg von Oldenburg zu. Napoleon gab dennoch nicht auf. Er warb jetzt um die vierzehnjährige Großfürstin Anna. Das jugendliche Alter Annas und die Frage des Konfessionswechsels ermöglichten es Alexander, eine Entscheidung wiederholt aufzuschieben. Im Februar 1810 brach Napoleon, verärgert über die ständigen russischen Ausflüchte und die zusätzlichen politischen Forderungen Alexanders in der polnischen Frage, die Verhandlungen ab. Inzwischen hatte er in Wien, wo er seit einigen Monaten verhandeln ließ, den entscheidenden Durchbruch erzielt. Am 1. April 1810 schloß er in St. Cloud die Zivilehe mit der achtzehnjährigen Erzherzogin Marie Luise. Am folgenden Tag fand unter großem Pomp die kirchliche Trauung statt.

König Friedrich wußte, was er der künftigen französischen Kaiserin schuldig war. Als Erzherzogin Marie Luise auf ihrer Reise nach Paris durch Württemberg kam, gab er ihr ein »superbe fête«, ein glanzvolles Fest. Napoleon war von dieser Reverenzbezeugung des selbstbewußten Württembergers für seine neue Gattin sehr erfreut. Im folgenden Jahr schenkte Marie Luise ihrem Gemahl einen Sohn. Der hochbeglückte Kaiser legte dem Kind bereits in der Wiege den Titel eines Königs von Rom bei. Die Verbündeten ließen es an Freudenbekundungen nicht fehlen, in Stuttgart veranstaltete der französische Gesandte in Anwesenheit des Königspaars ein glänzendes Fest im Großen Opernhaus.

Die wenig erfreulichen Verhältnisse am Kasseler Hof bereiteten König Friedrich und seiner Gattin immer größere Sorgen. Obwohl der König es sich zur Pflicht gemacht hatte, in seiner Korrespondenz mit der Tochter niemals über Angelegenheiten, die ihren Mann betrafen, zu sprechen, wich er im Juli 1810 einmal von diesem Grundsatz ab, nachdem er gehört hatte, daß Joseph, der König von Holland, seinen Bruder Jérôme in Kassel besuchen wolle, um politische Gespräche mit ihm zu führen. Friedrich war bekannt, wie sehr Napoleon dieses Treffen wider den Strich ging. Deshalb beschwor er Katharina, auf ihren Mann einzuwirken, daß er nichts tat, was dem Kaiser mißfallen könnte. Im Herbst 1811 erreichten ihn erneut schlechte Nachrichten aus Kassel. Er schrieb an seine Frau, daß Katharina sehr niedergeschlagen sei. Königin Charlotte Mathilde antwortete, Jérôme müsse doch endlich erkennen, was er riskiere, wenn er sich in den Augen seiner Untertanen herabwürdige und den Zorn des Kaisers auf sich ziehe, der ja auch vor strengen Maßnahmen gegenüber seinen nächsten Verwandten nicht zurückschrecke. Im November 1811 brach im Schloß in Kassel ein Brand aus, der beträchtlichen Schaden anrichtete. Mit großer Erleichterung nahm König Friedrich die Nachricht auf, daß das westfälische Königspaar unverletzt geblieben sei. Die kriegerischen Ereignisse der Jahre 1812 und 1813 sowie die militärischen Aufgaben, die Jérôme zu übernehmen hatte, ließen die unguten Verhältnisse am Kasseler Hof in den Hintergrund treten. Katharina, die treu zu ihrem Mann hielt, verließ am 10. März 1813 Kassel, um in Frankreich Zuflucht zu suchen. Seit sich König Friedrich im November 1813 den Verbündeten angeschlossen hatte, befand sie sich im feindlichen Lager. Unmittelbar vor dem Anschluß nahm er am 22. Oktober 1813 in einem Brief bewegt und für lange Zeit Abschied von ihr. Er sprach von dem grausamsten Augenblick seines Lebens, den er jetzt durchzustehen habe. Aufs tiefste gedemütigt und ohne jegliche Hilfe, müsse er sich der Gewalt beugen, wenn er seinem Land die Schrecken des Kriegs und der Verwüstungen ersparen wolle.

Die Katastrophe des Rußlandfeldzugs von 1812

Nach dem Krieg gegen Österreich 1809 und dem Abschluß des Länderschachers hoffte König Friedrich auf friedliche Jahre, in denen sich sein aus vielen Herrschaften und Herrschaftsteilen zusammengestückeltes Land konsolidieren und sich im Innern wie nach außen festigen konnte. Dank seiner unnachgiebigen Haltung hatte er bei Napoleon erreicht, daß württembergische Truppen vom kriegerischen Einsatz in Spanien verschont blieben. Seit 1810 jedoch zog ein neuer europäischer Konflikt herauf: Das französisch-russische Bündnis zerbrach an der von Napoleon verfügten Kontinentalsperre, den wachsenden politischen Interessengegensätzen der beiden Großmächte in Polen wie im Orient sowie an dem rücksichtslosen Ausdehnungsdrang des französischen Imperiums in Italien und in Norddeutschland, wo Napoleon den mit dem Zarenhaus eng verwandten Oldenburger Großherzog vom Thron stieß. Schon 1811 begann der Kaiser der Franzosen mit umfassenden Rüstungen gegen das Zarenreich. Im März forderte er König Friedrich auf, ein Regiment nach Danzig, dem französischen Waffenplatz an der Ostsee, zur Verstärkung der dortigen Garnison zu entsenden. Der König versuchte, sich dem Verlangen zunächst mit dem Hinweis zu entziehen, er bedürfe mehrerer friedlicher Jahre, um die württembergischen Staatsfinanzen zu sanieren. Sollte während dieser Zeit ein neuer Krieg ausbrechen, wären alle seine Anstrengungen auf wirtschaftlichem Gebiet vergeblich gewesen, und er sähe sich vor die traurige Notwendigkeit gestellt, »seine Völker mit außerordentlichen Steuern zu belasten«. Die Kriegsgefahr, mit der ihn Napoleon zu schrecken suchte, sah er nicht. Im Gegenteil, er versicherte dem französischen Kaiser, daß Zar Alexander ihm nach wie vor wohlwollend gesinnt sei. Napoleon blieb bei seiner Meinung. »Rußland mobilisiert!« schrieb er ihm am 2. April 1811. Im übrigen bediente er sich gegenüber dem widerspenstigen württembergischen Verbündeten unverhüllter Drohungen: »Wenn mir die Bundesfürsten auch nur den geringsten Zweifel über ihre Vorkehrungen für eine gemeinsame Verteidigung lassen, werden sie sich zugrunde richten, denn ich ziehe Feinde unzuverlässigen Freunden vor«. Als Protektor des Rheinbunds schütze er die Verbündeten, deshalb könne er von ihnen auch die ihm notwendig erscheinende Unterstützung verlangen. »Ich bitte deshalb Euer Majestät, Ihr Regiment in Marsch zu setzen . . . Unser System beruht auf gegenseitigen Bindungen, aber wie können Sie bei Ihrem Geist nicht begriffen haben, daß Ihr Brief diese Bindungen gelockert hat?« Auch diesmal blieb Friedrich keine andere Wahl, als sich dem Willen Napoleons zu beugen und das angeforderte Regiment nach Danzig zu entsenden.

Anfang 1812 sah Napoleon den Krieg mit Rußland als unvermeidlich an. Bei dem neuen großen Waffengang konnte er sich nicht nur auf die Rheinbundstaaten stützen, sondern er sicherte sich auch durch besondere Verträge im Februar und März 1812 die militärische Unterstützung Preußens und Österreichs. Mit Kaiser Franz von Österreich verband ihn seit zwei Jahren ein enges verwandtschaftliches Band. Er hatte, nachdem er sich von Josephine, seiner ersten Frau, getrennt hatte, 1810 Marie Luise von Österreich, die Tochter von Kaiser Franz, geheiratet. Der bevorstehende Feldzug erfüllte Friedrich, der einer der wenigen Rußlandkenner unter den Verbündeten des großen französischen Eroberers war, mit tiefer Sorge. Er gab sich über die immensen Opfer, die dieser Krieg fordern würde, keinen Illusionen hin. Mit welchen Erfolgen der Krieg auch ende, für Württemberg werde er keine günstigen Ergebnisse haben. »In meinem Alter«, stellte der König bitter fest, »bedrückt es einen sehr, wenn man die Hoffnung aufgeben muß, für das Glück seiner Untertanen zu arbeiten.« Die bewaffnete Auseinandersetzung zwischen Frankreich und Rußland, die ihn auf Grund des Rheinbundvertrags zur Heeresfolge zwang, war für ihn der Krieg Napoleons. Als der seit knapp einem Jahr in Stuttgart akkreditierte russische Gesandte Daniel Alopeus bei Kriegsausbruch Württemberg verließ, gaben er und der württembergische Außenminister die wechselseitige Erklärung ab, daß sich ihre Souveräne als nicht im Krieg miteinander befindlich betrachteten. Zar Alexander hatte Alopeus im Mai 1811 an den Hof seines Onkels nach Stuttgart geschickt, um die freundschaftlichen Kontakte zwischen beiden Höfen wieder enger zu knüpfen und mit Friedrich, soweit es dessen Bindung an den Rheinbund erlaubte, in nähere politische Beziehungen zu treten.

Friedrich hatte die nicht einmal drei Jahre umfassende Friedenszeit seit der Niederlage Österreichs im Sommer 1809 dazu benutzt, die militärischen Einrichtungen seines Landes auszubauen und die Schlagkraft seines kleinen Heers durch eine gründliche Ausbildung zu erhöhen. Am 1. März 1812 inspizierte er die ausmarschbereiten Truppen in Öhringen: 12 Bataillone Infanterie, 4 Reiter-Regimenter und 2 Fußbatterien Artillerie. Zusammen mit dem seit einem Jahr in

Danzig stehenden Infanterie-Regiment und den später nachgesandten Ersatzmannschaften umfaßte die württembergische Felddivision 15 800 Mann, 3400 Pferde und 32 Geschütze. Um die Unterstellung seiner Truppen unter einen französischen General zu vermeiden, übertrug der König den Oberbefehl über sie dem einunddreißigjährigen Kronprinzen Friedrich Wilhelm. Am 17. März brach die Division auf. Sie nahm ihren Weg über Würzburg durch den Thüringer Wald nach Leipzig, um sich unterwegs der Großen Armee anzuschließen. Als 25. Division gehörte sie neben zwei französischen Divisionen zu dem von Marschall Ney befehligten dritten Armeekorps. König Friedrich reiste trotz seines schlechten Gesundheitszustands – er litt noch stärker als in früheren Jahren an Gicht, hatte ständig Schmerzen in den Beinen und wurde von heftigen Krämpfen gequält – Mitte Mai nach Würzburg, um dort mit dem Kaiser der Franzosen zusammenzutreffen. Napoleon wählte jedoch von Mainz aus eine andere Reiseroute als ursprünglich geplant. Ohne Würzburg zu berühren, nahm er seinen Weg nach Dresden. Dort in der Hauptstadt Sachsens, hielt er Mitte Mai nochmals glanzvoll Hof in Anwesenheit seines Schwiegervaters, Kaiser Franz I. von Österreich, und von König Friedrich Wilhelm III. von Preußen. Der württembergische König konnte ihm seine Wünsche für den bevorstehenden Feldzug nur schriftlich übermitteln, weil sein sich verschlechternder Gesundheitszustand ihn zwang, Bad Pyrmont zu einer Kur aufzusuchen.

Der Weg der Württemberger führte durch die Niederlausitz, Westpolen und Ostpreußen. Am 25. Juni überschritten sie die Memel. Der Marsch durchs Feindesland war entbehrungsreich und strapaziös, weil sie, gewöhnlich die Nachhut bildend, meist verlassene und verwüstete Orte passierten. Die Ausfälle durch Kranke und Erschöpfte stiegen sprunghaft an. Ruhr und Nervenfieber grassierten. Bei Tag setzte glühende Hitze den Soldaten zu, bei Nacht litten sie unter empfindlicher Kälte. Staub und Dürre wechselten mit verheerenden Regengüssen, die die Wege in Morast verwandelten. Nahrungsmittel waren in den verlassenen Dörfern kaum aufzutreiben. Mitte Juli befiel den Kronprinzen das Nervenfieber. Er mußte zurückbleiben und schließlich nach Hause zurückkehren. Das Kommando über die württembergische Division übernahm General von Scheler.

Die Zuversicht der ersten Wochen nach dem Ausmarsch wich wachsender Unzufriedenheit und Niedergeschlagenheit. Nicht wenige württembergische Offiziere begannen an dem militärischen

Abenteurer Napoleon, der sie in die Weiten Rußlands geführt hatte, Kritik zu üben. Außerdem bewirkte die Benachteiligung der Division bei der Zuweisung von Quartieren und bei der Versorgung mit Lebensmitteln eine zunehmend franzosenfeindliche Stimmung. Napoleon blieb dies nicht verborgen. In einem an Kronprinz Friedrich Wilhelm gerichteten Brief gab er seinem Unmut Ausdruck. Der Geist der Württemberger, schrieb er, ähnle keineswegs dem Geist, den sie in früheren Feldzügen gezeigt hätten. Viele Offiziere zeigten eine schlechte Gesinnung. Ehe sie das ganze Offizierskorps mit ihrer verderblichen Einstellung ansteckten, seien sie zurechtzuweisen und zu bestrafen, äußerstenfalls davonzujagen. Der Kronprinz habe dafür zu sorgen, daß sich in seinem Truppenkorps der Eifer und der Wille zur Einigkeit durchsetze, der keine Spannungen zu den Franzosen mehr aufkommen lasse. Ob der Geist seiner Truppe gut oder schlecht sei, liege allein bei ihm, dem Befehlshaber, erklärte er ihm mit kaum zu überbietender Schärfe. In bewußt demütigenden Worten wies er ihn auf die gänzliche Abhängigkeit Württembergs und seines Herrscherhauses vom Rheinbund und damit von ihm, dem Protektor, hin. »Wenn Euer Hoheit«, drohte er ihm, »nicht ein festes Herz und einen unbezwinglichen Willen in der gegenwärtigen politischen Situation besitzen, wird Ihnen nur Unglück zustoßen.« König Friedrich trafen die Vorwürfe Napoleons nicht weniger hart als seinen Sohn. Er versicherte dem französischen Kaiser, daß gegen die Generale und Offiziere, die sich verfehlt hätten, strenge Maßnahmen ergriffen würden. Die Disziplin bei den württembergischen Feldtruppen werde mit aller Härte gewahrt. Seinen Sohn nahm der König jedoch in Schutz: Der Kronprinz teile seine Auffassung über den bei den Truppen aufrechtzuerhaltenden militärischen Geist des Gehorsams und der Pflichterfüllung. Ordnungswidrigkeiten könnten ihm nicht zur Last gelegt werden. Keinesfalls dürfe er aber für mangelnde Manneszucht bei Truppenteilen verantwortlich gemacht werden, die man seinem Kommando entzogen haben.

König Friedrich war davon überzeugt, daß der harte Tadel Napoleons am Geist des württembergischen Truppenkorps vor allem auch eine Mißfallensbekundung an der Person des Kronprinzen war. Andererseits wußte er, daß den Sohn eine starke Abneigung gegen den Kaiser der Franzosen beherrschte. In seinem Brief vom 9. August, der den Kronprinzen aber nicht mehr bei der Truppe erreichte, warnte er ihn, er spiele mit dem Feuer, wenn er in seiner Umgebung »offenherzige Äußerungen« über den Kaiser, dessen Kriegführung,

Kronprinz Friedrich Wilhelm von Württemberg

politische Pläne wie auch über die Methoden, sie zu verwirklichen, dulde. Etliche Offiziere im Hauptquartier des Kronprinzen hatten anscheinend sehr freimütig hierüber diskutiert. König Friedrich hatte Beweise, aus denen hervorging, daß die Vorwürfe Napoleons nicht aus der Luft gegriffen waren. In Briefen aus Rußland, in die er sich Einsicht verschafft hatte, hatte er festgestellt, daß sich höchste Offiziere »unerlaubte, ja verbrecherische Äußerungen« hatten zuschulden kommen lassen. Für ihn war es aber keine Frage, daß es selbst Generalen nicht gestattet sei, »die maßgeblichen Grundsätze anzufechten, wenn der Herr und Souverän in irgendeiner Sache seine Partei ergriffen hat. Ihre Sache ist es allein, sie auszuführen, zu gehorchen und vor allem sich keine kecken Urteile zu erlauben, und dies um so weniger, als die Empfindlichkeit des Kaisers nach dieser

Richtung bekannt ist und die Klugheit gebietet, jedes Mißfallen zu vermeiden«. König Friedrich stellte dem Sohn vor Augen: »Unsere politische Existenz hängt ganz vom Kaiser ab, durch ihn allein bin ich in den Stand versetzt worden, den Staat zu gründen, dessen Herrscher Du einst sein sollst.« Er wolle, fuhr er fort, daß der Sohn das Werk fortsetze, zu dem er durch die Gunst der Umstände den Grund habe legen können. Das Bitterste für ihn wäre, wenn er diese Hoffnung nicht ins Grab mitnehmen könne. Es gebe auch für den Sohn nur den einen Weg, sich des guten Willens und der Achtung des Kaisers zu versichern. »Du weißt es, ob ich je seine Freundschaft mir zu erwerben gesucht habe durch niedrige Mittel und eigene Demütigung, und doch siehst Du, daß er mir und meiner Art zu denken Gerechtigkeit widerfahren läßt.« Friedrich wies den Sohn an, bei nächster Gelegenheit die Generale und Offiziere um sich zu versammeln, ihnen von der Verärgerung des Kaisers über unbedachte Äußerungen aus ihrem Kreis Kenntnis zu geben und sie an ihre Pflicht zu erinnern, es nie an der schuldigen Achtung gegenüber dem Verbündeten ihres Königs fehlen zu lassen.

Der erkrankte Kronprinz konnte jedoch den Generalen und Offizieren den Befehl des Königs nicht mehr übermitteln. Ohne nochmals zu seiner Division zurückzukehren, trat er, notdürftig genesen, am 10. September 1812 von Wilna aus die Heimreise an. Nach seiner Abreise hatte Napoleon am württembergischen Offizierskorps offensichtlich nichts Schwerwiegendes mehr auszusetzen. Freilich, in den folgenden Wochen überstürzten sich die Ereignisse, und der Kaiser der Franzosen hatte Wichtigeres zu tun, als Stimmungserkundungen zu betreiben.

Daß sich die Russen fast kampflos immer weiter in das Innere ihres Landes zurückzogen und dadurch die Große Armee zwangen, ihnen zu folgen, beunruhigte Napoleon. Er sah mit wachsender Sorge, wie sehr seine Truppen unter den langen erschöpfenden Märschen, dem Mangel an Lebensmitteln und Versorgungsgütern litten, wie Krankheiten die Regimenter dezimierten und wie der Kampfgeist der Soldaten abzusinken drohte. König Friedrich war allem Anschein nach über die Strategie der Russen nicht überrascht. Auch seine Frau schrieb ihm, daß er, was den Rußlandfeldzug beträfe, leider ein nur zu guter Prophet gewesen sei: »Ich fürchte, daß die Russen den Plan haben, die Alliierten in unwirtliche oder verlassene Gegenden vorstoßen zu lassen, wo diese viel zu leiden haben, ehe es zu einer Schlacht kommt, und wenn dann Kaiser Napoleon sogar einige Siege erringt, wird sich dieser grausame Krieg in die Länge ziehen«. Die Königin hoffte allerdings, daß die beiden Seiten erwachsenden Schwierigkeiten die zwei Kaiser dem Frieden geneigt machten.

Am 28. Juli 1812 erreichte die württembergische Division Witebsk. In Liozna bezog sie für zwölf Tage ein Lager, um sich von den strapaziösen Märschen etwas zu erholen. Obgleich sie bislang noch keine Feindberührung gehabt hatte, war sie auf knapp 5000 Mann geschrumpft. Auf Befehl Napoleons übernahm anstelle des erkrankten Kronprinzen der französische General Marchand das Kommando über die Württemberger. Dem interimistischen Kommando wurde General von Scheler unterstellt. Vom 17. bis 19. August beteiligte sich die Division an der für die Franzosen siegreichen Schlacht bei Smolensk, sie erlitt hierbei hohe Verluste. Ihr Bestand verminderte sich auf 2400 kampffähige Männer, davon 1400 Infanteristen. Einzelne Kompanien zählten nur noch drei bis sechs Mann. Napoleon verfügte daher, daß die gesamte württembergische Infanterie zu einem aus drei Bataillonen bestehenden Regiment zusammengefaßt wurde. Die überzählig gewordenen Offiziere blieben als Ersatzleute beim Regiment. König Friedrich war wegen der ungewöhnlich starken Verluste an Toten, Verwundeten, Kranken und Vermißten über die Maßen beunruhigt. Er machte den Generalen Scheler und Kerner (letzterer württembergischer Generalquartiermeister) heftige Vorwürfe. Doch diese waren, zumal gegen den nach wie vor größten Feind der Truppe, den Mangel an Lebensmitteln, machtlos. Am 7. September kamen die Württemberger erneut ins Feuer. Bei Borodino stellten sich die Russen der auf Moskau vorstoßenden Großen Armee entgegen. In der blutigen Schlacht zeichnete sich die kleine Schar der Württemberger besonders aus. Sie hielt nicht nur eine von den Franzosen aufgegebene Schanze, sondern rettete auch den König von Neapel vor der Gefangenschaft. Scheler, der während des Kampfes verwundet worden war, berichtete dem König: »Unter den Offizieren ist keiner, welcher nicht jeden Auftrag mit Unerschrockenheit und Mut ausgeführt hätte.« Die Verluste waren wiederum sehr hoch. Eine militärische Entscheidung hatte indessen Napoleon nicht herbeiführen können. Die russische Armee zog sich in vollständiger Ordnung zurück, die Franzosen folgten ihr zögernd. Die Große Armee hatte nochmals ihren ungebrochenen Angriffsgeist demonstriert, doch im Grunde nur wenig gegen einen den Krieg mit unerbittlicher Härte führenden Feind ausgerichtet.

Am 14. September zog Napoleon mit seinen Garden in das großenteils verlassene Moskau ein. Sein Triumph war gedämpft. Einem Frieden mit Rußland schien er noch ebenso fern zu sein wie zu Beginn des Feldzugs. Unter den ersten Truppen, die in die russische Hauptstadt einrückten, waren die württembergischen Jäger zu Pferd Herzog Louis, die bereits früher aus dem Verband der württembergischen Truppen herausgelöst und mit anderen nichtfranzösischen Kavallerieeinheiten zur »Brigade étrangère« zusammengefaßt worden waren. Die Reste der zum dritten Armeekorps gehörenden württembergischen Division bezogen Quartier auf der östlichen Seite von Moskau, in der Kasaner Vorstadt. Viele Soldaten hatten erstmals seit dem Überschreiten der russischen Grenze wieder ein Dach über dem Kopf. Jetzt konnten sie sich auch der Kleider entledigen, viele von ihnen hatten sie seit drei Monaten ununterbrochen auf dem Leib getragen. Der Brand von Moskau, der kurz nach dem Einzug Napoleons gelegt wurde und weite Teile der Stadt verwüstete – der damalige Regimentsarzt Heinrich Groß aus Tamm behielt ihn als gräßliches Schauspiel in Erinnerung –, bezeugte der Großen Armee den Widerstandswillen der Russen und vermittelte ihr zugleich einen Eindruck von der fatalen Lage, in der sie sich befand.

Der Ärger Napoleons über das aufmüpfige württembergische Offizierskorps war verflogen. Er zeichnete die Württemberger für ihr tapferes Verhalten in der Schlacht bei Borodino vor allen anderen Truppen aus. In Moskau ließ er nicht weniger als 72 Ehrenlegionskreuze an Angehörige der 25. Division verteilen. Den Offizieren bewilligte er Jahresrenten in einer Gesamthöhe von 100 000 Francs, darunter allein 20 000 Francs für General von Scheler. Bei einer Parade am 18. Oktober ernannte er Scheler außerdem zum kaiserlich französischen Reichsgrafen. König Friedrich war stolz auf seine Truppen. Doch wollte er schon im Blick auf seine Rechte als Souverän Napoleon an Großmut nicht nachstehen. Durch Dekret vom 24. Oktober 1812 erhob er General von Scheler in den Grafenstand des Königreichs und gewährte ihm eine Dotation von 60 000 Gulden. Den Generalmajoren von Breuning, von Koch und von Kerner verlieh er die erbliche Freiherrnwürde. Er sprach »dem Armeekorps« »für das ausgezeichnete brave Benehmen« seinen besonderen Dank aus und zeichnete zahlreiche Offiziere und Mannschaften aus. Sehr bedrückt war der König jedoch über die enormen Verluste seiner Truppen während der letzten Schlachten und Gefechte. Der Tochter Katharina schrieb er am 25. Oktober: »Meine Kavallerie ist so gut wie vernichtet, viele höhere Offiziere sind gefallen . . . In den beiden Schlachten von Smolensk und an der Moskwa fanden 16 Offiziere den Tod, 85 wurden verwundet, alle besseren Familien sind in Trauer versetzt. Vor allem mein Chevauxlegers-Regiment hat sehr gelitten. Es sind ihm nur noch zwei unverwundete Offiziere geblieben, und dennoch weigert man sich, diesen armen Leuten ein wenig Ruhe zu gewähren. Ich habe deshalb selbst an den Kaiser geschrieben. Man erzählt uns von Friedensverhandlungen. Gebe Gott, daß dies wahr sei, ich vermag es kaum zu glauben«.

Weil Napoleon die Russen nicht hatte schlagen können und der Winter vor der Tür stand, der die Versorgung der Truppen in der großenteils zerstörten Stadt vor unlösbare Probleme stellte, blieb der Großen Armee nur der Rückzug. Doch Napoleon zögerte. Das Eingeständnis, daß sein gigantisches Unternehmen gegen das Zarenreich gescheitert war, kam ihn schwer an. Erst am 19. Oktober verließ er mit seinen Garden Moskau und gab damit das Zeichen zum Aufbruch nach Westen. Zu diesem Zeitpunkt zählte die württembergische Division, der sich eine größere Zahl von Wiedergenesenen angeschlossen hatte, 1500 Mann Infanterie, knapp 400 Reiter und 400 Artilleristen mit 30 Geschützen. Die Russen erkannten ihre Chancen, sie begannen die auf dem Rückzug begriffene Große Armee hart zu bedrängen. Kosaken und Bauern führten einen erbarmungslosen Kleinkrieg gegen die verhaßten Eindringlinge; sie hatten es insbesondere auf versprengte kleinere Einheiten abgesehen, die sie niedermachten oder gefangennahmen. Der gesamte Wagenpark mit dem Gepäck der württembergischen Division fiel den Russen in die Hände. Bei Wjasma kam es zu einem heftigen Gefecht. Die Russen jagten zwei französische Armeekorps in die Flucht, doch das dritte Armeekorps, vor allem die Württemberger, hielt ihnen einigermaßen stand und deckte den Rückzug. Anfang November brach über die Große Armee neues schweres Unheil herein: Ein früher Winter mit tiefem Schnee und grimmiger Kälte, auf den die Soldaten nicht vorbereitet waren, beeinträchtigte die Rückzugsbewegungen und stellte an die hungernden und mangelhaft bekleideten Truppen die härtesten Anforderungen. Am 11. November wurde Smolensk erreicht. Die württembergische Division war auf etwa 1000 Mann zusammengeschmolzen. Bei Krasnoi mußte sie ihre letzten Geschütze zurücklassen. In Orscha sammelte Napoleon seine Armee nochmals. Das waffentragende württembergische Kontingent bestand jetzt, am 21. November, aus 307 Mann.

An der Beresina versuchten die Russen, den Resten der Großen Armee den Rückzug über den Fluß zu verwehren. Durch frisch herangeführte Truppen, so des 7. württembergischen Infanterie-Regiments aus Danzig, wurde dieser Plan vereitelt. Dennoch bedeutete die Beresina für Tausende das Verderben. Nur rund 300 Württemberger konnten sich schließlich Mitte Dezember hinter die Memel auf preußischen Boden retten. Von den in Gefangenschaft geratenen Offizieren und Mannschaften überlebte nur ein geringer Teil. Von Wilna aus hatte General von Scheler den Generalquartiermeister, Generalmajor Freiherr von Kerner, als Kurier nach Stuttgart abgesandt. Weil alle württembergischen Generale krank waren, hatte Oberst Graf Beroldingen den Bericht abgefaßt, den Kerner dem König übergeben sollte. In ihm hieß es: »Tiefgebeugt sind wir alle durch den ungeheuren Verlust, welchen Eure Majestät an Mannschaft, Pferden, Artillerie und Armatur erlitten haben; doch bleibt uns die Beruhigung, bis auf den letzten Augenblick alles angewandt zu haben, um zu retten, solange noch etwas zu retten war. Aber vergebens war alle Bemühung, die allgemeine Auflösung der Armee zog auch die unsrige unaufhaltsam nach sich. Einen kleinen Teil der Garden ausgenommen, kam der Überrest der so sehr zusammengeschmolzenen Großen Armee gleich einer zügellosen Horde hier an. Unbewaffnet, ohne Anführung, eilt diese Mannschaft Deutschlands Grenzen zu, ohne nach den Befehlen ihrer Generale und Offiziere zu fragen, welche großenteils, ohne irgendein Kommando zu haben, sozusagen als Privatleute, diesen selben Weg einschlagen.« Graf Beroldingen schrieb am Schluß seines Berichts, die schreckliche Katastrophe des Rußlandfeldzuges hätte vermieden werden können, wenn Napoleon nur vierzehn Tage früher Moskau verlassen hätte.

Als General von Scheler einige Wochen später seinem König berichtete, ging er davon aus, daß Kerner diesem inzwischen über den verhängnisvollen Rückzug aus Rußland berichtet hatte. Scheler schrieb: »Der Mangel an Lebensmitteln und die Strenge der Jahreszeit haben die gänzliche Auflösung herbeigeführt und waren die Veranlassung, daß jedes Individuum nur auf seine Selbsterhaltung bedacht sein konnte.«

König Friedrich hoffte bis kurz vor Weihnachten 1812, die württembergische Division sei, wenn auch auf einen Bruchteil ihres ursprünglichen Bestands zusammengeschmolzen, noch immer ein Korps, das durch Ergänzungen wiederum auf einen kriegsverwendungsfähigen Stand gebracht werden konnte. Als er erfuhr, daß

General von Scheler den Generalquartiermeister von Kerner zur mündlichen Berichterstattung an ihn zu einem Zeitpunkt abgesandt hatte, an dem er nach seiner Ansicht am dringendsten bei der Truppe gebraucht wurde, war er sehr ungehalten. Er gab den württembergischen Militärdienststellen und diplomatischen Vertretern in Mittel- und Norddeutschland Anweisung, Kerner den königlichen Befehl zu übermitteln, daß er sich ungesäumt wieder zu der Felddivision zu begeben habe. Der Befehl erreichte Kerner jedoch nicht, und als der durch einen Prellschuß am Oberschenkel Verwundete am 26. Dezember in Stuttgart anlangte, empfing ihn der König sehr unfreundlich. »Warum haben Sie meine Armee verlassen, General?« herrschte er ihn an. Kerner entgegnete militärisch knapp: »Majestät haben keine Armee mehr!« Mit dieser Antwort hatte König Friedrich nicht gerechnet. Sie soll ihn, wie die Enkelin Kerners, die Schriftstellerin Tony Schumacher, erzählt, außer Fassung gebracht haben. Er sei wie betäubt an eine Fensternische getreten und habe dort, die Augen mit der Hand bedeckend, lange verweilt. Seine anfängliche Verärgerung über den General schwand und machte fürsorglicher Anteilnahme Platz. Er ließ dem gesundheitlich schwer Angeschlagenen »zur Bezeugung der allerhöchsten Zufriedenheit« und zur Wiederbeschaffung seiner »Equipage« 3000 fl anweisen.

Freilich konnte sich König Friedrich zum Zeitpunkt der Ankunft Kerners in Stuttgart kaum noch Illusionen über das Ausmaß der Katastrophe in Rußland machen. Am 18. Dezember war im Pariser »Moniteur« das 29. Bulletin aus dem Hauptquartier Napoleons veröffentlicht worden. An der Stelle der bisherigen Erfolgs- und Siegesmeldungen wurde hier in brutaler Offenheit eingestanden, daß die Große Armee in Rußland bis auf kümmerliche Überreste vernichtet war. Angesichts dieser schrecklichen Wahrheit nahm sich jedoch der Schlußsatz »Die Gesundheit Seiner Majestät war nie besser« wie menschenverachtender Hohn aus. Napoleon hatte bereits am 5. Dezember das Oberkommando über die Armee dem König von Neapel übertragen und war nach Paris geeilt. Seine Zuversicht war ungebrochen. Auf der Durchreise durch Dresden am 14. Dezember versicherte er der Königin von Sachsen in bester Stimmung, er werde in ein paar Monaten wieder zurück sein. Er zweifelte nicht daran, daß er schließlich die Russen schlagen und dem Zaren den Frieden diktieren werde.

Selbstverständlich erwartete Napoleon auch von den Rheinbundfürsten, daß sie ihre Bündnistreue unter Beweis stellten und neue große Anstrengungen unternahmen, um die vernichteten Truppenkontingente durch neuformierte und -organisierte Streitkräfte zu ersetzen. König Friedrich fiel es nicht leicht, seinen »guten und getreuen Untertanen« »unverschuldet neue Lasten aufzulegen«. In seinem Generalreskript vom 30. Dezember 1812 erklärte er, alle Entbehrungen mit dem Volk teilen und keinesfalls etwas fordern zu wollen, was nicht dringendes Staatsbedürfnis sei. Zum Beweis dafür gab er bekannt, daß er bei der königlichen Hofhaltung, dem Marstall und den übrigen dazugehörigen Behörden größte Sparsamkeit angeordnet und bei der königlichen Verwaltung Vorkehrungen getroffen habe, die Ausgaben auf das Notwendigste zu beschränken. Kreditaufnahmen und Steuererhöhungen zur Beschaffung der erforderlichen finanziellen Mittel hielt der König in der jetzigen Situation nicht für angebracht. Er habe sich deshalb entschlossen, »durch eine allgemeine Vermögenssteuer in Verbindung mit einer nur die höheren Klassen betreffenden Besoldungs- und Pensionssteuer der Staatskasse die ihr nötigen außerordentlichen Zuflüsse zu beschaffen und dadurch alle Mitglieder des Staats zu einer verhältnismäßigen Mitleidenheit an den dermaligen Kriegskosten unmittelbar beizuziehen«. Die Vermögenssteuer war gestaffelt vom Grundeigentum, Mobiliar- und Kapitalvermögen zu entrichten.

Seiner tiefen Betroffenheit über die russische Katastrophe gab Friedrich auch sonst öffentlich Ausdruck. Er ließ eine Liste der in Rußland umgekommenen oder in Gefangenschaft geratenen württembergischen Offiziere veröffentlichen. Am siebten Jahrestag der Annahme der Königswürde, am 1. Januar 1813, sagte er alle Feierlichkeiten ab. Schließlich war er der einzige Rheinbundfürst, der Napoleon keine Anteilnahme zur Vernichtung der Großen Armee übermittelte. Der Bevölkerung des Landes hatten sich Bestürzung und Trauer bemächtigt. Eine franzosenfeindliche Stimmung erfaßte weite Kreise. Mißbehagen über die Rheinbundpolitik war damals in Württemberg offenbar schon weit verbreitet. Allerdings konnte es bei der rigoros gehandhabten Pressezensur, der polizeilichen Überwachung aller Lebensäußerungen und dem teilweise gewerbsmäßig betriebenen Denunziantentum kaum an die Öffentlichkeit dringen. In Marbach am Neckar trafen sich wohl schon 1810/11 in einem geschlossenen Zirkel vor allem hohe Militärs, aber auch leitende Regierungsbeamte aus Stuttgart und Ludwigsburg, um militärische und politische Fragen zu erörtern. Namen wie Scheler, Hügel, Franquemont, Koch, Graf Salm, die Prinzen Hohenlohe-Kirchberg und Hohenlohe-Langenburg, Fürst Wallerstein, Fürst Waldburg-Zeil-Trauchburg und Breuning bezeugen, welch bedeutende Vertreter des Offizierskorps und anderer gesellschaftlicher Gruppen hier eine Möglichkeit zu vertraulicher Aussprache über brennende Zeitprobleme suchten und fanden. König Friedrich blieben diese Zusammenkünfte in Marbach wohl kaum verborgen, doch sah er keine Veranlassung, sie zu verbieten. Sie konnten bis zum Ende der napoleonischen Herrschaft in Deutschland fortgesetzt werden. Im Februar 1813 sprach der König in einem Schreiben an den in Paris in Sondermission bei Napoleon weilenden Graf von Zeppelin sehr offen über das täglich zunehmende »Mißvergnügen« in Stuttgart und auf dem platten Land »mit allem, was französisch ist«. »Die Rückkehr der Offiziere, mehrerer Kranken, Estropierten und Dienstuntüchtigen, die man hat entlassen müssen, welche alle das erlittene Ungemach und die erlittenen Greuelszenen aller Art unumwunden den Fehlern und dem Eigensinn eines Einzigen zuschreiben, bringt täglich mehr eine Stimmung hervor, welche mich zwar in Betreff der Treue und Anhänglichkeit gegen mein Haus gar nichts befürchten läßt, deren Einfluß aber auf Offiziere und Soldaten mehr als Besorglichkeit erregen muß ... Der Hof und meine Tafel sind vielleicht die einzigen Orte, wo man diese Gesinnungen nicht laut werden läßt ... Man fängt an, an verschiedenen Orten auf dem Lande, unter anderen zu Biberach, Aufrufe an das Volk anzuschlagen, worin man von Befreiung von dem drückenden Joch unter Mithilfe von Österreich spricht.« Der französische Gesandte in Stuttgart, de Moustier, fühlte sich durch die wachsende Abneigung gegen Frankreich stark beunruhigt. Bislang im gesellschaftlichen Mittelpunkt stehend, sah er sich jetzt von der öffentlichen Meinung angefeindet und diskriminiert, nicht zuletzt auch durch Maßnahmen des Königs. Er berichtete über die für seinen Kaiser unliebsame Entwicklung in Württemberg nach Paris. Napoleon, im Begriff, alle militärischen und politischen Machtmittel in Frankreich und in den von ihm abhängigen oder verbündeten Ländern zu mobilisieren, wollte aber unter allen Umständen verhindern, daß die antifranzösische Bewegung in Württemberg, für die er vor allem König Friedrich verantwortlich machte, weiter an Boden gewann. Durch seinen

Außenminister, den Herzog von Bassano, dann bei einer Audienz, die er dem württembergischen Gesandten in Paris, Graf Wintzingerode, gewährte, gab er Friedrich seine Verärgerung unmißverständlich zu erkennen. »Was sollen die abgesagten Feste bedeuten?« herrschte er Graf Wintzingerode an. König Friedrich sah jedoch keinen Grund, sich zu entschuldigen. Er erteilte Graf Wintzingerode die Instruktion, er solle dem Herzog mitteilen, wie sehr sein König durch die schiefe und offenbar erkünstelte Deutung seiner auf »die Gefühle der Menschlichkeit, Schicklichkeit und Vaterlandsliebe gegen seine Untertanen gegründete Vorkehrung« enttäuscht sei. Weil alle Familien des Königreichs durch den Verlust von Vätern, Söhnen und Brüdern in tiefe Trauer versetzt worden seien, wäre es unmenschlich und gefühllos gewesen, wenn der Regent hieran keinen Anteil genommen hätte.

Noch ehe Graf Wintzingerode im Besitz der königlichen Instruktion war, machte Napoleon seiner Verärgerung in einem an den württembergischen Monarchen gerichteten Schreiben Luft. Darin behauptete er, der russische Winter habe ihm zwar vorübergehend seine militärischen Trümpfe entrissen, aber er hätte ohne größere Schwierigkeiten die Situation mit Hilfe noch stärkerer Streitkräfte, über die er zum Teil schon jetzt, zum Teil binnen kurzem verfüge, gemeistert. Durch den Verrat des preußischen Generals Yorck, der mit seinen 20 000 Mann zu den Russen übergegangen sei, habe sich die Lage verschlechtert. Gegen seinen Willen nähere sich daher der Krieg Deutschland. Er habe zum Schutz der Grenzen der Rheinbundstaaten alle notwendigen Maßnahmen getroffen. Allerdings müßten diese Staaten auch ihrerseits den Umständen angemessene Anstrengungen unternehmen. Es gelte indessen nicht nur, sich gegen den äußeren Feind zu wappnen. Eine noch größere Gefahr bilde der Geist der Revolution und der Anarchie. Männer wie der Freiherr vom Stein, den der russische Kaiser jetzt zum Staatsminister ernannt habe, betrieben den gewaltsamen Umsturz in den Rheinbundstaaten. Von der Tatkraft, die die Souveräne entwickelten, hänge nicht nur die Ruhe der Völker, sondern auch die Existenz ihrer Regentenhäuser ab. Er selbst setze alles ein, um ihr Fortbestehen zu garantieren. Er könne deshalb erwarten, daß sie ihre eigene Sache nicht verrieten. Sie verrieten sie aber, wenn sie ihre Streitkräfte nicht auf den best- und höchstmöglichen Stand brächten. Sie verrieten sie ferner, wenn sie nicht gegen jede Art von verleumderischer Agitation einschritten, wenn sie die öffentliche Meinung nicht unter

Kontrolle hielten. Napoleon begnügte sich aber nicht mit diesen allgemein gehaltenen Ermahnungen und Warnungen. In dem von ihm als ganz vertraulich bezeichneten Brief übte er heftige Kritik an König Friedrich selbst. Es habe ihn sehr getroffen, bemerkte er, daß der König bei der Ausschreibung einer neuen Steuer die Notwendigkeit für diese neue finanzielle Bürde seiner Untertanen Frankreich angelastet habe. Die württembergischen Verluste seien zweifellos schwer, aber die französischen überträfen sie noch. Die Gefahr, gegen die man sich vorsehen müsse, sei die Aufwiegelung der Völker. Aber wie solle sie verhindert werden, wenn sich die Souveräne selbst einer Sprache bedienten, die die Unruhe begünstige. Napoleon forderte König Friedrich auf, jeden Kontakt seiner Untertanen mit Rußland zu unterbinden, alle Gesellschaften zu unterdrücken, die sich die Auflösung der bestehenden Ordnung zum Ziel gesetzt hätten, und in seinem Volk die freundschaftlichen Gefühle für das französische Volk zu stärken. Außerdem verlangte er von ihm, alles zu tun, um sein Militärkontingent auf den gleichen Stand wie vor dem Krieg zu bringen. »Das Ergebnis der gemeinsamen Anstrengungen in einem zweiten Feldzug«, so schloß er seinen langen Brief, »wird der Triumph der gemeinsamen Sache sein oder, falls der Feind diesen Kampf durch Verhandlungen umgehen will, werden wir in unseren umfangreichen Rüstungen das sichere Pfand eines ehrenhaften und dauerhaften Friedens haben, dessen erste Bedingung sein wird, alles Bestehende zu erhalten und nirgendwo an die Grundgesetze des Rheinbunds oder an die Interessen seiner Souveräne zu rühren.«

Napoleon kannte die Revolutionsfurcht König Friedrichs. Er rückte sie ihm in seinem Brief geradezu gespenstisch vor Augen. Doch Friedrich, der die gefährlichen und sich zunehmend verbreiternden Risse im Bau des napoleonischen Imperiums längst erkannt hatte, war mit Einschüchterung schlecht beizukommen. Bereits Anfang 1813 war er sich darüber klar, daß die politische Entwicklung in Europa einen für Napoleon ungünstigen Verlauf nahm. Gegenüber seinem Außenminister Zeppelin äußerte er: »Frankreich wird sich von seinen großen Alliierten verlassen finden und zum Frieden gezwungen sein«. Schon damals rechnete er fest mit einem Bündniswechsel von Preußen und Österreich. Einer russisch-österreichisch-preußischen Allianz, die sich wiederum eng an Großbritannien anschloß, konnte seiner Ansicht nach auch Napoleon auf die Dauer nicht siegreich widerstehen.

Den württembergischen Gesandten in Paris, Graf Wintzingerode, ließ Napoleon seine Verstimmung über König Friedrich auch weiterhin deutlich spüren. Um den aufmüpfigen Monarchen in Stuttgart zur Räson zu bringen, drohte er, die württembergischen Stände und ebenso den ehemaligen reichsunmittelbaren Adel in ihre früheren Rechte wieder einzusetzen. Den Gesandten überraschten diese Ausfälle des Kaisers nicht. Das Charakterbild, das er von Napoleon besaß, war recht ungünstig. Er warf ihm Mangel an persönlichem Mut und an Großherzigkeit vor, ferner eine zynische Liederlichkeit. Seine Außenpolitik beurteilte er gleichfalls sehr kritisch.

Am 26. Januar 1813 beantwortete König Friedrich das Schreiben Napoleons vom 18. Januar. Er schrieb, wie bedauerlich er es finde, daß der Kaiser seinem Generalreskript vom 30. Dezember 1812 eine antifranzösische Tendenz entnehme. Denn das Reskript enthalte auch nicht ein Wort, dem man eine gegen die französische Regierung gerichtete Bedeutung unterschieben könne. König Friedrich warf den französischen Diplomaten vor, die aus den Hauptstädten der Rheinbundstaaten nach Paris berichteten, sie hätten weder zureichende Kenntnisse über die Regierungen noch über die Völker. Er setzte Napoleon auseinander, daß im Verhältnis von Regent zu Volk ein grundlegender Unterschied zwischen Franzosen und Deutschen bestehe. Bei den Franzosen genüge ein Wort aus dem Mund des Kaisers, eine feurige Ansprache, um sie zu begeistern. Anders bei den Deutschen. Von Natur kühl und kritisch, verlangten sie von ihren Fürsten den größten Freimut und eine verstandesmäßige Erläuterung ihrer Entschlüsse. Erfüllten die Fürsten in dieser Hinsicht ihr Vertrauen, seien sie bereit, alles zu tun und auf dem Altar des Vaterlands jedes Opfer zu bringen. An ihre Fürstenfamilie gewöhnt, deren Untertanen die meisten von ihnen seit 800 Jahren seien, halte ihre Treue jeder Probe stand. Das habe sich in den letzten Jahren des vergangenen Jahrhunderts gezeigt, als die revolutionäre französische Regierung versucht habe, die Völker gegen ihre Souveräne aufzuwiegeln. Nicht ein Dorf, nicht ein Weiler habe sich ihrem Verlangen gebeugt. Während seiner vierzehn Regierungsjahre, in denen er wegen sechs aufeinanderfolgender Kriege gezwungen gewesen sei, sein Volk mit außerordentlichen Steuern zu belasten, habe niemand opponiert oder Widerstand geleistet, vielmehr habe er nur unbegrenzte Opferbereitschaft und geradezu blinden Gehorsam gefunden. Die Geheimgesellschaften, wie sie in Norddeutschland von sich reden gemacht hätten, habe er in seinem Land aufgelöst, und jede Vereinigung mit Zielsetzungen, die in ähnliche Richtungen gingen, lasse er überwachen, selbst die Logen der Freimaurer. Die Universität Tübingen habe er vor zwei Jahren vollständig reformiert, für die Aufrechterhaltung strikter Disziplin sorge ein Kurator. Auch die Geistlichen stünden unter Aufsicht. Verbindungen zwischen seinem Land und Rußland, abgesehen von einigen Briefen rein privaten Charakters der früheren Zarin, seiner Schwester, gebe es nicht. Was die Opfer im letzten Feldzug anbetreffe, müsse man beim Vergleich zwischen Frankreich und Württemberg von den Bevölkerungszahlen und den dem Staat zur Verfügung stehenden Mitteln ausgehen. Bei 1,4 Millionen Einwohnern und Staatseinnahmen von weniger als 20 Millionen Gulden habe er 14000 Mann verloren, seine ganze in 32 Geschützen bestehende Artillerie, seine ganze Kavallerie, den gesamten Armeetrain, das heißt 4000 Pferde, alle Waffen, von 378 Offizieren 205, schließlich die ganze Ausrüstung. Im Augenblick habe er lediglich 143 Mann unter Waffen, die als kriegstauglich zu bezeichnen seien. Ungeachtet all dieser Verluste habe er, seitdem das 29. Bulletin die Katastrophe der Armee gemeldet habe, keine Zeit verloren, um das Truppenkontingent, zu dem ihn der Rheinbundvertrag verpflichte, zu reorganisieren. Keine Schwierigkeiten bereite die Aushebung neuer Soldaten und ihre Bewaffnung, weil der Kaiser dem Kauf von Waffen in Frankreich zugestimmt habe, hingegen wisse er zumindest zum gegenwärtigen Zeitpunkt nicht, wie er den Kauf der erforderlichen Pferde, die Neubeschaffung der Ausrüstung für die Kavallerie und Artillerie bewerkstelligen solle. Frühestens bis zum 15. April sei er imstande, zehn Bataillone Infanterie, drei Kavallerie-Regimenter zwei Brigaden (Abteilungen) leichter Artillerie und eine Batterie der Linienartillerie mit zehn Geschützen ins Feld zu stellen. Namentlich der Mangel an Offizieren verzögere den Neuaufbau des Truppenkontingents, und hier sehe er gegenwärtig noch keine Abhilfe. Der Kaiser dürfe jedoch davon überzeugt sein, daß er wie bisher allen Eifer anwenden werde, um sich sein Vertrauen zu erhalten.

Dieser Brief König Friedrichs vom 26. Januar 1813 ließ, obgleich er einen durchaus würdigen Ton wahrte, an Deutlichkeit nichts zu wünschen übrig. Der König hatte Punkt für Punkt zu den Vorwürfen Napoleons Stellung genommen. Daß dem Protektor des Rheinbunds manche hier getroffene Feststellung wenig schmeichelhaft in den Ohren klang, konnte Friedrich nicht zweifelhaft sein. Dennoch war er von der zornigen Reaktion des mächtigen Verbündeten überrascht. Nach dem Empfang des Briefes beschied Napoleon den württembergischen Gesandten in Paris zu sich und überfiel ihn mit heftigen Vorwürfen. »Ihr König«, erklärte er ihm, »hat viele Talente, aber eben deshalb ist mir sein Verhalten so unbegreiflich. Ach, wenn er einer dieser schwachen, taten- und entschlußlosen, unbegabten Fürsten wäre, von denen es heutzutage so viele gibt, würde ich es verstehen, aber Ihr König ist nicht von dieser Art. Sein Verhalten hat mich wie das keines meiner Verbündeten geschmerzt, denn gerade er war es, von dem ich die höchste Meinung hatte, für den ich das meiste getan habe, und ausgerechnet er läßt mich im Stich. Ihm habe ich die meisten Beweise meiner Freundschaft gegeben, als einzigem der Souveräne des Rheinbunds habe ich mit ihm meine Pläne, meine Politik, erörtert. Ich mußte ihm ein besonders starkes Vertrauen entgegenbringen, weil er der Bruder meiner grausamsten Feindin, der Kaiserin-Mutter von Rußland, war, und in allen Armeen, gegen die ich Krieg führte, Brüder von ihm antraf.« Nach einer Äußerung des Herzogs von Bassano hatte Napoleon insbesondere die Bemerkung Friedrichs sehr verletzt, daß ein Großteil der württembergischen Bevölkerung schon seit 800 Jahren Untertanen seiner Familie seien. Der Kaiser war sich bewußt, daß diese Äußerung des württembergischen Königs auf die niederadlige, keineswegs so weit zurückreichende Herkunft seines Geschlechts abzielte.

Um den Kaiser zu besänftigen, versuchte König Friedrich nicht nur in einem weiteren Brief seine Anhänglichkeit und seine Bündnistreue zu beteuern, sondern er ließ diesen Brief auch durch seinen Staats- und Kabinettsminister Graf Zeppelin überbringen. Zeppelin sollte Napoleon mündlich von dem guten Willen Friedrichs überzeugen. In seinem Brief gab der König seinem tiefen »Schmerz« darüber Ausdruck, daß Napoleon an seiner Loyalität zweifle, obwohl er sich während ihrer nunmehr seit acht Jahren bestehenden Verbindung stets die größte Mühe gegeben habe, alle Vertragsbedingungen peinlich genau zu erfüllen. Ob denn Napoleon tatsächlich glauben könne, daß er sich zu unüberlegten, unklugen, seinen eigenen Interessen zuwiderlaufenden Entschlüssen hinreißen ließe, durch die er die Freundschaft des Kaisers verlieren würde. Mit England habe er schon vor dem Krieg keine Beziehungen mehr unterhalten. Seine Kontakte zu Rußland beschränkten sich auf den Austausch von Höflichkeiten. Friedrich fragte weiter, ob sich denn der Kaiser vorstellen könne, daß er die geographische Lage seines Landes aus dem Auge verloren habe und daß er sich im reifen Alter Illusionen hingebe, die kaum bei einem jüngeren Menschen zu entschuldigen wären. König

Friedrich hatte diesmal offensichtlich die Mentalität des Kaisers der Franzosen besser getroffen, denn dieser schrieb ihm darauf, er habe den ihm von Graf Zeppelin überbrachten Brief mit Vergnügen gelesen, an seiner freundschaftlichen Gesinnung für den König und dessen Haus habe sich nichts geändert. Den entscheidenden Durchbruch hatte indessen Zeppelin erzielt, wie sich aus seinen Berichten an den König ergibt. Ihm war es gelungen, zunächst dem französischen Außenminister, dem Herzog von Bassano, die unveränderte Bündnistreue Württembergs zu beweisen und mit dessen Hilfe dann auch den Kaiser von den lauteren Absichten König Friedrichs zu überzeugen. Er hatte hierbei auch gegen die unfreundliche Berichterstattung des französischen Gesandten am Stuttgarter Hof, de Moustier, Einspruch erhoben.

Napoleon befand sich damals in keiner angenehmen Situation. Er besaß noch immer nicht die Streitkräfte, um den nach Polen und Ostpreußen vorgedrungenen Russen entgegentreten zu können. Am 2. März 1813 forderte er König Friedrich auf, seine Feldtruppen nach der Gegend von Würzburg in Marsch zu setzen und sie dort mit den Truppen der Großherzöge von Baden und Hessen-Darmstadt zu vereinigen. Der König von Bayern werde sein Kontingent bei Bayreuth, Kronach und Bamberg Bereitschaftsstellungen beziehen lassen. Napoleon wünschte von König Friedrich zudem exakte Zahlen über die Stärke der Infanterie, Kavallerie und Artillerie, die er ins Feld stelle, ebenso den genauen Termin, zu dem das Kontingent bei Würzburg versammelt werden könne. Er rechnete damit, daß Kosakenpatrouillen bis Thüringen vordrangen. Damit sie nicht das »Herz des Rheinbunds« unsicher machten, hielt er eine Bewachung des Thüringer Walds für unerläßlich. König Friedrich konnte ihm am 7. März berichten, daß es ihm bis jetzt lediglich möglich gewesen sei, zwei Bataillone Infanterie nach Würzburg in Marsch zu setzen. Die vorgesehene Absendung von vier weiteren Infanterie-Bataillonen bis 15. März könnte er hingegen nicht zusagen, weil ihnen noch die Waffen fehlten, die erst zu diesem Termin von Straßburg aus geliefert werden sollten. Der König versicherte, daß er sich alle Mühe gebe, die Formation seiner Truppen zu beschleunigen, aber der gänzliche Mangel an Offizieren und an Unteroffizieren sowie das Fehlen von Waffen bereite nicht zu überwindende Schwierigkeiten. Wenn er sein Kontingent nicht vorsätzlich der militärischen Desorganisation aussetzen wolle, könne er nicht vor dem 8. oder 10. April mehr als sechs Bataillone und vor dem 30. April die restliche

Infanterie zur Verfügung stellen. Bis zum 8. April könnte noch eine Abteilung Fußartillerie mit sechs Geschützen marschbereit sein. Die Beschaffung von Pferden für Kavallerie und leichte Artillerie sei ebenfalls äußerst schwierig. Weil er die erforderlichen Säbel, Pistolen und Musketen aus französischen Fabriken und Arsenalen nicht habe bekommen können, habe er Waffenkäufer bis nach Wien und Klingental (Sachsen) schicken müssen.

Am 8. April 1813 kündigte Napoleon seine Abreise zu seinen Armeen an. Er hoffe, schrieb er König Friedrich, in wenigen Tagen das feindliche Heer über die Elbe zurückwerfen zu können. Doch benötige er dringend von Württemberg 2000 Kavalleristen. Diese sollten mit ihren Pferden spätestens am 20. April in Würzburg sein. Bekomme er sie nicht, werde er seine Operationen aufschieben müssen. Allerdings sei dann damit zu rechnen, daß der Feind einen Teil der Staaten des Rheinbunds verwüste und sich auch den württembergischen Grenzen nähere. König Friedrich beteuerte in seinem Schreiben vom 14. April, er werde alles in seinen Kräften Stehende tun, um den Wünschen des Kaisers gerecht zu werden. Um möglichen Vorwürfen zuvorzukommen, müsse er ihm jedoch sagen, daß weder die Kavallerie noch die Infanterie, die er in Richtung Würzburg in Marsch gesetzt habe, die Dienste zu leisten vermöge, die man von einer ordentlich ausgebildeten Truppe erwarte. Bei der Kavallerie handle es sich um Rekruten, die man auf neue Pferde gesetzt habe, die sich aber kaum im Sattel halten könnten und keine Vorstellung von kavalleristischen Bewegungen besäßen. Er bedaure die Offiziere, die sie führen müßten. Der Kaiser werde ihm wahrscheinlich seine Offenheit übelnehmen, dennoch habe er dies sagen müssen.

Der nächste Brief Napoleons, am 18. April 1813 in Mainz geschrieben, erkannte uneingeschränkt die großen Anstrengungen Friedrichs auf militärischem Gebiet an und war ungewöhnlich freundlich gehalten. Der Kaiser gab sich zuversichtlich. Er bot Friedrich an, seine Truppen, falls einer seiner Söhne das Kommando über sie übernehmen wolle, direkt einem seiner Marschälle zu unterstellen. Nach den unerfreulichen Erfahrungen des Rußlandfeldzugs verzichtete Friedrich auf eine solche Ehre. Er schützte die schlechte Gesundheit des Kronprinzen vor. Seinen zweiten Sohn, Paul, erwähnte er überhaupt nicht. Zum Kommandeur der württembergischen Feldtruppen bestimmte er General Franquemont, einen natürlichen Sohn seines Onkels Carl Eugen. Als peinlich empfand es

König Friedrich, daß der französische Gesandte am Stuttgarter Hof entgegen den Informationen durch den württembergischen Außenminister nach Paris berichtet hatte, daß Württemberg eine erheblich stärkere Streitmacht nach Würzburg entsandt hätte, als dies tatsächlich der Fall war.

Gewisse Anzeichen deuteten darauf hin, daß sich Österreich der preußisch-russischen Allianz annäherte. Friedrich beruhigte den argwöhnischen Napoleon und schrieb ihm, nach den Informationen, die er von Fürst Schwarzenberg bei dessen Besuch in Stuttgart erhalten habe, strebe Österreich eine Friedensvermittlung zwischen Frankreich einerseits, England und Rußland andererseits an. Die Vermehrung der österreichischen Armee habe mit Kriegsvorbereitungen nichts zu tun, sie diene vielmehr dem Frieden und der Machtbalance in Europa. Ein Beweis dafür, daß der Wiener Hof keine kriegerischen Ziele verfolge, sei die Tatsache, daß er sogar Garantien für den dauernden Verzicht auf die Provinzen gegeben habe, die im Frieden von Preßburg an Württemberg gefallen seien. Daß sich Preußen im Februar 1813 offen auf die Seite Rußlands gestellt und im Verhältnis zu seiner Bevölkerung ein gewaltiges Heer mobilisiert hatte, schreckte den Kaiser der Franzosen wenig. Mit den vereinigten preußisch-russischen Armeen hoffte er fertig zu werden. Selbst einem Anschluß Österreichs an die beiden Alliierten, der sich militärisch kaum vor Juli auswirken konnte, schaute er, wie er am 24. April König Friedrich schrieb, mit Gelassenheit entgegen.

Im Frühjahr 1813 schien es zunächst, als begünstige das Glück Napoleon auch weiterhin. In der Schlacht bei Lützen am 2. Mai vermochte er gegen Russen und Preußen den Sieg zu erringen. Ein entscheidender Erfolg war es indessen nicht. Die unterlegenen Armeen zogen sich geschlossen zurück, ihre Ordnung und ihr Zusammenhalt waren nicht gefährdet. Napoleon triumphierte dennoch: »Ich habe diesen Sieg mit einem Drittel meiner Armee gegen alle feindlichen Heere errungen. Dies überrascht mich angesichts der gegenwärtigen schlechten Verfassung der russischen Infanterie nicht. Der Kaiser von Rußland und der König von Preußen wenden sich nach Dresden, ich verfolge sie dorthin, dies wird uns an die Weichsel bringen.«

König Friedrich konnte die Siegesstimmung Napoleons nicht teilen. Er beglückwünschte ihn zwar zu seinen Erfolgen, gab ihm aber deutlich zu verstehen, daß es für alle beteiligten Mächte das beste wäre, zu einem Verständigungsfrieden zu kommen. Jetzt zeigte auch er sich beunruhigt über die ungewöhnlich starken militärischen Rüstungen Österreichs. Ein Eingreifen des habsburgischen Kaiserstaats auf der Seite der Preußen und der Russen schloß er nicht mehr aus. Er benutzte die Nachrichten über die Mobilisierung der Armee von Kaiser Franz, um Napoleon für seinen Friedensgedanken zu gewinnen. Am 11. Mai nannte er den Frieden, den der Protektor des Rheinbunds aus seiner jetzigen Position der Stärke am ehesten verwirklichen könnte, »eine unschätzbare Wohltat für uns alle«. Napoleon schien zunächst Verhandlungen über einen Friedensschluß nicht abgeneigt zu sein. Jedenfalls nahm er den ihm durch General Graf Bubna übermittelten Wunsch, den Krieg auf dem Verhandlungsweg zu beenden, günstig auf und schlug, wie er am 18. Mai Friedrich schrieb, einen Kongreß der kriegführenden Mächte vor.

Eine Teilnahme Österreichs am Krieg gegen Frankreich und seine Verbündeten würde Württemberg wiederum in akute Gefahr bringen. Es mußte wie 1809 mit Aufständen in Tirol und Vorarlberg und mit einer Bedrohung seiner diesmal militärisch kaum zu sichernden Südostgrenze rechnen. Napoleon suchte Friedrich zu beruhigen, er könne jederzeit einige französische Bataillone aus Straßburg und Mainz anfordern. Am 30. Mai schätzte der Kaiser der Franzosen seine Beziehungen zu Wien allerdings noch so gut ein, daß er einen Krieg gegen Österreich in nächster Zeit für unwahrscheinlich hielt. Keinesfalls wollte sich König Friedrich wie während des Rußlandfeldzugs Vorwürfen Napoleons wegen des »esprit politique« in seinem Truppenkorps aussetzen. Er ließ den Offizieren bekanntgeben, daß er von ihnen unbedingten und stillschweigenden Gehorsam gegen seine, ihnen von ihren Vorgesetzten übermittelten Befehle erwarte. Falls sich dennoch der eine oder andere eine Äußerung erlaube, »welche der denen mit Seiner Königlichen Majestät verbündeten Mächte schuldigen Ehrfurcht zuwiderliefe«, so hätten die Brigadiers und Kommandeure dies unverzüglich dem kommandierenden Divisionär zu melden, der sie als Staatsverbrecher in Ketten an den König zu schicken habe, damit dieser »die wohlverdiente Lebensstrafe den Kriegsgesetzen gemäß« über sie verhänge. Am 16. Mai ordnete er in einem u. a. an die Minister der Auswärtigen Angelegenheiten, des Innern und der Polizei gerichteten Reskript an, daß sämtliche für das Armeekorps bestimmten Schreiben aus dem Königreich durch einen Kurier überbracht würden. Umgekehrt waren alle Briefe von im Feld stehenden »Generalen, Stabs-, Ober- oder Unteroffizieren und Gemeinen« im Hauptquartier an den mit der Funktion des Oberauditors betrauten Auditor Gmelin abzugeben und von diesem durch die Armeekuriere an die Geheime Kriegskanzlei zu überbringen, die sie dann an das Generalpostamt Stuttgart weiterleitete. Ein Vierteljahr später verbot der König in einem Erlaß an das Oberkonsistorium »allen königlichen Dienern jedes Gerede und Äußerung über den neu ausgebrochenen Krieg, die diesfalls nötigen Maßregeln und dergleichen bei Strafe der Kassation, auch nach befundenen Umständen noch schwererer Ahndung«.

Am 19. April 1813 brach General von Franquemont mit seinem schwachen Truppenkorps, insgesamt 7260 Mann und 1400 Pferde, von Mergentheim nach Würzburg auf. Anfang Mai wurden die Württemberger als 38. Division dem unter dem Befehl des Generals Bertrand stehenden IV. Korps eingegliedert. König Friedrich hatte kein unbedingtes Vertrauen mehr in das Feldherrngenie Napoleons. Franquemont bekam eine geheime Instruktion mit auf den Weg, nach der er, falls die Franzosen zum Rückzug gezwungen würden, mit seinen Truppen nach Württemberg zurückzukehren habe. Sollte ihm das von dem französischen Befehlshaber verwehrt werden, durfte er allenfalls noch bis zum Rhein im Verband der Großen Armee bleiben und hatte sich sodann mit seinen Offizieren für kriegsgefangen zu erklären, wogegen er die Mannschaft aller Pflichten freisprechen solle. In der für Napoleon siegreichen Schlacht bei Bautzen am 21. Mai 1813 kam die Division Franquemonts erstmals ins Feuer. Die kriegsungewohnten Soldaten schlugen sich mit großer Bravour, hatten allerdings auch hohe Verluste. Rund ein Fünftel von ihnen fand den Tod oder wurde verwundet. Unter den Schwerverwundeten befand sich der Divisionskommandeur. Ihr kämpferischer Elan trug den Württembergern die Anerkennung Napoleons ein. Der Kaiser soll sich, als er den Angriff der württembergischen Truppen sah, wie General von Stockmayer in seinen Aufzeichnungen berichtet, zu seinen Begleitern geäußert haben: »Sehen Sie, meine Herren, mein Vetter, der König von Württemberg, entschuldigte sich bei mir, daß er nach den Verlusten im letzten Feldzug mir zumeist nur Rekruten schicken könne; nun, meine Herren, sagen Sie, sind das Rekruten?« Nach Borodino war Bautzen wohl die glänzendste Waffentat der Württemberger in den napoleonischen Kriegen. General von Stockmayer, der sich in besonderer Weise ausgezeichnet hatte, ernannte Napoleon zum Kommandeur der Ehrenlegion und bewilligte ihm eine Jahresdotation von 2000 Francs. Auch gegenüber anderen Offizieren und Soldaten zeigte sich der französische Kaiser mit Orden und Geldgeschenken sehr freigiebig. König Friedrich verbarg seinen Stolz über den ruhmvollen Anteil seiner Truppen am Sieg von Bautzen nicht, freilich bedrückten ihn die schweren Verluste sehr, mit denen dieser Sieg hatte erkauft werden müssen. General von Franquemont erhob er in den Grafenstand des Königreichs.

Die Schlacht von Bautzen bedeutete für die Große Armee insgesamt einen starken Aderlaß. Napoleon war es wiederum nicht gelungen, die Verbündeten entscheidend zu schlagen. Russen und Preußen zogen sich geordnet zurück. Die Franzosen stießen nur zögernd nach. Die Stimmung im preußischen Lager war trotzdem gedrückt. König Friedrich Wilhelm III. beurteilte die militärisch-politische Lage für sein Land pessimistisch. »Alles wie nach Jena«, rief er aus. Vorübergehend schien es sogar, als wollten die Russen aus dem Krieg ausscheiden. Daß die Alliierten indessen nicht geschlagen waren, bewiesen sie durch einige erfolgreiche Reitergefechte. Die Württemberger hatten am 31. Mai ein verlustreiches Gefecht bei Jauer zu bestehen. In der Hoffnung, seine militärische Situation durch die aus Frankreich und den Rheinbundstaaten nachrückenden Truppen zu verbessern, bot Napoleon seinen Gegnern einen Waffenstillstand an, der am 4. Juni zustande kam. Daß dieser Waffenstillstand zu einer entscheidenden Kriegswende wurde, weil sich jetzt Österreich der preußisch-russischen Koalition anschloß und ihr damit das militärische Übergewicht verschaffte, konnte der Kaiser damals nicht ahnen. Später hat er ihn als den größten ihm unterlaufenen Fehler bezeichnet.

Österreich hatte erkannt, daß es nicht länger tatenlos abseits stehen konnte. Zunächst versuchte es freilich, Frankreich zum Frieden zu bewegen. Doch Napoleon, im sicheren Glauben, seine Gegner in die Knie zwingen zu können, war zu keinem Zugeständnis bereit. Der österreichische Außenminister Metternich, der am 26. Juni in Dresden neun Stunden lang mit ihm ergebnislos verhandelte, war über seine Maßlosigkeit so sehr schockiert, daß er an seinem Verstand zweifelte. Nach einem vergeblichen Friedenskongreß in Prag trat Österreich an der Seite Preußens und Rußlands in den Krieg ein. Erstmals sah sich Napoleon einer geschlossenen Phalanx europäischer Großmächte gegenüber: England, Österreich, Preußen und Rußland.

Während des Waffenstillstands traf die zweite Abteilung der württembergischen Feldtruppen, insgesamt 4360 Mann und 1330

Pferde, die am 25. Mai das Königreich verlassen hatte, in Leipzig ein. Ihre von General Graf von Normann-Ehrenfels befehligte Reiterbrigade hatte das Pech, von den Franzosen gegen die preußischen Streifscharen eingesetzt zu werden, die im Rücken der französischen Armee operierten. Hierbei geriet sie an die kühnste dieser Kampfgruppen, die Freischar des Majors von Lützow. In einem sich durch ein Versehen entspinnenden Kampf bei Kitzen fügten die Württemberger dem Freikorps starke Verluste zu und zersprengten es. Der zu den Lützowern gehörende Dichter Theodor Körner wurde schwer verwundet und starb kurz darauf. Der »Überfall« auf das Freikorps, an dem dessen Führer nicht unschuldig war, erregte in ganz Deutschland Aufsehen. Weil Napoleon und seine Generale die Befehle, die sie, ungeachtet des Waffenstillstands, zum Unschädlichmachen des Freikorps gegeben hatten, nach außen abstritten, blieb an Graf von Normann-Ehrenfels und den Württembergern der Makel haften, den blutigen Zwischenfall provoziert zu haben.

König Friedrich konnte sich auf Grund der ihm übermittelten Berichte ein einigermaßen zureichendes Bild von dem Vorfall bei Kitzen machen. Daß seine nachgesandten Truppen nicht der württembergischen Division angeschlossen, sondern als mobile Kolonne verwendet wurden, verstieß gegen die ihm von Napoleon gemachten Zusagen. Empört wandte er sich an seinen Bevollmächtigten im französischen Hauptquartier: »Der Duc de Padua [General Arrighi, Herzog von Padua, Kommandeur des französischen Kavalleriekorps] nimmt sich heraus, über dieselben ganz nach Belieben zu disponieren, hat die Brigadiers sowie die Kommandanten der Regimenter zu den Depots geschickt, die Kommandanten der Kolonnen selbst ernannt. Diese Kolonnen müssen einzelnen Marodeurs, da keine Streifkorps mehr vorhanden, nachlaufen und eigentlich den Dienst der Gendarmerie verrichten, bei dieser Gelegenheit in Dörfern und Städten Haussuchungen anstellen, um Pulver, Gewehre und dergleichen aufzufinden, wobei, wie natürlich, bei neu aufgestellten, unter lauter jungen unerfahrenen Offizieren stehenden Truppen Exzesse entstehen und alle Disziplin und Ordnung aufhören muß.« König Friedrich wies General Graf Beroldingen an, bei Napoleon auf rasche Abhilfe zu dringen und hierbei zu erklären, »daß eine solche Einmischung in die Interna des Korps und Hintansetzung der Generale und Kommandeure bei fremden Truppen beispiellos sei«. Er verlangte, daß die beiden Brigaden wieder zusammengezogen, ihren Kommandeuren unterstellt und so rasch wie möglich mit der Division des Grafen Franquemont vereinigt würden. Den Generalen Doering und Graf Normann-Ehrenfels sprach er wegen »ihres schwachen Benehmens«, weil sie sich widerstandslos von den Franzosen hatten mißbrauchen lassen, sein »sehr großes Mißvergnügen« aus. Der Protest hatte Erfolg. Marschall Berthier stellte sofort die Vereinigung der beiden Brigaden und eine Untersuchung über ihre mißbräuchliche Verwendung durch den Herzog von Padua in Aussicht. König Friedrich war besonders darüber verärgert, daß den württembergischen Truppen in der Öffentlichkeit die Schuld an dem Zwischenfall bei Kitzen angelastet wurde. Er tat alles, um diese ehrenrührigen Behauptungen zu entkräften, bewirkte jedoch, weil sich die Franzosen weigerten, die Hintergründe offenzulegen, nur wenig. Sein Militärbevollmächtigter im Hauptquartier Napoleons berichtete ihm, daß er von den Offizieren des französischen Generalstabs manches unfreundliche Wort zu hören bekomme. So sei ihm gesagt worden, daß immer nur Beschwerden von ihm eingereicht würden, während andere Höfe nie eine Klage vorzubringen hätten. Daß ungeachtet seines Einspruchs auch weiterhin Teile der württembergischen Kavallerie von den Franzosen zu Sonderaufträgen und Einzelkommandos herangezogen wurden, lag in den Augen König Friedrichs an dem mangelnden Durchsetzungsvermögen des dreißigjährigen Generalmajors Graf von Normann-Ehrenfels. Der König erfuhr lediglich, daß die Disziplin infolge der Einzelkommandos, zu denen sie verwendet wurden, zu wünschen übrig ließ. Er konnte sich aber keine rechte Vorstellung davon machen, wie machtlos Graf Normann-Ehrenfels gegenüber den französischen Heerführern war, die sämtliche Truppen, gleichgültig aus welchem Land sie stammten, nach Gutdünken einsetzten. Am 18. Juli herrschte er den Grafen in einem ungnädig gehaltenen Schreiben an: »Seine Königliche Majestät haben mit der größten Indignation vernommen, daß dessen Kavalleriebrigade sich aller Orten, wo selbige stationiert gewesen oder nur durchmarschiert ist, Erpressungen, Gewalttätigkeiten, Plackereien und alle Art von Zügellosigkeiten erlaubt hat, daß alle militärische Ordnung und Disziplin aufgehört und dieses keine reguläre Truppe, sondern eine Freibeuterbande geworden. Seine Majestät können diese Zerrüttung nichts anderem als der Schwäche und Nachlässigkeit des Generalmajors zuschreiben, welcher, anstatt diese schändliche Wirtschaft zu reprimieren, sie vielmehr durch unerhörte Nachsicht bestärkt. Seine Majestät aber sind fest entschlossen, nicht zu leiden, daß Regimenter, die die Ehre haben, Ihren Namen zu tragen, die wohlverdiente Reputation der königlich württembergischen Truppen schänden, und werden bei der ersten einkommenden Klage den Generalmajor als Arrestant in das Königreich bringen und über ihn alsdann nach aller Schärfe verfügen lassen, die Banditenhorden aber kassieren und unter andere Regimenter stecken, nachdem einzelne Offiziere nach Verdienst behandelt sein werden. – Den Empfang und die Publikation dieser Ordre wird der Generalmajor Seiner Majestät anzeigen und diese Meldung dem Grafen Beroldingen zur Besorgung einschicken.« Diese scharfe und verletzende Maßregelung eines ungewöhnlich tüchtigen Offiziers war keineswegs gerechtfertigt. Sie zeigt jedoch, wie sehr König Friedrich auf den guten Ruf seines Militärs bedacht war und wie er auch noch zu einem Zeitpunkt, als die Militärmacht Napoleons zunehmend in Bedrängnis geriet, ungeachtet seines kleinen Truppenkontingents, an dem Anspruch festhielt, als eigenständiger Verbündeter behandelt zu werden. Mit seinen unablässigen Forderungen, alle württembergischen Einheiten der von Graf Franquemont befehligten Division einzugliedern, erreichte er wenigstens, daß dies mit der von Generalmajor von Doering geführten Infanterie-Brigade geschah. Graf Normann-Ehrenfels blieb einem anderen Armeekorps zugeordnet. Doch besaß er als Kommandeur eine durchaus selbständige Stellung. Es wurden ihm sogar, was bislang kaum vorgekommen war, zeitweise auch französische Truppen unterstellt.

Den Waffenstillstand im Juni/Juli 1813 nutzten die beiden Seiten, um ihre Streitkräfte zu ergänzen und zu vermehren. Napoleon kam es vor allem darauf an, seine Kavallerie und Artillerie zu verstärken. Von den Rheinbundstaaten verlangte er die Entsendung weiterer Truppen. König Friedrich war jedoch nicht bereit, durch Ersatzmannschaften die großen Verluste, die die Württemberger im Mai bei Bautzen und Jauer erlitten hatten, auszugleichen. Die württembergische Division zählte am 10. Juni 4421 Mann. Sie betrieb während der Waffenruhe ein intensives militärisches Ausbildungstraining. Verärgert war der König darüber, daß Graf Franquemont kein höherer Grad des Ordens der Ehrenlegion verliehen worden war. Nach seiner Ansicht wurde die württembergische Division gegenüber Speichelleckern und Jasagern zurückgesetzt, und dies namentlich deshalb, weil Franquemont sich gegen die Zudringlichkeiten des französischen Generalstabs »mit Würde und pflichtschuldig« verwahrte.

Nicht wenige Offiziere, die seit 1807 den preußischen mit dem württembergischen Militärdienst vertauscht hatten, stürzte der Krieg, den König Friedrich jetzt an der Seite Napoleons gegen Preußen führen mußte, in einen schweren Gewissenskonflikt. Im Frühjahr und Sommer 1813 verlangte eine Anzahl von ihnen ihren Abschied mit der Begründung, sie könnten nicht gegen ihr ehemaliges Vaterland kämpfen. König Friedrich brachte für derartige Gesuche nicht das geringste Verständnis auf. Er verweigerte den ehrenvollen Abschied, weil ein solcher im Krieg nicht erteilt werde. Er gestand lediglich die Entlassung »ohne Abschied« zu, wobei er Träger des Militärverdienstordens aus der Ordensliste strich. Den Major de la Chevallerie stellte er sogar vor ein Kriegsgericht. Mit Ordre vom 30. Mai 1813 ließ er bekanntgeben: »Seine Königliche Majestät haben ... auf ein über den Major de la Chevallerie, welcher sich dem allerhöchsten Befehl, vor den Feind zu gehen, widersetzte, abgehaltenes Kriegsgericht befohlen, daß derselbe durch Abnahme des Degens und Zerreißung der Patente kassiert und durch Gendarmen über die Grenzen des Königreichs gebracht, mit Bedrohung des Füsilierens, wenn er sich je wieder in demselben betreten lassen sollte.« Der Major hatte in den Augen König Friedrichs in eklatanter Weise gegen die moralischen Grundprinzipien des württembergischen Militärstandes verstoßen, die sich auf unbedingte Treue, vollkommenen Gehorsam und unbezwingliche Tapferkeit gründeten. Unausgesetztes Bestreben eines jeden Soldaten und erst recht eines jeden Offiziers, so stand es im Dienstreglement für die königlich württembergische Infanterie vom 1. Juli 1810, mußte es sein, »durch genaueste Pflichterfüllung diesen Tugenden als Urquellen aller übrigen Standes- und Dienstpflichten sich der Gnade Seiner Königlichen Majestät als Landes- und Kriegsherren sowie den Beifall und die Zufriedenheit der Vorgesetzten, auch die Achtung und Hochschätzung der Untergebenen und aller übrigen in gleichen oder verschiedenen Verhältnissen stehenden Personen nicht nur zu erwerben, sondern auch zu behalten«. »Weckung des Ehrgefühls« betrachtete der König als eine der wichtigsten militärischen Erziehungsaufgaben. Anders als die preußischen Reformer der Zeit glaubte er jedoch, nicht auf die barbarischen Kriegsgesetze der absolutistischen Epoche verzichten zu können. Bezeichnend war, daß er die Kriegsartikel vom 1. Januar 1769 beinahe unverändert in die neuen Kriegsartikel vom 1. Januar 1806 übernahm, die dann während seiner ganzen Regierungszeit gültig blieben. Dem Soldaten wurde neben einem gottwohlgefälligen Leben unbedingter Gehorsam gegenüber den Befehlen des Königs wie gegenüber denen seiner militärischen Führer zur Pflicht gemacht. Wer seine Vorgesetzten tätlich bedrohte, seine Kameraden bestahl, sich schwerer Wachvergehen oder der Desertion schuldig machte, hatte mit drakonischen Strafen zu rechnen: Spießrutenlaufen (Gassenlaufen), Tod durch Erschießen oder Erhängen, Festungsarbeitsstrafen und Anschlagen des Namens an den Galgen. Andererseits sah der König darauf, daß Offiziere ihre Befehlsgewalt nicht mißbrauchten. Mißhandlungen von Untertanen ahndete er unnachsichtig. Zur körperlichen Züchtigung eines Soldaten durfte erst dann übergegangen werden, wenn die Versuche, ihn »mittels des Ehrgefühls« zu bessern, fehlgeschlagen waren. Die Befugnis, Stockstreiche verabreichen zu lassen, war gestaffelt. Ein Kompaniechef durfte als Strafe bis zu 25, ein Major bis zu 30 und ein Oberst bis zu 50 Stockstreiche verhängen. Auf Spießrutenlaufen konnte lediglich ein Kriegsgericht erkennen. Ein wegen ehrenrühriger Delikte wie Diebstahl oder Betrug bestrafter Soldat durfte nicht zum Unteroffizier befördert oder mit einem Ehrenzeichen bedacht werden. Über Ausnahmen entschied der König.

Mit dem Ende des Waffenstillstands am 10. August 1813 befand sich Napoleon auch im Krieg mit Österreich. In einem Brief an König Friedrich nannte er als das große Kriegsziel des habsburgischen Kaiserstaats die Auflösung des Rheinbunds, was er mit der Wiederherstellung der alten Zustände in Deutschland gleichsetzte. Der württembergische König, der gehofft hatte, der Waffenstillstand werde die Vorstufe zum Frieden bilden, verstand, was Napoleon vor allem von ihm wollte: zusätzliche Truppen. Sorgen bereitete ihm jedoch das Verhalten Bayerns. Anzeichen deuteten darauf hin, daß das Nachbarkönigreich enge Kontakte zu Österreich unterhielt und im Begriff war, sich vom Rheinbund zu lösen. Am 24. August teilte Friedrich seine Beobachtungen Napoleon mit und ließ ihn wissen, daß er, soweit es seine Mittel erlaubten, Vorsorge gegen etwaige von Bayern her drohende militärische Überraschungen getroffen habe.

Die Wiederaufnahme der Kampfhandlungen ließ sich für Napoleon nicht sonderlich gut an. Seine Generale mußten verschiedene Schlappen einstecken. Lediglich er selbst erzielte am 27./28. August bei Dresden einen Erfolg. In einem Brief an König Friedrich stellte er seinen Sieg groß heraus. Über die Warnungen Friedrichs bezüglich Bayerns ging er stillschweigend hinweg.

Am 6. September erlitt die württembergische Division in der für die Franzosen unglücklichen Schlacht von Dennewitz furchtbare Verluste. Sie büßte an Toten, Verwundeten und Gefangenen 2340 Mann ein. Ihr tapferes Ausharren auf »dem blutigen Sand von Dennewitz«, an den man sich in Württemberg noch jahrzehntelang mit Schrecken erinnerte, trug ihr hohe Anerkennung ein. König Friedrich bezeugte General Graf Franquemont seine Zufriedenheit »bei den so unerhörten als unverdienten Unglücksfällen meines Armeekorps«, tadelte aber andererseits die französische Führung wegen der »schlechten Disposition und der Bärenhäuterei« und namentlich den Marschall Ney wegen der von ihm begangenen »ungeheuren Fehler«. Am 19. September schrieb er an Napoleon, daß seine im Feld befindliche Infanterie nur noch 2000 Mann zähle, die man in vier schwache Bataillone formiert habe, daß seine Kavallerie lediglich noch über 220 Pferde verfüge, und er bat, diese kümmerlichen Überreste seines Truppenkorps freizugeben, damit sie in die Heimat zurückkehren könnten. Am 3. Oktober wandte sich der König erneut an den Kaiser der Franzosen. Gegenstand seines Briefs war der nicht länger zu bezweifelnde Abfall Bayerns vom Rheinbund. Der Frontwechsel des Nachbarstaats brachte Württemberg in eine gefährliche Lage. Der König mußte mit dem Einfall bayerischer und österreichischer Truppen, aber auch mit Unruhen und Aufständen im eigenen Land rechnen, die von Wien oder München angezettelt wurden. Friedrich schrieb, daß er alles tun werde, um seine Untertanen vor den Schrecken eines Krieges zu bewahren. Der französische Kaiser konnte diese Äußerungen nicht mißverstehen: König Friedrich behielt sich für den Fall einer akuten Bedrohung seines Landes durch bayerische und österreichische Truppen die uneingeschränkte politische Handlungsfreiheit vor. Er wollte das eigene Schicksal und das seines Königreichs nicht von dem Napoleons abhängig machen. Mit allem Nachdruck verlangte er nochmals die Freigabe seiner Feldtruppen und ihre Rückkehr in die Heimat.

Am 14. Oktober lag offen zutage: Bayern und Österreich hatten einen Bündnisvertrag geschlossen. In dieser Situation bleibe ihm, schrieb Friedrich an Napoleon, wenn er, was seine Schuldigkeit sei, die Geißel des Kriegs von seinen Untertanen fernhalten wolle, allenfalls noch die Möglichkeit, bei den Alliierten einen Waffenstillstand und die Anerkennung der Neutralität seines Landes zu erwirken. »Bei allen meinen Entscheidungen stets freimütig und loyal, habe ich Euer Kaiserliche Majestät davon unterrichtet, daß ich mich zu diesem Schritt erst entschlösse, wenn er unumgänglich notwendig erscheint. Dieser Zeitpunkt ist jetzt gekommen, und Euer Kaiserliche Majestät ist zu gerecht, um es mir übelzunehmen, wenn ich nichts anderes als meine ersten und heiligsten Pflichten erfülle, die darin bestehen, mein Königreich vor der sicheren Vernichtung zu retten. Meine Gefühle ändern sich nicht, aber meine Schritte müssen sich nach den unabweisbaren Notwendigkeiten richten.« Er erklärte Napoleon, daß er sich außerstande sehe, weiterhin aktiv am Krieg teilzunehmen. Er appellierte an den Großmut des Kaisers und ersuchte ihn, seine Soldaten nicht entgelten zu lassen, wenn er, ihr König, durch die Gewalt der Umstände zu einer Änderung seiner Politik gezwungen sei. Dies war das letzte Schreiben König Friedrichs an Napoleon. Es zog den Schlußstrich unter ein achtjähriges Bündnis, das dem württembergischen Monarchen großen Landzuwachs gebracht, dem kleinen Königreich aber auch ungeheure Opfer an Gut und Blut abverlangt hatte. Der abschließende Satz des Briefes ist Friedrich sehr verübelt und als politische Zweideutigkeit ausgelegt worden. Man hat behauptet, der württembergische König habe seine Verbindungen zu Napoleon nicht gänzlich abbrechen wollen, er habe noch immer auf ihn gesetzt und in absehbarer Zeit mit einer militärisch-politischen Wende zugunsten des bisherigen Rheinbund-Protektors gerechnet. Zweifellos hat man jedoch in diesen Satz viel mehr hineininterpretiert, als Friedrich in ihm, auch hier diplomatisch-verbindliche Höflichkeit wahrend, zum Ausdruck bringen wollte. »Möchten doch«, schrieb er Napoleon, »glücklichere Umstände wieder zu einer Ordnung der Dinge führen, in der ich Euer Kaiserlichen Majestät beweisen könnte, daß meine Gefühle für Ihre Person dieselben geblieben sind.« Friedrich hat zeitweise große Bewunderung für Napoleon empfunden, aber er hat auch eine illusionslose Vorstellung von seinen Schwächen gehabt. Seit dem Rußlandfeldzug hatte er kaum noch Zweifel, daß die Machtbesessenheit des großen Eroberers Frankreich und seine Verbündeten ins Verderben führte. Ruhe und Frieden, dessen war er sich bewußt, vermochte Europa nicht zu erlangen, solange Napoleon die Zügel der Macht in den Händen behielt. Der Frieden aber war für sein kleines, seit vielen Jahren mit Kriegslasten überbürdetes Land dringend notwendig, um seinen Bewohnern die Aussicht auf eine hoffnungsvolle Zukunft nicht gänzlich zu zerstören.

König Friedrich schrieb seinen Brief zwei Tage vor der Schlacht von Leipzig (16. bis 19. Oktober 1813), die mit der entscheidenden Niederlage der Franzosen endete. Wann das Schreiben Napoleon erreichte, wissen wir nicht, wahrscheinlich als sich das französische Heer in vollem Rückzug befand und dessen oberster Gebieter zu retten suchte, was noch zu retten war. Daß der Abfall des württembergischen wie zuvor schon des bayerischen Königs Napoleon mit Zorn erfüllte, nimmt nicht wunder; beide hatten ihn, ihren Wohltäter, in dem Augenblick im Stich gelassen, in dem sich das Kriegsglück von ihm abwandte.

Die württembergische Division nahm an der Schlacht von Leipzig teil. Glücklicherweise hatte sie jedoch bei den ihr übertragenen Verteidigungsaufgaben nur geringe Feindberührung. Nach der Schlacht mußte sie im Verband des IV. Korps den Rückzug der französischen Armee nach Westen sichern. Am 23. Oktober erreichte Graf Franquemont in der Nähe von Gotha der Befehl seines Königs, in die Heimat zurückzukehren. General Bertrand, der Befehlshaber des IV. Korps, den er davon in Kenntnis setzte, sprach ihm und seinen Offizieren Dank und Anerkennung aus. In Fulda trennte sich die württembergische Division von ihren bisherigen französischen Kriegsgefährten und zog der Heimat zu. Am 31. Oktober betrat das noch 32 Offiziere, 1166 Mann sowie 352 Pferde zählende Truppenkorps in Mergentheim wieder heimatlichen Boden. Am gleichen Tag kam die von König Friedrich zum Heer der Alliierten entsandte württembergische Brigade Walsleben in Aschaffenburg an. Sie übernahm unter österreichischem Oberbefehl die Aufgabe, Teilen der französischen Armee den Übergang über den Main zu verwehren. Nicht in die Heimat zurückkehren konnten vorläufig zwei kleine württembergische Kampfgruppen, die unter französischem Kommando in Küstrin und Danzig standen und diese beiden Festungen gegen die Alliierten zu verteidigen hatten. Generalmajor Graf von Normann-Ehrenfels hatte sich erneut den Unwillen seines Königs durch ein Scharmützel mit preußischen Husaren und russischen Kosaken am 11. September zugezogen, bei dem sich die Brigade zwar tüchtig gehalten, aber wegen der Unbedachtsamkeit des Kommandeurs und einiger Offiziere empfindliche Verluste gehabt hatte. König Friedrich warf dem jungen Reitergeneral fehlerhaftes Verhalten vor. Er habe ganz ohne Kopf gehandelt. Solche Vorwürfe trafen Normann-Ehrenfels hart, sie machten ihn aber auch unsicher. Während der Schlacht bei Leipzig sah er sich mit seiner Brigade einem zahlenmäßig weit überlegenen Gegner gegenüber. Eingedenk des Befehls von König Friedrich, seine Truppen nicht ohne zwingende Notwendigkeit aufzuopfern, entschied er sich, zum Feind überzu-

Generalmajor Graf Karl Friedrich Lebrecht von Normann-Ehrenfels

treten. Er hatte hierbei sächsische und westfälische Truppen als Beispiele vor Augen, die gleichfalls die Front gewechselt hatten. Daß ihm der Entschluß nicht leicht gefallen war, beweist sein vergeblicher Versuch, zuvor noch durch einen Offizier den Rat des Grafen Franquemont einzuholen. Am Abend des 18. Oktober berichtete er dem König, daß er angesichts der von allen Seiten siegreich vordringenden verbündeten Mächte die Reste der Brigade nur noch »durch Übergehen« habe retten können. Er sei sofort nach dem Übertritt zu Kaiser Franz von Österreich und Zar Alexander von Rußland geführt worden. Beide Monarchen hätten ihm die Erlaubnis erteilt, »passiv bewaffnet« hinter den verbündeten Armeen zu verbleiben, bis er ins Vaterland zurückkehren könne. König Friedrich hielt die eigenmächtige Handlungsweise von Normann-Ehrenfels für unverzeihlich. Er bestand darauf, daß die Brigade nach Hause zurückkehrte und nicht, wie dies die österreichische Heerführung wünschte, auf seiten der Alliierten verwendet wurde. Daß Kaiser Franz Graf Normann-Ehrenfels versprochen hatte, seinen Fürsprecher in Stuttgart zu machen, nahm König Friedrich zur Kenntnis. Seine Entscheidung stand fest: Die Ehre des Dienstes hatte allen anderen Erwägungen voranzugehen. Um sich der vom König angeordneten Verhaftung zu entziehen, verließ Graf Normann-Ehrenfels die Brigade, ehe sie die württembergische Grenze erreichte, und suchte zunächst bei einem Freund in Sachsen, später beim Kaiser in Wien Zuflucht. Der König kannte kein Erbarmen. Nicht einmal mildernde Umstände räumte er ein, obgleich so vieles dafür sprach, sie in diesem Fall anzuerkennen.

Am 16. November 1813 langte die Brigade auf ihrem Marsch von Heilbronn in Eglosheim bei Ludwigsburg an. Auf dem Feld nahe dem Dorf erwarteten sie kriegsmäßig bewaffnete Infanterie- und Kavallerieeinheiten. Offiziere und Soldaten mußten absitzen und ihre Waffen ablegen. Sie wurden sodann als Arrestanten nach Ludwigsburg eskortiert und dort in den ihnen zugewiesenen Kasernen einen Tag lang bewacht. König Friedrich hatte exakt festgelegt, was weiter zu geschehen hatte: »Nach dem Einrücken wird der Generalinspekteur der Kavallerie Graf von Dillen den ehemaligen Generalmajor Graf Normann zu sich verlangen und ihm im Namen Seiner Majestät erklären, daß er kassiert, seiner Orden und der königlichen Kammerherrnwürde verlustig und aus allen königlichen Residenzen und dem jeweiligen Aufenthalt Seiner Majestät verbannt seie. Der Obrist Prinz von Wallerstein soll nachher einberufen und ihm erklärt werden, daß er bloß aus Schonung für seinen Namen und wegen der Ehre, die er habe, mit Allerhöchstdenenselben verwandt zu sein, nicht ein gleiches Urteil zu gewärtigen habe; demnach seie er bloß entlassen und ihm anbefohlen, den Hof und die Gegenwart Seiner Majestät des Königs zu meiden. Dem Oberstleutnant von Moltke ist ebendieselbe Sentenz wie dem General Normann zu publizieren und diesen beiden noch zu erklären, daß bloß die Fürsprache des österreichischen Kaisers sie der wohlverdienten Strafe des Strangs entzogen habe. – Tags darauf wird sodann die Formation der neuen Regimenter und das Unterstecken der Mannschaft der beiden kassierten Regimenter vorgenommen, bei welcher Gelegenheit die Offiziere ihres Arrests zu entlassen sind.« Die Auflösung von zwei Kavallerie-Regimentern in einer Armee, die insgesamt fünf Reiter-Regimenter umfaßte, konnte indessen nur auf dem Papier erfolgen. Die beiden Regimenter blieben praktisch bestehen, sie erhielten aber die höchsten Nummern: 4 und 5.

Die drakonischen Maßnahmen König Friedrichs gegen Graf Normann-Ehrenfels und die von diesem geführte Reiterbrigade mögen militärisch noch einigermaßen zu rechtfertigen gewesen sein, politisch und psychologisch waren sie es sicher nicht. Im Volk steigerte sich die Erbitterung über den harten Herrscher, der, menschlichen Regungen kaum zugänglich, so schrecklich strafte, wo Großmut und Milde am Platz gewesen wären. Kein anderer Fürst ist damals mit Generalen und Offizieren ähnlich streng ins Gericht gegangen. Daß diese Bestrafung außerdem zu einer Zeit geschah, als Württemberg längst die Front gewechselt hatte und seine Truppen aktiven Anteil am Krieg gegen Napoleon nahmen, machte sie in den Augen kritischer Zeitgenossen noch unbegreiflicher. Freilich, für Friedrich galt unumstößlich der Grundsatz, den er am 16. April 1813 den ins Feld ziehenden Truppen eingeschärft hatte: Offiziere, gleichgültig welchen Ranges, hatten sich allen politischen »Räsonierens« zu enthalten und den Befehlen ihres Königs unbedingten und schweigenden Gehorsam zu leisten.

Mitte Oktober 1813 schilderte König Friedrich seiner Tochter Katharina in einem Brief »die nicht angenehme Situation« seines Landes: »Bayern hat Frankreich den Krieg erklärt und ist der Koalition beigetreten. Obwohl diese mich bisher nicht feindlich behandelt hat, bringt mich doch das Vorrücken einer 50 000 Mann starken österreichisch-bayerischen Armee auf Ansbach und das von 50 000 Russen, Österreichern und Preußen auf Würzburg zwischen zwei Feuer. Ich habe mich außerdem entschieden, mein Land unter keinen Umständen zu verlassen und unter Beweis zu stellen, daß ich falscher Handlungen und der Zweideutigkeit unfähig bin, aber auch, daß ich meine Pflichten gegenüber meinen Untertanen kenne . . .«

Seit August hatte der König das mit der Aufgabe der Sicherung der württembergischen Ostgrenze betraute Militär verstärkt. Beim Herannahen der 50 000 Mann starken, von dem bayerischen General Wrede befehligten Armee zog Friedrich Mitte Oktober jedoch seine Truppen von der Grenze zurück, um Zusammenstöße zu vermeiden, und wies ihnen Stellungen im Raum von Esslingen, Cannstatt und Ludwigsburg an. Lediglich militärische Beobachtungsposten blieben in den Grenzgebieten zurück. General Wrede verlangte in einem an den württembergischen Außenminister, Graf von Zeppelin, gerichteten Schreiben Auskunft über die Bestimmung der an die Landesgrenze entsandten Truppen. Zeppelin setzte Wrede davon in Kenntnis, daß ihr Befehlshaber, General Neuffer, bereits beauftragt sei, mit einem österreichischen oder preußischen General ein Abkommen zu schließen, damit Württemberg nicht als Feindstaat behandelt werde. Mit Bayern sei eine solche Vereinbarung nicht erforderlich, da es sich mit seinem Land ja nicht im Kriegszustand befinde. Der Außenminister ging davon aus, daß General Wrede von einem Durchmarsch durch Württemberg absehe, zumal sich dort keine fremden Truppen befanden. König Friedrich hoffte zu diesem Zeitpunkt noch, er könne für sein Land einen Neutralitätsstatus erreichen. Daß er vor allem mit Österreich rasch Verhandlungen aufnehmen mußte, stand für ihn außer Frage. Allein, Wrede ließ Württemberg weder Zeit noch Gelegenheit, entsprechende Verhandlungen zu führen. Er forderte in ultimativer Form von König Friedrich eine verbindliche Erklärung, daß Württemberg dem französischen Bündnis entsagt habe und sich auf die Seite der Alliierten stelle. Das feindselige Verhalten des bisherigen Rheinbundpartners, das auch der württembergische Gesandte am Münchener Hof, von Steube, zu spüren bekam, erbitterte den König. 1805 hatte sich Bayern lange vor Württemberg, offenbar ohne die geringsten Skrupel, Napoleon angeschlossen, und jetzt war es in gleicher Weise beim Wechsel der Fronten vorgeprescht, ohne dem Nachbarstaat auch nur Andeutungen von seinen Plänen zu machen. In beiden Fällen hatte es Württemberg in eine überaus schwierige Lage gebracht. Daß es, um sich bei seinen neuen Verbündeten gut einzuführen und wohl auch um aus der militärisch-politischen Lage für sich Kapital zu schlagen, das Nachbarland mit einem kriegerischen Einfall bedrohte, steigerte den Unwillen König Friedrichs noch. Höchste Eile tat not. Am 23. Oktober schloß der württembergische Außenminister mit General Wrede eine vorläufige Militärkonvention. In ihr entsagte Württemberg seinem bisherigen Bündnis mit Frankreich. Es erklärte ferner seinen Austritt aus der Rheinischen Konföderation und verpflichtete sich, ein Truppenkorps von 3000 Mann Infanterie, 500 Reitern und einer Batterie bis zum 29./30. Oktober zu der Armee des Generals Wrede stoßen zu lassen. Graf Zeppelin verließ schon am folgenden Morgen das Heerlager Wredes, um so rasch wie möglich das österreichische Hauptquartier ausfindig zu machen, damit die Konvention die Bestätigung durch den Kaiserstaat erhielt. Dies war nicht einfach. König Friedrich in Stuttgart wußte, was für sein Land und sein Haus auf dem Spiel stand. Noch hatte er keine verläßlichen Nachrichten über den Ausgang der Schlacht bei Leipzig und das Schicksal seiner Truppen. Er mußte auch damit rechnen, daß Napoleon nochmals die Situation gemeistert hatte und daß ihn ein Abfall von Frankreich in große Gefahr stürzen könnte. Andererseits stand ein großes bayerisch-österreichisches Heer an der württembergischen Ostgrenze, jeden Augenblick bereit, in sein beinahe wehrloses Land einzufallen. Am 25. Oktober erfuhr er, daß die Militärkonvention mit Graf Wrede unterzeichnet sei. Inzwischen gab es auch keinen Zweifel mehr, daß Napoleon in der Schlacht bei Leipzig unterlegen war und daß sich das französische Heer in vollem Rückzug befand. Akute Gefahr für Württemberg bestand nicht mehr. Der Hofbankier Kaulla, den Friedrich zu Friedens- und Bündnissondierungen ins Hauptquartier des österreichischen Außenministers Metternich entsandt hatte, kam am 26. Oktober nach Stuttgart zurück und berichtete ihm, daß Österreich keinen Groll gegen ihn hege und ihn gerne in den Kreis seiner Alliierten aufnehme. Diese Nachricht vergrößerte den Zorn Friedrichs über das anmaßende Verhalten des bayerischen Heerführers Wrede: Statt sich auf seine militärischen Aufgaben zu konzentrieren und den Franzosen den Rückzugsweg zum Rhein abzuschneiden, betreibe er Politik auf eigene Faust. Deshalb komme er auch überall zu spät.

Endlich am 1. November gelang es Graf Zeppelin, in Schmalkalden Fürst Metternich zu treffen. Am Tag darauf konnte er in Fulda im Auftrag seines Königs den Allianzvertrag mit Österreich schließen. In Artikel 4 dieses Vertrags garantierte der Kaiser von Österreich dem König von Württemberg »die Souveränität und den freien und ruhigen Besitz seiner Staaten«. Für den Fall, daß sich Gebietsabtretungen nicht vermeiden ließen, sollte der König vollwertigen Ersatz bekommen. Von der Abtretung ausgenommen blieben auf jeden Fall altwürttembergische Landesteile. Damit hatte Württemberg ähnliche Zusicherungen erlangt wie Bayern am 8. Oktober 1813 im Vertrag von Ried. Die Gefahr, sein Land ganz oder teilweise zu verlieren, war damit für König Friedrich beseitigt. Österreich erkannte ihn als gleichberechtigten Bündnispartner im Kampf gegen Napoleon an. In militärischer Hinsicht legte der Vertrag fest: Die württembergische Armee bildet einen Teil der großen österreichischen und alliierten Armee. Sie steht unter dem Befehl des »Obergenerals dieser Armee«, gleichzeitig aber unter dem unmittelbaren Kommando eines württembergischen Generals. Stets soll sie in einem Korps vereinigt bleiben, von ihren eigenen Offizieren kommandiert werden und »in Ansehung der Disziplin und Ökonomie ihren eigenen Vorschriften unterworfen sein«. Österreich sagte dem württembergischen Alliierten ferner zu, daß Friedensverhandlungen und -abmachungen gegenseitiges Einverständnis voraussetzten. Der Kaiser von Rußland schloß sich wenige Tage später dem württembergisch-österreichischen Allianzvertrag an. Am 21./26. November 1813 erfolgte schließlich auch der Beitritt des preußischen Königs. König Friedrich konnte aufatmen. Die äußere und innere Souveränität Württembergs war von den Großmächten anerkannt. Er blieb Herr im eigenen Haus und konnte die politischen und militärischen Zügel in seinem Staat straff in der Hand behalten. Die Erwartung der deutschen Patrioten, die im Krieg gegen Napoleon den großen nationalen Aufbruch sahen und dafür große Opfer brachten, erfüllte sich für Süddeutschland nicht. Hier blieben alle freiheitlichen Regungen unterdrückt. König Friedrich führte wie schon unter Napoleon den Krieg im Verein mit den Alliierten nach den Regierungsmaximen des absolutistischen Herrschers: Die Untertanen hatten zu Diensten zu stehen und zu gehorchen, wenn der König seine »Bataillen« schlug. Es spricht für den rechtlichen Sinn König Friedrichs, daß er in einem Manifest am 6. November 1813 seinem Volk Rechenschaft gab über die Gründe, die ihn zur Aufkündigung des Rheinbunds und des Bündnisses mit Frankreich sowie zum Anschluß an die alliierten Mächte veranlaßt hatten. Er legte dar, daß Württemberg alle seine aus der Rheinischen Konföderationsakte vom 12. Juli 1806 erwachsenen Verpflichtungen gewissenhaft eingehalten und die größten Opfer dafür gebracht habe, daß andererseits aber der Kaiser von Frankreich den von ihm vertraglich zugesicherten Schutz des Königreichs, so während der Feldzüge von 1809, 1812 und 1813, völlig vernachlässigt habe. Insbesondere während des letzten Feldzugs habe König Friedrich Napoleon immer wieder dringend, jedoch vergeblich ersucht, die von allem Militär entblößten württembergischen Grenzen zu schützen. Als sich deshalb die Heere der verbündeten Mächte dem Königreich näherten, habe er sich für berechtigt gehalten, sich von den Verbindlichkeiten der Rheinischen Konföderationsakte loszusagen und den verbündeten Mächten anzuschließen. Der alleinige Zweck seiner Entscheidung sei die Erhaltung und das Wohl des Staats. Er erwarte daher von seinem Volk, daß es ihm weiterhin unverminderte Treue und Anhänglichkeit entgegenbringe und auch die etwa notwendigen Opfer auf sich nehme. Das Streben der verbündeten Mächte sei auf einen gesicherten, dauerhaften und »der Willkür keines einzelnen Staats ausgesetzten Frieden« gerichtet. Das königliche Manifest schloß: »Diese Hoffnung muß jeden beleben und für die Last und den Drang des Augenblicks unempfindlicher machen, besonders wenn der biedere Württemberger bedenkt, daß er durch die schonende Hand eines Königs geleitet wird, der kein anderes Interesse kennt als das seines Volks«.

Ohne Zweifel waren dies aufrichtige Worte. Doch fanden sie im Volk, das so lange und so viele Opfer für fremde Zwecke hatte bringen müssen und das sich nach wie vor vom Willen eines absolutistischen Herrschers regiert sah, nur einen schwachen Widerhall. König Friedrich, stets um das Wohl seiner Untertanen bemüht, auch bei allem Schweren, das er ihnen zumutete und häufig zumuten mußte, blieb hier wie auch sonst – freilich nicht ohne eigene Schuld – seinem Volk fremd, er konnte sich dessen Verständnis und Vertrauen nur in beschränktem Maß erwerben.

Auf österreichischer Seite hatte man für den bisherigen Alliierten Napoleons großes Wohlwollen. Fürst Metternich sagte einige Tage nach Abschluß des Bündnisvertrags zu Außenminister Zeppelin, Kaiser Franz erwäge, bei einem Friedensschluß Württemberg nicht nur in seinem jetzigen Umfang zu belassen, sondern es noch zu vergrößern. Metternich bestätigte diese Überlegungen seines Kaisers am 8. November in einem Brief an König Friedrich. Am 12. November äußerte Zar Alexander, der Neffe Friedrichs, bei einer Audienz, um die Graf Zeppelin nachgesucht hatte: »Wenn es bei einem künftigen Frieden ein Mittel gibt, Ihren König zu vergrößern, so seien Sie sicher, daß ich mich bemühen werde, es dahin zu bringen.«

Nachdem der König von Bayern den in Frankfurt am Main versammelten Häuptern der Allianz gegen Napoleon, den Kaisern von Österreich und Rußland sowie dem König von Preußen, seine Aufwartung gemacht hatte, brach am 18. November 1813 König Friedrich in Begleitung des Kronprinzen mit großem Gefolge dorthin auf. Hauptzweck seines Besuchs war, das frühere Vertrauensverhältnis namentlich zu dem russischen Neffen wieder herzustellen. Mehr noch als vom Kaiser von Österreich, dem Schwager, versprach er sich von der Unterstützung seiner politischen Anliegen durch den russischen Kaiser. Und er hatte sich nicht getäuscht. Zar Alexander, aber auch Kaiser Franz und König Friedrich Wilhelm III. empfingen ihn freundlich. Friedrich, der sich offenbar nur schweren Herzens zur Fahrt nach Frankfurt entschlossen hatte, fühlte sich erleichtert und teilte dies seiner Frau mit. Sie antwortete mit dem Wunsch, daß es ihm gelingen möge, seinem Königreich weitere Größe, Macht und noch höheres Ansehen zu verschaffen. Harte Worte hingegen fand die Königin für die sogenannten »Befreier« wie den Herrn vom Stein, die sich mit revolutionären Ideen der bisherigen Rheinbundstaaten zu bemächtigen suchten und dadurch die Bevölkerung dieser Länder in noch größeres Unglück stürzten. Sie hoffte, daß sich das monarchische Prinzip als stark genug erweise, um sich dagegen durchzusetzen.

Der russische und der österreichische Kaiser behandelten König Friedrich sehr zuvorkommend. Zar Alexander schickte seinen Wirklichen Geheimrat Graf Golowski als Gesandten nach Stuttgart. Am 1. Dezember 1813 setzte Kaiser Franz »seinen Bruder und sehr lieben Schwager« davon in Kenntnis, daß die württembergische Armee, die nach dem Vertrag von Fulda dem Verband des österreichischen Heeres angeschlossen werden sollte, künftig das VIII. Korps der »Armee Deutschlands« bildete. Das Kommando über dieses Korps wurde dem württembergischen Kronprinzen übertragen, der unmittelbar dem Armeeoberbefehlshaber unterstellt wurde. Kaiser Franz wies darüber hinaus den Feldmarschall Fürst Schwarzenberg an, das Korps des Kronprinzen Friedrich Wilhelm durch nichtwürttembergische Truppen zu »komplettieren«. Damit waren die Württemberger nicht mehr wie in den Feldzügen Napoleons fremden Befehlshabern direkt oder indirekt unterstellt. Jetzt bekamen sie ihren Kronprinzen nicht nur als Kommandeur, sondern diesem wurde als Befehlshaber eines großen Armeekorps eine noch höhere Funktion eingeräumt. Kaiser Franz I. ernannte Generalleutnant Baron von Vacquant zum Verbindungsoffizier beim württembergischen König, der diese Ehre mit der Entsendung des Kammerherrn Graf Wintzingerode als seinem Bevollmächtigten ins österreichische Hauptquartier beantwortete. Im Dezember 1813 stattete Kaiserin Elisabeth von Rußland auf der Durchreise dem Stuttgarter Hof einen Besuch ab. Das württembergische Königspaar bereitete der Zarin einen glanzvollen Empfang. Viel Mühe gab sich König Friedrich, daß die durch sein Land ziehenden österreichischen und russischen Truppen ordentlich verpflegt und untergebracht wurden. Kaiserin Elisabeth dankte ihm dafür ausdrücklich. Von kleineren Ausschreitungen, die sich namentlich Kosaken zuschulden kommen ließen, wurde möglichst wenig Aufsehen gemacht.

Peinlich genau achtete König Friedrich im schriftlichen Verkehr mit den anderen Souveränen, besonders auch mit Kaiser Franz, auf unbedingte Gleichrangigkeit. Er gebrauchte dieselbe Anrede und bediente sich derselben Grußformel wie der Kaiser. Friedrich, der sich 1805/06 nur schwer von dem alten Deutschen Reich gelöst hatte, kämpfte jetzt um seine ungeschmälerte äußere wie innere Souveränität. Er wollte sein Land keinesfalls wieder in ein »Reich« eingliedern lassen. Selbst einen lockeren Bund der deutschen Staaten lehnte er ab. Der Krieg gegen Napoleon war in seinen Augen kein Ringen um die Befreiung Deutschlands vom französischen Joch, sondern ihm ging es um sein Königreich, das er von einem fremden Gewaltherrscher befreien wollte, um seiner inneren Souveränität gewissermaßen die äußere hinzuzufügen.

Die Neuorganisation der Verwaltung und des Gerichtswesens

Der Biberacher Oberamtmann Karl Friedrich Dizinger hat uns in seinen »Denkwürdigkeiten« ein Gespräch aus dem Jahr 1807 mit König Friedrich überliefert, in dem dieser einige bemerkenswerte Feststellungen über seine Regierungsgrundsätze traf. »Auf meine Ehre«, sagte der König, »ich meine es gut mit meinem Volk, allein ich kann nicht immer handeln, wie ich gerne wollte, auch werde ich nicht immer gehörig unterstützt. Meine Regierung ist zwar streng, aber muß man in Zeiten, wie die gegenwärtigen sind, wo den Menschen nichts mehr heilig ist, nicht strenge sein! Der Rechtschaffene hat sich jedoch nicht vor mir zu fürchten, der Weg zu mir steht ihm stets offen, und er wird, wenn er sich an mich wendet und ihm Unrecht geschehen ist, stets Hilfe finden. Handeln Sie als rechtschaffener Mann und bleiben Sie stets der Wahrheit getreu, und wenn man Ihnen dann zu nahe treten will, so wenden Sie sich unmittelbar an mich, und ich gebe Ihnen hiermit mein Wort, daß selbst mein erster Minister Ihnen kein Haar krümmen soll ...« Zweifellos sind hier die Regierungsmaximen König Friedrichs widergespiegelt: unparteiische Gerechtigkeit, Hilfe und Schutz für den Rechtschaffenen, Anerkennung von Leistung und Verdienst, unerbittliche Strenge gegenüber saumseligen, pflichtvergessenen und bequemen Staatsdienern. Das absolutistische Regime König Friedrichs stützte sich auf zwei Säulen: die Offiziere und die Beamten. Von beiden verlangte er Tüchtigkeit, unermüdliche Einsatzbereitschaft, Diensteifer und Unbestechlichkeit. Jede Art von Schlendrian in der öffentlichen Verwaltung bekämpfte er unnachsichtig. Ungeachtet seines hochfahrenden Wesens und seiner Strenge nahm er keinem seiner Beamten einen sachlich begründeten Widerspruch gegen eine von ihm verfügte Maßnahme übel. Ebenso war er stets bereit, einem ungerecht Behandelten zu seinem Recht zu verhelfen. Er wollte keine blinden Werkzeuge seines Willens, auch wenn dies oft so schien, sondern er erwartete, daß seine Beamten eine eigene Meinung hatten und diese auch frei und ungezwungen vertraten. Unterwürfigkeit, Kriecherei, aber auch dummdreiste Anmaßung waren ihm zuwider, dafür gibt es manche Zeugnisse.

Mit anerkannt tüchtigen Beamten wie dem Oberamtmann Dizinger in Biberach führte Friedrich lange und bemerkenswert freimütige Gespräche. Bei der Wahl seiner Beamten war für ihn berufliche Tüchtigkeit entscheidend. Heimat und geistige Herkunft spielten hierbei keine Rolle. Bei der Besetzung der höchsten Regierungsämter hat er sich vielfach auf Nichtwürttemberger gestützt, doch wird man ihm kaum vorwerfen können, daß er die Altwürttemberger mit Vorbedacht von solchen Ämtern ausschloß. Sein nach modernen Gesichtspunkten organisierter Verwaltungsapparat bedurfte fähiger Köpfe, und diese fand er nicht in ausreichender Zahl im eigenen Land. Daß die »Ausländer«, die ihm alles verdankten, ergebenere Diener waren als die »Einheimischen«, ist keine Frage. Dennoch legte er, wie gesagt, nicht nur auf Ergebenheit Wert. Wie andere Württemberger war der bekannte Publizist Pahl der Ansicht, daß es im eigenen Land Verwaltungskandidaten im Überfluß gegeben habe, so daß der König keineswegs auf »Ausländer« hätte zurückgreifen müssen. Friedrich sah es anders. Im übrigen eröffnete er Adligen wie Bürgerlichen im württembergischen Staatsdienst die gleichen Aufstiegsmöglichkeiten. Aus seinen Beamten schuf er sich eine Art Amtsadel. Äußeren Ausdruck fand dieses Bestreben in der Einführung des Personaladels. Im Dezember 1806 verlieh der König, wie bereits erwähnt, allen Offizieren vom Hauptmann aufwärts sowie den Geheimräten, Direktoren und Vizedirektoren der Kollegien und Departements das Recht, ihrem Namen das Prädikat »von« voranzustellen. Zugleich räumte er den künftigen Trägern des Personaladels »den Genuß aller Rechte und Vorzüge des wirklichen Adels« ein. Generale und Oberste, ebenso Geheimräte und Direktoren, die ein schuldenfreies Vermögen von 40 000 fl nachweisen konnten, durften den erblichen Adel beantragen. Nach dem Vorbild der französischen Ehrenlegion stiftete Friedrich am 6. November 1806 den Militär- und den Zivilverdienstorden. Den Zivilverdienstorden sollten

Staatsdiener bekommen, denen wegen ihrer Geburt und ihrer Stellung der Große Orden nicht verliehen werden konnte. Für die Auszeichnung mit dem Großen Orden, seit dem Statut vom 6. März 1807 der Große Orden des Goldenen Adlers, kamen nur Männer adliger Herkunft und höchster Stellung in Betracht. Bei diesem Orden handelte es sich um einen Ritterorden. Ordensherr war der König. Die Zahl der Ritter wurde auf 50 begrenzt, wobei die Angehörigen des Königshauses nicht mitgezählt wurden. Den Personaladel durften, gleichgültig welche dienstliche Funktion sie ausübten, auch die Inhaber der Großkreuze, die Kommandeure und Ritter des Zivilverdienstordens führen.

Wie seine Offiziere so betrachtete König Friedrich auch seine Beamten oder Zivilstaatsdiener als seine persönliche Gefolgschaft. Er überwachte nicht nur ihre dienstliche Tätigkeit, sondern nahm auch auf ihr Privatleben Einfluß. In einem Generalreskript vom 8. September 1806 verfügte er, daß königliche Hof- und Zivilstaatsdiener bei Verlust ihrer Stelle nur noch nach zuvor eingeholter allerhöchster Bewilligung heiraten durften. Einem Kanzlisten erlaubte er am 1. November 1807 die Verehelichung mit der Bemerkung, seine Frau möge sich keine Hoffnung auf eine Pension machen, »indem Kanzlisten nicht heiraten sollten«. Er sah es auch als durchaus zumutbar an, daß Beamte bei Versetzungen Gehaltsminderungen auf sich nahmen. 1806 erteilte er dem Oberfinanzdepartement einen derben Verweis, weil sich dieses an den Grundsatz halten wollte, Beamte vor ihrer Versetzung auf eine andere Stelle um ihr Einverständnis zu fragen. Nach Auffassung des Königs gehörte es zu den Dienstobliegenheiten des Beamten, jede ihm übertragene Stelle zu übernehmen.

So großzügig König Friedrich bei der Anerkennung von Verdiensten seiner Beamten war, so hart und unbarmherzig zeigte er sich, wenn er Staatsdiener wegen Pflichtversäumnissen, Zuwiderhandeln gegen seine Anordnungen oder bloßer Bequemlichkeit zur Rechenschaft ziehen mußte. Die von ihm verhängten Strafen standen häufig in keinem Verhältnis zu dem begangenen Delikt. Unnachsichtig griff er ein, wo sich Verwaltungsbeamte nicht entsprechend seinen Vorstellungen verhielten. Besonders abstoßend wirkten seine das Ehrgefühl der Betroffenen verletzenden Strafen. Im Mai 1809 drohte er dem Kreissteuerrat des Kreises Ehingen, wenn er »den Allerhöchsten Befehlen sich zu widersetzen beigeben ließe und nicht augenblicklich diese unbedingt befolge, er ohne weiteres auf die

Festung transportiert werden würde«. Im folgenden Jahr ließ er den Calwer Kreishauptmann mit 20 Reichstalern zugunsten des Ludwigsburger Waisenhauses bestrafen, weil er den Weg von Teinach nach Calw in schlechter Beschaffenheit angetroffen hatte. Eine noch viel härtere Strafe, 50 Reichstaler mit derselben Zweckbestimmung, erlegte er dem Oberjustizrat Baur auf »wegen großer Verzögerung des Vortrags einer ihm bei der Königlichen Hof- und Domänenkammer zugeteilten Sache«. Zugleich verfügte er, daß die Bestrafung öffentlich bekanntgegeben wurde. Sehr schnell war König Friedrich mit Amtsenthebungen zur Hand. 1811 hatte der Oberamtsaktuar Becher in Crailsheim den Bürgern bei schwerer Strafe verboten, sich mit »alleruntertänigsten Eingaben an die Allerhöchste Person« des Königs bei dessen Anwesenheit in Crailsheim zu wenden. Weil Becher »fälschlich ein Königliches Verbot erdichtet und hierdurch den Untertanen einer neu acquirierten Provinz den freien Zugang zu ihrem König erschwert und sie außerstand gesetzt hat, die Gerechtigkeit oder Gnade ihres Landesherrn anzuflehen«, erklärte ihn Friedrich für »kassiert und zu jedem Königlichen Dienst für unfähig«. Manchmal, so im Fall des wegen eines geringfügigen Vergehens amtsenthobenen Heidenheimer Oberamtmanns Pistorius, reute den Monarchen auch seine übereilte Handlungsweise, und er rehabilitierte die Betroffenen dadurch, daß er sie wieder in ihr Amt einsetzte oder gar noch beförderte. 1813 verlor Regierungsrat Hartmann, Oberamtmann in Ellwangen, nicht nur seine Stelle, sondern er wurde auch noch zu einer Festungsstrafe verurteilt, weil er einen tollwutverdächtigen königlichen Jagdhund gemäß den Polizeivorschriften hatte töten lassen. Hartmann hatte seine Pflicht getan, aber König Friedrich sah in dem Töten eines seiner Jagdhunde ein halbes Majestätsverbrechen. In einem solchen Fall vermochte er offenbar seinen Zorn nicht zu zügeln. Die Strafe war ein groteskes Unrecht, das erst König Wilhelm I. nach seinem Regierungsantritt 1816 wieder gutmachte: Er rief Hartmann in den aktiven Dienst zurück und ernannte ihn zum Regierungsrat in Reutlingen. Am 18. Juni 1812 verfügte König Friedrich, daß sämtlichen »kassierten« Beamten vom Justiz- und Kameralfach der Wohnsitz in den beiden Residenzstädten Stuttgart und Ludwigsburg untersagt wurde. Einen Besuch in diesen Städten hatte der König zuvor zu genehmigen.

Auch im Bereich der Kommunen griff König Friedrich scharf durch, er betrachtete die Verwaltung der Gemeinden als den verlängerten Arm der Staatsverwaltung. 1806 forderte der frühere Amtsbürgermeister von Reutlingen und damalige Rechtsanwalt Dr. Johann Adam Fetzer in einer Eingabe an den König, daß eine gegen das Dorf Oberboihingen wegen eines Streits um den Mühlbann verfügte Exekution schleunigst widerrufen werde. Der König war darüber so aufgebracht, daß er Fetzer gerichtlich zur Rechenschaft zog. Der Rechtsanwalt erhielt acht Tage öffentlichen Arrest und ein neunmonatiges Berufsverbot zudiktiert. Am 9. Dezember 1807 ordnete König Friedrich die Absetzung des gesamten Magistrats von Knittlingen an, weil dieser bei Feuersbrünsten versagt hatte.

Viel mutete König Friedrich seinen Ministern zu. Sie bekamen seine jähen Zornesausbrüche wie den sprunghaften Wechsel seiner Launen unmittelbar zu spüren. Er konnte sie sehr freundlich und entgegenkommend behandeln, um sie dann plötzlich wieder zu ignorieren oder selbst in Gegenwart von Zeugen zu beschimpfen und zu beleidigen. Nicht allzu selten soll er bei vermeintlicher Saumseligkeit einzelner Minister oder auch der ganzen Regierung vom Präsidenten des Staatsministeriums bis herunter zum letzten Rat Geldstrafen angedroht oder auch verhängt haben. Es sei vorgekommen, daß er einen Minister wegen »unangemessenen und unverschämten Verhaltens« gerichtlich belangte oder ihm Hausarrest in einem Zimmer des Schlosses zudiktierte und anschließend sofort beförderte. Besonders in dem politisch so schwierigen Jahr 1813 sei das königliche Stimmungsbarometer beständig auf Sturm gestanden. Die Minister hätten sich in dieser Zeit die unwürdigste Behandlung gefallen lassen müssen. Damals habe der König mit dem willkürlichen Versetzen von Oberbeamten begonnen und wegen politischen Räsonierens eine Kriminalkommission eingesetzt.

Der fähigste Minister Friedrichs – Hölzle nennt ihn den einzigen, der schöpferisch und eigenständig arbeiten konnte – war Friedrich Graf von Normann-Ehrenfels. Er drückte in der Zeit Napoleons der württembergischen Innenverwaltung den Stempel seiner Persönlichkeit auf. Der rastlose Arbeiter und ergebene Vollstrecker des königlichen Willens, der von seinen Untergebenen gleichfalls äußerste Pflichterfüllung forderte und sie nach Art seines Herrn oft barsch und grob behandelte, verzehrte sich im Dienst König Friedrichs. Im Juni 1812 mußte er um seine Versetzung in den Ruhestand einkommen, der König gewährte ihm diesen »unter Vorbehalt seines Rangs und seiner Würde« mit einer Jahrespension von 5000 fl. Der Übertritt seines Sohnes Karl in der Schlacht von Leipzig zu den Alliierten, den der König aufs schärfste mißbilligte, war für den kränkelnden Mann ein schwerer Schlag, zumal der König seine Strafmaßnahmen gegen den jungen Reitergeneral ohne Rücksicht auf die vieljährigen treuen Dienste des Vaters traf. Das Kirchen- und Schulwesen, später den Finanzbereich leitete der aus Mecklenburg-Schwerin stammende Ulrich Lebrecht Graf von Mandelsloh (1760 –1827). Er galt als der gewandteste und klügste Minister Friedrichs: ein geschmeidiger Höfling, der durch Intelligenz seine Abneigung gegen gründliche Arbeit ausglich. Das Geschick, mit dem er sich auf dem schwierigen Gebiet der Finanzen betätigte, war bemerkenswert. Der Nachfolger Mandelslohs im Amt des Kultministers, von Jasmund, war nach dem Urteil des Zeitgenossen Pahl ein humaner und edler Mann, der, zu einer liberalen Verwaltungspraxis neigend, sich im Gegensatz zu Männern wie Normann-Ehrenfels und Mandelsloh mit dem Regierungsstil König Friedrichs schwer tat.

Um das aus einer Vielzahl von geistlichen und weltlichen Territorien unterschiedlichster Größe zusammengestückelte Königreich Württemberg effektiv verwalten und regieren zu können, mußten Verwaltungsorganisation und Behördenaufbau vereinheitlicht und nach modernen Gesichtspunkten gestaltet werden. König Friedrich hatte bereits bei der Organisation Neuwürttembergs in den Jahren 1803 bis 1805 gezeigt, daß er, der Exponent des aufgeklärten Absolutismus, seinen Staat in der damals in Europa vorherrschenden rationalisierten Weise zu organisieren verstand. Nach der Beseitigung der ständischen Verfassung Altwürttembergs dehnte er das rationalisierte Verwaltungssystem auf das Gesamtland aus. Von entscheidender Bedeutung war das Organisationsmanifest vom 18. März 1806, das neben der Handschrift des Königs die seines Ministers Normann trug. An die Stelle des Geheimen Rats, der bis dahin das Bindeglied zwischen Landesherrn und Landständen war, trat als oberste Staatsbehörde das Staatsministerium. Es bestand aus den Chefs der Departements, den Fachministern, sowie den vom König ernannten Mitgliedern und war das Vollzugsorgan des königlichen Willens. Die Regierung war in sechs Departements gegliedert: Auswärtige Angelegenheiten (= Kabinettsministerium), Inneres, Justiz, Krieg, Finanzen und Geistliche Angelegenheiten. In die Zuständigkeit des Geistlichen Departements fielen die Angelegenheiten des »Kultus sowohl der evangelischen wie der katholischen Religion und anderer im Staat tolerierten Gemeinden«, die Universität Tübingen sowie sämtliche Schul- und Bildungseinrichtungen. Die Tätigkeit des Departements des Innern verteilte sich auf die Oberlandesregie-

Graf Philipp Christian Friedrich von Normann-Ehrenfels

rung und das Oberlandesökonomiekollegium. Das Königreich wurde verwaltungsmäßig in zwölf Kreise gegliedert, denen jeweils ein Kreishauptmann vorstand. Jeder Kreis umfaßte eine Reihe von Ober- und Stabsbeamtungen. 1808 wurde die Zahl der Oberamtsbezirke von 140 auf 65 vermindert. Hierbei wurde darauf gesehen, daß Fläche und Bevölkerungszahl der einzelnen Bezirke keine großen Unterschiede aufwiesen. Auch nach dem Gebietszuwachs von 1809/10 blieb es bei diesen 65 Oberämtern. Ihre Organisation entsprach altwürttembergischem Vorbild, wie ja Friedrich 1806/07 überhaupt bemüht war, den Verwaltungsaufbau seines Landes eigenständig zu gestalten.

Das Organisationsmanifest vom 27. Oktober 1810, dem Entwürfe des Innenministers Karl Graf von Reischach zugrunde lagen, ersetzte die bisherigen zwölf Kreise durch eine gleich große Zahl von Landvogteien, die nach französischem Muster die Namen von Flüssen und Gebirgszügen erhielten. An der Spitze der neuen Verwaltungsinstanz stand der Landvogt. Wenige Monate später, am 26. Januar 1811, verlieh König Friedrich den sieben Städten Stuttgart, Ludwigsburg, Tübingen, Ellwangen, Ulm, Heilbronn und Reutlingen das Prädikat »Unsere gute Stadt«. Auch hier war wiederum Frankreich das Vorbild. Es ist übrigens höchst bezeichnend, daß König Friedrich, solange Napoleon versuchte, die Rheinbundstaaten auf einheitliche Organisationsformen festzulegen, möglichst eigenständige Wege ging und erst, nachdem Napoleon keine derartigen Versuche mehr unternahm, freiwillig manche französische Einrichtung für sein Land übernahm.

Durch die Verordnung vom 1. Juli 1811 bekamen die Departements des Innern und der Finanzen eine neue Organisation. Den Landvögten, die wie bisher dem Ministerium des Innern völlig untergeordnet blieben, wurde das Ernennungs- und Bestätigungsrecht für die Mehrzahl der Magistrate und der Schultheißen eingeräumt. Die Aufsicht über die Gemeindeverwaltungen verblieb aber den Oberamtmännern. Die altwürttembergische Gemeindeselbstverwaltung war jetzt fast gänzlich beseitigt. Selbst die Dorfschultheißen galten als »herrschaftliche Diener«.

Dem napoleonischen »Conseil d'état« (Staatsrat), einem Sachverständigengremium, entsprach der von Friedrich am 1. Juli 1811 ins Leben gerufene Staatsrat. Er setzte sich aus dem Staatsministerium und aus solchen Männern zusammen, die den Titel von Staatsräten führten. Welche Mitglieder des in zehn Sektionen gegliederten Staatsrats zu den jeweiligen Sitzungen zu erscheinen hatten, bestimmte der König. Er legte auch die Termine der einzelnen Tagungen fest und lud dazu ein. In diesem Gremium sollten Gesetzentwürfe und Reformpläne besprochen werden, ehe sie mit der Verkündung durch den absolutistischen Herrscher Gesetzeskraft erlangten.

Die von König Friedrich betriebene Modernisierung und Vereinheitlichung der Verwaltung des Landes war kein revolutionärer Akt. Der König tastete die geistigen Grundlagen Altwürttembergs nicht an, im Gegenteil, er nutzte sie für seinen Staatsneubau. So übernahm er den bestehenden Beamtenapparat. Die Kirche behielt, wenngleich völlig dem Staatszweck dienstbar gemacht, ihre starke Stellung, und auch im althergebrachten Schulwesen trat kein Bruch ein. Freilich, durch die Zentralisierung und Bürokratisierung – in gewissem Sinn kann man sogar von einer Mechanisierung sprechen – der Staatsverwaltung erstickte er weithin Eigeninitiativen und leistete dadurch im administrativen Bereich einer zunehmenden Staatsverdrossenheit Vorschub, besonders in den Gemeinden in Altwürttemberg und mehr noch in den neuwürttembergischen Landesteilen. Die Bevölkerung sah ihre Rechte stark beschnitten, ihre Einkünfte immer mehr vermindert und ihre Abgaben erhöht.

Am 1. Januar 1807 wurde das altwürttembergische Landrecht auf den Gesamtstaat übertragen. Einzelne Lokalstatuten und Rechtsgewohnheiten, die dem württembergischen Landrecht nicht entgegenstanden, behielten auch weiterhin ihre Gültigkeit. Durch Staatsministerialdekret vom 9. August 1807 wurde die Zuständigkeit der patrimonialherrlichen Gerichtsbarkeit der mediatisierten Fürsten, Grafen und Edelleute exakt festgelegt und erheblich beschränkt. Künftig durften fürstliche, gräfliche und adlige Personen, die Angehörigen des Militärs, die königlichen Souveränitätsbeamten von Patrimonialgerichten nicht mehr belangt werden. Auch war es diesen Gerichten verboten, Verbrechen gegen den Staat und den Landesherrn sowie schwere Vergehen gegen die öffentliche Sicherheit, Verletzungen der Souveränitätsrechte und hohen königlichen Regalien zu behandeln und abzuurteilen. König Friedrich betrachtete die Handhabung von Recht und Gerechtigkeit als die erste und heiligste Pflicht des Regenten. Erfüllt von einem alttestamentlichen Gerechtigkeitssinn, vertrat er die Ansicht: »Gesetzmäßige Strenge ist Wohltat für die Untertanen, Nachgiebigkeit, Schlaffheit ein Unglück.«

Nach dem Vorbild der französischen Gendarmerie rief er am 11. September 1807 ein militärisch organisiertes, jedoch dem Innenminister unterstelltes 200 Mann starkes Landjägerkorps ins Leben. Im August 1809 wurde diese Polizeitruppe in Landdragonerkorps umbenannt; sie umfaßte unter der Leitung eines Kommandeurs 321 Mann und wurde auf die zwölf Kreise verteilt. Außerdem erhielt sie noch eine ergänzende Abteilung zu Fuß, die Landfüsiliere. Zwei Jahre später änderte der König die Bezeichnung des Korps erneut; es hieß von jetzt an Gendarmeriekorps. Dem 1807 neu errichteten Landreiterkorps wies König Friedrich als eine seiner wichtigsten Aufgaben »die Abtreibung und Ausrottung der Vaganten und Diebe, die Abstellung des Bettels und anderer ähnlicher gemeinschädlicher Gewerbe« zu. Das damals weitverbreitete Betteln war nunmehr ein Polizeivergehen und wurde entsprechend bestraft. Im Jahr darauf verfügte der König in den zwölf Kreisen des Königreichs die Errichtung von Zwangsarbeitshäusern, in denen Bettler und Müßiggänger zur Arbeit angehalten, Personen ohne Wohnsitz aufgenommen und Verbrecher nach verbüßter Strafe unter Polizeiaufsicht untergebracht werden sollten, bis sie eine Unterkunft fanden. Die »Verrichtungen« des Gendarmeriekorps wurden jeweils im Regierungsblatt bekanntgegeben. Beispielsweise konnte man dort lesen, daß das Korps von März bis Mai 1812 zwei Räuber, 41 Diebe, zwei Wilderer, 36 sonstige Verbrecher, 288 Vaganten, 148 Bettler, 40 Rekrutierungspflichtige, 9 deutsche und 69 französische Deserteure, insgesamt also 635 Personen, »eingebracht« habe.

Als aufgeklärter Regent ordnete König Friedrich die Abschaffung von Bräuchen und Rechtsgewohnheiten an, die auf abergläubischen Vorstellungen beruhten. So ließ er 1807 das Glockengeläut bei Gewittern als »schädlichen alten Gebrauch« verbieten. Für die katholischen Landesteile gestand er allerdings zu, daß zu Beginn eines Gewitters mit einer Glocke ein kurzes Zeichen gegeben werden durfte, um die Menschen zur Andacht zu »erwecken«. Am 15. März 1809 untersagte er, Selbstmörder weiterhin an einem abgesonderten Ort, etwa an der Mauer des Friedhofs oder außerhalb der üblichen Begräbnisstätten, zu bestatten. Lediglich die Leichen hingerichteter Verbrecher sollten auch künftig vom Nachrichter unter dem nächstgelegenen Hochgericht begraben werden. Obwohl Friedrich für die Anwendung der Gesetze in ihrer ganzen Strenge eintrat, empfand er es als skandalös, daß, wie herkömmlich, Geständnisse von Straftätern erpreßt wurden und daß bei verstockten Angeklagten immer noch die Tortur Anwendung fand. Am 23. April 1809 verfügte er deshalb die Abschaffung von Tortur und Folter mit der Begründung, solche Quälereien seien mit den Begriffen von Gerechtigkeit und Menschlichkeit unvereinbar.

Die medizinische Betreuung und Versorgung der Bevölkerung lag zu Beginn des 19. Jahrhunderts noch sehr im argen. König Friedrich bemühte sich um die Verbesserung der Gesundheitsfürsorge. In einer Instruktion vom 23. Juni 1807 für das im Vorjahr errichtete Medizinaldepartement (seit 1811 Sektion des Medizinalwesens), das für die Verwaltung der Medizinalanstalten und des Sanitätswesens zuständig war, wurden auf seine Veranlassung Bestimmungen über die beruflichen Voraussetzungen für Ärzte, Wundärzte, Barbiere, Hebärzte (Geburtshelfer), Tierärzte, Apotheker und Hebammen in Kraft gesetzt. Zugleich wurden Maßnahmen gegen Kurpfuscher getroffen, Ermittlungen über die Ursache endemischer Krankheiten wie beispielsweise ungesunde örtliche Verhältnisse angeordnet und Vorschriften für den Ausbruch von Epidemien erlassen. Um die Bevölkerung vor Gesundheitsschädigungen zu schützen, befahl der

König 1808 die Beseitigung der »Kirchhöfe« innerhalb der Städte und Dörfer. Die Friedhöfe befanden sich zu Beginn des 19. Jahrhunderts in der Regel noch direkt bei der Kirche.

Da das »für Leben und Gesundheit der Untertanen so nachteilige und gefährliche Medikastrieren«, die Kurpfuscherei, auch weiterhin viel praktiziert wurde, verbot sie eine königliche Verordnung vom 1. Juli 1809 nochmals nachdrücklich. Die Generalverordnung vom 14./22. März 1814 regelte das Gesundheitswesen auf dem Land. Jedes Oberamt erhielt im Oberamtsarzt einen staatlichen Gesundheitsbeamten, der insbesondere die Medizinalanstalten und die mit der Gesundheitspflege in seinem Bezirk betrauten Personen zu beaufsichtigen, die Apotheken sowie die Wundärzte und deren Instrumente nachzuprüfen sowie die Hebammen zu unterrichten und zu examinieren hatte. Die Pockenschutzimpfung wollte König Friedrich, wie es das Medizinaldepartement 1807 angeregt hatte, mit Rücksicht auf die starken Widerstände in der Bevölkerung noch nicht zwangsweise einführen. Sache der Ärzte sei es, erklärte er, durch kostenlos verbreitete Schriften die Bevölkerung aufzuklären, keineswegs dürfe aber das Impfen durch Pfarrer und Schullehrer zu einer Gewissensangelegenheit gemacht werden, denn dies hieße, mit den Dienern der Religion einen schändlichen Mißbrauch treiben. Vom Nutzen der Pockenschutzimpfung überzeugt, ließ der König 1814 öffentliche Impfanstalten einrichten und die unentgeltliche Impfung von Armen anordnen. Der Impfzwang wurde erst zwei Jahre nach seinem Tod von König Wilhelm I. verfügt.

Kirchen und sonstige Religionsgemeinschaften, Schul- und Bildungswesen, Kunst und Wissenschaft

Das alte Herzogtum Württemberg war rein evangelisch. Mit den in den Jahren 1803 bis 1810 neuerworbenen Gebieten gelangten über 400 000 Katholiken unter württembergische Landeshoheit. Die evangelische Kirche konnte nicht länger alleinige Staatskirche bleiben. Mit dem Religionsedikt vom 15. Oktober 1806 räumte König Friedrich den drei »anerkannten christlichen Konfessionen«, der evangelisch-lutherischen, der römisch-katholischen und der reformierten, Gleichberechtigung im Staat ein. Lediglich bei der Mischehenregelung gestand er der evangelisch-lutherischen Kirche, der er selbst angehörte, einen Vorzug zu. Als aufgeklärter absolutistischer

Herrscher vertrat er den Standpunkt: »Glauben kann jeder, was er will, gehorchen aber muß jeder.« In den Kirchen sah er Staatsorgane, in den Geistlichen Staatsbeamte. Die Kirchen waren dem staatlichen Regiment gänzlich unterworfen. Sie hatten zu tun, was der König und seine engsten Berater für gut hielten. Die Kirche bildete als Dienerin des Staats gewissermaßen dessen geistliches Fundament; diese Auffassung teilte er mit vielen seiner fürstlichen Zeitgenossen. Die evangelische Landeskirche Württemberg büßte ihre Selbstverwaltung größtenteils ein. Ihr reicher Besitz an Land und an Einkünften, das Kirchengut, wurde vom Staat eingezogen. König Friedrich rechtfertigte diese Maßnahme damit, daß die Aufgaben auf den Gebieten des Schul-, Kranken- und Wohlfahrtswesens, denen die Erträge des Kirchenguts bisher gedient hatten, auf den Staat übergegangen seien. Auch müßten die Mittel des Kirchenguts im Hinblick auf die nun bestehende konfessionelle Parität allen Staatsbürgern ohne Unterschied der Konfession zugute kommen. Schließlich behielt sich der König das Ernennungsrecht bei allen Geistlichen vor.

Mit der Säkularisierung fiel das Riesenvermögen der katholischen Klöster und Stifte an den Staat. Viel wertvolles Kulturgut, so vor allem Bücher und Kunstgegenstände, wurde verschleudert oder gar vernichtet. Die neuen katholischen Untertanen des Königs von Württemberg hatten bislang fünf Bistümern, Konstanz, Augsburg, Würzburg, Worms und Speyer, angehört. Hinzu kamen noch die Katholiken der exemten Fürstpropstei Ellwangen. Da keines dieser Bistümer sein Zentrum in Württemberg hatte, strebte König Friedrich die Schaffung eines eigenen Landesbistums an. Um die Bindung an die auswärtigen Bischöfe zu lockern, verfügte er, daß sie in seinem Land nur noch mit staatlicher Zustimmung, dem »Placet«, ihre Tätigkeit ausüben durften. Andererseits traf Friedrich in rein geistlichen Angelegenheiten Verfügungen, ohne die Zustimmung der zuständigen Bischöfe einzuholen. So verbot er den Katholiken den Besuch nichtwürttembergischer Wallfahrtsorte und nach Einbruch der Dunkelheit jede Andachtsübung außerhalb des Hauses. Er befahl, daß an Sonn- und Feiertagen Predigt und Katechese gehalten und diese nicht durch andere Andachtsübungen verdrängt wurden. Selbst Fragen wie Ehedispense oder die Feiern der Christnacht und der Auferstehung regelte er selbständig. Auch behielt er sich das Besetzungsrecht aller württembergischen katholischen Pfarrämter vor. 1807 verhandelte als päpstlicher Bevollmächtigter Graf della

Genga, der spätere Papst Leo XII., in Stuttgart in der Bistumsfrage. König Friedrich schwebte damals die Errichtung eines Erzbistums in Ellwangen und eines Suffraganbistums in Rottweil oder Weingarten vor. Auf Wunsch Napoleons mußten die Verhandlungen abgebrochen werden. 1812, nach dem Tod des Bischofs von Augsburg, rief Friedrich in eigener Machtvollkommenheit ein Generalvikariat in Ellwangen ins Leben. Er beauftragte den Fürstbischof von Tempe, Franz Karl Fürst von Hohenlohe-Waldenburg, mit der Wahrnehmung der Geschäfte des Generalvikars und der Übernahme der bischöflichen Funktion. Das Generalvikariat wurde von der Kurie erst 1816 bestätigt. Um für den katholischen Priesternachwuchs im Land eine Ausbildungsstätte zu schaffen, gründete der König 1812 in Ellwangen eine Katholische Landesuniversität. Im gleichen Jahr wurde auf dem Schönenberg bei Ellwangen das seit langem geplante Priesterseminar eröffnet. Die Religionsfreiheit ermöglichte den Katholiken nunmehr auch den Zuzug in die altwürttembergischen Landesteile, die Abhaltung öffentlicher Gottesdienste und die Bildung von Kirchengemeinden. Am 1. Oktober 1811 weihte der Fürstbischof von Tempe, Franz Karl Fürst von Hohenlohe-Waldenburg, die erste katholische Kirche in Stuttgart, St. Eberhard. Erstmals seit Einführung der Reformation im 16. Jahrhundert, sieht man von den Jahren nach der Schlacht von Nördlingen (1634) ab, konnte in der württembergischen Landeshauptstadt wieder öffentlich katholischer Gottesdienst gefeiert werden. Mit noch größerer Selbstherrlichkeit als über die katholische Kirche beanspruchte König Friedrich die Entscheidungsbefugnisse in geistlichen Fragen der evangelischen Kirche. 1809 führte er eine in seinem Auftrag von Oberhofprediger Süskind bearbeitete neue Liturgie ein, die ganz den Geist der Aufklärung atmete. Die Mehrheit der evangelischen Bevölkerung nahm sie mehr oder minder bereitwillig an, viele sahen in ihr sogar einen begrüßenswerten Fortschritt im kirchlichen Leben. Doch in pietistischen Kreisen regte sich der Widerstand. Der König war darüber äußerst ungehalten und griff scharf durch. Pfarrer Friedrich von Winzerhausen, den späteren ersten Pfarrer von Korntal, der sich öffentlich gegen die neue Liturgie gewandt und sie verworfen hatte, enthob er seiner Stelle; das Oberkonsistorium, das gegenüber dem Pfarrer hatte Milde walten lassen wollen, wurde aufs schärfste zurechtgewiesen, insbesondere der diesem angehörende Oberhofprediger Süskind. Auch Kultminister von Jasmund mußte sich eine Rüge gefallen lassen. Außerdem erließ König Friedrich neue Amtsinstruktionen für die Pfarrer und schrieb den evangelischen Geistlichen einen neuen Schnitt ihrer Kleidung vor.

Wie sehr er sich als die oberste Instanz in den kirchlichen Angelegenheiten seines Landes betrachtete, macht seine Verordnung vom 4. September 1808 deutlich. Durch sie untersagte er Untertanen, gleichgültig welcher Konfession sie angehörten, nochmals nachdrücklich – ein entsprechendes Verbot war bereits früher erlassen worden – eine Trauung außerhalb des Königreichs, falls hierzu nicht zuvor die allerhöchste Erlaubnis eingeholt worden und der Trauung das übliche Aufgebot vorausgegangen war. Zuwiderhandelnde verloren zwar nicht mehr wie bisher das Staats- und Bürgerrecht, dafür aber sollte ihre Ehe für null und nichtig erklärt werden. 1807 hatte der König den Geistlichen der anerkannten drei Konfessionen die Führung von Familienregistern zur Pflicht gemacht.

Schlecht einordnen in das von der Aufklärung geprägte Weltbild König Friedrichs ließ sich der Pietismus. Eine nicht von der Vernunft bestimmte Glaubenshaltung war ihm höchst zuwider. »Pietismus und Mystizismus gehören nicht zu den im Staat aufgenommenen Konfessionen, sondern sie sind vielmehr ihrer inneren Natur und Äußerung nach als verderblich für den Zweck des Staats mit dessen Interesse unvereinbar«, stellte er einmal fest. Seine abweisende Haltung gegenüber dem Pietismus bedeutete indessen nicht, daß er die Anhänger des Pietismus bedrückte oder offen benachteiligte. Toleranz in Glaubensdingen bildete, ungeachtet seines strammen Kirchenregiments, einen Grundzug seines Charakters. 1806 beispielsweise gestattete er der Herrnhuter Brüdergemeinde, die seit einiger Zeit Eingang in Württemberg gefunden hatte, die Gründung einer Kolonie im Schwarzwald. Allerdings mußte diese statt »Nain« den Namen Königsfeld annehmen. Nach seiner Ansicht war Religion nie völlig Privatsache, sondern sie hatte einen elementaren Staatszweck zu erfüllen. Deshalb hatte eine Glaubensüberzeugung, die die Zweckbestimmung des Staats in Frage stellte oder sich ihr sogar widersetzte, keinen Anspruch auf staatliche Duldung, sie mußte vielmehr, soweit sie die geltenden Gesetze verletzte, in ihre Schranken verwiesen werden.

Viel Ärger bereiteten ihm die Sekten, die, begünstigt durch chiliastische Zeitströmungen, während seiner Regierungszeit auch in Württemberg zahlreiche Anhänger gewannen. Mit am radikalsten gebärdeten sich die geistlichen Separatisten um den Bauern Georg Rapp in Iptingen bei Vaihingen an der Enz. Sie blieben nicht nur

Predigt und Abendmahl fern, sondern störten auch den Gottesdienst der kirchlichen Gemeinden, verweigerten Kindstaufe, Konfirmation und Schulbesuch. Ebenso lehnten sie den staatlichen Huldigungseid ab und widersetzten sich obrigkeitlichen Anordnungen. 1803/04 wanderte Rapp mit dem größten Teil seiner Anhänger nach Amerika aus, die Zurückgebliebenen folgten 1807. Auch in zahlreichen anderen Orten bildeten sich um die Wende vom 18. zum 19. Jahrhundert separatistische Gruppen. Gegen die zeitweise recht aufsässigen Separatisten in Rottenacker (Alb-Donau-Kreis), die mit denen in Nordheim bei Heilbronn in Verbindung standen, wurde eine militärische Exekution angeordnet. König Friedrich kannte keine Nachsicht, wenn die religiösen Extremisten die staatliche Autorität mißachteten. 1806 verfügte er, daß einem Separatisten, der sich weigerte, vor dem Amt oder der sonstigen Obrigkeit den Hut abzunehmen, der Hut vom Amtsknecht abgenommen wurde, bis die amtliche Handlung vorüber war. Separatisten, die sich gegen die staatlichen Gesetze und Ordnungen auflehnten, ließ König Friedrich auf den Hohenasperg bringen. Nach einer Instruktion von 1809 wurden sie bei »königlichen Arbeiten« in Stuttgart, Ludwigsburg und auf dem Monrepos eingesetzt. Diejenigen von ihnen, die zu mehr als einem Jahr Arbeitshaft verurteilt waren, mußten Sträflingskleidung tragen, die anderen durften ihre eigene Kleidung behalten. Schläge und barbarische Behandlungsmethoden fruchteten bei ihnen nichts. Erst als man sie nicht mehr beachtete, sie auf der Festung in Ruhe ließ und ihnen in gewissem Sinn Narrenfreiheit gewährte, kam der größere Teil von seinen extremen religiösen Vorstellungen ab und konnte entlassen werden. Wehrpflichtige Separatisten, die sich weigerten, den Fahneneid zu leisten, sollten durch Prügelstrafe und Einsperren zur Änderung ihrer Gesinnung veranlaßt werden. Half dies nicht, sollten sie als Häftlinge ihre Militärdienstzeit auf der Festung zubringen. Als 1812 und 1813 zwei Separatisten auf dem Hohenasperg so schlimm mißhandelt wurden, daß einer von ihnen starb, griff der König streng durch. Der Kommandant und ein aufsichtführender Offizier wurden hart bestraft.

Den rund 8000 Juden, die durch die napoleonische »Flurbereinigung« unter württembergische Landeshoheit kamen, war König Friedrich im allgemeinen günstig gesinnt. Er hatte den ernsthaften Willen, ihre zumeist bejammernswerte soziale und wirtschaftliche Situation zu verbessern. Hierbei dachte er an die in zahlreichen Dörfern und kleineren Städten zu schlechten Bedingungen ansässigen Schutzjuden und ihre Familien, wogegen er die in großer Zahl im Land unstet umherziehenden Betteljuden von einer Niederlassung im Königreich möglichst abhalten wollte. Schutzjuden, die über Vermögen verfügten, schloß er, wie wir in einem Fall wissen, bei schlechtem Verhalten vom Aufenthalt in seinen Residenzstädten Stuttgart und Ludwigsburg aus, legte ihnen aber nichts in den Weg, wenn sie sich um einen Wohnsitz in einem anderen Ort, in dem eine jüdische Gemeinde bestand, bemühten. Unmißverständlich gab er am 31. Oktober 1807 seine Grundeinstellung gegenüber der im Land lebenden jüdischen Minderheit kund, als er gegen das Votum des zweiten Senats des Oberjustizkollegiums einem Schutz- und Handelsjuden gestattete, liegende Güter zu kaufen. Die »vormaligen Gesetze«, auf die sich der Senat bei seiner Entscheidung berufen hatte, charakterisierte er als »hauptsächlich auf Intoleranz und einen durch Vorurteile und schiefe Ansichten beschränkten Geist des Zeitalters« gegründet. »Jedermann, der imstande ist«, entschied er, »Güter zu bauen oder sie bauen zu lassen, er sei, wes Glaubens er wolle, wenn er K[öniglicher] Untertan ist oder die Rechte oder die Vorteile eines Untertanen im allgemeinen zu genießen hat, soll auch befugt sein, Güter im Reich zu besitzen.«

Schon 1806 hatte der König die Oberlandesregierung beauftragt, »eine die Verhältnisse der Juden in den gesamten königlichen Staaten umfassende Ordnung zu entwerfen«. Der zwei Jahre später vorgelegte Entwurf entsprach jedoch nicht den Vorstellungen Friedrichs, er enthalte zu viel Intoleranz, bemängelte er. Das zu einem Gutachten aufgeforderte Obertribunal riet, von einer Neubearbeitung Abstand zu nehmen, weil die lokalen, die rechtlichen und die wirtschaftlichen Verhältnisse eine einheitliche Regelung unangebracht erscheinen ließen. Der König schlug nunmehr den Weg von Einzelverordnungen ein, um die Lage seiner jüdischen Untertanen zu verbessern. 1808 hob er den Leibzoll auf, der bis dahin noch in einigen Teilen des Königreichs bestanden hatte. 1809 räumte er den Juden das Recht ein, bürgerliche Gewerbe zu treiben und in die Zünfte einzutreten. 1812 erließ er einheitliche Bestimmungen über Schutzgeld und Aufnahmegebühr, die 1815 abgeändert wurden. Gleichzeitig beseitigte er die meisten der bisher den Juden auferlegten sonstigen Abgaben. Wichtig war, daß jetzt jeder der einheimischen Juden in Schutz genommen werden durfte, wenn er die Mittel zu seinem Fortkommen besaß.

Wie andere Fürsten seiner Zeit nahm Friedrich die Dienste jüdischer Hoffaktoren als Bankiers und Heereslieferanten in Anspruch. Eine hervorragende Stellung an seinem Hof erlangte die Hechinger Hoffaktorenfamilie Kaulla. Sie gründete 1802 mit finanzieller Beteiligung des Königs die Württembergische Hofbank, die als privilegierte Privatbank der Kaullas viele Jahre das wichtigste Kreditinstitut des Königreichs blieb. Als ersten Juden in Württemberg verlieh König Friedrich 1806 fünf Mitgliedern der Familie Kaulla die vollen Bürgerrechte. An den Vorverhandlungen über den Übertritt König Friedrichs in das Lager der Verbündeten im Oktober 1813 hatte Hofbankier und Heereslieferant Kaulla wesentlichen Anteil: Er führte im Auftrag seines Königs erste Gespräche mit dem österreichischen Außenminister Metternich.

Die Kulturpolitik trat bei König Friedrich gegenüber anderen Regierungsaktivitäten zurück. Man wird jedoch kaum behaupten können, daß er sie bewußt vernachlässigt hat. Auch wird man einräumen müssen, daß in einer Epoche ständiger Kriege andere Staatszwecke stärkeres Gewicht hatten. Sehr am Herzen lag dem König das Schulwesen. In vielen der neuerworbenen Territorien war es um die schulische Erziehung der Kinder schlecht bestellt, und auch in Altwürttemberg taten Reformen not. 1806 entzog er die oberste Leitung des Schulwesens dem Konsistorium und wies sie dem neugebildeten Geistlichen Departement zu. Doch behielt das Konsistorium ein entscheidendes Mitspracherecht in Angelegenheiten des evangelischen Volksschulwesens. Dem König kam es darauf an, die Volksschulen in seinem Land auf ein einheitliches, zeitgemäßes Niveau zu bringen.

Er glaubte, daß die von Pestalozzi entwickelten Erziehungsgrundsätze den richtigen Ansatz für eine Reform bildeten. 1808 besuchte er auf einer Schweizreise in Hofwyl im Kanton Bern das Fellmannsche Institut und berief den dort wirkenden Württemberger K. A. Zeller zum Schulinspektor nach Heilbronn. Dieser errichtete dort eine aus hundert Schülern verschiedener Klassen gebildete Musterschule, in der die Pestalozzische Methode Anwendung fand. Zeller führte auch Kurse für Lehrer ein. Ende 1808 empfahl das Ministerium für geistliche Angelegenheiten auf Weisung des Königs den »Schullehrern und Kandidaten des Schulstands« die Teilnahme an diesen Kursen, »um sich mit den Fortschritten der neuen Zeit in dem Fach der öffentlichen Erziehung und insbesondere mit der Pestalozzischen Methode bekanntzumachen«.

1808 erließ König Friedrich, »um der großen Verschiedenheit und den Mängeln abzuhelfen«, die bisher im katholischen Schulwesen des Königreichs geherrscht hatten, eine allgemeine Schulordnung für die katholischen Elementarschulen. In dem Generalreskript wurde der »pflichtmäßige Schulbesuch« festgelegt, Vorschriften über die Lehrgegenstände und Richtlinien für die Schulprüfungen und die Schulbüchereien erlassen. Zwei Jahre danach erging für die evangelischen Elementarschulen eine entsprechende allgemeine Schulordnung. Hierbei wurde auch die Ausbildung der Lehrer auf eine neue Grundlage gestellt. An die Stelle der im wesentlichen handwerksmäßigen Ausbildung des Lehrernachwuchses bei den amtierenden Schulmeistern trat die Unterweisung in öffentlichen Schullehrerseminaren oder in einer vom Oberkonsistorium genehmigten privaten Ausbildungsanstalt. Die Ausbildungsdauer war auf drei Jahre festgelegt. Für das nach Ostern 1811 in Esslingen eröffnete Hauptschullehrerseminar sollten die besten Bewerber ausgewählt werden. Die Ausbildung war kostenlos. Bedürftige Kandidaten sollten aus einem Hilfsfonds unterstützt werden. Neben diesem Hauptschullehrerseminar bestanden Seminare in Öhringen und im Stuttgarter Waisenhaus. Auf königlichen Befehl wurde im Stuttgarter Waisenhaus außerdem noch ein musikalisches Lehrinstitut errichtet. Überraschend verfügte König Friedrich am 1. Februar 1812, daß die Pestalozzische Methode, die er bisher selbst so sehr propagiert hatte, in den Schulen nicht mehr angewandt werden dürfe. Die Beweggründe, die ihn dazu veranlaßten, sind nicht bekannt. Vielleicht waren es die Verwirrung, die die neue Erziehungsrichtung in den Schulen gestiftet hatte, und die Widerstände, die sich vielerorts gegen sie regten. Doch auch weiterhin besaß sie unter Lehrern und Pfarrern viele Anhänger, und diese praktizierten sie, ohne davon viel Aufhebens zu machen. Die Bewegung, die durch Zeller und andere Männer ausgelöst worden war, wirkte fort.

Schon als Kurfürst vertrat Friedrich die Ansicht, daß die »Söhne gemeiner Eltern«, also die Angehörigen der unteren Stände (Bauern, Handwerker), nicht studieren, sondern sich dem Gewerbestand widmen sollten. Dies hieß indessen nicht, daß er solche jungen Männer grundsätzlich vom akademischen Studium ausschloß, nur wollte er ihre Zahl möglichst einschränken. Nach der Militärkonskriptionsordnung von 1809 sollte in der Regel die Zulassung zum Universitätsstudium nur noch Söhnen von Beamten und Untertanen der oberen Rangklassen erteilt werden. Daß junge Württemberger im »Ausland« studierten und dort gar akademische Würden erlangten, war ihm ein Greuel. Geradezu für eine vaterländische Pflicht hielt er es, daß Untertanen ihre Studien ausschließlich an der Landesuniversität Tübingen absolvierten. Bereits im Dezember 1806 untersagte er allen »königlichen Dienern und Untertanen«, Dokortitel und andere akademische Würden von fremden Universitäten anzunehmen oder zu führen. Lediglich die Mitgliedschaft in gelehrten Gesellschaften und in anderen höheren Institutionen außerhalb Württembergs gestand er ihnen zu. Am 24. Dezember 1807 verfügte er, daß alle Untertanen, die im Staatsdienst angestellt werden wollten, wenigstens ein zweijähriges Studium in Tübingen nachweisen mußten. Zugleich verbot er ihnen den Besuch »fremder ausländischer Universitäten«. Eine Ausnahme machte er nur bei Studenten der katholischen Theologie, solange in Württemberg keine »katholischen christlichen Lehrstühle aufgestellt« seien. Studenten, die sich damals auf »ausländischen« Universitäten befanden, mußten sie verlassen und im Sommerhalbjahr 1807 die »vaterländische hohe Schule« beziehen. Der Besuch von Vorlesungen war nach Auffassung des Königs »zur Erhaltung der sittlichen Ordnung unter den Studierenden ebenso sehr wie zur Beförderung ihrer wissenschaftlichen Bildung« notwendig. Er bestimmte deshalb eine Mindestzahl von Vorlesungen, die je Halbjahr zu hören waren. Ein Student, der sich hieran nicht hielt, war von der Universität zu entfernen. Mit dem in Tübingen herrschenden freieren Geist war König Friedrich nicht einverstanden. Auch an einer Hochschule habe strenge Zucht und Ordnung zu herrschen, müsse militärische Subordination geübt werden. Verärgert war er darüber, daß die Universität Tübingen die ihr übertragene Justizpflege nachsichtig und schwächlich handhabte. Er drohte ihr mit dem Entzug aller Privilegien. Studenten, die sich außerhalb Tübingens Gewalttätigkeiten zuschulden kommen ließen, sollten sofort arretiert und von der Obrigkeit »gesetzlich behandelt« werden. Bereits 1806 hatte der König die korporative Verfassung der Universität aufgehoben, die ihr eine weithin unabhängige Stellung im Staat sowie eine eigenständige Verwaltung ihres Vermögens und ihrer Einkünfte garantiert hatte. Ein dem Ministerium der geistlichen Angelegenheiten unterstellter Kurator hatte von da an den Lehrbetrieb zu leiten und zu beaufsichtigen. Mit der Person des Kurators tat Friedrich einen guten Griff, es war Ludwig Timotheus Spittler, Historiker und früherer Professor in Göttingen. Bis zu seinem Tod im März 1810 kam es zu keinen nennenswerten Spannungen zwischen dem Landesherrn und der Universität. 1811 jedoch zog der akademische Senat durch einen unglücklichen, von wenig politischem Fingerspitzengefühl zeugenden Bericht an das geistliche Ministerium den Zorn des Monarchen auf sich. Auf ein Gerücht hin, daß für die Studierenden die bisherige Bestimmung, sie erst nach Abschluß ihres Studiums einzuberufen, außer Kraft gesetzt war und sie künftig ohne weiteres eingezogen werden konnten, wies der Senat auf die nachteiligen Folgen für den Staat, aber auch für die Universität hin. Die Studenten, so hieß es in dem Bericht, ließen es an Fleiß und Eifer fehlen, weil sie die Aussicht, Soldat zu werden, apathisch stimme und ihnen alle Lust zum Studieren nehme. Die Universität befürchte, daß sie unter diesen Umständen ihre Aufgabe, für den Staat nützliche und geschickte Diener heranzubilden, nicht erfüllen könne. Damals war es um den Offiziersnachwuchs in Württemberg schlecht bestellt, und König Friedrich konnte deshalb die Studierenden von der Kriegsdienstpflicht keinesfalls ausnehmen. In seinem direkt an den Senat gerichteten Erlaß gab er seiner Mißbilligung beredten Ausdruck. Wenn sich der Senat herausnehme, schrieb er, königliche Verfügungen als nachteilig hinzustellen, »als den Umsturz der höchsten Lehranstalt Württembergs bedrohend, . . . so müssen Wir es bedauern, diejenigen, denen Wir nicht allein den wissenschaftlichen Unterricht, sondern auch die Pflicht, gehorsame Untertanen zu erziehen, aufgetragen haben, durch Parteilichkeiten und Individualitäten auf Abwege verleitet zu sehen, die dem Staat gefährlich werden und Unseren allerhöchsten Rechten zu nahe treten könnten. Vielleicht sollten Wir bloß dem strengen Recht nach handeln, ein Institut aufheben und reformieren, welches den ihm vorgesetzten Zweck so ganz verfehlt«. Weil es die Mitglieder des Senats als einzige seiner Untertanen gewagt hätten, »Unsere mit dem vollen Bewußtsein Unseres Gewissens nur allein auf allgemeine Erhaltung und Wohl des Staats abzweckende Regentenverfügungen zu tadeln«, müsse eine Strafe sein. Daher verfüge er die sofortige Absetzung des Rektors. Künftig dürfe der Rektor nicht mehr durch den Senat gewählt werden, sondern er sei jeweils für die Amtsdauer von sechs Monaten vom Kultminister zu ernennen. Außerdem wolle er durch eine Kommission einen Plan zu der ihm längst vorschwebenden Reform der Universität ausarbeiten lassen.

Die Kommission trat schon bald zusammen. Der von ihr vorgelegte Plan fand die Billigung des Königs. Durch die am 17. September 1811 erlassenen »Organischen Gesetze für die Universität Tübingen« verlor die Universität die letzten Überreste ihrer korporativen Verfassung. Sie hatte jetzt den Status einer staatlichen Lehranstalt, die wie andere Schulen der Oberstudiendirektion, einer dem Kultministerium nachgeordneten Behörde, unterstellt war. Der Präsident der Oberstudiendirektion war ihr Kurator. Die Verfügung über das Universitätsvermögen erhielt die Staatsfinanzverwaltung. Trotzdem verkannte König Friedrich die große Bedeutung der Hochschule für den Staat nicht. Er errichtete zwei neue Lehrstühle, ließ der Bibliothek reiche Schenkungen zukommen, begründete das »Klinikum«, ließ den botanischen Garten erweitern, eine Mineraliensammlung anlegen und astronomische Instrumente anschaffen. Ungeachtet der schweren Kriegslasten, die Württemberg zu tragen hatte, geizte er auch sonst nicht mit finanziellen Zuschüssen. Durch Fakultätspreise, die alle Jahre an seinem Geburtstag verteilt werden sollten, vermittelte er der wissenschaftlichen Forschung an der Universität zusätzliche Impulse.

In der Person des Geheimrats Freiherr von Wangenheim bekam die Universität wiederum einen ihr wohlgesinnten, vielseitig gebildeten, charakterlich untadeligen Kurator, dem sie in den folgenden Jahren manches zu verdanken hatte. Hätte der König die Universität zu sehr gängeln wollen, hätte er ihr wohl kaum diesen Mann als Betreuer gegeben. König Friedrich war alles andere als ein Feind der Wissenschaften. Besonderes Interesse brachte er der Geschichte, den Kriegs- und Naturwissenschaften sowie der Kameralistik entgegen, doch auch andere Wissenschaften beschäftigten ihn. Er unterhielt sich gerne mit Gelehrten und suchte von ihren Erkenntnissen zu profitieren.

Großen Gefallen fand Friedrich an der Architektur und der Bildenden Kunst. Sein Hofbaumeister Nikolaus Thouret (1767–1845), Sohn eines herzoglichen Kammerdieners und Zögling der Hohen Carlsschule, mußte das Neue Schloß in Stuttgart, ebenso die Schlösser in Ludwigsburg, Monrepos, Freudental und auf der Solitude ausbauen und im Empirestil umgestalten. Allerdings zog er den mit lebhafter Phantasie begabten und mit unermüdlicher Arbeitskraft ausgestatteten Baumeister auch zur Ausgestaltung von Jagdfesten, Operninszenierungen und ähnlichen Gelegenheitsaufgaben heran. In dem baulich lange Zeit sehr vernachlässigten Stuttgart entfaltete Friedrich eine rege Bautätigkeit. Er ließ die Königstraße anlegen und die Anlagen neu gestalten, auch legte er den Grund für die ungestüme Expansion der Stadt im Lauf des 19. Jahrhunderts. Eine zusätzliche Attraktion der Hauptstadt des Königreichs war der auf seine

Initiative geschaffene botanische Garten mit seinen vielen exotischen Gewächsen.

Sehr hoch schätzte er auch den Bildhauer Johann Heinrich Dannecker (1758–1841), der wie Nikolaus Thouret aus einfachen Verhältnissen stammte (er war der Sohn eines herzoglichen Stallknechts) und in der Hohen Carlsschule seine Ausbildung erhalten hatte. Ihm erteilte er immer wieder Aufträge.

Wirtschaft, Verkehr

Württemberg war zu Beginn des 19. Jahrhunderts ein Agrarstaat. Die Haupterwerbsquelle der Bevölkerung bildete die Landwirtschaft. Gewerbe und Handel waren wenig entwickelt. Dörfliche Siedlungen und kleine Städte gaben dem Land sein Gepräge. Ungünstig war die Verkehrssituation. Keine der großen Handelsstraßen durchzog Württemberg. Zu der Wasserstraße des Rheins hatte es keinen direkten Zugang. Von den Flüssen des Landes war lediglich der Neckar etwa von Stuttgart an talabwärts schiffbar. Mit dem Bau von einigermaßen wetterfesten Kunststraßen hatten zwar schon die Herzöge Karl Alexander und Carl Eugen begonnen, doch erst König Friedrich gab dem Straßenbau den ihm gebührenden Rang. Der König war sich bewußt, daß Handel und Gewerbe erst aufblühen konnten, wenn entfernte Märkte für sie ohne größere verkehrsbedingte Schwierigkeiten erreichbar wurden. Freilich, auch das Zusammenwachsen der neuen Landesteile mit dem altwürttembergischen Kernland und ihre wirtschaftliche Verflechtung wurde von einem Netz guter Verbindungsstraßen erleichtert. König Friedrich erkannte die Vorteile eines zweckmäßig organisierten staatlichen Postwesens. Er hob deshalb im Jahr 1807 das private Botenwesen »im gesamten Reich« auf. Unter Leitung der »Reichsoberpostdirektion« organisierte er eine staatliche Post, die die französische Bezeichnung »Poste Royale« führte. Die neuen Straßen und Postlinien waren für die damalige Zeit vorbildlich.

Auf wirtschaftlichem Gebiet war das Bestreben König Friedrichs zunächst darauf gerichtet, sein aus einer Vielzahl von Territorien gebildetes Land zu einer Wirtschaftseinheit zu formen und den Binnenhandel nach Kräften zu fördern. Im März 1808 beseitigte er alle inneren Zollschranken. Er folgte damit dem Beispiel Bayerns, das einige Monate zuvor diesen Schritt getan hatte. Von jetzt an wurden nur noch an den Landesgrenzen Zölle erhoben. Da Friedrich dem Gewerbe des Königreichs aufhelfen wollte, suchte er es durch hohe Einfuhrzölle vor der Konkurrenz des benachbarten »Auslands«, also etwa auch vor der Badens und Bayerns, zu schützen. Doch nicht nur der württembergische König, sondern auch die Regenten der Nachbarstaaten huldigten einem übertriebenen Wirtschaftsprotektionismus. Abgesehen von dem Salzvertrag mit Bayern ging Württemberg damals keinen Handelsvertrag mit benachbarten Ländern ein. Verhandlungen in Handelsangelegenheiten waren bei den einzelstaatlichen Autarkiebestrebungen beinahe zwangsläufig zum Scheitern verurteilt. Wenig beeinträchtigt von der protektionistischen Wirtschaftspolitik wurde übrigens der Außenhandel Württembergs, namentlich seine Getreideausfuhr in die Schweiz. Das Land wies damals einen nicht unbeträchtlichen Ausfuhrüberschuß auf. Einige Beispiele für die Schutzzollpolitik König Friedrichs: 1806 verfügte er, daß auf jeden eingeführten Zentner Stahl und Eisen ein Einfuhrzoll gelegt werden solle, daß außerdem jede importierte Sense und Sichel mit einem Stempel der königlichen Fabrik in Christophstal bei Freudenstadt zu versehen und dafür eine Stempeltaxe zu erheben war. Weil diese Anordnung offenbar zu wenig beachtet wurde, wiederholte er sie im folgenden Jahr, wobei er die Stempeltaxe auch auf Strohmesser, Strohblätter, eiserne Pfannen und Schmelzpfannen ausdehnte. 1812 wurde eingeführtes Porzellan, ebenso »ausländische« Steingut- und Fayencewaren mit einer Zollabgabe von 25 Prozent des Ankaufpreises belegt. Im gleichen Jahr erging ein Verbot über die Einfuhr fremden Nankings (Baumwollgewebes). Begründet wurde das Verbot damit, daß der König in Cannstatt »zur Erhöhung der vaterländischen Industrie« eine Fabrik habe errichten lassen, die den Bedarf des Königreichs an Nanking decken konnte. Daß sich Friedrich um die Hebung und Entfaltung des Gewerbes in seinem Land sehr bemühte, dafür gibt es viele Zeugnisse. Freilich setzte schon die Ungunst der Zeit seinen Bestrebungen enge Grenzen. Auf Anordnung Napoleons mußte sich Württemberg der Handelssperre gegen englische Waren, der sogenannten Kontinentalsperre, anschließen. Wiederholt wurden verbotene Waren beschlagnahmt und vernichtet. Doch hatte der König für die schwierige Situation der Kaufleute ein gewisses Verständnis. Es kam vor, daß er ihnen, um sie vor zu großem wirtschaftlichem Schaden zu bewahren, für einen Teil der vernichteten Handelsgüter finanziellen Ersatz leistete.

Durch Ausstellungen und durch Geldpreise suchte König Friedrich dem Gewerbe im Land zusätzliche Anreize zu geben. Im Dezember 1811 ließ er »zur fortdauernden Unterhaltung und immer höheren Vervollkommnung der bildenden Künste sowie zur mehreren Ausbreitung der Industrie unter Professionisten und Handwerkern und Erweckung einer zweckmäßigen Nacheiferung unter denselben« eine Landesausstellung für das kommende Jahr ankündigen. Er forderte alle auf, die neue Erfindungen, Meisterstücke oder »überhaupt Ausarbeitungen irgendeiner Art« gemacht hatten, »ihre gelungensten Kunstwerke und Produkte« vom 1. Mai bis 1. Juni 1812 im Alten Schloß öffentlich »aufzustellen«. Die Ausstellung war anscheinend ein Erfolg, denn der König verlängerte sie um einen halben Monat. In den folgenden Jahren wurden, wie sich dem Regierungsblatt von 1816 entnehmen läßt, gleichfalls solche Ausstellungen veranstaltet. König Friedrich belohnte Männer und Frauen, die sich durch Erfindungen oder durch technische Verbesserungen hervorgetan hatten, nicht selten mit Geldpreisen. 1811 schenkte er einem Tischlermeister aus Mergelstetten, der eine verbesserte Spinnmaschine für Schaf- und Baumwolle konstruiert hatte, 20 Louisd'or. Der Pfarrerstochter Friederike Charlotte Hiller von Nordheim bei Heilbronn ließ er im gleichen Jahr für die Entdeckung eines blauen Farbstoffs 110 fl zukommen. Ferner erlaubte er ihr, am Wettbewerb um den von Napoleon ausgesetzten Preis für die Erfindung eines Ersatzes für Indigo, dessen Einfuhr durch die Kontinentalsperre unterbunden war, teilzunehmen. Überhaupt zwang die Kontinentalsperre zur Suche nach Ersatz für englische Kolonialwaren, so beispielsweise für Zucker. Im alten Klostergebäude in Denkendorf wurden damals unter Leitung des Geheimrats August Hartmann Versuche zur Gewinnung von Zucker aus Runkelrüben angestellt. König Friedrich war an allen diesen Experimenten sehr interessiert und förderte sie. Er weitete die Produktion der Ludwigsburger Porzellanmanufaktur aus, verbesserte die Schmelzöfen in Wasseralfingen und die Salzwerke in Schwäbisch Hall. Insgesamt freilich war die Zahl der gewerblichen Unternehmen, die ihr Entstehen seiner Initiative verdankten, nicht groß. Es erschien ihm wichtiger, durch die Verbesserung der Verkehrssituation sowie der Absatz- und Marktverhältnisse dem privaten Gewerbe belebende Impulse zu vermitteln, die dem Land und seinen Bewohnern zugute kamen. Längerfristig hätte er wohl auch sein Land wirtschaftlich stärker nach außen geöffnet und versucht, wenigstens einen Teil der Handelsschranken niederzulegen, die den Güteraustausch zu sehr hemmten.

Um die Getreideausfuhr in die Schweiz mehr zu beleben und um auch dem Fernhandel mit Italien ein Tor zu öffnen, vereinigte König Friedrich im Juli 1811 die von Bayern an Württemberg abgetretene frühere Reichsstadt Buchhorn mit dem Klosterort Hofen zur Stadt Friedrichshafen. Die Häfen der beiden Orte wurden zusammengelegt und zum Freihafen erklärt. Die neue Stadt sollte nach dem Willen des Königs ein Zentrum des Bodenseehandels werden. Friedrich schenkte seiner Gründung in den folgenden Jahren in baulicher wie vor allem auch in wirtschaftlicher Hinsicht besondere Aufmerksamkeit.

Harte obrigkeitsstaatliche Maßnahmen und politische Entmündigung der Untertanen

Willige Unterordnung unter die staatliche Gewalt forderte König Friedrich von allen seinen Untertanen. Jeder Württemberger ohne Unterschied des Standes und Berufs hatte dem König zu Diensten zu stehen, wenn dieser seiner bedurfte, und zwar ohne zu fragen, ob der von ihm verlangte Dienst sinnvoll oder zweckmäßig war. Er mußte darauf vertrauen, daß sein Landesherr das Richtige tat und bei allen Regierungsmaßnahmen stets das Wohl des Gesamtstaats wie des einzelnen im Auge hatte. War es schon schwer für Menschen, die bisher zu einem guten Teil in politischen Zwerggebilden beheimatet und denen daher der Begriff »Staat« fremd gewesen war, sich in eine größere staatliche Gemeinschaft einzufügen, so fiel es ihnen noch schwerer, sich widerspruchslos dem Willen eines Fürsten zu beugen, der seinen Untertanen auch nicht das geringste Mitspracherecht in politischen Angelegenheiten einräumte. Freilich blieb einem aus vielen heterogenen Territorien und Gebietssplittern gewaltsam zusammengefügten Staat, der zudem unter schwerstem äußerem Druck stand und erst noch zu seiner Identität finden mußte, kaum eine andere Möglichkeit, als durch harten Zwang Geschlossenheit zu erlangen. Politisch einsichtige Zeitgenossen wie Johann Gottfried Pahl sprachen deshalb der »Diktatur« König Friedrichs eine gewisse Berechtigung nicht ab. Im Blick auf die Aufhebung der altwürttembergischen Verfassung Ende 1805 stellte Pahl fest: »Dem vereinigten Ganzen aber neue, den veränderten Verhältnissen angemessene konstitutionelle Formen zu geben, ging in dieser ohnehin den Verfassungen ungünstigen Zeit um so weniger an, da in ihren reißenden

Bewegungen der ganze Sinn der Regierungen auf die Erhaltung des Territorialbestands der Länder gerichtet sein, für den inneren Aufbau desselben aber erst das Vorübergehen der Stürme abgewartet werden mußte.« Allerdings, schränkte er ein, sei die unbarmherzige Härte, mit der Friedrich sein absolutistisches Regiment aufrichtete und behauptete, keineswegs notwendig gewesen. Deshalb sei es den Menschen in Alt- wie in Neuwürttemberg auch nicht zu verdenken, wenn sie sich durch ein solches Regierungssystem des schrankenlosen und verletzenden Absolutismus beschwert fühlten. Zwar sei der König nicht an allen Gewalttaten, die gefügige und charakterlich minderwertige Werkzeuge in seinem Namen begingen, direkt schuldig, aber daß er sie gewähren lasse, müsse man ihm anlasten.

Der Polizeistaat modernen Zuschnitts, wie ihn König Friedrich in Württemberg verwirklichte, brachte ein für Menschen und Güter bis dahin in Südwestdeutschland unbekanntes Maß an Sicherheit. Doch zugleich unterwarf er die Bürger strengster Überwachung. Die persönliche Bewegungsfreiheit der Untertanen wurde stark eingeschränkt. So ließ der König das Vereinswesen scharf kontrollieren und jede verdächtig erscheinende Gesellschaft auflösen. Bereits Anfang 1806 hatte er jede Art von Volksversammlungen untersagt. Die Auswanderung, die den Staat in den letzten Jahrzehnten vieler fleißiger Hände und fähiger Köpfe beraubt hatte, wurde 1807 verboten. Die freie Meinungsäußerung unterdrückte der König weitgehend. Schon als Kurfürst stand Friedrich mit der Presse und der politischen Publizistik auf dem Kriegsfuß. 1803 beispielsweise verbot er die von Johann Friedrich Cotta, dem Verleger Schillers und Goethes, herausgegebene Allgemeine Zeitung. Doch der große Verleger ließ sich dadurch nicht schrecken, er verlegte den Redaktionssitz der später so bekannten Zeitung in die kurz zuvor bayerisch gewordene Stadt Ulm und 1810, nach dem Übergang Ulms an Württemberg, nach Augsburg. Seit 1806 mußte sich die württembergische Publizistik eine penible Zensur gefallen lassen. Auch Johann Gottfried Pahl geriet mit seiner »Nationalchronik der Teutschen« in zunehmende Bedrängnis. Der Zensor behandelte das Blatt mit einer geradezu grotesken Willkür. Pahl mußte sich mit ständigen Eingriffen und Streichungen abfinden. Außerdem wurde er wiederholt ermahnt, jedes Wort und jede Wendung zu vermeiden, die als Andeutung einer Abhängigkeit der Rheinbundstaaten von ihrem Protektor Napoleon aufgefaßt werden könnte. Mit erhobenem Zeigefinger bekam er zu hören, daß König Friedrich dieselbe politische Eigenständigkeit wie jeder andere Monarch besitze. Als er, ungeachtet dieser Mahnung, erneut dagegen verstieß, wurde ihm ein ganzer Aufsatz gestrichen und das Erscheinen der »Chronik« auf unbestimmte Zeit hinausgezögert. Minister Graf von Normann-Ehrenfels, an den sich Pahl wandte, stellte sich auf die Seite des Zensors und gab ihm sein Mißfallen unmißverständlich zu verstehen. Ende Dezember 1807 wurde die Gesamtauflage eines von dem Stuttgarter Buchhändler Macklot herausgegebenen »verbesserten genealogischen Sack- und Schreibkalenders« konfisziert, weil dieser Kalender, wie es in der offiziellen Verlautbarung hieß, von Unrichtigkeiten und Fehlern wimmle, ohne daß diese allerdings angegeben wurden, vor allem aber weil ihn Macklot vor der Veröffentlichung nicht dem Kabinettsministerium zur Einsicht und Zensur vorgelegt hatte. Die Konfiskation wurde öffentlich bekanntgegeben und zudem ein Strafverfahren gegen den Buchhändler eingeleitet. 1808 verschärfte die Regierung die Zensurvorschriften noch. Den Buchdruckern wurde zur Pflicht gemacht, alle Schriften vor der Drucklegung der Zensurbehörde vorzulegen. Mit Dekret vom 13. Januar 1809 erweiterte der König den Wirkungskreis des »Oberzensurkollegiums«. Künftig sollte in jedem Ort des Königreichs, in dem sich Buchdruckereien oder Buchhandlungen befanden, ein Fiskal dieses Kollegiums auf alle für den Staat oder das »Publikum« nachteilige oder gefährliche Druckschriften und deren etwaige Verbreitung ein wachsames Auge haben. Der Fiskal war befugt, jederzeit die Buchdruckereien zu »visitieren« und sich die Druckerlaubnisscheine vorlegen zu lassen. In den Buchhandlungen mußte ihm Einblick in die Kataloge und Büchervorräte gewährt werden. Wenn ihm ein Buch bedenklich erschien, hatte er seine weitere Verbreitung vorläufig zu untersagen und dem Oberzensurkollegium darüber zu berichten, das dann die endgültige Entscheidung über das weitere Schicksal des beanstandeten Werks traf. Eine überaus bittere Pille für Johann Gottfried Pahl, damals Pfarrer in Affalterbach im Landkreis Ludwigsburg, war das von König Friedrich am 4. Februar 1809 verfügte Verbot seiner Zeitung »Chronik der Teutschen«. Der König hatte an einem »ungeziemenden« Artikel über die österreichischen »Staatskräfte« Anstoß genommen. Er wies deshalb Kultminister von Jasmund an, »diesem Dorfpfarrer deshalb einen derben Verweis im Namen Seiner Königlichen Majestät mit der Weisung zu erteilen, wie es besser für ihn sein werde, sich künftig mit seinem Stande angemessenen Gegenständen zu beschäftigen, als im Fache der Politik herumzuirren, worin er nichts zu suchen hat«. Der Kultminister, ein einsichtiger und verständnisvoller Mann, der mit dem harten Regiment König Friedrichs selbst nur schwer zurechtkam, bedauerte die »Mißhandlung« Pahls sehr, wie er ihm auch freimütig zu verstehen gab. Verächtlich äußerte er sich über die allgemein verbreitete selbstsüchtige und knechtische Gesinnung und sprach davon, daß die deutschen Regenten, von dem Schattenbild der Souveränität geäfft, doch nur französische Präfekten seien. Der König, so meinte Jasmund, sei zweifellos ein Mann von großer Geisteskraft und Selbständigkeit des Willens, aber nie wende er seinen Blick von Napoleon ab, weil er wohl wisse, daß seine ganze Existenz in der Hand des »gewaltigen Mannes« liege. Die ängstliche Rücksicht auf die französische Regierung sei es auch allein, die den König zum Verbot der »Chronik der Teutschen« veranlaßt habe. Bei der Unterdrückung des Blatts blieb es nicht, in der darauffolgenden Zeit hatte Pahl Schwierigkeiten, selbst gänzlich unpolitische Manuskripte zu veröffentlichen. Im Rückblick stellte er fest: »So verkümmerte und unterdrückte in jener argen Zeit auf der einen Seite rohe Gewalt und auf der anderen feiger und feiler Knechtssinn in dem württembergischen Vaterlande das menschliche Recht der freiwilligen Mitteilung des Gedankens!« Daß die Angst vor dem Unwillen Napoleons den wesentlichen Anstoß zu der rigorosen Pressezensur in Württemberg gab, dürfte keine Frage sein. Wenn König Friedrich seinen minimalen außenpolitischen Handlungsspielraum zum Besten seines Staates nutzen wollte, dann durfte sich in Württemberg auch nicht der geringste Oppositionsgeist regen, mußte die öffentliche Meinung unter strengster Kontrolle bleiben. Indessen machte der König nicht bloß den »Zensierten« das Leben und namentlich ihr publizistisches Wirken schwer, auch die Zensoren hatten unter ihm kein leichtes Amt. Wehe, sie ließen sich eine Dienstnachlässigkeit zuschulden kommen oder sie trafen eine Entscheidung, die er aus politischen Gründen nicht billigte. Im Mai 1811 beispielsweise enthob er den in Tübingen mit der Bücherzensur beauftragten Oberappellationstribunalrat Frick seines Dienstes und erlegte ihm eine an das Ludwigsburger Waisenhaus zu entrichtende Geldbuße von 25 Reichstalern auf. Frick hatte nämlich in einer in Tübingen erscheinenden Zeitschrift, den »Europäischen Annalen«, einen Aufsatz passieren lassen, der angeblich in die Rechte der Rheinbundsouveräne eingriff. Es scheint, daß König Friedrich damit gegenüber Napoleon und seinen fürstlichen Rheinbund-Kollegen demonstrieren wollte, wie sehr er ihr Ansehen schützte. Dabei hatte er offensichtlich ein gewisses Verständnis für das Verhalten des Gemaßregelten, denn sonst hätte er ihm wohl kaum noch in demselben Jahr den Zivilverdienstorden – eine Art Wiedergutmachung – verliehen.

Doch diese strenge Presse- und Bücherzensur genügte König Friedrich nicht. Anfang 1809 untersagte er sogar Gespräche über politische Gegenstände. Der Polizeiminister hatte am 2. Februar jenes Jahres die Untertanen auf »das Unschickliche und leicht ins Gefährliche Ausartende« solcher Gespräche hinzuweisen, namentlich soweit sie die Verhältnisse »der höchsten Mächte gegeneinander« zum Thema hatten. »Es wird keinem vernünftig Denkenden«, so hieß es in dem Erlaß des Polizeiministers, »entgehen, wie wenig solche die öffentliche Ruhe und Ordnung störenden, beinahe immer auf unrichtigen, schiefen Angaben und Beurteilungen gegründeten Geschwätze mit den Pflichten ruhiger Bürger und guter Untertanen vereinbarlich sind.« Unnütze und unbedachtsame Schwätzer könnten zwar den festen Schritt der Landesregierung nicht hemmen, dennoch würde sie ihnen »Ziel und Maß setzen« und sie dort, wo äußerste Ungereimtheit an Bosheit grenze, zur Räson bringen. »Gefährlichen« politischen Gesprächen hatten geheime Kundschafter auf die Spur zu kommen. 1812 wurde ein Stuttgarter Perückenmacher, der sich über die Kriegsereignisse und die »politischen Konjunkturen« geäußert hatte, als »abschreckendes Beispiel für alle in den Tag hinein räsonierenden Schwätzer« für unbestimmte Zeit auf der Festung Hohenasperg inhaftiert. Damit die napoleonfeindliche Stimmung während des Rußlandfeldzugs möglichst nicht nach außen drang, wurde durch eine Verordnung die Absendung von Briefen ins Ausland durch »Expressen und Boten« untersagt.

Man wird im Blick auf die prekäre politische Situation, in der sich Württemberg während der Rheinbundzeit befand, König Friedrich »mildernde Umstände« zubilligen müssen, wenn er damals die freie Meinungsäußerung unterdrückte. Kaum zu begreifen ist jedoch, warum er für seine Person den in Württemberg bis dahin unbekannten und bei einem deutschen Landesfürsten unüblichen Sonderstatus des beinahe allmächtigen Selbstherrschers in Anspruch nahm. Der majestätische Nimbus, mit dem er sich umgab und den er gesetzlich absicherte, ähnelte mehr dem Herrschergebaren osteuropäischer Potentaten als dem mittel- oder westeuropäischer Fürsten. Ausdruck fand das übersteigerte königliche Selbstgefühl Friedrichs in dem Gesetz vom 5. März 1810 über die Bestrafung für Staats-

und Majestätsverbrechen. In diesem Gesetz wurde bezeichnenderweise kaum ein Unterschied zwischen den Begriffen Staat und König gemacht. An erster Stelle der Staats- und Majestätsverbrechen rangierte der Hochverrat. Er wurde nach dem Gesetz vom 5. März 1810 definiert als tätliche und mit frevelhaftem Vorsatz unternommene Angriffe auf das Leben und die Freiheit des Königs, auf die Selbständigkeit des Staates, um die Verfassung gewaltsam umzustoßen, die Person des Königs oder des Regenten von der Regierung zu entfernen oder den Staat einem anderen Staat einzuverleiben, zu unterwerfen oder einzelne Teile vom Gesamtstaat zu trennen. Wer sich ein solches Verbrechen zuschulden kommen ließ, wurde mit dem Schwert hingerichtet, nachdem er zuvor zum Richtplatz geschleift worden war. Sein Besitz und sein Vermögen wurden eingezogen, seine Kinder erhielten einen anderen Namen und ein anderes Wappen. Die Strafe des Schwerts, doch ohne das Schleifen zum Richtplatz, stand auf der tätlichen Mißhandlung des Königs. Vorsätzliche Verletzung der schuldigen Ehrfurcht vor der Würde des Königs galt als »Verbrechen der beleidigten Majestät«. Unter diese Verbrechenskategorie fiel, wer an einem öffentlichen Ort, vor versammelter Volksmenge, in öffentlichen Schriften oder in anderen »sinnlichen Darstellungen« den König oder dessen Regierungshandlungen zu schmähen oder herabzusetzen suchte oder Schmähschriften dieser Art vorsätzlich verbreitete. Ein solcher »Verbrecher« hatte mit Festungs- oder Zuchthausstrafen zu rechnen. Der König konnte allerdings Untertanen, die öffentlicher »injuriöser Äußerungen gegen Seine Allerhöchste Person« überführt worden waren, für geisteskrank erklären. Besonders bitter für die angeblich Gemütskranken war, daß ihnen jede Anstellung oder Verwendung im kirchlichen Dienst oder in einem anderen Amt versperrt blieb. Für das böswillige oder mutwillige Entfernen von landesherrlichen Hoheitszeichen sowie von Patenten und Verordnungen, die von der Obrigkeit angeschlagen worden waren, sah das Gesetz Gefängnis- oder Arbeitsstrafen zwischen vier Wochen und drei Jahren vor. Andere »Verletzungen der der Majestät gebührenden Ehrfurcht« wurden je nach dem Grad der größeren oder geringeren Verfehlung durch Verweise, Geld- oder Gefängnisstrafen geahndet.

Daß auf Angriffe gegen die bestehende Staatsordnung, auf Aufruhr, die härtesten Strafen standen, war auch in anderen Ländern rechtens. König Friedrich behielt sich jedoch das Recht vor, Aufständische, die mit »wirklich geladenem oder abgefeuertem Schußgewehre ergriffen« wurden, ohne weiteres durch den Strang hinrichten zu lassen. Falls er hierzu nicht den unmittelbaren Befehl erteilte, hatte dies ein von ihm Bevollmächtigter anzuordnen, sobald ein Kriegsgericht das Todesurteil gefällt hatte.

Daß ein solches Gesetz mit seinen Bestimmungen über Majestätsverbrechen das Volk eher zurückstieß, als für den Staat König Friedrichs gewann, ist keine Frage. Die große moralische Energie, mit der der König seinen Staat aufbaute und organisierte, verkehrte sich hier gewissermaßen in ihr Gegenteil. Die Württemberger beugten sich nur widerwillig unter ein solches Zwangsjoch, das sie politisch gänzlich entmündigte und mehr oder weniger zu Herrschaftsobjekten erniedrigte.

Sogar Untertanen, die vor den staatspolitischen Leistungen König Friedrichs großen Respekt hatten – es gab deren selbst in den neuwürttembergischen Landesteilen nicht wenige –, konnten sich damit nicht abfinden. Im Februar 1812 schrieb Friedrich seiner Tochter Katharina in sehr gedrückter Stimmung: »In meinem Alter schmerzt nichts so sehr wie der Verlust der Hoffnung, am Glück seines Volkes arbeiten zu können.« Daß es das vornehmste Bestreben Friedrichs war, das Glück seines Volkes zu fördern, hätte damals in Württemberg allenfalls eine kleine Minderheit anerkannt, und doch war es so, trotz seines harten selbstherrlichen Regiments.

Ungeheures Aufsehen erregte ein Anfang Januar 1813 entdeckter Attentatsversuch auf König Friedrich. Ein Bauer Briegel aus Murr im Landkreis Ludwigsburg zeigte an, er habe unter dem für den König zwischen Murr und Pleidelsheim errichteten Jagdstand Pulver und andere brennbare Gegenstände gefunden. Die Behörden hatten keinen Zweifel: Der Monarch, der am nächsten Tag dort hatte jagen wollen, war um Haaresbreite einem Mordanschlag entgangen. Von vielen Seiten gingen dem König überschwengliche Treue- und Ergebenheitsbekundungen zu. In den Kirchen fanden Dankgottesdienste statt. Die mit größter Intensität betriebenen Ermittlungen führten rasch zum Erfolg: Der Bauer Briegel hatte den Attentatsversuch lediglich vorgetäuscht, um die Aufmerksamkeit auf sich zu lenken und vom König hohes Lob und eine ansehnliche Geldbelohnung zu empfangen. Ein von König Friedrich »zur rechtlichen Würdigung des hier in Frage stehenden außerordentlichen Verbrechens« eingesetztes Spezialgericht beantragte für Briegel wegen Majestätsbeleidigung eine Gefängnisstrafe von acht Jahren, für seinen Neffen, der ihm behilflich gewesen war, von vier Jahren. Der König entschied anders. Er sah von einer Haftstrafe ab, verbannte dafür die beiden Männer »auf ewig« aus dem Königreich.

Erstaunlicherweise nahm Friedrich den soeben geschilderten, beinahe skurrilen Vorfall zum Anlaß, um das drei Jahre zuvor erlassene Gesetz über die Bestrafung der Staats- und Majestätsverbrechen zu ergänzen und zu erweitern. Künftig stand auf »vorsätzliche Erdichtungen eines Anschlags« gegen das Leben oder die Freiheit des Königs in der Absicht, diesen zu einer »Regentenhandlung oder zur Zurücknahme derselben« zu bewegen, die Todesstrafe. Mit derselben Strafe mußte ein Untertan rechnen, der durch Mordwerkzeuge oder auf andere Art einen Anschlag auf das Leben des Königs vorsätzlich vortäuschte, ohne daß er in Wirklichkeit einen solchen im Schild führte. Ebenso waren alle an einem solchen Verbrechen Beteiligten des Todes schuldig. Um Fälle von Hochverrat und Majestätsverbrechen schleunigst abzuurteilen, sollten die Delinquenten keinen Pflichtverteidiger bekommen, sondern sich selbst verteidigen. Der Staats- und Majestätsverbrecher hatte danach nicht einmal mehr Anspruch auf ein ordentliches Gerichtsverfahren. Bei den ruhigen Verhältnissen, die damals in Württemberg herrschten, wirkten diese gesetzlichen Vorkehrungen geradezu grotesk. Nichts sprach für die Notwendigkeit, ein fragwürdiges Sonderrecht in Kraft zu setzen, um die innere Sicherheit des Staats zu gewährleisten und das Leben des Königs zu schützen.

Zusätzliche Erbitterung bei der Bevölkerung verursachte der König durch Verfügungen und Befehle, die aus seiner Sicht erzieherische und moralische Zielsetzungen hatten. Das Verbot des öffentlichen Tabakrauchens in Stuttgart, das die Oberpolizeidirektion im September 1808 mit einer Strafandrohung von 3 fl für Zuwiderhandelnde wiederholte, gehörte hierbei noch zu den harmlosen Verordnungen. Entsprechende Verbote gab es damals auch anderwärts. Mehr Verärgerung, namentlich in katholischen Gegenden, löste König Friedrich dadurch aus, daß er am 29. Januar/1. Februar 1809 alle öffentlichen Fastnachtslustbarkeiten, insbesondere alle »Vermummungen« mit der Begründung untersagte, sie seien in polizeiwidrige Unordnungen ausgeartet. »Vermummungen« waren künftig lediglich in geschlossenen Gesellschaften und bei Tanzveranstaltungen in Privathäusern und Wirtschaften erlaubt. Gleichzeitig wurden die traditionellen oder, wie es hieß, »die an einigen Orten hergebrachten Narrenzünfte und Narrengerichte als unstatthaft aufgehoben«. Mit Mißmut und Ärger nahm die Bevölkerung auch Kenntnis von der

Polizeiverordnung vom 18. August 1809, durch die allen Untertanen, die ein Gefährt besaßen, eingeschärft wurde, sofort, wenn sie dem Wagen des Königs begegneten oder diesem vorausfuhren, zur Seite zu fahren und stehen zu bleiben, bis der Landesherr vorüberpassiert war. Die zuvor wiederholt vorgekommenen Verstöße dieser Art wurden in der Verordnung als Mangel an Ehrfurcht vor der hohen Person des Monarchen bezeichnet.

Die Demütigung des reichsständischen Adels

Die Rheinbundakte, die Graf Wintzingerode am 20. Juli 1806 in Paris für das Königreich Württemberg unterzeichnete, gestand König Friedrich die Mediatisierung der von seinem Land umschlossenen und der angrenzenden Territorien der kleineren Reichsfürsten und der Reichsgrafen zu. Erstmals kamen damit hochadlige Familien, die gegenüber dem regierenden Königshaus als ebenbürtig galten, unter die württembergische Landeshoheit. Um den Mediatisierten die Ein- und Unterordnung zu erleichtern, räumte ihnen die Rheinbundakte eine privilegierte Stellung in dem Staat ein, dem sie nun als Untertanen angehörten. Der Privilegiertenstatus der Fürsten und Grafen war Friedrich von Anfang an ein Dorn im Auge, weil er zu seiner Staatskonzeption im Widerspruch stand. Unmißverständlich gab er den neuen fürstlichen und gräflichen Untertanen sogleich zu verstehen, daß er nunmehr ihr Herr und Gebieter sei. Bereits in den sogenannten Notifikationsschreiben vom 10. August 1806, mit denen er ihnen die Eingliederung in das Königreich Württemberg ankündigte, brachte er durch ein vollkommen neues Zeremoniell in der Schriftform zum Ausdruck, wie er ihre künftige Stellung in seinem Staat sah. Von den zwischen Reichsständen bisher gebräuchlichen Anredeformeln und respektvollen Höflichkeitsbezeugungen war kaum etwas übrig geblieben. Der König bediente sich der bei normalen Untertanen üblichen Formalien, die er lediglich um einige höflich-wohlwollende Wendungen und eine standesgemäße Anrede, etwa »Hochgeborener Fürst«, erweiterte. Er war nicht einmal bereit, ihnen den Rang von gehobenen Vasallen einzuräumen. Die meisten Mediatisierten nahmen das sie so sehr demütigende Notifikationsreskript widerspruchslos hin. Einwände oder Proteste, die einige wagten, ließ König Friedrich unbeachtet oder er wies sie ungnädig zurück. Anders als der König von Bayern oder der Großherzog von

Baden nahm er auf ihren bisherigen Rang und Stand keine Rücksicht. Seiner Person gegenüber hatten die Standesherren Anrede und Formulierungen wie andere Untertanen zu gebrauchen. Als sich Fürst Carl Alexander von Thurn und Taxis dazu nicht bequemte, ließ er ihn wegen der »sehr unschicklichen Titulatur« rügen. Graf von Normann-Ehrenfels, auch hier der getreue Diener seines Herrn, bestärkte Friedrich noch in seiner unnachgiebigen Haltung. Beamte wie Johann August von Reuß, Vortragender Rat im Departement der Auswärtigen Angelegenheiten, die aus Gründen der politischen Klugheit zur Zurückhaltung und Vorsicht gegenüber den Mediatisierten mahnten und auch auf mögliche außenpolitische Schwierigkeiten bei unterschiedlicher Behandlung der Fürsten und Grafen in den einzelnen Rheinbundstaaten hinwiesen, fanden kein Gehör. Die Mediatisierten hatten erwartet, daß ihre Stellung im neuen Staat etwa dem Rechtsstatus entspräche, den sie als Reichsstände gegenüber dem Kaiser eingenommen hatten, daß sie also unter der Oberhoheit des Königs eine Art landesherrlicher Stellung behielten. Graf Joseph Carl Löwenstein beispielsweise vertrat mit Entschiedenheit den Anspruch auf Landeshoheit. Er wehrte sich dagegen, althergebrachte und wohlerworbene Rechte preiszugeben. Doch in Stuttgart wies man ihn brüsk ab. Einer Eingabe der Fürsten von Hohenlohe, in der sie gegen die Degradierung zu Untertanen protestierten und die Zuerkennung der den Standesherren garantierten Rechte wie in Bayern forderten, ging es nicht besser.

Ohne Zweifel sind Bayern und Baden im Jahr 1806 bei der Inbesitznahme der Territorien der bislang reichsunmittelbaren Fürsten und Grafen insgesamt behutsamer und taktvoller als Württemberg zu Werke gegangen. Es wäre jedoch ungerecht, wollte man König Friedrich für die Übergriffe verantwortlich machen, die sich damals manche Landeskommissäre gegenüber den fürstlichen und gräflichen Herrschaften zuschulden kommen ließen. Dem König lag daran, in den neuen Gebieten seinen Souveränitätsrechten rasch und wirksam Geltung zu verschaffen. Schikanen gegen die bisherigen Landesherren waren jedoch nicht in seinem Sinn. Man wird auch kaum behaupten können, daß er die Standesherren vorsätzlich zu demütigen suchte. Freilich, als seine ersten und vornehmsten Untertanen mußten sie den übrigen Landeseinwohnern in ihrem Verhalten, namentlich in ihrer Einstellung zu dem Staat, dem sie jetzt angehörten, Vorbild sein. Es lag durchaus auf der politischen Linie König Friedrichs, wenn er ihnen im Herbst 1806 auferlegte, ihren

Wohnsitz in seinem Land zu nehmen, alle auswärtigen Dienstverhältnisse zu lösen und in seinen Dienst zu treten, ebenso auf alle »Charaktere« und Orden von Staaten zu verzichten, die nicht dem Rheinbund angeschlossen waren. Diese Verfügung bezog sich übrigens nicht nur auf die mediatisierten Adelsfamilien, sondern auf alle Vasallen und Untertanen. Nach der Rheinbundakte hätten die mediatisierten Fürsten und Grafen ihren Wohnsitz und ihr Dienstverhältnis innerhalb der Rheinbundstaaten frei wählen können. Trotzdem machte König Friedrich dies von seiner Zustimmung, seiner »Gnade«, abhängig. Die Verärgerung der Mediatisierten, die solche anmaßenden Gnadenerweise als eine besondere Demütigung betrachteten, kümmerte ihn nicht.

Im Einklang mit den Bestimmungen der Rheinbundakte befand sich König Friedrich in seinem Verlangen, daß die in Württemberg landsässigen Adligen ihre Dienstverhältnisse mit nicht dem Rheinbund angehörenden Staaten aufkündigten und die ihnen von solchen Staaten verliehenen Dienstränge, Titel oder sonstigen Auszeichnungen ablegten. Ein Teil von ihnen beugte sich widerspruchslos, andere weigerten sich jedoch. Fürst Friedrich Ludwig von Hohenlohe-Ingelfingen (1746–1818) zog es vor, zugunsten seines Sohnes abzudanken als auf seinen Generalsrang im preußischen Heer zu verzichten. Der König akzeptierte diese Entscheidung, wies aber auf die Bestimmungen der Rheinbundakte hin, die nach dem Willen Napoleons in einem solchen Fall die Beschlagnahme des Vermögens und der Einkünfte vorsah; er war aber damit einverstanden, daß der Fürst seine fürstlichen Rechte an den Sohn abtrat, und sicherte ihm zu, ihn freundschaftlich und zuvorkommend zu behandeln. Der Sohn selbst beeilte sich, sein militärisches Dienstverhältnis zum König von Preußen aufzulösen und in den Dienst des württembergischen Königs überzuwechseln. Anfang Oktober 1806 ernannte ihn König Friedrich zum Oberstleutnant. Für Fürst Friedrich zahlten sich der Verbleib im preußischen Militärdienst und der Verzicht auf seine Herrschaftsrechte in Öhringen nicht aus. Als Befehlshaber einer Heeresgruppe in der Doppelschlacht von Jena und Auerstedt traf ihn ein Teil der Verantwortung für die verhängnisvolle Niederlage Preußens gegen Napoleon. Als französischer Kriegsgefangener wurde ihm im November 1806 das Schloß Öhringen als Zwangsaufenthalt angewiesen. Er zog sich später auf seine schlesischen Güter zurück, fand im preußischen Heer aber keine Verwendung mehr. Fürst Ludwig Aloys von Hohenlohe-Bartenstein (1765–1822), kaiserlich-österreichischer Generalfeldmarschall-Leutnant, lehnte es gleichfalls ab, den »ausländischen« Militärdienst zu verlassen. Auch er übertrug seinem nach der fürstlich hohenlohischen Hausverfassung, allerdings nicht nach württembergischem Recht, volljährigen Sohn Carl August Theodor die Regierung und Verwaltung seiner fürstlichen Lande. König Friedrich verfügte die vorläufige Beschlagnahme des Vermögens des in Österreich weilenden Fürsten. Erst etliche Monate nach Einsetzung einer Vormundschaft für den Erbprinzen hob er den Vermögenssequester wieder auf.

Fürsten und Grafen, die sich in ihre neue Untertanenrolle schickten, konnten mit der königlichen Huld rechnen. Dem Sohn des Fürsten Karl von Hohenlohe-Kirchberg, der sein Studium in Tübingen fortsetzte, erlaubte König Friedrich, die Uniform eines Kapitäns der königlichen Jägergarde zu tragen. Gerne gestattete er auch dem Fürsten Joseph von Waldburg-Wolfegg auf sein Ansuchen, daß er für seine neugeborene Tochter die im württembergischen Königshaus vertretenen Namen Mathilde Friederike Wilhelmine Pauline Katharina Charlotte wählte. Zugleich sagte er dem Kind seinen besonderen Schutz zu.

Am 6. Januar 1807 rief König Friedrich die Häupter der mediatisierten fürstlichen und gräflichen Familien zur persönlichen Huldigung nach Stuttgart. Die Einsprüche von Baden und Bayern ließ er unbeachtet; er hatte nämlich auch solche Mediatisierten zur Huldigung zitiert, deren Hauptsitz in ihren Landesgrenzen lag. Stets auf glanzvolle höfische Repräsentation bedacht, gestaltete er dieses ihm hochbedeutsam erscheinende Ereignis nach einem ausgeklügelten Zeremoniell, das den Fürsten und Grafen eindrücklich ihre künftige Vasallen- und Untertanenrolle vor Augen führen sollte. Sie hatten in ihren eigenen Karossen vor dem königlichen Residenzschloß vorzufahren, wurden dort von einem Herold empfangen und von diesem sowie von zwei oben an einer Treppe postierten Kammerjunkern in das grüne Vorzimmer geleitet. Dort hatten sie zu warten, bis sie auf Befehl des Königs, der, umgeben von seinem Hofstaat, auf dem Thron Platz genommen hatte, von zwei Zeremonienmeistern nach dem Rang, den sie im ehemaligen Deutschen Reich bekleidet hatten, in den Thronsaal geführt wurden. Bereits an der Tür hatten sie sich erstmals zu verbeugen, einige Schritte darauf ein zweites Mal, und schließlich mußten sie vor dem Thron, um den sie sich im Halbkreis aufstellten, eine dritte und diesmal sehr tiefe Verbeugung machen. Bei dieser letzten Verbeugung »rückten des Königs Majestät etwas den Hut«. Den anschließenden Huldigungsakt leitete Staats- und Kabinettsminister Graf von Normann-Ehrenfels. Er sprach die Eidesformel vor, die die Fürsten und Grafen Wort für Wort »unter Aufhebung von drei Fingern« nachsprachen. Die Ablegung des Huldigungseids nahm der König mit entblößtem Haupt entgegen. Sodann berührte jeder der Huldigenden die auf einem Tisch neben dem Thron liegende Königskrone, wobei der König den Hut »bewegte«. Mit einer nochmaligen tiefen Verbeugung vor dem Thron endigte die feierliche Zeremonie. Die Fürsten und Grafen wurden von den Kammerjunkern wiederum in den grünen Saal zurückgeleitet. Am Mittag war »große Tafel« in der Galerie, am Abend Ball und »Souper« bei Hof. Der König geizte an diesem Tag nicht mit Gnadenerweisen. Er ernannte Fürst Karl Albrecht von Hohenlohe-Waldenburg-Schillingsfürst zum »Capitaine des Gardes« und zum Generalleutnant. Mehrere andere Fürsten machte er zu Rittern seines Großen Ordens. Zwei Grafen verlieh er die Würden von Kammerherrn und Wirklichen Adligen Geheimen Räten.

Den Huldigungsakt empfand die Mehrheit der Mediatisierten als Demütigung. Einige suchten sich dem »widerwärtigen Ereignis«, wie es Fürst August von Hohenlohe-Neuenstein-Öhringen nannte, dadurch zu entziehen, daß sie sich mit Alter oder Krankheiten entschuldigten und sich durch Verwandte vertreten ließen, andere vermieden jeden Aufwand und erschienen in Stuttgart in sehr einfacher Gewandung, um auf solche Weise den Triumph ihres prachtliebenden neuen Herrn zu dämpfen. Der Fürst von Thurn und Taxis verweigerte die Ablegung des Huldigungseids und drohte dem König, sich beschwerdeführend an Napoleon zu wenden. König Friedrich ließ sich jedoch von dieser Drohung nicht beeindrucken. Die Huldigungspflicht sei ein Ausfluß »seiner auf das Innere sich beziehenden Souveränitätsrechte«, die Napoleon niemals antaste, ließ er den Fürsten wissen. Falls er nicht binnen vierzehn Tagen einlenke, werde er seine Güter im Königreich einziehen lassen. Der Fürst gab nach und leistete nachträglich den geforderten Eid. Die Hoffnung des Fürsten von Thurn und Taxis wie anderer Mediatisierter, Napoleon werde sie vor zu starken Bedrückungen durch ihren neuen Landesherrn schützen, erwies sich als trügerisch. Die Beschwerden, die nach Paris gelangten, waren wirkungslos. Der Kaiser der Franzosen hatte an dem Verhalten König Friedrichs gegenüber dem mediatisierten Adel nichts auszusetzen. Im Gegenteil, er anerkannte mit einem kritischen Seitenblick auf Baden das Bemühen des Königs, einen modernen straff organisierten Staat zu schaffen, in dem auch der ehemals reichsständische Adel voll integriert war.

1807 bestimmte König Friedrich die persönlichen Rechte des mediatisierten Adels in seinem Land. Er verfügte, daß die Mediatisierten in ihren Titeln auf alle Beisätze und Würden verzichteten, die an ihr früheres Verhältnis zum Reich erinnerten. Das Prädikat souveräner Herrscher »von Gottes Gnaden« durften sie nicht mehr führen. Auch war ihnen verboten, im Verkehr mit königlichen Behörden von sich in der Mehrzahl (Pluralis Majestatis) zu sprechen. Titel und Würden konnten sie von jetzt an nur noch mit königlicher Zustimmung führen. Bei Hof wurde den Häuptern der fürstlichen Familien der erste Rang zugestanden, Nachgeborenen aber nur die sechste Rangklasse. Die Chefs gräflicher Häuser gehörten gleichfalls der sechsten Rangklasse an. Nachgeborene Grafen sowie die Mitglieder ritterschaftlicher Familien besaßen keinen Rang, es sei denn, das königliche Dienstverhältnis, in dem sie standen, verschaffte ihnen einen solchen. Wer von ihnen aber keinen Rang besaß, der stand jedem Beamten nach, der Wappenknöpfe tragen durfte. Auch waren weder er noch seine Frau bei Hof zugelassen. Recht seltsam mutet es an, daß der König schon im April 1807 Art und Dauer des Trauergeläuts für Fürsten, Grafen und Rittergutsbesitzer festgelegt hatte. Er hatte damit sicherstellen wollen, daß Mediatisierte selbst bei solchen posthumen Ehrenbezeugungen deutlich hinter Angehörigen des Königshauses rangierten. Als eine gänzlich ungerechtfertigte Zurücksetzung empfanden es die Fürsten und Grafen, daß das königlich württembergische Hausgesetz vom 1. Januar 1808 nur noch Mitglieder regierender Häuser für ebenbürtig erklärte. Ihre Ebenbürtigkeit mit den noch regierenden Fürstenfamilien war in der Vergangenheit nie strittig gewesen. Ein weiterer harter Schlag für sie bedeutete die königliche Normalverordnung vom 22. April 1808, die mit einem Federstrich alle Familiengesetze, Rechtsgewohnheiten und Erbverträge außer Kraft setzte und die im württembergischen Landrecht enthaltenen Bestimmungen über die Erbfolge auch auf diese Familien ausdehnte. Seit Juni 1808 mußten »alle königlichen Vasallen« Heiraten mit einer Adligen dem König anzeigen, bei Heiraten aber »unter ihrem Stand« um die allerhöchste Erlaubnis nachsuchen.

Beim Ausbruch des Krieges gegen Österreich im Frühjahr 1809 machten verschiedene mediatisierte Fürsten und Grafen aus ihrer Sympathie für das habsburgische Kaiserhaus keinen Hehl. Einige von ihnen unterhielten sogar direkte Kontakte nach Wien und dachten daran, bei einem Erfolg der österreichischen Waffen das ihnen auferlegte drückende Joch abzuschütteln. Napoleon empfahl König Friedrich, schärfste Maßnahmen gegen die Fürsten von Hohenlohe, den Grafen Stadion und andere württembergische Adlige zu ergreifen, weil sie in österreichischen Diensten standen oder in Verdacht geraten waren, mit dem Kaiserhaus in Wien gemeinsame Sache zu machen. Der Kaiser der Franzosen schlug vor, sie wegen Ungehorsams gegen ihren Souverän zu enteignen. Friedrich folgte dieser Aufforderung und berichtete am 11. Mai 1809 Napoleon, daß er die Besitzungen aller Fürsten, Grafen und Adligen, die im Dienste Österreichs verblieben seien, beschlagnahmt habe und daß er denjenigen, deren Verhalten verdächtig erscheine, die ihnen bisher zugestandene Gerichtspflege und Verwaltung entzogen habe. Die Fürsten von Hohenlohe habe er zu einfachen Gutsbesitzern gemacht. König Friedrich hatte am 10. Mai 1809 die sofortige Aufhebung der den Mediatisierten in der Rheinbundakte eingeräumten Patrimonialgerichtsbarkeit dekretiert und zugleich die bisherige Steuerfreiheit der fürstlichen und gräflichen Besitzungen beseitigt. Die Aufhebung der Patrimonialgerichtsbarkeit begründete er mit der Vereinfachung und gleichen Praxis der Justizpflege. Daß ihm Napoleon dafür die Argumente geliefert hatte, war ihm sehr gelegen gekommen, waren ihm doch diese dem Adel in der Rheinbundakte verbrieften Rechte schon längst ein Dorn im Auge gewesen. Jedenfalls hatte er von seiten Napoleons keinen Einspruch zu befürchten, wenn er durch Gewaltmaßnahmen den widerspenstigen Adel zur Räson brachte, zumal er dadurch offensichtlich dem französischen Heer den Rücken freihielt. Die vollständige Eingliederung des Adels in sein absolutistisches Herrschaftssystem hatte er übrigens schon 1807 durch die Errichtung besonderer Souveränitätsoberämter und Souveränitätskameralämter für die bessere Wahrung seiner landeshoheitlichen Rechte vorbereitet.

Die Beseitigung der letzten Überreste ihrer einstigen Regierungsgewalt im Mai 1809 traf die ehemaligen Reichsfürsten und -grafen hart. Namentlich diejenigen, die sich gegenüber dem württembergischen Staat und seinem Oberhaupt loyal verhalten hatten, sahen sich in dem Vertrauen, das sie ihrem Landesherrn entgegengebracht hatten, schwer getäuscht.

Indessen genügte König Friedrich die Ausdehnung seines absolutistischen Regiments auf die Gebiete der Fürsten und Grafen immer noch nicht. Er mutete den Mediatisierten noch weitere Demütigungen zu. So engte er ihre persönliche Bewegungsfreiheit zunehmend ein. Seit Juli 1809 durften sie – selbst vorübergehend – Württemberg nur noch verlassen, wenn sie dies zuvor beim Innenministerium beantragt und bewilligt bekommen hatten. Im Herbst 1809 schrieb der König den Mediatisierten vor, einige Monate im Jahr in Stuttgart zuzubringen. Er wünschte, daß sie ihm ihre persönliche Devotion durch die Anwesenheit in der Landeshauptstadt bezeugten. Er versprach sich aber auch von dem zeitweiligen Zwangsaufenthalt der Fürsten und Grafen in seiner unmittelbaren Nähe, daß ihre früheren Untertanen nicht mehr so stark ihrem Einfluß ausgesetzt waren und dadurch rascher in die neue königlich württembergische Untertanenschaft hineinwuchsen. Damit war auch den Kleinresidenzen der Mediatisierten der Todesstoß versetzt. Mit dem größten Widerwillen fügten sich die Standesherren. Fürst August von Hohenlohe-Ingelfingen versuchte, die »allerhöchste« Anordnung zu ignorieren. Darauf erhielt er ein Handschreiben König Friedrichs, in dem ihm befohlen wurde, künftig wenigstens vier Monate im Jahr in der königlichen Residenz zu verweilen und zu diesem Zweck eine konvenable Wohnung anzumieten. Sollte er dieser Aufforderung nicht folgen, würden ihm ein Viertel seiner Einkünfte entzogen. Um aus den Söhnen der einstigen Reichsfürsten gehorsame Gefolgsleute zu machen, holte König Friedrich die jungen Prinzen an seinen Hof, um sie hier zu erziehen. Am 4. Januar 1811 berichtete er mit offenkundiger Genugtuung seiner Tochter Katharina: »Die Fürsten und Grafen, früher unabhängig, jetzt meine Vasallen, werden mir am 6. Januar huldigen, und an diesem Tag beginnt unser Karneval.«

Die kritische Einstellung König Friedrichs gegenüber dem Adel fand ihren Niederschlag auch in der Abänderung des »Großen Ordens vom Goldenen Adler« am 6. November 1812. Die »Einschränkung in Bezug auf die Geburt« wurde aufgehoben. Künftig hatte der König als Ordensherr bei der Verleihung freie Hand. Ohne auf Geburt und Herkunft achten zu müssen, konnte er hervorragende Verdienste durch diese hohe Auszeichnung würdigen. Nach dem Übertritt Württembergs zu den Verbündeten ließ der König gegenüber den Mediatisierten auch die letzten Rücksichten fallen, an die er sich bisher noch durch die Rheinbundakte wenigstens pro forma gebunden geglaubt hatte. Am 23. Dezember 1813 setzte er die »Exemten« davon in Kenntnis, daß im Kriegsfall nur noch die königlichen und dem Königshaus gehörenden Schlösser und Wohnungen von Militäreinquartierungen befreit blieben. Zu den sonstigen Kriegslasten hatten die Fürsten und Grafen im gleichen Maß wie die anderen königlichen Untertanen beizutragen. Dies galt auch für die Vorspannleistungen und Naturalleistungen, die durchmarschierende oder stationierte Truppen beanspruchten.

Der Hof und die Familie König Friedrichs

Württemberg blieb trotz seiner territorialen Vergrößerung in den Jahren 1803 bis 1810 ein kleines Land. 1810 zählte es 1,34 Millionen Einwohner. Seine wirtschaftlichen Hilfsquellen waren bescheiden. Die ständigen Kriege hatten dem Land ungeheure Lasten auferlegt. Ein großer Teil der Bevölkerung lebte in Not und Armut. Daß Württemberg nunmehr zum erlauchten Kreis der Königreiche gehörte, erwies sich nicht als Vorteil. König Friedrich, stets auf glanzvolle Repräsentation bedacht, leitete aus seiner neuen Würde hohe Ansprüche ab. Er wollte an höfischer Prachtentfaltung mit den größeren Fürsten Europas wetteifern. Bereits im Frühjahr 1806 berichtete ein Österreicher, der in offiziellem Auftrag die süddeutschen Rheinbundstaaten bereiste, wie verschwenderisch es am Stuttgarter Hof zugehe. Zusätzlich werde das ohnehin gedrückte Volk belastet durch die neuen Hof- und Militärstellen, die die Erhebung des kleinen Landes zum Königreich erforderlich gemacht habe. Weil die neuen Lasten wie auch die Vernichtung des letzten Schattens von Freiheit eine Folge der Napoleon zu verdankenden Königswürde sei, richte sich die allgemeine Mißstimmung vor allem gegen die Franzosen.

Am 4. April 1806 erließ König Friedrich ein Rangreglement, das er am 18. Dezember 1808 und am 1. August 1811 revidierte. Das erste Rangreglement teilte die königlichen Hofbediensteten, Beamten und Offiziere in 16 Klassen ein, das zweite verminderte diese Klassen auf 13 und das dritte auf 10. Innerhalb der Klasse galt jeweils eine exakte Reihenfolge für den Rang bei Hof und im Staat. Nach dem ersten Rangreglement gehörten zur ersten Klasse die Feldmarschälle, die vom König ernannten katholischen Bischöfe, die Chefs fürstlicher Familien, die Minister, die Feldzeugmeister und die Mitglieder fürstlicher Familien, die den Titel Prinz führten. Die zweite Klasse bildeten unter anderen die Generalleutnante, der Oberstkammerherr, der Oberststallmeister, die Gouverneure der Residenzen, der Oberstjägermeister. In die letzte Rangklasse waren die niedersten Hofchargen wie Leibkutscher, Heiducken, Hoflakaien, Reitknechte, Schloßportiers oder Gartenaufseher eingereiht. Im zweiten Rangreglement von 1811 wurden die Fürsten und Grafen zurückgestuft. In der ersten Klasse blieben nur diejenigen Chefs der fürstlichen Familien, »welche bei der Staatsveränderung als regierende Herren angesehen wurden und als solche Sitz und Stimme in den Reichs- und Kreistagen hatten«. Nach ihrem Tod aber traten ihre Söhne in die Klasse der übrigen fürstlichen Personen, das heißt in die dritte Klasse zurück. Bei den Grafen verschlechterte sich nach dem Tod des ehemals regierenden Familienchefs die Einstufung gar um drei bis vier Klassen. Sie kamen von der vierten in die siebte oder achte Klasse, das heißt in die Klassen der Edelleute.

In der Zurückstufung des ehemals reichständischen Adels zeigte sich die adelsfeindliche Politik des Königs. Die ersten Rangklassen hatten eine große Zahl klangvoller Titulaturen. Die obersten Repräsentanten des Hofs und des Staats sollten durch ihre superlativischen Dienstbezeichnungen zum äußeren Glanz des kleinen Königreichs beitragen und dessen Anspruch auf Gleichrangigkeit mit den größeren Monarchien Nachdruck verleihen. König Friedrich machte sich keine Illusionen über das geringe politische Gewicht seines Landes. Als Realpolitiker, der er zweifellos war, hätte er seinen Hof den Kräften seines kleinen Staats anpassen und dem Volk das Gefühl geben müssen, daß der König keinen unnötigen Aufwand treibe, sondern die Lasten mit ihm teile. Allein, die Auffassung Friedrichs vom Amt und der Würde eines Königs war gänzlich anders. Das Wohl seines Landes und Volkes, das ihm ohne Frage am Herzen lag, war von zweitrangiger Bedeutung, wenn es um die Stellung des Monarchen ging. Friedrich vertrat die Ansicht, daß ein König königlich repräsentieren müsse, seien die Hilfsquellen seines Landes auch noch so bescheiden. Das Volk habe für den ihm zuteil gewordenen Glanz der Königskrone Opfer zu bringen, zumal dieser Glanz vor allem einem kleinen Land äußere Vorteile verschaffe, zum Beispiel ein stärkeres Mitspracherecht in außenpolitischen Angelegenheiten.

Selbst wenn man einer solchen Einstellung ein gewisses Verständnis entgegenbringt, erwartet man mit Fug und Recht, daß sich die königliche Repräsentation nicht ins Maßlose verliert. Leider aber verstellten bei König Friedrich der Hang zu verschwenderischer Prachtentfaltung, aber auch die Überzeugung vom Gottesgnaden-

Das Schloß Ludwigsburg zur Zeit König Friedrichs

tum des regierenden Königs den Blick dafür, wie sehr er mit seinem unverhältnismäßig großen, aufwendigen Hofstaat und Regierungsapparat das Volk bedrückte und selbst den Teil seiner Untertanen, der seiner staatsmännischen Leistung hohen Respekt zollte, vor den Kopf stieß.

Aus Anlaß der Vermählung des Kronprinzen mit Prinzessin Charlotte von Bayern am 8. Juni 1808 errichtete Friedrich zur Erhöhung der Würde seines Königreichs, wohl nach dem Vorbild des einstigen Heiligen Römischen Reichs Deutscher Nation, vier Kronerbämter: das Amt des Reichserbmarschalls, des Reichsoberhofmeisters, des Reichsoberkammerherrn und des Reichserbpanners. Die Insignien der als Lehen verliehenen Ämter waren Schwert, Krone, Szepter und Fahne. Das Reichserbmarschallamt übertrug der König dem Fürstlichen Haus Hohenlohe, das Reichsoberhofmeisteramt dem Fürstlichen Haus Waldburg, das Reichsoberkammerherrnamt dem Fürstlichen und Gräfischen Haus Löwenstein, das Reichserbpanneramt den Nachkommen seines verstorbenen Freundes Johann Karl Graf von Zeppelin. Die Ausübung dieser Kronämter oblag jeweils den Senioren der mit ihnen belehnten Fürsten- und Grafenfamilien.

Für seinen Hof nahm sich König Friedrich das Hofzeremoniell

Napoleons zum Muster. Die sonst unnachsichtig zensierte Presse durfte eingehend über die prunkvollen Feste bei Hof, die jährlichen Ordensfeierlichkeiten, die großen Staatsempfänge oder die Reisen des Königs in die »nördlichen und südlichen Provinzen seines Reichs« berichten. Sie vermittelte den Untertanen ein anschauliches und einprägsames Bild vom Leben und Treiben am königlichen Hoflager, auch von der dort herrschenden strengen Etikette. Die »Königlich privilegierte Stuttgartische Zeitung« vom 28. Januar 1808 berichtete zum Beispiel über das am Tag zuvor begangene Fest des königlichen Militärverdienstordens: »Um halb elf Uhr versammelte sich der ganze Hof männlichen Geschlechts sowie das Königliche Ministerium und die Kollegien im Weißen Saale, und wurden dort zur rechten und linken Seite des Throns, das Königliche Ministerium und die Hofchargen innerhalb, die übrigen außerhalb der Schranken plaziert, wo auch die Offiziere, welche keine Hofchargen haben, Platz nahmen. Sämtliche Ritter des Königlichen Militärverdienstordens versammelten sich zu derselben Zeit in den Vorzimmern linker Hand des Thronzimmers. Um elf Uhr begaben sich Seine Königliche Majestät unter Vortretung sämtlicher Ritter, Kommandeurs und Großkreuze nach der Ancienneté zwei und zwei, die jüngsten voran, in den Weißen Saal. Unmittelbar vor Seiner Königlichen Majestät gingen der Oberzeremonienmeister wie auch der Ober- und Hofmarschall mit ihren Stäben, nach Allerhöchstdenselben der Capitaine des Gardes, der Oberstkammerherr, die Kommandeurs der Leibwachen, General- und Flügeladjutanten, zwei diensttuende Kammerherren, zwei Kammerjunker und Leibpagen. Der Generalfeldzeugmeister von Beulwiz, der das Staatsschwert trug, ging hinter dem Oberzeremonienmeister und stellte sich zur rechten Seite des Stuhls Seiner Königlichen Majestät, hinter demselben blieben die gewöhnlichen Personen. Für Seine Königliche Hoheit den Kronprinzen war ein Stuhl auf der letzten Stufe des Throns rechter Hand, für die beiden Brüder Seiner Königlichen Majestät aber waren linker Hand zwei dergleichen Stühle, sodann auf beiden Seiten Taburetts für die Großkreuze und Kommandeurs, für die Ritter des Ordens aber Bänke innerhalb der Schranken gestellt. Der Königin Majestät und die Prinzessinnen, auch Prinzen des Königlichen Hauses, welche den Orden nicht haben, befanden sich auf der Tribüne zunächst des Throns, worüber ein Baldachin errichtet war, und das Diplomatische Korps war auf der zweiten Tribüne plaziert . . .« Das Fest endete, wie die Zeitung abschließend berichtete, am Abend mit einem großen

Hofball, zu dem außer den »gewöhnlichen Personen des Hofs« alle Mitglieder des Militärverdienstordens eingeladen waren.

Durch Neu- und Umbauten suchte König Friedrich Stuttgart zum Rang einer königlichen Haupt- und Residenzstadt zu erheben. Doch auch andere Städte, so die Sommerresidenz Ludwigsburg und deren nähere Umgebung profitierten von dem Bestreben König Friedrichs, mit Hilfe der Architektur seinem Königtum zusätzlichen äußeren Glanz zu verleihen. Schlösser, in denen er sich mit Vorliebe aufhielt, gestaltete er ganz oder teilweise im Empirestil um und stattete sie verschwenderisch aus. Er ließ Parks anlegen und schuf Wildgehege und Fasanerien. Seine große Leidenschaft galt der Jagd. Hier war ihm kein Aufwand zu hoch. Im Juli 1806 ordnete er die Abschaffung des »Wildschützen-Instituts« an, den Gemeinden war es von jetzt an verboten, Jäger mit dem Abschießen des Wilds zu beauftragen, um zu verhindern, daß es sich im Übermaß vermehrte und zur Plage für die Landwirtschaft treibende Bevölkerung wurde. Fortan genossen die Rot- und Schwarzwildbestände den besonderen Schutz des Königs. Die Untertanen mußten machtlos zusehen, wie Wildschweine, Rehe und Hirsche die Felder verwüsteten. Wilddiebe, aber auch Bauern, die durch Schlingen, Fallen usw. dem Wild nachstellten oder es durch Hunde von ihren Feldern vertrieben, wurden hart bestraft. Immensen Schaden verursachte das Wild vor allem im Gebiet von Ludwigsburg, das der König zu seinem Leibgehege bestimmt hatte, wo jeder Verstoß gegen den Wildschutz besonders streng geahndet

Das Neue Schloß in Stuttgart 1810

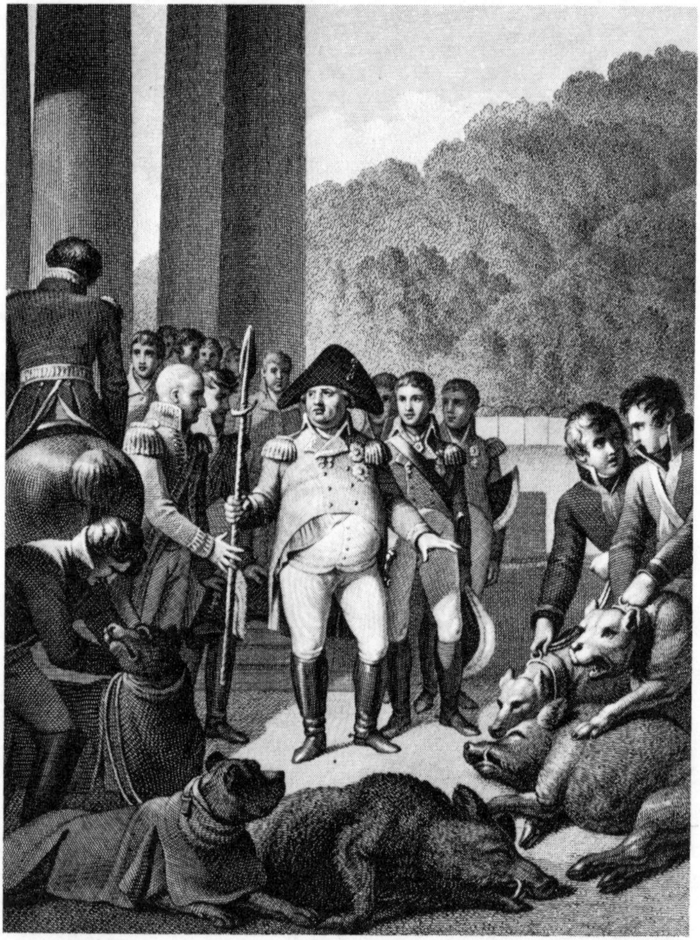

König Friedrich auf der Jagd in Bebenhausen (Dianenfest)

wurde. Die Bevölkerung war nicht nur empört über den Wildschaden, sondern auch über das Ausmaß an Treiber- und sonstigen Jagddiensten, zu denen die Einwohner der Landgemeinden herangezogen wurden. König Friedrich hob die in einigen Gegenden noch bestehende freie Pirsch auf. Außerdem erklärte er das von einer Anzahl Gemeinden geltend gemachte althergebrachte Recht für ungültig, nach dem die Einwohner jeweils nur auf der Ortsmarkung zu Jagddiensten verpflichtet waren. Wenn er an einer Jagd teilnehme, ließ er bekanntgeben, hätten alle Untertanen unterschiedslos Jagddienste zu leisten. Offenbar kam ihm nie in den Sinn, wie sehr seine ungezügelte Jagdleidenschaft die Landbevölkerung beschwerte und ihre Abneigung gegen sein hartes Regiment verstärkte.

Seine Hofjagden waren ein äußerst abstoßendes blutiges Schauspiel. Das Wild wurde häufig von weither gebracht, auf engstem Raum zusammengetrieben und dann durch den an der günstigsten Stelle postierten König und sein Gefolge abgeschossen. Bei dem sogenannten Dianenfest Ende 1812 bei Bebenhausen, einem riesigen Tiermassaker, erlegten beispielsweise König Friedrich und seine Begleiter 823 Wildschweine, Hirsche, Rehe, Füchse und Hasen. Das Wild war in mehreren sogenannten Abjagungskammern zusammengepfercht und so dem königlichen Jagdvergnügen preisgegeben. Hofdichter Schlotterbeck pries in einem panegyrischen Gedicht über das grausame Gemetzel seinen königlichen Herrn als den vom Vaterland laut umjubelten ersten Waidmann. Das Gedicht wurde später auf einem Obelisk verewigt, der gegenüber dem Standplatz des Königs während der Jagd aufgestellt wurde. Am 7. November 1812 schrieb Friedrich seiner Tochter Katharina, daß bei der Hubertusjagd an einem Tag 80 Wildschweine erlegt worden waren. Eine so bescheidene Jagdbeute befriedigte ihn nicht. »Morgen gehe ich nach Bebenhausen, wo am Montag eine große Jagd stattfinden soll, für die man uns sehr viel mehr Opfer versprochen hat.«

Im Gegensatz zu seiner Jagdleidenschaft erregte die Reiselust des Königs keinen Anstoß. Auch bei seinen Reisen umgab er sich mit einem stattlichen Gefolge. Er tat dies wohlbedacht, denn er wollte nicht nur Land und Leute kennenlernen, sondern zugleich seiner Königswürde Geltung verschaffen, namentlich in den neuerworbenen Gebieten. Auf den Reisen fühlte er sich freier, nicht so streng an die von ihm bestimmte höfische Etikette gebunden. Landschaftliche Schönheiten beeindruckten ihn sehr. So schwärmte er in einem Brief an seine Frau von dem herrlichen Aus- und Weitblick, den man vom Ipf bei Bopfingen habe. Fünf Tage darauf war er in Tettnang. Das dortige Schloß Montfort nannte er eines der schönsten Schlösser seines Königreichs. Der Ausblick auf den Bodensee, die Schweizer Alpen, aber auch die Weinberge und Gärten, inmitten derer das Schloß lag, hatten es ihm angetan. Doch setzte der labile Gesundheitszustand Friedrichs seiner Reiselust zunehmend Grenzen. Seine ungewöhnliche Korpulenz machte ihm große Beschwerden. Schon in mittleren Jahren litt er an Brustkrämpfen, schmerzhaften Gichtanfällen, immer wieder an Rotlauf. Mehrmals war er ernsthaft krank. Die Gicht in den Beinen verschlimmerte sich mit fortschreitendem Alter. Am 4. März 1811 teilte er seiner Tochter mit, daß er nach dreiwöchiger Krankheit erstmals wieder die Kirche habe besuchen können, um Gott für seine Genesung zu danken. Im Juli 1813 unterzog er sich einer Badekur in Bad Pyrmont. Die Leibärzte Hardegg, Klein und Duvernoy waren ihm unentbehrlich und besaßen sein uneingeschränktes Vertrauen. Erholung suchte und fand er, seitdem er seine Reiselust aus gesundheitlichen Gründen hatte bezähmen müssen, auf dem Land. Das am Fuß des östlichen Strombergs gelegene und von ausgedehnten Wäldern umgebene Freudental wurde seit 1810 zu seinem sommerlichen Lieblingsaufenthalt. Das ehemalige Schloß der Gräfin Wilhelmine von Würben, geb. von Grävenitz, der langjährigen einflußreichen Mätresse Herzog Eberhard Ludwigs, ließ er nach seinem Geschmack umgestalten und erweitern. Auf dem Schönenberg, einem herrlichen Aussichtspunkt südwestlich vom Ort, ließ er einen Pavillon errichten. Er legte in Freudental ein Gestüt, einen Tiergarten und eine Fasanerie an. Im Sommer 1813 verbrachte er, wie er seiner Tochter Katharina erzählte, immer wieder einige Tage im Dorf, weil er die Gegend so angenehm fand, so ganz und gar ländlich. Doch auch hier konnte und wollte er auf einen kleinen Hofstaat nicht verzichten. Seine ständigen Begleiter waren eine Anzahl hübscher junger Männer von unbeschwerter heiterer Lebensart. Er ergötzte sich an ihren derben Späßen und lustigen Streichen und nahm ihnen selbst oft abgeschmackte Witze nicht übel. An ihrer körperlichen Gewandtheit fand er Gefallen, und es störte ihn offensichtlich wenig, daß die meisten von ihnen nur über eine bescheidene Bildung verfügten. Man hat über das Verhältnis König Friedrichs zu den jungen Männern viel gerätselt und hat von intimen Beziehungen gesprochen. Sicher ist indessen nur, daß er sich gerne mit ihnen umgab, wenn er sich ablenken oder kurzfristig dem politischen Alltag entziehen wollte. Für einen

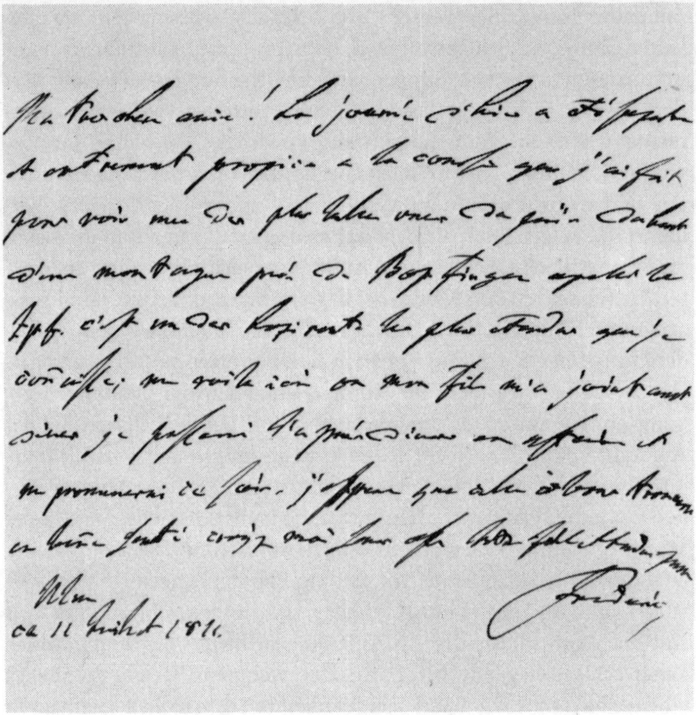

Brief König Friedrichs an seine Gattin vom 11. Juli 1811

Außenstehenden war es schwer zu begreifen, wie sich ein so geistreicher, hochbegabter, vielseitig gebildeter und interessierter Fürst, der anspruchsvolle Gespräche liebte und mit bedeutenden Persönlichkeiten Umgang pflegte, an den platten Späßen und Clownerien ausgelassener, zum Teil noch recht unreifer junger Leute erfreuen konnte und ihrer nicht überdrüssig wurde. Man sollte aber keinesfalls übersehen, daß er keinem seiner »Lieblinge« oder »Günstlinge«, wie man sie bezeichnet hat, Einfluß auf die Staatsgeschäfte zugestand. Sie hatten lediglich am Hof die Aufsicht über die untere Dienerschaft und über den Marstall. In ihrer Rolle als königliche Spaßmacher und Aufheiterer lieferten sie allerdings viel Stoff für Klatsch und böswillige Unterstellungen. Verhängnisvoll war ohne Zweifel, daß sie dem König und seiner Eitelkeit schmeichelten und ihn dadurch in seinen Fehlern und Schwächen bestärkten; sie gaukelten ihm eine Scheinwelt vor, nährten seine Selbsttäuschungen und priesen seine Handlungen und Entscheidungen über alle Maßen. Der kritisch beobachtende Johann Gottfried Pahl urteilte vernichtend über die Günstlinge König Friedrichs. Sie hätten ihre bevorzugte Stellung am Hof dazu ausgenutzt, manches Böse anzustiften und manches Gute zu verhindern »und namentlich das Verdienst . . . so oft durch die Protektionen gekränkt und hintangesetzt, die sie ihren Schmeichlern und Zuträgern, vermittelst ihres indirekten Einflusses auf den König, bei Bewerbungen um Ämter und Auszeichnungen gewährten«. Indessen scheint es, daß Pahl den Einfluß der Günstlinge auf König Friedrich überbewertet hat. Bei Personalentscheidungen gestand der König niemandem aus seiner Umgebung ein wesentliches Mitspracherecht zu. Seine Kriterien bei der Auswahl von Männern für leitende Regierungs- und Verwaltungspositionen waren im allgemeinen objektiv und an den Anforderungen des jeweiligen Amts orientiert. Eine Günstlingswirtschaft in der Staatsverwaltung kann man ihm nicht vorwerfen. Der König besaß eine durchaus zutreffende Vorstellung von den ungenügenden geistigen und Bildungsvoraussetzungen der jungen Höflinge, er ließ sich auch von selbstsicherem Auftreten nicht blenden und vermied daher schwerwiegende Mißgriffe. Die wenigen Günstlinge, die zu einem höheren Rang aufstiegen, verdankten dies nicht so sehr ihren Schmeichelkünsten als vielmehr ihrem Engagement im königlichen Dienst und ihrer Tüchtigkeit. Viel angefeindet und oft verlästert wurde der erfolgreichste Günstling König Friedrichs: Karl Ludwig Immanuel Dillenius. Der 1777 geborene Abkömmling einer altwürttembergischen Pfarrers- und Beamtenfamilie wählte den Hof- und Militärdienst. 1798 war er Bereiter im herzoglichen Marstall in Ludwigsburg. Im Jahr darauf wurde er zum Leutnant befördert. 1801 bei der Beförderung zum Stabsrittmeister veränderte er laut der Militärstammliste seinen Familiennamen in Dillen. Er verstand es, die Gunst Friedrichs zu gewinnen. Sein Eifer, seine Tatkraft, seine Umsicht, sein Organisationstalent, sein Fleiß und seine unbedingte Ergebenheit machten ihn rasch unentbehrlich. Freilich, die Stellung, die der 1801 verstorbene Graf Zeppelin innegehabt hatte, vermochte er nicht zu erlangen. Das enge Vertrauensverhältnis zwischen Fürst und Günstling wandelte sich nicht zu einer Art brüderlicher Herzensfreundschaft. Eine gewisse Schwelle der Distanz blieb. Am Hof wurde Dillen in kurzer Zeit einer der wichtigsten Männer. Seinen

Wünschen und Anordnungen konnte sich kaum jemand entziehen, geschweige denn widersetzen. Sein Wort hatte größtes Gewicht. Ungewöhnlich schnell stieg er, obwohl fast ausschließlich im Hofdienst und militärisch nur bei den königlichen Garden verwendet, die Stufenleiter der Offizierslaufbahn empor. Bereits im November 1809 verlieh ihm König Friedrich den Rang eines Generalleutnants. Vorausgegangen war dieser Ernennung der Kampf gegen die Tiroler und Vorarlberger Aufständischen, an dem Dillen an der Spitze der königlichen Garden teilgenommen hatte. Dies war seine einzige kriegerische Bewährungsprobe. Sie hatte sich im wesentlichen auf polizeiliche Aufgaben beschränkt. Frontoffiziere schätzten das militärische Talent des Hofgenerals gering ein und bespöttelten es insgeheim. König Friedrich, der dem Kleinkrieg gegen die Tiroler und Vorarlberger hohe Bedeutung beimaß, weil diese »Insurgenten« das württembergische Staatsgebiet unmittelbar bedrohten und die Bevölkerung in den neuwürttembergischen Landesteilen zu Aufstandsversuchen aufreizten, sah es anders. Für ihn hatte Dillen militärisch Hervorragendes geleistet. Von den Dotationen, mit denen er nach Kriegsende seine Generale und Minister bedachte, erhielt Dillen eine der höchsten (Wert 44 000 fl). Kein Wunder, wenn dieser außerordentliche Gunstbeweis viel böses Blut bei Offizieren verursachte, die bei den königlichen Dotationen und sonstigen Auszeichnungen erheblich schlechter weggekommen waren. Die Domäne Dillens blieb auch weiterhin der Hof. Er vereinigte alle Schlüsselpositionen in seiner Hand. 1809 war er Generaloberintendant und Oberschloßhauptmann. Mit rastlosem Tätigkeitsdrang, als ein Mann ohne Nerven, führte er alle baulichen und architektonischen Veränderungswünsche seines Herrn aus. Auch jeden anderen Wunsch König Friedrichs suchte er zu erfüllen. Sein Engagement trug ihm reichen Lohn ein. Eine der ersten Regierungshandlungen des neuen Königs am 1. Januar 1806 war die Erhebung des bewährten Dieners in den Freiherrnstand. Am 14. März 1810 schenkte er seinem Generalleutnant, Oberintendanten und Generaladjutanten das früher im Besitz des Johanniterordens gewesene Schloßgut Dätzingen zum Privateigentum und zeichnete ihn mit der Adelsdekoration des Königreichs aus. Am 6. November 1811, dem 57. Geburtstag König Friedrichs, wurde ihm die erbliche Grafenwürde zuerkannt. 1815 überließ er ihm das Gut Rübgarten bei Tübingen. Nach dem Tod Friedrichs nahm Königinwitwe Charlotte Mathilde den von vielen Seiten als charakterlosen, eigensüchtigen Opportunisten angefeindeten Grafen, dem vorgeworfen wurde, er habe die ihm eingeräumten Machtbefugnisse mißbraucht, in Schutz. Sie betraute ihn mit der Leitung ihres noch immer ansehnlichen Hofstaats. Dillen war mit Luise Freiin Schott von Schottenstein verheiratet. Er starb 1841.

Keine erfreulichen Erscheinungen waren die beiden Hofdichter König Friedrichs: Friedrich Matthisson und Johann Friedrich Schlotterbeck. Matthisson, 1761 in Hohendodeleben bei Magdeburg geboren und von Schiller sehr geschätzt, wurde von Friedrich mit der Abfassung eines Prologs für die Feier der Annahme der Kurfürstenwürde beauftragt. Gerne kam er dem Wunsch des Fürsten nach. Seine »Theatergesänge zur Kurfürstenfeier« in Stuttgart waren eine überschwengliche Lobpreisung der Vereinigung von Alt- und Neuwürttemberg unter dem Szepter des Kurfürsten Friedrich. Einen der Höhepunkte der »Theatergesänge« bildete der Chor der Alt- und Neuwürttemberger, der panegyrisch das große Ereignis feierte:

»Der fernsten Enkelzeit geschlungen
O sei dies goldne Segensband!
Das Herz hat sich der Erd' entschwungen!
Dank sei und Preis, o Weltgeist, dir gesungen!«

Friedrich fand an dem Dichter großen Gefallen. 1809 erhob er ihn in den erblichen Adelsstand. Drei Jahre darauf zog er ihn ganz in seine Dienste. Er verlieh ihm den Titel und Rang eines Geheimen Legationsrats und ernannte ihn zum Vorstand der öffentlichen und der Hofbibliothek sowie zum Mitglied der Hoftheater-Oberintendanz. Matthisson behielt diese Ämter auch unter dem Sohn und Nachfolger König Friedrichs, Wilhelm I., noch bis zum Jahr 1828; er starb 1831 in Wörlitz. Mit seinen Hofgedichten zeigte er sich für die ihm von König Friedrich erwiesenen Wohltaten erkenntlich. Seine Lobeshymnen auf den königlichen Gönner wirken durch ihre schwülstige Wortwahl und ihre groteske Verzerrung der Wirklichkeit oft peinlich. In seinen »Strophen dem sechsten November heilig«, die er anläßlich des 58. Geburtstags König Friedrichs (1812) dichtete, charakterisierte er den König als einen »Schöpfer groß und kühn«.

»Kraft ist Sein Wille, Licht Sein Geist,
Sein Walten Völkerglück.
Ein Stern, der Heil und Ruh verheißt,
Strahlt Württembergs Geschick.«

Ein Jahr später, am 59. Geburtstag des Königs, dichtete er:

»Wenn Kühnheit sich durch Weisheit regelt,
Sind Wirbelstrom und Klipp' umsegelt,
Sind Strom und Flutendrang ein Spott!
Mag in Gefahr der Schwächling zagen,
Das Höchste muß der Starke wagen!
Er kämpft sich durch, sein eigner Gott.«

Solche gereimten Lobpreisungen lassen sich noch durchaus in das herkömmliche Hofpoetentum einordnen. Auch ist ihnen ein gewisses dichterisches Niveau nicht abzusprechen. Geschmacklos wirkt jedoch die schwülstige Schilderung des Dianenfestes Ende 1812 bei Bebenhausen. In diesem Jagdgesang griff Matthisson voll in die Saiten:

»Traun, Unser König ist ein Mann,
Dess' Ruhm weithin erklingt,
Nichts will sein Geist, als was er kann,
Und was er will, gelingt.
Beharrlichkeit ist sein Symbol;
Sein höchstes Glück des Volkes Wohl.«

Der Pfarrerssohn Johann Friedrich Schlotterbeck wurde 1765 in Altensteig geboren, studierte in Tübingen Theologie und unterrichtete seit 1788 Latein und Griechisch an der Hohen Carlsschule. 1794 ernannte ihn Herzog Ludwig Eugen zum Hof- und Theaterdichter sowie zum Hoftheatersekretär. Überraschenderweise machte Schlotterbeck als Verwaltungsbeamter Karriere. Nach der Verwendung als Sekretär bei verschiedenen Stuttgarter Kollegien wurde er schließlich 1817 Kanzleidirektor bei der Regierung des Donaukreises in Ulm. Er starb 1840 in Stuttgart-Obertürkheim. Schon Herzog Carl Eugen hatte das dichterische Talent des jungen Mannes erkannt, und dieser hatte es bereitwillig in den Dienst des Fürstenhauses gestellt. Schlotterbeck verfaßte in großer Zahl Begrüßungen, Glückwünsche und Trauergesänge, wobei er kaum eine Gelegenheit ausließ, um dem Landesherrn mit seinen Gedichten zu huldigen. Als Theaterdichter schrieb er Prologe, Epiloge, Festkantaten, Einlagen in Schauspielen und Opern. Weil er auch kommunale und private Anlässe wie Jubiläen, Geburtstage usw. nutzte, um poetisch hervorzutreten, gehörte der heute längst Vergessene zu den Persönlichkeiten, die sich großer Popularität erfreuten. Dabei galt sein dichterischer Stil schon damals als ausgesprochen altmodisch. Er bediente sich gerne geistreicher Fabeln mit einer trivialen Schlußmoral.

König Friedrich veranstaltete nicht nur aufwendige Feste und glänzende Bälle, die Höhepunkte der Karnevalssaison und des winterlichen Hoflebens waren, sondern er war auch mit großem Erfolg bemüht, Schauspiel und Oper in den Dienst seiner königlichen Repräsentationsbedürfnisse zu stellen. Das Stuttgarter Theater nahm unter ihm einen großen Aufschwung. Er versäumte kaum eine Aufführung und widmete seiner Hofbühne stets besonderes Interesse. Um jede Einzelheit kümmerte er sich. Auf die Künstler hatte er ein strenges Auge. Dank seines Mäzenatentums gelang es, hervorragende künstlerische Kräfte zu gewinnen. Von 1812 bis 1816 wirkte Konradin Kreutzer als Theaterkapellmeister in Stuttgart. 1807 sowie in den Jahren 1814 bis 1818 begeisterte der Schauspieler Ferdinand Eßlair jung und alt. 1808/09 weilte auch der Komponist Carl Maria von Weber am Stuttgarter Hof, er war Sekretär bei Herzog Ludwig, dem Bruder des Königs.

Friedrich drängte den Einfluß des Französischen am Hof und im kulturellen Leben zurück, trotz seiner engen politischen Bindung an Napoleon. Bei seinen Beamten und Offizieren legte er Wert auf gutes Deutsch. Im Repertoire des Theaters gaben 1811 deutsche Dichter den Ton an. Das Schauspiel beherrschte wie anderwärts August von Kotzebue mit seinen publikumswirksamen Lustspielen und Rührstücken. Doch auch Schiller war beliebt (Don Carlos, Wilhelm Tell, Wallenstein, Jungfrau von Orleans). Auf dem Spielplan standen ferner Shakespeare (Macbeth in der Bearbeitung von Friedrich Schiller), Lessing (Minna von Barnhelm), Goethe (Claudine von Villa Bella). In der Oper wurden Gluck, Cherubini, Scalieri, Paër, Mehul, Spontini, Zumsteeg, Weigl und Mozart (Zauberflöte, Don Giovanni, Entführung aus dem Serail, Titus) gegeben.

Die Königswürde wurde für Friedrich auch zum bestimmenden Element seiner Beziehungen zur eigenen Familie. Er fühlte sich im häuslich-privaten Kreis gleichfalls als der unumschränkte Gebieter, dessen Anordnungen strikt zu befolgen waren. Am 1. Januar 1808 erließ er aus eigener Machtvollkommenheit ein Hausgesetz. Dieses Gesetz, das nach seiner Schlußbemerkung die Würde und den Glanz des königlichen Hauses erhöhen und das Wohl seiner einzelnen Glieder fördern sollte, brachte sämtliche Mitglieder des königlichen Hauses in ein derart starkes Abhängigkeitsverhältnis zum Familienoberhaupt, daß sie nicht einmal mehr das geringe Maß von persönlicher Freiheit besaßen, das der König seinen Untertanen zugestanden hatte. Kein anderer deutscher Landesherr band wie Friedrich seine Familie rechtlich und faktisch an sich. Im einzelnen bestimmte das Hausgesetz: Bei der Thronfolge gilt unter Ausschluß des weiblichen Geschlechts das Recht der Erstgeburt. Der Thronfolger muß im Vollbesitz seiner geistigen Kräfte und von ebenbürtiger Geburt sein. Die gesamten königlichen Staaten werden zu einem ewigen und unveräußerlichen Fideikommis des Königshauses zusammengeschlossen. Der König ist das Oberhaupt des königlichen Hauses. Zum Königshaus gehören die Gemahlin des Königs, die königlichen Prinzen und Prinzessinnen (Söhne und Töchter des Königs), die ebenbürtigen ehelichen Gemahlinnen der Prinzen, mit denen diese mit Genehmigung des Königs vermählt sind, die aus diesen Ehen hervorgegangenen Kinder, die Brüder des Königs, deren Gemahlinnen und Kinder, solange letztere nicht verheiratet sind. Die Kinder und die Enkel des Königs wie des Kronprinzen führen den Titel Königliche Hoheit, die übrigen Familienmitglieder den Titel Hoheit. Als Haupt des königlichen Hauses übt der König über alle Mitglieder »die höchste Souveränitäts- und respektive väterliche Gewalt in ihrer allgemeinen rechtlichen Ausdehnung« aus.

Der König hat die oberste Leitung der Erziehung sämtlicher zum Königshaus gehörenden Prinzen und Prinzessinnen. Lehrer und Erzieher, die nur mit Einwilligung des Königs angestellt werden dürfen, haben nach dem vom König bestätigten Erziehungs- und Lehrplan die Prinzen und Prinzessinnen zu erziehen und zu unterrichten. Den Prinzen des königlichen Hauses ist es untersagt, ohne ausdrückliche Erlaubnis des Königs das Land zu verlassen und in die Dienste auswärtiger Mächte zu treten. Zur Vermählung der Prinzen und Prinzessinnen ist gleichfalls die Zustimmung des Königs erforderlich. Als standesgemäße ebenbürtige Ehen gelten lediglich Heiratsverbindungen mit kaiserlichen, königlichen, großherzoglichen und souveränen herzoglichen Häusern. Ohne königliche Genehmigung geschlossene Ehen von Prinzen und Prinzessinnen des königlichen Hauses sind »null und nichtig«. Die betreffenden Prinzen und Prinzessinnen verwirken das Thronfolgerecht und büßen die Vorteile des königlichen Hauses ein. Ein Geistlicher, der ein solches Paar traut, erhält eine lebenslange, die Zeugen eine sechsjährige Gefängnisstrafe. Dem König steht auch die letzte Entscheidung über eine Ehescheidung zu. Bei nichtstandesgemäßem Verhalten hat der König Prinzen und Prinzessinnen zur Rechenschaft zu ziehen. Vergehen oder Verbrechen eines Prinzen oder einer Prinzessin werden durch eine vom König berufene und aus mindestens sechs Angehörigen des Königshauses und der obersten Staatsbehörden bestehende Kommission untersucht, wobei der König allein die Strafe festsetzt. Der Thronerbe ist ausschließlich der Rechtsprechung des Königs unterworfen.

Unbedingt dem Willen Friedrichs ergeben war Königin Charlotte Mathilde. Sie verehrte ihren Gatten und bewahrte ihm, wie ihre Briefe zeigen, stets eine herzliche Zuneigung, die er jedoch nicht in gleicher Weise erwiderte. Friedrich war mehr noch als in früheren Jahren höflich-distanziert, wenn auch freundschaftlich-aufmerksam. Eine gewisse Enttäuschung meint man aus dem Brief der Königin vom 19. Mai 1806 an den König herauszulesen, in dem sie schrieb: »Ich liebe Sie tausendmal mehr als alle diejenigen, die das Glück haben, Ihnen den Hof zu machen.« Ohne Widerrede führte sie seine Anordnungen aus, ja sie erbat sogar seine Befehle. Sie lobte alle seine Maßnahmen, kritisierte kaum einmal etwas, tadelte allenfalls andere und nahm regen Anteil an seinem Ärger und seinen Sorgen. Gegen die ihr von König Friedrich am Hof zugewiesene Rolle hatte sie im allgemeinen keine Einwände. Nur ganz selten kam es vor, daß sie Unzufriedenheit äußerte, so Ende November 1809, als der König nach Paris aufgebrochen war. Damals vermißte sie eine von ihm getroffene klare Regelung über ihre Stellung am Hof und im Staat sowie über ihr Verhalten während seiner Abwesenheit. Selbst die unangenehmsten Dinge aus seinem Mund, meinte sie, fände sie bei weitem nicht so demütigend wie eine Anweisung, die ihr ein anderer im Auftrag des Königs erteile. Friedrich schrieb ihr, sichtlich verärgert, aus Paris zurück, er habe dafür gesorgt, daß am Hof auch während seiner Abwesenheit alles so bleibe, als wäre er gegenwärtig. Die Königin gab klein bei und entschuldigte sich. Im allgemeinen zeigte sie sich, trotz der häufigen Trennungen von ihrem Mann und dessen Zurückhaltung ihr gegenüber, guten Muts, dankbar und zufrieden. Wenn er nicht in Stuttgart oder Ludwigsburg war, pflegte sie ihm täglich zu schreiben. Wenn er in seinen Antwortbriefen auf ihre Fragen einging, für ihre Sorgen und Nöte Verständnis hatte, war sie glücklich. Wiederholt gab sie ihrer Hoffnung Ausdruck, daß ihr seine Freundschaft, das Glück ihres Lebens, erhalten bleibe. Sie lebte sehr zurückgezogen, beschäftigte sich viel mit Handarbeiten, Stickereien und Bemalen von Porzellan. Nur schweren Herzens trennte sie sich im Herbst, wenn sie nach Stuttgart übersiedelte, von ihrem schönen Garten in Ludwigsburg, den sie aufsuchte, sobald sich auch nur ein Sonnenstrahl durch die Wolken stahl.

Die Beziehungen König Friedrichs zu seinem ältesten Sohn, dem Kronprinzen, waren gespannt. Das ungute Verhältnis zwischen Vater und Sohn soll sich sogar auf ihre jeweiligen Bediensteten übertragen haben. Beide vermochten ihr gegenseitiges Mißtrauen nicht zu überwinden. Der Sohn litt ohne Zweifel unter der uneingeschränkten Macht, die der Vater über seine Familie beanspruchte. Dieser stieß sich an der Querköpfigkeit, dem Charakter und der Lebensart des Sohnes. Seitdem König Friedrich der Verbündete Napoleons war, gefiel sich der Kronprinz in einer kritischen Haltung gegenüber Frankreich und vor allem in zunehmender Abneigung gegen den Kaiser. Um Napoleon nicht länger die Möglichkeit zu bieten, ihn mit einer Angehörigen seiner Familie zu verheiraten, entschloß sich der Kronprinz 1807, um die bayerische Prinzessin Charlotte Auguste zu werben. Die Schwester des Kronprinzen, Königin Katharina von Westfalen, erwirkte hierzu die Zustimmung des Kaisers der Franzosen. König Friedrich, aber auch das bayerische Königspaar waren einer solchen Eheverbindung zwischen ihren beiden Familien sehr geneigt. Kronprinz Friedrich Wilhelm und Prinzessin Charlotte Auguste trafen sich ein erstes Mal in Neuburg an der Donau. Dort soll die sechzehnjährige Prinzessin den Kronprinzen gebeten haben, sich sein Vorhaben ernstlich zu überlegen und, falls er auch nur die geringsten Zweifel habe oder eine Abneigung gegen sie hege, von ihm zurückzutreten.

Friedrich Wilhelm ging über die Ermahnung Charlotte Augustes offenbar leicht hinweg. Dabei hätte er allen Grund gehabt, sie zu beherzigen, wie sich später zeigen sollte. Nachdem der Heiratsplan des Sohns die Zustimmung des Vaters erhalten hatte und ein Staatsvertrag darüber zwischen Bayern und Württemberg abgeschlossen worden war, beauftragte König Friedrich den Wirklichen Geheimen Rat und Obriststallmeister Grafen von Görlitz mit der Leitung der außerordentlichen württembergischen Großbotschaft, die in München das Ja-Wort der Prinzessin einholen sollte. Dies geschah am 8. April 1808 in einer vom König von Bayern gewährten feierlichen Audienz. Zwei Tage darauf gab König Friedrich die bevorstehende Heirat öffentlich bekannt. Im Juni 1808 fand in der bayerischen Hauptstadt die glanzvolle Hochzeit statt. Daß der Kronprinz für seine junge Frau keine Zuneigung empfand und sie nur deshalb geheiratet hatte, um nicht nochmals von Napoleon zu einer Ehe mit einer Französin gedrängt zu werden, blieb den nächsten Angehörigen kein Geheimnis. Königin Charlotte Mathilde machte sich große Sorgen. Am 8. Oktober 1808 schrieb sie ihrem Mann: Es sei bekannt, daß Napoleon den Kronprinzen nicht möge, und das könnte für ihn schlimme Folgen haben. Hätte doch, meinte sie weiter, der junge Prinz einen Freund, der es ehrlich mit ihm meine, ihm die Augen für seine Situation öffne und ihm klarmache, daß es in seinem eigenen Interesse liege, wenn die überaus liebenswerte Prinzessin mit ihm glücklich werde. So wie er sich aber ihr gegenüber verhalte, begehe er ein schreckliches Unrecht. Sie zittere, wenn sie daran denke, daß der König von Bayern über die Lebensverhältnisse seiner Tochter aufs genaueste unterrichtet sei. Zu einem Eklat kam es indessen nicht, obgleich das bayerische Königspaar im Dezember 1809 »incognito« die Tochter in Stuttgart besuchte und bei dieser Gelegenheit sicherlich auch Einblick in ihre wenig erfreulichen Lebensumstände am württembergischen Hof erhielt. Königin Charlotte Mathilde schloß das junge Mädchen ins Herz und nahm sich seiner an. Sie freute sich, daß umgekehrt auch die Prinzessin ihr freundschaftlich entgegenkam.

Mit seinem zweiten Sohn, dem Prinzen Paul, verstand sich König Friedrich gleichfalls schlecht. Königin Charlotte Mathilde nannte Paul im Oktober 1805 blind und uneinsichtig. Bei anderer Gelegenheit sprach sie davon, daß die Leidenschaften des jungen Prinzen sein Unglück seien. Betroffen war der König von einem 1805 entdeckten Plan, den Prinzen in russische Dienste zu bringen. In den Entführungsplan soll auch der Abgeordnete der Landschaft aus Ludwigsburg, Baz, verwickelt gewesen sein. Dem Professor Bardili, der den Prinzen in Philosophie unterrichtete, verbot König Friedrich im Sommer 1806 jeden weiteren Umgang mit seinem Schüler. Er warf Bardili vor, Paul mit Leuten von landesverräterischer Gesinnung, die ihn, den König, einen leidenschaftlichen und tyrannischen Regenten nannten, zusammengebracht zu haben und ihn darüber hinaus in seiner feindselig-widersetzlichen Art gegen den Vater bestärkt zu haben. Vergeblich bemühte sich der franzosenfeindlich gesinnte Professor, den König von seiner Unschuld zu überzeugen. Im September 1806 entwich Paul nach Preußen. Einen Eintritt des Sohns in den preußischen Militärdienst konnte König Friedrich jedoch verhindern. Daraufhin reiste der Prinz gegen den Willen des Vaters nach England, kehrte aber bald wieder zurück. Im November 1813 klagte Königin Charlotte Mathilde in einem Brief an den König über

Prinz Paul von Württemberg

die Extravaganzen des Stiefsohns. Paul habe, schrieb sie, in Frankfurt am Main erfolglos seine Dienste den dort sich aufhaltenden verbündeten Souveränen angeboten. Seine Pflichtvergessenheit mache ihn des königlichen Namens, den er trage, unwürdig. Er nutze seine hohe Geburt nur dazu, um sich ein schönes Leben zu machen.

So unerfreulich zeitweise das Verhältnis zu seinem Sohn Paul war, für seine Enkel hatte König Friedrich viel übrig. Als im Mai 1810 der kleine Prinz Karl, der Sohn von Prinz Paul, tödlich erkrankte, eilte er nach Stuttgart, um das Kind nochmals zu sehen. Der Tochter Katharina schrieb er: »Ich mußte dem herzzerreißenden Schauspiel beiwohnen und dieses reizende kleine Geschöpf leiden und zusehends zugrunde gehen sehen.«

Neben seiner Tochter Katharina stand Friedrich von allen weiblichen Angehörigen des Königshauses Herzogin Henriette am nächsten. Henriette war die Schwester des Herzogs Friedrich Wilhelm von Nassau und seit 1797 die Frau von Herzog Louis, dem Bruder Friedrichs. Er brachte ihr freundschaftliches Vertrauen entgegen und besprach sich mit ihr gerne. Oft bat er sie um ihren Rat. Als Katharina Jérôme geheiratet hatte und als Königin von Westfalen in Kassel residierte, war Friedrich froh und dankbar, daß wenigstens noch Henriette in seiner Nähe war. Am 19. August 1807 schrieb er der Tochter: »Ich habe stets meine Schwägerin geliebt, aber jetzt ist sie für mich eine absolute Notwendigkeit, denn nur mit ihr kann ich über Sie sprechen, wie ich es gerne tue.« 1817, ein Jahr nach dem Tod König Friedrichs, verlor die spätere Schwiegermutter König Wilhelms I. von Württemberg ihren Mann. Sie lebte fortan zurückgezogen in Kirchheim/Teck. Durch ihr kirchlich-karitatives Engagement erwarb sie sich im ganzen Land hohes Ansehen. 1857 starb sie, 77jährig.

X

Die letzten Regierungsjahre
1814–1816

Gegen Napoleon

Die Politik König Friedrichs war auch nach der Befreiung vom Joch Napoleons auf die Erhaltung und Festigung der Souveränität seines Staats gerichtet. Er war sich bewußt, daß er dieses Ziel nur erreichen konnte, wenn er sich im Kampf gegen Frankreich hervortat und die größtmöglichen militärischen Anstrengungen unternahm, um sich so bei seinen viel mächtigeren Verbündeten Respekt zu verschaffen. Nach der Katastrophe des Rußlandfeldzugs von 1812 hatte Friedrich Napoleon nur noch widerwillig Heeresfolge geleistet und immer wieder nach Ausflüchten gesucht, um kein zu starkes Kontingent ins Feld stellen zu müssen. Jetzt handelte er umgekehrt. Er setzte alles daran, ohne Zeitverlust ein ansehnliches Truppenkorps zu mobilisieren. Am 20. Dezember 1813 schrieb er für das Jahr 1814 eine außerordentliche Vermögenssteuer zur Finanzierung des zu erwartenden immensen Kriegsaufwands aus. In seinem Generalreskript bezeichnete er diese neuen Opfer, die er seinen Untertanen auferlegte, als unerläßlich, weil nur durch sie die »Segnungen eines dauerhaften Friedens« erlangt werden könnten. Innerhalb weniger Wochen verfügte der König über eine kriegsbereite Armee von 12 000 Mann, später sogar von mehr als 20 000 Mann. Die Alliierten übertrugen Kronprinz Friedrich Wilhelm den Oberbefehl über das IV. Armeekorps, dem neben Württembergern auch Österreicher angehörten – eine Geste, die Friedrich zu schätzen wußte, hatte er doch als Gefolgsmann Napoleons seine Truppen meist französischen Generalen unterstellen müssen.

Mißklänge blieben dennoch nicht aus. Der König war vor allem darüber ungehalten, daß österreichische und auch bayerische Truppenkommandeure in Württemberg auf seine Souveränitätsrechte wenig Rücksicht nahmen, daß sie beispielsweise Orte nach Gutdünken mit Truppen belegten, Naturallieferungen und Vorspanne beanspruchten oder sich gar ein Vergnügen daraus machten, in württembergischen Forsten zu jagen. Seine zum Teil geharnischten Proteste, die General Neuffer, der württembergische Bevollmächtigte im Hauptquartier des Fürsten Schwarzenberg, des österreichischen Oberbefehlshabers, übermitteln mußte, hatten wenig Wirkung. Fürst Schwarzenberg hielt sie für ungerechtfertigt, ja für anmaßend. Unmißverständlich gab er dem König zu verstehen, daß ein solch kleinliches Beharren auf einzelstaatlichen Souveränitätsrechten die Operationen der alliierten Heere in kaum zu verantwortender Weise behindere. Friedrich war empört und ließ General Neuffer seinen Unwillen deutlich spüren. Allein, er mußte wie schon als Verbündeter des Kaisers der Franzosen erkennen, welch geringes politisch-militärisches Gewicht man ihm beimaß. Eine Ausnahme bildete Zar Alexander, der seine großen Anstrengungen zur Organisation der äußeren und der inneren Verteidigung Württembergs anerkannte. Friedrich erfüllte es mit Genugtuung, daß der russische Neffe bei verschiedenen Gelegenheiten eine freundschaftlich-wohlwollende Gesinnung ihm gegenüber unter Beweis stellte.

Dem Drängen der Alliierten nachgebend, entschloß sich König Friedrich Anfang 1814 zur Aufstellung eines Landsturms. Dieses zur Verwendung innerhalb der Grenzen des Königreichs bestimmte, rund 100 000 Mann umfassende Wehraufgebot wurde nach streng militärischen Gesichtspunkten organisiert und wegen des Mangels an Gewehren mit Piken ausgerüstet. Über den geringen militärischen Wert der neuen Wehrorganisation gab sich Friedrich keinen Illusionen hin. Man hat ihm vorgeworfen, daß er nur einen »papierenen« Landsturm errichtet habe. Wäre dies tatsächlich so gewesen, dann hätte er sich nicht so intensiv um organisatorische Detailfragen gekümmert, auch hätte er sicher nicht einige der befähigtsten württembergischen Generale und leitenden Verwaltungsbeamten an die Spitze des Landsturms gestellt. So wenig wie beim regulären Militär, dem Machtinstrument des absolutistisch regierten monarchischen Staats, duldete König Friedrich beim Landsturm freiheitliche Regungen. Die Mobilisierung der Wehrkraft des Volkes in einem bis dahin unbekannten Ausmaß hielt er für ein Gebot der Stunde, doch sie hatte unter der uneingeschränkten Kontrolle des Staats zu erfolgen. Volksbewegung und Volkserhebung blieben für ihn verabscheuungswürdige Begriffe.

Mit Freude und Stolz erfüllte es ihn, daß sich die unter dem Befehl des Generals Graf von Franquemont, eines illegitimen Sohns Herzog Carl Eugens, stehenden württembergischen Streitkräfte rasch einen guten Ruf erwarben, und vor allem daß der Befehlshaber des IV. Korps, Kronprinz Friedrich Wilhelm, seine Truppen von Erfolg zu Erfolg führte. Von Neubreisach aus drangen die Württemberger Anfang 1814 nach Epinal und von dort weiter nach Chaumont vor. Am 1. Februar besiegten die Verbündeten Napoleon bei La Rothière (Brienne). Die Württemberger hatten an dem Sieg wesentlichen Anteil. Kurz darauf jedoch erlitt das von Napoleon mit überlegenen Kräften angegriffene Korps trotz tapferer Gegenwehr am 18. Februar bei Montereau eine schwere Niederlage. Die Württemberger hatten hohe Verluste an Gefallenen, Verwundeten und Gefangenen. Nicht ohne Grund warf König Friedrich dem österreichischen Oberbefehlshaber, Fürst Schwarzenberg, vor, das IV. Korps im Stich gelassen zu haben. Eine Truppe von nur 11 000 Mann der ganzen Armee Napoleons ohne Unterstützung und Flankenschutz entgegenzustellen, sei ein verhängnisvoller militärischer Fehler. Dem Kronprinzen falle zur Last, daß er sich den auf »Unkunde und Unwissenheit gegründeten Befehlen« unterworfen habe, statt sich, seiner Ortskenntnis vertrauend und taktischen Gesetzen folgend, über derartige törichte Anweisungen hinwegzusetzen. Seine besten Truppen, die zuvor Beispielloses geleistet hatten, seien aufgeopfert worden, »nicht etwa, um bei einer Hauptschlacht den Sieg zu erringen, sondern um die Fehler und abgeschmackten Mißgriffe anderer zu büßen«. »Welches hiebei«, schrieb er General Neuffer, »meine Empfindungen sind und welche sie hierbei sein müssen, wird jeder fühlen, der die Ehre, ein Württemberger zu sein, verdient.« Dem General schärfte er ein, sorgsam darauf zu achten, daß die Württemberger bei dem jetzt eingeleiteten Rückzug nicht rücksichtslos ausgenutzt und mißbraucht würden. Harten Tadel bekam der wiederholt von ihm gemaßregelte General Neuffer zu hören, weil die württembergische Artillerie, wie der König erfahren hatte, bei der Munitionsbelieferung benachteiligt worden war. Neuffer solle nicht vergessen, daß er als württembergischer Bevollmächtigter einzig und allein die Interessen seines Königs zu vertreten habe.

Friedrich mißtraute der österreichischen Politik und Kriegführung. Ende Februar/Anfang März 1814 drängte sich ihm der Eindruck auf, daß Österreich einen Separatfrieden mit Napoleon anstrebe. Als er andererseits die Gewißheit erlangt hatte, daß Rußland entschlossen war, gemeinsam mit seinen Alliierten bis zur endgültigen Niederringung Napoleons zu kämpfen, übernahm er gegenüber Zar Alexander die Verpflichtung, seine Truppen notfalls russischem Oberbefehl zu unterstellen. Graf von Franquemont wies er an, falls sich Österreich von seinen Verbündeten trenne, die württembergischen Truppen aus dem Verband der österreichischen Armee herauszulösen und sie der russischen anzugliedern. Franquemont erhielt ein für den Kronprinzen bestimmtes Schreiben, das er ihm aber nur aushändigen sollte, wenn Österreich tatsächlich die Allianz verließ. In dem Schreiben setzte König Friedrich den Sohn von seinem festen Entschluß in Kenntnis, daß sich die württembergischen Truppen auf alle Fälle an der Seite Rußlands und der anderen alliierten Mächte aktiv am Krieg gegen das napoleonische Frankreich beteiligten, bis ein Frieden zustande komme, der die politische Existenz des Königreichs Württemberg dauerhaft sichere. Mit dem Kronprinzen selbst wollte der König nicht korrespondieren, weil er sich als Befehlshaber des IV. Korps im Dienst Österreichs fühlen mußte.

Indessen war die Sorge Friedrichs unbegründet. Napoleon zeigte sich Verhandlungen unzugänglich. Immer noch von der Überzeugung geleitet, daß er die Verbündeten vernichtend schlagen und die militärische Hegemonie über Europa zurückgewinnen könne, suchte er die Entscheidung durch das Schwert. Mit seiner kompromißlosen Haltung erreichte er, daß die Risse, die im Bündnis seiner Gegner zutage getreten waren, verschwanden und daß die Alliierten, ihre bisherigen Querelen überwindend, nunmehr eine einmütige Entschlossenheit zeigten, den Krieg unter Einsatz aller verfügbaren Kräfte zu einem siegreichen Ende zu führen. Im Vertrag von Chaumont vom 1. März 1814 erneuerten die Alliierten ihr Bündnis, wobei sich jeder Partner verpflichtete, keinen Sonderfrieden zu schließen. Sie traten, angefeuert von der preußischen Armee unter Blücher den Vormarsch an, wobei die Österreicher unter Fürst Schwarzenberg, jedes größere Risiko scheuend, nur zögernd die Truppen Napoleons zurückdrängten. Bei Arcis sur Aube kam es zu einer mehrtägigen Schlacht, an der die Württemberger ruhmreichen Anteil hatten. Am 21. März mußte Napoleon schließlich der Übermacht der alliierten Heere weichen. Am 25. März errang Kronprinz Friedrich Wilhelm bei Fère Champenoise mit einem kühnen Reiterangriff einen großen Erfolg. Er erbeutete 15 Kanonen und machte 4000 Gefangene. Die eigenen Verluste beliefen sich auf 40 Mann. Den Vorstoß der Alliierten auf Paris vermochte Napoleon mit seinen zahlenmäßig stark unterlegenen Streitkräften jetzt nicht mehr aufzuhalten. Am 31. März fiel die französische Hauptstadt. Unter den ersten in die Stadt einziehenden Truppen befanden sich zwei württembergische Infanterie-Bataillone. Napoleon zog die Konsequenzen aus seiner Niederlage und entsagte der Herrschaft über Frankreich. Die Alliierten bestimmten die Insel Elba zu seinem künftigen Aufenthalt. Hier, in dem ihm erblich eingeräumten Fürstentum, durfte er die Regierungsgewalt ausüben. Damit der Kaiser – dieser Titel stand ihm weiterhin zu – ein standesgemäßes Leben führen konnte, wurde ihm eine hohe Apanage gewährt. Auch war ihm erlaubt, sich mit einer Garde von 600 Mann zu umgeben. Die Alliierten schlossen mit dem neuen französischen König, Ludwig XVIII., am 31. Mai 1814 Frieden, der Frankreich, abgesehen von den Grenzen von 1792, einige von Napoleon eroberte Gebiete beließ, so das frühere württembergische Mömpelgard.

König Friedrich war stolz darauf, daß sich die württembergischen Truppen während des Winterfeldzugs von 1814 mit großer Bravour geschlagen hatten und vor allem, daß sich Kronprinz Friedrich Wilhelm als militärischer Führer ausgezeichnet hatte. Zar Alexander zollte den Württembergern hohes Lob und überhäufte den Kronprinzen mit Orden. Auch Kaiser Franz von Österreich ließ es an Anerkennung für die württembergische Armee und ihren Führer nicht fehlen.

Wie als Verbündeter Napoleons nahm der König die großen militärischen und finanziellen Leistungen Württembergs zum Anlaß, um den Alliierten, insbesondere seinem Neffen, dem russischen Zaren, die Interessen seines Hauses und Landes nachdrücklich ans Herz zu legen. Er erwartete für die von dem kleinen Königreich gebrachten Opfer angemessene territoriale Entschädigungen. Nach dem Sieg über Napoleon feierte Friedrich Zar Alexander als den Fürsten, der die Throne in Europa wiederaufgerichtet und ihren rechtmäßigen Inhabern zurückgegeben habe. Seine kluge, beharrliche und gemäßigte Politik habe der Menschheit den Frieden gebracht. Zugleich dankte er ihm dafür, daß ein Teil der württembergischen Truppen an dem triumphalen Einmarsch in Paris teilnehmen konnte. Zum Zeichen seiner besonderen Verbundenheit entsandte er seinen Flügeladjutanten Graf von Beroldingen zum Zaren, um ihm die Glückwünsche zu dem Sieg über den »monströsen Koloß«, das »übeltäterische Genie«, das den Fürsten den Untergang habe bereiten wollen, persönlich zu übermitteln.

Durch seinen Sondergesandten im Lager der alliierten Souveräne, Graf Wintzingerode, versuchte König Friedrich, seinen Forderungen nach einer ansehnlichen Vergrößerung Württembergs Gehör zu verschaffen. Am 11. April übersandte er ihm Pläne, die einen Bevölkerungszuwachs von mindestens einer Million für sein Königreich zum Inhalt hatten. Er griff also einen Gedanken wieder auf, den er schon im Spätherbst 1805 vertreten hatte: Württemberg sollte territorial so stark vergrößert werden, daß es bei einer Einwohnerzahl zwischen 2,5 und 3 Millionen ein Heer von 30 000 bis 40 000 Mann unterhalten konnte. Bei einer solchen Größe war nach Ansicht König Friedrichs gewährleistet, daß das Königreich politisch eine eigenständige Rolle spielte. Neu war bei den Überlegungen des Königs, daß eine Vergrößerung Württembergs möglichst nicht zu Lasten Badens und Hessen-Darmstadts gehen sollte.

Die württembergischen Gebietswünsche wurden bei den Alliierten in Paris viel erörtert, gelegentlich stark übertrieben dargestellt und auch kritisiert. Geschickt ließ Friedrich durch Graf Wintzingerode das Argument, Württemberg zu einem starken Grenzbollwerk gegen Frankreich zu machen, in die Diskussion einbringen. Doch seine Vorschläge blieben ohne positive Resonanz. Von Österreich, Preußen und England hatte er von vornherein keine Unterstützung zu erwarten. Zar Alexander war zwar seinem Onkel weiterhin gewogen, aber auch er zeigte wenig Bereitschaft, sich in dieser Hinsicht für ihn zu verwenden. Als Graf Wintzingerode einmal äußerte, Württemberg müsse über mindestens zweieinhalb Millionen Einwohner verfügen, wenn es seine Stellung zwischen Frankreich, Bayern und Österreich behaupten wolle, meinte der Zar, es werde schwerfallen, Württemberg Bayern anzugleichen. Was er aber für seinen Onkel tun könne, wolle er tun. Bei dieser Willensbekundung blieb es. Von Österreich versprach sich Friedrich nichts. Die Enttäuschung über den Kaiserstaat und das Mißtrauen in dessen Politik waren bei ihm auf Grund leidiger Erfahrungen tief eingewurzelt. So sah er denn auch in dem liebenswürdig gehaltenen Brief seines Schwagers Franz II. vom 25. April 1814 nicht viel mehr als eine angenehm klingende Höflichkeitsbezeugung, zumal es die Antwort auf seine Glückwünsche zum Sieg über Frankreich war. »Seien Sie überzeugt, mein Herr Bruder«, schrieb Kaiser Franz, »daß ich die Anstrengungen, die Ihre tapferen Truppen unternommen haben, um der gemeinsamen Sache den Triumph zu sichern, stets dankbar in Erinnerung behalten werde, und daß ich gerne jede Gelegenheit ergreifen werde, um Eurer Majestät das Interesse zu bezeugen, das ich für die gedeihliche Entwicklung Ihrer Staaten hege.«

Hatte König Friedrich schon während des Kriegs militärische Maßnahmen des Fürsten Schwarzenberg als unzulässige Eingriffe in seine Souveränitätsrechte empfunden und in aller Form dagegen protestiert, so erschien ihm nach Beendigung der Kampfhandlungen und dem Rückmarsch der Truppen aus Frankreich das selbstherrliche Verhalten des Fürsten gegenüber dem kleinen württembergischen Bundesgenossen unerträglich. Unter Berufung auf den Allianzvertrag setzte er den Zaren davon in Kenntnis, daß Feldmarschall Fürst Schwarzenberg nach Berichten der Generale Graf Franquemont und Neuffer den Oberbefehl über die württembergischen Truppen auch nach ihrer Rückkehr in die Heimat ausüben wolle, indem er sich vorbehalte, ihnen weiterhin die Quartiere anzuweisen. Ferner berichtete er dem Zaren, der Fürst beabsichtige, 77 000 Mann österreichische Soldaten sowie 22 000 Pferde auf unbestimmte Zeit in württembergische Kantonierungsquartiere zu legen, ohne daß er es für nötig halte, mit ihm in dieser Angelegenheit Verbindung aufzunehmen. Schwarzenberg mißachte seine Rechte als Souverän. Seine Pflicht gebiete ihm, vor allem auch im Interesse seiner Untertanen gegen die Pläne des österreichischen Feldmarschalls aufs entschiedenste Einspruch zu erheben. Acht Tage später beschwerte er sich auch bei Kaiser Franz unter Berufung auf seine Souveränitätsrechte und die ihm vom Kaiser und vom Fürsten Metternich gemachten Zusicherungen. Er forderte den Durchzug der österreichischen Truppen ohne Aufenthalt, »sans delai«, durch Württemberg. Welch große Bedeutung er dieser Angelegenheit beimaß, zeigte sich daran, daß er seinen Generaladjutanten Generalleutnant Baron von Scheler als Sondergesandten zu Kaiser Franz schickte.

Den Krieg gegen Napoleon führte König Friedrich als einen reinen Kabinettskrieg. Die Untertanen hatten der Politik und Kriegführung ihres Regenten zu vertrauen und die Maßnahmen, die er für erforderlich hielt, zu vollziehen. Eine Meinung darüber, ob der Krieg einem Volksinteresse entsprach oder nicht, kam ihnen nicht zu. Daß sich manche Württemberger für den Kampf gegen Napoleon begeisterten und in ihm einen Befreiungskrieg sahen, lag nicht in seinem Sinn. Er wünschte sich nicht, daß die Niederringung Napoleons glorifiziert wurde. Als die Stuttgarter den 18. Oktober 1814, den ersten Jahrestag der Leipziger Völkerschlacht, feierlich begehen wollten, durchkreuzte die Polizei das Vorhaben. So mußte das Freudenfeuer, das auf der Feuerbacher Heide entzündet werden sollte, unterbleiben. Von dem Sonett, das Gustav Schwab aus diesem Anlaß gedichtet hatte, erfuhren nur wenige.

Um die der Bevölkerung so verhaßte Fron der Militärkonskription zu erleichtern und um der Staatsverwaltung, der Landwirtschaft und dem Gewerbe keine wertvollen Kräfte zu entziehen, erließ König Friedrich am 17. Februar 1815 ein neues Rekrutierungsgesetz. Auch dieses Gesetz hielt am Grundsatz der allgemeinen Wehrpflicht fest, ebenso am Verbot für Untertanen, vor Ableistung ihres Militärdienstes das Königreich zu verlassen oder in fremde Kriegsdienste zu treten. Die Militärpflicht wurde auf die 18- bis 25jährigen beschränkt und der Kreis der vom Wehrdienst Befreiten wesentlich erweitert. Er umfaßte jetzt alle Staatsbeamten und Hofbediensteten, die katholischen Seminaristen, Advokaten, evangelische Vikare, Lehrer, Ärzte, Kommunalbeamten, die Angestellten in den königlichen Berg- und Eisenwerken sowie den Salinen und alle mit »allerhöchster Erlaubnis verheirateten Untertanen« der wehrpflichtigen Jahrgänge. Den Ansiedlern von Friedrichshafen und deren Söhnen wurde eine sechsjährige Befreiung vom Militärdienst zugesichert. Juden und Wiedertäufer durften sich mit einer Summe von 400 fl loskaufen. Die Wehrpflichtigen wurden in vier Aushebungsklassen eingeteilt: I. Klasse die 21- bis 25jährigen, II. Klasse die 18- bis 21jährigen, III. Klasse die bedingt Tauglichen und IV. Klasse diejenigen Wehrpflichtigen, deren persönliche oder finanzielle Verhältnisse besondere Berücksichtigung verdienten, beispielsweise Zöglinge der evangelisch-theologischen Seminare und des Schullehrerseminars in Esslingen, Studenten, Künstler, Handwerksmeister, Schreibereiinzipienten, ledige Besitzer von größeren Gütern sowie alle einzigen Söhne. Die Separatisten wurden wie bisher dem Garnisonsregiment oder der Arbeitskompanie zugeteilt. Die Stellung eines Ersatzmannes war Edelleuten, einzigen Söhnen und wohlhabenden Untertanen gestattet. Über Gesuche hatte in jedem Fall das Kriegsdepartement zu entscheiden. Als sogenannte Einstandssummen waren jeweils 500 fl an die Kriegskasse abzuführen.

Kaum war das neue Rekrutierungsgesetz in Kraft, kündigte sich ein neuer Krieg an. Anfang März 1815 verließ Napoleon die Insel Elba und landete an der Küste der Provence. Die ihm entgegengeschickten französischen Truppen gingen zu ihm über. Am 20. März 1815 zog er im Triumph in Paris ein. Ohne Schwertstreich fiel ihm wieder die Herrschaft über Frankreich zu. König Ludwig XVIII. floh in die Niederlande. Der alte und neue Kaiser der Franzosen wollte den äußeren Frieden wahren. Doch die alliierten Mächte waren nicht bereit, der politischen Entwicklung in Frankreich tatenlos zuzusehen. Sie mobilisierten ihre Streitkräfte. In der Schlacht bei Waterloo südlich von Brüssel am 18. Juni 1815 schlugen das englische und das preußische Heer unter Wellington und Blücher die französische Armee. Napoleon mußte erneut abdanken. Er wurde von den Engländern, in deren Schutz er sich begeben hatte, auf das Felseneiland St. Helena gebracht, wo er nach sechsjähriger Verbannung starb. Am 10. Juli 1815 zogen die Kaiser von Österreich und Rußland sowie der König von Preußen an der Spitze ihrer Truppen wiederum als Sieger in Paris ein.

König Friedrich hatte nach der Rückkehr Napoleons keinen Augenblick gezögert, seine Truppen kriegsbereit zu machen. Er wußte, was für sein Haus und sein Land auf dem Spiel stand, falls es Napoleon gelang, erneut die Vorherrschaft über Europa aufzurichten. Erstmals seit dem Zweiten Koalitionskrieg von 1799/1800 beteiligte er sich aus freiem Willen an einem Kriegsbündnis. Die militärischen Sofortmaßnahmen, die er traf, zeugen von seiner äußersten Entschlossenheit, den größtmöglichen Beitrag zum Kampf gegen den französischen Usurpator zu leisten. Weil ihm das Rekrutierungsgesetz vom 17. Februar 1815 nur für Friedenszeiten anwendbar erschien, setzte er es vorläufig außer Kraft. Er verfügte die Aufstellung einer allgemeinen Landmiliz, die anders als der Landsturm des Vorjahrs, mit ihren »aktiven Bataillonen« zugleich eine Art außerordentlicher Heeresreserve bildete. Zar Alexander war sich der exponierten Lage Württembergs bewußt. Er teilte dem Onkel in Stuttgart mit, er habe seinen Truppen den Befehl erteilt, die der Gefahr einer französischen Invasion am meisten ausgesetzten Staaten militärisch zu unterstützen. Doch König Friedrich genügte dies nicht, er zog 20 000 Mann zwischen Heilbronn und Tübingen zusammen und erklärte Kaiser Franz seine Bereitschaft, die württembergischen Truppen zur österreichischen Armee stoßen zu lassen. Freilich, der Aufmarsch der verbündeten Heere nahm viel Zeit in Anspruch. Anfang April standen für die Verteidigung Südwestdeutschlands lediglich 17 000 Badener und 24 000 Württemberger zur Verfügung. Erst im Lauf des Monats Mai langte das Gros der österreichischen Armee an. Fürst Schwarzenberg schlug sein Hauptquartier in Heidelberg auf. Größte Aufmerksamkeit erwies König Friedrich Zar Alexander von Rußland, der von Wien kommend Anfang Juni auf dem Weg ins alliierte Hauptquartier durch das Königreich Württemberg kam. Ihm zu Ehren entfaltete der württembergische Hof all seinen Prunk. König Friedrich bemühte sich, dem Neffen den Eindruck zu vermitteln, wie sehr er als naher Verwandter des Königshauses »en famille« willkommen war. Wenige Tage nach dem Zaren reiste auch Kaiser Franz durch Württemberg. König Friedrich brauchte sich wegen der Ehren, die er ihm zu erweisen hatte, nicht den Kopf zu zerbrechen, weil sich dieser jedes Zeremoniell verbeten hatte. Im Hauptquartier von Fürst Schwarzenberg in Heidelberg stattete Friedrich am 20. Juni dem Zaren und dem Kaiser einen Besuch ab, um politische Gespräche zu führen und Fürst Schwarzenberg eine gute Behandlung der württembergischen Truppen zu empfehlen.

Wie anderen deutschen Ländern, so zum Beispiel Bayern, war es auch König Friedrich gelungen, für 20 000 Mann seiner Streitkräfte von England Subsidien vertraglich zugesichert zu erhalten. Dies erleichterte die prekäre finanzielle Situation, in die Württemberg durch die Mobilisierung seines verhältnismäßig starken Truppenkontingents geraten war. Weil die militärische Entscheidung in Belgien fiel, hielten sich die kriegerischen Aktivitäten der dem österreichischen Heer eingegliederten württembergischen Streitkräfte in Grenzen. Ihre Hauptaufgabe bestand zunächst in militärischen Sicherungsaufgaben am Oberrhein. Die Nachricht von der Schlacht von Waterloo überraschte Fürst Schwarzenberg ebenso wie die beiden in seinem Hauptquartier weilenden Kaiser. Schwarzenberg war davon ausgegangen, daß Österreicher und Russen zusammen mit ihren süddeutschen Verbündeten den Hauptschlag gegen Napoleon führen würden. Jetzt hatten Engländer und Preußen den Kaiser der Franzosen in die Knie gezwungen, ehe er mit seinen Truppen überhaupt die Kampfhandlungen aufgenommen hatte. Enttäuscht war auch Zar Alexander, weil das russische Heer nun nicht mehr den erhofften ruhmreichen Anteil an der Niederwerfung Napoleons hatte. Um wenigstens noch ein Quentchen Kriegsruhm zu erhaschen, begann Schwarzenberg jetzt, ganz gegen seine sonstige Gewohnheit, eine ungestüme Offensive gegen den bereits kopf- und führerlosen Feind. Die rasch ins Innere Frankreichs vorstoßenden Österreicher und Russen fanden kaum Widerstand. Lediglich das von Kronprinz Friedrich Wilhelm befehligte III. Korps, zu dem vor allem die württembergischen Truppen unter General Graf von Franquemont zählten, hatte am 28. Juni bei Straßburg, am Suffelbach, ein verlustreiches Gefecht gegen den französischen General Rapp zu bestehen. König Friedrich, den militärischen Wert des Gefechts zu Recht gering einschätzend, meinte, die Verluste von so vielen braven Leuten seien wahrscheinlich vergebens, denn man könne voraussehen, daß die Alliierten die Franzosen wiederum mit Samthandschuhen anfaßten. Er war entschlossen, seinen ganzen Einfluß geltend zu machen, damit die Früchte des Sieges nicht ein zweites Mal verschleudert wurden. Um zu zeigen, daß er die äußersten militärischen Kraftanstrengungen zum Schutz Südwestdeutschlands vor den noch immer in beträchtlicher Stärke in Straßburg stehenden französischen Streitkräften unternahm, betrieb er in aller Eile die Mobilisierung eines 9000 Mann umfassenden besonderen »Landesdefensionskorps«, das in den ersten Julitagen in Richtung Kehl in Marsch gesetzt wurde und dort einen Grenzsicherungskordon bildete. Über dieses Korps behielt sich der König die uneingeschränkte Verfügungsgewalt vor. Sein Mißtrauen gegen Fürst Schwarzenberg und dessen militärische Maßnahmen war unüberwindlich. Vor allem zeigte er sich aufs äußerste verärgert, daß der österreichische Oberbefehlshaber seine Souveränitätsrechte wieder nicht achtete. Großes Aufsehen im österreichisch-russischen Hauptquartier hatte es erregt, daß König Friedrich Graf von Franquemont angewiesen hatte, Befehle Schwarzenbergs nicht zu befolgen, die mit Friedrichs Auffassung von einzelstaatlicher Souveränität in Widerspruch standen. Friedrich hatte sich darüber erregt, daß Schwarzenberg einige Landwehrregimenter vorübergehend aus dem Verband der württembergischen Truppen herausgelöst und zur Belagerung fester Plätze herangezogen hatte. Er warf dem Fürsten widerrechtliche Eingriffe in die vertraglich zugesicherte württembergische Militärhoheit vor. Seiner Ansicht nach konnte dieser keine Autorität über württembergische Generale oder Truppen ausüben, es sei denn, er, der König, habe sie ihm ausdrücklich zugestanden. Nach dem Allianzvertrag durften württembergische Truppen nur durch württembergische Generale kommandiert werden. Erst auf ausdrücklichen Wunsch der beiden Kaiser erteilte er nachträglich seine Zustimmung zu der Verwendung der drei Landwehrregimenter für Sonderaufgaben.

Die Machtdemonstration von König Friedrich am Oberrhein fand lediglich den Beifall von Zar Alexander. Fürst Schwarzenberg lehnte militärische Aktivitäten von Truppen an der französischen Ostgrenze ab, die seinem Oberbefehl nicht unterstellt waren, und in Karlsruhe wie auch anderwärts befürchtete man, der württembergische

König suche damit seine Forderungen nach einer Vergrößerung seines Landes durchzusetzen. Mitte Juli ordnete der König grollend den Rückmarsch seines Landesdefensionskorps in die Heimat an. Friedrich konnte und wollte nicht einsehen, daß es besser gewesen wäre, wenn er sein kleinlich wirkendes Pochen auf Souveränitätsrechte unterlassen und alle seine Truppen dem Oberbefehl Schwarzenbergs unterstellt hätte. Sein eigensinniges, querköpfiges Verhalten trug ihm nur Mißtrauen und Abneigung ein.

Seine Hoffnung auf angemessene Honorierung der gewaltigen Opfer, die er 1815 brachte, setzte König Friedrich, nachdem er 1814 leer ausgegangen war, in erster Linie auf Zar Alexander. Am 2. Juli ließ er den Neffen wissen, daß sein kleines Königreich nunmehr 31 000 Mann unter Waffen habe, obgleich es von England lediglich Subsidien für 20 000 Mann erhalte. Seine Hilfsquellen wie die seines Staats seien erschöpft. Der Zar könne dank seiner machtvollen Stellung Württemberg ohne weiteres wieder aufhelfen und die Existenz eines Staats sichern, der einmal seinem Neffen als Erbe zufalle. Friedrich spielte damit auf die bevorstehende Vermählung von Kronprinz Friedrich Wilhelm mit der Großfürstin Katharina, der Schwester Alexanders, an. Er wollte den Zaren dafür gewinnen, die Nachbarn Frankreichs so stark zu machen, daß sie einem französischen Angriff zumindest solange standhalten konnten, bis die Großmächte ihre Armeen herangeführt hatten. Außerdem schlug er vor, zur besseren militärischen Sicherung Südwestdeutschlands das Elsaß und den deutschsprachigen Teil Lothringens von Frankreich abzutrennen. Wenn man Württemberg beträchtlich vergrößerte und ihm etwa Kehl und Breisach, vielleicht auch Belfort und Mömpelgard mit dem südlichen Teil des Elsasses bis einschließlich des Kamms der Vogesen als erweiterte territoriale Basis zuwies, sei es in der Lage, eine wichtige Grenzschutzfunktion gegenüber Frankreich zu übernehmen. Seine Gesandten und Militärbevollmächtigten in den alliierten Hauptquartieren versah er mit entsprechenden Instruktionen. Sein Sohn, Kronprinz Friedrich Wilhelm, sonst selten mit ihm einer Meinung, unterstützte seine Forderung nach einer Loslösung des Elsasses und Deutsch-Lothringens von Frankreich nachdrücklich. Durch eine von Graf Wintzingerode verfaßte und unter seinem Namen veröffentlichte Denkschrift warb der Kronprinz bei den verbündeten Monarchen und ihren leitenden Politikern um Verständnis für den württembergischen Standpunkt. Doch abgesehen von Preußen fanden die Ideen des Königs von Württemberg und seines Sohns kein positives Echo. Hartnäckig bemühte sich König Friedrich, wenigstens den alten württembergischen Stammbesitz Mömpelgard zurückzugewinnen. In Noten an die vier Großmächte England, Österreich, Preußen und Rußland erinnerte er nochmals an die Dienste, die sein Sohn, der Kronprinz, und seine Truppen für die gemeinsame Sache geleistet hatten. Er wies auch darauf hin, daß er nach der Landung Napoleons in Südfrankreich im März 1815 der erste gewesen sei, der seine Truppen mobilisiert und die Grenzen Süddeutschlands geschützt habe, als dieses ganz allein auf sich angewiesen gewesen sei. Doch er drang nicht durch. Die Großmächte entschieden: Mömpelgard, ebenso Elsaß und Lothringen verbleiben bei Frankreich. Auch jede territoriale Vergrößerung Württembergs lehnten sie ab. Resigniert stellte Friedrich am 16. Oktober 1815 fest: »So sind alle Anstrengungen wieder umsonst gewesen. Süddeutschland ist so wenig gegen Frankreich geschützt als es bisher war.« Die Großmächte waren über seine Interessen hinweg einfach zur Tagesordnung übergegangen. Auf lange Sicht freilich bildeten die maßvollen Friedensschlüsse der Jahre 1814 und 1815 mit Frankreich die Garanten einer langjährigen Friedenssicherung in Mitteleuropa.

Mit den Leistungen seiner Truppen war der König überaus zufrieden. Sie hatten sich gut gehalten, auch wenn sie 1815 keine größeren kriegerischen Lorbeeren mehr hatten erringen können. Mit welch unerbittlicher Strenge Friedrich nach wie vor über die Disziplin seiner Armee wachte, wird an einem Einzelfall deutlich. Am 15. Juli 1815 war es unter den Offizieren des 2. Bataillons des 2. Infanterie-Regiments Herzog Wilhelm in dem französischen Dorf Juzennecourt zu einem Wirtshausstreit gekommen. Hierbei hatten sich mehrere Offiziere ein schweres Insubordinationsvergehen zuschulden kommen lassen. Ein Kriegsgericht verurteilte am 20. September den Hauptangeklagten, den siebenundzwanzigjährigen Hauptmann Friedrich Ludwig Julius Graf von Zeppelin, Inhaber der Ehrenmedaille von Brienne, zum Tod durch Erschießen, obgleich sich Zeppelin einem charakterlich fragwürdigen Vorgesetzten gegenüber durchaus ehrenhaft verhalten hatte. Mehrere andere Offiziere wurden zu mehrmonatigen bis mehrjährigen Festungsstrafen verurteilt. König Friedrich bestätigte die Urteile, beanstandete allerdings, daß nicht noch zwei weitere Offiziere zum Tod verurteilt worden waren. Von seinem Recht der Strafmilderung machte er nur in einem Fall Gebrauch, sonst verschärfte er die Strafen noch dadurch, daß er die zu Festungsstrafen verurteilten Offiziere aus dem Dienst

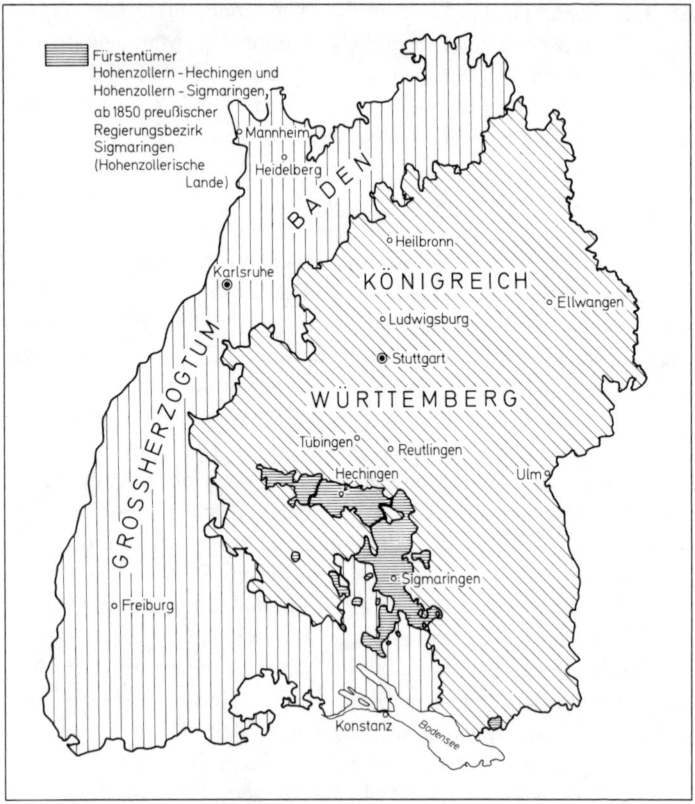

Südwestdeutschland im Jahr 1815

entließ. Graf von Zeppelin wurde am 24. September 1815 in Nevers erschossen. Die Kameraden von Graf Zeppelin ehrten den Erschossenen durch einen Nachruf, in dem sie ihn »einen höchst braven Menschen« nannten.

Ende Oktober 1815 traten die württembergischen Truppen den Rückmarsch in die Heimat an. Am 16. November begrüßte sie König Friedrich in Vaihingen an der Enz, wo sie Paradeaufstellung genommen hatten. 5000 Württemberger blieben als Bestandteil der Europäischen Armee unter dem Herzog von Wellington als Besatzungstruppen im nördlichen Elsaß in Weißenburg, Lauterburg, Sulz, Selz und Reichshofen zurück. Der König hatte für die Zusage dieses

Besatzungskontingents zur Bedingung gemacht, daß seine Truppen beisammen blieben und keinesfalls mit Österreichern in dienstliche »Berührung gebracht« würden. »Ich will mich«, erklärte er, »nicht von neuem dem Mißbrauch ausgesetzt sehen, den sich der österreichische Kommandeur mit Meinen Truppen in den zwei letzten Jahren erlaubt hat.«

Streben nach ungeschmälerter Souveränität des Königreichs

So reichspatriotisch sich König Friedrich auch früher gegeben hatte, jetzt galten für ihn nur noch die Interessen seines Staates. Auf keinen Fall wollte er sich außenpolitische Fesseln anlegen lassen. Obwohl er sich keine Illusionen über das geringe Gewicht seines Königreichs machte, lehnte er jede feste institutionalisierte Bindung an einen anderen Staat, einen Staatenbund oder gar die Eingliederung in einen wie auch immer organisierten deutschen Gesamtstaat ab. Er wußte, daß er auf die Hilfe und das Wohlwollen mächtigerer Staaten angewiesen war. Allein, er sollte innerhalb seines freilich eng umgrenzten politischen Handlungsspielraums selbst darüber entscheiden, bei welchem Staat oder bei welchen Staaten er Schutz und Anlehnung suchen und finden konnte. Weil er Österreich mißtraute und weil ihm die Politik Preußens wegen des freiheitlich-deutschpatriotischen Geistes, der dort in den Kriegen 1813/14 und 1815 starken Einfluß gewonnen hatte, gefährlich erschien, setzte er trotz aller Enttäuschungen auf den ihm nahe verwandten Zaren. St. Petersburg war weit weg, Rußland hatte aber trotzdem ein vitales Interesse an der Aufrechterhaltung des Status quo in Mitteleuropa und war ein Feind aller die gegenwärtige Staats- und Gesellschaftsordnung gefährdenden revolutionären Tendenzen. Doch auch die Anlehnung an Rußland betrachtete er nicht als unabänderlich. Wandelte sich die politische Konstellation grundlegend, hieß dies für Friedrich, daß auch die Frage der sogenannten Schutzmacht neu zu überdenken war. Die politische Tragik König Friedrichs war es, daß es ihm bisher nicht gelungen war, Einwohnerzahl und Gebietsumfang Württembergs wesentlich zu vergrößern. Friedrich hoffte nun, daß ihm der Wiener Kongreß, der für Europa eine dauerhafte Friedensordnung zustande bringen sollte, eine Gebietserweiterung verschaffen würde.

Um sein politisches Konzept mit Nachdruck vertreten zu können, entschloß er sich, selbst nach Wien zu fahren und an dem glanzvollsten Kongreß, den Europa bis dahin gesehen hatte, teilzunehmen. Außerdem ernannte er, gewissermaßen um ein Zeichen zu setzen, einen neuen Außenminister. An die Stelle des Grafen Zeppelin trat der ältere Graf Wintzingerode. Die Ankunft und der Aufenthalt König Friedrichs in Wien standen unter keinem günstigen Stern. Der König, der den ungleich mächtigeren Monarchen an prunkvoller fürstlicher Repräsentation nicht nachstehen wollte, reiste mit großem Gefolge und trat selbstbewußt auf, wobei er verschwenderisch Geschenke, Orden und sonstige Ehrengaben verteilte. Schon in Linz hatte sich die Bürgerwehr geweigert auszurücken, um dem ehemaligen »Trabanten« Napoleons die üblichen Honneurs zu erweisen. Die Wiener nahmen dem württembergischen König übel, daß er bedeckten Hauptes in die Residenzstadt der Habsburger einfuhr. Das herrische Auftreten des ungewöhnlich beleibten Mannes in der Öffentlichkeit steigerte noch die allgemeine Abneigung. Viele sahen in ihm noch immer den Vasallen Napoleons. Daß er sich aber nie zum liebedienerischen, rückgratlosen Gefolgsmann des großen Korsen erniedrigt hatte, sondern daß ihm immer die Wahrung der Interessen seines Hauses und Landes zentrales politisches Anliegen war, wußten nur wenige. Freilich sprach bei dem Mißmut gegen den württembergischen König sicher auch schlechtes Gewissen mit, denn die Tatsache, daß auch Österreich, der Kaiserstaat, von 1809 bis 1813 dem Willen Napoleons hörig gewesen war, konnte man nicht in Abrede stellen.

Der stets liebenswürdige Kaiser Franz ließ den Schwager nichts von der Abneigung der Bevölkerung spüren. Er erwies ihm alle einem Souverän zukommenden Ehren. Auch ging er mit ihm auf die Jagd, wußte er doch, wie leidenschaftlich gern Friedrich jagte. Fast noch freundschaftlicher als mit Kaiser Franz war das Wiedersehen mit Zar Alexander. In Wien versuchte König Friedrich erneut, Württemberg das Gebiet des Großherzogtums Baden zuschlagen zu lassen; der badische Großherzog sollte auf dem linken Rheinufer entschädigt werden. Falls dies nicht durchzusetzen war, wünschte Friedrich die Rückgliederung von Nellenburg an Württemberg sowie die Souveränität über die hohenzollerischen Fürstentümer. Seine Hoffnung, daß Rußland, vielleicht sogar Österreich, seine Wünsche unterstützten, erwies sich wiederum als trügerisch. Die Großmächte stritten sich über die politische Zukunft Polens und die An-

König Friedrich vor den »Großen Fünf« auf dem Wiener Kongreß

nexion des Königreichs Sachsen durch Preußen. Gegenüber diesen beiden großen Streitobjekten traten die südwestdeutschen Territorialangelegenheiten völlig in den Hintergrund. Die Grenzen Badens und Württembergs blieben unverändert.

Erbitterten Widerstand leistete Friedrich gegen alle Pläne, einen mit umfassenden Kompetenzen ausgestatteten Bund deutscher Staaten zu schaffen. Er war allenfalls bereit, einem Bund völlig selbständiger deutscher Fürsten zuzustimmen. Er widersetzte sich auch den gemäßigten Plänen der preußischen Staatsmänner, vor allem Wilhelm von Humboldts, die deutschen Länder in einem lockeren Bund zu organisieren, durch den lediglich einige wichtige Elemente der Gemeinsamkeit wie eine kraftvolle Militärgewalt, ein Bundesgericht sowie landständische Verfassungen in den Mitgliedsstaaten verwirklicht werden sollten. Jeder Eingriff eines künftigen Deutschen Bunds in die inneren Angelegenheiten seines Landes war Friedrich unerträglich. Der Gang der Verhandlungen, bei denen allein die Großmächte den Ton angaben, mißfiel ihm mehr und mehr. Er versuchte, eine Bürgschaft Rußlands für einen Bund selbständiger Fürsten zu erlangen, doch er hatte damit keinen Erfolg. Am 16. November 1814 zog er seinen Vertreter aus dem Fünferausschuß deutscher Staaten zurück, der die Organisationsform eines künftigen deutschen Staatenbunds zu behandeln hatte. Eine weitere Enttäuschung war für ihn, daß der Rangstreit zwischen den Kronen Hannover und Württemberg zugunsten der ersteren entschieden wurde. Verärgert trat er am 26. Dezember 1814 die Rückreise nach Stuttgart an. Königin Charlotte Mathilde hatte erwartet, Friedrich werde sich mit seinen hohen Geistesgaben den fürstlichen Standesgenossen als überlegen erweisen und sich auch von den Intrigen namentlich der leitenden Minister Österreichs und Bayerns, Metternich und Montgelas, nicht beirren lassen; dies hatte sich nicht erfüllt. Eines wird man Friedrich mit Bestimmtheit nicht vorwerfen können: Er hatte in Wien nie versucht, sich dem rasch wieder an Einfluß gewinnenden Frankreich zu nähern, um bei diesem für seine Politik der uneingeschränkten Souveränität Hilfe und Rückhalt zu bekommen.

Gleichzeitig mit König Friedrich hielt sich auch Kronprinz Friedrich Wilhelm in Wien auf. Im Gegensatz zu seinem Vater verstand er es, die Herzen für sich zu gewinnen. Der Kriegsruhm, den er sich im Kampf gegen Napoleon erworben hatte, und seine stark nach außen gekehrte deutschpatriotische Einstellung, die ihn zeitweilig in enge Verbindung zum Reichsfreiherrn vom Stein und zu dessen Gesinnungsgenossen brachte, trug ihm viele Sympathien ein. Freilich, seine Haltung war zwiespältig. Nach außen verfocht er eine deutsche Politik Württembergs, wobei vielleicht die Wunschvorstellung mitspielte, die Leitung einer künftigen deutschen Bundesarmee übertragen zu bekommen; insgeheim und vor allem auch dem Zaren gegenüber setzte er sich für die Interessen Württembergs durchaus im Sinne des Vaters ein. Dieses zwiespältige, unaufrichtig wirkende Verhalten des Kronprinzen, das charakterlich bedingt – wahrscheinlich das Erbe der braunschweigischen Mutter – und zugleich eine Folge der stürmischen, vaterfeindlichen Jugendjahre war, stärkte die Position des kleinen Königreichs in Wien sicher nicht. Indessen konnte der Kronprinz zu großen Schaden auch kaum anrichten, da König Friedrich nach wie vor die politischen Zügel seines Landes fest in der Hand behielt.

Nach der Rückkehr Napoleons nach Frankreich im März 1815 verständigten sich Preußen und Österreich in der deutschen Frage.

Damit war einer endgültigen Einigung der Weg bereitet. Am 8. Juni 1815 wurde die »Deutsche Bundesakte« unterzeichnet. 38 souveräne Fürsten und freie Städte schlossen sich zu einem »unauflöslichen« Bund mit dem Zweck »der Erhaltung der äußeren und inneren Sicherheit Deutschlands und der Unabhängigkeit und Unverletzbarkeit der einzelnen deutschen Staaten« zusammen. Das einzige Gesamtorgan dieser lockeren völkerrechtlichen Vereinigung bildete der künftig in Frankfurt tagende Bundestag, ein ständiger Gesandtenkongreß unter österreichischem Vorsitz. Dem Bund gehörten die beiden Großmächte Österreich und Preußen jeweils nur mit den Landesteilen an, die bis 1806 Bestandteile des alten Deutschen Reichs gewesen waren. Die Führung der Geschäfte wurde einem engeren Rat des Bundestags übertragen; in diesem besaßen die elf größeren Staaten je eine, die kleineren zusammen sechs Stimmen. Entscheidungen über die »organischen Bundeseinrichtungen« sowie über Krieg und Frieden mußten von dem 70 Stimmen umfassenden Plenum mit Zweidrittelmehrheit beschlossen werden. Für Verfassungsänderungen war sogar Einstimmigkeit des Plenums erforderlich. Dem Bund war nach außen das Gesandten- und Vertragsrecht eingeräumt. Den Mitgliedsstaaten war untersagt, Bündnisse zu schließen, die sich gegen die Sicherheit des Bundes oder einzelner Bundesstaaten richteten. Schließlich legte die Bundesakte fest, daß in den Mitgliedsstaaten landständische Verfassungen »stattfinden« sollten.

In der Bundesakte sah König Friedrich keine große Gefahr für sein partikularstaatliches Interesse. Er nannte sie verächtlich ein Unding, eine »Spiegelfechterei Metternichs«, das die Souveränität der Einzelstaaten kaum beeinträchtige. Dennoch zögerte er die offizielle Anerkennung des Vertrags noch monatelang hinaus. Erst am 1. September 1815 trat das kleinste deutsche Königreich mit einigen Vorbehalten gegen die innenpolitischen Angelegenheiten der Bundesstaaten berührenden Bestimmungen der Bundesakte bei. Von seinem passiven Verhalten ging Friedrich aber auch danach nicht ab. Er ernannte zwar einen Bundestagsgesandten, doch die Beitrittserklärung seines Landes ließ er erst am 1. Oktober 1816, wenige Wochen vor seinem Tod, überreichen. In der Instruktion, die der erste württembergische Bundestagsgesandte, von Linden, erhielt, stellte König Friedrich nochmals in aller Deutlichkeit fest, daß ihm die Rückkehr zu der »veralteten, auf die jetzigen Verhältnisse ganz unpassende Form der ehemaligen deutschen Reichsverfassung« völlig zuwider sei. Noch schärfer sprach er sich dagegen aus, je wieder »eine sogenannte deutsche Nation zu formieren«. Er erklärte, daß er niemals eine Einschränkung seiner Souveränität hinnehmen und daß er sich niemals zu mehr als zu einem föderativen System unabhängiger Staaten bereitfinden werde. Friedrich sah sich jetzt nicht mehr in erster Linie als deutschen, sondern als europäischen Regenten. Diese Einstellung fand ihren Ausdruck vor allem im zwischenstaatlichen Verkehr: Er knüpfte ein verhältnismäßig enges Netz diplomatischer Verbindungen zu »ausländischen« deutschen und außerdeutschen Staaten. Dieser politischem Prestigedenken entspringende diplomatische Apparat wurde für das kleine Königreich neben dem unverhältnismäßig hohen Repräsentationsaufwand für den königlichen Hof und dem große Mittel verschlingenden Militäretat zu einer neuen schweren Bürde. König Friedrich unterhielt sogar Beziehungen zu den Königreichen Sardinien und Dänemark. Seine wichtigsten diplomatischen Vertretungen, in St. Petersburg, Wien, Berlin, London und Paris sowie in den Nachbarstaaten, baute er aus. Seine Gesandten wählte er sorgsam aus, wobei er auf Rang und Standesgleichheit mit den an seinem Hof akkreditierten »ausländischen« Diplomaten sah. Der Schwerpunkt seiner diplomatischen Aktivitäten lag indessen nicht auf der großen Politik, sondern auf der Regelung der noch offenen rechtlichen, finanziellen und territorialen Fragen im Zusammenhang mit den Gebietserwerbungen und dem Gebietsaustausch der Jahre 1803 bis 1810. Wie von allen seinen Beamten erwartete König Friedrich von seinen Gesandten und diplomatischen Vertretern strikte Befolgung seiner Direktiven sowie die Wahrnehmung des »allerhöchsten Interesses«. Als der Gesandte am Berliner Hof, Generalmajor von Neuffer, in einem Bericht einen nicht genügend ehrfurchtsvollen und gekränkten Ton angeschlagen hatte, wies ihn der erzürnte Souverän hart zurecht: »Ihr habt vergessen, daß es eine Pflicht ist, da wo Unser Allerhöchstes Interesse es verlangt, Unsere Belehrungen, Zurechtweisungen respektvoll anzunehmen, nicht aber mit Hintansetzung aller eurer Dienstverhältnisse durch Annahme des Tons des Gekränkten euch lächerlich zu machen.« Umgekehrt war Friedrich erfreut, wenn die erfolgreiche Mission eines seiner Gesandten durch einen fremden Hof gelobt wurde, so etwa im September 1816, als Zar Alexander dem aus St. Petersburg abberufenen württembergischen Gesandten bescheinigte, wesentlich zur Vertiefung der guten Beziehungen zwischen beiden Höfen beigetragen zu haben.

Die Landstände weisen die königliche Verfassung zurück

Schon zu Anfang des Wiener Kongresses wurde vor allem von Preußen und Hannover die Forderung nach einer Wiederherstellung der alten landständischen Verfassungen erhoben. Diese Forderung stand im Einklang mit den politischen Zielen der in den Befreiungskriegen mächtig angewachsenen deutschpatriotischen Bewegung, die dem absolutistischen Regiment, wie es König Friedrich seit 1806 in seinem Land ausübte, den Kampf angesagt hatte. Der König, aufs empfindlichste gegen jeden Eingriff in seine Souveränitätsrechte reagierend, wollte einem förmlichen Beschluß des Kongresses zuvorkommen und dem Drängen der deutschpatriotischen Bewegung nach einer verfassungsmäßigen Teilnahme der Untertanen am Staat den Wind aus den Segeln nehmen. Am 11. Januar 1815 gab er seine Absicht bekannt, dem Königreich eine Verfassung zu oktroyieren. In dem Manifest an seine »lieben und getreuen Diener, Vasallen und Untertanen« erklärte er, daß er, seitdem ihn 1806 gebieterische politische Verhältnisse zur Aufhebung der altwürttembergischen Verfassung gezwungen hätten, entschlossen gewesen sei, »sobald der Drang der Umstände aufgehört habe und ein fester Stand der Dinge eingetreten sein würde«, Württemberg »eine seiner inneren und äußeren Lage, den Rechten der einzelnen und den Bedürfnissen des Staates angemessene Verfassung und ständische Repräsentation zu geben«. Der Pariser Friede im Mai des vergangenen Jahres habe endlich die dafür erforderlichen Voraussetzungen erfüllt. Doch sei es ihm zweckmäßig erschienen, erst noch den damals »zur vollständigen Berichtigung des allgemeinen Friedens« in Aussicht genommenen Wiener Kongreß abzuwarten, weil auf ihm möglicherweise Änderungen in den inneren und äußeren Verhältnissen des Königreichs beschlossen würden. Sofort nach Zusammentritt des Kongresses habe er gegenüber den in Wien versammelten Souveränen seine feste Absicht bekundet, in Württemberg eine Ständeversammlung einzuführen. Weil indessen wider Erwarten mit Resultaten des Kongresses nicht so bald gerechnet werden könne, wolle er seinem Volk die Wohltat einer ständischen Verfassung nicht länger vorenthalten. Bei seinem Entschluß hätten ihn »das wesentliche Interesse des Staats« wie auch der Wunsch geleitet, das Glück seines Volkes »für künftige Generationen dauerhaft zu begründen«. Er habe »eine Kommission von Staatsdienern aus verschiedenen Klassen der Nation, verschieden nach Stand, Amtsverhältnissen, Religionsbekenntnis und Güterbesitz« mit der Ausarbeitung eines Verfassungsentwurfs beauftragt. Die von ihm sanktionierte Verfassung werde er am 15. März 1815 der von ihm einberufenen ständischen Repräsentation übergeben, beschwören und in Kraft setzen lassen.

Höchstwahrscheinlich ist König Friedrich der Entschluß, die Untertanen in beschränktem Umfang an der Verantwortung für den Staat zu beteiligen, nicht von außen aufgedrängt worden. Er war sich offenbar bewußt, daß eine straffe bürokratische Verwaltung unter einem unumschränkt herrschenden Monarchen nicht ausreichte, um das aus einer Vielzahl heterogener Territorien und Gebietssplitter geschaffene künstliche Staatsgebilde des Königreichs Württemberg zu einer organischen Einheit zu formen. Wenn sich der Staat konsolidieren, wenn er Bestand haben sollte, mußte ihn das Volk mittragen, sich mit ihm identifizieren, also ein partikulares württembergisches Staatsbewußtsein entwickeln. Das gemeinsame Erleben und Erleiden der napoleonischen Kriege, der harten Herrschaft König Friedrichs hatte Alt- und Neuwürttemberg gewissermaßen im Negativen einander nähergebracht. Doch jetzt regten sich Kräfte, das drückende Joch abzuwerfen. Da waren die ihrer althergebrachten Verfassung beraubten Bewohner des Stammlands, da war der von Friedrich so tief gedemütigte reichsständische Adel, der sich nicht mit der ihm zugemuteten rechtlosen Untertanenrolle abfand, da gab es in den neuwürttembergischen Gebieten Strömungen, die auf eine Wiederherstellung der vornapoleonischen Herrschaftsverhältnisse fixiert waren. König Friedrich erkannte, daß längeres Zuwarten dem von ihm geschaffenen Staat gefährlich werden konnte.

Seiner Staatskonzeption entsprach das parlamentarische Einkammersystem. Er bestimmte, daß die Ständeversammlung, die am 15. März 1815 zu ihrer konstituierenden Sitzung zusammentrat, aus den Häuptern der 31 mediatisierten fürstlichen und gräflichen Häuser, aus 19 Vertretern der etwa 120 Familien umfassenden Ritterschaft, vier Vertretern der Kirchen und der Universität sowie aus 71 gewählten »Repräsentanten« der 64 Oberamtsbezirke und der sieben »guten Städte« bestehen sollte. Die nach einem für damalige Begriffe recht liberalen Wahlrecht zu wählenden Vertreter der Bevölkerung, 71 der insgesamt 125 Mitglieder der Ständeversammlung, waren durchaus in der Überzahl. Sie mußten mindestens dreißig Jahre alt sein und einem der drei christlichen Glaubensbekenntnisse angehören; sie wurden von den männlichen Landeseinwohnern gewählt, die das 25. Lebensjahr vollendet hatten und aus Liegenschaften ein Jahreseinkommen von wenigstens 200 fl erlangten. Nicht wählbar waren Staatsbeamte einschließlich Geistlicher, Ärzte und Soldaten, in Kriegszeiten auch Offiziere. Bei ihren Abstimmungen in der Ständeversammlung waren sie an Weisungen oder Instruktionen ihrer Wähler nicht gebunden, sondern allein ihrem Gewissen verantwortlich.

Das Manifest vom 11. Januar 1815 über die Einführung einer Verfassung und die erste moderne Landtagswahl in Württemberg löste im ganzen Land eine stürmische Agitation aus. Nach den langen Jahren der Unterdrückung jeder politischen Meinungsäußerung sahen die alt- wie die neuwürttembergischen oppositionellen Kreise ihre Stunde gekommen. Dem früheren Landschaftskonsulenten Eberhard Friedrich Georgii gelang es, die verschiedenen Gruppen auf ein Programm zu einigen: Wiederherstellung der altwürttembergischen Verfassung mit einigen durch die Vergrößerung des Landes bedingten zeitgemäßen Änderungen (Gleichberechtigung der drei christlichen Konfessionen, Berücksichtigung des Adels). Die Wahlen wurden zu einem Triumph der politischen Opposition. Den Zusammentritt der Ständeversammlung feierte man vielerorts volksfesthaft und pries ihn als die »Wiedergeburt Württembergs«. Auch König Friedrich erwartete Großes vom 15. März 1815. Im Anbau des späteren Katharinenstifts in der Schloßstraße in Stuttgart – das frühere Landschaftsgebäude war von königlichen Behörden belegt – versammelten sich mediatisierte Fürsten und Grafen, Vertreter der Ritterschaft, der Kirchen und der Universität sowie vom Volk gewählte Abgeordnete der Oberämter und der »guten Städte« zu gemeinsamen Beratungen. Zum Präsidenten der Versammlung hatte König Friedrich Fürst August von Hohenlohe-Öhringen bestimmt. Der König wandte sich zunächst in einer Thronrede an die Versammelten. Er appellierte an sie, sie sollten ihre Ehre darin sehen, für das Wohl des ihnen gemeinsamen Staats wirken zu können. Sodann ließ er die von ihm erlassene Verfassung vorlesen, um sie anschließend dem Präsidenten zu übergeben. Hierbei verpflichtete er sich feierlich, sie einzuhalten, zugleich verordnete er, daß sie »also auch von jedermann aufrechterhalten und gehandhabt« werde.

Die Verfassung, die unverkennbar die Handschrift des Königs trug, hatte einen recht modernen Zuschnitt. Friedrich wollte die Mitverantwortung des Volks am Staat in durchaus eigenständiger Weise lösen. Weder wollte er sich an den Ideen der deutschpatriotischen Bewegung orientieren, noch machte er Anleihen bei den »obsoleten altwürttembergischen Karikaturen von Verfassung«. Fürst, Graf, Edelmann, Bürger und Bauer sollten in gleicher Weise am Staat beteiligt sein, dieselben Rechte besitzen. Die Rechtsgleichheit der Untertanen fand ihren sinnfälligen Ausdruck im Einkammersystem. Von der Bevorzugung des Adels und des begüterten Bürgertums beim aktiven und passiven Wahlrecht ging er jedoch nicht ab. Die Verfassung enthielt, sehr wahrscheinlich nach englischem Vorbild, eine Reihe freiheitlicher Grundsätze, die fortschrittlichem politischem Gedankengut der Zeit entsprachen. So gestand sie den Staatsbürgern nicht nur die Gleichheit vor dem Gesetz, sondern auch den Zugang zu den ihren Fähigkeiten entsprechenden Stellen zu. Weiterhin verbriefte sie Religionsfreiheit, eine dem Vermögen entsprechende Beteiligung an den Staatslasten, Auswanderungsfreiheit, Schutz gegen ungesetzliche Verhaftungen und willkürliche Bestrafung, Unabhängigkeit der Gerichte sowie Sicherheit des Eigentums. Dem monarchischen Prinzip entsprach es, daß die Hauptrechte des Parlaments, die Mitwirkung bei der Gesetzgebung und bei der Steuerbewilligung, eng begrenzt waren. So mußte lediglich beim Erlassen neuer Grundgesetze und bei neuen Steuerumlagen der Landtag gefragt werden. Es war weder ein ständiger Landtagsausschuß noch eine ständische Steuerverwaltung wie in der alten Verfassung des Herzogtums vorgesehen. Hingegen war der König zu einer wesentlichen Neuerung und Verbesserung gegenüber den altwürttembergischen Verhältnissen bereit: Das Parlament sollte alle drei Jahre zusammentreten. Insgesamt freilich garantierte die Verfassung, ungeachtet der freiheitlichen Zugeständnisse, die Aufrechterhaltung einer starken monarchischen Regierungsgewalt. Der König blieb unangefochten Herr im eigenen Haus. Die Verfassung markierte somit keine grundlegende innenpolitische Wende, sondern eine geschickte Anpassung des Herrscherwillens an die gewandelten Verhältnisse.

Die Ankündigung Friedrichs, seinem Land eine Verfassung zu geben, hatte allgemein überrascht. Von ihm, dem Vertreter des monarchischen Prinzips in seiner schärfsten Ausprägung, hatte man einen solchen Schritt am wenigsten erwartet. Die in Wien versammelten Souveräne und Staatsmänner begrüßten beinahe einhellig seine Verfassungspläne. Selbst der Freiherr vom Stein, der bislang in Friedrich einen schlimmen Despoten gesehen hatte, äußerte sich positiv.

König Friedrich hatte indessen die Stimmung in seinem Land falsch eingeschätzt. Er hatte damit gerechnet, zumindest die Gutwilligen würden ihm zugute halten, daß sein bisheriges strenges Regiment nicht despotischer Selbstzweck war, sondern daß er nur damit das kleine Königreich hatte einigermaßen glimpflich durch die Stürme der Zeit hindurchsteuern können. In seinen öffentlichen Verlautbarungen hatte er immer wieder versucht, besonders harte Regierungsmaßnahmen der Bevölkerung zu erklären und ihre staatspolitische Notwendigkeit zu begründen. Er erwartete nun, wenn vielleicht auch keine Dankbarkeit, so doch ein erleichtertes Aufatmen des Volkes, daß der Regent jetzt seinem Herrscherwillen Beschränkungen auferlegte, den Untertanen staatsbürgerliche Rechte und in gewissem Umfang eine Mitwirkung am Staat einräumte. Allein, die am 15. März 1815 in Stuttgart versammelten Stände wiesen die ihnen übergebene Verfassung zurück. Sie wollten kein Gnadengeschenk des Herrschers. Mit großer Mehrheit forderten sie die Wiederherstellung der Ende 1805 vom König einseitig aufgehobenen Verfassung.

Friedrich sah sich einer geschlossenen Oppositionsfront gegenüber. Die Haltung der Ständeversammlung fand begeisterten Widerhall im Volk. Die dem König günstige Stimmung in Wien und anderwärtig schlug in ihr Gegenteil um. Jetzt waren die württembergischen Landstände die Heroen der Nation. Ihr mannhaftes Verhalten fand in ganz Deutschland Beifall. Kaum jemand machte sich die Mühe, das Verfassungsangebot König Friedrichs näher zu prüfen; dabei hätte es sich durchaus gelohnt, denn bis dahin hatte noch kein anderer deutscher Fürst seinem Volk entsprechende Zugeständnisse gemacht.

Hinter der Forderung der Stände nach Wiederherstellung der altwürttembergischen Verfassung stand vor allem der Anspruch auf ihre verfassunggebende Gewalt. Sie wollten beim Zustandekommen der Verfassung mitwirken, um sie dann durch den Vertrag in Kraft zu setzen. Unverkennbar war freilich auch das weitverbreitete Mißtrauen in den straff organisierten und regierten monarchischen Einheitsstaat. Viele, vor allem die altwürttembergischen Ständevertreter, flüchteten angesichts der rauhen politischen Wirklichkeit in die Illusion des antiquierten dualistischen Ständestaats und versuchten – vergeblich, wie sich zeigen sollte –, das Rad der verfassungsgeschichtlichen Entwicklung zurückzudrehen.

Die akute innenpolitische Krise veranlaßte den König, den noch in

Wien weilenden Kronprinzen nach Stuttgart zurückzurufen, um mit ihm die Lage zu erörtern und über Maßnahmen zu beraten, die zu einer Lösung führen könnten. Vater und Sohn waren sich bei ihrem Gespräch am 12. April 1815 darin einig, daß dem Landesherrn nicht zugemutet werden könne, die von ihm gegebene Verfassung zurückzuziehen, daß aber sehr wohl Bestimmungen aus der altwürttembergischen Verfassung, die den Anforderungen der Gegenwart entsprachen, in die neue Verfassung übernommen werden könnten. Der Kronprinz stimmte dem König auch darin zu, daß die Stände ihr Einverständnis zu Geld- und Kreditwünschen für den bevorstehenden neuen Waffengang gegen Napoleon nicht von Zugeständnissen des Königs in der Verfassungsfrage abhängig machen durften.

Kronprinz Friedrich Wilhelm hielt die Minister für die Hauptschuldigen an dem gegenwärtigen Verfassungskonflikt. Ihre Pflicht wäre es gewesen, den König über die im Volk herrschende Unzufriedenheit und über die fast allgemeine Erwartung einer Wiederherstellung der alten Verfassung rechtzeitig aufzuklären. Gegen diese Anschuldigung verwahrten sich die königlichen Kommissarien: Der starke Rückhalt, den die frühere Verfassung im Volk finde, sei erst seit der Einberufung der Landstände bekannt, großenteils sei er sogar erst durch sie bewirkt worden. Der Geist des Mißvergnügens und der Gärung sei nicht nur in Württemberg, sondern auch in den anderen deutschen Ländern anzutreffen. Nicht die Regierungen hätten ihn verursacht, sondern die unermeßlichen Leiden, die die Untertanen in den vergangenen Kriegen hätten erdulden müssen, und die Verarmung, die aus den der Bevölkerung auferlegten Lasten erwachsen sei. Die Minister hätten dem König an Informationen nichts vorenthalten. Die Ankündigung des Königs, eine Verfassung zu erlassen, habe doch »anfänglich allgemein eine angenehme Sensation hervorgebracht«. Zudem habe »in einem unabhängigen, unumschränkt regierten Staat die Initiative zur Einführung einer beschränkten Verfassung von dem Souverän auszugehen«.

Der Kronprinz warnte davor, die so machtvoll sich äußernde öffentliche Meinung in der Verfassungsfrage zu mißachten. Da die Würde des Königs auch nicht im geringsten kompromittiert werden dürfe, bleibe nur die Möglichkeit von Verhandlungen mit den Ständen. Dem Thronfolger war jedoch nicht zweifelhaft, daß sich letztlich die vom König aufgestellten Verfassungsprinzipien durchsetzen würden. Er meinte, man solle in den Ständen »Kranke und Hypochondristen« sehen, »die eine fixe Idee der alten Verfassung hätten«. Wie schwer gegen eine solche »fixe Idee« anzukommen war, vermochte sich Kronprinz Friedrich Wilhelm damals nicht vorzustellen.

König Friedrich verschloß sich den Argumenten des Sohnes nicht. Er erklärte sich bereit, mit vier Bevollmächtigten der Landstände auf der Basis der von ihm oktroyierten Verfassung über die Übernahme altwürttembergischer Einrichtungen zu verhandeln. Doch die Beratungen liefen sich rasch fest. Die gleich anfangs von den Bevollmächtigten erhobenen Forderungen nach einer ständischen Steuerverwaltung, einem permanenten ständischen Ausschuß, der Wiederherstellung des altwürttembergischen Kirchenguts und anderes mehr stellten die Grundlagen des von Friedrich geschaffenen modernen württembergischen Staats in Frage und konnten deshalb von ihm nicht akzeptiert werden. Die Stände ihrerseits zeigten keinerlei Konzessionsbereitschaft. »Das gute alte Recht« wurde für sie zum unantastbaren Verfassungsideal. In ihrer Sitzung vom 26. Juni 1815 beschworen sie den König geradezu, zu dem Rechtszustand von 1805 zurückzukehren, der ihrer Ansicht nach zumindest »ideell« stets fortbestanden hatte. Die Geduld König Friedrichs war erschöpft. Er war schon deshalb von den Ständen enttäuscht, weil sie ihm im Frühjahr 1815 unter »Hintansetzung« ihrer vaterländischen Pflicht die Bewilligung der für den Kriegszweck erforderlichen Mittel von der Anerkennung der alten Verfassung abhängig gemacht hatten, was ihn gezwungen hatte, sich einen erheblichen Teil des außerordentlichen Finanzbedarfs durch einen Subsidienvertrag mit Großbritannien zu verschaffen. Nur zu gut erinnerte er sich daran, daß die altwürttembergischen Stände in den Jahren 1800 bis 1805 wiederholt ihr Steuerbewilligungsrecht für eigensüchtige, dem Land nachteilige Zwecke mißbraucht hatten. Am 21. Juli 1815 befahl er der Landesversammlung, ihre Sitzungen mit dem 26. Juli zu beenden. Die Versammlung war empört. Der Wortführer der mediatisierten Fürsten und Grafen, Georg Graf von Waldeck, warf dem König vor, den Patriotismus der Versammlung, ihre Anhänglichkeit an ihn, den Landesherrn, und an das Vaterland sowie ihr Pflichtbewußtsein zutiefst zu mißachten und ihr im Einklang mit dem Volk stehendes Bemühen um eine befriedigende Verfassung als nebensächlich abzutun. Auf Vorschlag Waldecks wählten die Stände nach altwürttembergischem Muster einen 25köpfigen Ausschuß, der während der Vertagung des Plenums die Verfassungsverhandlungen fortführen sollte. Doch der König widersetzte sich. Er ließ lediglich zu, daß vier

Bevollmächtigte der Stände im Gespräch mit der Regierung in der Verfassungsfrage blieben.

Am 26. Juli 1815 war Stuttgart von einer fieberhaften Erregung erfaßt. Die Stände und insbesondere ihre profiliertesten Mitglieder wurden mit Ehren und mit Sympathiebekundungen überhäuft. Nach einer flammenden Rede Waldecks appellierte der Landtag nochmals an den König, sich mit dem 25köpfigen Ausschuß einverstanden zu erklären. Der Monarch verlängerte daraufhin die Sitzungsperiode der Versammlung um zwei Tage und erklärte sich bereit, die Zahl der Bevollmächtigten auf zwölf zu erhöhen. Jedoch der Forderung der Stände, diesen Bevollmächtigten den gleichen Rechtsstatus wie den früheren Ausschüssen zuzugestehen, beugte er sich nicht. Die Verfassungsverhandlungen konnten damit nicht fortgesetzt werden.

In einem Reskript vom 5. August 1815 begründete König Friedrich die Auflösung der Ständeversammlung. Sie habe die von ihm gegebene Verfassung nicht anerkannt und kein ihr darin zugestandenes Recht in Anspruch genommen, sondern sich in unzulässiger Weise als verfassunggebend betrachtet. Außerdem sei die von ihr verlangte Wiederherstellung der alten Verfassung, die lediglich in den Erblanden gegolten habe, nach dem Wegfall der Unterordnung unter Kaiser und Reich sowie der Erlangung der uneingeschränkten Souveränität durch den Landesherrn nicht mehr möglich. Sein bisheriges absolutistisches Regiment begründete Friedrich mit den politischen Ereignissen, die eine durchgreifende Einwirkung der Regierung in allen Zweigen der Staatsverwaltung notwendig gemacht hätten, damit alle Hilfsquellen genützt und dem Staat die Selbständigkeit erhalten werden konnte. Bei der von ihm erlassenen neuen Verfassung sei er, der König, bestrebt gewesen, das anerkannt Gute der alten erbländischen Verfassung wie auch der anderen deutschen Territorialverfassungen zu berücksichtigen. Er sei bereit gewesen, den Wünschen der Ständerepräsentanten weitgehend entgegenzukommen, und er habe dies auch durch die Tat bewiesen. In der besonders umstrittenen Frage der Erhebung und der Verwaltung der Steuern habe er den Ständen die Bewilligung der jährlich auszuschreibenden direkten oder indirekten Steuern eingeräumt, ebenso ihnen Einblick in den Staatshaushalt sowie die Kontrolle über die Verwendung der Einnahmen zugestanden, ausgenommen die Domanialeinkünfte. Hingegen habe er es mit den Aufgaben der Regierung nicht für vereinbar gehalten, den Landständen die Kassenverwaltung zu überlassen. Zu seiner großen Enttäuschung hätten jedoch die Landstände seine Vorschläge nicht einmal geprüft, sondern sie hätten eine kompromißlos-ablehnende Haltung eingenommen. Trotz des Verhaltens der Ständevertreter bestätigte er seinen »lieben und getreuen Untertanen« aufs neue feierlich »alle in der Verfassungsurkunde vom 15. März sowohl dem einzelnen als dem Ganzen erteilten und zugestandenen Gerechtsame, Freiheiten und Vorzüge«. Außerdem werde er die Landständeversammlung, wenn sie von ihm einberufen wieder verfassungsmäßig zusammentrete, alle die von ihm »angewiesenen Rechte und Vorzüge in ihrem ganzen Umfange ungekränkt ausüben und genießen lassen und mit der bisherigen Geneigtheit alles anwenden, was zur Befestigung des wechselseitigen Vertrauens führen kann«.

Mit diesem Reskript weckte der König indessen im Volk nur wenig Verständnis für seine Auffassung in der Verfassungsfrage. Im Gegenteil. Die öffentliche Meinung nahm einseitig gegen ihn Partei. Die heimkehrenden Ständevertreter wurden in ihren Wahlbezirken demonstrativ gefeiert. Überall lobte man ihr mannhaftes Eintreten für das »gute alte Recht«. Als die Regierung am 7. August die Jahressteuer für 1815/16 einseitig ausschrieb, kam es vielerorts zu Steuerverweigerungen. Die Behörden mußten sich sagen lassen: »Ohne Stände keine Steuern.« Eine Flut von Petitionen und Eingaben mit der Forderung nach einer Wiederberufung der Landstände überschwemmte die Regierungskanzleien. König Friedrich versuchte, durch Gewaltmaßnahmen des wachsenden Ungehorsams und der immer mehr um sich greifenden Unruhe Herr zu werden. Das Innenministerium führte Untersuchungen gegen profilierte landständische Abgeordnete durch. Es verbot politische Versammlungen, das Sammeln von Unterschriften sowie jede Verbindung der Ständevertreter mit ihren Wählern. Der König mußte in seiner Sommerresidenz Ludwigsburg Kavalleriepatrouillen einsetzen und die Stadttore geschlossen halten lassen, um sich des tumultuarischen Andrangs von Deputationen der Bevölkerung zu erwehren. Am 5. September ließ er den Führer der ständischen Opposition, Georg Graf von Waldeck, bei der Rückkehr von einer Reise nach Frankfurt zum Freiherrn vom Stein verhaften, mußte ihn aber wegen der Proteste aus dem Volk nach 24 Stunden wieder auf freien Fuß setzen. Um den unbequemen Vertreter des mediatisierten Adels dennoch seine Macht spüren zu lassen, verfügte er nacheinander zweimal seine Strafversetzung. Graf Waldeck, bislang als Landvogt der Landvogtei

Rotenberg im königlichen Dienst stehend, ließ sich dies nicht gefallen. Er bat um seine Entlassung. Strafversetzt wurde wegen seiner oppositionellen Aktivität in der Ständeversammlung auch der Landvogt Graf Bissingen.

Die Polizeimaßnahmen und Strafversetzungen heizten die oppositionelle Stimmung im Land noch mehr auf. Ebenso trugen sie zur wachsenden Popularität der Landstände auch außerhalb der schwarzroten Grenzpfähle bei. Die deutsche Presse und ganz besonders der »Rheinische Merkur« begeisterten sich für die Forderung der württembergischen Stände nach der Wiederherstellung des »guten alten Rechts«, ohne daß sie daran Anstoß nahmen, daß die Stände nicht weniger partikularistisch-württembergisch eingestellt waren als der vielgelästerte König und daß sie einen nicht mehr in die politische Landschaft passenden früheren Verfassungszustand restaurieren wollten.

Unmittelbar vor ihrer Vertagung hatte die Ständeversammlung mit überwältigender Mehrheit beschlossen, den Beistand von Preußen, Hannover-England und Dänemark anzurufen, der drei Garantiemächte des 1770 zwischen Herzog Carl Eugen und der württembergischen Landschaft zustande gekommenen Erbvergleichs. Preußen und Hannover mahnten daraufhin den König zum Einlenken. Beunruhigt durch die zunehmenden politischen Wirren in Württemberg, trat jetzt auch der Kaiserstaat Österreich auf den Plan. Der österreichische Gesandte in Stuttgart erhielt den Auftrag, König Friedrich unter Hinweis auf die drohende Gefahr einer Revolution dringend einen »Mittelweg« anzuraten. Friedrich, der angesichts der brodelnden Stimmung in seinem Land vermutlich noch mehr als sonst von einer Art Revolutionsalptraum gequält wurde, kam diesem Verlangen nach und berief die Ständeversammlung auf den 15. Oktober 1815 wieder ein. Zugleich bemühte er sich um einen »Vermittler«; er fand ihn in dem damaligen Kurator der Universität Tübingen, Karl August Freiherr von Wangenheim. Der aus Thüringen stammende, liberal gesinnte, deutschpatriotisch orientierte Edelmann stand in Verbindung mit der ständischen Opposition, unterhielt aber auch enge Kontakte zu den Häuptern der nationaldeutschen Bewegung außerhalb Württembergs.

Die Landstände, am 15. Oktober bei ihrer ersten Sitzung wiederum von der Bevölkerung freudig begrüßt, ließen keinen Zweifel, daß sie kompromißlos auf ihren alten Forderungen beharrten. Der König gab sich versöhnlich. Am 13. November räumte er auf Drängen

Wangenheims die »innere Gültigkeit« der früheren Verfassung für die altwürttembergischen Landesteile ein, und für den Fall, daß eine neue Verfassung für das gesamte Königreich nicht zustande kam, stellte er in Aussicht, in Altwürttemberg die Verfassung der Herzogszeit wieder in Kraft zu setzen, in Neuwürttemberg jedoch eine auf »wahrhafter National-Repräsentation« beruhende Verfassung einzuführen. Freilich, einer solchen verfassungsmäßigen Zweiteilung seines kleinen Landes wollte und konnte König Friedrich nur im äußersten Notfall und in härtester Selbstüberwindung zustimmen. Sein Ziel blieb weiterhin eine moderne Repräsentativverfassung für den Gesamtstaat. Um dies zu erreichen, machte er sich in einem Vierzehn-Punkte-Programm die Landtagsforderungen teilweise zu eigen. Er bot den Ständen u. a. an: gemeinsame Revision aller seit 1806 erlassenen Gesetze, unbeschränktes Steuerbewilligungsrecht, ständische Schuldenzahlungskasse, Verantwortlichkeit der Staatsbeamten. Dies war ein außerordentlich geschickter politischer Schachzug. Die öffentliche Stimmung schlug um. König Friedrich war nicht länger der despotische Regent, der die Wünsche des Volks mißachtete oder gar gewaltsam unterdrückte. In ganz Deutschland begrüßte man sein Entgegenkommen. Die Einheit der landständischen Opposition zerbrach. Eine zunächst kleine Gruppe, angeführt von dem Verleger Cotta und dem Stuttgarter Rechtsanwalt Dr. Ludwig Griesinger, plädierte jetzt für Verhandlungen mit der Krone. Dieser Gruppe schloß sich der größere Teil der Ritterschaft und des neuwürttembergischen Bürgertums an. Keinerlei Kompromißbereitschaft zeigte der harte Kern der altrechtlerischen Opposition, der hauptsächlich aus den Abgeordneten der altwürttembergischen Wahlbezirke und aus den standesherrlichen Landtagsmitgliedern unter dem Wortführer Georg Graf von Waldeck bestand. Er besaß nach wie vor die Sympathien eines erheblichen Teils der Bevölkerung in den altwürttembergischen Stammlanden.

Daß König Friedrich nur widerwillig den selbstbewußten Ton der Landstände ertrug, nimmt bei seiner Überzeugung von monarchischer Gewalt nicht wunder. Vor allem seine Minister hatten unter seiner gereizten Stimmung sehr zu leiden, zumal er ihnen einen wesentlichen Teil der Schuld an der verfahrenen innenpolitischen Situation zuschob. Sehr empfindlich reagierte er, wenn er den Eindruck gewann, daß die Stände in Staatsangelegenheiten die ihnen gezogenen Grenzen überschritten. So rügte er im November 1815 eine Dankadresse, die die Stände an die aus dem Feld zurückkehrenden Truppen gerichtet hatten. Eine solche »unmittelbare Kommunikation mit dem königlichen Militär« stehe ihnen nicht zu, stellte er fest. Ungleich schärfer noch war seine Reaktion, als die in Württemberg begüterten mediatisierten Fürsten und Grafen im Dezember 1815 einen Verein zur Wahrung ihrer Rechte gründeten. Sie wollten sich auf diese Weise namentlich die Unterstützung Österreichs und Preußens bei der Wiedererlangung ihrer Rechte sichern. Im Auftrag seines Königs nannte Freiherr von Wangenheim das Verhalten der Mediatisierten rebellisch. Georg Graf von Waldeck hatte sich vor der Regierung zu verantworten, weil er »fremde« Souveräne angerufen hatte. Der Verein wurde schließlich verboten. An der widerspenstigen Haltung der standesherrlichen Landtagsmitglieder änderte sich jedoch kaum etwas.

Die im Dezember 1815 unter Leitung Wangenheims begonnenen Vergleichsverhandlungen zwischen Vertretern der Regierung und der Stände schleppten sich mühsam dahin, ohne zu konkreten Er-

König Friedrich gegen Ende seines Lebens

gebnissen zu führen. Hemmend wirkte vor allem das gegenseitige Mißtrauen. Übergriffe, die teils auf das Konto der Regierung, teils auf das der Stände gingen, verursachten zusätzliche Spannungen. Verärgert über die »revolutionäre« Sprache der Versammlung, drohte Friedrich im Juni 1816 mit ihrer Auflösung. Dem Vorschlag Wangenheims, anstelle des Einkammersystems den künftigen Landtag in zwei Kammern zu gliedern, stimmte er bereitwillig zu, weil dies die Möglichkeit bot, das Bürgertum dem unmittelbaren Einfluß des aufsässigen Adels zu entziehen. Das Zweikammersystem entsprach durchaus den Vorstellungen der Zeit. In Württemberg jedoch stieß es auf wenig Gegenliebe. Vor allem lehnten es die Altrechtler mit der Begründung ab, Württemberg habe jahrhundertelang eine ungeteilte Ständeversammlung gehabt. So liefen sich die Verhandlungen zwischen Regierung und Ständen im August 1816 völlig fest. Die Vertreter der Regierung und der Stände entschlossen sich jetzt, in getrennten Kommissionen Verfassungsentwürfe auszuarbeiten. Schließlich lag dann im September ein ständischer Entwurf in Grundzügen vor. Von einer Einigung waren aber Regierung und Landstände noch weit entfernt, als König Friedrich am 30. Oktober 1816 starb. Es sollte noch weitere drei Jahre dauern, bis sie im September 1819 endlich zustande kam.

Die Landesbeschwerden

In den Landständen, die am 15. März 1815 einberufen wurden, besaß die Bevölkerung des Königreichs erstmals eine Vertretung, die öffentlich die »Landesbeschwerden« zur Sprache bringen und bei König und Regierung Prüfung und Beseitigung von Übelständen verlangen konnte. Die Ständevertreter stellten unverzüglich einen Katalog von Beanstandungen zusammen, der viele Mißstände, Willkürmaßnahmen und unzulässige Eingriffe in die Rechte der Untertanen enthielt und das allgemeine Mißbehagen über den bisherigen Herrschaftsstil widerspiegelte. Insgesamt vermitteln die Landesbeschwerden von 1815 einen recht guten Einblick in die damaligen Verhältnisse, auch wenn sie König Friedrich und seine Regierung in einem einseitig negativen Bild erscheinen lassen.

So wurde im Schul- und Bildungswesen beanstandet, daß es an tüchtigen Lehrern in den niederen Lateinschulen fehle. Unbefriedigend seien auch die Lehrverhältnisse in den zum Teil abgelegenen

Klosterschulen. An der Universität Tübingen herrschten unerfreuliche Zustände, Inländern werde das Studium erschwert; wenn Eltern für ihren Sohn die Studienerlaubnis beantragten, müßten sie damit rechnen, daß dies die sofortige Versetzung des jungen Mannes in die Kaserne zur Folge habe. Viele Studierende seien in den letzten Jahren zum Kriegsdienst gezwungen worden. Im russischen Feldzug von 1812 sei eine ganze Generation junger Ärzte zugrunde gegangen. Die Kaste der Schreiber beherrsche die Ämter. Die Ausbildung der Staatsdiener werde vernachlässigt. Allenthalben fehle es an inländischen Bewerbern für den Staatsdienst. Die Beamten seien zu schlecht besoldet und beruflich überlastet.

Zu den »größten und begründetsten Beschwerden« gäben die Strafgesetze Anlaß. Hier seien das Edikt wegen der Majestätsverbrechen vom 5. März 1810, die Verordnung gegen Hofdiebe, die äußerst harten Postgesetze, die Strafbestimmungen bei Verstößen gegen das Verbot der Einfuhr von Tabak zu nennen. In den Strafanstalten liege vieles im argen. Die Ausübung der Strafgerichtsbarkeit sei häufig willkürlich und überaus hart.

Die Steuerlast sei in keinem Staat so drückend wie in Württemberg. Mit zu den schlimmsten Drangsalen der Untertanen gehörten die Jagdexzesse: das auf Befehl des Königs im Übermaß gehegte Wild, das riesige Flurschäden anrichtete, die ständigen Jagdfronen sowie die im Zusammenhang mit den königlichen Jagden den Oberämtern und den Gemeinden aufgebürdeten Kosten. Die Hofjagden richteten große Verwüstungen in den Wäldern und in den Feldfluren an.

Die vom König angeordnete Volksentwaffnung stelle nicht nur einen Eingriff in die natürliche Freiheit der Untertanen dar, sondern sie vertrage sich auch nicht mit »den Anstalten der Vaterlandsverteidigung«. Sie sei zudem eine schwere Kränkung für das württembergische Volk, das vor ganz »Teutschland« als rebellisch und aufrührerisch gebrandmarkt werde. Die Volksentwaffnung sei auch für das Gemeinwohl schädlich, weil nur bei einer Bewaffnung des Volks die den Staat zugrunde richtende Militärmacht vermindert werden könne. Es sei jetzt Zeit, die Konskription, die Zwangsrekrutierung der jungen Männer für das königliche Heer, aufzuheben. Auch sollten die Kriegsgesetze, wenn der Soldat ein Vaterlandsverteidiger sei, von einem humaneren Geist sein. Unbedingt abgeschafft werden müßte die empörende Strafe des Spießrutenlaufens.

Die Juden, deren Wucher unbedingt abzustellen sei, sollten allmählich in ihren Rechten den Christen gleichgestellt werden; keinesfalls dürften ihnen Vorrechte gegenüber Christen eingeräumt werden wie dies in einigen Fällen geschehen sei.

Zu den großen Ärgernissen für das württembergische Volk zähle auch die Beschränkung der Pressefreiheit, das wahre Palladium der bürgerlichen Freiheit. Die sehr strengen Zensurgesetze müßten aufgehoben werden. Eindeutig benachteiligt seien in der Staatsverwaltung, wie das Rangreglement zeige, die Gelehrten, namentlich die Geistlichen. Die kirchliche Wirksamkeit werde beschnitten. Die Entheiligung der Sonn- und Feiertage nehme immer mehr zu, nicht zuletzt seien hieran die Jagden mit Vorspann- und Treiberdiensten schuld. Noch immer sei die katholische Konfession mit der evangelischen nicht gleichberechtigt. Das Niveau des Schulwesens solle angehoben, die wirtschaftliche Situation der Schulmeister wesentlich verbessert werden.

In dem von ihnen gezogenen Fazit der Landesbeschwerden räumten die Stände ein, daß ein Großteil der Übelstände durch die Zeitverhältnisse herbeigeführt worden sei. In geradezu grotesker Weise schoben sie hierbei beispielsweise der Konskription die wesentliche Schuld zu am Niedergang der gelehrten Bildung, des kulturellen Lebens, der Industrie, des Wohlstands, aber auch der Sittlichkeit und der Religion. Ganz allgemein machten sie für die Not und Armut im Lande das absolutistische Regiment des Königs mit seiner Reglementierung aller öffentlichen Lebensäußerungen verantwortlich, mit der von ihm auferlegten Steuerlast, dem Verspielen des Staatskredits und der Beseitigung der altwürttembergischen Verfassung. Ihre Argumentation war eindeutig: Württemberg gehe es erst wieder besser, wenn verfassungsmäßige Zustände hergestellt seien. Dann könne das Königreich nicht nur aus seinem wirtschaftlichen Tiefstand herausgeführt werden, sondern sei dann auch nicht länger eine »herabgewürdigte Nation«. Edles Selbstgefühl kehre in die Herzen der gedemütigten Bürger zurück, und die Staatsdiener hörten auf, Werkzeuge der Unterdrückung zu sein, sondern würden wieder wie früher Freunde und Ratgeber der Bevölkerung.

Daß der mediatisierte Adel Grund zu vielfältigen Klagen hatte, ist keine Frage. Alle seine Beschwerden legte er gleichfalls in einem Katalog der Öffentlichkeit vor. Er empfand es als bitter, daß die königliche Verfassungsurkunde vom 15. März 1815 die Gleichheit der Untertanen vor dem Gesetz festlegte; eine Gleichheit jedoch, die die höheren Stände zu den niedersten Volksklassen hinziehe, führe zur Barbarei. Im übrigen gebe es dies sonst nirgendwo in europäischen Staaten. Der Beschwerdenkatalog malte das Schicksal des Adels düster: In kaum zwei Generationen seien seine Besitzungen zersplittert und die ohne Erziehung aufwachsenden Nachkommen der ältesten Geschlechter sänken unter die niedrigsten Volksklassen. Die Adelsvertreter forderten dagegen neben angemessener Repräsentation in der Ständeversammlung Rechte zur Sicherung ihrer Ehre, ihrer Freiheit und ihres Vermögens. Dazu zählten sie den privilegierten Gerichtsstand, die Festsetzung ihres Ranges im Staat, die uneingeschränkte persönliche Freiheit, zum Beispiel zu Reisen ins Ausland ohne vorherige königliche Erlaubnis, die Leitung der Ortspolizei auf ihren Gütern. Ferner rechneten sie dazu die Familienautonomie mit Wiederherstellung des Erstgeburtsrechts (Primogenitur), die Majorate, Fideikommisse usw., die freie Wahl des Wohnsitzes, das unangetastete Erziehungsrecht. Hinsichtlich Eigentum und Vermögen wünschten sie die Wiederherstellung der Steuerfreiheit altadliger Güter wie vor 1806, die Rückgabe der Patrimonial-, der Forst- und Jagdgerichtsbarkeit und die Vergütung der niederen Regalien.

König Friedrich wußte bei den allgemeinen Landesbeschwerden wie bei den Beschwerden des Adels sehr wohl zu unterscheiden zwischen massiver Kritik an seinem Regierungsstil, an dem ihm angelasteten übertriebenen Repräsentationsbedürfnis, an Willkürmaßnahmen der Regierung wie der Hofkreise einerseits und Beschwerden gegen die durch die Zeitverhältnisse bedingten drückenden Staatslasten andererseits. Die erste Kategorie der Kritik prüfte er ernsthaft und bemühte sich um Abhilfe. Dagegen hielt er die im übrigen teilweise auch schon von den Landständen eingeschränkten oder abgeschwächten Vorwürfe der zweiten Kategorie nicht für berechtigt. Eine schwere Zeit hatte entsprechend harte Maßnahmen erfordert. Der Staat war unversehrt durch sie hindurchgesteuert, und die dem Volk auferlegten Lasten waren in noch erträglichen Grenzen gehalten worden. Friedrich hatte keinen Zweifel daran gelassen, daß er bei günstigeren Zeitverhältnissen einen volksfreundlicheren Regierungskurs eingeschlagen hätte. Einen Beweis dafür glaubte er seinem Volk mit der oktroyierten Verfassung vom 15. März 1815 gegeben zu haben.

Sehr hart traf den König der Vorwurf, schuld an Jagdexzessen schlimmster Art zu sein. Es spricht für ihn, daß er, als der Vorwurf öffentlich erhoben wurde, an den häßlichen Auswüchsen seiner

Jagdleidenschaft nichts zu beschönigen suchte. Dennoch ist es befremdlich, daß er sich erst durch die Landesbeschwerden bewußt wurde, was er seinen Untertanen jahrelang zugemutet hatte. Zum Teil hatte ihm dies seine servile Umgebung sicher geschickt verschleiert, zum Teil war seine kaum Grenzen kennende, geradezu despotische Jagdleidenschaft Folge seiner Auffassung vom königlichen Gottesgnadentum, die er wahrscheinlich osteuropäischen Vorbildern entlehnt hatte.

Schon am 29. März 1815 versprach König Friedrich »ohne Rücksicht auf Seiner Majestät Vergnügen« dem Übel der Jagdbeschwerden von Grund auf zu steuern, künftig streng die in den Lagerbüchern festgelegten »Gerechtsame« zu beachten, auch alle Erpressungen, Eigenmächtigkeiten und Gewalttätigkeiten des Forstpersonals abzustellen. Am 7. April 1815 verfügte er, den Bestand an Rot- und an Schwarzwild so weit zu vermindern, daß es an den »Feldfrüchten« keinen nennenswerten Schaden mehr anrichten konnte. Zu diesem Zweck erlaubte er den Oberforstmeistern, die Scharfschützen oder andere dafür geeignete Personen mit dem Abschießen des überzähligen Wilds zu beauftragen. Durch diese im Regierungsblatt bekanntgegebene Maßnahme wollte er auch »Übelgesinnte und Unser gutes Volk Irreleitende« überzeugen, daß seine landesväterlichen Absichten stets auf das wahre Wohl der Untertanen gerichtet seien. Bis Ende Juli 1815 wurden im Königreich Württemberg 3866 Stück Rot- und Schwarzwild erlegt. Von jetzt an durften Hand- und Gespanndienste für Jagdzwecke nur noch von den Oberämtern angeordnet werden.

Mehr noch als in früheren Jahren bemühte sich der König, die Untertanen über Regierungsmaßnahmen aufzuklären, durch die ihnen Lasten oder Opfer auferlegt wurden. So begründete er in einem Generalreskript vom 3. September 1815 im Zusammenhang mit der von ihm ausgeschriebenen Steuererhebung für 1815/16 eingehend, daß es wegen des zweiten Waffengangs gegen Napoleon und wegen anderer Staatsbedürfnisse nicht möglich gewesen sei, die Steuern zu senken, wie er es gerne getan hätte. Er wies hierbei auch darauf hin, daß dank des von ihm abgeschlossenen Subsidienvertrags mit England die neuen Kriegslasten für Württemberg hätten in Grenzen gehalten werden können; er rechne aber damit, daß wegen des bevorstehenden Friedensschlusses die Chancen auf eine baldige Verminderung der Steuerlasten günstig seien. Jedenfalls, so versprach er, wolle er nicht nur alles tun, der Bevölkerung weitere Erleichterungen zu verschaffen, sondern er werde sich auch bemühen, den Gewerbetreibenden wieder aufzuhelfen, um den durch einen 23jährigen Kriegszustand gestörten Volkswohlstand aufs neue dauerhaft zu begründen. Ferner sicherte er den Untertanen nochmals zu, er werde die ihm von »Unseren treugehorsamsten Landständen« vorgelegten Wünsche und Beschwerden unter dem Aspekt der Förderung des allgemeinen Wohlstands sorgsam untersuchen lassen.

Eine Folge der allgemeinen Landesbeschwerden war wahrscheinlich auch die Abkehr König Friedrichs von seinem strengen Polizeiregiment. Es gab in den beiden letzten Regierungsjahren Friedrichs kaum noch Strafen wegen »politischen Räsonierens«. Jedermann konnte jetzt frei seine Meinung äußern. Wenige Monate vor dem Tod des Königs berichtete der durch den Verleger Cotta, den Freiherrn von Wangenheim und durch andere gut über die Verhältnisse in Stuttgart unterrichtete Hamburger Buchhändler Friedrich Perthes über die Stimmung in Württemberg: »Sprechfreiheit ist so ungemessen, daß ich nicht die Hälfte von dem schreiben kann, was ich dicht neben dem Schlosse mir laut habe erzählen lassen. Ordnung herrscht überall und die Minister sollen Ehrenmänner sein und sind so gestellt, daß sie fernbleiben vom Volkshaß, dessen Last der König bei harten und tyrannischen Maßregeln mit Lust allein auf sich nimmt.«

Das Schicksal der Tochter Katharina

Zar Alexander hatte König Friedrich am 12. April 1814 angeboten, sich um Königin Katharina von Westfalen zu kümmern und dafür zu sorgen, daß sie, wie sie es gewünscht habe, zu ihrem Vater zurückkehren könne. Friedrich hatte erwartet, nachdem Napoleon abgedankt und seine Geschwister ihre Throne verloren hatten, daß sich Katharina von ihrem Mann trenne. Kein Bonaparte, schrieb er ihr, dürfe künftig mehr regieren; dafür werde die Allianz, der er angehöre, sorgen. Katharina solle dem Beispiel der Tochter von Kaiser Franz, der bisherigen Frau Napoleons, folgen, die noch von weiter oben als sie herabsteigen müsse; sie kehre zu ihrem Vater in den Schoß ihrer Familie zurück, obwohl sie schon Mutter sei, was sie, Katharina, erst werde. »Tun Sie dasselbe und kommen Sie in die Arme eines liebevollen Vaters! . . . Verschließen Sie das Ohr meiner Stimme und der Ihres Bruders nicht, der Ihnen raten wird, was

Ihrem Wohl, was Ihrer Ehre förderlich ist ...« Am gleichen Tag wie der Vater, also lange bevor sie seinen Brief erhalten konnte, schrieb Katharina nach Stuttgart, daß sie niemals ihren Mann verlassen werde. Sie sei vor sieben Jahren mit König Jérôme aus politischen Gründen verheiratet worden, ohne ihn zu kennen. Sie habe seitdem ihren Mann liebgewonnen und trage jetzt ein Kind von ihm unter dem Herzen. Er sei bisher ihr Glück gewesen, und er werde es bleiben. In seiner Antwort beschwor König Friedrich Katharina, seinem Rat zu folgen, der ihre Ehre wie ihre Pflichten achte, und er berücksichtige auch ihre Schwangerschaft. Sie sei blind selbst für ihre eigenen Interessen. Eine unbegreifliche, zerstörerische Leidenschaft beherrsche sie. Friedrich wehrte sich auch gegen die Behauptung der Tochter, sie sei aus staatspolitischen Gründen zu der Ehe mit dem jüngsten Bruder Napoleons gezwungen worden. Zum Beweis des Gegenteils berief er sich auf seine Frau, auf den Kronprinzen, die Herzogin Louis und auf sie selbst. Er habe ihr damals für ihre Entscheidung auf den Heiratsantrag Jérômes drei Tage Zeit gegeben, und er hätte durchaus ihr Nein mit allen Konsequenzen akzeptiert. Sie habe ihn jedoch durch ihre Zustimmung veranlaßt, die Heirat weiter zu betreiben. Seit ihrer Hochzeit sei er genau über ihre Ehe mit Jérôme unterrichtet gewesen. Mit dieser Bemerkung wollte König Friedrich der Tochter sagen, daß er über das wenig erfreuliche Verhalten Jérômes als Ehemann Bescheid wußte und daß sie ihren Mann ihm gegenüber nicht in Schutz zu nehmen brauche. Eine schlechte Meinung hatte er auch von Jérôme als König. Unmißverständlich erklärte er Katharina: »Niemals wird der König Jérôme bei mir empfangen, niemals wird ein Bonaparte meine Grenzen überschreiten.« Er sprach von Jérôme als von dem Bruder eines Tyrannen, der der Schrecken der Welt gewesen sei.

Auch Königin Charlotte Mathilde wünschte die Trennung der Ehe Katharinas. Am 24. April teilte König Friedrich ihr mit, er habe erfahren, daß Jérôme sich in Nantes auf der Loire eingeschifft habe, um nach Amerika zu reisen. Wenn Katharina sich ihm angeschlossen habe, sei sie für die Eltern auf immer verloren. Doch lasse ihn das Reiseziel Amerika hoffen, daß Jérôme sie verlassen habe. Dann sei sie gerettet. Die Nachricht erwies sich jedoch schnell als ein Gerücht. Kurz darauf erfuhr Friedrich, daß Katharina beim Verlassen Frankreichs von einem ehemaligen Stallmeister Jérômes, dem Grafen Maubreuil, beraubt worden war. Der König vermutete, daß Jérôme hinter dem schändlichen Anschlag steckte – ein Verdacht übrigens, der sich als völlig unbegründet erwies. Er schickte sofort seine Vertrauten Hardegg und Graf Görlitz nach Dijon, um Katharina nahezulegen, nach Stuttgart zu kommen. Überraschenderweise wandte sich Jérôme am 3. Mai 1814 selbst an seinen Schwiegervater, um ihn an einige nicht sehr angenehme Dinge zu erinnern. Niemand wisse besser als König Friedrich selbst, schrieb er, daß er die Hand Katharinas nicht begehrt und daß er die Heirat dann solange wie möglich verzögert habe. Doch habe er sie in den letzten sieben Jahren in gleichem Maß wie sie ihn glücklich gemacht. Seine Ehe habe ihm keinerlei politische Vorteile verschafft, doch habe er Katharina zur Königin und sein Bruder Napoleon ihn, ihren Vater, zum König erhoben. Jérôme stellte Friedrich die peinliche Frage, ob er denn in den Zeiten seines Glücks daran gedacht habe, seine Tochter von ihm zu trennen. Etwas großsprecherisch schloß er, das Unglück könne ihm nichts anhaben, weil er kein Schwächling sei.

Mit Genehmigung der österreichischen Regierung übersiedelte das Fürstenpaar im Juni 1814 nach Schloß Eckensberg bei Graz. Nach zwei Monaten reiste es weiter nach Triest. Dort schenkte Katharina am 20. Oktober ihrem ersten Kind, einem Knaben, das Leben. Mit dem Verhalten von Jérôme war man in Stuttgart nach wie vor unzufrieden. In einem Brief Königin Charlottes Mathildes an König Friedrich heißt es, er erweise sich der Anhänglichkeit Katharinas wenig würdig. Was sich Jérôme seiner Frau gegenüber hatte zuschulden kommen lassen, wissen wir nicht. König Friedrich hatte keineswegs die Hoffnung aufgegeben, die Tochter doch noch ihrem Mann abspenstig machen zu können. Er schrieb ihr, daß in ihren Adern das Blut beinahe aller bedeutenden Souveräne Europas fließe; dies verleihe ihr einen besonderen Schutz, an dem auch der »Fremde«, nämlich ihr Mann, teilhabe. Die Anfänge der alten Dynastien verlören sich im Dunkel der Zeiten, die Eintagsexistenz erfolgreicher Abenteurer ende beinahe ebenso schnell, wie sie begonnen habe. Bei den Abenteurern hatte er vor allem Napoleon im Auge.

Nachdem Napoleon im März 1815 nach Frankreich zurückgekehrt war und dort wieder die Macht an sich gerissen hatte, hielt es Jérôme nicht mehr in Triest. Seiner »patriotischen Pflicht« folgend, täuschte er eine schwere Krankheit vor, entkam auf einem neapolitanischen Schiff dem österreichischen Machtbereich und gelangte auf abenteuerlichen Wegen schließlich zu seinem Bruder. Er nahm an der Schlacht von Waterloo teil, in der er verwundet wurde. Katharina hatte wesentlich zum Gelingen der Flucht ihres Mannes beigetragen. Die österreichische Polizei ließ sie nun nicht mehr aus den Augen. Auf Weisung der Regierung mußte sie ihren Wohnsitz nach Graz verlegen. Ihren Wunsch, Jérôme nach Neapel oder gar nach Frankreich folgen zu dürfen, hatte Kaiser Franz abgelehnt. König Friedrich war tief beunruhigt: Die Tochter unter Polizeiaufsicht! Das konnte er nicht zulassen. Er machte ihr schwere Vorwürfe, weil sie das österreichische Gastrecht mißbraucht und die Flucht ihres Mannes unterstützt habe. Sie habe es nur der Rücksichtnahme von Kaiser Franz gegen ihn zu verdanken, daß sie verhältnismäßig glimpflich behandelt worden sei. Der Kaiser habe ihm nahegelegt, sie nach Hause zu holen.

Für die vorläufige Unterbringung der Tochter bereitete König Friedrich das Schloß in Göppingen vor. Katharina fügte sich nur widerstrebend dem Willen des Vaters. Wenn sie der österreichischen Polizeiüberwachung entrinnen wollte, blieb ihr allerdings keine andere Wahl. Ehe sie jedoch den Boden Württembergs betrat, wiederholte sie schriftlich gegenüber dem Vater den »Schwur«, sich durch keine Macht von dem König, ihrem Gatten, trennen zu lassen, welches immer auch sein Schicksal sei. »Der Tod oder mein Mann ist die Devise meines Lebens«, erklärte sie.

Am 26. Mai 1815 traf Katharina in Begleitung des Ehepaares von Geismar, das der König zu ihrer Betreuung nach Österreich entsandt hatte, in Göppingen ein. Sie war von den Vorbereitungen gerührt, die ihr Vater für ihren Aufenthalt im dortigen Schloß getroffen hatte. Zunächst ließ sich alles gut an. Doch König Friedrich war mißtrauisch, insbesondere gegen die Dienerschaft Katharinas. In der Nacht vom 23. auf den 24. Juni ließ er ihren ersten Sekretär, von Stoelting, verhaften und bei Ulm über die Grenze schaffen. Nach aufgefangenen Briefen sollte Stoelting geplant haben, den kleinen Sohn Katharinas zu entführen. Die junge Königin war entrüstet; sie schob dem von Friedrich zu ihrem Obersthofmeister ernannten General von Brusselle die Schuld an dem Vorfall zu und verlangte seine Abberufung. König Friedrich lehnte schroff ab. Zugleich beschuldigte er die Vorleserin der Tochter, Madame de Saint-Brice, eine verdächtige Korrespondenz mit Frankreich zu führen.

Nach der Niederlage Napoleons bei Waterloo hielt sich Jérôme an wechselnden Orten in Frankreich, zeitweise auch in Paris versteckt, weil er mit Anschlägen der Royalisten gegen ihn rechnete. Durch die Vermittlung des württembergischen Gesandten in Paris, Graf Wintzingerode, erhielt er die Erlaubnis König Friedrichs, zu seiner

Frau nach Württemberg zu kommen. Am 22. August 1815 traf er in Göppingen ein. Der Schwiegervater begrüßte ihn ausgesprochen freundlich. Die Alliierten hätten zwar bezüglich seines Aufenthalts in Württemberg gewisse Forderungen gestellt, er wünsche aber, daß er sich in seinem Land wohlfühle. Ein Beweis dafür sei die Tatsache, daß er wieder mit Frau und Sohn zusammen sein dürfe.

Der ehemalige König von Westfalen hatte gehofft, sich im Land seines Schwiegervaters verhältnismäßig frei bewegen zu dürfen. Statt dessen fand er sich nun in einem scharf bewachten, von der Außenwelt weitgehend abgeschirmten Schloß wieder. Katharina und Jérôme hatten zwar eine zahlreiche Dienerschaft, auch konnten sie – gewissermaßen im Hausarrest – ein standesgemäßes Leben führen, doch im Grund waren sie Gefangene. Ihre ein- und ausgehende Post wurde kontrolliert. Jérôme durfte nur in Begleitung den Schloßbereich verlassen. Am 16. August 1815 verfügte König Friedrich die Übersiedlung der Tochter und des Schwiegersohns in das Schloß nach Ellwangen. Dieses repräsentative Schloß war durchaus nach dem Geschmack Katharinas. Sie schwärmte anfänglich von ihm und seiner herrlichen Lage, erkannte aber rasch, daß es noch erheblich besser als das Schloß in Göppingen geeignet war, seine Insassen in sicherem Gewahrsam zu halten. Obwohl Jérôme größere Freiheiten eingeräumt wurden – er durfte sogar mit einigen ihm jeweils beigegebenen Aufsichtspersonen, darunter meist Obersthofmeister General von Brusselle selbst, auf die Jagd gehen –, litt er zunehmend unter den ihm und seiner Familie auferlegten bedrückenden Lebensverhältnissen. Im Oktober 1815 ließ er seinen Schwiegervater wissen, daß er gerne wieder Württemberg verlassen würde, um sich in Rom niederzulassen oder nach Amerika auszuwandern. König Friedrich ging auf diese Pläne nicht ein. Er schrieb an Katharina, ob ihr Gemahl denn glaube, daß er ihm politisches Asyl gewährt habe. Davon könne keine Rede sein. Er habe Jérôme lediglich ein Staatsgefängnis gegeben, das allerdings um vieles angenehmer sei als die Festung Wesel. Sollten sich Jérôme und Katharina seinen Anordnungen nicht unterwerfen, hätten sie seinen Zorn zu fürchten. Die Art der Behandlung, die er Jérôme zuteil werden lasse, entspreche der Verpflichtung, die er gegenüber den vier Großmächten Österreich, Preußen, Rußland und Großbritannien eingegangen sei.

Der Unmut Jérômes, aber auch Katharinas über die ihnen zugemuteten Lebensverhältnisse richtete sich in erster Linie gegen den mit ihrer Überwachung und zugleich mit ihrer Betreuung beauftragten Obersthofmeister Generalmajor Freiherr von Brusselle. Es mag sein, daß der pensionierte Generalmajor den strengen Anweisungen seines königlichen Gebieters mit peinlichster Gewissenhaftigkeit nachkam und daß sich dadurch seine Aufsicht in den Augen des Fürstenpaars kleinlich und schikanös ausnahm. Indessen war das ihm übertragene Amt außergewöhnlich schwierig, erforderte ungemein viel Takt und Fingerspitzengefühl. König Friedrich erwartete von dem Generalmajor die strikte Befolgung seiner Direktiven, und er zögerte nicht, ihn für jedes Pflichtversäumnis, für jeden Fehler zur Rechenschaft zu ziehen. Daß Brusselle einmal einen österreichischen Offizier bei Jérôme vorsprechen ließ, ohne vorher den König um Erlaubnis gefragt zu haben, genügte bereits für eine »allerhöchste« Rüge.

Die Stimmung des Fürstenpaares wurde im Lauf der Zeit immer gereizter, zumal sich König Friedrich nur allmählich herbeiließ, die strenge Abschirmung von der Außenwelt etwas zu lockern. Jérôme machte im Herbst 1815 gegenüber dem König nicht zu Unrecht geltend, daß die Behandlung seiner in anderen Ländern lebenden Geschwister viel großzügiger sei als seine eigene. Seit Frühjahr 1816 war Friedrich durchaus geneigt, Pläne von Jérôme und Katharina für eine Übersiedlung nach Österreich zu unterstützen. Die Alliierten waren mit einer solchen Wohnsitzänderung des Fürstenpaars einverstanden. Weil Jérôme den Königstitel nicht mehr führen durfte, hielt es das österreichische Kabinett für notwendig, daß König Friedrich seinem Schwiegersohn einen anderen standesgemäßen Titel verlieh. Der König erhob seinen Schwiegersohn daraufhin zum Fürsten von Montfort. Kurz darauf kam Katharina mit ihrem Sohn nach Ludwigsburg, um von ihrem Vater Abschied zu nehmen. Sie sollte ihn nicht mehr wiedersehen. Von ihrem ersten Aufenthalt in Österreich, aus Haimburg bei Wien, schrieb sie ihm am 27. September 1816, einen Monat vor seinem Tod, den letzten Brief. In ihm kündigte sie ihm an, daß sie voraussichtlich im April 1817 aufs neue Mutter werde.

Katharina bewahrte ihrem Mann zeitlebens die Treue. Sie starb 1835, 52jährig, in Lausanne. Ihre sterblichen Überreste wurden nach Ludwigsburg überführt und dort im Schloß in der Familiengruft des württembergischen Regentenhauses beigesetzt. Jérôme durfte 1847 nach Frankreich zurückkehren. Er starb 1860 und fand seine letzte Ruhestätte im Invalidendom in Paris. Das gesondert bestattete Herz Katharinas erhielt seinen Platz neben ihm.

Kronprinz Friedrich Wilhelm hatte seine 1808 mit Prinzessin Charlotte von Bayern geschlossene Ehe stets nur als eine »papierene« Verbindung betrachtet, als eine Art formalen Schutz gegen Heiratspläne, die von Napoleon und dessen Familie ausgingen. Er begegnete seiner jungen Frau kühl und abweisend. Wenn immer es ihm möglich war, mied er ihre Gegenwart. Sogar in Anwesenheit von Dritten behandelte er sie unwürdig, ohne ein Mindestmaß an Höflichkeit. Die Prinzessin blieb am Stuttgarter Hof weithin sich selbst überlassen. Das triste Leben, das sie führen mußte, wäre noch bedrückender gewesen, hätten König Friedrich und mehr noch Königin Charlotte Mathilde nicht ihre freundlich-zurückhaltende Art und ihren ausgeglichenen Charakter geschätzt und ihr viel Zuneigung und taktvolle Rücksichtnahme entgegengebracht.

Nach dem Sieg der verbündeten Mächte über Napoleon im Frühjahr 1814 lernte Kronprinz Friedrich Wilhelm in London seine russische Kusine, die Großfürstin Katharina, Witwe des Prinzen Georg von Oldenburg, näher kennen. Die beiden jungen Menschen fanden sich rasch in einem engen Freundschaftsverhältnis zusammen. Der Kronprinz, der wahrscheinlich schon 1813, unmittelbar nach dem Übertritt Württembergs in das Lager der Verbündeten, erste Schritte zur Auflösung seiner Ehe getan hatte, wollte jetzt so rasch wie möglich von Charlotte freikommen, um die geliebte Kusine Katharina heiraten zu können. Auch Charlotte war ihrer demütigenden Rolle in Stuttgart längst überdrüssig. Anfang 1814 während eines Aufenthalts am väterlichen Hof in München schrieb König Max Josef von Bayern seinem leitenden Minister Graf von Montgelas: »Sehen Sie zu, was man beim Papst tun kann. Meine Tochter wird glücklicher sein, aber trotzdem ist es eine peinliche Angelegenheit. Der Kronprinz ist ›un vilain homme‹.«

Als Kronprinz Friedrich Wilhelm Anfang Juli 1814 von seiner Reise nach England in die Heimat zurückgekehrt war, unternahm Charlotte einen letzten Versuch, ihren Mann für sich zu gewinnen. Doch er wies sie barsch ab. Charlotte wußte jetzt, was er von ihr erwartete. Sie kam mit dem Kronprinzen überein, König Friedrich zu bitten, daß er ihnen die Scheidung erlaube. In ihrem Schreiben erklärten Charlotte und Friedrich Wilhelm übereinstimmend, daß ihre Ehe niemals vollzogen worden sei, sondern nur dem Namen nach bestanden habe. Charlotte schrieb: ». . . wie leider eine mehrjährige Erfahrung uns beiderseitig überzeugt hat, daß das zwischen uns bestehende Ehebündnis keines Weges das Glück unserer Tage herbeigeführt hat.« Und der Kronprinz: ». . . macht die bestehende Abneigung zwischen uns, bei beiden Teilen, den Wunsch in gleichem Maße rege, eine Verbindung trennen zu sehen, die dem nicht entspricht, was wir bei deren Schließung hofften.«

König Friedrich schrieb seiner Frau am 20. Juli 1814, daß das Kronprinzenpaar sich trennen wolle. Im Blick auf seine bisherige Schwiegertochter bewegte und schmerzte ihn diese Entscheidung sehr. »Diese ausgezeichnete Frau«, schrieb er, habe selbst dabei noch Beweise ihres vollkommenen Charakters gegeben. Nach der letzten Begegnung mit ihr bekannte Friedrich, wie schwer ihm der Abschied von der Schwiegertochter gefallen sei. Auch Königin Charlotte Mathilde äußerte sich nach dem Abschied voll Bewunderung über die Haltung der jungen Frau: Charlotte habe, obwohl über ihr Geschick zutiefst unglücklich, kein bitteres Wort über die Lippen gebracht. Als gläubige Christin unterwerfe sie sich willig der Entscheidung der Vorsehung.

Am 31. Juli 1814 teilte König Friedrich dem bayerischen König offiziell die beabsichtigte Ehescheidung mit. Es war keineswegs Ausdruck höfischer Courtoisie, wenn er von seinem tiefen Bedauern über die traurige Angelegenheit sprach; dieses Bedauern war ehrlich gemeint. Friedrich betonte die hervorragenden Eigenschaften des Herzens und des Geistes, die Charlotte in seinen Augen auszeichneten. Um des künftigen Glücks der Prinzessin willen hielt er die Scheidung für unumgänglich. Die evangelische Konfession und das württembergische Hausgesetz ließen die Trennung zu. Da Charlotte jedoch katholisch war, stellte er es dem bayerischen König anheim, die kirchliche Erlaubnis hierfür zu erwirken. Er beteuerte, alles tun zu wollen, daß sich die leidige Geschichte zu keiner Belastung der bayerisch-württembergischen Beziehungen auswachse. Bereits am Tag darauf erklärte König Max Josef sein grundsätzliches Einverständnis zu der Auflösung der Ehe.

Gemäß der im württembergischen Königshaus bestehenden Gesetze und Rechtsvorschriften berief König Friedrich am 9. August 1814 ein ordentliches Ehegericht und betraute mit dessen Vorsitz Staats- und Justizminister von der Lühe. In der Eröffnungssitzung des Gerichts, dem neben hervorragenden Juristen auch einige profilierte Theologen angehörten, legte Friedrich Wert auf die Feststellung, daß er als Vater und Regent alles getan habe, um die Ehe des

Kronprinzen zu retten. Angesichts der unüberwindlichen Abneigung seines Sohnes gegen Prinzessin Charlotte seien alle seine Vorstellungen fruchtlos geblieben. Den hohen Tugenden Charlottes ließ er auch vor diesem Gremium alle Gerechtigkeit widerfahren. Wider Erwarten erregte das Ehegericht indessen rasch den »allerhöchsten Unwillen«. Es wünschte vom Kronprinzen, der Kronprinzessin oder auch von beiden Ehegatten und »in deren Ermangelung« vom König in seiner Eigenschaft als Chef des Hauses eine Erklärung darüber, daß es zu einer Abneigung zwischen den beiden Ehegatten nicht erst nach der Hochzeit gekommen sei, sondern daß schon vor der Eheschließung der eine oder andere Partner oder auch beide in der zu einem rechtsbeständigen Eheversprechen erforderlichen vollen Freiheit der Wahl beschränkt gewesen seien. Wenn eine solche Erklärung vorliege, hielt es das Gericht für ohne weiteres möglich, die Ehe des Kronprinzen für ungültig zu erklären. König Friedrich verwahrte sich am folgenden Tag vor dem versammelten Staatsministerium gegen eine derartig respektwidrige, wahrheitswidrige, ja empörende Unterstellung. Eine solche Freiheitsbehinderung oder einen derartigen Zwang hätten doch nur die Eltern ausüben können. Davon könne aber nicht im mindesten die Rede sein. Es sei bei dem Zustandekommen dieses Ehebündnisses nicht der geringste Zwang angewendet, noch sei die väterliche Gewalt in irgendeiner Weise mißbraucht worden. Kronprinz Friedrich Wilhelm und Prinzessin Charlotte hätten ihre Entscheidung völlig frei und nach eigenem Willen getroffen. Erst nachdem sich beide völlig einig gewesen seien, hätten die Väter ihre Einwilligung zu der Eheschließung gegeben. Auf Weisung des Königs mußte sich das Staatsministerium mit der Sache befassen. Es schlug dem König vermutlich einen Wechsel in der Leitung des Ehegerichts vor, Friedrich enthob daraufhin von der Lühe »krankheitshalber« des Vorsitzes und berief Graf Mandelsloh an die Spitze des Gerichts.

Ohne Frage hatte das Gericht an einen wunden Punkt gerührt. Obwohl der Kronprinz offenbar von Anfang an ein recht grausames Spiel mit der sechzehnjährigen Charlotte gespielt hatte und lediglich eine Scheinehe eingegangen war, betrachtete es König Friedrich als eine unerhörte Anmaßung, daß Untertanen in die Privatsphäre von Angehörigen des Herrscherhauses Einblick zu erlangen suchten, auch wenn er ihnen den Auftrag zu einem die Regentenfamilie betreffenden ehegerichtlichen Verfahren gegeben hatte. Sie hatten sich mit den Fakten zu begnügen, die ihnen der Landesherr gegeben hatte. Am 31. August 1814 fällte das Ehegericht unter seinem neuen Vorsitzenden das gewünschte Urteil. Bei nur einem »dissentierenden Votum«, der Gegenstimme des Prälaten von Süskind, erklärte das Gericht die Ehe des Kronprinzen für »annulliert«.

König Friedrich sorgte dafür, daß Prinzessin Charlotte für den Verzicht auf ihre ehelichen Rechte großzügig entschädigt wurde. Bei ihrer Abreise aus Stuttgart erhielt sie 15 000 fl. In einem am 11. September 1814 vom Kronprinzen abgeschlossenen Vertrag wurde ihr von der Krone Württemberg bis zu ihrer Wiederverheiratung eine Jahrespension von 40 000 fl ausgesetzt. Der bayerische Staatsminister von Montgelas bescheinigte König Friedrich, er habe die Angelegenheit mit »der Würde« behandelt, »die er stets zu behaupten wußte«.

Sehr viel länger dauerten die Verhandlungen der Ehescheidungsangelegenheit vor dem Heiligen Stuhl. Sie wurden in Rom von dem bayerischen Hofbischof Heffelin sowie dem Geistlichen Rat und Stadtpfarrer in Ellwangen Johann Baptist Keller, dem späteren ersten Bischof von Rottenburg, mit dem päpstlichen Staatssekretär Ercole Consalvi geführt. Kronprinz Friedrich Wilhelm war an einer baldigen kirchlichen Entscheidung sehr gelegen, damit er seine Kusine Katharina heiraten konnte. Obwohl Zar Alexander mit dieser Eheverbindung einverstanden war, machten er wie auch seine Mutter ihre Zustimmung von der Nichtigkeitserklärung der bisherigen Ehe des Kronprinzen durch die Kurie abhängig. Schließlich warf König Friedrich dem bayerischen Hof böswillige Verzögerungstaktik bei den Verhandlungen mit der Kurie vor. Auch Zar Alexander bemühte sich – wahrscheinlich auf Veranlassung seiner Schwester –, daß die Verhandlungen mit der Kurie vorankamen. In Rom verlangte man aber von dem württembergischen Kronprinzen offenzulegen, warum die Ehe nicht vollzogen worden war. Ein Machtwort von König Friedrich war hier nicht möglich. Am 5. Oktober 1815 erklärte dann auch der Kronprinz, daß er unter dem Druck politischer Verhältnisse die Ehe mit Charlotte von Bayern eingegangen sei, weil er sich einer von Napoleon nahegelegten Heirat mit einer Französin nicht länger hätte entziehen können. Er habe von Anfang an eine Abneigung gegen diese Ehe gehabt, deshalb sei sie auch nicht vollzogen worden. Prinzessin Charlotte treffe keine Schuld, von ihrer Seite habe nichts vorgelegen, was den Vollzug der Ehe hätte verhindern können.

Am 11. Januar 1816 entschied das Kardinalskollegium im Sinne des Antrags, und am folgenden Tag wurde dies Prinzessin Charlotte in einem päpstlichen Breve eröffnet. Damit war für Charlotte wie für ihren bisherigen Gatten der Weg zu einer neuen Ehe frei. Am 24. Januar fand auf Wunsch der Kaiserin-Mutter Maria Feodorowna in St. Petersburg die Hochzeit des Kronprinzen Friedrich Wilhelm mit der Großfürstin Katharina statt.

Auch Prinzessin Charlotte bot sich rasch wieder eine Heiratschance. Der zum drittenmal Witwer gewordene Kaiser Franz von Österreich hielt um ihre Hand an. Sie willigte ein, und so wurde die Vierundzwanzigjährige die Frau des doppelt so alten österreichischen Herrschers. König Friedrich befand sich gegenüber der nunmehrigen Kaiserin Karolina Augusta in einem seltsamen Verwandtschaftsverhältnis: Seine Ex-Schwiegertochter war nun die Gattin seines Schwagers und damit auch seine Schwägerin.

Kronprinz Friedrich Wilhelm fühlte sich durch die neue Ehe Charlottes aus einer für ihn immer noch recht peinlichen Situation befreit. Wie sehr er sich ihr gegenüber schuldig fühlte und wie hoch er gleichzeitig ihren untadeligen Charakter schätzte, wird aus einer Bemerkung deutlich, als er von ihrer Heirat mit Kaiser Franz erfuhr: »Ich würde mich vor jeder anderen Frau fürchten, die an ihre nunmehrige Stelle gelangte und der gegenüber ich so viel Unrecht gehabt hätte wie in diesem Fall. Aber ich bin ihrer sicher. Der Edelmut ihres Herzens dient mir zur Gewähr, und sie wird mit ritterlicher Nachsicht mein seinerzeitiges Benehmen vergessen.« Kronprinz Friedrich Wilhelm konnte jetzt auch damit rechnen, daß sich die Verärgerung am Königshof in München über sein Verhalten gegen Prinzessin Charlotte nach und nach verflüchtigte und daß sich damit auch die politischen Beziehungen zwischen Bayern und Württemberg wieder enger gestalteten. Er hatte Ende 1814 in Wien einen heftigen Zusammenstoß mit dem bayerischen Kronprinzen Ludwig bei einer gesellschaftlichen Veranstaltung gehabt. Ludwig, der sich von Friedrich Wilhelm beleidigt gefühlt hatte, hatte ihn zum Zweikampf gefordert. Das Duell hatte Fürst Wrede noch rechtzeitig verhindern können. Dieses Vorkommnis war für die damaligen starken Spannungen zwischen dem Münchener und dem Stuttgarter Hof bezeichnend.

Die letzten Lebensjahre und der Tod König Friedrichs

Die letzten Lebensjahre König Friedrichs waren im politischen Bereich überschattet von den Auseinandersetzungen mit den Landständen um die Verfassung des Königreichs. Auch im engeren Kreis der Familie häuften sich Ärger und Nöte. Besonders stark hatte den König die Sorge um die Tochter Katharina und ihre Familie belastet. Kaum weniger bedrückend war für ihn die Ehescheidungsangelegenheit des Kronprinzen. Während im Fall der Tochter alle Liebe und alle Fürsorge des Königs ihr galt, stand er im Fall des Sohns auf der Seite der so schmählich behandelten, unglücklichen Frau. Doch nicht nur seine beiden älteren Kinder bereiteten dem alternden König manchen Kummer, sondern auch der schwierige Charakter seines Jüngsten, des Prinzen Paul.

Der viele Ärger und die ständigen Aufregungen zehrten an den Nerven des Königs. Seine nächste Umgebung, namentlich seine Minister, hatten schon immer unter den Wechselbädern seiner abrupten, von einem Extrem ins andere umschlagenden Stimmungen, den jähen Wetterstürzen, zu leiden gehabt. Strafen wegen vermeintlicher Saumseligkeit oder wegen »unangemessenen und unverschämten Verhaltens« folgten häufig Belohnungen und Beförderungen auf dem Fuß. Seit 1813/14 aber stand das königliche Stimmungsbarometer offenbar ständig auf Sturm. Die Minister mußten sich bald eisige Behandlung, bald heftige Vorwürfe und scharfen Tadel durch den ständig gereizten Landesherrn gefallen lassen. Wegen angeblicher Dienstverfehlungen und -nachlässigkeiten wurden jetzt immer mehr leitende Beamte versetzt. Anfang 1816 entschlossen sich die Minister, schriftlich gegen die ständig kompromittierende und ehrenkränkende Behandlung durch den König, allerdings unter Wahrung der »schuldigen Devotion«, zu protestieren. Dies veranlaßte Friedrich, dem versammelten Staatsministerium auf seiner nächsten Sitzung eine derbe Warnungs- und Strafpredigt zu halten und insbesondere mit dem Innenminister Graf von Reischach hart ins Gericht zu gehen. Graf Reischach, nicht länger bereit, unverdient eine solch schimpfliche Behandlung hinzunehmen, verlangte am 19. März 1816 seinen Abschied.

Das für seine Umgebung schwer erträgliche Verhalten König Friedrichs war zum Teil auch eine Folge der stark angeschlagenen Gesundheit des Monarchen. Neben anderen Beschwerden setzte ihm die Gicht schlimm zu. Im Mai 1816 hatte er Rotlauf. Dazu kam seine ungewöhnliche Korpulenz. Um sich zu erholen, zog er sich häufig in die ländliche Abgeschiedenheit von Freudental zurück. Dort im Kreis seiner jungen Höflinge, die ihn mit ihren Späßen aufzuheitern suchten, vermochte er zeitweise einen Teil des politischen und familiären Ärgers von sich fernzuhalten.

Ohne Spannungen blieb das Verhältnis des Königs zu seiner Frau. Er schrieb ihr noch immer regelmäßig, wenn er nicht in Stuttgart oder Ludwigsburg war. An dem freundschaftlich-aufmerksamen Ton seiner Briefe hatte sich nichts geändert; es scheint beinahe, als seien sie jetzt sogar noch ein wenig herzlicher, vertrauter. Am Morgen seines Todes soll er zu Graf Dillen gesagt haben, wie dieser später berichtete: »Wenn es mit mir sollte zu Ende gehen, so sorg du für die Königin, ihre Gesundheit und diene ihr, wo du kannst.« Ob Friedrich genau diese Worte gebrauchte oder ob Dillen die für seine künftige Stellung wichtige Äußerung abweichend formulierte, wissen wir allerdings nicht.

Königin Charlotte Mathilde hatte ihrem Gemahl bis in seine letzten Lebenstage eine stets gleichbleibende liebevolle Fürsorge und Zuneigung bezeugt. Bei ihr fand er in der stürmischen Zeit des Verfassungskonflikts wie bei den Schwierigkeiten mit seinen Kindern Verständnis und freundschaftlichen Zuspruch. Sie billigte seine Meinung oder bestärkte ihn, sie lobte seine Entscheidungen und seine Maßnahmen. Für sie war er der unumschränkte Gebieter seiner Familie. Bezeichnend dafür war ihre briefliche Bitte vom 1. September 1816, er möge ihr und den Kindern, wahrscheinlich des Prinzen Paul, den Besuch der Komödie erlauben. Eine etwas eigenartige Bitte für eine Königin. Am 15. Oktober 1816, zwei Wochen vor seinem Tod, schrieb sie ihm ihren letzten Brief; in ihm gab sie der Hoffnung Ausdruck, daß die unangenehmen Angelegenheiten, die ihn beschäftigten, bald eine gute Wende nähmen.

Nichts deutete im Herbst 1816 darauf hin, daß der vitale, rastlos tätige, wie eh und je geistig rege Monarch am Ende seines stürmischen Lebenswegs angelangt war. Der Tod kam unvermittelt. Am Vormittag des 23. Oktober 1816 fuhr der an erdgeschichtlichen und naturkundlichen Dingen interessierte König nach Cannstatt, um dort ausgegrabene fossile Mammutknochen zu besichtigen. Er blieb längere Zeit an der Fundstelle, ohne auf die feuchte Witterung und den einsetzenden Regen zu achten. Am folgenden Morgen kehrte er nochmals zu der Cannstatter Fundstelle zurück. Am Nachmittag des

24. Oktober unternahm er trotz des windigen Wetters eine zweite Ausfahrt, und am Abend besuchte er ein Konzert. Vor dem Schlafengehen zeigten sich erste Symptome einer Erkältung, die am nächsten Tag voll zum Ausbruch kam. Am Abend des 25. Oktober stellte sich völlig unerwartet ein heftiger Brustkrampf ein, der dem König eine halbe Stunde lang schwer zusetzte. Am Tag darauf wiederholten sich die Brustkrämpfe. Die Anfälle steigerten sich im Lauf des Abends. Nach einem erträglichen Tag bemächtigten sich die Krämpfe erneut des Kranken mit großer Heftigkeit. Am 28. Oktober bestand kein Zweifel mehr, eine Lungenlähmung, ein Lungenödem, war eingetreten. Die Ärzte waren machtlos. Die starke Natur des Königs wehrte sich gegen den Tod. Doch schließlich unterlag sie. Am Mittwoch, dem 30. Oktober, morgens um 1.30 Uhr, starb König Friedrich. Er war bis zum Schluß fast immer bei vollem Bewußtsein gewesen.

Der Sohn und Nachfolger, König Wilhelm I., ordnete eine allgemeine Hof- und Staatstrauer an. Zu Ehren des Toten vereinigten sich die Glocken sämtlicher Kirchen des Königreichs vier Wochen lang zu derselben Stunde zum alltäglichen Trauergeläut. In Ludwigsburg, der Lieblingsresidenz des Verstorbenen, dauerte das Trau-

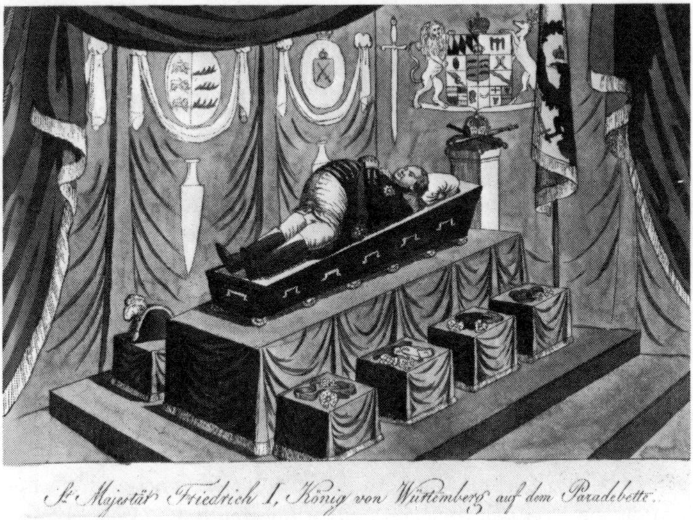

König Friedrich auf dem Totenbett

ergeläut sogar acht Wochen. Wie eng Leben und Tod miteinander verwoben sind, machte ein Familienereignis im württembergischen Königshaus deutlich: Elf Stunden, nachdem König Friedrich die Augen für immer geschlossen hatte, schenkte die Schwiegertochter, die junge Königin Katharina, einem Mädchen das Leben. Friedrich hatte gehofft, das Enkelkind noch sehen zu können.

Am 30. und 31. Oktober war der Leichnam König Friedrichs im Residenzschloß in Stuttgart aufgebahrt. Die Einwohner der Stadt sollten Gelegenheit haben, ihren toten König nochmals zu sehen und von ihm Abschied zu nehmen. Am Abend des 1. November fand dann die Beisetzung in der Familiengruft im Ludwigsburger Schloß statt. Gegen 7 Uhr abends setzte sich der von den königlichen Garden begleitete Leichenzug unter dem Geläut sämtlicher Glocken der Stuttgarter Kirchen in Bewegung. Ihm gehörten die ersten Hofchargen, die diensttuenden Kammerherren, die General- und Flügeladjutanten, die Ordonnanzoffiziere und Reitstallmeister des »höchstseligen Königs« an. In Ludwigsburg angekommen, wurde der Sarg in die Schloßkirche gebracht. Dort hielt der königliche Oberhofprediger d'Autel die Trauerpredigt. Unter den Klängen der von der Hofkapelle gespielten Trauermusik wurde der Sarg sodann in die Gruft gesenkt. Die Trauergottesdienste in der Stuttgarter Stiftskirche und in der Ludwigsburger Schloßkapelle fanden erst am 13. Dezember statt, wahrscheinlich um auch Königin Katharina nach ihrer Niederkunft Gelegenheit zu geben, an ihnen teilzunehmen.

Die Trauer über den Tod König Friedrichs war in der Bevölkerung nicht groß. Im Gegenteil, viele empfanden Erleichterung, daß der strenge Herrscher von der Bühne des Lebens abgetreten war, und sie versprachen sich von seinem liberaler eingestellten Nachfolger ein milderes Regiment, namentlich auch eine baldige Einigung im Verfassungskonflikt. Die Behörden hatten manchenorts Mühe gehabt, öffentliche Freudenbekundungen über das Ableben des ungeliebten Königs zu unterdrücken.

Königin Charlotte Mathilde sah mit Bitterkeit, daß man selbst in der königlichen Familie über den Tod des Vaters und des Bruders rasch zur Tagesordnung überging. Besonders schmerzte sie, daß Prinz Paul ihr sofort nach dem Tod seines Vaters die Erziehung seiner beiden Töchter Charlotte und Pauline zu entziehen suchte, um die sie Friedrich drei Jahre zuvor gebeten hatte. Wie schon an ihrer Stieftochter Katharina, so hing sie auch an diesen beiden Prin-

Die verwitwete Königin Charlotte Auguste Mathilde von Württemberg

zessinnen. Für Königin Charlotte Mathilde war mit dem Ableben des Gatten eine Welt zusammengebrochen. Von ihrem Schmerz und von ihrer Trauer legt der Brief, den sie am 18. November 1816 an ihre Schwägerin in St. Petersburg, die Kaiserin-Mutter Maria Feodorowna, richtete, beredt Zeugnis ab: »Das schreckliche Unglück, das mich niederdrückt«, schrieb sie, »durchstößt mir die Seele und macht mich gegen alle Vorzüge gleichgültig, die mir die Welt bieten kann. Von einem Gatten getrennt, für den ich ausschließlich lebte, habe ich jede Hoffnung auf irdisches Glück verloren . . . Indessen, liebe Schwester, glauben Sie nicht, daß ich den Verfügungen der

Vorsehung grolle, ich beuge mich ihnen als Christin, obgleich ich denjenigen beklage, der mich glücklich machte, aber tausendfaches Unglück und tausendfache Undankbarkeit besonders in den letzten Jahren erfahren hat, bin ich davon überzeugt, daß er im Himmel für die grausame Ungerechtigkeit, die ihm sogar von denjenigen zuteil wurde, die ihm am meisten zu verdanken hatten, entschädigt wird . . .« Sie schrieb weiter, daß ihr Stiefsohn, König Wilhelm, und seine Frau ihr mit der größten Liebenswürdigkeit begegneten. König Wilhelm hätte es gerne gesehen, wenn sie ihren Wohnsitz in Stuttgart und möglichst auch im Residenzschloß beibehalten hätte. Doch sie habe sich für Ludwigsburg entschieden, weil sie dort der letzten Ruhestätte ihres Mannes nahe sei.

In Schutz nahm Charlotte Mathilde Graf Dillen, der als Günstling ihres verstorbenen Mannes in der Öffentlichkeit in einem schlechten Ruf stand und viel angefeindet wurde. Sie nahm Dillen als Hofmeister in ihren Dienst. Dillen, schrieb sie an ihre Mutter, die Königin von Großbritannien, sei der Nachfolger des Grafen Zeppelin in der Gunst ihres Mannes gewesen. Er sei nicht fehlerlos. Die Parteilichkeit König Friedrichs für ihn habe andere, zum Teil aus Eifersucht, veranlaßt, seine Fehler zu übertreiben. Ihrem Mann sei er ein treuer, intelligenter und nützlicher Diener gewesen. Deshalb habe er ihm so sehr vertraut. Jeder, den der verstorbene König geliebt habe, müsse für sie »interessant« sein. Auch sei es für sie ein Trost, einen Edelmann um sich zu haben, mit dem sie sich über den Verstorbenen unterhalten könne.

Königin Charlotte Mathilde führte in den zwölf Jahren ihres Witwenstands ein lediglich durch Kuraufenthalte in Bad Teinach unterbrochenes zurückgezogenes Leben in Ludwigsburg. Durch ihre Bescheidenheit und Wohltätigkeit erwarb sie sich bei der Einwohnerschaft Liebe und Zuneigung. Alljährlich feierte sie den Geburtstag ihres verstorbenen Mannes mit einem Gottesdienst und einem Besuch der Familiengruft, um am Sarg Friedrichs zu beten. Im Frühjahr 1827 reiste sie, trotz ihrer angegriffenen Gesundheit, nochmals in ihre englische Heimat. Zweiundsechzigjährig starb sie am 6. Oktober 1828. Ihrem Wunsch entsprechend wurde sie vier Tage später an der Seite ihres Gatten in Ludwigsburg beigesetzt.

XI

Der Schöpfer des modernen württembergischen Staats

Versuch einer Würdigung

Liebe und Verehrung hat König Friedrich kaum gefunden, er hat sie allerdings auch nicht gesucht. Hingegen haben ihm seine Zeitgenossen nur selten den Respekt für seine staatsmännische Leistung versagt. Napoleon beispielsweise hat sich wiederholt anerkennend über seinen Intellekt und seine Willenskraft geäußert. Einmal erklärte er: »Der König von Württemberg ist ein sehr harter Mann, aber nicht weniger rechtlich und unter den Souveränen Europas der geistreichste.« Kaiser Franz I. von Österreich nannte Friedrich »einen gewaltigen Kameraden«. Selbst ein so erbitterter Gegner König Friedrichs wie Reichsfreiherr vom Stein, der Kopf der deutschpatriotischen Bewegung in der Zeit der Befreiungskriege, sprach dem »württembergischen Tyrannen oder Sultan« im Gegensatz zu vielen seiner fürstlichen Standesgenossen Geist und Willenskraft nicht ab. 1816 schrieb Friedrich Perthes mit Blick auf König Friedrich aus Stuttgart: »Ein Herrschergeschlecht hat Württemberg heidnisch groß, böse und gewaltig, recht ein Geschlecht, wie die Menschen es zu allen Zeiten begehrt haben, um zufrieden zu sein, wenn sie es auch nicht gestehen. Von Liebe zu dem Könige kann nicht die Rede sein, aber mit sichtbarem Stolz sagte mir ein Stuttgarter: Unsere Fürsten sind immer böse Kerle gewesen und hätten wohl verdient, auf größeren Thronen zu sitzen ...« Perthes behauptete, die Württemberger freuten sich an der Größe der Schlösser, an den herrlichen Gärten, an dem schönen Schauspielhaus, an den musterhaften Landstraßen, sie seien stolz darauf, daß ihr König Hunde und Pferde habe wie andere Fürsten, daß er der beste Schütze weit und breit sei und daß er alles durchführe, was er anfange. Auch wenn sie dagegen aufbegehrten, verdammten die Württemberger Regiment und Machtanspruch ihres Königs durchaus nicht, weil er ihrem Land Ansehen verschafft hätte. Hieran ist bestimmt manches richtig. Das Volk sah in Friedrich nicht den Despoten, der das Land für eigensüchtige Zwecke ausbeutete und damit zugrunde richtete, sondern den König, der bei aller Härte, allen Fehlern stets eine an den Interessen seines Landes orientierte Politik betrieb und sich bemühte, das Los seiner Untertanen in einer Zeit ständiger Kriege zu erleichtern. Allerdings scheint es, daß Perthes den jahrelang aufgestauten Unmut des Volks über den absolutistischen Herrschaftsstil König Friedrichs unterschätzt hat.

Wenige Monate nach dem Tod Friedrichs hat der politische Publizist Johann Gottfried Pahl, der von eben diesem König verschiedentlich schlimm gerügt und in seiner publizistischen Arbeit aufs empfindlichste behindert worden war, in der »Zeitung für die elegante Welt« unter dem Titel »Züge zu einem Charaktergemälde des Königs Friedrich von Württemberg« eine Würdigung des Verstorbenen veröffentlicht, die mit zum Besten gehört, was jemals über ihn geschrieben worden ist. Pahl war sich bewußt, daß es 1817 noch nicht an der Zeit war, ein vorurteilsfreies Lebensbild von König Friedrich zu entwerfen. Deshalb sah er es als seine Aufgabe an, aufzuzeichnen und zu beurkunden, wie ihm der König erschienen war, wie sich ihm sein Leben und sein Charakter dargestellt hatten, um so dem späteren Biographen Material an die Hand zu geben. Nach Ansicht Pahls stimmten alle Zeitgenossen darin überein, daß König Friedrich »durch festen und scharfen Blick, durch Kraft und Selbständigkeit des Willens und durch rastlose Tätigkeit eine ausgezeichnete Stelle unter den Regenten von Deutschland und Europa behauptet und durch die glänzenden Erfolge seines Strebens und Wirkens seinem Namen eine berühmte Unsterblichkeit erworben habe«. Pahl nannte alles Große, was während seiner Regierungszeit in Württemberg geschehen war, das ureigenste Werk des Königs. Friedrich habe alle außen-, aber auch alle innenpolitischen Entscheidungen von Gewicht selbst getroffen. Freilich habe ihm das uneingeschränkte Selbstregime manchen Tadel eingetragen, zumal daraus häufig ein Zuviel-Regieren und ein In-alles-hinein-Regieren geworden sei, was wegen unzureichender Sachkenntnis im einzelnen zu manchem Mißgriff geführt habe. Für Pahl war Friedrich einer der besten Köpfe unter den Regenten seiner Zeit gewesen: ausgestattet mit einem hervorragenden Gedächtnis, einem raschen und treffenden Urteil, einem sicheren Gespür für das Mögliche, einem reichen Schatz an

Geschäfts- und Welterfahrung. Bei wichtigen Verhandlungen und Konferenzen imponierte er durch seinen überragenden Verstand. Er war beredt und vermochte sich im Deutschen und vor allem im Französischen mündlich wie schriftlich außerordentlich gewandt auszudrücken. Um das Schul- und Bildungswesen seines Landes erwarb er sich große Verdienste, so um die Universität Tübingen, aber auch um das Volksschulwesen. Er rief anerkannt tüchtige ausländische Gelehrte ins Land, förderte vorzügliche Schriftsteller. Doch hatte jede geistige Tätigkeit nach den vom König gesetzten Normen dem Staatszweck zu dienen. Eine freie Presse stand zu seinen Prinzipien im Widerspruch, überhaupt jede freiheitliche schriftstellerische Betätigung. Deshalb führte er eine strenge Zensur aller politischen Druckschriften ein. Das Ergebnis war, daß die Presse verkümmerte. Friedrich wollte die einzige und höchste Intelligenz im Staat sein, die »allen anderen denkenden Kräften Regel und Richtschnur gab«. Das »Nichträsonieren« der Untertanen wurde zur Staatsmaxime erhoben. Geleitet von dem Bestreben, weise und klug zu regieren, und zugleich davon überzeugt, daß dem Staatszweck am besten gedient sei, wenn ein freier Wille bestimme, der lediglich an das von ihm selbst gegebene Gesetz gebunden sei, sah er die höchste Tugend der Untertanen darin, schweigend zu gehorchen. Das Geschenk der Souveränität, das ihm Napoleon machte, war ihm daher sehr willkommen. Er wußte sich von jetzt an nur noch Gott und seinem Gewissen verantwortlich. So konnte er manches Gute und Große vollbringen, manches Schwierige mühelos durchsetzen. Jedoch, er entging der Gefahr von »Übereilungen und Mißgriffen« nicht, die ihn als hart und ungerecht erscheinen ließen, während er doch milde und gerecht regieren wollte. Kein Wunder, wenn das Volk nach den Erfahrungen eines schrankenlosen Regiments am Ende der Regierung König Friedrichs um die vertragliche Rückgabe verfassungsmäßiger Rechte kämpfte.

Im Bereich der Außenpolitik erwies sich die Souveränität als überaus nützlich. Friedrich konnte selbst Napoleon mannhaft gegenübertreten, und er tat dies, während die Beherrscher der mächtigsten Staaten vor der zerstörerischen Gewalt und »dem bösen Willen dieses Tyrannen« zitterten. Niemals erkannte er ein Verhältnis der Unterordnung an. Stets unterhandelte er mit dem Kaiser der Franzosen Macht gegen Macht. Eine solche Haltung des Regenten eines kleinen Staats gegenüber dem Bezwinger so vieler Länder konnte vermessen und lächerlich wirken, sie war es aber nicht, denn Friedrich ersetzte das, was ihm an physischer Macht fehlte, durch seine Persönlichkeit. So gelang es ihm, seine Souveränität nach innen unangetastet zu bewahren, jeden Eingriff der französischen Regierung in die inneren Angelegenheiten seines Landes abzuwehren. Nie lieferte er einen Untertanen französischen Gerichten aus, nie zahlte er an den Protektor des Rheinbunds Tribut, nie räumte er den Franzosen gegenüber anderen Völkern politische Vorzugsbedingungen ein. Er verweigerte die Einführung des Code Napoléon in seinem Land, er wehrte sich mit Erfolg gegen die von Napoleon gewünschte Entsendung württembergischer Truppen nach Spanien.

Seine Vorstellung von der hohen Würde souveräner Regenten und der Heiligkeit ihrer Person hatte für Friedrich, namentlich seitdem er die Königskrone trug, noch andere Konsequenzen. Er umgab sich mit verschwenderischer Pracht. Sein Hof wurde zu einem der glänzendsten in Europa. Das strenge Zeremoniell ließ seinen königlichen Rang voll zur Geltung kommen. In seinen Schlössern herrschte üppiger Reichtum. Sein Auftreten in der Öffentlichkeit – stets von einem zahlreichen Gefolge umgeben – sollte das Volk die Erhabenheit des Regenten lehren, es zur Ehrfurcht erziehen. Doch seine gebieterische Haltung, der zur Schau getragene höfische Prunk bewirkten nicht selten das Gegenteil. Es war nicht Eitelkeit, die Friedrich zu dieser Art fürstlicher Repräsentation veranlaßte; er meinte, um die Menschen mit Erfolg zu beherrschen, müsse man ihnen imponieren, ihre Achtung gewinnen, auf ihre Sinne wirken. Daran war einiges Wahre, doch hätte es nicht zur strengen Regierungsmaxime gemacht werden dürfen. Sicher hätte Friedrich sein Herrschertum nicht auf die Liebe des Volkes gründen können; die Popularität wäre ein durchaus untaugliches Mittel gewesen, den Stürmen der Zeit zu widerstehen und für den Staat wie für das Herrscherhaus alle sich bietenden Vorteile zu nutzen. Es war unerläßlich, in Verwaltung, Gesetzgebung und auf vielen anderen Gebieten Altes zu zertrümmern und Neues gewaltsam zu schaffen, Gut und Blut der Untertanen in Anspruch zu nehmen. Milde, Schonung und Liebe hielt Friedrich für edle Züge im Charakter kleiner Fürsten, die großen Fürsten aber hätten sich um Gerechtigkeit zu bemühen. Und er tat alles, um sich den Ruf der Gerechtigkeit zu erwerben. Er beseitigte Korruption und Parteilichkeit, sorgte für einen ungestörten Gang der Zivilrechtspflege, unterwarf sich ihr selbst. Nicht so einwandfrei verhielt er sich in der Strafrechtspflege. Zwar wollte er auch hier gerecht sein, doch »seine Begriffe vom moralischen Unwerte des Menschen« und seine hohe Auffassung vom Regentenamt verleiteten ihn zu fortgesetzten Eingriffen in die Strafjustiz, und war es auch nur, daß er die von Gerichten gefällten Urteile verschärfte. »Die Freunde und die Feinde des Königs haben hier den dichtesten Schattenpunkt in seinem Regentencharakter bemerkt.«

Mit besonderer Strenge wachte Friedrich über sein Militär, seine ureigenste Schöpfung. Dem Heer gab er eine zweckmäßige Organisation und Ausbildung. Das ruhmreiche Verhalten seiner Truppen in verschiedenen Feldzügen war sein ganzer Stolz. Verdienste belohnte er hier großzügiger als bei anderen Berufsständen.

Als eine unerträgliche Last empfand das Volk zu Recht die Jagdliebhaberei des Königs. Ohnmächtig mußten die Untertanen mitansehen, wie das im Übermaß gehegte Wild schreckliche Verwüstungen in den Feldfluren anrichtete. Rücksichtslos wurden sie für Jagddienste in Anspruch genommen. Indessen sollte nicht vergessen werden, daß Friedrich, nachdem ihm die Landstände die Klagen der Bevölkerung über die Jagdbeschwerden übermittelt hatten, alles tat, um den Wildschaden wirksam zu bekämpfen.

König Friedrich wußte die Gunst der Zeit für die Vergrößerung seines Staats zu nutzen. Doch er tat dies nicht opportunistisch, sondern überlegt und verantwortungsbewußt. Napoleon schloß er sich 1805 nur unter Zwang an, er gab aber auch dessen Partie erst auf, als ihm keine andere Wahl mehr blieb, wobei es ihm gelang, alle seine Erwerbungen, einschließlich der für ihn unschätzbaren Souveränität, zu behaupten. Mit größtem Unwillen nahm er die Absicht des Wiener Kongresses zur Kenntnis, die deutschen Länder zur Einführung von landständischen Verfassungen zu veranlassen. Mit einer Umsicht und Klugheit, die seinem heftigen Charakter eine nicht geringe Selbstüberwindung abverlangte, kam er der Wiener Entscheidung zuvor. Er gab seinem Volk aus eigener Machtvollkommenheit eine Verfassung. Auf diese Weise konnte er die Rechte, die er seinen Untertanen einräumte, selbst bestimmen und sich so weitgehend seine uneingeschränkte Regierungsgewalt erhalten. Doch die Landstände lehnten die Konstitution ab. Es kam zu harten Auseinandersetzungen zwischen Landesherrn und Landständen; sie verdüsterten die letzten Lebensjahre des Königs. Er sah das Werk untergehen, das sein politisches Wirken krönen und dem von ihm geschaffenen Regierungssystem einen festen Bestand verleihen sollte. Auch mußte er auf oft sehr kränkende Weise erfahren, daß die Stimmung des Volks ihm ungünstig war. Dennoch ließ er sich nicht anfechten, gab er kein Terrain preis, handelte weiterhin kraftvoll, zuversichtlich und unerschrocken. Dank seiner konsequenten Beharrlichkeit erfocht er manchen Sieg. Unerschütterlich in dem Bewußtsein, sich um sein Haus und um den Staat unsterbliche Verdienste erworben zu haben, konnte er sich doch des Gefühls nicht erwehren, daß ihm der Trotz der Untertanen das schönste Werk seines Lebens zunichte gemacht habe. »Dieses Gefühl nagte zerstörend an seinem Herzen, und schwerlich irren sie, die da behaupten, daß es seine Tage verkürzt habe.«

Soweit Johann Gottfried Pahl. Eine im gleichen Jahr, 1817, in Leipzig und Altenburg im Verlag F. A. Brockhaus erschienene »Biographische Skizze und Charakteristik« des Königs – ihr nicht genannter Verfasser war Georg Gottlieb Übelen (1781–1854), Professor am Oberen Gymnasium in Stuttgart – ging mit dem verstorbenen Monarchen ungleich strenger ins Gericht, obgleich auch in ihr seine Verdienste um Württemberg nicht völlig aberkannt wurden. Ihr Verfasser warf ihm vor, daß er zu seinen wichtigsten Beratern ausschließlich »Ausländer« gewählt habe, daß er seinen Staat mit Napoleons Hilfe zu einem Militärstaat umgewandelt habe, ein hartes Regiment insbesondere auch gegenüber seinen Beamten ausgeübt habe, die er mit Arbeit überhäuft und nach Willkür bald dahin, bald dorthin versetzt habe. Unerhört nannte der Verfasser die von König Friedrich verfügte Volksentwaffnung, drückend die Konskription und die ständige Polizeibewachung. Allerdings sei viel Unglück von seinen Lieblingen ausgegangen, ungebildeten schönen Jünglingen, zu denen ihn eine verkehrte Leidenschaft hingezogen habe. Er sei zum Sklaven seines langjährigen Günstlings, des Grafen Dillen, geworden, der sich besonders zahlreiche Übergriffe habe zuschulden kommen lassen. Im Verlauf der Regierung König Friedrichs sei ein ständiger Abstieg bis beinahe zur despotischen Herrschaft zu verzeichnen. »Spuren seines ursprünglich guten und fürs Gute lebendig fühlenden Herzens wurden immer weniger sichtbar.« Der Verfasser kreidete dem König »ungeheure Prachtliebe« und Verschwendungssucht an, die vor allem seinen Lieblingen zugute kam, sodann »das Drückendste«, die Jagdexzesse, für die er vor allem Graf Dillen verantwortlich machte. Er verstieg sich bei seinen Bemerkungen über die Liebe Friedrichs zur Gerechtigkeit, die sich namentlich in der Verschärfung von Strafurteilen kundgetan habe, zu der Behauptung, sie sei nicht anders wie die berühmter Herrscher des Orients gewesen. Die im Zeichen der Verfassungskämpfe stehenden beiden letzten Lebensjahre Friedrichs, meinte er, seien nicht mehr seine Zeit gewesen, da er nicht mehr habe umdenken, sich nicht mehr auf die gewandelten Verhältnisse habe einstellen können.

Im Gegensatz zu Pahl, der sich um ein ausgewogenes Urteil bemühte, vertrat der Verfasser der anonymen Schrift den Standpunkt der dem König feindlich gesinnten Ständevertreter. Seine Schrift macht stellenweise den Eindruck einer Neuauflage der ständischen Landesbeschwerden. König Friedrichs Günstlingen wird hier ein Einfluß zugeschrieben, den sie bei ihrem allgemein bekannten geringen Bildungsstand nicht haben konnten. Eine geradezu groteske Unterstellung war es, daß Friedrich Graf Dillen hörig gewesen sein soll. Aus den Quellen ergibt sich dafür auch nicht der geringste Hinweis.

1819 einigten sich König Wilhelm I. und die Landstände vertraglich über die Verfassung des Königreichs. Damit waren die politischen Voraussetzungen für eine gedeihliche Entwicklung Württembergs gegeben. Dynastie, Land und Volk wuchsen allmählich zu einer organischen Einheit zusammen. Alt- wie Neuwürttemberger fühlten sich jetzt in ihrem gemeinsamen Staat heimisch, und sie waren stolz auf ihn. Viele Vorurteile über den ersten König wurden zwar weitertradiert, auch seine Fehler und Schwächen gerieten nicht in Vergessenheit, aber seine großen Leistungen für Württemberg traten nunmehr sehr viel deutlicher als unmittelbar nach seinem Tod ins Blickfeld. August Schloßberger überliefert uns das Urteil »eines begabten Redners« der achtziger Jahre des 19. Jahrhunderts. Dieser nannte Friedrich den sicheren Steuermann seines Landes in schwerer Zeit. Er habe gewußt, was er wollte, und habe nichts durch Zaudern verdorben. Ihm sei es zu verdanken gewesen, daß in der Zeit Napoleons »der Acker in Württemberg nicht zerstampft, die Saat nicht zertreten, die Not nicht erdrückend, die Kraft nicht erschöpft wurde und daß das Land ohne politischen und inneren Niederbruch über die für andere deutsche Staaten schrecklichsten Zeiten hinweggekommen ist«.

Gustav Rümelin (1815–1889), Kanzler der Universität Tübingen, sah 1882 in König Friedrich alle für einen bedeutenden Herrscher erforderlichen Eigenschaften vereinigt: feste und bewußte Ziele, staatsmännisches Denken und Wissen, scharfer Verstand, Hingabe an den Beruf und energischer Wille. Bis zur Mitte seiner Mannesjahre im Ausland im Anblick monarchischer Allgewalt lebend, sei er als ein Fremdling in seine Heimat gekommen. Er sei seinem Volk und dieses ihm nie sympathisch gewesen. Ihm habe die Menschenfreundlichkeit und Herablassung gefehlt, die die Württemberger an ihren Fürsten gewohnt gewesen seien. Gegen seine Sünden und Verfehlungen hätten die Untertanen nicht in gleicher Weise Nachsicht geübt, wie sie dies bei den weit größeren Sündenregistern eines Eberhard Ludwig und eines Carl Eugen getan hätten. Sein Auftreten als stolzer und herrischer Gebieter, der unbedingten Gehorsam verlangte, habe ein seit Jahrhunderten unter freisinnigen Institutionen lebendes Volk nur schwer ertragen. Er habe aber eine Vielzahl von Mißständen in den alten wie in den neuen Landesteilen ausgerottet, in dem bisher so rückständigen Württemberg der modernen Staatsidee zum Durchbruch verholfen.

Eugen Schneider räumte in seiner 1896 erschienenen »Württembergischen Geschichte« ein, daß die Zeitgenossen zu Recht viel an König Friedrich auszusetzen gehabt hätten. Dennoch dürfe nicht vergessen werden, was er für die Zukunft Großes geleistet habe: »Wer ihm überhaupt das Recht zugesteht, Württemberg aus den Wogen der Zeit unversehrt, ja bedeutend vergrößert herauszuführen, wer sein Ziel, einen innerlich gekräftigten, nicht jedem Ansturm preisgegebenen Staat sich zu bilden, anerkennt, wer die Schaffung von Ordnung in der Verwaltung, von Zucht und Kriegstüchtigkeit in der Armee für staatsmännische Taten hält, der kann dem starken Geiste und dem unermüdlichen Eifer Friedrichs seine Bewunderung nicht versagen. Höchstens kann er bedauern, daß sein unbändiger Schöpfungsdrang kein größeres Gebiet für seine Betätigung gefunden hat. Unter den Fürsten Württembergs hat er jedenfalls die größten Erfolge aufzuweisen.«

Bei seiner Feststellung, daß König Friedrich als Regent Württembergs württembergische Politik gemacht und für sein Land Bedeutendes erreicht habe, hatte Schneider die preußisch-deutschen Historiker seiner Zeit im Auge, die das politische Handeln eines Herrschers wie Friedrich von Württemberg unter dem kleindeutschen Blickwinkel des späten 19. Jahrhunderts sahen. Die kleindeutsche Geschichtsschreibung deutete nach der Reichsgründung Bismarcks nachträglich die preußische Machtpolitik Friedrichs des Großen in eine deutsche Politik um. Friedrich von Württemberg aber nahm sie übel, daß er württembergische und keine nationaldeutsche Politik getrieben habe. Dabei hatte Friedrich von Württemberg in Wirklichkeit nichts anderes getan als sein Großonkel Friedrich II. von Preußen. Beide hatten einzig und allein ihre Politik an den Interessen ihres Landes orientiert. Wenn Heinrich von Treitschke Friedrich von Württemberg nur deshalb »den letzten aus jener langen Reihe strotzender Tyrannengestalten« des Hauses Württemberg nannte, weil dieser nicht nationaldeutsch, sondern württembergisch gehandelt hatte, dann war dies ein krasses Fehlurteil.

Die Forderung Schneiders und anderer württembergischer Landeshistoriker nach einer gerechten Würdigung König Friedrichs machte sich Erwin Hölzle zu eigen. Seine biographische Skizze von 1930 beseitigte Klischeevorstellungen und wies der Landesgeschichtsforschung über König Friedrich den Weg.

Für König Friedrich war Württemberg – und dies ist festzuhalten – nicht irgendein Land, sondern es war das Land seiner Väter, es war sein Land. Ansinnen, die ihm in den Anfangsjahren seiner Regierung gemacht wurden, die Herrschaft über Württemberg mit der über irgendein anderes, vielleicht sogar erheblich größeres Land zu vertauschen, hat er entrüstet von sich gewiesen. Seine Politik orientierte sich an den Interessen Württembergs. Sie sollte dem Wohl des württembergischen Landes und Volkes dienen. Wenn er sich zunächst an Österreich anlehnte und dem Reich die Treue hielt, so geschah dies vor allem, weil er auf den Schutz der Kaisermacht für sein Land vertraute. Er ist 1805 nicht aus Opportunismus zu Napoleon übergegangen, sondern er wechselte nur deshalb die Front, um seinem Haus und seinem Kurfürstentum Schlimmeres zu ersparen. Er hat dann als Verbündeter des Kaisers der Franzosen alle Möglichkeiten ausgeschöpft, die sich ihm zum Vorteil seines Landes und seines Hauses boten. Doch er ist dem übermächtigen Protektor des Rheinbunds stets mit Würde gegenübergetreten und hat sich nicht gescheut, ihm unangenehme Wahrheiten zu sagen. 1813 hat er die Bindung an Napoleon erst gelöst, als er sicher war, daß dieser seinem Land keinen Schaden mehr zufügen konnte. Andererseits freilich zwang ihn nunmehr die militärische Lage zum raschen Übertritt zu den Alliierten, denn er mußte verhindern, daß diese sein Land kriegsmäßig besetzten, auch er durfte keinesfalls die Chance verpassen, von den verbündeten Mächten als gleichberechtigter Bundesgenosse anerkannt zu werden. Wie schon 1805 war auch 1813 sein außenpolitischer Handlungsspielraum minimal.

Wenn Friedrich Ende 1805 die altwürttembergische Verfassung aufhob und über die alt- wie über die neuwürttembergischen Landesteile seine absolutistische Herrschaft aufrichtete, so hatte dies nicht nur innenpolitische, sondern vor allem auch außenpolitische

Gründe. Es bedurfte eines einheitlich und zweckmäßig organisierten Staats, um Eingriffe von außen abzuwehren, insbesondere um Napoleon keine Gelegenheit zu geben, auf den innerstaatlichen Ausbau des Königreichs Einfluß zu nehmen. Freilich entsprach ein modern organisierter, absolutistisch regierter Staat seinen eigenen Vorstellungen. Daß ein antiquierter dualistischer Ständestaat wie der altwürttembergische mit einer Vielzahl von Privilegien und lokalen Sonderrechten nicht mehr in die Zeit paßte, war für ihn keine Frage. Wenn er den Untertanen unterschiedslos das Recht zum »politischen Räsonieren« absprach, wenn er die Presse unter strengster Kontrolle hielt und ein hartes obrigkeitliches Polizeiregiment ins Leben rief, den ehemaligen reichsständischen Adel über die Maßen demütigte, so diente dies in erster Linie gleichfalls der Festigung nach außen. Es sollte gewährleistet sein, daß keine kritische oder gar napoleonfeindliche Stimme laut wurde und daß er so gegenüber dem Kaiser der Franzosen namentlich während der letzten schwierigen Jahre der ungleichen Allianz uneingeschränkte Bündnis- und Gefolgschaftstreue demonstrieren konnte. Doch zu seinem großen Mißfallen ließ sich trotz aller Polizeimaßnahmen und drakonischer Strafandrohungen die napoleonfeindliche Stimmung in seinem Land nicht völlig unterdrücken. Seine Furcht vor dem gewaltsamen Umsturz, vor der Revolution, die zeitweise wie ein Alptraum auf ihm lastete, war auch der Grund für die gänzliche Volksentwaffnung von 1809. Diese Maßnahme, staats- und wehrpolitisch überflüssig, war psychologisch ein Fehler, weil er mit ihr vor allem seine altwürttembergischen Untertanen erbitterte und demütigte und sie seinem Staat entfremdete.

Wenn Friedrich ein schlagkräftiges Heer schuf, so geschah dies nicht nur, um seinen Bündnisverpflichtungen nachzukommen, sondern insbesondere auch, um seinem Staat ein größeres politisches Gewicht zu verleihen. Das Heer war sein besonderer Stolz. Für höfischen Glanz hatte er viel übrig, und nach Annahme der Königswürde glaubte er, daß er an fürstlicher Repräsentation hinter keinem seiner Standesgenossen zurückstehen dürfe. Für ein kleines, armes Land war ein solch hoher Anspruch auf königliche Allmacht und glanzvolle Repräsentation schwer erträglich. Leider verstand es Friedrich nicht, durch Leutseligkeit die Herzen seiner Untertanen zu gewinnen. Er blieb stets unnahbar, auf hoheitliche Distanz bedacht. Er liebte und schätzte sein Volk, tat sehr viel, um seine Lasten zu erleichtern, doch er blieb ihm fremd. In Preußen und Rußland hatte er die Allmacht des Herrschers kennengelernt. Daß im deutschen Südwesten die Menschen freier waren, daß sie Bürger und nicht bloß »Staatspopulation« sein wollten, wurde ihm erst in seinen beiden letzten Lebensjahren voll bewußt.

Seine gewalttätige, menschenverachtende Züge aufweisende Wesensart, unter der seine Umgebung oft zu leiden hatte, war durch die schlechten menschlichen Erfahrungen während seiner Jugend- und frühen Mannesjahre verstärkt worden. Er vermochte sie nur mühsam durch den Verstand zu zügeln. Seine im Grund streng rechtliche Denkungsart, seine im Innersten vorhandene Warmherzigkeit und menschliche Empfindsamkeit, sein Engagement für den Nächsten, für den einzelnen wie für sein Volk, wurde durch sie großenteils überdeckt. Die Unnahbarkeit, das übersteigerte königliche Repräsentationsbedürfnis und die majestätische Selbstüberhebung seiner Person hatten ihre Wurzeln keineswegs nur in seiner charakterlichen Veranlagung, sondern sie waren auch das Ergebnis mancher menschlicher Enttäuschungen, zahlreicher Demütigungen, Benachteiligungen und anderer leidiger Erfahrungen in seiner ersten Lebenshälfte.

Die Absichtserklärung des Wiener Kongresses, auf die Einführung landständischer Verfassungen in den deutschen Ländern hinzuwirken, war der Anstoß zu dem Versuch König Friedrichs, seinem Land aus eigener Machtvollkommenheit eine Verfassung zu geben. Es spricht aber einiges dafür, daß der König schon vorher daran dachte, seine Untertanen durch die Gewährung staatsbürgerlicher Rechte an der Verantwortung für den Staat zu beteiligen, sie zu einem von einem gemeinsamen Staatsbewußtsein erfüllten Staatsvolk, einer Art »Nation« zu formen. Denn mit dem Ende der napoleonischen Kriege war der äußere politische Druck weggefallen, der bislang den Bestand des Königreichs gesichert hatte. Der absolutistische Herrscherwille reichte jetzt nicht mehr aus, um dem aus vielen heterogenen Bestandteilen gewaltsam zusammengefügten künstlichen Staatsgebilde ein festgegründetes, dauerhaftes Fundament zu geben und um es zu einer organischen Einheit, einer partikularen Staatlichkeit zusammenwachsen zu lassen. König Friedrich hatte dies vermutlich erkannt und darum die innenpolitischen Konsequenzen gezogen.

Auch wenn die Verfassung, die Friedrich im März 1815 den Landständen vorlegte, in ganz Deutschland Aufsehen erregt hatte, so blieb er auch bei dieser überraschenden Wendung zu seinem Volk hin – wie hätte es anders sein können – seinem inneren Gesetz treu. Die Verfassung gab kaum etwas vom Herrschaftsanspruch des Monarchen preis. Daß sie im Land auf beinahe einmütige Ablehnung stieß, obgleich sie moderne Verfassungsgrundsätze wie die Rechtsgleichheit der Untertanen verwirklichte, kränkte den König. Doch zeigte er sich der für ihn unerwarteten neuen Situation durchaus gewachsen, und es ist nicht ausgeschlossen, daß auch er, wäre ihm ein längeres Leben beschieden gewesen, schließlich den 1819 von seinem Sohn, Wilhelm I., mit den Landständen abgeschlossenen Verfassungsvertrag zuwege gebracht hätte. Sicherlich hätte er ebenso geschickt wie sein Sohn die verfassungsfeindliche gesamtdeutsche Entwicklung der Jahre 1817 bis 1819 ausgenutzt, um die Stände auf die Grundsätze seines Verfassungskonzepts festzulegen.

Anhang

Ungedruckte Quellen

Hauptstaatsarchiv Stuttgart

E 1–13	Königliches Kabinett I
E 14	Königliches Kabinett II
E 36	Ministerium der Auswärtigen Angelegenheiten I
E 41	Ministerium der Auswärtigen Angelegenheiten II
E 46	Ministerium der Auswärtigen Angelegenheiten III
E 55	Ministerium für die Familienangelegenheiten des Königlichen Hauses
E 56	Ministerium der Auswärtigen Angelegenheiten, Adelssachen
E 141	Ministerium des Innern I
E 143	Ministerium des Innern II
E 146	Ministerium des Innern III
E 200	Ministerium des Kirchen- und Schulwesens/Kultministerium
E 221	Finanzministerium I
E 222	Finanzministerium II
E 271	Kriegsministerium
E 301	Justizministerium I
E 302	Justizministerium II
G 236	Herzog Friedrich Eugen
G 237	Herzogin Friederike Dorothea Sophie
G 243	König Friedrich
G 244	Herzogin Auguste
G 245	Königin Charlotte
G 268	König Wilhelm I.
G 269	Kronprinzessin Charlotte Auguste

Württembergische Landesbibliothek Stuttgart
Handschriftenabteilung

Gedruckte Quellen und Literatur

Andreas, Willy: Baden nach dem Wiener Frieden 1809 (Neujahrsblätter der Badischen Historischen Kommission. Neue Folge Bd. 15). 1912.

Aus Süddeutschlands Franzosenzeit. In: *Fournier,* August: Historische Studien und Skizzen. 1885.

Belschner, Christian: Johann Reichsgraf von Zeppelin. In: Ludwigsburger Geschichtsblätter I (1900) S. 68–87.

Berner, Herbert: Fall und Zerstörung des Hohentwiel. In: Hohentwiel. Bilder aus der Geschichte des Berges. 1957.

Beschreibung des Oberamts Besigheim. 1853.

Beschreibung von Stuttgart Amt. 1851.

Bibliothek des Literarischen Vereins. Bd. 261. 1913.

Bolay, Theodor: Der Hohenasperg. Vergangenheit und Gegenwart. ²1972.

Breitenbücher, Otto: Die Entwicklung des württembergischen Militärversorgungswesens nach dem dreißigjährigen Krieg bis zum Jahr 1871. 1936.

Briefwechsel der Königin Katharina und des Königs Jérôme von Westphalen sowie des Kaisers Napoleon I. mit dem König Friedrich von Württemberg. Hrsg. von August von *Schloßberger.* Bd. I–III. 1886, 1887.

[*Brummer,* Fr.:] Familienleben und Hofhaltung des Herzogs Friedrich Eugen von Württemberg auf dem Schlosse Treptow an der Rega. 1855.

Brusselle-Schaubeck, Felix Freiherr von: Felix Christian August Freiherr von Brusselle-Schaubeck. Ein Lebensbild aus dem Anfang des 19. Jahrhunderts. 1894.
Brusselle-Schaubeck, Felix Freiherr von: Feier bei Annahme der Churfürstenwürde am Hofe zu Stuttgart den 6., 7. und 8. Mai 1803. In: Literarische Beilage des Staatsanzeigers für Württemberg 1903 S. 129–134.
Dehlinger, Alfred: Württembergs Staatswesen in seiner geschichtlichen Entwicklung bis heute. Bd. I und II. 1951/53.
Denkwürdigkeiten des Bayerischen Staatsministers Maximilian Grafen von Montgelas (1799–1817). 1887.
Dienstreglement für die Königlich Württembergische Infanterie vom 1. Juli 1810. 1810.
Dizinger, Karl Friedrich: Denkwürdigkeiten aus meinem Leben und aus meiner Zeit. 1833.
Ehren-Denkmal Ihrer Königlichen Hoheit der weiland Durchlauchtigsten Herzogin ... Friderika Dorothea Sophia. 1798.
Ehren-Denkmal ... Friedrich Eugens ... s. *Schott,* Johann Gottlieb.
Die Erhebung des Herzogthums Wirtemberg zum Kurfürstenthum vor 100 Jahren. In: Schwäbischer Merkur 1903 Nr. 189 S. 9.
Familienleben ... s. *Brummer.*
Fournier, August: Napoleon I. Bd. I–III. 1886–1913.
Fromm, L.: Geschichte der Familie von Zeppelin. 1876.
Ganzhorn, Wilhelm: Löwenwirt Peter Heinrich Merckle von Neckarsulm und Kaufmann Gottlieb Link von Heilbronn, die Genossen des am 26. August 1806 erschossenen Buchhändlers Palm von Nürnberg. In: Zeitschrift für Württembergisch Franken 1870 S. 419 bis 445.
Gebhardt Bruno: Handbuch der deutschen Geschichte Bd. 2. [9]1970.
Gollwitzer, Heinz: Die Standesherren. Die politische und gesellschaftliche Stellung der Mediatisierten. 1815–1918. Ein Beitrag zur deutschen Sozialgeschichte. 1964.
Gonser, W: Karl Graf von Reischach. In: Literarische Beilage des Staatsanzeigers 1910 S. 337–345.
Grauer, Karl-Johannes: Wilhelm I. König von Württemberg. Ein Bild seines Lebens und seiner Zeit. 1960.
Grube, Walter: Der Stuttgarter Landtag 1457–1957. Von den Landständen zum demokratischen Parlament. 1957.
Handbuch der deutschen Militärgeschichte 1648–1939. Bd. 1 Teil II. 1964.
Hartmann, Julius: Vor 100 Jahren. In: Literarische Beilage des Staatsanzeigers 1894–1915.
Hartmann, Julius: Württemberg im Jahre 1800 (Württ. Neujahrsblätter Neue Folge Bd. 5). 1899.
Hermelink, Heinrich: Geschichte der evangelischen Kirche in Württemberg von der Reformation bis zur Gegenwart. 1949.
Herzog Karl Eugen und seine Zeit. Hrsg. vom Württ. Geschichts- und Altertumsverein. Bd. I und II. 1907 und 1909.
Hettich, H. O. Fr.: Das Medizinalwesen des Königreichs Württemberg nach dem Stande in der Mitte des Jahres 1875. 1875.
Hölder, A: König Friedrich in Freudental vor 100 Jahren. In: Vierteljahrshefte des Zabergäu-Vereins 1912 S. 13–16.
Hölzle, Erwin: Das alte Recht und die Revolution. Eine politische Geschichte Württembergs in der Revolutionszeit 1789–1805. 1931.
Hölzle, Erwin: Der deutsche Südwesten am Ende des alten Reiches. Geschichtliche Karte des reichsdeutschen und benachbarten Gebiets. Mit Beiwort. 1938.
Hölzle, Erwin: Das Napoleonische Staatssystem in Deutschland. In: Historische Zeitschrift 148/1933 S. 277–293.
Hölzle, Erwin: König Friedrich von Württemberg. In: Württ. Vierteljahrshefte für Landesgeschichte 1930 S. 269–298.
Hölzle, Erwin: Die Verbindung Jérômes mit Katharina im Zusammenhang mit der Rheinbundpolitik. In: Württ. Vierteljahrshefte für Landesgeschichte 1932 S. 360–368.
Hölzle, Erwin: Württemberg im Zeitalter Napoleons und der deutschen Erhebung. Eine deutsche Geschichte der Wendezeit im einzelstaatlichen Raum. 1937.
Hosäus: Friedrich von Matthisson. In: Allgemeine Deutsche Biographie 20 (1884) S. 675 bis 681.
Huber, Ernst Rudolf: Deutsche Verfassungsgeschichte seit 1789. Bd. I. 1957.
Jäger, Oskar: Geschichte des neunzehnten Jahrhunderts I. 1906.
Kobeko, Dmitri: Der Cäsarewitsch Paul Petrowitsch. 1886.
Die Königin Wittwe Charlotte Auguste Mathilde von Würtemberg. Nekrolog. In: Württ. Jahrbücher 1828, 1 S. 35–39.

Korrespondenz König Friedrich – Katharina ... s. Briefwechsel.
Korrespondenz König Friedrich – Napoleon ... s. Politische und militärische Correspondenz ...
Kraft, Heinz: Die Württemberger in den Napoleonischen Kriegen. 1953.
Krauß, Rudolf: Schwäbische Litteraturgeschichte. Bd. I. 1897.
Kriegsartikel für die Königlich Württembergische Armee vom 1. Januar 1806. 1806.
Lebensabriß ... s. *Matthisson*.
Ledderhose, Karl Friedrich: Henriette Herzogin von Württemberg. In: Allgemeine Deutsche Biographie 11 S. 786 f.
Lenz, Max: Napoleon (Monographien zur Weltgeschichte Bd. 24). 1924.
Martens, Karl von: Geschichte der innerhalb der gegenwärtigen Grenzen des Königreichs Württemberg vorgefallenen kriegerischen Ereignisse vom Jahr 15 vor Christi Geburt bis zum Friedensschlusse 1815. 1847.
Matthisson, Friedrich von: Das Dianenfest bei Bebenhausen. 1813.
[Matthisson, Friedrich von:] Lebensabriß des höchstseligen Königs Friedrich von Württemberg, verewigt den 30. October 1816. 1816.
Die Memoiren des Karl von *François* aus der Zeit der Befreiungskriege (1808–1814). 1965.
Memoiren des kgl. preußischen Generals der Infanterie Ludwig Freiherrn von Wolzogen. Aus dessen Nachlaß unter Beifügung offizieller Denkschriften mitgeteilt von Alfred Freiherrn von *Wolzogen*. 1851.
Menzinger, Rosemarie: Verfassungsrevision und Demokratisierungsprozeß im Königreich Württemberg. Ein Beitrag zur Entstehungsgeschichte des Parlamentarischen Regierungssystems in Deutschland (Veröffentlichungen der Kommission für geschichtliche Landeskunde in Baden-Württemberg, Reihe B Forschungen, 56. Band). 1969.
Merkle, J[akob]: Jugendjahre der Kaiserin Maria Feodorowna von Rußland geborene Prinzessin von Württemberg 1759–1776. 1892.
Merkle, J[akob]: Segensreiche Wirksamkeit durch vier Generationen. Vier Lebensbilder in Vorträgen. 1893.
Miller, Max: Die Organisation und Verwaltung von Neuwürttemberg unter Herzog und Kurfürst Friedrich. 1934.
Montgelas s. Denkwürdigkeiten ...
Müller, Willi: Schwieberdingen, das Dorf an der Straße. Grundriß einer Ortsgeschichte. 1961.
Napoleon I.: Correspondance. Publiée par ordre de l'Empereur Napoléon III. Bd. 7, 11–13. 1858 ff.
Oberkirch, Baronne d': Mémoires. 1853.
Pahl, Johann Gottfried: Denkwürdigkeiten aus meinem Leben und aus meiner Zeit. Nach dem Tode des Verfassers hrsg. von dessen Sohn Wilhelm Pahl. 1840.
Pahl, Johann Gottfried: Züge zu einem Charaktergemälde des Königs Friedrich von Württemberg: In: Zeitung für die elegante Welt 1817 Nr. 49–55.
Perthes, Clemens Theodor: Politische Zustände und Personen in Deutschland zur Zeit der französischen Herrschaft. Bd. I und II. 1862/69.
Pfister, Albert: Aus dem Lager der Verbündeten 1814–1815. 1897.
Pfister, Albert: Aus dem Lager des Rheinbunds 1812 und 1813. 1897.
Pfister, Albert: König Friedrich von Württemberg und seine Zeit. 1888.
Pfister, Albert: Der Milizgedanke in Württemberg und die Versuche zu seiner Verwirklichung. 1883.
Philipp Christian Friedrich Graf von Normann-Ehrenfels, Königlich Württembergischer Staatsminister ... Denkwürdigkeiten. Aus dessen eigenhändigen Aufzeichnungen hrsg. von K. H. Freiherrn *Roth von Schreckenstein*. 1891.
Politische und militärische Correspondenz König Friedrichs von Württemberg mit Kaiser Napoleon I. 1805–1813. Hrsg. von A. v. *Schloßberger*. 1889.
Politische Korrespondenz Friedrichs des Großen Bd. 38. 1920.
Politische Korrespondenz Karl Friedrichs von Baden. Hrsg. von der Badischen Historischen Kommission. Bd. I–VI. 1888–1915.
Regierungsblatt für Württemberg 1807–1816.
Reichard, Karl: Geschichte der Kriege und Bürgerbewaffnung Ulms von den ältesten bis auf die jetzigen Zeiten. 1832.
Reyscher, August Ludwig: Vollständige, historisch und kritisch bearbeitete Sammlung der württembergischen Gesetze. Abteilung Kriegsgesetze. Hrsg. von Auditor Dr. Kapff. Bd. 1–3. 1849–1851.
Rimscha, Hans von: Geschichte Rußlands. ^{2}1970.

Ritz, Albert: Der Günstling des Königs. Vom Grafen Dillen. In: Schwäbischer Merkur 1933 Nr. 248 S. 9.
Rümelin, Gustav: König Friedrich von Württemberg und seine Beziehungen zur Landesuniversität. In: Reden und Aufsätze. 3. Folge. 1894 S. 37–75.
Sahler, Léon: Princes et princesses en voyage. Les fils du prince Frédéric-Eugène de Wurtemberg-Montbéliard aux Cours de Berlin et de Saint-Pétersbourg, et en campagne, d'après les lettres du philosophe Holland, leur précepteur. 1909.
Sauer, Paul: Affalterbach 972–1972. Weg und Schicksal einer Gemeinde in tausend Jahren. 1972.
Sauer, Paul: Die Erlebnisse eines Regimentsarztes. Heinrich Groß aus Tamm im Rußlandfeldzug 1812. In: Hie gut Württemberg (Beilage der Ludwigsburger Kreiszeitung) 26/1975 S. 5 ff.
Sauer, Paul: »Mordanschlag« auf König Friedrich von Württemberg im Januar 1813. In: Hie gut Württemberg (Beilage der Ludwigsburger Kreiszeitung) 25/1974 S. 30 f.
Sauer, Paul: Die Neuorganisation des württembergischen Heerwesens unter Herzog, Kurfürst und König Friedrich (1797–1816). In: Zeitschrift für Württ. Landesgeschichte 1967 S. 395–420.
Sauer, Paul: Revolution und Volksbewaffnung. Die württembergischen Bürgerwehren im 19. Jahrhundert, vor allem während der Revolution von 1848/49. 1976.
Schloßberger, August von: Der Allianzvertrag des Kurfürsten Friedrich mit dem Kaiser Napoleon. In: Literarische Beilage des Staatsanzeigers 1887 S. 273–281, 305–315, 1888 S. 1–11, 18–24, 89–93.
Schloßberger, August von: Aus der Zeit des französisch-österreichischen Kriegs 1809. In: Literarische Beilage des Staatsanzeigers 1887 S. 129–135.
Schloßberger, August von: Denkwürdige Notifikationsschreiben des Kurfürsten, resp. Königs Friedrich von Württemberg aus den Jahren 1803 und 1806. In: Literarische Beilage des Staatsanzeigers 1888 S. 137–139.
Schloßberger, August von: Die Entzweiung Kaiser Alexanders von Rußland mit König Friedrich von Württemberg im Januar 1806 und die Versöhnung der beiden Herrscher auf dem Kongreß von Erfurt im September 1808. In: Literarische Beilage des Staatsanzeigers 1888 S. 169–184.
Schloßberger, August von: Der erste Besuch der Kaiserin Josephine von Frankreich am kurfürstlichen Hofe zu Stuttgart 30. November–3. Dezember 1805. In: Literarische Beilage des Staatsanzeigers 1888 S. 139–143.
Schloßberger, August von: Kaiser Alexanders I. Aussöhnung mit König Friedrich, November 1813. In: Literarische Beilage des Staatsanzeigers 1891 S. 129–138.
Schloßberger, August von: König Friedrich von Württemberg weist ein dreistes ... Ansinnen französischer Generale ... schroff zurück. In: Literarische Beilage des Staatsanzeigers 1888 S. 105–113.
Schloßberger, August von: König Friedrichs einfache Erziehung und spätere Prachtliebe. In: Literarische Beilage des Staatsanzeigers 1891 S. 241–251.
Schloßberger, August von: König Friedrichs von Württemberg Beratung mit dem Kronprinzen Friedrich Wilhelm beim Ausbruch der Verfassungsstreitigkeiten im Jahr 1815. In: Literarische Beilage des Staatsanzeigers 1890 S. 177–185.
Schloßberger, August von: König Friedrichs von Württemberg dankbare Anerkennung der Tapferkeit seiner Truppen in dem Treffen bei Linz am 17. Mai 1809. In: Literarische Beilage des Staatsanzeigers 1887 S. 254–256.
Schloßberger, August von: König Friedrichs von Württemberg Kampf gegen die Brutalitäten des Marschalls Davoust 1806. In: Literarische Beilage des Staatsanzeigers 1890 S. 17–28.
Schloßberger, August von: König Friedrichs von Württemberg Nothlage bei der Errichtung des Rheinbunds. Juli 1806. In: Literarische Beilage des Staatsanzeigers 1889 S. 289–296.
Schloßberger, August von: König Friedrichs von Württemberg Stellung zum Tugendbund. Aus den Jahren 1815, 1816. In: Literarische Beilage des Staatsanzeigers 1889 S. 65–76, 97–104.
Schloßberger, August von: Die letzten von dem Grafen Heinrich Levin Wintzingerode als Gesandten König Friedrichs aus Paris erstatteten Berichte (Oktober und November 1813). In: Literarische Beilage des Staatsanzeigers 1890 S. 97–108, 145–155.
Schloßberger, August von: Mutige und treffende Erwiderung des Königs Friedrichs von Württemberg auf einen ungerechtfertigten Vorwurf des Kaisers Napoleon d. d. 17. Jan. 1813 ... In: Literarische Beilage des Staatsanzeigers 1889 S. 296–303.
Schloßberger, August von: Ein starker Konflikt des Königs Friedrich von Württemberg mit Kaiser Napoleon im Februar 1813 – der Anfang vom Ende der gegenseitigen Freundschaft. In: Literarische Beilage des Staatsanzeigers 1888 S. 233–246 und 249–270.

Schmid, Eugen: Geschichte des württembergischen evangelischen Volksschulwesens von 1806 bis 1910. Hrsg. von der Württ. Kommission für Landesgeschichte. 1933.
Schnee, Heinrich: Madame Kaulla, Deutschlands bedeutendste Hoffaktorin. In: Lebensbilder aus Schwaben und Franken IX S. 85–104.
Schneider, Eugen: Die Annahme der Königswürde durch Württemberg. In: Schwäbischer Merkur 1905 Nr. 509 S. 5f. und Nr. 515 S. 9f.
Schneider, Eugen: Aus der württembergischen Geschichte. Vorträge und Abhandlungen. 1926.
Schneider, Eugen: Die Geschichte der Stadt Stuttgart. Ein Abriß (Tagblatt-Schriften 9). 1927.
Schneider, Eugen: Ulrich Lebrecht Graf von Mandelsloh. In: Allgemeine Deutsche Biographie 20 (1884) S. 173f.
Schneider, Eugen: Württemberg und der Pressburger Friede. In: Württ. Vierteljahrshefte für Landesgeschichte 1906. S. 387–410.
Schneider, Eugen: Württembergische Geschichte. 1896.
Schneider, Eugen: Württembergs Anschluß an die Verbündeten im Jahr 1813. In: Schwäbischer Merkur 1913 Nr. 482 S. 5.
Schneider, Eugen: Der württembergische Personaladel. In: Schwäbischer Merkur (Kronik) 1913 Nr. 417 S. 5.
Schön, Theodor: Die Staatsgefangenen von Hohenasperg. 1899.
Scholz, Dietmar: König Friedrich von Württemberg. In: Lebensbilder aus Schwaben und Franken X S. 183–214.
Schott, Johann Gottlieb: Ehren-Denkmal des Weiland Durchlauchtigsten Herzogs und Herrn Friedrich Eugens, regierenden Herzogs von Wirtemberg. 1797.
Schumacher, Tony: Aus frühester Jugendzeit. Erzähltes und Erlebtes. 1923.
Schweinitz, Hans Bernhard Graf von: Die staatsrechtliche Stellung der Mediatisierten unter der Rheinbundverfassung. In: Württembergisch Franken 1953/54 S. 269–286.
Soloveytchik, George: Potemkin. Soldat, Staatsmann, Liebhaber und Gemahl der Kaiserin Katharina der Großen o. J. [1951].
Stadlinger, L[eo] I[gnaz] von: Geschichte des württembergischen Kriegswesens von der frühesten bis zur neuesten Zeit. 1856.
Stälin, Paul: Friedrich Eugen, Herzog von Württemberg. In: Allgemeine Deutsche Biographie 8 (1878) S. 53–55.
Stälin, Paul: Friedrich, König von Württemberg. In: Allgemeine Deutsche Biographie 8 (1878) S. 56–60.
Stark, Paul: Fürstliche Personen des Hauses Württemberg und ihre berühmten Diener im Zeitalter Friedrichs des Großen. In: Württembergische Jahrbücher für Statistik und Landeskunde 1875, 2 S. 3–113.
Stern, Selma: Herzog Karl Wilhelm Ferdinand von Braunschweig und Prinzessin Augusta von Württemberg. In: Braunschweigisches Magazin 1924 Sp. 49ff.
Suckow, Carl von: Aus meinem Soldatenleben. 1862.
Tänzer, Aaron: Die Geschichte der Juden in Württemberg. 1937.
Toll, Harald Baron von: Prinzessin Auguste von Württemberg. 1902.
Treitschke, Heinrich von: Historische und politische Aufsätze I 1918.
[Übelen, Georg Gottlieb]: Friedrich I., König von Württemberg. In: Zeitgenossen. Biographien und Charakteristiken. Bd. 2. 1818.
Uhland, Robert: Friedrich I., König von Württemberg. In: Neue Deutsche Biographie 5 (1951) S. 596–598.
Uhland, Robert: Karl Freiherr von Kerner. In: Ludwigsburger Geschichtsblätter 29/1977. S. 5–68.
Verhandlungen der Landstände des Königreichs Württemberg 1815/16.
Wandel, Uwe Jens: Verdacht des Democratismus? Studien zur Geschichte von Stadt und Universität Tübingen im Zeitalter der Französischen Revolution (Contubernium 31). 1981.
Willburger, August und Hermann *Tüchle:* Geschichte der katholischen Kirche in Württemberg. 1954.
Wintterlin, Friedrich: Geschichte der Behördenorganisation in Württemberg. Bd. I. 1904.
Wintterlin, Friedrich: Johann Friedrich Schlotterbeck. In: Allgemeine Deutsche Biographie 31 (1890) S. 553f.
Wintterlin, Friedrich: Nikolaus Friedrich Thouret. In: Allgemeine Deutsche Biographie 38 (1894) S. 121–123.
Wintzingerode, Wilko Graf: Graf Heinrich Levin Wintzingerode, ein Württemberger Staatsmann. 1866.

Wolzogen, Ludwig Freiherr von s. Memoiren . . .
Zelzer, Maria: Weg und Schicksal der Stuttgarter Juden. Ein Gedenkbuch hrsg. von der Stadt Stuttgart (Sonderband der Veröffentlichungen des Archivs der Stadt Stuttgart). o. J. [1964]
Zimmermann, P.: Karl Wilhelm Ferdinand Herzog zu Braunschweig und Lüneburg. In: Allgemeine Deutsche Biographie 15 (1882) S. 272–281.
Züge zu einem Charaktergemälde . . . s. *Pahl,* Johann Gottfried.

Bildnachweis

Hauptstaatsarchiv Stuttgart: 1, 15, 33, 39, 107, 136, 150, 165, 244, 245, 256, 257, 305, 347, 386, 389, 432, 453
Illustrirte Geschichte von Württemberg: 333
Landesbildstelle Württemberg: 160
Österreichische Nationalbibliothek, Bildarchiv: 72
Paul Sauer, Baden-Württemberg – Bundesland mit parlamentarischen Traditionen, Stuttgart 1982: 175, 414
Schloßmuseum Ludwigsburg: 52, 179
Friedrich Sieburg, Im Licht und Schatten der Freiheit, Stuttgart 1961: 289
Stadtarchiv Stuttgart: 228, 417
Städtisches Museum Ludwigsburg: 25, 109, 145, 146, 149, 155, 189, 223, 241, 296, 383, 399, 451
Gustav Wais, Alt-Stuttgarts Bauten im Bild, Stuttgart 1951: 246, 385

Orts- und Personenregister

Königlich-Württembergisches Staats- und Regierungs-Blatt.

Samstag, 14. Jan.

Manifest, die Einführung einer ständischen Verfassung betreffend.

Wir Friderich, von Gottes Gnaden, König von Württemberg, souverainer Herzog in Schwaben und von Teck, rc. rc. rc.

entbiethen allen Unsern lieben und getreuen Dienern, Vasallen und Unterthanen Unsere Königliche Gnade.

Von dem Augenblicke an, als gebietherische politische Verhältnisse die Staats-Veränderung vom Jahr 1806 herbeygeführt hatten, faßten Wir den festen Entschluß, Unserem Königreiche, sobald der Drang der Umstände aufgehört haben, und ein fester Stand der Dinge eingetreten seyn würde, eine seiner inneren und äusseren Lage, den Rechten der Einzelnen und den Bedürfnissen des Staats angemessene Verfassung und ständische Repräsentation zu geben.

Die Ausführung dieses Entschlusses verzögerte sich durch die nachherigen Zeit-Ereignisse, welche die Vornahme einer solchen wesentlichen Grund-Einrichtung der ganzen Staats-Organisation nicht räthlich machen konnten.

Erst die im vorigen Jahre eingetretene Veränderung in den öffentlichen Angelegenheiten konnte diesen Unserem landesväterlichen Herzen so angelegenen Wunsch der Ausführung näher bringen, und Wir würden daher gleich nach Abschluß des Pariser Friedens denselben in Erfüllung gesetzt haben, wenn nicht von dem zu vollständiger Berichtigung des allgemeinen Friedens beschlossenen Congresse in Wien Abänderungen in den inneren und äusseren Verhältnissen des Königreichs zu erwarten gewesen wären, und es daher zweckmäßiger geschienen hätte, die Ausführung auf die Resultate jenes Congresses auszusetzen. Indessen haben Wir gleich Anfangs, in den zu Behandlung der deutschen Angelegenheiten stattgehabten Conferenzen, den zu Wien versammelten Souverains Unsern festen Entschluß und Absicht der Einführung einer Stände-Verfassung im König-